Project 2010
企业项目管理实践

张会斌 编著

人民邮电出版社
北京

图书在版编目（CIP）数据

Project 2010企业项目管理实践 / 张会斌编著. --
北京 ：人民邮电出版社，2011.12（2018.12重印）
ISBN 978-7-115-26667-5

Ⅰ．①P… Ⅱ．①张… Ⅲ．①企业管理：项目管理—
应用软件，Project 2010 Ⅳ．①F270②TP317

中国版本图书馆CIP数据核字(2011)第214842号

内 容 提 要

本书全面、细致地介绍了 Project 2010 的使用方法，不仅包括 Project 的基本操作，还包括如何使用 Project 实现项目进度计划编制、项目资源计划编制、项目成本计划编制、项目计划信息发布、多项目计划编制、关键路径分析、时间表管理、项目监控与沟通、项目变更管理、项目团队管理、项目收尾管理和项目建议与活动管理等内容。

全书共分为 4 篇，共 24 章，以"基础篇→高级篇→案例篇→综合篇"为线索具体展开。特别在"案例篇"和"综合篇"中提供了大量值得借鉴的 Project 操作经验和技巧，能够让读者准确地掌握如何利用 Project 辅助项目管理工作，而不是被工作所束缚。

本书配备了丰富的网上学习资源（读者可下载），包括作者精心录制的视频演示文件以及书中全部案例的源文件，便于读者更好地理解书中的内容，边学边练。

本书语言简洁，内容丰富，不仅适合各类项目管理人员学习和使用，还可作为高等院校或社会相关培训机构的"项目管理"教学用书。

Project 2010 企业项目管理实践

◆ 编　著　张会斌
　　责任编辑　杜　洁

◆ 人民邮电出版社出版发行　　北京市丰台区成寿寺路 11 号
　　邮编　100164　　电子邮件　315@ptpress.com.cn
　　网址　http://www.ptpress.com.cn
　　大厂聚鑫印刷有限责任公司印刷

◆ 开本：787×1092　1/16
　　印张：28.5
　　字数：696 千字　　　　　　　2011 年 12 月第 1 版
　　印数：17 500 – 18 100 册　　2018 年 12 月河北第 15 次印刷

ISBN 978-7-115-26667-5

定价：58.00 元

读者服务热线：**(010) 81055410**　印装质量热线：**(010) 81055316**
反盗版热线：**(010) 81055315**
广告经营许可证：京东工商广字第 8052 号

Preface

前言

Project 2010 是美国微软公司最新发布的项目管理软件套件，包括 Project Standard 2010、Project Professional 2010、Project Server 2010。整套产品构成了企业级项目管理信息化解决方案（Enterprise Project Management Solution，EPM）的整体框架，遵照的理论标准是美国项目管理协会（Project Management Institute，PMI）的组织项目管理成熟度模型。

为什么写本书

2010 年 5 月 13 日，微软（中国）有限公司发布了 Project 的最新版本 2010，在新的版本中，企业级项目管理功能得到更大的增强。为了能与广大的项目管理爱好者不断分享 Project 软件在企业实践中的应用心得，作者组织专家团队编写了本书，希望能够帮助广大企业用户、个人用户提升项目管理水平。

本书是一本全面介绍微软 EPM 的实战指南。书中按照项目管理整体业务流程进行描述，详细介绍了 Project 2010 的各项功能，其中不仅包含了项目经理关心的客户端的使用，还有项目管理办公室（Project Management Office，PMO）所关心的项目群管理，以及企业的战略部门关心的项目组合管理（Project Portfolio Management）的内容。

本书主要内容

全书共分为 4 篇 24 章，以"基础篇→高级篇→案例篇→综合篇"为线索具体展开。

● "基础篇"包括第 1~8 章，主要介绍项目管理的基本概念，Project 2010 产品的基本情况，以及如何在项目的启动、计划编制、执行、监控等阶段正确使用 Project 2010。

● "高级篇"包括第 9~18 章，主要介绍如何使用 Project 2010 管理项目变更、项目团队、项目收尾以及企业级的多项目管理。这部分内容全面展示了 Project 2010 产品的高级功能。

● "案例篇"包括第 19~21 章，分别从单项目管理案例以及多项目管理案例两方面描述了 Project2010 产品如何在不同的项目管理环境中发挥不同的作用。这部分内容是对前面章节的总结和提升，能够为读者提供非常实用的借鉴。

● "综合篇"包括第 22~24 章，主要介绍 Project 2010 的部署、宏操作以及 Project Server 2010 等内容。

关于作者

本书的作者团队近年来一直工作在项目管理领域，主要工作之一就是从事 Project 2010

在企业中的推广服务。基于该软件在众多企业应用的最佳实践，我们组织业界的专家，成立了编写委员会，精心编写了此书。

下面是参与本书编写的作者简介。

张会斌，美国微软公司 Project 产品全球最有价值专家（MVP）；美国项目管理协会项目管理专业人士（PMP）、北京高远华信科技有限公司（www.highfarinfo.com）总经理、微软（中国）有限公司 Project 产品特聘顾问、西门子管理学院特约讲师。负责本书的整体策划以及全书的编写审校。

董方好，美国项目管理协会项目管理专业人士（PMP）；北京高远华信科技有限公司副总经理、项目管理总监，有 8 年企业项目管理经验，为国内众多的企业提供过微软 Project 产品相关的培训、部署服务。参与本书的前期策划，并负责本书第 1～6 章、第 8～11 和第 21 章的编写。

龚长春，微软 Project Server 应用专家，北京高远华信科技有限公司 EPM 实施总监；为多家大型企业成功实施以微软 Project Server 为核心的 EPM 平台。负责本书第 13～18 章和第 23 章的编写。

廖文星，微软（中国）有限公司 Project 产品 TSP（技术专家），北京高远华信科技有限公司 EPM 高级实施顾问，为多家世界 500 强企业部署 Project Server 2007/2010，参与本书第 7 章、第 12 章、第 19～20 章、第 22 章和第 24 章的编写。

网上资源

本书配备了丰富的网上学习资源，包括了作者精心录制的视频演示文件以及书中全部案例的源文件，便于读者更好地理解书中的内容，边学边练。

读者可以到 http://www.highfarinfo.com/downloads 下载相关的教学视频、案例源文件、模板等。

致谢

感谢本书的编写团队在非常忙碌的工作之余的优秀表现，才能使得本书与广大读者得以见面！

特别感谢微软（中国）中国有限公司 IW Team 的赵歌楠经理给予的巨大支持。

感谢北京高远华信科技有限公司其他同事在本书编写过程中给予的支持和帮助：申永华、邹积思、吕丽杰、彭泽华、欧磊、张辰锴、王豫昆、李博、徐文刚、李浩、胡志英、郭毅、徐中、贾亚峰、尚金光。

感谢北京神舟航天软件技术有限公司 AVPLAN 事业部总经理熊丹丹、技术部经理胡杨博、咨询部经理曾征给予的大力帮助！

如果读者在使用本书时，发现差错或者遇到问题，敬请批评指正，并请发电子邮件至 highfar.zhang@gmail.com，或者访问本书作者张会斌的博客（highfar.mypm.net）进行在线交流。

编者

Contents

目 录

第 11 章　项目执行 203

第 12 章　时间表管理 229

第 13 章　项目监控与沟通 241

■ ■ ■ ■ ■ ■　**案例篇**

■ ■ ■ ■ ■ ■ 综合篇

基础篇

第1章
Project 2010 基础入门

Project 2010（以下简称 Project）是美国微软公司最新发布的用于项目管理的一款软件包。Project 是一个功能强大而且可以灵活运用的项目管理工具，可以用该工具控制简单或复杂的项目；可用来安排和追踪所有的活动，让用户对项目进展了如指掌。该产品不仅适用于个人管理项目，而且适用于团队项目管理、企业级的项目管理。

在介绍 Project 2010 的应用之前，本章将重点介绍 Project 2010 与项目管理的关系，以及 Project 2010 的安装、基本操作。

1.1　Project 2010 与项目管理

项目管理就是为了满足甚至超越项目干系人对项目的需求和期望而将理论知识、技能、工具和技巧应用到项目的活动中去。从项目管理的概念就可以引申出项目管理的目标。

- 项目范围：项目要完成的内容是什么？
- 项目时间：项目需要多长时间内完成？
- 项目成本：项目需要多大的代价，需要花费多少成本？
- 项目质量：完成的项目产品需要达到什么样的指标？
- 项目资源：在多少有限的资源内达成项目的目标？

一般来看，项目管理就是为完成一个预定的项目目标，而对任务和资源进行规划、组织和管理的程序，通常需要配合时间、资源或成本方面的限制。项目可以是简单的独立一个项目，也可以是由多个独立的项目组成的一个大项目，例如，三峡水电站的建立项目，由若干个子项目组成。

项目是由一系列的活动或任务组成，项目管理就由规划任务、执行任务、监督任务执行等不同的过程组组成，对于每个项目过程都包括以下几个阶段。

- 启动阶段：确定一个项目或一个阶段可以开始了，并着手开始实施。
- 计划阶段：对项目任务或工作进行计划并且保持一份可操作的进度安排，确保实现项目的既定商业目标。
- 执行阶段：协调人力资源和其他资源，执行计划。
- 控制阶段：通过监控项目过程确保项目达到目标，必要时采取一些修正措施。
- 结束阶段：取得项目或阶段的正式认可并且有序地结束该项目或阶段。

项目 5 个阶段如图 1.1 所示。

当了解什么是项目及项目管理的特点之后，自然会希望借助一款软件工具来实现项目管理的全部过程。Project 就是一个功能强大而且可以灵活运用的项目管理工具，可以用该工具来控制简单或复杂的项目。它可用来安排和追踪所有的活动，让用户对项目进展了如指掌。

从项目的规模来看，Project 可以针对不同规模的项目。

图 1.1　项目 5 个阶段

- 单项目管理：适用于独立一个项目使用，Project 提供一套支持基本项目管理的全方位功能，其中包括了任务计划、资源管理、追踪及报表等功能。

- 团队项目管理：适用于大型项目，涉及多个资源库，多个项目的管理。Project 能提供您的组织一个能让所有项目成员与利益关系人存取项目信息并且进行协同作业的任务群组环境。

- 企业项目管理解决方案：在一个企业中，需要同时进行若干个项目，应从企业角度审定项目计划，调配资源等。Project 提供企业能使用的自定义企业大纲代码管理、检视与分析组织的整个项目公文包，确保输入数据与报表的一致性，并透过集中式的资源数据库管理资源。

从项目的阶段来看，项目管理由计划、实施、控制、收尾 4 个主要阶段组成，Project 可以针对每个阶段的工作提供相应的协助。

- 计划：Project 提供编制项目进度计划、成本计划、人力资源计划等功能，并可以根据项目的需要自动形成相应的报表，为项目中不同人员提供所需的报表，还可以通过电子邮件的方式直接分配任务。

- 实施：Project 提供各种项目分析技术，如 CPM、PERT（PERT 分析在 Project 2010 版本中已经默认不包括，需要手动加载）、资源平衡方法等，指导用户完成项目管理的过程，并帮助用户提高学习与探索的能力；根据项目的实施进度，及时调整计划和资源分配；随时显示监控的项目信息。通过随时对项目及其进度进行监督，可以进行必要的变更，以确保项目在预算范围内执行。

- 控制：Project 提供项目控制方法，根据项目组成员的任务完成情况，形成项目进度报告；根据项目完成进度和花费，及时掌握项目的成本信息，及时调整项目的计划。

- 收尾：在收尾阶段，Project 提供各类项目报表，包括项目过程的任何记录，项目资源的使用情况等各类报表。同时形成的项目信息还可以为其他项目提供借鉴。利用项目模板可以将优秀的项目过程利用模板进行保存。

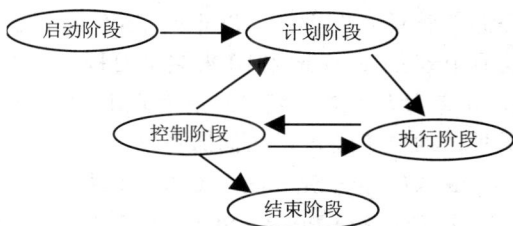

1.2　安装 Project 2010

1.2.1　Project 2010 产品介绍

Project 2010 包括了几个不同版本的产品，分别针对不同的用户需要而设计，以满足不同用户规模和项目复杂度的要求。Project Standard 2010 专为无需与其他人协作建立项目或选择资源的管理者而设计；Project Professional 2010 专为需要与企业中其他人协同工作以通过连接到 Project Server 2010 来共享日程和资源的项目经理与资源经理而设计；Project Web APP 2010 专为无需桌面客户端所有功能的人员（如主管人员、工作组成员和行政人员）而设计，另外，通过它还可以访问服务器。

● Project Standard 2010 为您提供了强大的项目管理工具，兼具可用性、功能性和灵活性。您可以使用 Project Standard 2010 更高效和有效地管理项目。通过控制项目工时、日程和财务，您可以随时了解项目。此外，您还可以通过与熟悉的 Office System 程序、强大的报告选项以及指导性的规划、向导与模板集成，使项目工作组在提高工作效率的同时保持统一。Project Standard 2010 专为无需基于网站的协调或协作的用户而设计，此协作方式可利用中央数据库的共享项目与资源。

● Project Professional 2010 为您提供了强大的项目管理功能。您可以通过控制项目的工时、日程和财务，随时了解项目，并与项目工作组保持密切合作。此外，您还可以通过与熟悉的 Office system 程序、强大的报告选项以及指导性的规划、向导与模板集成，来提高工作效率。Project Professional 2010 既可以作为单用户解决方案运行，也可以连接到 Project Server 2010，以获得企业项目管理功能。在此版本中，将提供 Project Professional 2010 与 Project Server 2010 连接时的功能。

● Project Server 2010 为 Enterprise Project Management（EPM）Solution 提供核心服务。可以使用 Project Server 2010 将有关整个组织内的工作和资源的信息集中并使这些信息标准化。通过 Project Server 2010，可以获得推动分析和报告、简化管理、加快上市速度以及提高质量所需的数据。Project Server 2010 具有全面的应用程序编程接口（API）且支持工作流，企业可以直接使用，也可以对其进行自定义。在 Project Server 2010 中，可识别、选择、管理和提供符合战略优先级的项目组合管理，以此来帮助组织实现其潜力。

● Project Web APP 2010：Project Server 2010 的网站客户端（Web 端），为用户提供了简洁的网站界面，以使用 Project 2010 中的各种功能。通过 Project Web APP 2010，用户可以查看、分析和报告包括时间表在内的项目信息，并创建项目建议和活动计划。根据用户的角色和授权级别的不同，可以公开或移除 Project Web APP 2010 中的功能。Project Web APP 2010 还包括管理用户界面。要使用 Project Web APP 2010，必须具备 Project Server 2010 客户端访问许可证（CAL）。

通过上述 4 个系列产品我们可以轻而易举的实现 4 种项目管理方案：单项目管理、团队项目管理、企业项目管理、项目组合管理方案。

1.2.2　Project 2010 产品安装

在使用 Project 之前，首先应进行产品安装。在安装产品之前，需要了解 Project 2010 每个产品的安装要求。

1. Project Professional 2010、Project Standard 2010 的安装要求

Project Professional 2010 和 Project Standard 2010 的具体安装要求如表 1.1 所示。

表 1.1　　　　　　　　Project Professional 2010、Project Standard 2010 的安装要求

组　件	要　求
计算机和处理器	700MHz 或更快的处理器
内存	512MB 或更大的 RAM
硬盘	2GB；如果在安装后从硬盘上删除原始下载软件包，将释放部分磁盘空间
驱动器	CD-ROM 或 DVD 驱动器
显示	1024×768 或更高分辨率的监视器
操作系统	Windows XP Service Pack (SP) 3（32 位）、Windows Vista SP1、包含 MSXML 6.0 的 Windows Server 2003 R2、Windows Server 2008 SP2（32 位或 64 位）、Windows 7 或更高版本操作系统
其他	某些高级协作功能要求具有运行 Microsoft SharePoint Server 2010 的 Windows Server 2008 SP2（64 位）或更高版本。若要使用"导入 Outlook 任务"功能，需要 Office Outlook 2003 SP2 或更高版本。可视化报表要求 Office Excel 2003 SP2 或更高版本以及 Office Visio Professional 2007 或更高版本。 Microsoft Project Server 2010 是企业项目、项目组合和资源管理功能所必需的。Microsoft Project Web App 和 Microsoft Exchange Server 2007 SP1 或更高版本是向 Outlook 日历或任务列表中导入任务所必需的。 SharePoint Server 2010（随 Project Server 2010 一起安装）是发布项目和 Windows Workflow Foundation 所必需的。Microsoft .NET Framework 3.5 版是资源置换向导所必需的。 Internet Explorer 7 或更高版本。Internet 功能需要访问 Internet（可能会产生费用）。 若要启用用于将 Project 2010 与 SharePoint 任务列表同步的功能，必须安装 Access 2010 或 Visio 2010。 在安装 Project 2010 以将可视化报表与 Office 2010 结合使用之前，必须安装 Office 2010、Visio 2010 和 SQL Server 2008 Analysis Services 10.0 OLE DB 提供程序（可从 SQL Server 2008 功能包中免费下载，http://go.microsoft.com/fwlink/?linkid=110393&clcid=0x804）。 某些联机功能需要使用 Windows Live ID，产品功能和图形可能会因您的系统配置而异，某些功能可能需要其他或高级的硬件或服务器连接

2．Project Server 2010 安装要求

Project Server 2010 的处理器、内存和硬盘要求高度依赖于在计算机上安装的服务数量以及服务器的负载水平，如表 1.2 所示。

表 1.2　　　　　　　　　　Project Server 2010 的安装要求

组　件	要　求
计算机和处理器	64 位，四核，每个内核 2.5 GHz
内存	对于开发人员或评估安装，需要 4GB 的可用空间；对于供试验或生产使用的单一服务器和多服务器场安装，需要 8GB 的可用空间
硬盘	80GB（用于安装）。对于生产使用，您需要额外的空闲磁盘空间用于日常操作。请添加两倍于生产环境所使用的 RAM 的可用空间
驱动器	DVD 驱动器
显示	1024×768 或更高分辨率的监视器
操作系统	带有 SP2 的 64 位版本的 Windows Server 2008 Standard、Enterprise、Data Center 或 Web Server

续表

组　件	要　求
其他	服务器场部署需要 100Mbit/s 的连接速度，独立安装需要 56Kbit/s 的连接速度。电子邮件通知需要符合 Internet SMTP/POP3、Internet IMAP4 或 MAPI 的消息传递软件
浏览器	Internet Explorer 7.0 或 Internet Explorer 8.0。注意：仅支持 Project Web App 通过上面列出的 Internet Explorer Web 浏览器版本访问 Project Server 2010

3．Project Professional 2010 安装过程

Project 的安装非常简单，与其他 Windows 的工具软件类似，下面我们将以 Project Professional 2010 为例介绍软件的安装过程，关于 Project 服务器版的安装将在后续章节中介绍。

（1）准备安装盘。安装过程中应关闭当前微软的其他运行程序。将 Project Professional 2010 安装盘放入光驱中，系统会自动运行启动盘上的安装程序。

如果安装程序没有启动，可以直接进入安装盘的目录，打开 Project 2010 目录后，可以看到安装程序 setup.exe。直接双击即可启动安装程序，如图 1.2 所示。

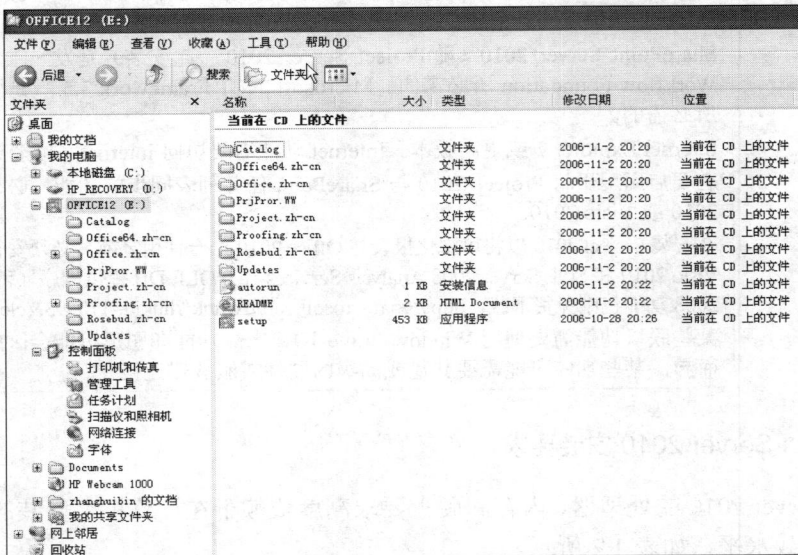

图 1.2　Project Professional 安装光盘目录

（2）输入产品密钥。启动安装程序后，系统首先提示输入产品的密钥，如图 1.3 所示。

读者可输入 25 位的产品密钥字符，产品密钥可以在"真品证书"上或在产品的光盘盒背面的标签上可以找到。图 1.3 中所示为密钥验证成功的画面，该图下方的输入框为 8 个字符的检索密钥，该密钥可以不输入。25 位的密钥验证成功后，请单击图 1.3 中的"继续"按钮。

（3）开始安装。输入正确的密钥并单击继续后，出现安装类型选择的画面，如图 1.4 所示。

在默认情况下，读者选择第一种安装方式，即"立即安装"方式，单击"立即安装"按钮继续安装。安装程序进入进度监控状态，如图 1.5 所示。

（4）安装结束。安装结束后，会出现如图 1.6 所示的对话框，单击"关闭"按钮即可完成安装程序。

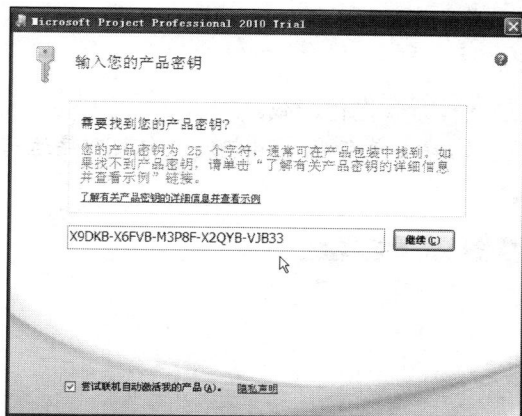

图 1.3　输入产品密钥

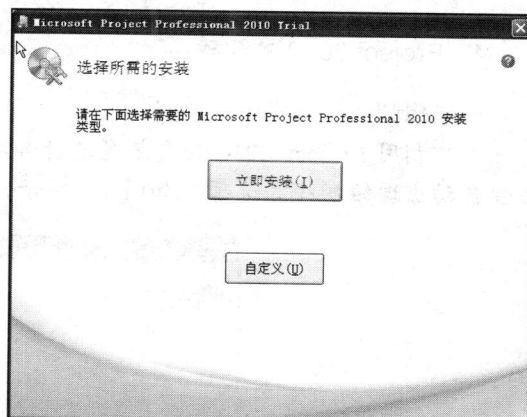

图 1.4　安装类型选择

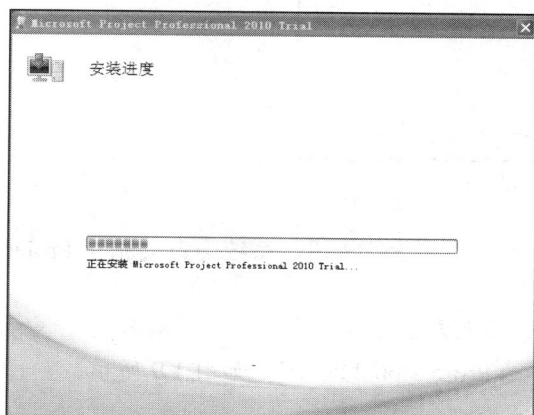

图 1.5　安装进度监控

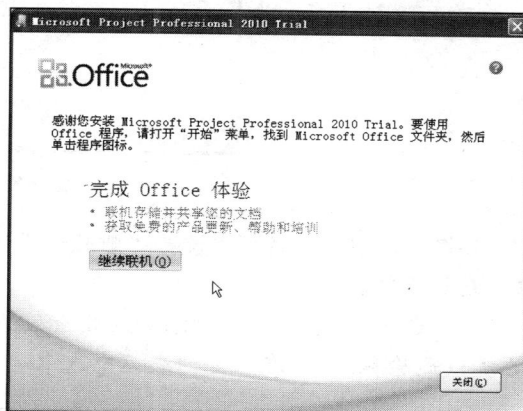

图 1.6　安装完成

　　如果用户希望得到免费的产品更新、帮助和联机服务，可以在图 1.6 中单击"继续联机"按钮。单击后，系统将利用浏览器打开一个新的网页浏览窗口，如图 1.7 所示。

图 1.7　Office Online 网页

4．Project 2010 的卸载

如果想卸载计算机中的 Project 软件，可以通过两种方式进行卸载。

● 利用 Project 2010 的安装盘进行卸载。直接启动安装程序 setup.exe，安装程序运行后会自动出现维护模式选项，如图 1.8 所示。

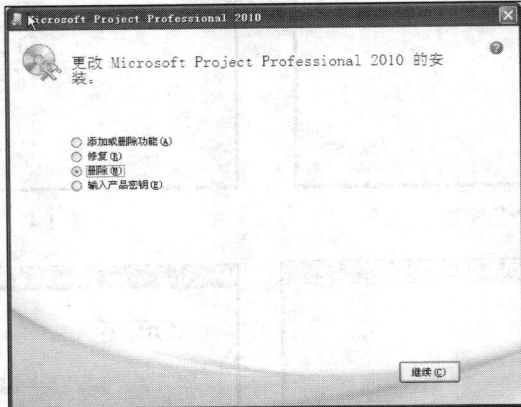

图 1.8　卸载选项

在图 1.8 中，读者可以选择"删除"选项，单击"继续"按钮，系统会自动删除 Project 软件及其组件。

● 通过 Windows 的"添加或删除程序"方式来完成。打开系统的"控制面板"，双击"添加或删除程序"，在软件列表框中选中"Project Professional 2010"，如图 1.9 所示。

图 1.9　在控制面板中卸载

单击"删除"按钮，启动安装维护程序，系统开始自动删除该程序。系统还会弹出对话框，请用户确认是否"删除"该程序，单击"是"按钮后，系统开始卸载程序，如图 1.10 所示。

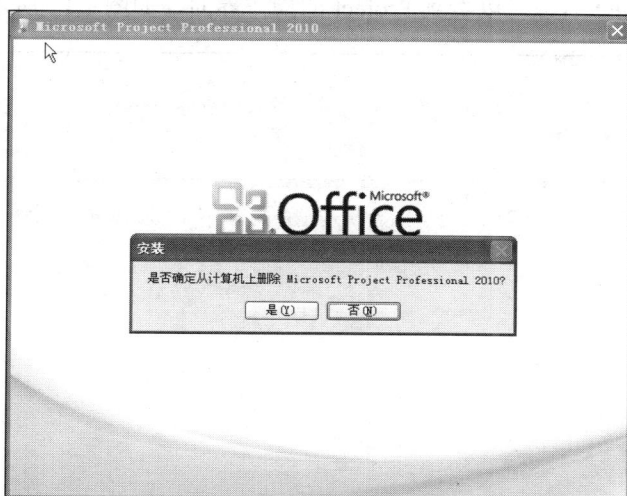

图 1.10　卸载过程

卸载完成后，在"添加或删除程序"对话框中将看不到 Project Professional 2010 程序。

1.3　Project 2010 操作界面详解

Project 2010 的操作界面与微软 Office 产品的操作界面、布局基本相似。软件安装完成后，用户单击【开始】/【所有任务】/【Microsoft Office】/【Microsoft Project 2010】，可以打开 Project 2010 的应用程序，选择过程如图 1.11 所示。

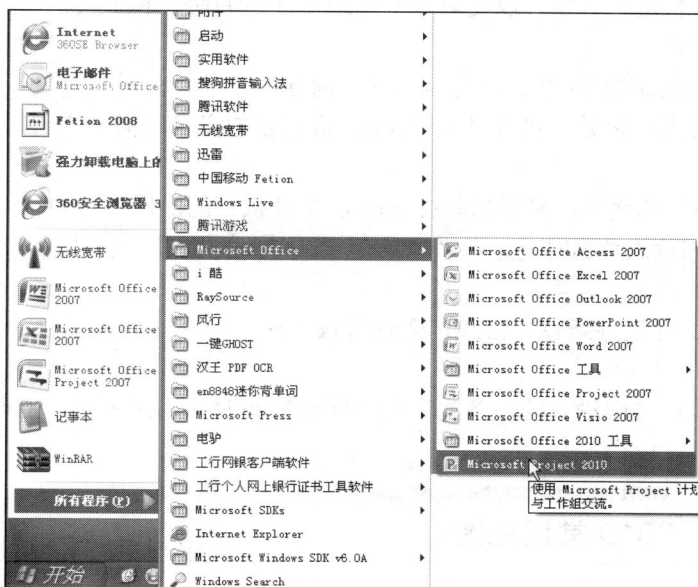

图 1.11　Project 应用程序打开路径

当我们进入 Project 后，可以看到 Project 的操作界面，如图 1.12 所示。

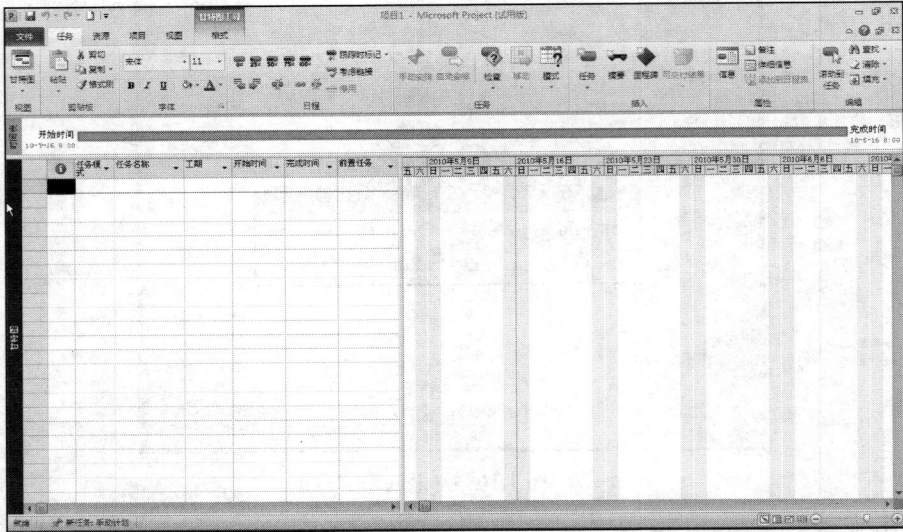

图 1.12　Project 界面

（1）标题栏。

Project 的标题栏中显示运行程序名称和 Project 文件的名称，以及最大化窗口、最小化窗口、关系窗口等快捷按钮。

（2）工具栏。

在标题栏的下方是工具栏，Project 的工具栏与 Office 其他产品的菜单栏布局、称呼相似。工具栏上可以包含按钮、菜单或两者的组合。首次启动 Project 时，只显示最基本的命令。用户可对菜单和工具栏进行调整，以便只显示您最常使用的命令和工具栏。

（3）项目向导栏。

Project Professional 2010 默认没有显示项目向导栏，项目向导已从 Project 2010 中删除。但是仍支持自定义项目向导。您可以使用 VBA 启用自定义项目向导支持。

（4）状态栏。

状态栏位于窗口的底部，显示当前对 Project 文件执行的操作。当 Project 等待操作时，显示"就绪"；当我们输入数据时，显示"输入"；当对文件进行病毒扫描时，显示"病毒扫描"。

（5）任务工作表。

在对 Project 文件进行新建、修改、删除等操作时，应在输入区完成。

（6）横道图。

针对在任务工作表中输入的任务的开始时间和结束时间，画出代表工期长度的横道。

1.4　Project 2010 常用视图

使用 Project 的过程就是使用 Project 提供的视图的过程，通过对视图的了解可以很快对

Project 的功能有感性的认识。常用的视图有："甘特图"、"网络图"、"资源工作表"、"资源使用状况"等。以上视图在菜单"视图"中均可以找到。

1.4.1 "甘特图"视图

"甘特图"的左边是任务的工作列表，显示任务的详细信息，如任务的名称、工期、开始时间、完成时间等。右边使用条形图的方式显示任务的信息，每一个条形图表示一个任务，视图上方的时间刻度可以清楚表示任务所在的时间分布，条形图之间的连线表示任务之间的相关性，如图 1.13 所示。

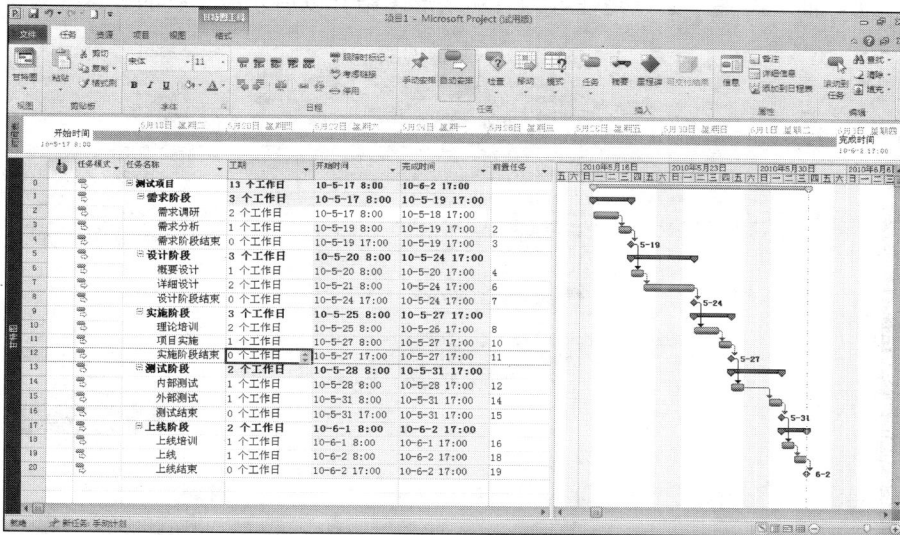

图 1.13 "甘特图"视图

"甘特图"是 Project 中最常用的视图，项目管理前期的很多工作都是围绕甘特图展开的。例如以下工作都是在甘特图中完成的：

- 任务信息录入；
- 工期的设定；
- 任务相关性的设定；
- 资源的分配。

甘特图（Gantt Chart）是一种图形化地概述项目活动及其他相关系统进度情况的水平方向的条状图。甘特图在项目管理的工作分解结构（Work Breakdown Structure）中有广泛应用，它能够直观地反映项目阶段和牵涉活动。

一幅完整的甘特图由横轴和纵轴两部分组成，横轴表示项目的总时间跨度，并以月、周或日为时间单位；纵轴表示各项目涉及的各项活动；长短不一的条状图则表示在项目周期内单项活动的完成情况及时间跨度。

简单的甘特图可以由手工绘制；复杂的甘特图可以通过专业软件来完成，如微软公司的Project、Excel 等。

甘特图的创始人是亨利·劳伦斯·甘特（Henry Laurence Gantt，1861～1919），他是一名机械工程师和管理咨询顾问，因于 1917 年发明的甘特图及其他图表而闻名于世。甘特图起初被应用于一系列著名的基础设施建设项目，如胡佛大坝。当前，各种电子表格工具和项目管理软件均有强大的甘特图功能，能够绘制、编辑高度复杂的甘特图。

1.4.2 "网络图"视图

"网络图"是项目计划的另一种表现形式，网络图中的每个结点代表一项任务，节点之间的连线表示任务之间相关性，如图 1.14 所示。与"甘特图"的区别是没有树状的任务分解结构，但是网络图对于明确任务之间的相关性有比较大的优越性。而且可以通过节点表示很丰富的任务相关信息，而甘特图中必须是任务列表和条形图结合以后才能完整的表达任务详细信息。

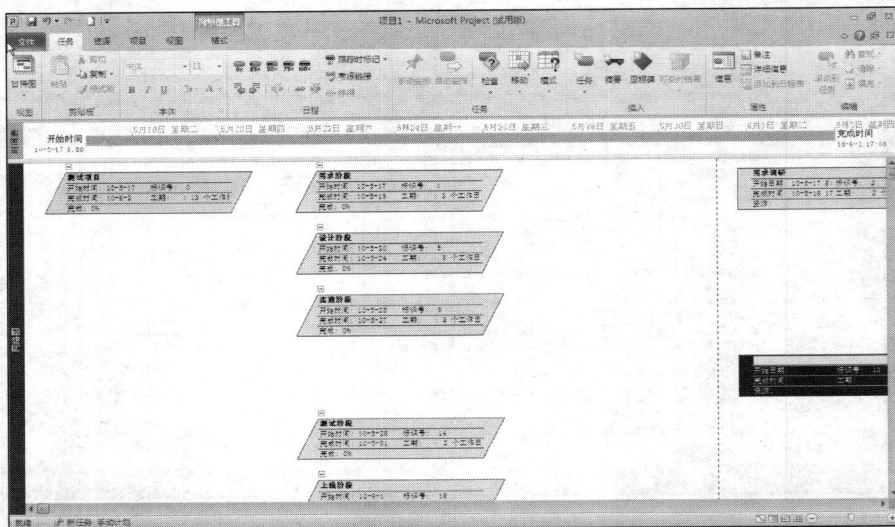

图 1.14 "网络图"视图

"网络图"在建筑等大型工程项目领域中应用比较广泛，在 IT 或者小型项目中运用比较少。在项目管理中，网络图主要有两种，分别为双代号网络图和单代号网络图。

● 双代号网络图：这是一种用箭线表示工作、节点表示工作相互关系的网络图方法。这种技术也成为双代号网络 AOA（Activity On Arrow，活动在箭线上），在我国这种方法应用较多，但是由于与国际接轨的要求，此种方法应用逐渐减少。双代号网络计划一般仅适用于结束到开始的关系表示方法，因此为了表示所有工作之间的逻辑关系往往需要引入虚工作加以表示。

双代号网络图中，工作由连接两个节点的箭线（arrow）表示，每个工作都由两个数字（i，j）（开始/结束）来定义。每个工作因此就可由这两个节点的数字来标识。图 1.15 所示是双代号网络图的例子。

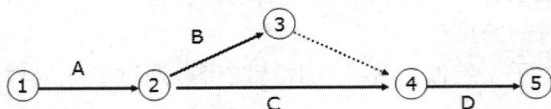

图 1.15 "双代号网络图"例子

○　单代号网络图：这是一种使用节点表示工作、箭线表示工作关系的项目网络图。这种网络图通常成为单代号网络 AON（Activity On Node，活动在节点上）。这种网络图可以表示 4 种工作关系（完成 – 开始、开始 – 开始、完成 – 完成、开始 – 完成），这种网络图在国际上具有广泛的通用性，并且在国际的项目管理软件中得到广泛实现和应用。单代号网络图的例子如图 1.16 所示。

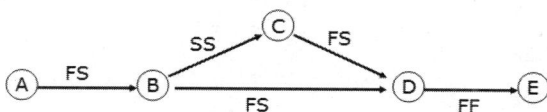

图 1.16　"单代号网络图"示例

图 1.16 中的圆圈表示的是任务；箭线表示的是两个任务间的关系；箭线上面的字母，例如 FS，表示的是关系的类型。F 是 Finish（完成）的缩写，S 是 Start（开始）的缩写。

1.4.3　"资源工作表"视图

"甘特图"中任务需要分配给资源，并且最终由资源来完成；资源信息的来源是"资源工作表"。"资源工作表"存放的是项目中可以被使用的资源信息，包括人力资源、设备资源、材料资源、成本资源等。在该视图中，可以完成资源的新建、修改、删除等操作，如图 1.17 所示。

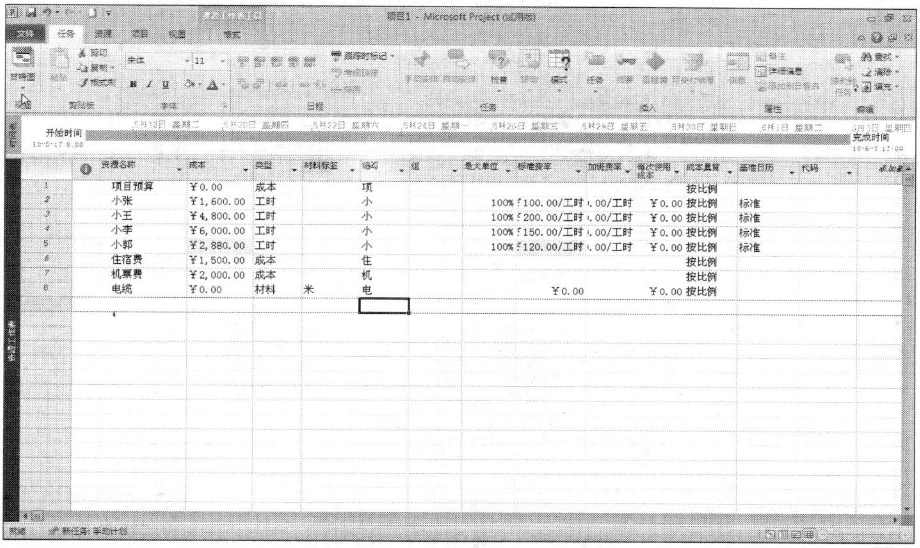

图 1.17　"资源工作表"视图

1.4.4　"资源使用状况"视图

"资源使用状况"以资源为索引，分组统计每个资源在该项目中被分配的任务详细情况，包括工时、工作时间、工作量分布，以及是否过度分配等信息，如图 1.18 所示。

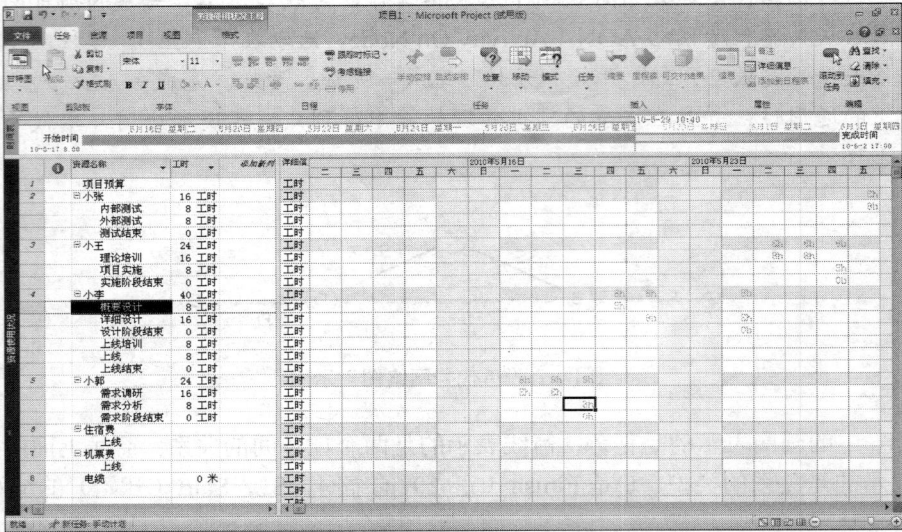

图 1.18 "资源使用状况"视图

1.4.5 "任务分配状况"视图

"任务分配状况"以工作任务为索引,分组统计每项任务被分配资源的情况。可以了解到任务的详细工作分配情况,以及工作量在任务上及时间上的分布情况,如图 1.19 所示。

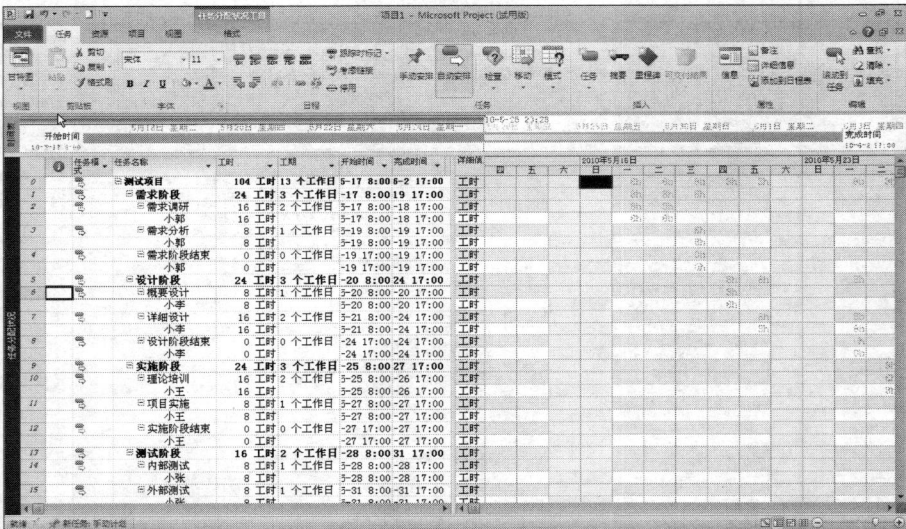

图 1.19 "任务分配状况"视图

1.4.6 "跟踪甘特图"视图

"跟踪甘特图"是以"甘特图"为基础的,不同之处是:"跟踪甘特图"中左边的每一项任务在右边的条形图中都有两个条形图相对应。下边的条形图表示的是确认后的"计划"任务,上面的条形图表示的是该任务当前最新的情况。两条形图的差别正是计划与最新情况的差别。该图的作用是专门用来检查项目计划是否发生变化，如图 1.20 所示。

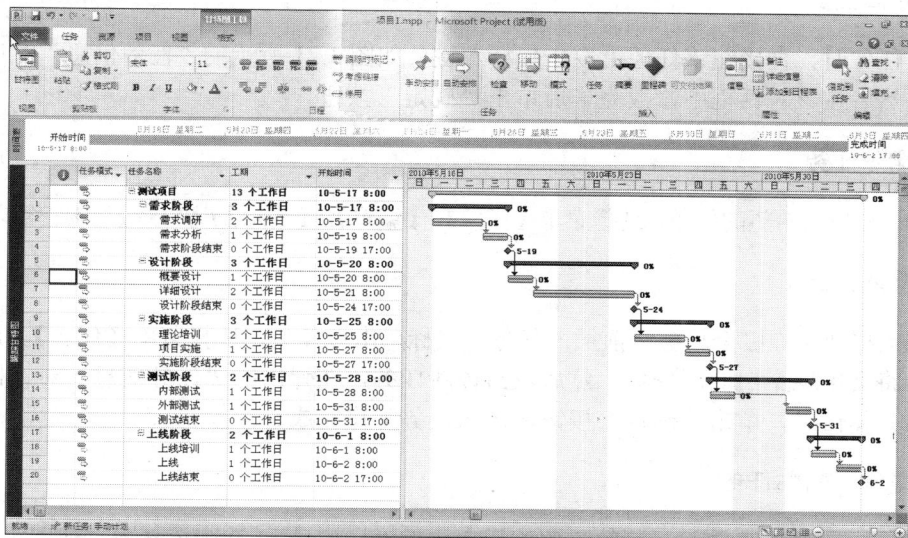

图 1.20 "跟踪甘特图"视图

1.5 Project 2010 基本操作

本节介绍的一些常用操作对于初次使用 Project 的读者有很大帮助。

1.5.1 "甘特图"中的操作

"甘特图"是 Project 打开之后的默认视图，从下面几个方面介绍一些最基本的操作。

1．新建任务

新建任务时，直接在甘特图左边"输入区"的空白的任务区域内双击鼠标左键，在出现的"任务信息"对话框中，输入任务信息，如图 1.21 所示。

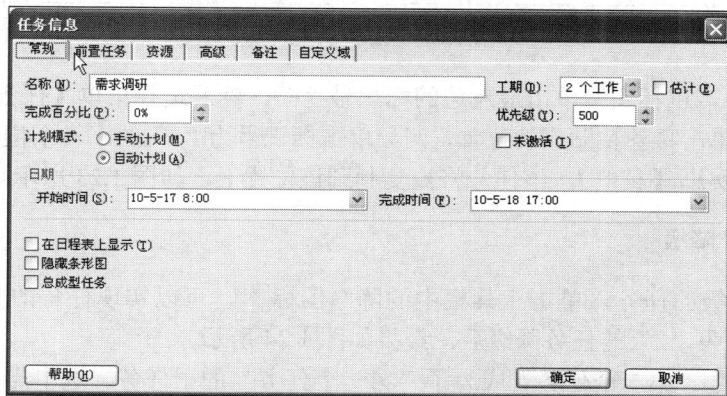

图 1.21 "任务信息"对话框

2．修改任务

修改任务时，直接在该任务上双击鼠标左键，如图 1.21 所示的"任务信息"对话框会再次弹出，然后在该对话框中修改完毕后单击"确定"按钮。

3．删除任务

使用鼠标单击希望的任务，选择菜单【任务】/【编辑】/【清除】/【整行】，该任务会被删除。

4．插入任务

首先需要决定在哪个任务之前插入任务，鼠标单击该任务，选择菜单【任务】/【插入】/【任务】，将会出现空白的新任务，然后双击该新任务，在弹出的"任务信息"对话框中输入新任务的具体信息，单击"确定"按钮，插入任务工作完成。

5．复制、粘贴任务

使用鼠标左键单击希望复制的任务的最左边的"标识号"，选中该任务，如图 1.22 所示。

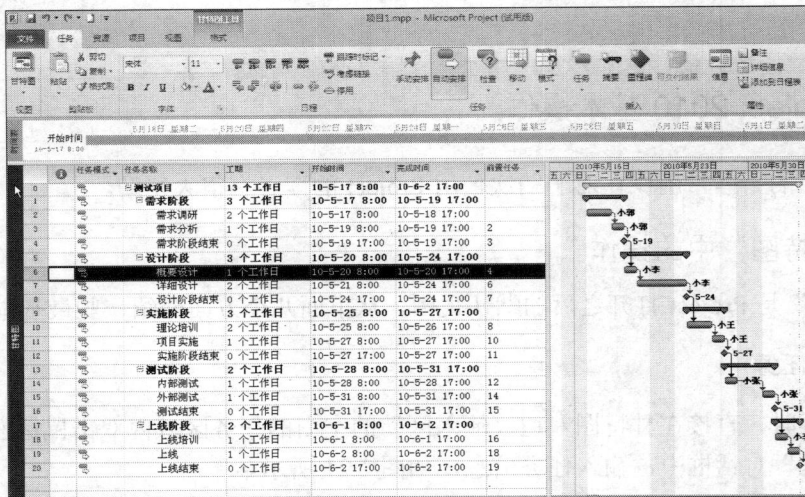

图 1.22　"甘特图"视图

在图 1.22 中，鼠标左键单击最左边的标识号"6"，然后选择菜单【任务】/【剪切板】/【复制】。用鼠标单击希望粘贴到的位置，例如单击标识号为"3"的下一个位置，再选择菜单【任务】/【剪切板】/【粘贴】，该任务将被复制到该位置上，如图 1.23 所示。

6．任务的升降级

选中需要降级的任务，单击工具栏中的降级图标▤，可以实现任务的降级。例如，将图 1.23 中的标识为"2"的任务降级后，结果如图 1.24 所示。

在图 1.24 中，"第二个任务"成为了"第一个任务"的子任务。选中需要升级的任务，单击工具栏中的升级图标▤，可以实现任务的升级。例如，在图 1.24 中选择标识号为"2"

的任务，再单击降级图标后，结果如图 1.25 所示。

图 1.23　任务被粘贴到新的位置

图 1.24　任务被降级后

图 1.25　任务被升级后

在图 1.25 中,"第二个任务"被升级后,与"第一个任务"成为平级的任务。

7. 分配资源

分配资源的前提是"资源工作表"中已经建立了资源。如果"资源工作表"中已经建立了资源,分配工作变的非常简单:在甘特图中的"资源名称"的下拉列表中选择资源名称即可,资源可以选择一个或者多个,如图 1.26 所示。

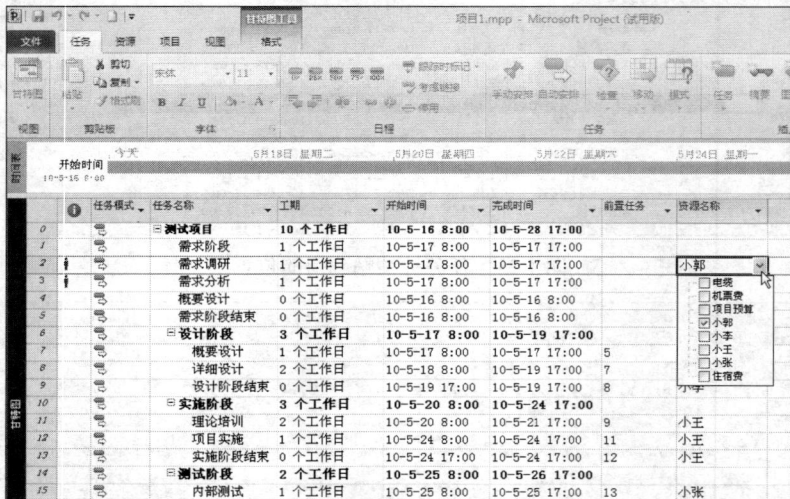

图 1.26　分配资源

8. 删除资源

资源被分配到任务上以后,希望删除时,直接在任务对应的资源名称上单击鼠标左键选中后,按 Del 或者 Backspace 键然后按回车键,可以完成删除资源的工作。

9. 快速定位任务

在计划编制过程中,经常发生无法看到任务的条形图的情况。此时,用鼠标左键单击该任务,将该任务选中后,再单击工具栏中的【任务】/【编辑】/【滚动到任务】,可以快速在右侧的条形图中展示该任务的横道图信息。例如,在图 1.27 所示的画面中,"任务 3"的横道图没有出现在右侧区域中。用户首先用鼠标左键单击"任务 3",接着单击工具栏的【任务】/【编辑】/【滚动到任务】,则出现如图 1.28 所示的界面。"任务 3"的横道图立刻出现在右侧区域中。

10. 通过右侧条形图区域看到更多任务信息

在计划编制过程中,在"甘特图"右侧的区域内有可能只能看到很少一部分的任务信息,如果想看到更多的任务信息,可以单击状态栏中的图标 ⊖,放大条形图区域内的时间刻度,可以缩小任务的条形图的长度,从而可以更多的展现任务信息。同时可以单击图标 ⊕ 缩小条形图区域的时间刻度,从而将局部的任务的横道图展现的更清楚。

例如,图 1.29 中的横道图是按照"天"为最小时间刻度来表示长度的。

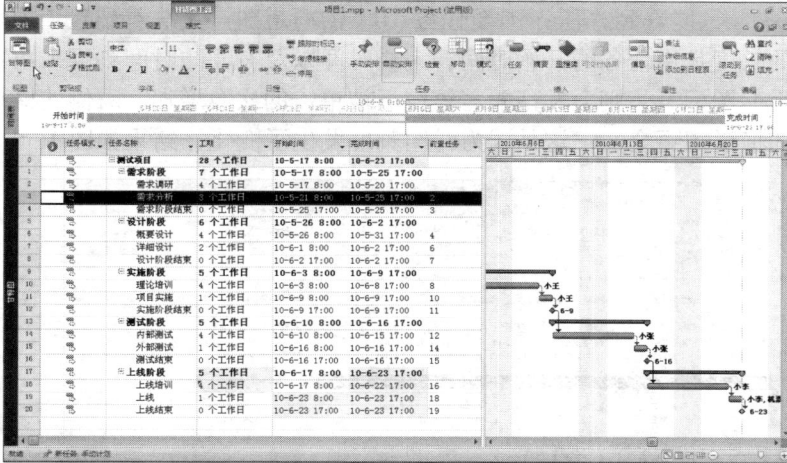

图 1.27　任务快速定位之前

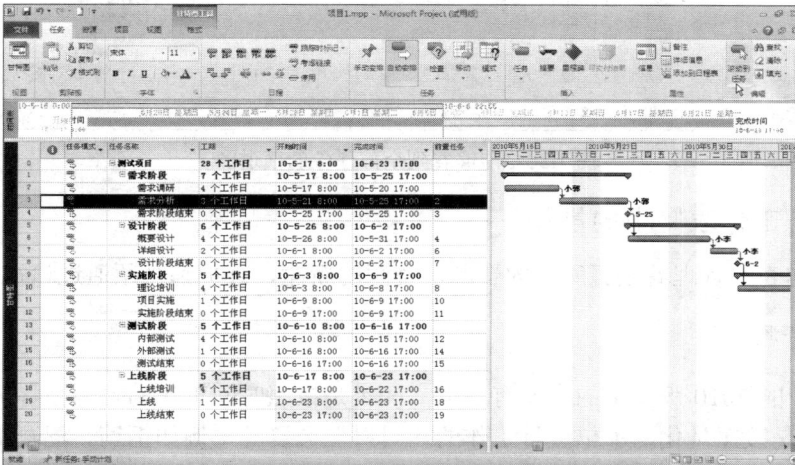

图 1.28　任务快速定位之后

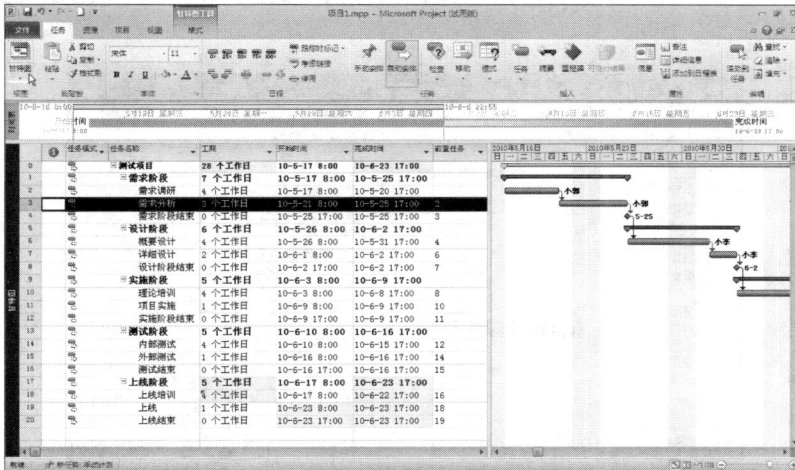

图 1.29　无法看到全部任务的横道图

在图 1.29 中，只能看到"任务 1 至任务 10"的横道图，无法看到整个项目的全貌，这是因为横道图的长度是由任务的开始时间、完成时间以及右侧的时间刻度来决定的。此时如果单击状态栏上的图标，则会发现随着该图标被单击的次数增加，右侧的横道图的长度在缩短，所得到的横道图更全面，这是因为时间刻度发生了变化，结果如图 1.30 所示。

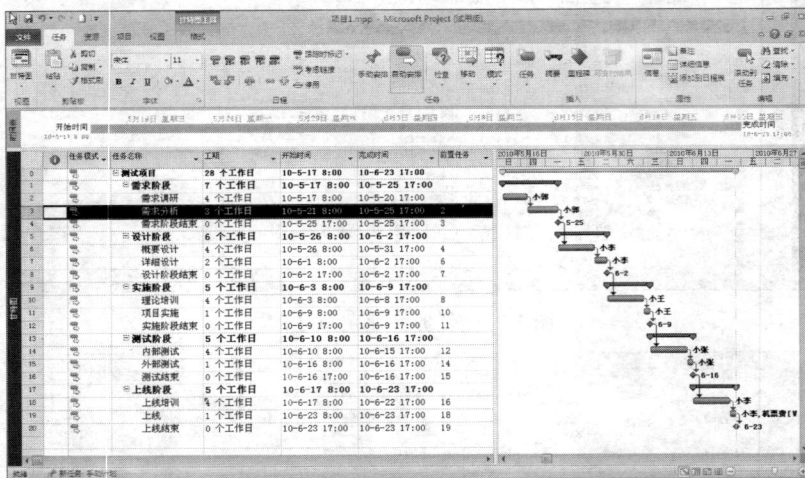

图 1.30 能够看到全部任务的横道图

1.5.2 "资源工作表"中的操作

"资源工作表"管理着项目所有的资源，资源的新建、维护都必须通过该视图进行。

1. 新建资源

在 Project 的 2010 版本中的资源有三类，一类是按照时间工作的资源被称为"工时"类资源，另一类是按照量化的单位进行工作的"材料"类资源，例如钢筋、混凝土等，还有一类是成本资源，如差旅费、交通费等。

用户在"资源工作表"中双击空白的资源工作表中的区域，可以开始建立资源的详细信息。如图 1.31 所示。

图 1.31 建立资源

在如图 1.31 所示的对话框中输入"资源名称",选择"类型",单击"确定"按钮便可建立基本的资源信息。

2.修改资源

在"资源工作表"视图中,双击希望修改的"资源"信息,如图 1.31 所示的对话框会再次弹出,在该对话框中完成对项目资源的修改和更新。

3.删除资源

在"资源工作表"视图中,用鼠标左键选中即将删除的任务后,选择"DEL"键可以删除资源。

1.6 Project 2010 的新功能

Project 2010 无论是在 Professional 端还是在 Server 端均做了非常大的改进,使所提供的企业项目管理解决方案更加完善和全面。

1.6.1 Project Professional 的新功能

1.改进的界面

Project 2010 引入了多个能够显著改善查看和使用项目的功能。

(1)功能区简介。

当您首次启动 Project 2010 时,您可能会对看到的内容感到惊讶。"功能区"取代了菜单和工具栏,它可帮助您快速找到完成任务所需的命令。这些命令按逻辑分组,并集中在各个选项卡下面,如图 1.32 所示。

图 1.32 改进的功能区

对于 Project 2010,功能区上的所有选项卡和组都是可完全自定义的。如果您的组织具有一些业务上特有的功能,则可以将这些功能组织到独自的功能区选项卡上。

(2)欢迎使用 Backstage。

单击"文件"选项卡,您将会转到 Backstage,这是一个用于管理您的项目文件的一站式图形目的地。Backstage 包含可用来打开、保存和打印项目文件的基本命令,这些命令与 Project 早期版本中的【文件】菜单上提供的命令相同。Project Professional 2010 用户还可以使用 Backstage 来管理其 Project Server 连接以及签出和发布项目。

【工具】菜单上的【选项】命令现在已移到 Backstage 中。此命令可打开"项目选项"对话框，您可以在其中输入、检查或更改用于控制 Microsoft Project 的工作方式和外观的首选项。

（3）快速查找命令。

现在，只需单击一下鼠标（确切地说是单击一下鼠标右键）即可找到最常用的命令。当您右键单击视图中的任何项（例如，条形图、表单元格或图表）时，将显示一个包含常用命令列表的微型工具栏。如果您时间紧张，这是一种可以在使用项目时节省时间的方法。

2．新的查看选项

Project Professional 2010 还新增了一些查看功能，以帮助您更加清楚地了解工作组的工作情况和过度分配人员的所在。Project 还可以帮助您及组织中的其他人使用日程表视图来查看项目全貌（以及可能的主要资源问题）。

（1）工作组计划程序。

Project Professional 2010 的用户现在可以使用工作组计划程序，这是一种资源日程排定视图，如图 1.33 所示，您可以通过此视图以一种以前在早期版本的 Project 中不可能实现的方式与日程进行交互。通过使用工作组计划程序视图，您看一眼就能了解到工作组成员当前从事的工作，并且可以将任务从一个人转移到另一个人。您还可以查看和分配未分配的工作、查看过度分配以及查看任务名和资源名。所有这些工作都可以在一个高效率的视图中完成。

管理任务和资源从未如此简单。例如，如果某个资源过度分配，您需要做的只是将任务从一个资源拖到另一个资源，这样过度分配情况就解决了。

图 1.33 中的 ❶表示落后于日程的任务，可以将此任务分配给没有任何工作可做的王俊元或谢丽秋。❷表示按时进行的任务。❸表示当前未分配的任务。可以将这些任务分配给没有任何工作可做的"王俊元"或"谢丽秋"。

（2）日程表。

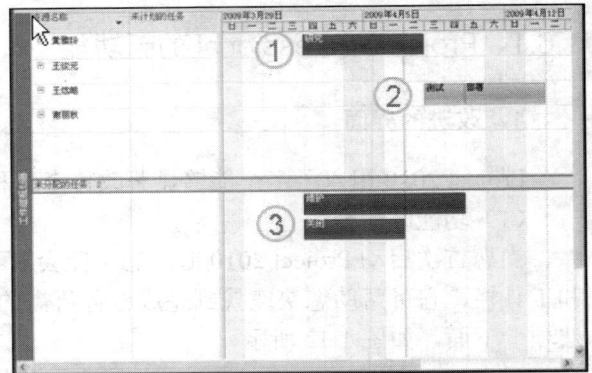

图 1.33　改进的功能区

Project 2010 包括一个自动显示在其他视图之上的"日程表"视图，其中会显示整个日程的简明概览，如图 1.34 所示。您不仅可以将任务添加到日程表中，甚至还可以为整个项目的摘要报告打印日程表以吸引人的注意力。或者，您可以将日程表粘贴到电子邮件中，轻松地生成一份即时报告。

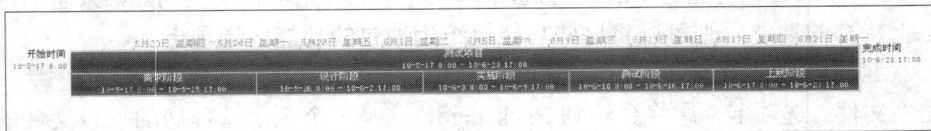

图 1.34　改进的功能区

3．更简单的视图定义

一直以来，在 Project 中处理视图通常极富挑战性。现在，情况不再是这样了。下面了解·

一下您可以用来安排如何显示和控制项目的新方式。

（1）快速添加新列。

向 Project 中添加新列的操作已经大大简化。现在，只需单击工作表视图右端的"添加新列"标题，然后键入或选择列名称。也可以通过单击现有列的标题并键入不同的列名称来快速重命名现有列，如图 1.35 所示，自定义列从未如此简单。

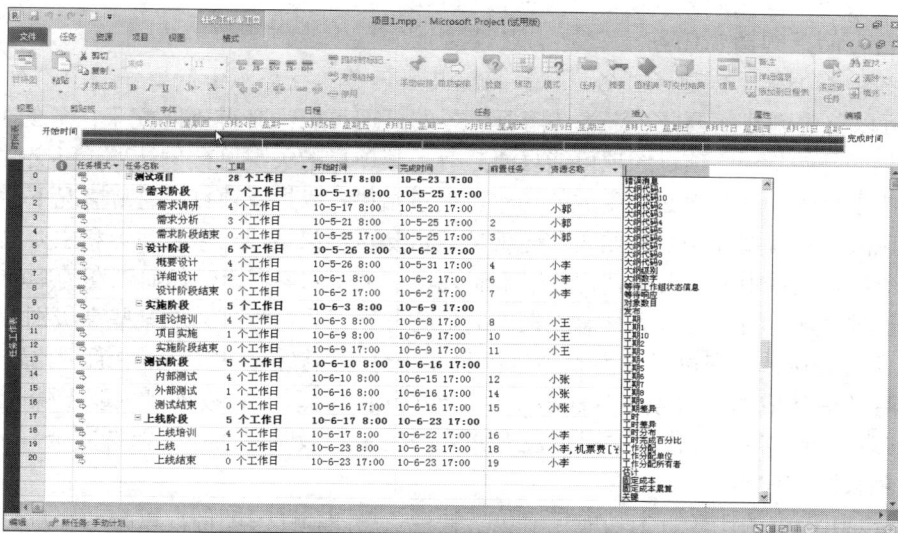

图 1.35　插入列

（2）缩放模块。

使用 Project 2010 的状态栏中的缩放滑块可以快速缩放视图的时间分段部分。简单地将滑块移到右侧可放大（显示较短的时间间隔，如天或小时）您的日程，移到左侧可缩小（显示较长的时间间隔，如周或月）日程，如图 1.36 所示。缩放滑块可用于甘特图、网络图、日历视图以及所有的图形视图。

图 1.36　缩放模块

4．用户控制的日程排定

Project 2010 提供了一些项日程排定增强功能，以改进您对日程的控制。您也可以在 Excel 或 Word 中创建初始任务列表，然后将其粘贴到 Project 中，而不必重新设置这些列表的格式。

（1）手动排定日程。

Project 2010 在项目的日程排定方式上引入了一个重要改变。如果任务是手动排定日程的，则在更改任务相关性（任务相关性：两个链接任务之间的关系；通过完成日期和开始日期之间的相关性进行链接。有 4 种任务相关性类型：【完成-开始】（FS）、【开始-开始】（SS）、【完成-完成】（FF）和【开始-完成】（SF））和项目日历（日历：确定资源和任务工作时间的日程排定机制。Project 使用 4 种类型的日历：基准日历、项目日历、资源日历和任务日历）等因素时，将不再自动调整任务日期。

您可以将手动排定的任务放置在日程中的任何位置，Project 将不会移动它。

习惯于使用以前版本的 Project 自动排定日程的项目经理可以为特定任务或整个项目关闭新的手动排定日程功能。某些项目（特别是一些复杂的项目）可能需要功能强大的 Project 日程排定引擎来为您妥善排定日程。

（2）非活动任务。

您可以使任务处于非活动状态，同时仍将这些活动保留在项目中。非活动任务通常具有对于存档目的很有价值的关键信息（如实际值和成本信息）。

（3）自上而下的摘要任务。

项目经理不再限于创建子任务，然后将这些子任务上卷显示于摘要任务中。对于 Project 2010，您可以首先创建摘要任务，并且摘要任务的日期可以不必准确匹配子任务的上卷日期。

在计划的开始阶段，项目经理可能只清楚有关其项目的关键可交付结果（可交付结果：为完成项目或项目的一部分而必须生成的切实可度量结果、成果或项目。通常情况下，项目工作组和项目风险承担者要在项目开始之前先就项目可交付结果达成一致意见）和主要里程碑（里程碑：一个标志项目中的主要事件，并用于监视项目进度的参考点。任何工期为零的任务都自动显示为里程碑，也可以将具有任意工期的其他任务标记为里程碑）的某些高级别信息。

通过使用 Project，您可以根据整个日程表和预算（预算：在 Project 中通过比较基准计划建立的项目的估计成本）将项目分成若干个高级阶段（阶段：完成项目主要步骤的一组相关任务）。这意味着，各个工作项的日期没有必要与用于高级阶段的日期保持完全一致。

（4）项目版本比较。

Project 2010 中的比较版本功能目前包括甘特条形图和图形图像，以帮助用户更加清晰地了解项目的各版本之间的差别。

5．更轻松的协作

将项目与组织中的其他人隔离开并不是很好的项目存在方式。Project 改进了可用来共享项目信息的方式。

（1）通过 SharePoint 列表同步改进协作。

Project Professional 2010 的用户可以将项目文件导出到 SharePoint 列表中，从而向项目经理提供一种共享状态或创建报表（整个组织都可查看）的既简单又快速的方法。您不需要 Project Web App 即可与 SharePoint 列表同步。

（2）增强的复制和粘贴功能。

你不会想到通过如复制和粘贴 Project 信息这样既简单又古老的操作也能增强协作吧？使用此新功能，你现在可以在 Office 程序和 Project 2010 之间复制和粘贴内容，同时保留内容的格式、大纲级别和列标题。

只需单击两次鼠标，你就可以生成一份即时报告，并将其复制到大多数的 Office 程序中。

1.6.2　Project Server 的新功能

Microsoft Project Server 2010 以 Microsoft SharePoint Server 2010 为基础构建，并在功能强大的业务协作平台服务上带来了结构化的执行能力，从而帮助您打造各种灵活的工作管理解决方案。Project Server 2010 将对项目和项目组合实现一体化管理，进而帮助组织根据战略层面的优先级排序，协调资源和投资行为。同时用户可通过它对所有类型的工作实现全面掌控，并利用强大的仪表板直观显示绩效信息。

1．一体化项目与项目组合管理

Project Portfolio Server 2007 中经典的项目组合管理技术将被合并到 Project Server 2010 之中，以便通过单独的一台具有直观用户界面服务器就可以提供用以支撑整个项目生命周期的所有必备工具。通过综合利用自上而下的项目组合管理技术和自下而上的项目管理功能，Project Server 2010 将帮助组织识别和甄选最优的项目组合，并将项目成功地转化为最终成果。

2．利用管理工作流来实现权责分明和控制力

Project Server 2010 的工作流功能将帮助组织定义正确的管理流程，进而有效控制各种类型的工作——项目和业务——并贯穿于整个工作生命周期的始终。通过在流程中设置检查点，并针对个体采用恰当的权限，将有助于推动权责明确、提高责任感以及为所有投资决策提供可审核的记录信息。全新的提案状态页面（Proposal Status Page）将帮助项目管理部门（PMO）有效落实各种管理流程，并教育员工快速适应、习惯和服从这种工作分配的方式。

3．实现项目活动的标准化和合理化

Project Server 2010 将提供一站式的需求管理门户，来帮助组织在项目伊始就实现各种类型工作的标准化和合理化。通过将项目和业务活动集中于一个中央系统中，就可以让组织清楚地看到所有请求和正在进行的活动，这样，很容易发现重复请求，而且可以快速评估对可用资源有何影响。Project Server 2010 的这种灵活性将帮助 PMO 为各个部门提供某种层面的自我管理，同时，用户能通过对数据集的标准化发挥企业报表的价值。

4．选择符合战略要求的恰当项目组合

在过去，项目会按照先到先得的方式获取资金。Project Server 2010 将包含最具实用价值的项目组合选择技术，因此，只有价值最优的项目会得到许可——即符合战略要求以及资源利用要求，这将帮助组织在投资方向的选择上不是一时的冲东，而是采用理智的思考。全新的项目组合管理和分析功能，将帮助执行层的人员在付出更少劳动的前提下，根据战略的优先级来理性地使用投资。

　　◐　有效排定优先级并传达企业战略。

Project Server 2010 将帮助执行层的人员将战略拆解成分散的、可执行的、可度量的各个业务驱动因素。直观的对比评估将有助于确保组织有目的地考查各个业务驱动因素的优先级、促使一致统一的执行，以便衡量各种互斥请求分别在战略层面有何种积极贡献。通过在 Project Server 2010 中合并各种业务驱动因素并考核其优先级，将有助于以面向执行层面的表述方式来传达既定战略，并呈现一幅可被各个部门经理所理解和实现的蓝图。

　　◐　在各种限制条件下执行假设分析。

Project Server 2010 将帮助组织从多个维度对项目进行优先级评估——战略价值、财务价值、风险——从而提供客观的、证据确凿的对比结果。直观的成本约束分析（Cost Constraint Analysis）视图将帮助分析人员快速对各种不同的预算限制进行建模，并使用专业的优化算法来提出建议的项目组合，以便最佳匹配企业战略。Efficient Frontier、Strategic Alignment 和 Compare

Scenario 视图将提供强大的洞察力，帮助执行层找到均衡点，并评估和优化项目组合的选择。

● 掌握重新编排计划的主动权，最大化资源利用率。

Project Server 2010 中新增的负载规划功能将帮助分析人员预先评估出既定项目组合对资源池的影响，并通过对各种应用场景的建模，来提高整个规划周期内的资源利用率。强大的资源限制分析（Resource Constraint Analysis）视图将提供一个完整的门户，来帮助组织直观地发现资源短缺或利用率不足的情况。同时它还可以帮助企业调整项目开始日期以便更好利用可用的员工、计算所需的员工数量以便采用最优化的雇佣策略。

5. 轻松构建 Web 项目计划

Project Server 2010 通过将 Microsoft Project Professional 2010 的功能扩展到浏览器，实现基于 Web 的项目计划，进而可以向处于移动状态的工作者授权和分配任务。现在，项目经理可以充分利用各种强大的诊断功能，例如突出显示修订和多级撤销，而不必每次都要启动 Project Professional 2010 程序。基于 Web 的计划功能将为兼职和专职的项目经理提供这种灵活性，他们可以随处通过 Internet 快速在线构建简单和复杂的计划，并便捷地通过互联网通过任何地方修改编辑该计划。

6. 直观地提交时间和任务更新

各种组织都需要集中获取时间、简化流程、自动化任务管理以及提高项目预估的准确性，Project Server 2010 就将为这些组织提供这种灵活性。Project Server 2010 已对时间报告功能进行进一步增强，以提供一种全新的单点输入模式（Single Entry Mode），旨在统一管理时间和任务状态更新。用于时间表输入和任务管理的 Web 用户界面已被标准化，目的是加快用户的学习速度和增强用户体验。Project Server 2010 通过与 Microsoft Exchange Server 2010 连接在一起，就可以确保团队成员能够直接在 Microsoft Outlook 2010 和 Outlook Web App 中便捷地接收和更新自己的项目任务。

7. 通过报表和仪表板实现可见性和控制力

Project Server 2010 将提供一种功能强大的报表基础架构，并将其与各种灵活的商业智能工具加以组合，进而有助于确保组织预先获取对所有项目组合的可见性，这样，他们就可以快速采取应对措施，并生成自定义报表。Project Server 2010 采用 Microsoft 商业智能平台，其中包含 Excel Services、PerformancePoint Services、Visio Services、PowerPivot for Excel、SQL Reporting Services 等，这些将为组织提供一种全面的、可满足企业日益增长的报表需求的解决方案。该解决方案将为非技术资源提供一系列熟悉的工具，以便轻松创建报表和配置面向用户的、功能强大的仪表板，同时，还将为技术资源提供更多专业级功能来创建各种复杂的视图。

8. 简约型管理及其灵活性

Project Server 2010 将变得极具灵活性，而且可被快速配置，迅速满足任意组织的独特需求和业务流程。Project Server 2010 将通过一个综合了项目和项目组合管理功能的改进型控制台来实现简化管理的目的。包括用户代理和项目权限在内的诸多新功能将通过赋予用户操作权限来降低管理员的工作负担。Project Server 2010 将有助于确保 PMO 和管理员在管理系统上耗费更少的时间,而将更多的时间用在项目和项目组合的交付和绩效上。

9. 从 Microsoft 平台中获取更多价值

Project Server 2010 可以连接到其他的 Microsoft 相关产品技术,例如 SharePoint Server 2010、Microsoft Office 2010 以及 Exchange Server 2010,从而提供一种功能强大而易于使用的工作管理平台。这将有助于确保团队成员可以选用自己乐于使用的生产力工具,轻松接收任务并向项目负责人提交状态更新,而且只需付出极少的工作量和可控的日常项目开支。这种灵活性将促进生产力提升,并有助于确保项目经理和 PMO 可以有效收集所需的数据,来推行企业信息呈报机制和资源管理策略。

10. 可扩展和可编程的平台

Project Server 2010 将提供一种开放式的、可扩展编程的平台,以确保组织可以轻松开发自定义解决方案,并有效集成用户的业务系统。由于 Project Server 2010 构建于 SharePoint Server 2010 基础之上,开发人员可以充分利用一种一致而功能强大的平台及其中的各种熟悉的工具和服务来快速构建和部署各种解决方案,其中包括 Windows Communication Foundation、Business Connectivity Services、Microsoft Visual Studio 2010 以及 Microsoft SharePoint Designer 2010。

1.7 如何获得帮助

Project 2010 在提供的联机帮助上有了较大的改进,并且提供了 Office Online 的在线帮助信息。

1.7.1 Project 的联机帮助

选择菜单【文件】/【帮助】后,如图 1.37 所示。

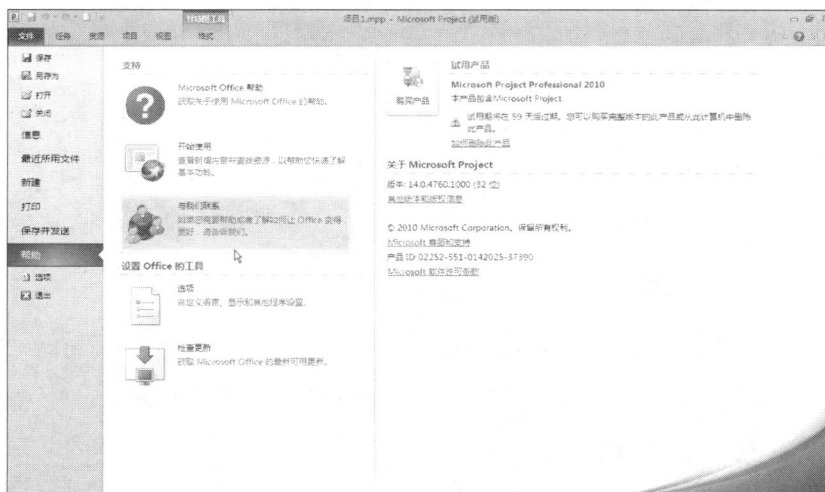

图 1.37 Project 2010 帮助

如图 1.36 所示，Project 2010 的联机帮助更加科学化与知识化，每一项帮助都非常清晰的描述了如何操作以及操作的原因和项目管理理论基础，这套帮助体系不仅是对学习使用 Project 软件有帮助，而且对提高项目管理能力也有很大帮助。

1.7.2　Project 的其他帮助

除了联机帮助之外，微软公司还为 Project 2010 准备了 Office Online 上的学习资料，根据笔者对 Office Online 的考察，发现该资料的知识性和权威性可以得到充分的肯定。用户遇到一些疑难的问题可以通过互联网来使用该帮助。

- ● Project Professional 的帮助主页：
  http://office2010.microsoft.com/zh-cn/project-help/HA010388396.aspx
- ● Project Server 的帮助主页：
  http://www.microsoft.com/project/en/us/default.aspx

第 2 章
项目管理知识点回顾

在开始了解 Project 2010 之前，让我们先分解项目管理这个话题。项目管理就是项目与管理的组合，如何用管理的方式更好地管理项目。事实上，尽管大多数担任项目管理岗位的人员在技术应用领域表现非常出色，但是项目管理的核心确实是"管理"。

本章将简单的回顾项目和项目管理的基本概念，了解项目管理的知识领域，理解如何管理一个项目，了解如何区分项目管理与通用性管理。

2.1 项目管理基础知识

项目管理就是在项目活动中运用专门的知识、技能、工具和方法，把各种资源应用于项目，以实现项目的目标，使得项目能够实现或超过项目相关利益者的需要和期望。项目管理的核心就是基于某个项目，采用管理手段完成项目目标，因此项目管理的基本知识介绍集中在项目和项目管理两个方面。

2.1.1 项目的基本概念

"项目"这个概念自古以来就有，可以认为中国古代万里长城的修建就是一个项目，古埃及的金字塔建造也是一个项目，近代的人类登月也是一个项目。所不同的是，后者可能已经在使用完整的项目管理知识体系来管理项目了。在我国，项目也经常被称作"工程"。例如，建造三峡大坝就是一个典型的项目，但却叫"三峡工程"。

项目是指在一定约束条件下（主要是限定资金、限定时间等），为完成某一独特的产品或服务具有特定目标的一次性任务。它没有惯性，是不重复的、一次性的创新性任务，一般具有独立的时间、财务和技术绩效目标。

项目的定义包含 3 层含义：

- 项目是一项有待完成的任务，且有特定的环境与要求；
- 在一定的组织机构内，利用有限资源（人力、物力、财力等）在规定的时间内完成任务；
- 任务要满足一定性能、质量、数量、技术指标等要求。

这 3 层含义对应着项目的三重约束——时间、费用和质量。项目的目标就是满足客户、管理层和供应商在时间、费用和性能（质量）上的不同要求。项目的目标含义示意图如图 2.1 所示。

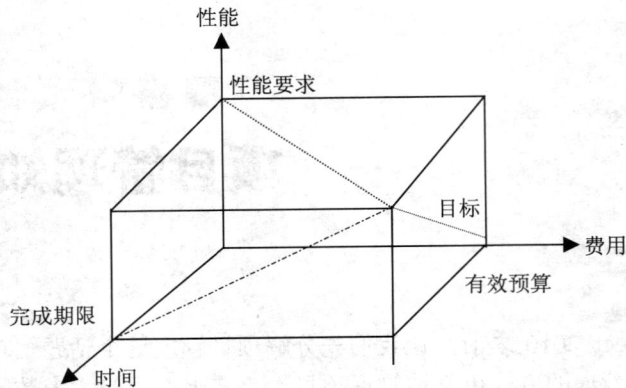

图 2.1　项目目标

通过对项目概念的认识和理解，我们可以归纳出项目的特征。

（1）项目的一次性。一次性是项目区别于其他任务的基本特征。这意味着每一个项目都有其特殊性，不存在两个完全相同的项目。项目的特殊性可能表现在项目的目标、环境、条件、组织、过程等方面，两个目标不同的项目肯定各有其特殊性，即使目标相同的两个项目也各有其特殊性。

（2）项目具有生命周期。项目是一次性的任务，因而有起点也有终点。任何项目都有立项、计划、实施、收尾、维护这样的一个过程。

（3）项目目标的明确性。项目目标一般由成果性目标与约束性目标组成。其中，成果性目标是项目的来源，也是项目的最终目标，又是项目全过程的主导目标；约束性目标通常又称为限制条件，是实现成果性目标的客观条件和认为约束的统称。

（4）项目的互相依赖性与冲突属性。项目常与组织中同时进展的其他工作或项目相互作用，但项目总是与项目组织的标准及手头的工作相抵触的。组织中各事业部门间的相互作用是有规律的，而项目与事业部门之间的冲突则是变化无常的。项目之间有为资源而与其他项目进行的竞争，有为人员而与其他职能部门的竞争。

（5）项目的不确定性与灵活性。对于每个项目我们很难预测和计划出该项目的所有工作和可能发生的事情，所有的项目都是在不确定的条件下执行的，项目经理要投入很多时间去应付未曾预测到的变化。权衡时间和成本之间的代价，以及有可能牺牲不重要的性能去同时满足进度和预算的要求，这也就是说项目具有一定的灵活性。

2.1.2　项目管理的基本概念

项目管理是以项目经理负责制为基础的目标管理。一般来讲，项目管理是按任务而不是按职能组织起来的，项目管理的主要任务一般包括项目计划、项目组织、质量管理、费用控制、进度控制这 5 项。日常的项目管理活动通常是围绕这 5 项基本任务展开的。项目管理自诞生以来发展很快，当前已经发展为三维管理。

● 时间维：既把整个项目的生命周期划分为若干个阶段，从而进行阶段管理。

● 知识维：即针对项目生命周期的各个不同阶段，采用和研究不同的管理技术方法。

● 保障维：即对项目人、财、物、技术、信息等的后勤管理保障。

按照美国项目管理协会（Project Management Institute，简称 PMI）的 PMBoK（Project Management Body of Knowledge）定义，他们把项目管理的各个过程按照两个维度进行了分类：知识领域和过程组。也就是说，任何一个项目管理过程都处在两个维度坐标之中。

（1）第一个纬度是知识领域，共有 9 个，分别是核心知识领域，辅助知识领域和整体管理。核心知识领域包括以下几方面。

● 项目范围管理：是指对项目包括什么与不包括什么的定义与控制的过程。这些过程用于确保项目组和项目干系人对作为项目结果的项目产品以及生产这些产品所用到的过程有一个共同的理解。

● 项目时间管理：确保项目准时完成所必需的过程。

● 项目成本管理：确保在批准的预算范围内完成项目所需的各个过程。

● 项目质量管理：确保项目满足它所应满足的需要。

其实，项目管理的核心知识领域就是构成项目目标的 4 个要素。也就是说，项目管理就是确定和细化范围、时间、成本和质量这 4 个目标，然后围绕这 4 个目标的实现进行监督和控制。除非项目的目标构成因素发生了变化，否则项目管理的核心知识领域是不会发生改变的。

辅助知识领域包括以下几方面。

● 项目人力资源管理：就是有效地发挥每个参与项目人员作用的过程。

● 项目沟通管理：就是创建、收集、发送、储存和处理项目信息的过程。

● 项目风险管理：是指为了更好地达到项目目标，识别、分析和应对项目生命周期内风险的过程。

● 项目采购管理：是指对从执行组织外部购买项目所需产品和服务的过程。

辅助知识领域的作用是帮助项目实施的更有效的管理过程。它的构成并没有太多的规律性因素。

最后是项目整体管理，作为一个整体性的大框架在项目生命周期中来集成和协调所有其他项目管理知识领域所涉及的过程。

（2）第二个维度是过程组。按照过程本身的作用来分类，共分为启动过程组、计划过程组、实施过程组、控制过程组、收尾过程组。这几个过程组最主要的是计划、实施和控制。启动过程组主要承担项目的立项过程，收尾过程组主要承担项目结项过程。

各个过程组之间的主要关系如下：

● 计划作为实施的参照；

● 控制过程获取实施的实际状态，对比计划过程来判断是否存在偏差；

● 当存在偏差时，或者纠正实施过程；或者变更计划。

可以看到，项目管理过程组之间的关系和一般管理里面的计划，实施和控制是一致的。到这里，你可以把项目管理看作一系列相互联系的过程。

2.1.3　项目管理的职能

项目管理的一些基本职能如下。

（1）计划职能。项目计划就是根据项目目标的要求，对项目范围内的各项活动做出合理安排。它系统地确定项目任务、进度和完成任务所需的资源等，使项目在合理的工期内，用尽可能低的成本和尽可能高的质量完成。任何项目的管理都要从制订项目计划开始，项目计划是确定项目协调、控制方法和程序的基础及依据，项目的成败首先取决于项目计划工作的质量。项目计划作为项目执行的重要依据，是项目中各项工作开展的基础，是项目经理和项目工作人员的工作依据和行动指南。项目计划作为规定和评价各级执行人的责权利的依据，对于任何范围的变化都是一个参照点，从而成为对项目进行评价和控制的标准。

（2）组织职能。组织有两层含义，一是指组织机构，二是指组织行为。项目管理的组织是指为进行项目管理、完成项目计划、实现组织职能而进行的项目组织机构的建立，组织运行与组织调整等组织活动。项目管理的组织职能包括 5 个方面：组织设计、组织联系、组织运行、组织行为与组织调整。项目的组织是实现项目计划、完成项目目标的基础条件，组织的好坏对于能否取得项目成功具有直接的影响。只有在组织合理化的基础上才谈得上其他方面的管理。

（3）评价与控制职能。项目计划只是根据预测而对未来做出的安排，由于在编制计划时难以遇见的问题很多，因此在项目组织实施过程中往往会产生偏差。如何识别偏差、消除偏差或者调整计划，保证项目目标的实现，这就是项目管理的评价与控制职能所要解决的。从内容上看，项目评价与控制可以分为工作（范围）控制、费用控制与进度控制。

2.1.4　现代项目管理

目前人们将项目管理划分为传统工程项目管理、传统项目管理、现代项目管理。

传统工程项目管理主要是承包商导向的以项目实施阶段为重点的项目管理，主要解决如何在规定的资源条件下做好项目，着重于计划和协调的技术方法，管理风格是重视稳定、可预测性的最优化思维方式，强调的是"做正确的事"。

传统项目管理强调适用面广的通用过程实践标准，重视系统性、制度化、文档化和评估，强调提高过程的可靠性、可见性、可预测性和可管理性，要求组织在过程制度化建设上付出大量努力。基本思路是：为使项目能应对不可预知的变化，采取繁复的管理工作预测和抵御风险。因此，从本质上将，传统项目管理应能灵活应对项目变化。

现代项目管理主要是业主导向的以项目决策及设计阶段为重点的项目管理，主要解决如何在未来不确定的条件下做最适合的项目。相比传统的项目管理，现代项目管理的一个最重要改变是更侧重于关注客户的需求和期望。例如，在一个软件项目中，开发符合产品规格的软件只是完成一半的工作，另一半是帮助客户配置出产品能够实现的功能，软件项目中更多的时间用在实现这些功能需求上，因此应该站在客户的角度来考虑现代项目管理的问题。

2.2　项目管理实践

通过上面的介绍，对项目及项目管理有了基本的了解，但是在实际项目管理过程中，应如何结合项目实际特点来进行项目管理呢？在本节中，将介绍项目管理的基本流程和目前项目管理的两个重要内容组合项目管理和项目管理办公室。

2.2.1　项目管理流程

在项目管理的实际过程中，要考虑如何将项目划分为不同的阶段进行管理，也就是首要确定项目的生命周期模型。生命周期模型的目的是把整个项目划分成若干个目的明确的阶段，每个阶段结束都设定一个用于检查的里程碑，以确保该阶段活动达到了预定的目的。大多数组织都会在组织层面建立一个通用的项目生命周期模型。由于进行阶段划分的里程碑点起到一个"检查哨卡"（Gate Keeper）的作用，所以很多公司的项目生命周期模型看起来就像一个拥有若干个门的流程图，也经常被称作"N-Gates"。

下面我们给出一个相对通用的项目生命周期模型来作为讲解项目管理实践的基础，如图 2.2 所示。

大体上来说，一般的项目都会分成 5 个阶段。

● 立项阶段。识别和把握市场机会，确定项目的商业需求，进行一些前期的可行性研究。本阶段活动完成的里程碑是立项评审。该活动用以最终确定组织是否投入资源来启动项目。本阶段的多数活动都是围绕着组织实施该项目的所获得的收益和为此进行的成本投入来进行的。

● 计划阶段，明确和细化项目的目标，

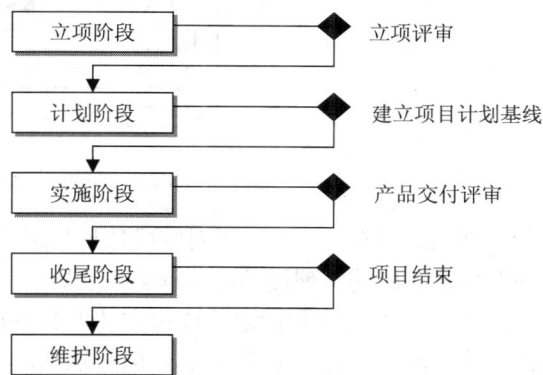

图 2.2 项目管理流程

包括项目范围、进度、成本和质量目标。制定实现目标的工作计划。经过评审并被确认的计划将作为后续项目实施活动的基线。本阶段活动完成的里程碑是项目计划形成基线。

● 实施阶段，按照计划进行项目实施。这还包括对项目实施活动进行控制，必要的时候会变更项目计划。本阶段活动完成的里程碑是项目的可交付物全部完成，并经过验证达到项目要求。

● 收尾阶段，项目干系人对项目成果进行验收，归纳和整理项目文档。本阶段活动完成的里程碑是项目结束。

● 维护阶段。大多数项目是在收尾阶段就正式结束了，但客户却可能在应用项目成果的过程中出现各种各样的问题。所以组织还必须设立专门的机制进行项目成果的后续维护工作。

下面详细介绍每个阶段中涉及的详细内容。

1. 项目立项阶段

立项阶段的主要目标选择和决定对组织有益的项目。这一过程和组织的战略管理高度相关。简单来说立项阶段的活动可以分成 3 个小阶段，每一阶段结束都像一个漏斗。第一阶段是识别出目标市场中出现的机会；第二阶段是通过可行性研究来评价本组织是否具有实施该项目的能力；第三阶段是从管理的角度来估计该项目所需要的资源投入。如果一个项目在三个阶段的评审都获得了认同，则组织就启动该项目，并发布项目章程以书面形式正式确认。

2. 项目计划阶段

计划阶段活动的目的是确定项目目标实现的步骤和方法。项目目标是由范围、进度、成本和质量 4 个方面的要素来构成的，而其中范围又是其他 3 个要素进度、成本和质量的基础。如图 2.3 所示。

项目范围是需要被最先确认下来的，其表现形式就是工作分解结构。然后需要确定项目中的工作应该遵循什么样的标准，其产出物应该达到什么样的指标，这就是质量计划的内容。

在确定了项目的"效果"因素后，我们再跟据工作分解结构进行进度和成本计划的编制，也就是明确项目的"效率"因素。

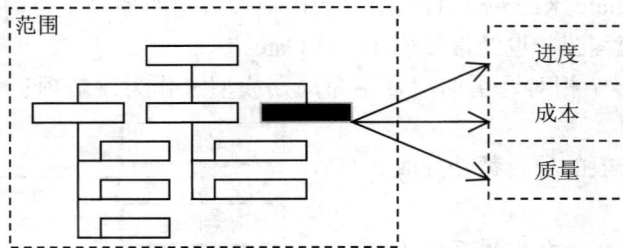

图 2.3　范围是进度、成本和质量的基础

在项目活动当中，除了对完成项目目标所进行的主要工程活动进行规划外，还需要对那些辅助项目实施的管理活动进行计划，例如，人力资源管理、沟通管理、风险管理、采购管理等。

在这里可以看到计划阶段最主要的目的就是对随后开展的项目实施活动进行规划。既包括工程活动，也包括管理活动。但管理活动的内容在同一组织中基本上是类似的，而工程活动则会根据项目的技术特征和要求可能有很大的不同。

虽然在项目管理知识体系当中，制定项目计划的有关技术和方法被分散到了各个知识领域里面，但是在实践操作上会把项目计划活动的产出合并到一个文档里面，这个文档经常被称作《项目管理计划》。

3．项目实施阶段

在项目的基准计划被批准后，就开始进入到实施阶段。实施阶段的主要活动如图 2.4 所示。

● 项目实施活动，按照计划开展项目活动；

● 项目控制活动，获取项目实施的真实状态，和项目计划进行比较；

● 项目变更活动，由于某种原因导致项目计划变更，对变更进行控制。

项目实施活动主要是体现在工程活

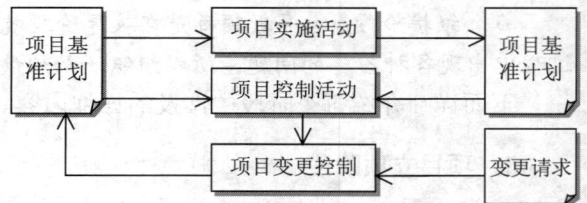

图 2.4　项目实施阶段流程图

动上。项目组成员按照计划进行工程活动，并最终产生项目的可交付物。在管理活动上，则包括一些辅助项目有效进行的活动。

这些管理活动和工程活动是并行进行的，其目的是为了更好的实现项目目标。

下面我们再来看实施阶段那些起到控制作用的活动，如图 2.5 所示。

项目实施阶段的控制活动主要集中在了解项目的 4 个目标完成的真实状况上。项目的绩效报告活动可以得到项目范围、进度和成本目标的完成状态。而针对产出物的质量控制活动则可以得到项目质量目标得完成情况。如果实际完成的状态和计划产生偏差，一方面我们可以采取纠正措施改进项目的工程实施活动来纠正偏差；另一方面我们也可以在允许的情况下变更项目基准计划。在这里面我们需要特别关注"范围"目标。因为项目范围是进度、成本和质量的基础，而范围的确定却是来自于客户的认可。所以我们除了需要检查范围实施的结果和范围计划是匹配的以外，我们还需要额外的两个活动来确保范围计划是正确的。如图 2.6 所示。

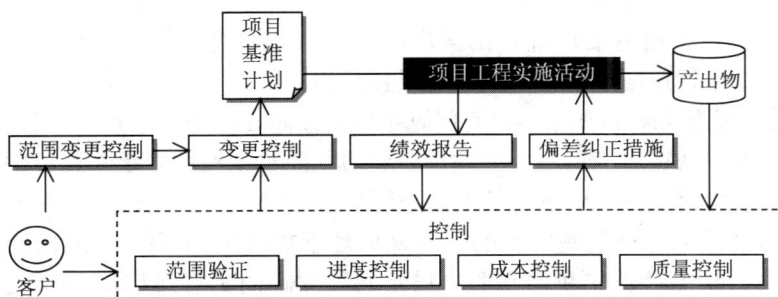

图 2.5　实施阶段的控制活动

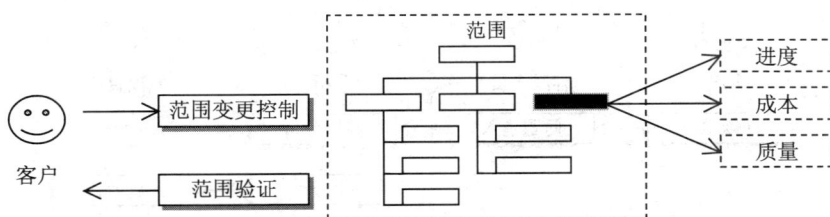

图 2.6　确保项目范围正确

范围验证活动是确保项目范围和客户的期望是一致的。只有得到客户确认的项目范围才能作为后续实施活动的参照基础，否则就会作"有效率没效果"的事情。

由于项目范围来源于客户的需求，这种需求是有可能在项目实施期间产生变化的。所以我们通过范围变更控制活动来有效地控制这种请求，使它能够被正确地反映在项目成果当中，而不对项目产生负面影响和冲击。

4．项目收尾阶段

项目的收尾阶段相对来说就比较简单了。因为大部分的活动都已经在实施阶段完成了。主要的活动如图 2.7 所示。

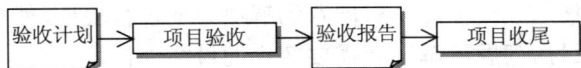

收尾阶段最重要的活动是进行项目的成果验收。在验收之前必须准备一份获得干系人认可的验收计划。该计划对验收

图 2.7　项目收尾阶段活动

的范围、内容，验收所遵循的过程和应该达到标准进行约定。验收过程就是就遵照验收计划对项目成果进行确认。最后生成一份验收报告。该报告必须明确表示成果是否被接受。如果项目验收顺利完成，则进行项目收尾活动。收尾活动的内容包括：归纳项目文档、进行项目审计、总结项目经验和教训、制定项目后期维护方案、项目组正式解散。

5．项目维护阶段

正常来说，项目的维护阶段已经在项目结束之后的事情了，应该不属于项目内部的事宜。但是几乎所有项目都涉及在项目完成验收、项目成果交付给客户后，客户在应用项目产品的过程中会遇到各种各样的问题。为了确保项目实现当初预定的目标，项目应该考虑在项目结束之后如何在维护阶段进行支持，特别是当项目组成员已经解散，甚至忙碌在另外一个项目的时候，必须确保客户的问题没有被忽视。

实际上维护阶段的所有活动都是由客户的事件来驱动的。这意味着只有当客户有需求时，才需要项目组进行反应。但由于这个阶段项目组已经不存在了。项目成员并没有被要求承担这部分工作，这就会导致如果客户有问题不知道该向谁反映，他的请求也极容易被忽视。长此以往会极大地降低客户满意度。但如果组织为此而长期保留固定人员，则又会造成资源的浪费。我们又该如何平衡这两者之间的矛盾呢？

大多数组织会采取一种问题跟踪的机制来处理维护阶段的事情，并且会借用某种 IT 工具系统来实现这一功能。首先我们需要先设定问题跟踪的工作流程，一个较为通用的流程如图 2.8 所示。

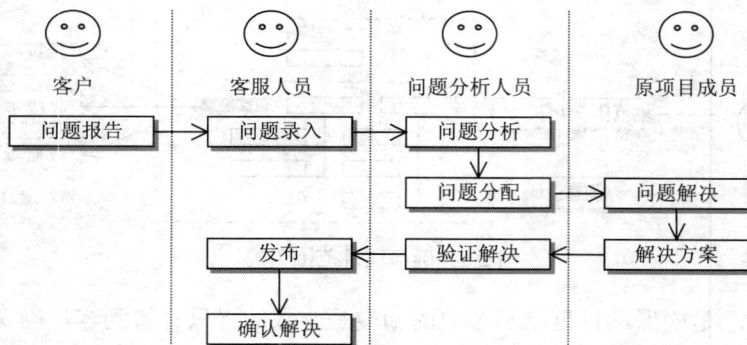

图 2.8　项目维护阶段活动

显然整个流程有几个关键性的因素。第一，需要有专门的客户接口人员，负责接受客户的问题报告，并将报告录入到跟踪系统当中；第二，在工程人员这边也需要指定一个问题接口人员，以负责将客服人员转过来的问题报告进行初步的分析和判断。如果问题属实，则需要将问题分配给工程人员来解决。被分配的工程人员大多是原项目组成员，但可能现在已经在另外一个项目组工作了。所以这个时候是需要一定的协调的。第三，在问题被解决之后，技术人员需要先对问题的解决方案进行验证，然后转交给客服人员帮助客户来最终解决问题。最后问题的解决是需要客户的最终确认。

由于整个流程的执行涉及多方协作，而可能这些人员又分属不同的部门，每一问题的解决又是需要消耗一定的时间周期，所以必须借用某种自动化工具来帮助流程的执行。这种软件工具有很多种，但功能上大同小异，都是一种以状态迁移为基础的事件跟踪系统（Ticket Tracking System）。

2.2.2　组合项目管理

项目组合管理（Project Portfolio Management）的根本目标来源于一句古老的谚语："不要把鸡蛋都放在一个篮子里，鸡蛋要放在几个篮子里，每个篮子里放几个才能使得预期的损失（风险）和回报最佳"。而这一原则正是金融投资领域著名的组合管理（Portfolio Management）方法的出发点。

项目组合管理是一个保证组织内所有项目的都经过风险和收益的分析、平衡的方法论。

"风险评估"和"提高资源利用效率"是项目组合管理的两个要素。

在当代企业中，越来越多的组织目标是通过项目这一形式来完成的，而公司在项目组选择时，也不是单独通过一个项目达到公司的目标，而是通过若干个项目的组合共同完成项目的。项目的成功直接影响到组织的战略目标实现。组织内部项目的执行能力直接影响到企业实现其战略目标的能力。虽然这些项目从目标和执行的表面层面上来看是孤立的、无关联的。但实际上，这些项目之间在一个组织内部存在着以下这些共有的特性：

- 这些项目的最终目标都是实现企业的既定战略，为企业创造利润；
- 这些项目共享组织的资源，资源的调配会在项目之间产生影响；
- 项目之间的最佳实践获得共享将会提高真个组织实施项目的能力。

由此我们可以意识到，这些看似孤立的项目需要在组织层面上以某种方式进行统筹和管理，来提高整个组织的项目价值，完成战略目标的实现，这就是组织级项目管理活动最根本的目标。

现在从以下几个方面分析项目组合管理的重要作用。

（1）在企业内引进一个连贯统一的项目评估与选择机制。对项目的特性以及成本、资源、风险等项目要素（选择一项或多项因数）按照统一的计分评定标准进行优先级别评定，选择符合企业战略目标的项目。企业的战略目标最终会分解成为一个个项目进行实施，但在项目选择过程中通常会碰到各种各样的问题。项目组合管理要做到的是根据企业目标分解项目选择的因素，然后根据这些因素判断新的项目是否符合企业的战略，提高项目选择的客观性和科学性，减少主观性和盲目性。

（2）实现项目的财务和非财务收益，保持竞争优势。以往项目管理中我们较多的只注重单一项目的财务收益，而在实际当中，有些项目的实施并非只是获得财务回报。项目组合管理兼顾了项目的财务收益和非财务收益，以及项目之间的依赖关系及贡献，从而实现整个项目组合的最佳收益，保证企业的竞争优势。

（3）对企业里所有的项目进行平衡。企业发展到一定阶段就会产生不同的项目，只有实行组合管理，才能有效平衡长期和短期、高风险和低风险以及其他因素的项目。

（4）在企业（组织）范围内对项目分配企业的资源，保证优先项目的资源分配。一个新的项目提议被创建后，我们首先要看的是企业有没有足够的资金和资源能力来完成这个项目。只有实现了项目的组合管理，才能快速地对企业的资金和资源能力做出判断，并在企业的能力出现短缺时，采取有效的措施，如资源能力不足时，我们可能采用项目外包的。同时，实现组合管理有利于我们将资源优先分配关键的项目，以保证企业目标的顺利实现。

2.2.3　项目管理办公室

传统意义上，项目办公室只是一个概念，而不是组织中的一个特定的地点。可以把项目办公室看作是项目管理者的"办公点"。如果一个项目管理者的主要职责是：编制项目计划、并对项目计划进行追踪和控制，那么项目办公室就是为了取得项目的成功和更便捷的追踪控制项目，进行项目信息收集、发布和追踪的人员的集合。

目前，另一种观点认为：项目办公室（也称项目群办公室）是一个给定的部门或战略单元，给所有的项目提供管理支持服务，并为公司、部门的战略决策提供依据。其特征为：

- 提供项目/项目群办公室的一切职能以及统管项目和项目群管理的所有方面；
- 确定和公布被采用的方法论；

- 为项目和项目群管理确定和提供工具;
- 指派项目和项目群经理去使用它们;
- 确保使用商业战略来部署项目和项目群。

在建立项目群办公室的过程中,需要有不同的角色承担不同的职责。例如:

(1)项目分析者为报告项目活动提供支持。这个角色能够审核项目计划和其他文档与其他项目的一致性,为项目群办公室维护项目信息,并且为组织提供所有项目的项目报告。

(2)项目顾问提供项目管理专家的意见。他们必须具有管理不同类型项目的经验,精通全面的管理技巧,从而能灵活地为项目经理们提供指导。通过保证项目经理搜集到合适的信息,项目顾问能够迅速地为组织带来收益,并且能够协助组织中的沟通。

(3)项目和项目群经理更频繁地被发现在更全面发展的项目群办公室中,并向项目群办公室主任报告项目情况。项目和项目群经理对组织的所有类型的项目和项目群进行管理,特别是成功的项目交付技巧。

(4)项目管理培训师为组织提供必要的普及培训,并且与项目和项目群经理一样,向项目群办公室报告项目情况。当然,他们不会提供所有的培训,他们将负责保证项目和项目群经理能够接受合适的培训。项目管理培训师也是方法论的管理者。

(5)项目群办公室主任是组织发展项目群办公室的领导角色。他是组织与正在进行的项目的联系纽带,协助解决项目间存在的问题,是项目间的信息交换中心,指导项目群办公室的发展,并且制订项目群办公室发展的策略,这个策略与组织和企业项目管理都有联系。

3

■■■■■■　　**第3章**
项目启动

　　项目管理是一项复杂的工作，Project 作为一套优秀的项目管理工具也只能是在某些阶段帮助项目管理者提高项目管理的效率。因此不能期待 Project 具有颠覆项目管理过程的功能，使用者必须立足于每一个项目的实际，在合适的时期利用 Project 合适的功能。

　　本书区别与其他介绍 Project 的工具书的特色是按照项目管理的过程来讲述 Project 的功能，并且始终贯彻连贯的案例。相信这样的编写方式能够真正的引导用户掌握如何利用 Project 工具来指导项目管理工作。从本章开始正式介绍 Project 的功能，按照项目管理的一般过程，第一步应该是召开项目启动会，确定项目正式启动 。

3.1　召开项目启动会

3.1.1　案例描述

　　王蒙是一家 IT 公司的项目经理，该公司的项目管理办公室（PMO）最新认命王蒙为一个新软件项目"固定资产管理信息系统"的项目经理。今天是 2010 年 9 月 1 日，PMO 召开项目启动会，在会上，PMO 主管再次重申了这个项目的关键要求。

- 时间要求，在 2011 年 1 月 1 日之前正式上线。
- 质量要求，提交一套符合此次合同要求的软件产品。
- 费用要求，控制在人民币 20 万元以内。

　　会议结束时，PMO 主管要求王蒙在 5 个工作日内提交 Project 格式的项目计划，包括项目进度计划、项目资源计划、项目费用计划⋯⋯

　　在日常工作当中，经常出现上述情景。如今，每一个企业的发展战略最终需要落实为若干个项目的成功运作。如何提高项目执行效率，能够让项目保质保量按时完成是企业迫切关心的话题。工欲善其事，必先利其器。一套优秀的项目管理工具可以给项目管理工作者带来事半功倍的效果，从本章开始详细介绍如何让 Project 软件在项目管理过程中发挥最大的作用，从而帮助用户提高项目管理能力。

3.1.2　项目启动理论知识

　　在 PMBOK2008 中，关于项目启动阶段有如下的描述：启动过程组包含获得授权，定义一个新项目或现有项目的一个新阶段，正式开始该项目或阶段的一组过程。

通过启动过程，定义初步范围和落实初步财务资源，识别那些将相互作用并影响项目总体结果的内外部干系人，选定项目经理（如果尚未安排）。这些信息应反映在项目章程和干系人登记册中。一旦项目章程获得批准，项目也就得到了正式授权。虽然项目管理团队可以协助编写项目章程，但对项目的批准和资助却是在项目边界之外进行的。

作为启动过程组的一部分，可以把大型或复杂项目划分为若干阶段。在此类项目中，随后各阶段也要进行启动过程，以便确认在最初的制定项目章程和识别干系人过程中所做出的决定是否合理。在每一个阶段开始时进行启动过程，有助于保证项目符合其预定的业务需要，验证成功标准，审查项目干系人的影响和目标。然后，决定该项目是否继续、推迟或中止。

启动过程可以由项目控制范围以外的组织、项目集或项目组合过程来完成。例如，在开始项目之前，可以在更高层的组织计划中记录项目的总体需求；可以通过评价备选方案，确定新项目的可行性；可以提出明确的项目目标，并说明为什么某具体项目是满足相关需求的最佳选择。关于项目启动决策的文件还可以包括初步的项目范围描述、可交付成果、项目工期以及为进行投资分析所做的资源预测。启动过程也要授权项目经理为开展后续项目活动而动用组织资源。启动过程组的工作如图 3.1 所示。

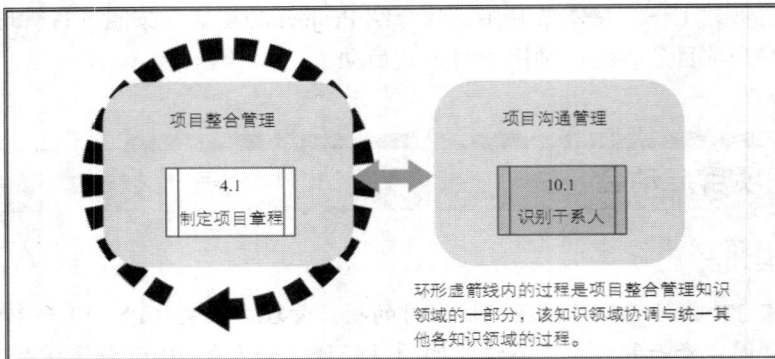

图 3.1　PMBOK2008 中的启动过程组，包括以下项目管理过程（如图 3.2 和图 3.3 所示）

启动过程组包含以下项目管理过程。

1．制定项目章程

制定项目章程是制定一份正式批准项目或阶段的文件，并记录能反映干系人的需要和期望的初步要求的过程。在多个阶段中，这一过程可用来确认或者优化在以前的制定项目章程过程中所做的相关决策，如图 3.2 所示。

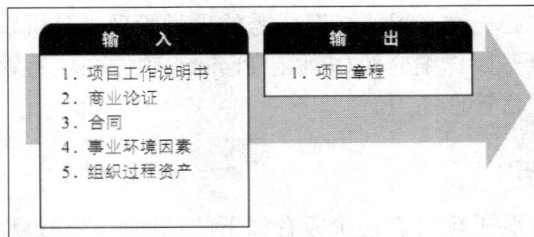

图 3.2　项目章程的依据和成果

2．识别干系人

识别干系人是识别所有受项目影响的人或者组织，并记录其利益、参与情况和影响项目成功的过程，如图 3.3 所示。

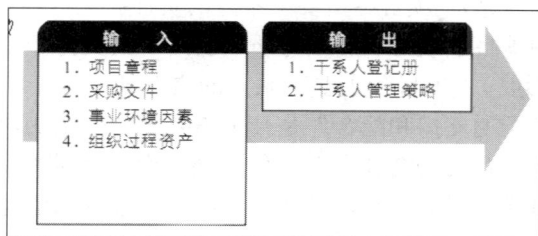

输　入
1．项目章程
2．采购文件
3．事业环境因素
4．组织过程资产

输　出
1．干系人登记册
2．干系人管理策略

图 3.3　项目初步范围说明书的依据和成果

3.1.3　项目启动实践经验

良好的开端是成功的一半，项目启动会议是一个项目的开始，因此其对于项目的顺利开展非常重要。我们知道，项目启动会议一般由项目经理负责组织和召开。然而，有不少项目经理对项目启动会议不重视、走过场，或虽然知道其重要但不知道如何才能将会议开好。

1．项目内部启动会议

项目内部启动会议指在项目承建方内部召开的会议。

（1）目的。会议的目的是让项目团队成员对该项目的整体情况（包括项目的建设背景、项目总体规划及项目团队成员等信息）和各自的工作职责有一个清晰的认识和了解，为日后协同开展工作做准备；同时获得领导对项目资源的承诺和保障。

（2）需要参加会议的人员。根据会议的性质和会议的目的，我们可以知道，需要参加项目内部启动会议的人员包括项目团队全体成员、项目承建方相关领导等。

（3）会上需要介绍的主要内容。项目内部启动会议所需要介绍的主要内容包括：项目的建设背景、项目主要干系人信息、项目的基本需求、项目的总体规划（包括项目建设思路、项目总体计划等）、项目团队成员及其分工、项目存在的风险及应对策略和项目资源需求等。

其中"项目总体规划"、"项目团队成员及其分工"、"项目存在的风险及其应对策略"和"项目资源需求"是会上需要重点介绍的内容。

2．项目外部启动会议

项目外部启动会议指有项目主要干系人参加的项目启动会议，该会议一般选择在公司方或用户方现场召开。

（1）目的。会议的目的是让项目公司方、用户方、监理方（如有）等项目主要干系方对该项目的整体情况（包括项目的建设背景、项目总体规划及项目团队成员等信息）有一个清晰的认识和了解，让项目各主要干系人清楚各自的职责和义务，让项目公司方、用户方在项目建设的过程中所需要给予的支持和配合给予承诺，从而让各方就项目建设的相关事宜达成共识。

（2）需要参加会议的人员。根据会议的性质和会议的目的，我们可以知道，需要参加项目外部启动会议的人员包括项目公司方、用户方、项目监理方相关领导和项目负责人，项目公司方领导，项目团队核心成员等。

（3）会上需要介绍的主要内容。项目外部启动会议所需要介绍的主要内容包括：项目的建设背景、项目主要干系方领导和项目负责人、项目的基本需求、项目的总体规划（包括项目建设思路、项目总体计划等）、项目各主要干系方的责任和义务项目存在的风险及其应对策略和在项目的建设过程中项目建设方、用户方所需要给予的支持和配合等。

其中，"项目总体规划"、"项目各主要干系方的责任和义务"和"项目建设过程中项目建设方、用户方所需要给予的支持和配合"是会上需要重点介绍的内容。

需要注意的是，由于项目启动会议主要是信息展示而不是讨论，一般时间都比较短，因此一些需要与会各方认可或承诺的事宜，需要在启动会议前沟通清楚，否则会严重影响启动会议的效果。

另外，根据项目的实际情况，项目的内、外部启动会议也可以合二为一，但项目经理一定需要兼顾各与会者所关心的内容。

能否开好项目启动会议，关键取决于前期准备工作是否做得充分和到位，当然启动会议文稿的组织、会议的形式、项目经理的临场表达也非常重要。

3. 项目章程正式文件

项目启动会议召开后，务必形成项目章程，项目章程必须是正式文件，用来确定项目的目标，预算等项目信息。更为重要的是利用项目章程确立项目经理，并且赋予项目经理执行该项目的权利，保证项目经理能够在该权利的指导下完成该项目。项目章程的格式可以各异，但必须是公司或者组织领导签字确认的正式文件。

3.2 创建项目文件

很多用户初次使用 Project 创建项目计划时，启动 Project 以后直接在"甘特图"视图的区域内开始输入任务信息。这种做法是不符合使用规范的，为了提高计划编写的科学性、准确性，建议按照下述的规范顺序使用 Project 软件。

3.2.1 利用可以参照的项目计划模板

一份高质量的项目计划包含很多有价值的信息，这些信息的搜集、整理需要一定的时间，而且计划编制者自身的项目管理经验丰富与否也直接影响到计划的编制质量。如果有一份与自身项目相匹配或近似的项目计划模板，就可以给项目计划编制者带来非常大的益处。无论对于编写计划的速度，还是对于编写计划的质量都有很大的帮助。项目计划的模板与一般项目计划的区别就在于考虑了很多项目个体中都有可能存在的任务分解结构（WBS）、工作量估计、资源需求情况等重要参考数据。如图 3.4 所示的项目计划是一种项目计划模板。

在如图 3.4 所示的计划模板中，用户可以清楚地了解一个通用的软件项目应该经历的阶段、每个阶段应该包含的任务以及需要的资源信息。这些有价值的信息对项目经理编制计划能够起到非常重要的参考作用，尤其是针对缺乏实际项目经验的项目经理，这种帮助作用更加明显。不仅仅是 IT 行业，在建筑、制造、公共活动等其他各种领域，只要有项目管理存在，就会有相关的计划模板可以参照。

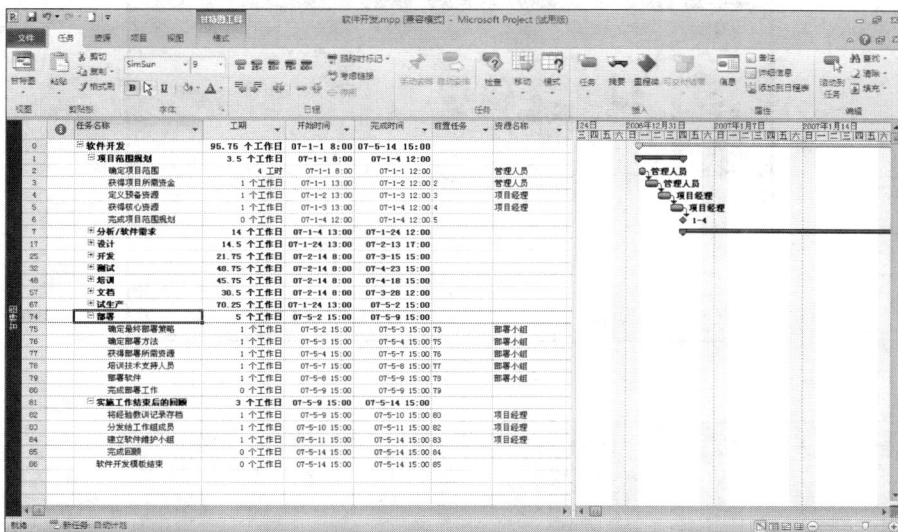

图 3.4　软件开发项目计划模板

具体的模板来源有如下 3 种。

（1）从 Project 环境中得到。打开 Project 2010，选择菜单【文件】/【新建】命令，可以打开如图 3.5 所示的窗口。

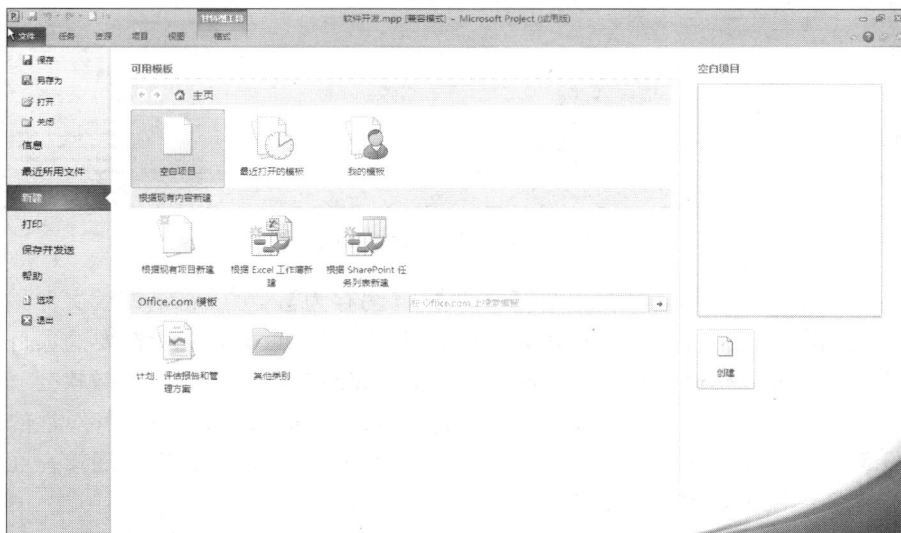

图 3.5　选择本机上的可用模板

在图 3.5 中，单击"我的模板"图标，将出现如图 3.6 所示的"新建"对话框。

在如图 3.6 所示的对话框中，界面与 Project 2007 不同，只有一个"个人模板"选项卡。"个人模板"选项卡中存放的是由用户自己生成的模板文件（后续章节会介绍如何生成模板文件）。单击项目模板后，将会打开如图3.7所示的窗口。

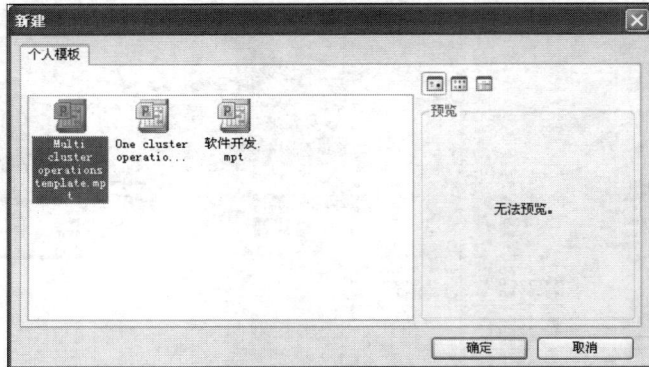

图3.6 "新建"对话框

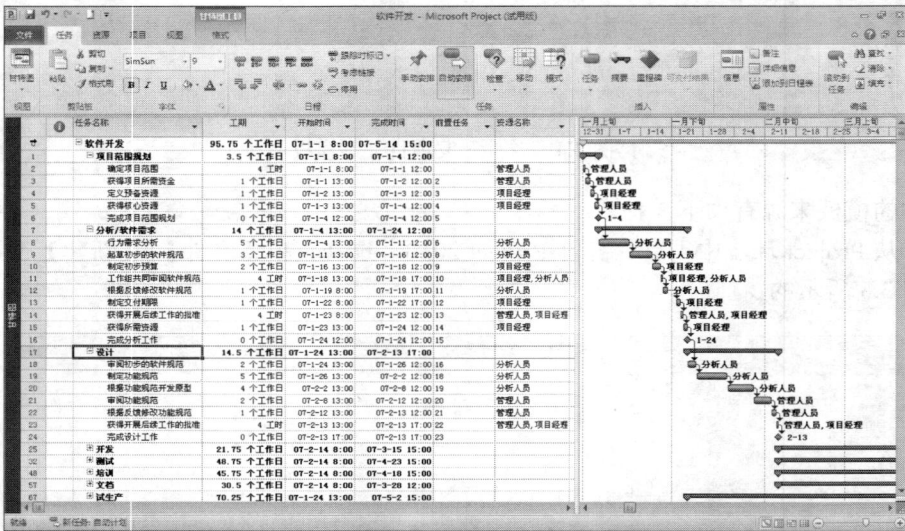

图3.7 打开的模板计划文件

用户打开模板文件以后，选择菜单【文件】/【另存为】，可以将该模板文件另存为所需要的项目文件名称，之后便可以进行相关的修改操作，使之成为自己所需要的项目计划。

（2）Office Online 模板。在微软公司的 Office Online 网站中，收集了微软公司内部以及很多微软合作商编制的项目计划模板，单击该链接登录该网站后可以进行针对性的搜索。例如，在图3.5中，如果单击"Office.com 模板"，并且用户的计算机此时正连接在互联网上，则会打开一个新的浏览器窗口，如图3.8所示。

在如图3.8所示的界面中，用户可以键入搜索的关键字，例如，用户需要一个有关绩效考核的 Project 计划模板，可以在搜索框中，键入"绩效考核"，并单击"搜索"按钮，界面中将会显示搜索的结果，如图3.9所示。

在如图3.9所示的界面中，出现了一个搜索到的名为"绩效考核"的 Project 计划文件，用户可以将该文件下载到本地的计算机中使用。

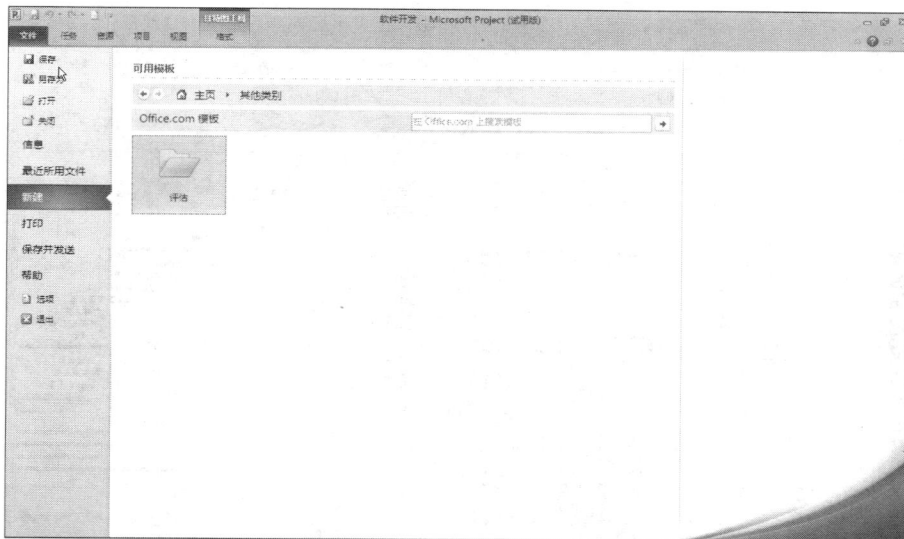

图 3.8　在 Office.com 中获取计划模板

图 3.9　在 Office Online 中搜索到计划模板

（3）召集有经验的资深项目经理讨论总结得到。这种方式是笔者推荐的做法。项目经理所在的行业不同、组织不同，各种组织项目管理的方式都有具体的特点，前几种途径虽然可以找到大量模板文件，但是与此方法相比，通过此种方式得出的项目计划模板具有更强的可操作性和实用性。

当然，在讨论过程中还是需要借鉴一些权威的理论知识和实践经验加以指导，如图 3.10所示的内容是笔者与某机构几名资深项目经理经过若干次讨论以后得出的适合他们所在组织的 IT 项目计划模板。该模板详细描述了项目启动、计划编制、工程实施、验收、收尾等项目的全生命周期所涉及的任务清单，以及每个任务大致需要的时间、相应的责任人与相关责任部门等信息。

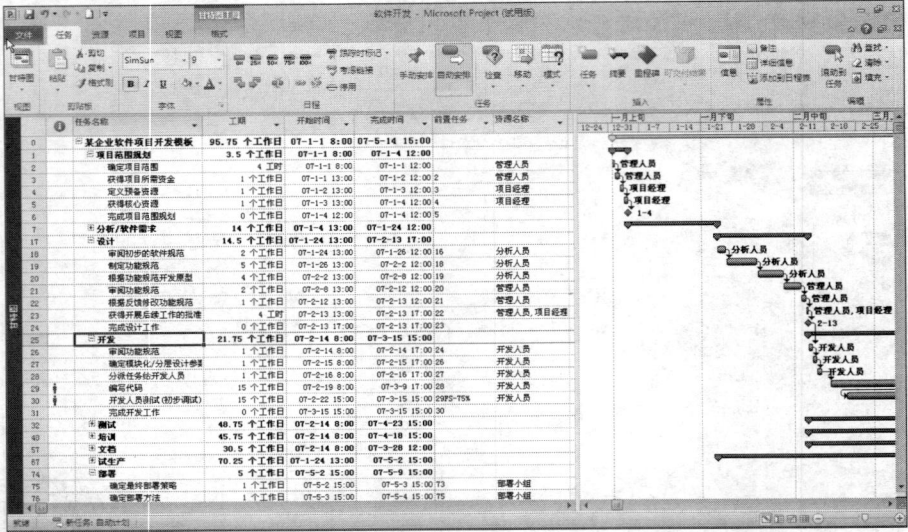

图 3.10　经项目经理讨论得出的项目计划模板

　　上述模板编制完成后，被存放在该组织内部网络当中的指定的一台服务器上，该组织的每一名项目经理接到具体的 IT 项目计划编制任务以后，从服务器下载该模板到本地，用 Project 软件将其打开，对该模板进行相应的修改，就可以很快做出项目计划，达到事半功倍的效果。

3.2.2　利用现有的项目文件

　　如果没有可以参照的项目计划模板，为了提高项目计划的编制质量，也可以参考以前某些实际项目计划文件。现有的项目文件虽然不像计划模板那样具有高度的代表性，但是能够从一定程度上帮助项目经理少走一些弯路。项目文件格式不一定必须是 Project 格式，包括 Excel、Word 等格式的文件都可以。如图 3.11 所示的是打开一个现有项目文件进行参考。

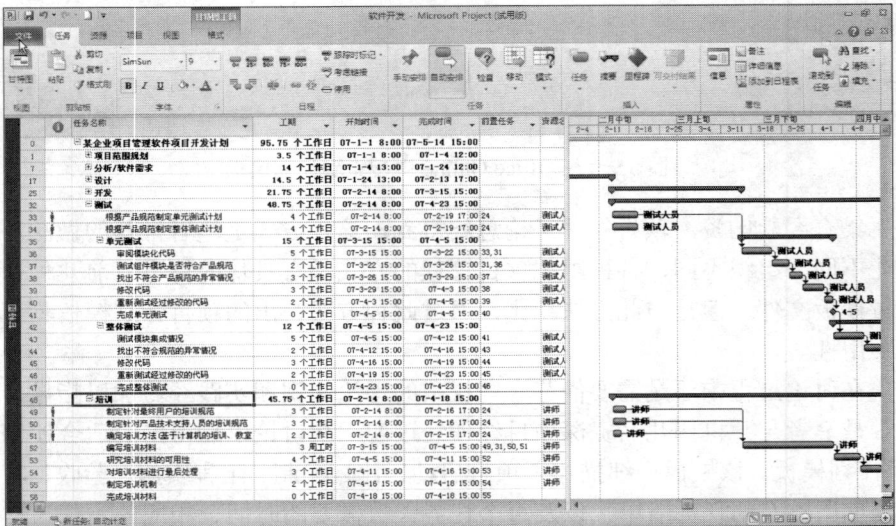

图 3.11　打开现有项目文件进行参考

3.2.3 从空白项目开始

如果既没有可以参照的项目计划模板，也没有类似的项目文件，只好从空白的项目开始进行项目计划的编制工作。为了充分向读者展示 Project 规范的使用方法与技巧，本书介绍的项目计划编制过程将采用此方式进行。

具体的操作方法：打开 Project 2010，单击图 3.5 中的"空白项目"，或者单击工具栏中的 □ 按钮，便可以新建一个空白的项目文件。

> **注意** 知识的积累非常重要，如果在平时的工作中遇到一些好的计划文件，注意收集；如果有机会，可以召集一些"志同道合"的项目经理一起通过"头脑风暴"的方式总结出最适合本组织的项目计划模板。

3.3 设置项目基本信息

项目经理如果无法找到项目计划模板，也没有发现可以利用的现有项目文件，只好从空白项目开始编制项目计划。在上一节中成功创建空白项目后，选择菜单【文件】/【保存】，在打开的对话框中输入项目计划的名称。在本章中，按照上述的案例，将此空白项目的文件名保存为"固定资产管理信息系统项目"，如图 3.12 所示。

图 3.12 保存项目文件对话框

接下来，按照如下方式进行项目基本信息的设定。

3.3.1 设置项目的日程排定方式

选择【项目】/【项目信息】菜单，将出现设置项目日程排定方式的对话框，如图 3.13 所示。

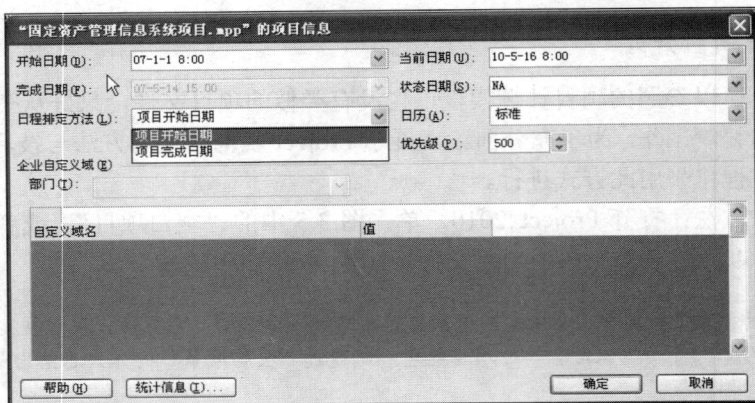

图 3.13　选择"日程排定方法"

Project 有两种日程排定方式供选择：

- 第一种是"项目开始日期"，按照从前往后的顺序推算出项目的"完成日期"；
- 第二种是"项目完成日期"，按照从后往前的顺序推算出项目的"开始日期"。

选择何种日程排定方式，取决于项目的实际情况。

如果是一个即将执行的项目，建议采用"项目开始日期"。采用这种排定方式，项目经理可以从 Project 中动态地得到由于某些任务延期可能导致项目"完成日期"延期情况，从而及时采取措施补救；如果选择了"项目完成日期"，在 Project 中会出现某些任务的延期导致项目"开始日期"被提前的结果，甚至提前到比当前日期还早的时间，这样的结果显然是不符合逻辑的。

如果某个项目的"开始日期"距离当前日期有相当长的时间，需要根据项目的"完成日期"来确定项目的"开始日期"，这个时候可以将日程排定方式设置为"项目完成日期"，这样，在排定任务过程中可以得到这个项目的"开始日期"建议。

3.3.2　设置项目的开始/完成日期

如果选择了"项目开始日期"的日程排定方式，则需要在"开始日期"的时间输入框中选择具体的开始时间；如果选择了"项目完成日期"的日程排定方式，则需要在"完成日期"的时间输入框中选择项目的完成时间。

假设本章第一节介绍的案例中的项目经理"王蒙"所负责的项目是需要立刻开始的项目，所以选择"项目开始日期"的日程排定方式。经过与 PMO 的协商，王蒙将在一周内把项目计划做好并评审通过，经过初步的估计，项目经理认为项目的开始日期从下周开始是比较可行的，在如图 3.13 所示的对话框中的"开始日期"下拉框中，选择"2010 年 9 月 6 日"，如图 3.14 所示。

一旦选择了项目的开始日期，以后输入的所有任务的默认"开始时间"均大于或者等于该日期。

在计划的编制过程中，如果项目的开始日期有变化，可以采取同样的方式，选择菜单【项目】/【项目信息】，修改项目的开始日期，一旦开始时间修改后，所有任务的开始时间都会发生统一的变化。

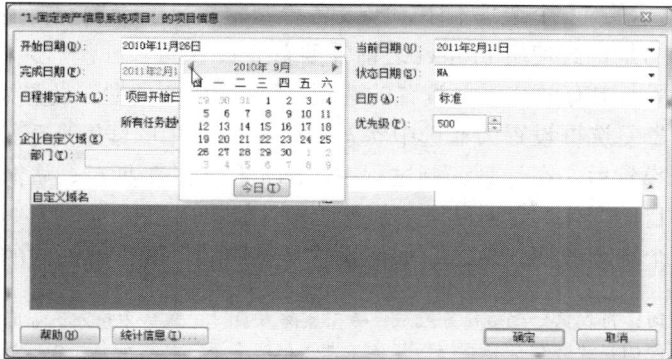

图 3.14　选择项目开始日期

　Project 中为什么不允许同时输入"开始日期"和"完成日期",因为如果将两个日期均设定后,Project 便失去了自动预测工期的功能,而这一功能是项目管理软件最基本的功能。

3.3.3　设置项目文件的默认环境信息

（1）日程选项卡设置。

首次使用 Project 的用户,在项目计划编制过程中可能会遇到一些让自己费解的现象,例如,当用户在【任务】/【甘特图】中的"资源名称"列中改变资源的数量的时候,任务的工期会随之自动发生变化。为了避免类似现象的发生,在开始使用此软件之前应当设置环境信息。

选择菜单【文件】/【选项】,可以得到"选项"对话框,如图 3.15 所示。

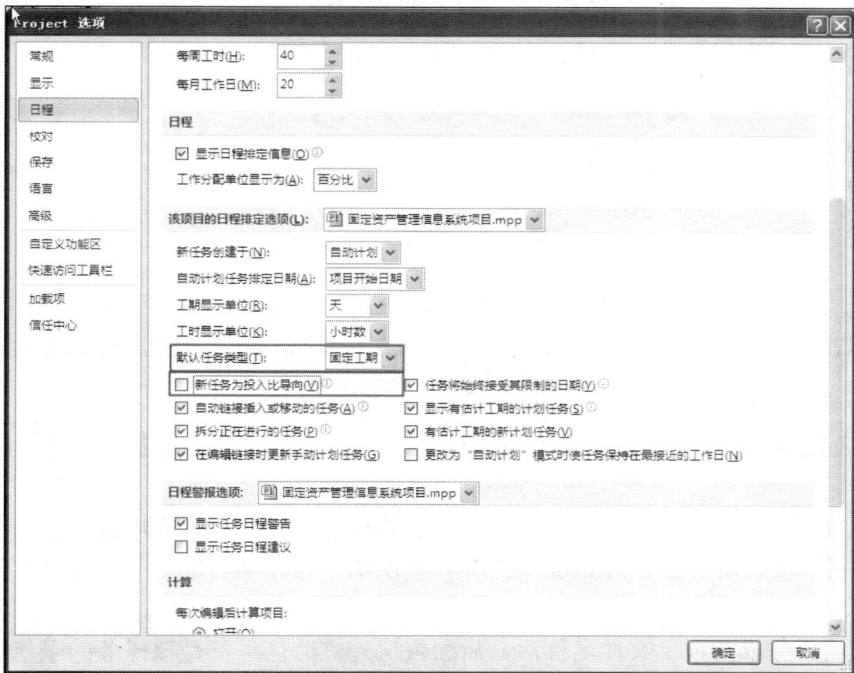

图 3.15　选项中日程选项卡

在如图 3.15 所示的 11 个选项卡中，涉及各种基本信息的设置，在后面的章节中将会详细介绍。此处介绍的是正式使用 Project 之前需要首先设置的"日程"选项卡。

在"日程"选型卡中有两个需要设置的选项，"默认任务类型"设置为"固定工期"，"新任务为投入比导向"复选框设置为非选中状态，如图 3.15 中的线圈所示。

按照上述方法设置后，在计划编制过程中，确定任务的工期后，资源的数量发生增减时不会再导致工期的自动变化。当项目进入执行阶段，如果用户认为"投入比导向"可以采用，可以再次将上述两个选项改变。总之，如何设置是按照项目的需要而定的。

注意 投入比导向：将人员分配给任务或从任务中删除人员时，默认为投入比导向有效，Project 将根据为任务分配的资源数量延长或缩短任务工期，但不会更改任务的总工时。这种日程排定方式称为"投入比导向日程控制方法"，也是为任务分配资源时，Project 所使用的默认日程排定方式。

（2）高级选项卡设置。

在如图 3.15 所示的对话框中，单击"高级"选项卡，将显示如图 3.16 所示的界面。

图 3.16　选项中高级选项卡

与 Project 2007 不同，在 Project 2010 中，项目大纲数字的设置是通过如图 3.17 所示的选项来实现的。

在图 3.16 和图 3.17 中，选中"显示项目摘要任务"与"显示大纲数字"两个选项。选中"显示项目摘要任务"后，Project 中任务列表的第一项任务自动变为项目文件的名称，如图 3.18 所示。

当第一项任务成为项目文件名称后，后面依次建立的任务都是该任务的子任务，该任务成为项目的顶级任务，项目的工期、成本、预算等属性将在该任务上得到体现。

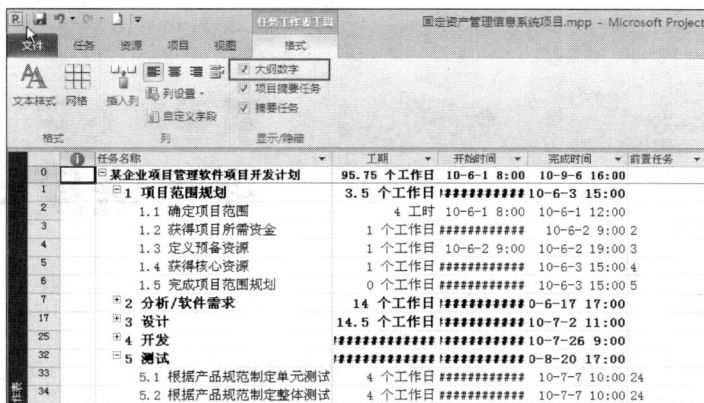

图 3.17 设置大纲数字选项

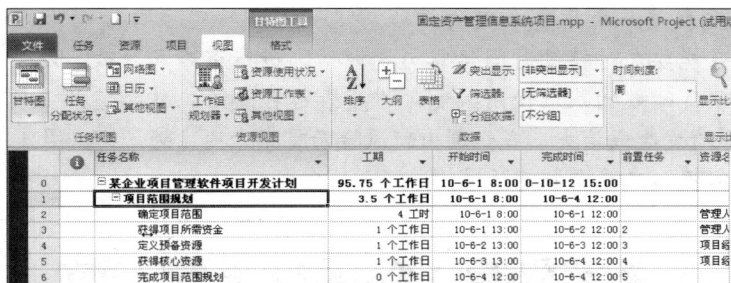

图 3.18 项目摘要任务显示

在图 3.17 中选中"显示大纲数字"后，任务分解的结果将有大纲号来体现任务的层次，如图 3.19 所示。

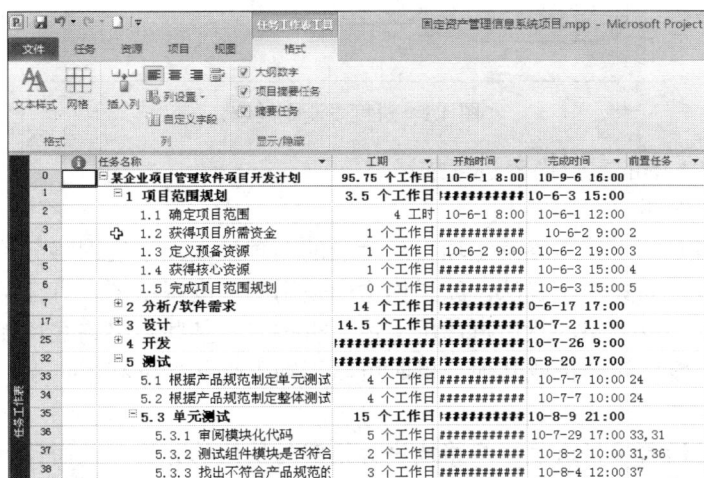

图 3.19 显示项目大纲数字

从图 3.19 中可以发现，"测试任务 1"的任务名称有"1"，"测试任务 1 子任务 1"的任务名称之前有"1.1"，依次类推，用这种大纲数字能够清晰地表示出任务的层次关系和隶属关系。

4

在上一章中介绍了项目基本信息的设定，并且创建了项目文件："固定资产管理信息系统项目"，在本章中将介绍如何创建该项目的进度计划。

在 PMBOK2008 中，这样描述进度计划：

制定项目进度表是一个反复多次的过程，这一过程确定项目活动计划的开始与完成日期。制定进度表可能要求对持续时间估算与资源估算进行审查和修改，以便进度表在批准之后能够当作跟踪项目绩效的基准使用。制定进度表过程随着工作的绩效。项目管理计划的改变，以及预期的风险发生或消失，或识别出新风险而贯穿于项目的始终。图 4.1 是 PMBOK2008 中指定进度表的依据、工具与技术和成果。

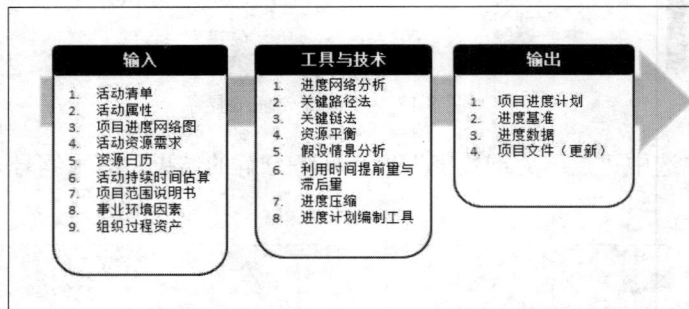

图 4.1　进度表制定过程

笔者针对图 4.1 中的重点内容进行描述。

（1）进度网络分析。

进度网络分析是制定并最终确定项目进度表的一种技术。进度网络分析使用一种进度模型和多种分析技术，如关键路线法。如果模型中使用的进度网络图含有任何网络回路或网络开口，则需要进行加以调整，然后再选用上述分析技术。某些网络路线可能含有路径会聚或分支点，在进行进度压缩分析或其他分析时可以识别出来并加以利用。

（2）关键路线法。

关键路线法是沿着项目进度网络路线进行正向与反向的分析，从而计算出所有计划活动理论上的最早开始时日期与完成日期、最迟开始与完成日期，不考虑任何其资源限制。由此计算得到的最早开始与完成日期、最迟开始与完成日期不一定是项目的进度表，它们只不过指明计划活动在给定的活动持续时间、逻辑关系、时间提前量与后滞量，以及其他已知制约条件下应当安排活动的时间段与长度。

由于构成进度灵活余地的总时差有可能为正、负或零值，最早开始与完成日期、最迟开始或完成日期的计算值可能在所有的路线上都相同，也可能不同。在任何网络路线上，进度灵活余地的大小由最早与最迟日期两者之间正德差值决定，该差值叫做"总时差"。关键路线有零或负值总是差，在关键路线上的计划活动叫做"关键活动（任务）"。为了使路线总时差为零或者为负值，有必要调整活动持续时间、逻辑关系、时间提前量或者滞后量或其它进度制约因素。一旦路线总时差为零或正值，则还能确定自由时差。自由时差是在不延误同一网路路线上任何直接后续活动最早开始时间的条件下，计划活动可以推迟的时间长度。

（3）进度压缩。

进度压缩在不改变项目范围，满足进度制约条件、强加日期或其他进度目标的前提下，缩短项目进度时间的方法。主要技术有：

赶进度。对费用和进度进行权衡，确定如何在尽量少增加费用的前提下最大限度地缩短项目所需时间。用通俗的语言可以解释为"将 10 天的工作压缩在 5 天完成"。赶进度并非总能产生可行的方案，反而常常会增加费用。

快速跟进。这种进度压缩技术应用于按照先后顺序进行的阶段或活动。用通俗的语言可以解释为"不要等领导签字了，我们先开始吧！"例如，建筑物在所有建筑设计图纸完成之前就开始基础设施施工。快速跟进往往造成返工，并通常会增加风险。这种方法可能要求在取得完整、详细的信息之前就开始进行，如工程设计图纸。其结果是以增加费用为代价换取时间，并因缩短项目总工期而增加项目风险。

（4）关键链（新概念）。

关键链法是另一种进度网络分析技术，可以根据有限的资源对项目进度表进行调整。关键链法结合了确定性与随机性。最初，利用进度模型中活动的持续时间进行非保守估算，根据给定的依赖关系与制约条件来绘制项目进度网络图，然后计算关键路线。在确定关键路线后，将资源的有无与多寡情况考虑进去，让资源影响关键路线。这种资源制约通常会改变关键路线。

为了保证活动计划持续时间的重点，关键链法添加了持续时间缓冲段，这些持续时间缓冲段属于非工作计划活动。一旦确定了缓冲计划活动，就按照最迟开始与完成日期安排计划活动。这样一来，关键链法就不再关注总时差，而是关注缓冲时间以及用于该计划的资源。

（5）应用日历。

日历的作用是标明可以工作的时间段。项目日历影响到所有的活动。例如天气原因，在户外施工的所有计划可能会受到影响。资源日历影响到某种具体的资源或者资源种类。资源日历反映了某些资源是如何安排工作时间的。

4.1　日历设置

项目进度计划即项目时间计划，利用 Project 编制项目进度计划，首先要在 Project 环境中设置与实际情况对应的日历（工作/非工作时间）信息。如果 Project 环境中的工作/非工作时间（日历）与实际中的工作/非工作时间（日历）有冲突，编制的项目进度计划肯定是不准确的。

Project 中的日历指的是项目的工作与非工作时间的设置。例如，一项任务需要 7 天完成，假设从星期一开始执行，如果星期六、星期日都是非工作日（休息），结束的时间应该是下周的周二；如果星期六是工作日（不休息），星期日休息，则结束的时间变为下周的周一；如果星期六与星期日均是工作日（不休息），则结束的时间变为本周日。编制进度计划时必须首先设置日历，否则做出的计划是与实际脱节的。

在 Project 中日历有如下 3 种分类。

● 项目日历：整个项目中的所有任务默认遵循的日历。

● 任务日历：如果有个别任务的日历与项目日历有冲突，则需要为个别任务设置任务日历。例如，项目日历中设置国庆节 7 天是非工作日，但个别任务需要在 10 月 1 日～3 日这 3 天工作，如果不设置独立的任务日历，这 3 天是无法安排工作的。所以只能定义一套 10 月 1 日～3 日这 3 天是工作日的日历，并且将该日历与相应的任务匹配，才能够满足要求。

● 资源日历：如果有个别资源的日历与项目日历有冲突，可以为资源设置不同于项目的日历。例如，项目日历默认每星期的星期六、星期日为非工作日，但是某个外聘兼职资源只能在周六、周日工作，为了真实反映其工作状态，可以通过设置独立的"资源日历"达到目的。

4.1.1 日历的选择与修改

Project 中默认的日历有 3 种。

● 标准日历：每星期一到星期五为工作日，星期六、星期日为非工作日，没有其他任何假日，每天工作时间 8 个小时（8:00～12:00 和 13:00～17:00）。

● 24 小时日历：没有任何非工作日与非工作时间。

● 夜班日历：工作时间为每天 8 个小时（0:00～3:00 和 4:00～8:00），每周的星期六、星期日为非工作日。

通常情况下，为一个项目分配日历时，可以通过对"标准"日历的修改来得到，具体修改方法如下。

利用 Project 软件打开在第 3 章创建的项目文件"固定资产信息系统项目.mpp"，选择菜单【项目】/【更改工作时间】，如图 4.2 所示。

图 4.2　开始定义工作时间

单击图 4.2 中的"更改工作时间"图标，会打开如图 4.3 所示的"更改工作时间"对话框。

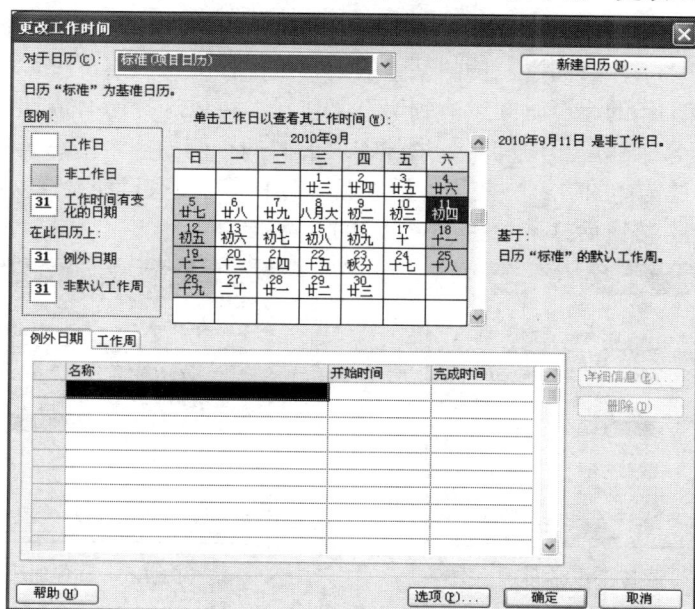

图 4.3　更改工作时间

在"对于日历"下拉框中选择"标准（项目日历）"，单击图 4.3 中的"工作周"选项卡，显示如图 4.4 所示的界面。

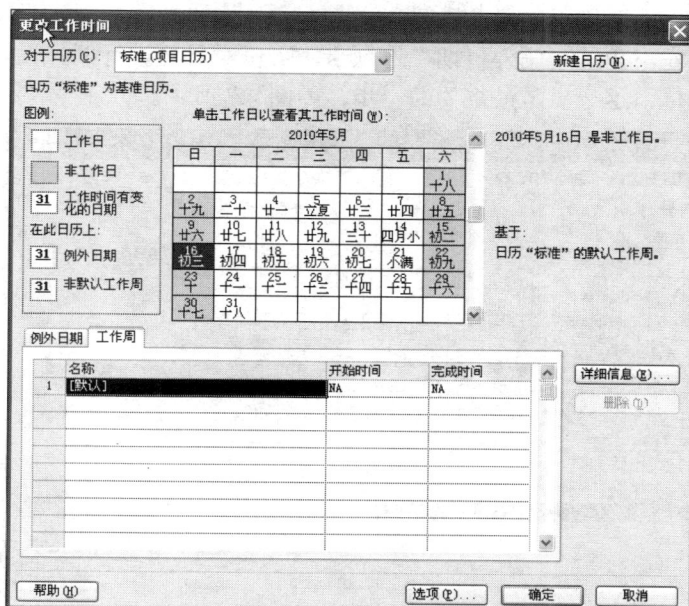

图 4.4　定义工作周

在图 4.4 中可以设置工作周，包括工作周周一到周日的具体设置。

在 Project 软件中，每天的工作时间默认是从 8 点到 17 点，中间 12 点到 13 点休息一个小时。如果希望改变工作的时间，则单击图 4.4 中的"详细信息"按钮，打开如图 4.5 所示的对话框。

在图 4.5 中可以调整每天上午或者下午的工作的起至时间。在默认情况下所修改的起至时间只对该图中的"工作时间"左侧的某一天起作用，例如在图 4.5 中，只对每周的周日起作用。如果希望该工作的起至时间影响到所有工作日，可以选择所有周期（周日至周六）。

如果希望在正常工作起至时间之外增加加班的时间，例如，希望每天的 18 点至 21 点为加班时间。可以通过选择图 4.5 中的周一至周五，选中"对所有日期设置以下特定工作时间"选项，单击"确定"按钮后打开如图 4.6 所示的对话框。

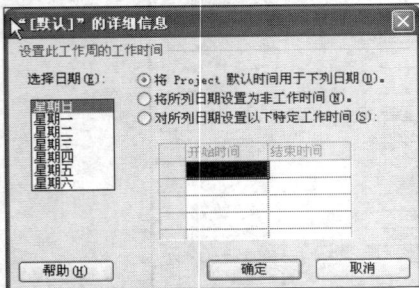

图 4.5　调整工作时间　　　　　　　　　　　图 4.6　设置加班时间

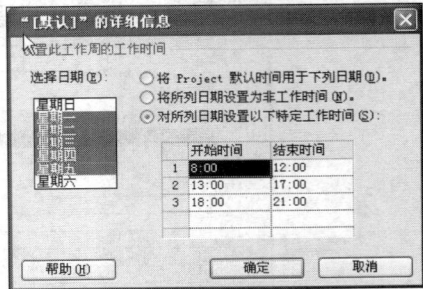

设置加班时间可以缩短任务的工期。

注意 此处设置的工作周为全部的工作周，在实际的项目中，每周的工作日可能不一样。例如，平时每个星期工作 5 天，为了赶工期，某些星期的工作日可能是 6 天，甚至是 7 天。出现以上情况时就需要在第 3 步中进行设置。

单击图 4.3 中左下角的"例外日期"选项卡，可以对日历进行例外设置。例外设置主要是设置假日或者倒休，这一步是最重要的一步，如图 4.7 所示。

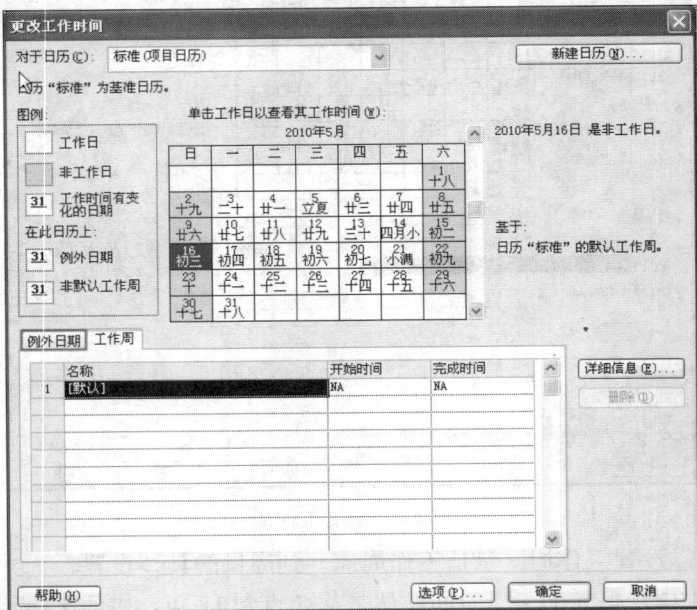

图 4.7　设置假日和倒休

　　在图 4.2 中，单击"更改工作时间"图标，将打开"更改工作时间"对话框，如图 4.8 所示。

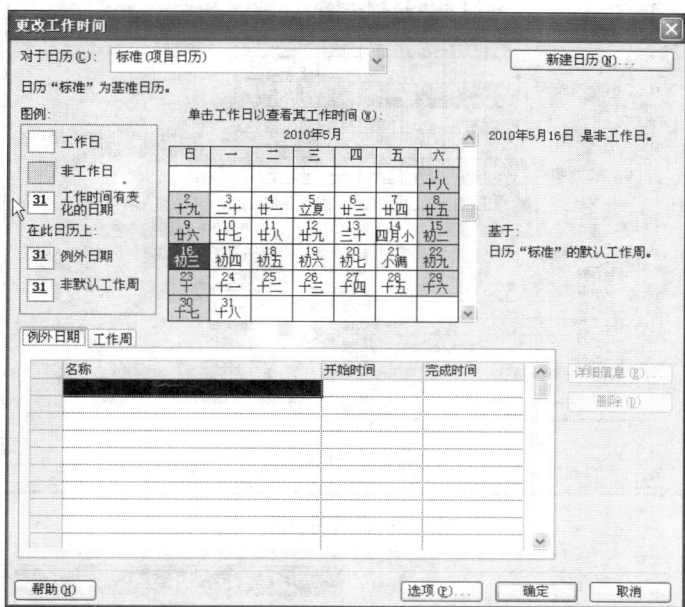

图 4.8　项目例外日历设置

　　日历设置的大部分工作将在如图 4.8 所示的对话框中完成。因为假日和倒休是项目执行过程中必须考虑的内容，在这一步要将在项目的建设周期内可能遇到的假日或者其他无法从事项目活动的日期标示出来，从而才能够编制出合理的时间进度计划。

　　对于我们之前使用的案例而言，在项目启动会上已经约定了项目的时间大致在 2010 年 9 月 1 日至 2011 年 1 月 1 日，因此需要在图 4.8 中将这个时间段内的假日全部设置正确，例如，2010 年的中秋节、国庆假日，还应该包括用户单位自身的一些非工作日，例如秋游、员工代表大会等情况列出。

　　具体的操作方式是在图 4.8 中下方的"例外日期"选项卡中分别进行标注，首先编写"名称"，然后在右侧选择"开始时间"和"完成时间"，进行设定后的效果如图 4.9 所示。

　　在图 4.9 中分别设置了"中秋放假"、"十一放假"、"公司创建 10 年周年庆典"等例外日期。设置完毕后，可以发现在图 4.9 中的日历部分，被设置为非工作日的日期的背景色变成了深色，用以与正常工作日区别。

　　在默认情况下，上述方法的效果是将工作日设置为了非工作日，下面介绍如何将非工作日变为工作日。

　　在图 4.10 中，再增加一个"10 月份临时加班"的例外日期，加班的具体时间是在 2010 年 10 月 23 日至 24 日（周六与周日）。操作的方式是：首先在新的一行中的名称列中输入"10 月份临时加班"，如图 4.10 所示。

　　在图 4.10 中，双击"10 月份临时加班"行，就会出现如图 4.11 所示的对话框。

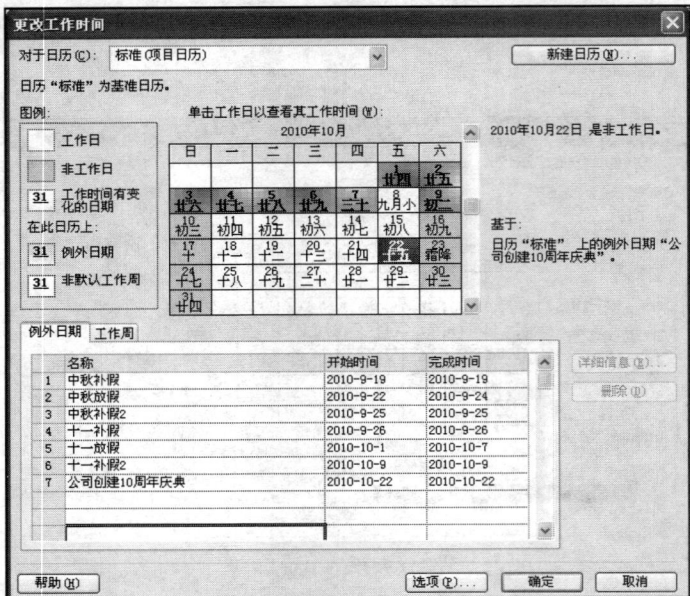

图 4.9　设置非工作日

图 4.10　输入名称

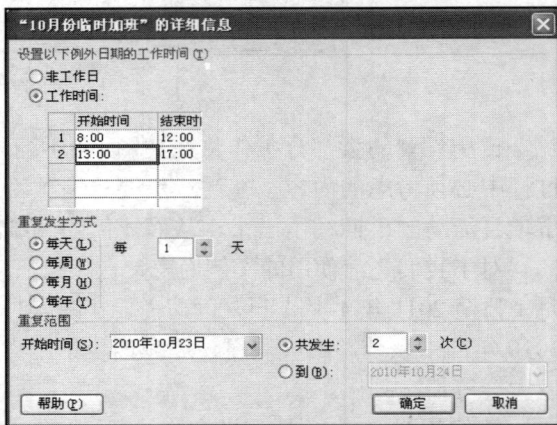

图 4.11　例外日期的详细信息

在图 4.11 中，首先选中左上方的"工作时间"选项，设置"工作时间"对应的"开始时间"与"结束时间"分别为"8:00""12:00""13:00""17:00"，单击"确定"按钮后，设置生效，如图 4.12 所示。

在图 4.12 中的日历部分可以看到，"22 日"和"23 日"的背景色被设置为深色。上述两个日期将成为工作日。

按照上述方法，用户可以将自身项目的日历进行详细认真的设置。

注意　Project 的中文版考虑了我国的农历，为设置假日提供了便利。

假日和倒休设置完毕后，可以通过单击"选项"按钮打开"Project 选项"对话框，如图 4.13 所示。

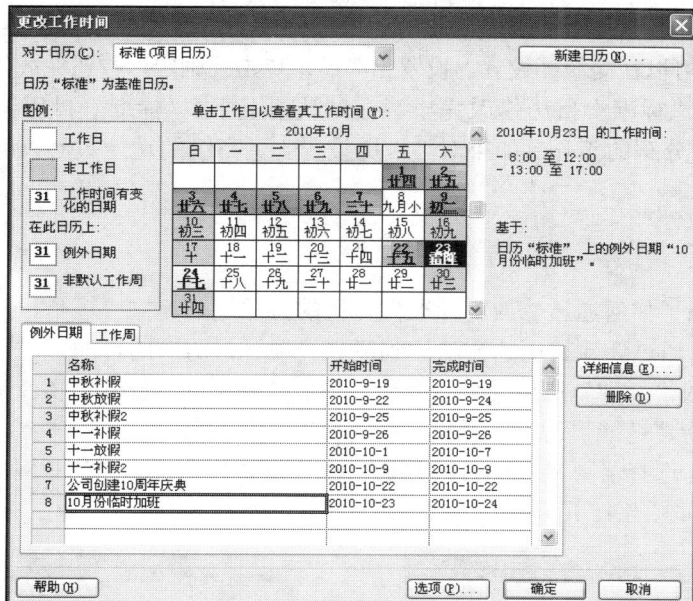

图 4.12　设置生效界面

图 4.13　"Project 选项"对话框

　　在图 4.13 中，项目的"日历"选项指的是在分配任务的工期时，如果设置单位分别为"工作日"、"周"以及"月"时，相对应的工时计算方法。在默认情况下，每日工时为 8 小时，每周工时为 8×5 = 40 小时，每月按照 20 个工作日分配工时。以上选项为系统默认初始值，一般情况下不需要改变。除非有特殊的情况,有的单位每天工作均是 9 个小时,或者每周都是工作 6 天等例外情况,可以在此统一设置。设置完毕后,单击"确定"按钮完成日历的设置工作。

到目前为止,"标准"日历修改完毕。在默认情况下,"标准"日历修改完毕就可以跳至 4.2 节开始任务分解的工作。如果对"日历设置"更高级的功能关心,可以仔细阅读下述 4.1 节的剩余内容。

4.1.2 新建日历

上文已经介绍了如何通过修改"标准"日历的方法达到建立"项目日历"的目的,接下来我们要介绍如何通过新建日历的方法达到建立"项目日历"的目的。

图 4.13 是修改"标准"日历的最后一步,单击该图中的"新建日历"链接后,会打开如图 4.14 所示的"新建基准日历"对话框。

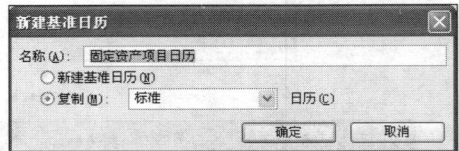

在图 4.14 中,选择需要复制的目标日历,输入要新建的日历名称,例如输入"固定资产项目日历",出现如图 4.15 所示内容。

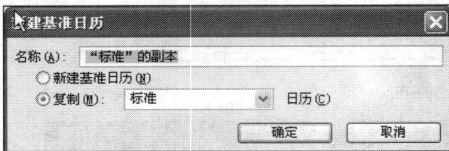

图 4.14 新建基准日历　　　　　　　　　　图 4.15 输入新建的日历名称

单击"确定"按钮后,新日历创建成功,在"对于日历"下拉框中可以看到刚建立的"固定资产项目日历",如图 4.16 所示。

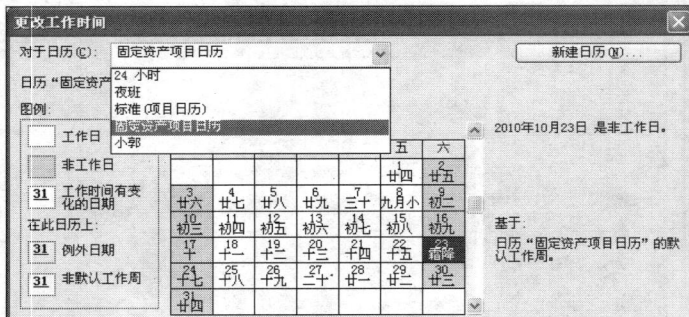

图 4.16 更改工作时间

关于图 4.16 中的定义工作周的具体步骤以及后续步骤上文已经介绍过,这里不再赘述。

如果用户希望使用自己创建的日历,可以采用本小节介绍的方法。通过这种方法可以建立新的项目日历、任务日历、资源日历。

4.1.3 日历的关联

在 Project 中可以建立很多日历,这些日历必须经过与相应的对象进行关联才可以起到作用。

设定项目日历的关联。在 Project 环境中,选择【项目】/【项目信息】菜单,在出现的对话框的"日历"下拉框进行选择,如图 4.17 所示。

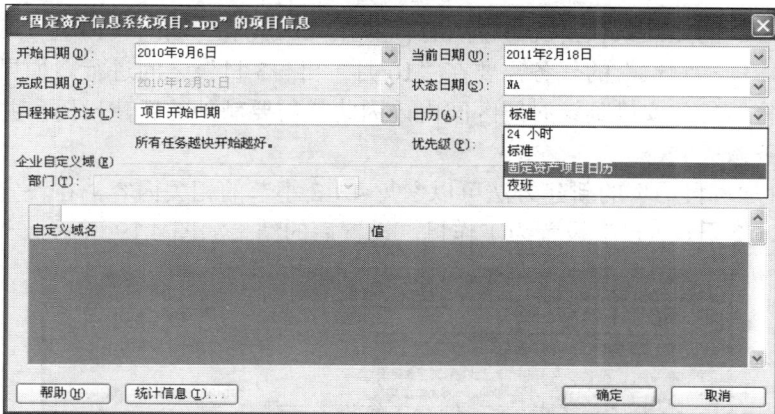

图 4.17　项目日历关联

在图 4.17 中，可以在下拉列表中选择一个日历作为"项目日历"使用。选择"标准"后，该项目所有的任务默认日历均为"标准"。"项目日历"设置完毕后，可以在"甘特图"中检查日历的设置效果，如图 4.18 所示。

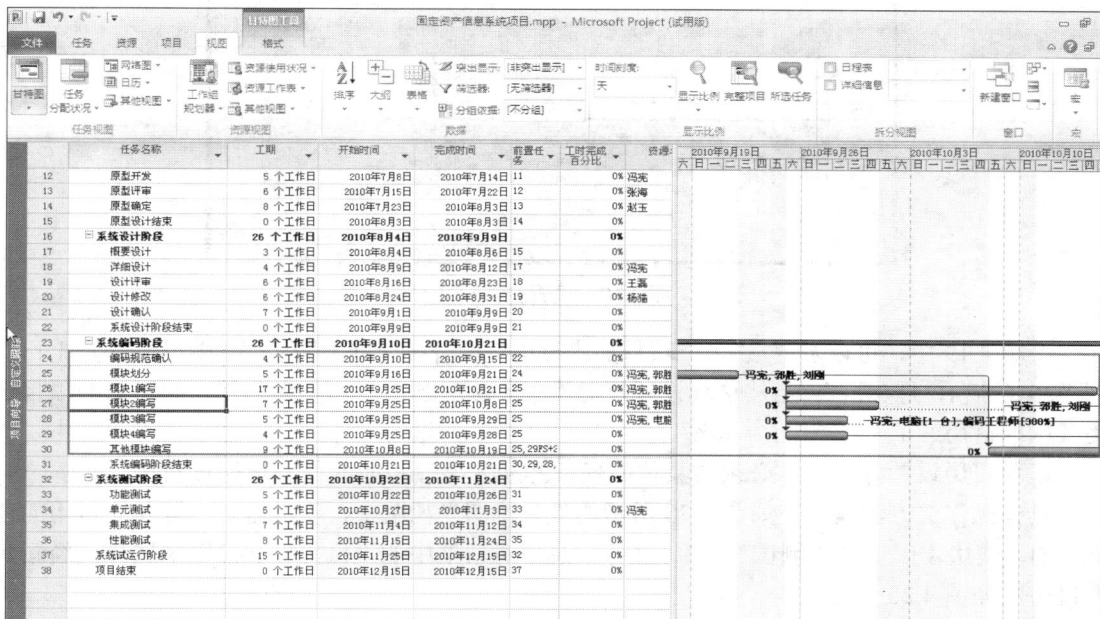

图 4.18　日历设置检查

在图 4.18 中，标识号为"26"的任务的开始时间是"2010 年 9 月 25 日"，工期为"17 工作日"，但是我们可以发现完成时间为"2010 年 10 月 21 日"，这是因为当初我们设置的"国庆假日"的例外日期起了作用。同时可以看到右侧的横道图的背景色在该时间段内为深色。

下面的任务日历与资源日历的关联是在后期任务分解和资源分配时才可能会遇到的。

1. 设定任务日历关联

在计划编制过程中，如果有个别任务的日历与项目日历存在冲突，则需要给该任务设置独立的日历信息。例如，默认情况下，所有任务在"国庆节"期间（10月1日～7日）是休息的，但是有一项"测试"的任务需要在"10月1日～3日"之间进行。如果采取默认的项目日历，无法将该任务安排到该时间区间内，因此就需要额外的新建日历，并且需要将新建的日历与该任务做关联。

"十一项目加班日历"的新建方法可以参见 4.1.2 小节的相关内容，在设置过程中，需要将"10月1日、2日、3日"设置为工作日。设置后的结果如图 4.19 所示。

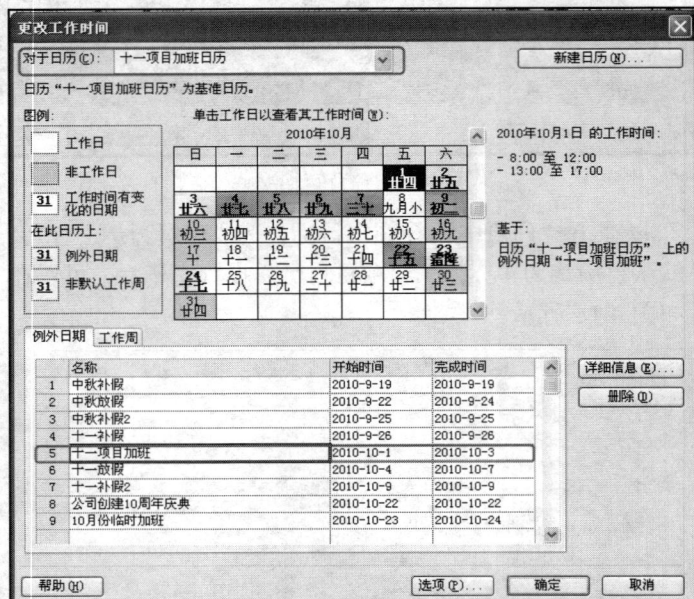

图 4.19　设置任务日历

在图 4.19 中，可以发现，"十一项目加班日历"的开始时间改为了"2010 年 10 月 1 日"到"2010 年 10 月 3 日"。当然这种设置只对"十一项目加班日历"起作用，并不影响项目日历（标准日历）。

任务日历设置好之后，必须与具体的任务匹配才能让相应的任务遵循该日历。

具体操作的方法是：在如图 4.20 所示的"甘特图"视图中，双击需要设置独立日历的任务，如"模块 4 国庆加班测试"，在"任务信息"对话框中的"日历"下拉框中选择已经新建的日历，如图 4.20 所示。

在图 4.20 中可以看到，在匹配任务日历之前，该任务的起至时间范围是"10月8日"到"10月10日"，因为默认的标准日历（项目日历）已经将"10月1日到10月7日"设为了非工作日。

双击"模块 4 国庆加班测试"任务，出现如图 4.21 所示的对话框。

在如图 4.21 所示的"日历"下拉框中，选择"十一项目加班日历"，之后单击"确定"按钮。再次返回到"甘特图"视图，就可以看到如图 4.22 所示的界面。

在图 4.22 中，该任务的开始时间和完成时间可以手工再次调整到"10月1日"与"10月3日"，在该任务的最前面新添了一个标志"⑫"，该标志的意义是说明该任务有特殊的任务日历。

图 4.20　选择需要设置任务日历的任务

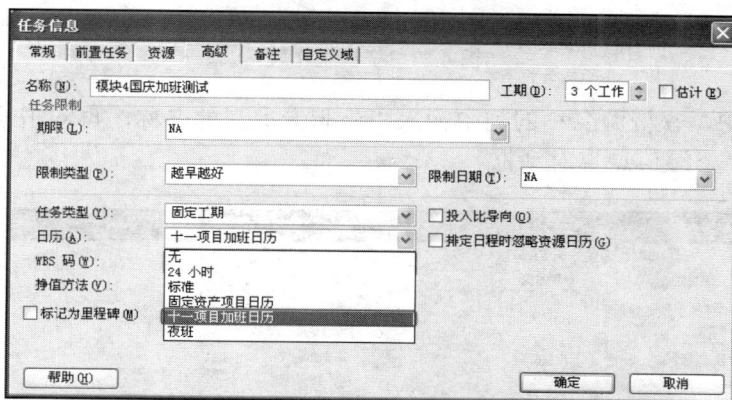

图 4.21　"任务信息"对话框

			开始时间	完成时间
23	□ **4　系统编码阶段**	**32　个工作日**	**2010年9月25日**	**2010年11月11日**
24	4.1　编码规范确认	1　个工作日	2010年9月25日	2010年9月25日
25	4.2　模块划分	1　个工作日	2010年9月26日	2010年9月26日
26	4.3　模块1编写	10　个工作日	2010年9月27日	2010年10月15日
27	4.4　模块2编写	10　个工作日	2010年9月27日	2010年10月15日
28	4.5　模块3编写	10　个工作日	2010年10月18日	2010年10月28日
29	4.6　模块4编写	9　个工作日	2010年9月27日	2010年10月14日
30	4.7　模块4国庆加班测试	3　个工作日	2010年10月1日	2010年10月3日
31	4.8　其他模块编写	2　个工作日	2010年9月27日	2010年9月28日
32	4.9　系统模块整体连调	10　个工作日	2010年10月29日	2010年11月11日
33	4.10　系统编码阶段结束	0　个工作日	2010年11月11日	2010年11月11日

图 4.22　任务日历匹配后

◆**注意**　如果希望给多个任务同时分配同一个任务日历，可以先选中多个任务，再单击右键，在右键
中选择"任务信息"，在弹出的对话框中的"日历"中进行选择。

2．设定资源日历关联

如果某些资源的日历与项目日历冲突，则需要为这些特殊的资源设定特殊的资源日历。例如，此项目中的一批"外聘专家"只有在星期六、星期日才有时间为项目服务，但是项目日历中默认的星期六与星期日都是非工作日，因此也无法体现这些"外聘专家"的真实的工作计划。

与任务日历类似，可以利用"日历新建"的功能为这些专家新建"外聘专家"日历。日历新建完毕后，选择菜单【视图】/【资源工作表】，将视图切换到"资源工作表"，如图 4.23 所示。

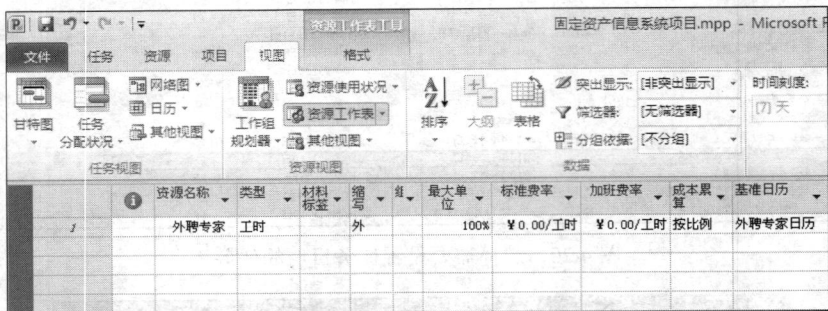

图 4.23　资源工作表

在图 4.23 中，在资源名称的列中输入"外聘专家"的名称，再双击该行，会出现如图 4.24 所示的"资源信息"对话框。

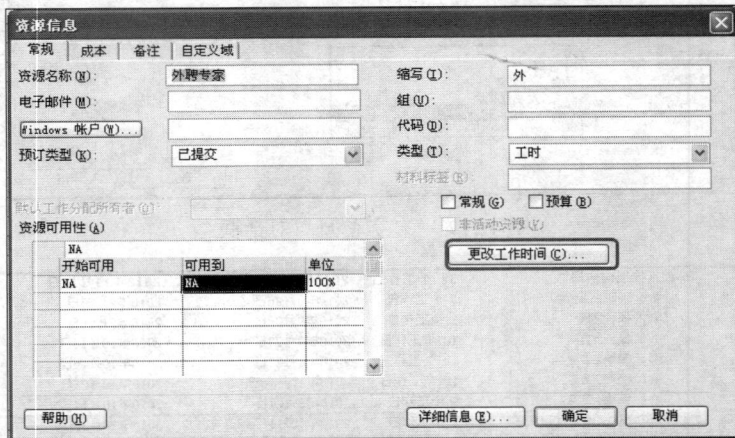

图 4.24　资源详细信息

图 4.24 显示了该资源的详细信息，如果要为该资源分配资源日历，则需要单击"更改工作时间"按钮，就会打开如图 4.25 所示的"更改工作时间"对话框。

在"更改工作时间"对话框中，从"基准日历"下拉框中选择之前已经定义好的"外聘专家日历"，再单击"确定"按钮，就完成了为资源分配日历的过程。

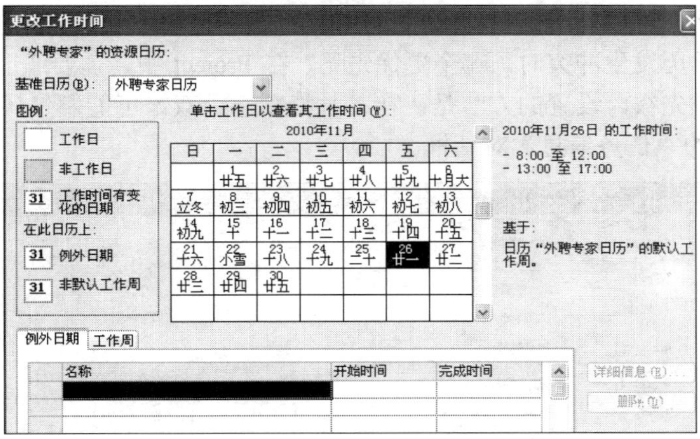

图 4.25 更改资源的基准日历

为资源设置日历也可以不通过新建的方式来完成：直接在如图 4.25 所示的界面中编辑工作日/非工作日，即可达到为该资源设置特殊日历的目的，而且不会影响下拉框中原有日历的设置。但是任务日历却必须新建才能分配给任务。

另外，上述介绍的日历的新建是通过"任务"向导的"定义常规工作时间"中最后一步来完成的。实际上，新建日历的方法还有一个快捷方式：选择菜单【项目】/【更改工作时间】，弹出的对话框中右上角有一个按钮"新建日历"，通过单击该按钮可以快速定义新的日历，如图 4.26 所示。

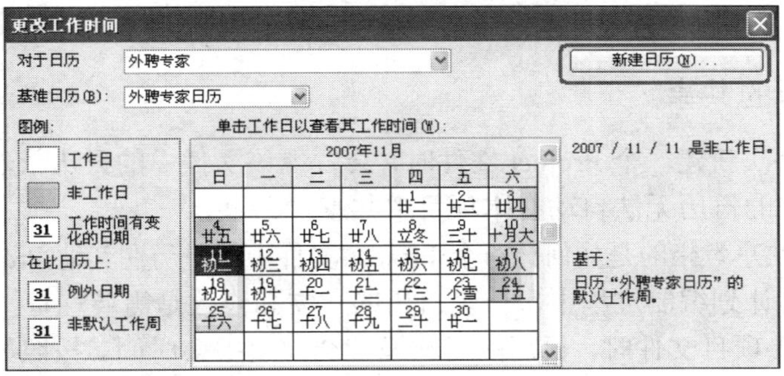

注意

图 4.26 新建日历的快捷方法

4.1.4 日历的优先级

在没有独立的任务日历、资源日历的情况下，所有任务的时间安排均遵循项目日历。例如，项目日历规定国庆 7 天为非工作日，则默认情况下所有的任务都无法在国庆 7 天安排工作。

如果某些任务被关联了任务日历，则任务日历优先于项目日历。例如，如果某个任务被分配了国庆 7 天为工作日的日历，则只有该任务可以安排在国庆 7 天，其他任务还遵循项目日历，无法安排在国庆 7 天。

如果某些资源有区别于项目日历的特殊日历，则资源日历优先于项目日历。例如项目日历规定了每个周一均是工作日，但是某个资源的日历却是周一为非工作日，此时如果将该资源分配到需要周一执行的任务，该任务是无法按时执行的。

通过上述表达，可以得出结论：项目日历的优先级低于任务日历与资源日历。那么如果任务日历与资源日历发生冲突时，哪个更优先呢？在 Project 中，需要通过设置来决定任务日历与资源日历的优先级。设置的方法是：在"甘特图"中双击可能发生日历冲突的任务，弹出如图 4.27 所示的"任务信息"对话框。

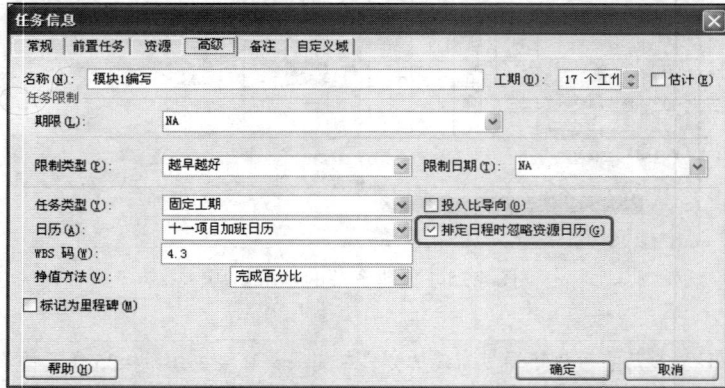

图 4.27 任务日历与资源日历冲突时的设置

在图 4.27 中，单击"高级"选项卡，如果"排定日程时忽略资源日历"为选中状态，则任务日历优先，如果该选项为非选中状态，则资源日历优先。这一设置仅对该任务有效，如果需要批量给多个任务设置此类优先级，需要先选中多个任务，然后单击右键，选择"任务信息"命令，将打开与图 4.27 类似的对话框，在相同的位置做相同的操作即可实现目标。

4.1.5 日历的共享

当用户再次新建一个 Project 文件时，会发现该文件中的日历依然是系统的默认值，在其他项目中设置的日历无法自动在本项目中共享。

"日历的共享"指的是如何让一个 Project 文件中的日历在其他 Project 文件中也可以使用。在实际的项目计划编制过程中，一套日历的建立和修改是需要耗费一定时间和精力的，当建立其他 Project 项目文件时，日历的再次设置会浪费很多时间。按照如下的操作，可以将一个项目文件的所有日历应用于其他项目文件上。

在已经设置了日历的 Project 文件中，选择菜单【文件】/【信息】/【管理器】，在出现的"管理器"对话框中，选择"日历"选项卡，如图 4.28 所示。

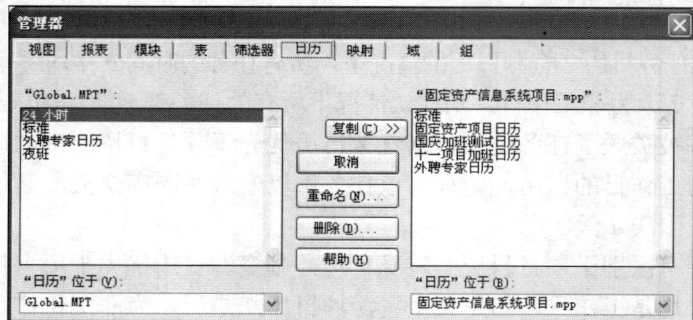

图 4.28 日历共享

图 4.28 中的左侧是 Project 文件默认打开的全局文件 Global.MPT 中的日历，右侧是"固定资产信息系统项目"中的日历，也就是用户自己定义或者编辑后的日历。Global.MPT 文件是 Project 文件的默认打开时附带的空白文件，每次在新建文件是，打开的实际上都是该文件的副本，因此，如果希望在"固定资产信息系统项目"中存在的日历，也能在新建其他文件时依然可以使用，则只需要将右侧的日历复制到左侧即可。

方法是先选中右侧的一个日历，如"外聘专家日历"，再单击中间位置的"复制"按钮，该日历将出现在左侧的日历区域内，复制后的结果如图 4.29 所示。

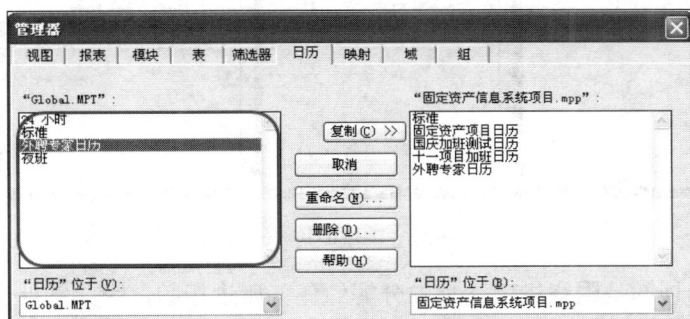

图 4.29 复制日历

在图 4.29 中的左侧，也就是"Global.MPT"文件的日历中出现了"外聘专家日历"。当然，由于是复制过程，因此右侧的项目中的该日历依然存在。

今后再次新建文件时，"外聘专家日历"就会自动出现在新的文件中。

注意　如果只是希望在两个项目文件之间复制日历，而不需要全局文件做中介时，可以在图 4.29 左下角的"'日历'位于"下拉框中选择复制目标项目文件，当然该项目必须是打开的状态。另外，通过"管理器"对话框可以完成包括日历在内的很多内容的共享，例如，共享某个项目中的视图、报表、自定义域、窗体和筛选器等。

4.2 任务分解

在 4.1 节中为项目设置了日历，日历设置完毕后，应该开始在"甘特图"中输入任务信息了。输入任务信息的工作是任务分解的过程，任务分解过程在进度计划乃至整个项目所有计划的制订中都是最重要的。

4.2.1 工作分解结构（WBS）

PMBOK2008 中 5.3 章节中这样描述工作分解结构的过程：工作分解结构是以可交付成果为导向的工作层级分解，其分解的对象是项目团队为实现项目目标、提交所需可交付成果而实施的工作。

工作分解结构每下降一个层次就意味着对项目工作更详尽的定义。工作分解结构组织并定义项目的总范围，代表着现行项目范围说明书所规定的工作。计划要完成的工作包含在工作分解结构底层的组成部分中，这些组成部分被称为"工作包"。可以针对工作包安排进度、估算成本和实施监控。在"工作分解结构"这个词中，"工作"是指经过努力所取得的成果，如工作产品或可交付成果，而非"努力"本身，如图 4.30 所示。

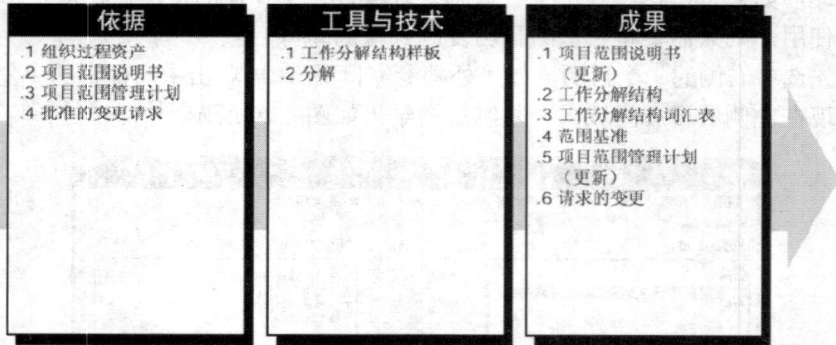

图 4.30 制定工作分解结构的依据、工具技术与成果

很多后续的计划都是围绕进度计划中分解的任务所进行的，因此掌握一些任务分解的原则与技巧对于编制项目计划将非常有帮助。

用比较简单的语言来定义工作分解结构（WBS，Work Breakdown Structure），它是面向可交付成果的项目元素的分解，它组织并定义了整个项目范围，未列入工作分解结构的工作将被排除在项目范围之外。

4.2.2 任务分解的原则

（1）任务分层原则。在很多传统的领域中，使用如图 4.31 所示的工作分解结构图来表示工作之间的层次关系。

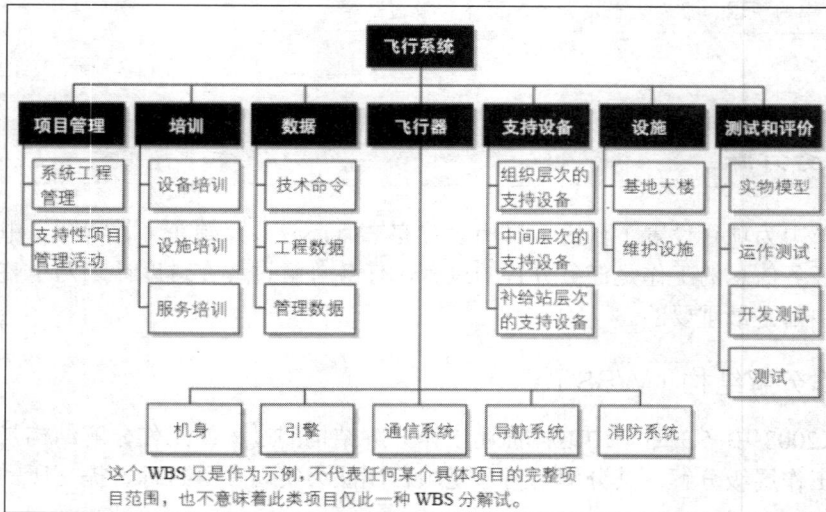

这个 WBS 只是作为示例，不代表任何某个具体项目的完整项目范围，也不意味着此类项目仅此一种 WBS 分解试。

图 4.31 引用 PMBOK2008 中的传统 WBS 图

任何一个项目的分解结构都必须有层次，如果没有划分任务层次将给项目管理工作带来诸多不便。具体层次如何划分，这里给出如图 4.32 所示的建议。

图 4.32 中的"大项目"指的是包含若干个子项目的项目。例如"XX 企业综合信息管理平台项目群"项目，包含若干个子项目组。

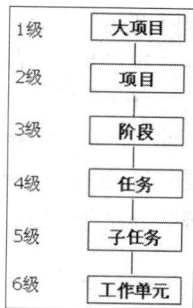

- 第 1 层应该是"XX 企业综合信息管理平台项目群"的大项目名称。
- 第 2 层便是若干个子项目的名称，例如"固定资产管理系统"。
- 第 3 层应该是每个子项目的阶段名称，例如"固定资产管理系统"项目的"启动阶段"、"需求分析阶段"等。
- 第 4 层是第 3 层描述的阶段中包含的任务名称，例如"需求分析阶段"中包含任务"系统需求获取"。
- 第 5 层子任务则表示的是第 4 层中包含的任务，例如"系统需求获取"任务包含子任务"财务部门需求获取"。
- 第 6 层工作单元指的是某一次具体的活动，例如"财务部门系统需求获取"应该包含"财务部门系统需求获取第一次需求讨论"这一工作单元。

图 4.32　任务层次划分建议

以上的任务层次如图 4.33 所示。

图 4.33　在 Project 中体现任务分级

（2）80 小时原则。80 小时即 10 个工作日，因为一般情况下每天均是按照 8 个小时来计算工时。这条原则指的是在任务分解过程中，最小级别的任务的工期最好控制在 10 个工作日内，目的是为了在项目执行期间更好的检查、控制。通过这一手段可以把项目的问题暴露在两周之内或者更短的时间。

制定项目计划的目的是为了更好地控制项目，任务分解的结果便是项目执行、检查、监控的依据。如果项目任务分解过于粗放，就难以进行细致的跟踪。如果某一任务的工期时间较长，建议再次对任务进行细化分解，以便符合 80 小时法则。

（3）责任到人原则。任务分解过程中，最小级别的任务最好是能够分配到某一个具体的资源，如果发现某一项任务的资源是若干个资源一起完成，同样是为了更好的控制项目，建议对该任务再次细分到每一个人。否则如果某一项任务出现问题，很难将责任定位到某一个人。

（4）风险分解原则。任务分解过程中，如果遇到风险较大的任务，为了更好化解风险，建议将该任务再次细分，以便能够更好、更早暴露风险为风险的解决和缓解提供帮助。

（5）逐步求精原则。"罗马不是一天建成的"高质量的任务分解全部过程需要花费很长的时间，在项目的前期不可能考虑到项目后期非常具体的任务。因此，即将开始的任务需要非常精细的分解，未来的任务可以分解粗放一些，等到即将执行时再进行精细化分解。

（6）团队工作原则。项目计划制订主要责任人是项目经理，但并不应该是项目经理一个人的工作。项目经理在制订项目计划过程中，尤其是任务分解、工期估计等关键过程中一定要与项目成员一起进行。因为毕竟所有任务的执行是由项目成员来完成的，任务的描述和分解必须征得大家得同意和确认，从而尽可能避免项目执行过程中的任务分解方面的意见分歧。

4.2.3　录入任务信息

了解任务分解的相关原则后，便可以打开 Project 2010 进行任务信息的录入工作，具体的步骤如下。

（1）录入项目名称。因为在 3.3.3 小节中已经通过选择菜单【文件】/【选项】，并且在"高级"选项卡中选择了"显示项目摘要任务"选项，所以项目名称不需要再次手工录入，将会自动将文件的名称作为项目的名称直接体现在第一行，该行的标示号为"0"。

（2）录入各阶段名称。

（3）录入项目结束里程碑。以上步骤操作完成后，就会得到如图 4.34 所示的效果。

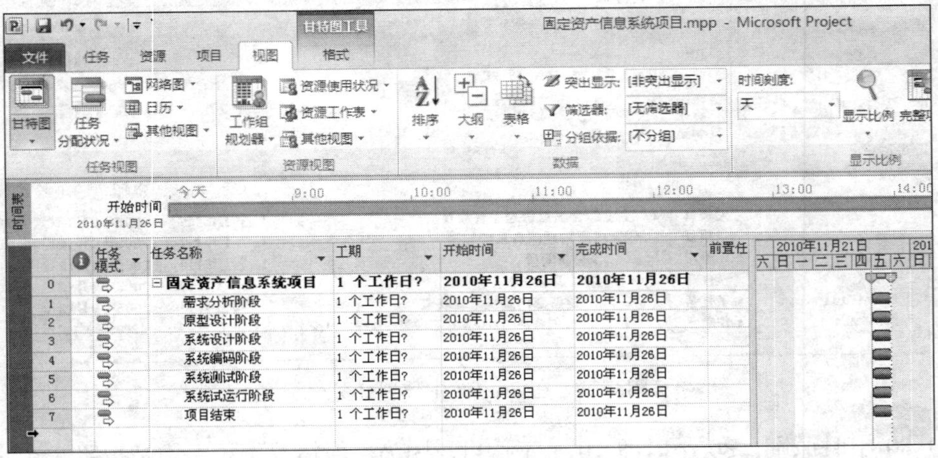

图 4.34　录入任务信息

在图 4.34 中，录入了 6 个项目的阶段，用户在录入自身项目时，根据项目的实际特点录入项目的阶段名称，笔者建议如果该任务属于阶段任务，则在名称中请包含"阶段"的文字，这是一种良好的计划编制习惯。最后一个任务的目的是表示项目的结束，因为是里程碑，所以将工期设为了 0，其他任务的默认工期均是"1 工作日？"这是系统默认在没有编辑工期的情况下自动出现的。

（4）对各阶段进行细化。例如，对"需求分析阶段"进行细化操作，操作的方式是单击"需求分析阶段"的下一行任务"原型开发阶段"，再单击菜单【任务】/【插入】/【任务】/【空行】，该菜单连续单击后，就会在"需求分析阶段"的任务下发产生若干个空任务，如果直接单击【任务】图标，则会插入"新任务"，对增加任务带来不便，因此，需要插入空任务，如图 4.35 所示。

用户可以在如图 4.35 所示的空任务中录入"需求分析阶段"子任务，录入后如图 4.36 所示。

在图 4.36 中，"需求分析阶段"下面增加了 5 项任务，而且增加的第 5 个任务是"需求分析阶段结束"的里程碑，所以将该任务的工期改为了"0"。

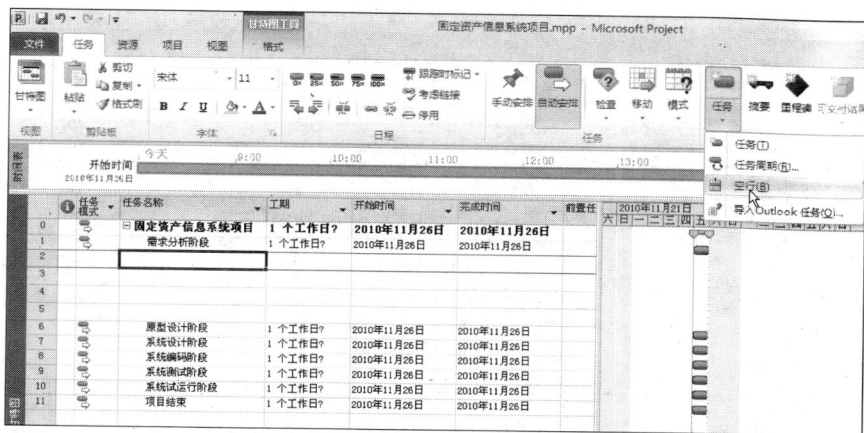

图 4.35 插入空行的分解结构

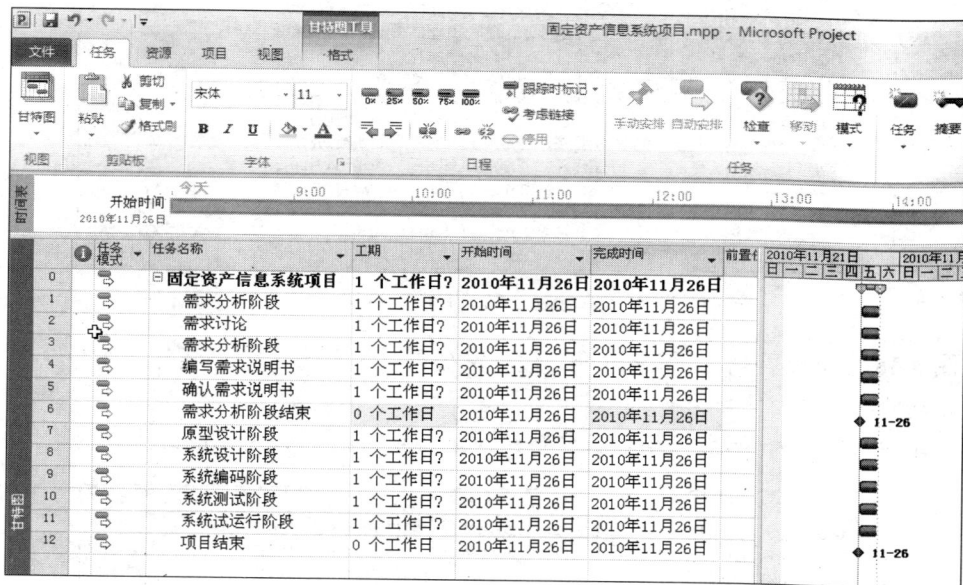

图 4.36 插入空行的分解结构

为了能够表现出从第 2 项任务到第 6 项任务是第 1 项任务的子任务，就必须做降级的操作，操作的方法是：用鼠标将新建的 5 个任务全部选中，然后单击工具栏的" ➡ "图标，实现降级，降级后的结果如图 4.37 所示。

从图 4.37 中可以看到，新增加的 5 项任务的层次被降低了，而且任务名称前的大纲号标识号也清晰地表示出了这种关系。任务名称前的大纲号出现的原因是在 3.3.3 小节中设置的结果。

按照上述方法，对以下的所有阶段进行相应的细分操作。

（5）对各阶段内的需要再次细分的任务进行分解。例如"需求分析阶段"的"需求讨论"还可以再细分为"第一次需求讨论"、"第二次需求讨论"、"第三次需求讨论"这 3 项任务。

分解的结果如图 4.38 所示。

任务名称	工期	开始时间	完成时间	前	2010年11月21日 日 一 二 三 四 五 六
1 需求分析阶段	1 个工作日?	2010年11月26日	2010年11月26日		
1.1 需求讨论	1 个工作日?	2010年11月26日	2010年11月26日		
1.2 需求分析阶段	1 个工作日?	2010年11月26日	2010年11月26日		
1.3 编写需求说明书	1 个工作日?	2010年11月26日	2010年11月26日		
1.4 确认需求说明书	1 个工作日?	2010年11月26日	2010年11月26日		
1.5 需求分析阶段结束	0 个工作日	2010年11月26日	2010年11月26日		11-2
2 原型设计阶段	1 个工作日?	2010年11月26日	2010年11月26日		
3 系统设计阶段	1 个工作日?	2010年11月26日	2010年11月26日		
4 系统编码阶段	1 个工作日?	2010年11月26日	2010年11月26日		
5 系统测试阶段	1 个工作日?	2010年11月26日	2010年11月26日		
6 系统试运行阶段	1 个工作日?	2010年11月26日	2010年11月26日		
7 项目结束	0 个工作日	2010年11月26日	2010年11月26日		11-2

图 4.37　降级操作的结果

任务名称	工期	开始时间	完成时间	2010年11月21日 日 一 二 三 四 五 六	2010年 日
1 需求分析阶段	1 个工作日?	2010年11月26日	2010年11月26日		
1.1 需求讨论	1 个工作日?	2010年11月26日	2010年11月26日		
1.1.1 第一次需求讨论	1 个工作日?	2010年11月26日	2010年11月26日		
1.1.2 第二次需求讨论	1 个工作日?	2010年11月26日	2010年11月26日		
1.1.3 第三次需求讨论	1 个工作日?	2010年11月26日	2010年11月26日		
1.2 需求分析阶段	1 个工作日?	2010年11月26日	2010年11月26日		
1.3 编写需求说明书	1 个工作日?	2010年11月26日	2010年11月26日		
1.4 确认需求说明书	1 个工作日?	2010年11月26日	2010年11月26日		
1.5 需求分析阶段结束	0 个工作日	2010年11月26日	2010年11月26日		11-26
2 原型设计阶段	1 个工作日?	2010年11月26日	2010年11月26日		
3 系统设计阶段	1 个工作日?	2010年11月26日	2010年11月26日		
4 系统编码阶段	1 个工作日?	2010年11月26日	2010年11月26日		
5 系统测试阶段	1 个工作日?	2010年11月26日	2010年11月26日		
6 系统试运行阶段	1 个工作日?	2010年11月26日	2010年11月26日		
7 项目结束	0 个工作日	2010年11月26日	2010年11月26日		11-26

图 4.38　对被分解过的任务再次分解

在图 4.38 中可以看到，"需求讨论"任务又被再次细分为 3 个子任务，而且 3 个子任务已经被成功降级。

（6）重复（5）步，直到整个项目分解结束，得到如图 4.39 所示的效果。

任务名称	工期	开始时间	完成时间	2010年11月21日 日 一 二 三 四 五 六	20
固定资产信息系统项目	1 个工作日?	2010年11月26日	2010年11月26日		
1 需求分析阶段	1 个工作日?	2010年11月26日	2010年11月26日		
1.1 需求讨论	1 个工作日?	2010年11月26日	2010年11月26日		
1.1.1 第一次需求讨论	1 个工作日?	2010年11月26日	2010年11月26日		
1.1.2 第二次需求讨论	1 个工作日?	2010年11月26日	2010年11月26日		
1.1.3 第三次需求讨论	1 个工作日?	2010年11月26日	2010年11月26日		
1.2 需求分析阶段	1 个工作日?	2010年11月26日	2010年11月26日		
1.3 编写需求说明书	1 个工作日?	2010年11月26日	2010年11月26日		
1.4 确认需求说明书	1 个工作日?	2010年11月26日	2010年11月26日		
1.5 需求分析阶段结束	0 个工作日	2010年11月26日	2010年11月26日		11-26
2 原型设计阶段	1 个工作日?	2010年11月26日	2010年11月26日		
3 系统设计阶段	1 个工作日?	2010年11月26日	2010年11月26日		
4 系统编码阶段	1 个工作日?	2010年11月26日	2010年11月26日		
5 系统测试阶段	1 个工作日?	2010年11月26日	2010年11月26日		
5.1 功能测试	1 个工作日?	2010年11月26日	2010年11月26日		
5.2 单元测试	1 个工作日?	2010年11月26日	2010年11月26日		
5.3 集成测试	1 个工作日?	2010年11月26日	2010年11月26日		
5.4 性能测试	1 个工作日?	2010年11月26日	2010年11月26日		
6 系统试运行阶段	1 个工作日?	2010年11月26日	2010年11月26日		
7 项目结束	0 个工作日	2010年11月26日	2010年11月26日		11-26

图 4.39　任务分解结束

4.2.4　周期性任务

如果有周期性发生的任务，为了减少重复录入的工作量，可以采用 Project 提供的"插入周期性任务"的功能完成。

例如，PMO 要求项目经理，需要把"项目周例会"作为任务列入项目计划，但是每周五都召开的周例会在项目的整个周期内需要发生几十次，手工依次输入需要较大的工作量。为了减轻输入任务的工作量，可以采取作为"周期性任务"的方式进行操作，具体操作如下。

在任务列表中，首先选中在哪个任务之前插入周期性任务。

例如，在"项目结束"之前插入周期性任务，则先单击"项目结束"任务，接着选择菜单【文件】/【插入周期性任务】，打开"周期性任务信息"对话框，如图 4.40 所示。

图 4.40　插入周期性任务

在图 4.40 中，在"任务名称"中输入任务描述信息"项目例会"，在"工期"中填入此周期性任务每次经历的时间，在"重复发生方式"中选择发生频率，例如周，如果不希望是每周都执行该任务，可以在右侧的"重复间隔为"输入一个数值。例如，如果希望每两周开一次例会，则在"重复间隔为"中输入"2"。在"重复范围"中选择起止日期，因为项目例会应该贯穿整个项目始终，因此时间范围应该从项目的开始时间到项目的完成时间。以上信息填写完毕，单击"确定"按钮。

Project 将该周期性任务自动分配到每双周五当中，如图 4.41 所示。"项目例会"前的"○"表示该任务是周期性任务。

任务名称	工期	开始时间	完成时间	前置任务
4.7 模块4国庆加班测试	3 个工作日	2010年10月1日	2010年10月3日	25FS+4 个工作日
4.8 其他模块编写	2 个工作日	2010年9月27日	2010年9月28日	25
4.9 系统模块整体连调	10 个工作日	2010年10月29日	2010年11月11日	31, 26, 27, 28, 2
4.10 系统编码阶段结束	0 个工作日	2010年11月11日	2010年11月11日	32
□ 5 系统测试阶段	**30 个工作日**	**2010年11月12日**	**2010年12月23日**	
5.1 功能测试	5 个工作日	2010年11月12日	2010年11月18日	33
5.2 单元测试	5 个工作日	2010年11月19日	2010年11月25日	35
5.3 集成测试	5 个工作日	2010年11月26日	2010年12月2日	36
5.4 性能测试	5 个工作日	2010年12月3日	2010年12月9日	37
5.5 系统修改	10 个工作日	2010年12月10日	2010年12月23日	38
6 系统试运行阶段	2 个工作日	2010年12月24日	2010年12月27日	39
7 项目结束	0 个工作日	2010年12月27日	2010年12月27日	40
□ 8 项目例会	**76 个工作日**	**2010年9月6日**	**2010年12月27日**	
8.1 项目例会 1	1 个工作日	2010年9月6日	2010年9月6日	
8.2 项目例会 2	1 个工作日	2010年9月13日	2010年9月13日	
8.3 项目例会 3	1 个工作日	2010年9月20日	2010年9月20日	
8.4 项目例会 4	1 个工作日	2010年9月27日	2010年9月27日	
8.5 项目例会 5	1 个工作日	2010年10月8日	2010年10月8日	
8.6 项目例会 6	1 个工作日	2010年10月11日	2010年10月11日	
8.7 项目例会 7	1 个工作日	2010年10月18日	2010年10月18日	
8.8 项目例会 8	1 个工作日	2010年10月25日	2010年10月25日	
8.9 项目例会 9	1 个工作日	2010年11月1日	2010年11月1日	
8.10 项目例会 10	1 个工作日	2010年11月8日	2010年11月8日	

图 4.41　插入周期性任务以后

4.3　为任务设定工期

任务分解工作完成后，便可以开始为任务设定工期了。工期指的是完成任务所需的有效工作时间的总范围。通常按照项目日历和资源日历的定义，为从任务开始时间到完成时间的工作时间总量。

4.3.1　工期类型

在 Project 中，工期的单位有如下几类：月，英文缩写为 mo；周，英文缩写为 w；日，英文缩写为 d；时，英文缩写为 h；分，英文缩写为 m。

4.3.2　工期设定

在 Project 2007 版本中，能够设定工期的任务必须是没有子任务的，而在 Project 2010 版本中，增加了"任务模式"功能，从而可以对"摘要任务"进行设置任务工期。"任务模式"有两种方式，一为"自动计划"，"自动计划"模式跟 Project 2007 中的工期计算及设置方式一致；二为"手动计划"，"手动计划"模式是 Project 2010 新增加的功能，可以对任务进行手动设置工期。本节先对"自动计划"模式进行描述，"手动计划"模式在 4.3.6 小节中做特别说明。

⊘注意　Project 2010 版本中新增"任务模式"任务属性，从而改变了 Project 2007 版本中任务工期不能特殊设置而只能默认输入工期数值的使用模式，在 Project 2010 版本中，任务工期不但可以输入常规工期，还可以输入文字等，摘要任务的工期也可以不是直接通过子任务计算得来，而是可以手动输入，详述请见 4.3.5 小节。4.3.1 至 4.3.4 小节都是按照设置的"任务模式"为"自动计划"进行描述的。

选中需要设置任务的"工期"列，可以采用直接输入的方式。例如，"需求获取"任务的工期初步计划为 5 天，则在该任务的"工期"列上直接输入"5d"；如果为 5 周，则直接输入"5w";如果为 5 个月,则直接输入"5mo";如果为 5 个小时,则直接输入"5h";如果为 5 分钟,则直接输入"5m"。如图 4.42 所示。

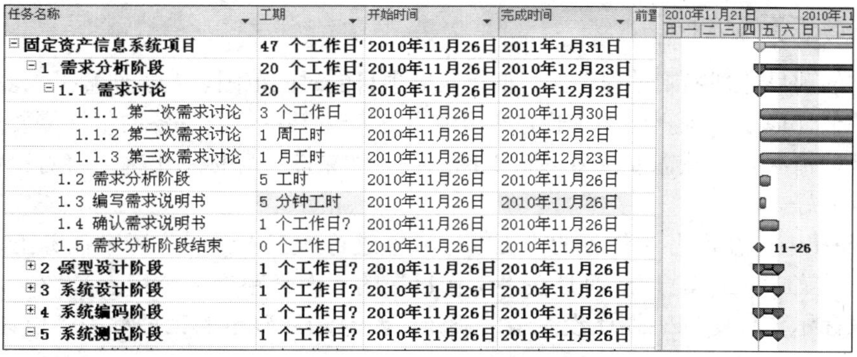

图 4.42 不同的工期设定

当工期为"0"时,该任务便可标记为"里程碑",里程碑在甘特图中用"◆"表示,例如,图 4.42 中"需求分析阶段结束"任务所对应的右侧横道图区域中的形状。

> 里程碑是标记项目中主要事件的参考点,并且用于监控项目的进度。任何工期为零的任务都自动显示为里程碑。例如,您项目中的一项任务要求由另一家公司开发某个应用程序。您可以在项目中创建一个工期为零的里程碑,以表示该应用程序的完成。您还可以将任何工期的任何其他任务标记为里程碑,方法是双击某一个任务,在"任务信息"对话框中的"高级"选项卡中将左下角的"标记为里程碑"选中。

4.3.3 摘要任务工期计算

在设定任务工期时,用户会发现摘要任务(有子任务的任务)的工期是自动计算的。如图 4.43 所示,摘要任务"需求讨论"的工期是"2 天"。下面介绍这"2 天"的工期是如何计算出来的。

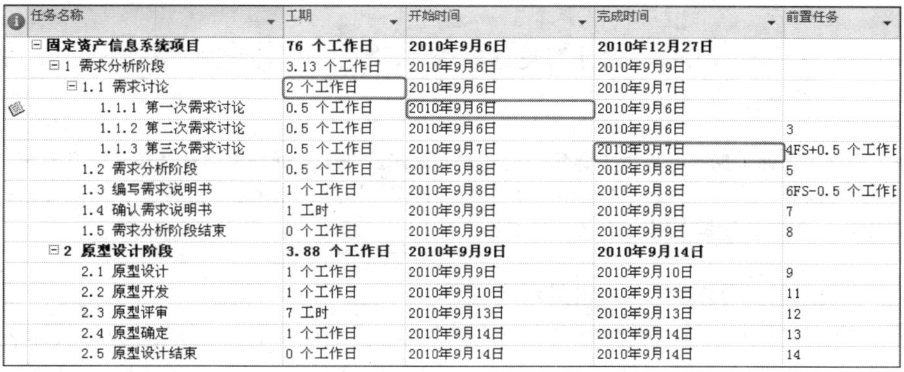

图 4.43 摘要任务工期计算

如图 4.43 所示的线框所示,摘要任务"需求讨论"的工期计算方式为:找到该摘要任务所有下属任务中的最晚"完成时间"与最早"开始时间",两者之间的有效工作时间便是该摘要任务的工期。因此"2 个工作日"是摘要任务下属所有任务中最早开始时间"2010 年 9 月 6 日"与最晚结束时间"2010 年 9 月 7 日"之间的工作日天数。

4.3.4 估计工期标识

在日常的项目计划编制过程中，工期将决定项目的时间范围以及工作量投入多少。科学、合理的工期估计成了一项重要的工作，因此往往也产生某些特殊任务的工期需要多次讨论才能确定下来的情况。这些需要反复确认工期的任务如果能特殊标示出来，将对工期的估计工作带来一定的好处。

在 Project 中，在没有对任务的"工期"数值进行人工干预时，每个任务工期的数量默认为"1d"或者"1 工作日"，而且在"工作日"的后面紧跟着一个标点："？"。Project 使用"？"来标示该任务的工期还没有最终确定，没有最终确定的工期称为"估计工期"，如图 4.44 所示。

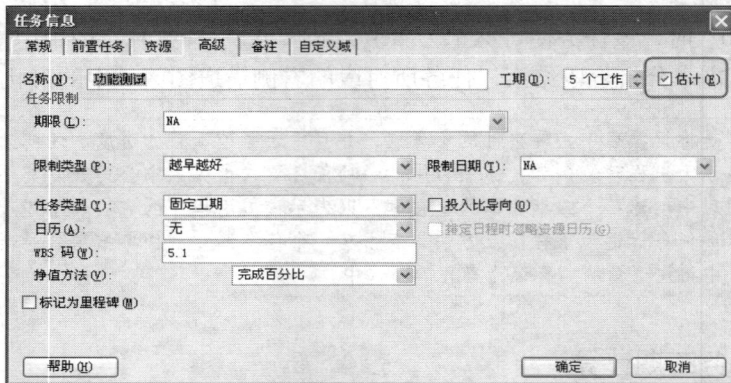

图 4.44　估计工期标识

消除"？"的方法有两种，第一种方法是直接在工期的位置重新输入工期值，回车确定后"？"便会消失；第二种方法是双击任务以后，在出现的对话框中手动修改是否显示"？"。

如图 4.44 所示。如果将"估计"复选框选中，则工期后面便出现"？"，如果不选中，工期后面的"？"便会消失。

> **注意**　利用"估计工期"可以用于标示工期还没有确定的任务。计划编制者向相关人员做项目计划汇报时可以利用此标示筛选出哪些任务在工期估计存在困难。具体的筛选方法是，选择菜单【视图】/【数据】/【筛选器】/【具有估计工期的任务】。

所有任务的工作设置完毕后，如图 4.45 所示。

在图 4.45 中可以看到，所有任务的工期都经过了设置，右侧的横道图的长短表示了工期的大小，但同时可以发现每项任务的"开始时间"依然是相同的，这显然不符合实际的进度计划的需要，此时用户不需要手工对每项任务进行"开始时间"或者"完成时间"的设置来修改任务的时间范围，而是应该通过设置任务的相关性之后，由 Project 软件自动计算每项任务的时间范围。具体的设置方法在下一节中介绍。

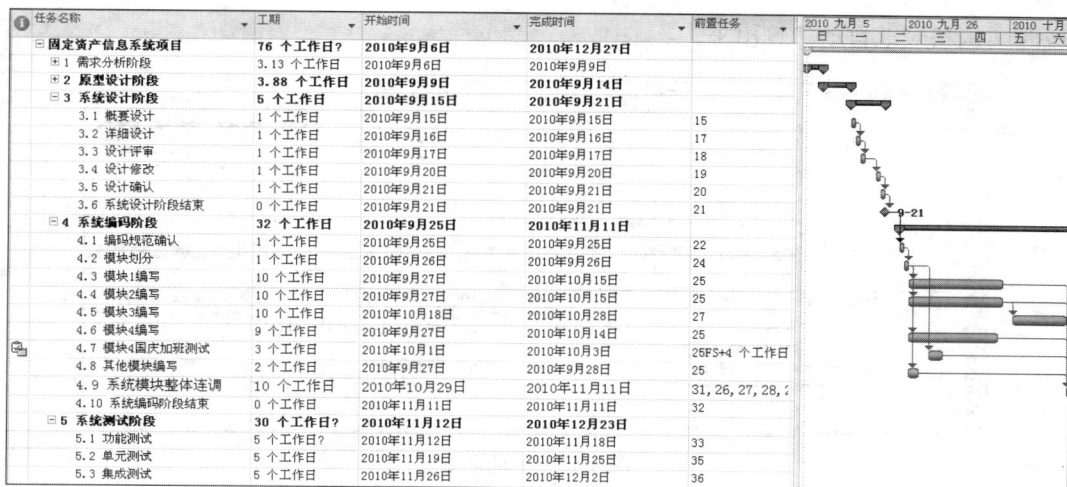

任务名称	工期	开始时间	完成时间	前置任务
□ 固定资产信息系统项目	76 个工作日?	2010年9月6日	2010年12月27日	
⊞ 1 需求分析阶段	3.13 个工作日	2010年9月6日	2010年9月9日	
⊞ 2 原型设计阶段	3.88 个工作日	2010年9月9日	2010年9月14日	
□ 3 系统设计阶段	5 个工作日	2010年9月15日	2010年9月21日	
3.1 概要设计	1 个工作日	2010年9月15日	2010年9月15日	15
3.2 详细设计	1 个工作日	2010年9月16日	2010年9月16日	17
3.3 设计评审	1 个工作日	2010年9月17日	2010年9月17日	18
3.4 设计修改	1 个工作日	2010年9月20日	2010年9月20日	19
3.5 设计确认	1 个工作日	2010年9月21日	2010年9月21日	20
3.6 系统设计阶段结束	0 个工作日	2010年9月21日	2010年9月21日	21
□ 4 系统编码阶段	32 个工作日	2010年9月25日	2010年11月11日	
4.1 编码规范确认	1 个工作日	2010年9月25日	2010年9月25日	22
4.2 模块划分	1 个工作日	2010年9月26日	2010年9月26日	24
4.3 模块1编写	10 个工作日	2010年9月27日	2010年10月15日	25
4.4 模块2编写	10 个工作日	2010年9月27日	2010年10月15日	25
4.5 模块3编写	10 个工作日	2010年10月18日	2010年10月28日	27
4.6 模块4编写	9 个工作日	2010年9月27日	2010年10月14日	25
4.7 模块4国庆加班测试	3 个工作日	2010年10月1日	2010年10月3日	25FS+4 个工作日
4.8 其他模块编写	2 个工作日	2010年9月27日	2010年9月28日	25
4.9 系统模块整体连调	10 个工作日	2010年10月29日	2010年11月11日	31, 26, 27, 28, 2...
4.10 系统编码阶段结束	0 个工作日	2010年11月11日	2010年11月11日	32
□ 5 系统测试阶段	30 个工作日	2010年11月12日	2010年12月23日	
5.1 功能测试	5 个工作日?	2010年11月12日	2010年11月18日	33
5.2 单元测试	5 个工作日	2010年11月19日	2010年11月25日	35
5.3 集成测试	5 个工作日	2010年11月26日	2010年12月2日	36

图 4.45　工期设置完毕

4.3.5　任务模式

首先介绍一下 Project 2010 版本中"任务模式"的概念。在 Project 2010 版本中，"任务模式"有两种，一为"自动计划"模式，二为"手动计划"模式，Project 2010 版本中默认任务的"任务模式"为"手动计划"。"自动计划"模式即任务的工期设置，开始及完成时间按照正常情况输入，并且完成时间可以根据任务工期和开始时间计算得出；而"手动计划"模式的工期可以不按照正常的输入方式进行输入，不但可以输入常规工期（例如，2 工作日），还可以直接输入汉字（例如，不确定任务工期？!)，如图 4.46 所示。

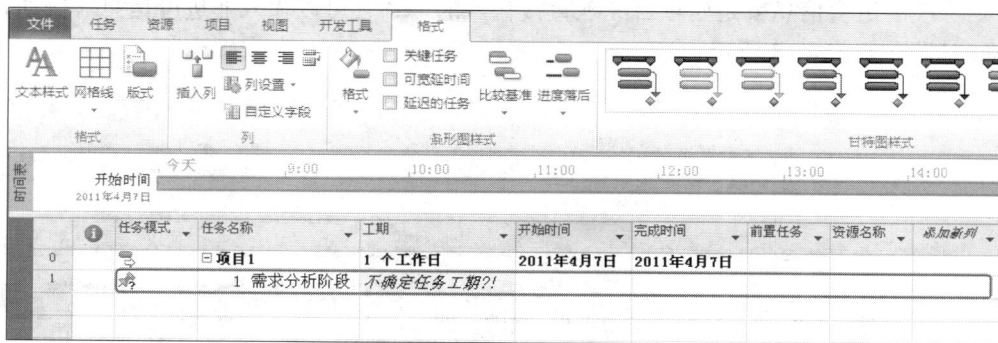

图 4.46　手动计划

任务"需求分析阶段"的工期在"手动计划"模式下，不但可以输入工期的常规值，还可以输入类似"不确定任务工期？!"这样的描述。　表示该任务是"手动计划"模式，　表示该任务是"自动计划"模式。

如果将"设计阶段"设置为"自动计划"模式，则该任务对应的工期及开始时间与结束时间的值分别如图 4.47 所示。

"自动计划"模式下，任务的工期必须严格按照工期规范输入，不能输入类似"不确定任务工期？!"这样的描述，只能输入工期值（例如，2 工作日）。同时，任务的开始时间与完成时间也相应地自动计算出来。

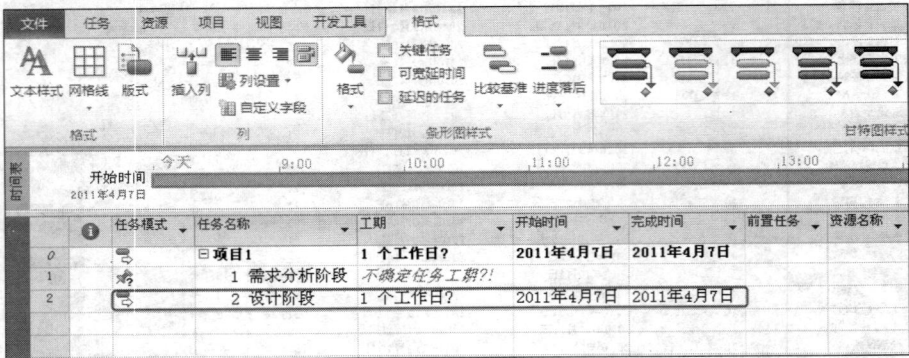

图 4.47　手动计划

为了便于项目经理快速制订项目计划，笔者建议在 Project 环境设置中将"任务模式"首先设置为"自动计划"模式。

"手动计划"模式使用详细介绍请参考 4.3.6 小节的描述。

4.3.6　"手动计划"模式

"手动计划"模式经常使用在"自上而下"的编制项目计划方式，场景如下。

项目经理接收到项目信息后，首先编制项目阶段计划，确定项目阶段对应的工期，阶段开始时间及完成时间，利用"手动计划"模式编辑项目阶段信息，阶段的进度信息并不是由阶段内的任务进度信息计算得来，而是手动设置，一旦确定阶段的信息模式设置为"手动计划"，则阶段的进度信息就是由项目经理直接输入的，并且可以输入非进度信息（例如，"工期未确定！"），如图 4.48 所示。

图 4.48　"手动计划"模式下编制项目阶段信息

在图 4.48 中，"原型设计阶段"工期未确定，只有"开始时间"，项目经理按照目前的情况直接在 Project 中输入"工期"为"工期未确定！"，"开始时间"为"2010 年 9 月 13 日"，"完成时间"为"待确定！"。这样的阶段任务描述是"手动计划"模式下可以进行的，说明该阶段工期未确定，但是已经确定了该阶段的开始时间，完成时间由于工期的未确定而显示待确定状态。待"原型设计阶段"的工期经过讨论确定后，项目经理对"原型设计阶段"的工期及完成时间更新到 Project 计划中，如图 4.49 所示。

图 4.49 "手动计划"模式下编制项目阶段信息

通过以上方式项目经理首先确定项目各个阶段的工期与阶段的开始时间与完成时间，然后再进行项目任务的阶段的任务分解过程。需要特殊说明的是，项目经理分解各个阶段的具体任务并且设置各个任务的工期与关联关系后，阶段内的任务的完成时间有可能会超出当前阶段的完成时候（阶段的完成时间是手动模式下建立的，因此完成时候是固定的，不会按照阶段内的任务的完成时间进行自动计算），当超过当前阶段的完成时间后，阶段的完成时间会提示，如图 4.50 所示。

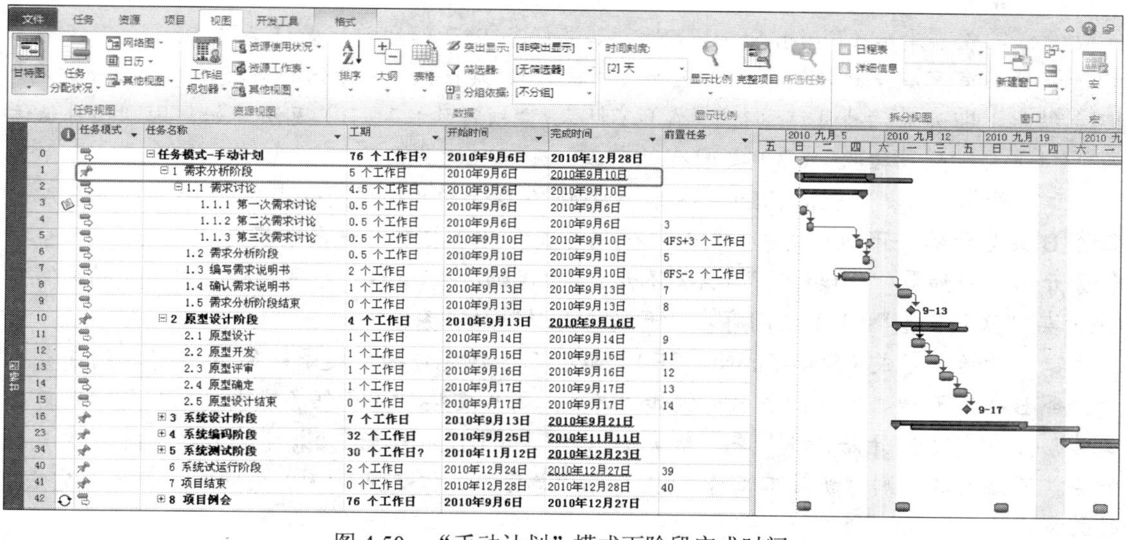

图 4.50 "手动计划"模式下阶段完成时间

"需求分析阶段"的完成时间预计是"2010 年 9 月 10 日"完成，通过对该阶段的具体任务分解、工期设置及关联关系设置后发现，阶段的任务"确认需求说明书"的完成时间变为"2010 年 9 月 13 日"，已经超过了"2010 年 9 月 10 日"，因此该阶段的完成时间"2010 年 9

月 10 日"下面多了一条红线，提醒项目经理，目前的阶段任务分解后与项目计划开始的阶段完成时间有时间冲突。因此，项目经理需要对任务分解进行调整。在图 4.52 中，其他项目阶段的完成时间下面都多了一条红线，说明其他阶段的预计完成时间与项目分解后得到的计划的完成时间都有冲突（原因在于各个阶段之间是有关联关系存在的，第一个阶段的任务的完成时间导致其他的阶段的完成时间都相应的延后，导致与预计阶段完成时间不一致！）。

> **注意** 利用"任务模式"的"手动计划"与"自动计划"可以帮助项目经理自上而下的编制项目计划，对于使用 Project 比较熟悉的项目经理来说这是 Project 工具一个非常大的改进之处，可以相互结合使用，提高项目经理的工作效率；但是对于刚刚接触 Project 工具的项目经理来说，按照笔者提供的 Project 基本设置的方式（即自动计划）进行项目计划的编制及执行监控会更加容易掌握。

4.4 任务关联性设定

工期设定结束后，会发现所有的任务的开始时间均是项目的开始时间，此时没有必要去修改每个任务的"开始时间"和"完成时间"，通过任务关联性设定，便可科学地完成任务的时间排定。

4.4.1 任务关联性的类型

在 Project 中，采用的网络图的技术为"单代号"，在单代号网络图中，任务之间的关联性有如下 4 种。

● 完成—开始（Finish-Start，FS）。如果任务 B 开始的前提是任务 A 完成，则任务 A 和任务 B 具有完成—开始的关系。例如"项目验收"（B）任务开始的前提是"项目试运行"（A）结束，即如果"项目试运行"（A）不结束，"项目验收"（B）无法开始，则"项目试运行"（A）与"项目验收"（B）之间有"完成—开始"的关系。

● 开始—开始（Start-Start，SS）。如果任务 B 开始的前提是任务 A 开始，则任务 A 和任务 B 具有开始—开始的关系。例如"代码检查"（B）任务开始的前提是"代码编写"（A）任务开始，即如果"代码编写"（A）不开始，"代码检查"（B）无法开始，则"代码编写"（A）与"代码检查"（B）之间存在"开始—开始"的关系。

● 开始—完成（Start-Finish，SF）。如果任务 B 完成的前提是任务 A 开始，则任务 A 和任务 B 具有开始—完成的关系。例如"老员工工作交接"（B）任务完成的前提是"新员工工作"（A）任务的开始。即如果"新员工工作"（A）没有开始，"老员工工作交接"（B）的任务就不能完成，则"新员工工作"（A）与"老员工工作交接"（B）之间有"开始—完成"的关系。

● 完成—完成（Finish-Finish，FF）。如果任务 B 完成的前提是任务 A 完成，则任务 A 和任务 B 具有完成—完成的关系。例如"所有模块编写结束"（B）任务完成的前提是每个"单元模块编写"（A）完成，即如果任何一个"单元模块编写"（A）没有完成，"所有模块编写结束"（B）的任务就无法结束，则"单元模块编写"（A）与"所有模块编写结束"（B）

之间有"完成—完成"的关系。

> **注意**
>
> 任务 B 的结束（开始）是以任务 A 的结束（开始）为前提，需要读者充分理解"前提"的含义，"前提"代表"只有……才……"。两个任务之间满足这种约束，才能够说明任务 A 和任务 B 有相应的关系。而且必须注意这种关系是"逻辑"关系，不是"时间"关系。
>
> A 与 B 的关系并不等于 B 与 A 的关系，任务相关性在 A 与 B 之间是不可逆的。一旦任务 A 与任务 B 具有某种相关性以后，任务 A 是任务 B 的前置任务，任务 B 是任务 A 的后续任务。

4.4.2　设定任务关联性

充分理解任务关联性的具体含义后，如何在 Project 中进行设置呢？有 3 种方法可以实现：

- 在横道图中直接拖曳；
- 在"前置任务"列中直接编辑；
- 在"任务信息"中的"前置任务"选项卡中编辑。

1．在条形图中直接拖动

如图 4.51 所示，任务"第二次需求讨论"开始的前提是"第一次需求讨论"结束，直接用鼠标单击"第一次需求讨论"条形图后。

任务名称	工期	开始时间	完成时间	前置任务	9月6日 星期一
□ 固定资产信息系统项目	76 个工作日?	2010年9月6日	2010年12月27日		
□ 1 需求分析阶段	1 个工作日	2010年9月6日	2010年9月6日		
□ 1.1 需求讨论	0.5 个工作日	2010年9月6日	2010年9月6日		
1.1.1 第一次需求讨论	0.5 个工作日	2010年9月6日	2010年9月6日		
1.1.2 第二次需求讨论	0.5 个工作日	2010年9月6日	2010年9月6日		
1.1.3 第三次需求讨论	0.5 个工作日	2010年9月6日	2010年9月6日		
1.2 需求分析阶段	0.5 个工作日	2010年9月6日	2010年9月6日		
1.3 编写需求说明书	1 个工作日	2010年9月6日	2010年9月6日		
1.4 确认需求说明书	1 工时	2010年9月6日	2010年9月6日		
1.5 需求分析阶段结束	0 个工作日	2010年9月6日	2010年9月6日		9-6
□ 2 原型设计阶段	3.88 个工作日	2010年9月6日	2010年9月9日		
□ 3 系统设计阶段	1 个工作日	2010年9月6日	2010年9月6日		
3.1 概要设计	1 个工作日	2010年9月6日	2010年9月6日		
3.2 详细设计	1 个工作日	2010年9月6日	2010年9月6日		
3.3 设计评审	1 个工作日	2010年9月6日	2010年9月6日		
3.4 设计修改	1 个工作日	2010年9月6日	2010年9月6日		
3.5 设计确认	1 个工作日	2010年9月6日	2010年9月6日		
3.6 系统设计阶段结束	0 个工作日	2010年9月6日	2010年9月6日		9-6
□ 4 系统编码阶段	32 个工作日	2010年9月6日	2010年10月26日		
4.1 编码规范确认	1 个工作日	2010年9月6日	2010年9月6日	22	

图 4.51　鼠标拖动时

将鼠标保持在左键按下的状态，拖动到任务"第二次需求讨论"条形图上之后，便出现如图 4.51 所示的效果。

经过拖曳以后，任务"第一次需求讨论"和"第二次需求讨论"之间建立了"完成—开始"的关系，如图 4.52 所示。

在默认情况下，利用拖曳的方法建立的相关性都是"完成—开始"，如果想修改两个任务之间的关联性，可以用鼠标双击图 4.52 中带箭头的线条，将弹出如图 4.53 所示的"任务相关性"对话框。

可以在下拉框中选择关联性，完成修改的操作。如果选择"无"则表示删除两个任务间的关联性。

81

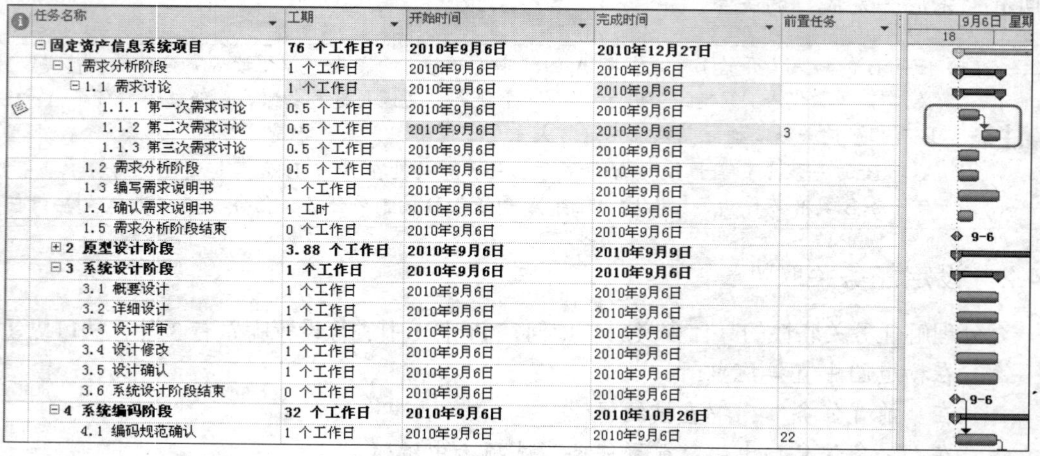

图 4.52 鼠标拖动完成后

图 4.53 修改任务关联性

2. 在"前置任务"列中编辑

在"甘特图"视图中找到"前置任务"列，通过在"前置任务"列中输入与该任务具有关联性的任务的标识号的方法进行关联性的设定。

如图 4.54 所示，在任务"第三次需求讨论"的"前置任务"中输入标识号"4"，则表明标识号为"5"的任务"第三次需求讨论"的前置任务是标识号为"4"的任务"第二次讨论需求"，任务"第二次需求讨论"与"第二次需求讨论任务"存在"完成一开始"的关系。当标识号"4"被输入，并且按回车键确定后，右侧的横道图中立刻会表现出该关联关系。

同样，如果想修改关联性，可以双击横道图之间的箭头线来完成。如果要取消任务"需求分析"与"需求讨论"的关联性，可以直接在"前置任务"列中删除该标识号。

3. 在"任务信息"中的"前置任务"选项卡中编辑

如果需要在任务"第二次需求讨论"与任务"第三次需求讨论"之间建立关联，可以双击"第三次需求讨论"任务，在出现的"任务信息"对话框中的"前置任务"选项卡中的"标识号"中写上"第二次需求讨论"任务的标识号："4"。同时，可以在"类型"下拉列表中选择关联类型，如图 4.55 所示。

图 4.54　利用编辑"前置任务"设定关联性

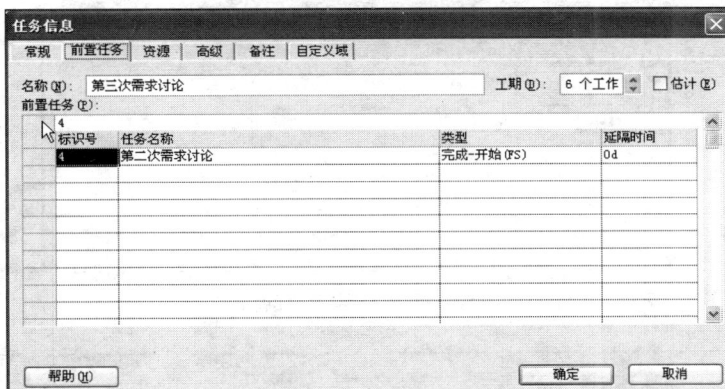

图 4.55　利用"任务信息"设定关联性

4. "延隔时间"的用法

无论是在双击关联性箭头线时，还是在图 4.55 中都可以发现有"延隔时间"的选项。"延隔时间"指的是两个任务之间在满足某种关联性的同时，还可以存在一定的时间余地。例如"第二次需求讨论"与"第三次需求讨论"存在"完成—开始"的关系，但是"第二次需求讨论"结束以后，在"第三次需求讨论"开始前，还需要有一些其他工作要进行，例如组织相关人员、寻找场地等工作，这些琐碎的工作不方便计入工作内容，便可以在两个任务之间设置"2d"（即两个工作日）的延隔，如图 4.56 所示。

当"延隔时间"为小于 0 的数值时，表示两个任务之间虽然有某种相关性，但是时间上可以有重叠。这种设置"重叠时间"可以缩短两个任务的总工期，因此经常用于缩短项目工期。例如，为了提前完成任务"编写需求说明书"，在任务"需求分析阶段"与任务"编写需求分析说明书"之间设置"-2d"（即负的两个工作日）的延隔时间。经过设置以后，任务"编写需求分析说明书"可以提前 2 天完成，如图 4.57 所示。

5．注意事项

任务间的关联性在排定进度计划时非常重要，经过仔细设定之后，绝大部分任务的"开始时间"和"完成时间"都会被自动设置。如果存在个别没有相关性的任务，可以单独对这些任务手工设置"开始时间"与"结束时间"。在关联性设定过程中需要注意如下几点：

- 一个任务可能有多个"前置任务"；
- 一个任务可能被多个任务所前置；
- 标识号越大的任务前置任务可能越多；
- 子任务不能与自己的父任务建立关联。

图 4.56　正值的延隔时间设置

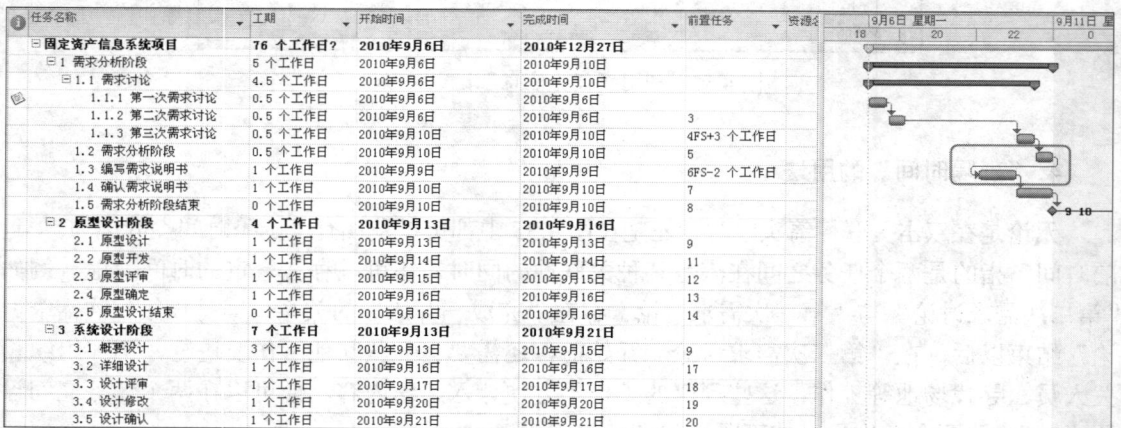

图 4.57　负值的延隔时间设置

关联性设定完毕后，"甘特图"的效果如图 4.58 所示。

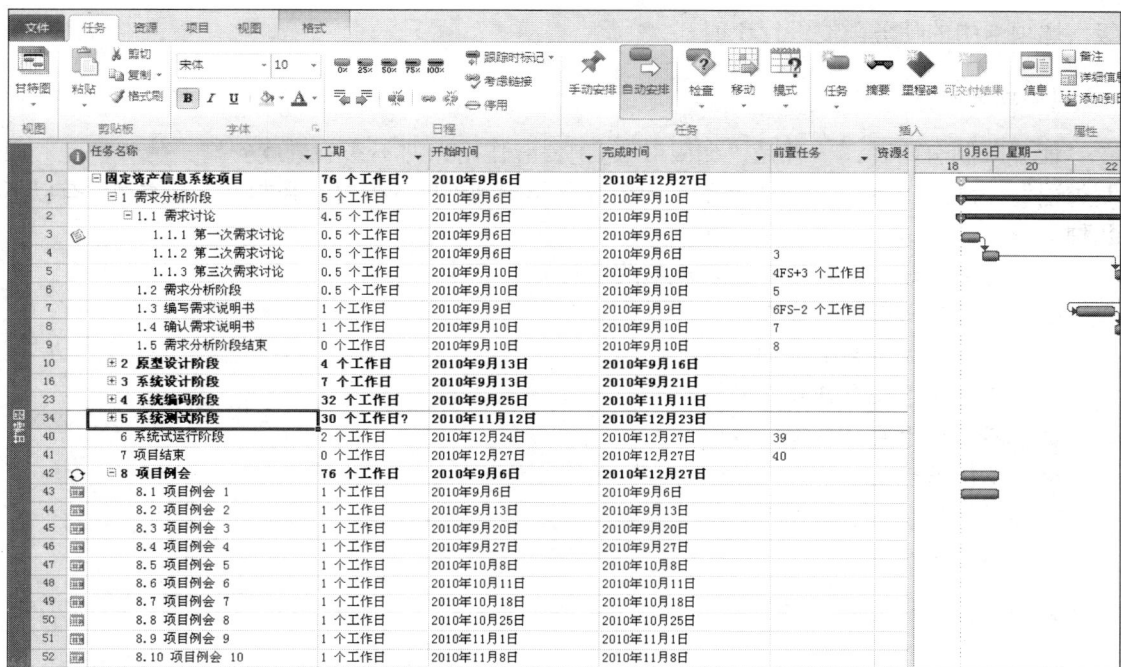

图 4.58 关联性设定完毕后

4.5 辅助功能设定

关联性设定完毕后，进度计划的主要工作基本结束，下面介绍一些辅助信息的设定。

4.5.1 "任务信息"界面详解

选择菜单【视图】/【甘特图】，当鼠标双击某条任务时，会打开"任务信息"对话框，如图 4.59 所示。

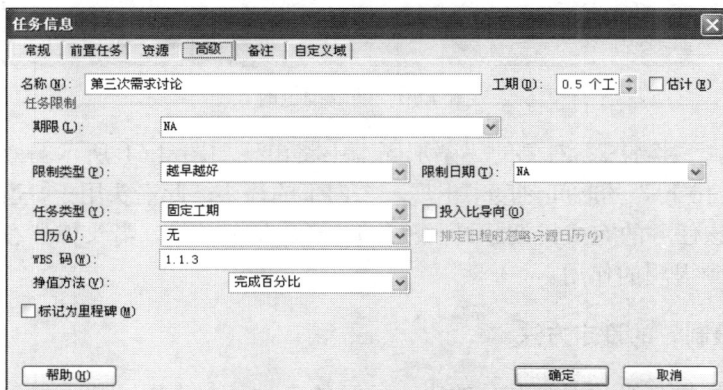

图 4.59 任务信息界面

在所有选项卡中，"高级"选项卡对于进度计划的排定有非常重要的作用，下面针对"高级"选项卡中的任务限制进行说明。

1. 任务限制类型

任务限制有两种：一种是"期限"，起到提醒作用，并不影响进度安排。另一种是"限制类型"，为强制限制，一旦设定后，便会强制影响到进度的安排。强制"限制类型"有以下几种：

- 越早越好（默认类型，表示不做限制）；
- 必须开始于某个日期；
- 必须完成于某个日期；
- 不得晚于某个日期开始；
- 不得晚于某个日期完成；
- 不得早于某个日期开始；
- 不得早于某个日期完成；
- 越晚越好。

2. 期限设定

举例说明，为任务"需求分析阶段"设定一个"期限"，用于提醒项目经理该任务在"2010年9月10日"时应该结束，在"任务信息"对话框中进行如图 4.60 所示的设定。

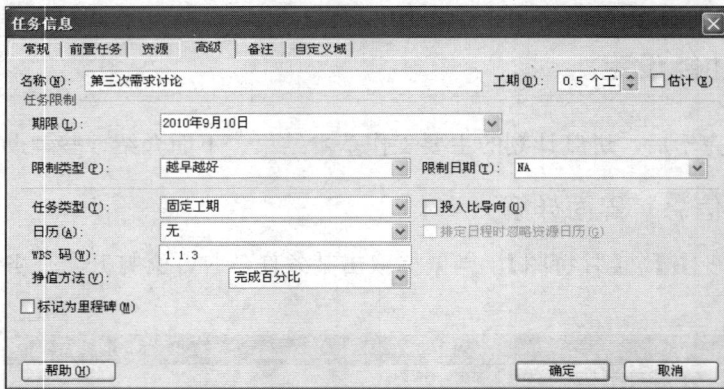

图 4.60　期限设定时

经过设定后，"甘特图"右侧的"条形图"中将出现如图 4.61 所示的效果。在该条形图的"2010年9月10日"的时间刻度中出现一个向下的箭头，此箭头用于提醒用户有一个"限制"日期。如果该任务的完成日期超过了"2010年9月10日"，箭头依然存在，不影响日期的排定，只是起到提醒的作用。

3. 强制"限制"的设定方法

强制的限制指的是必须受到某种约束，这种约束一旦起作用，就不仅仅起提示作用，而且是必须遵守的。举例说明，为任务"编写需求分析说明书"设定一个限制："不得晚于 2010年9月9日完成"，具体设定的方法如图 4.62 所示。

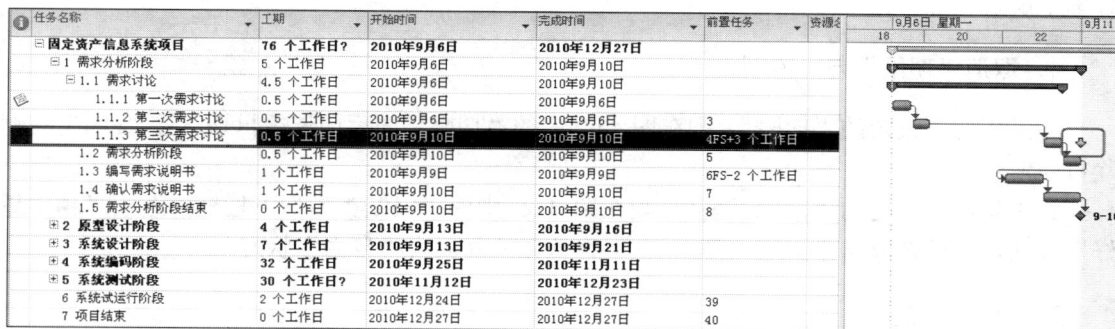

图 4.61 期限设定后

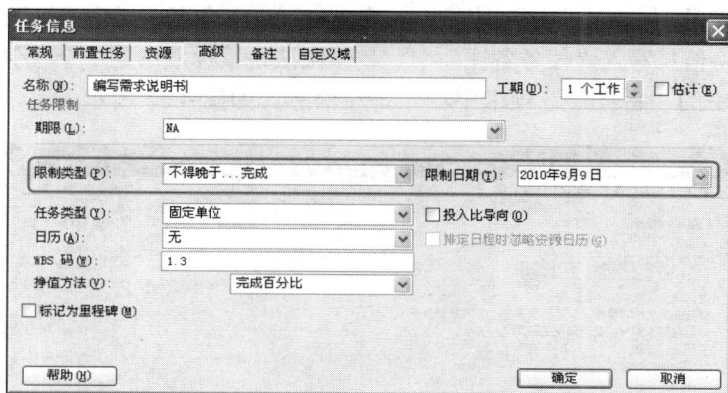

图 4.62 限制设定的任务信息界面

在"任务信息"对话框中的"限制类型"下拉框中，选取"不得晚于…完成"选项，在右侧"限制日期"中选取"2010 年 9 月 9 日"。单击"确定"按钮后，"甘特图"中的最左边的"标记"列中会出现一个小图标用于标示限制类型，如图 4.63 所示。

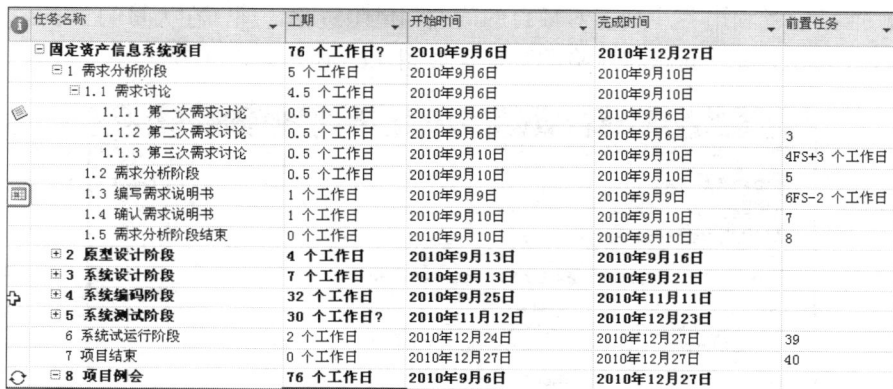

图 4.63 设定限制后的甘特图的变化

此时该任务的最晚结束日期被强制设定为"2010 年 9 月 9 日"，无论前面的任务如何延迟，Project 都不会让这个任务的完成日期超过"2010 年 9 月 9 日"。当然，除非再次强制进行手工更新。

4．取消"期限"与"限制"

如果想取消设定的"期限"，则在图 4.60 中的"期限"的后面选中日期，按"Del"键删除日期便可。

如果想取消设定的"限制类型"，则在图 4.62 中的"限制类型"下拉框中选取"越早越好"选项，便可以取消"限制类型"，重新将该任务释放为"自由"状态。

4.5.2　备注信息

在输入任务信息时，如果将任务名称描述过长，将导致"甘特图"的信息展示不全。笔者建议输入任务名称时，要做到简明扼要，一般控制在 15 个汉字以内。如果有更多的需要说明的信息，可以将信息写入"任务备注"中。具体做法是鼠标双击某一个任务，在出现的"任务信息"对话框中的"备注"选项卡中输入备注信息，如图 4.64 所示。

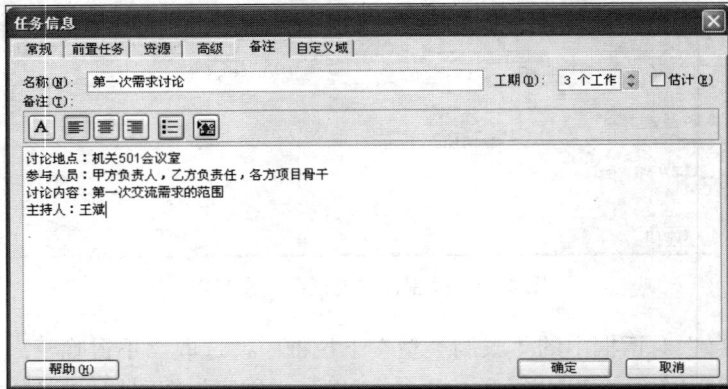

图 4.64　输入备注信息

在此，推荐读者利用备注功能对项目的问题和风险进行管理，在大量的 Project 使用实践中，都采用这个方式进行问题和风险的管理，如图 4.65 所示。

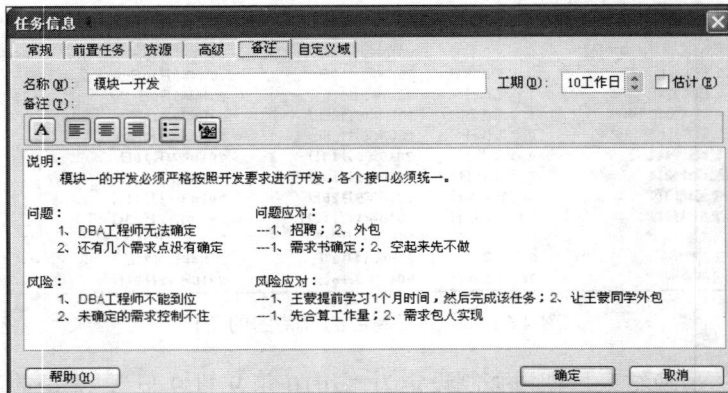

图 4.65　利用备注管理问题和风险

　　凡是有"备注"的任务的"标记"栏中，都会出现一个类似便签的图标显示有备注信息，并且当鼠标放在该图标上时，可以显示相关的备注内容，如图 4.66 所示。

	任务名称	工期	开始时间	完成时间	前置任务
	□ 固定资产信息系统项目	**76 个工作日?**	**2010年9月6日**	**2010年12月27日**	
	□ 1 需求分析阶段	5 个工作日	2010年9月6日	2010年9月10日	
	□ 1.1 需求讨论	4.5 个工作日	2010年9月6日	2010年9月10日	
	1.1.1 第一次需求讨论	0.5 个工作日	2010年9月6日	2010年9月6日	
		0.5 个工作日	2010年9月6日	2010年9月6日	3
		0.5 个工作日	2010年9月10日	2010年9月10日	4FS+3 个工作日
		0.5 个工作日	2010年9月10日	2010年9月10日	
	1.3 编与需求说明书	1 个工作日	2010年9月9日	2010年9月9日	6FS-2 个工作日
	1.4 确认需求说明书	1 个工作日	2010年9月10日	2010年9月10日	7
	1.5 需求分析阶段结束	0 个工作日	2010年9月10日	2010年9月10日	8
	⊞ **2 原型设计阶段**	**4 个工作日**	**2010年9月13日**	**2010年9月16日**	
	⊞ **3 系统设计阶段**	**7 个工作日**	**2010年9月13日**	**2010年9月21日**	
	⊞ **4 系统编码阶段**	**32 个工作日**	**2010年9月25日**	**2010年11月11日**	
	⊞ **5 系统测试阶段**	**30 个工作日?**	**2010年11月12日**	**2010年12月23日**	
	6 系统试运行阶段	2 个工作日	2010年12月24日	2010年12月27日	39
	7 项目结束	0 个工作日	2010年12月27日	2010年12月27日	40

备注："讨论地点：机关501会议室
参与人员：甲方负责人，乙方负责人，各方项目骨干
讨论内容：第一次交流需求的范围
主持人：王斌"

图 4.66　备注信息的展示

5

■■■■■■ **第 5 章**
项目资源计划编制

进度计划制订完毕后,应该开始资源计划的编制。在实际的项目计划编制过程中,进度计划与资源计划往往是互相制约的。资源指的是具体执行项目任务的人员、设备、材料以及可能需要的费用。

编制资源计划时需要考虑以下几大因素。

● 工作分解结构(WBS)。工作分解结构是编制资源计划的基础和依据,WBS 分解的结果越是详细、具体,在分配资源时才能够更加科学和客观。

● 项目进度计划。项目进度计划决定了每一项工作的先后顺序,资源计划的编制应该服从于进度计划,从而保证项目的及时完工。当然,如果资源的使用受到某种限制,有可能影响到进度计划的执行。例如,原本可以并行的任务有可能因为资源的有限而必须串行,从而延长了项目工期。因此在资源计划编制过程中需要与进度计划一并考虑。

● 历史经验知识。如果遇到一些创新型项目缺乏资源计划编制经验时,可以参考他人或者是相关专家的建议,从而得到指导。

● 项目章程描述。项目章程中有可能约定所需的资源类型和数量,以保证项目的实施质量,在编制资源计划时需要考虑项目章程中是否有类似描述。

● 组织资源限制。组织资源限制指的是项目经理所在的组织内部是否有足够的资源支撑项目的要求,如果没有,是否还需要进行招募等需要考虑的问题。

本章将主要从下面几个方面来讲述:资源的建立、资源的分配、资源的分配状况分析、源的调配及资源计划输出。

5.1 资源的建立

5.1.1 建立资源的方法

使用"固定资产信息系统项目"为案例进行介绍,项目经理使用 Project 2010 打开"固定资产信息系统项目.mpp"文件,选取菜单【资源】/【查看】/【资源工作表】,可以看到如图 5.1 所示的空白资源工作表。

在 Project Professional 中,资源信息的建立是通过"资源工作表"进行的。对于空白的"资源工作表",有如下几种方法建立资源信息:

● 自企业建立工作组;

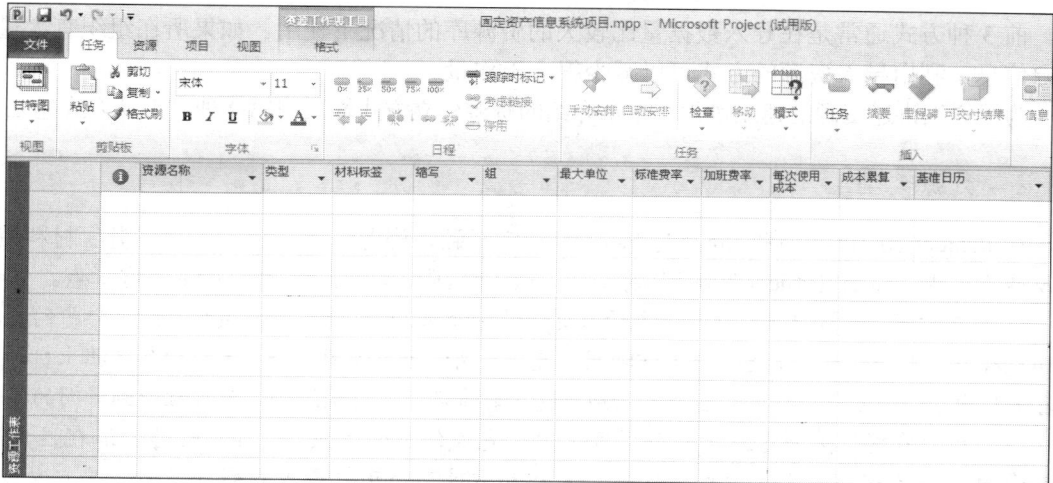

图 5.1　资源工作表视图

- Active Directory；
- 通讯簿；
- 手动输入资源。

在"项目向导"区域内，选择菜单【资源】/【添加资源】便会出现如图 5.2 所示的下拉菜单。

图 5.2　制定资源的 4 种方法

在图 5.2 所示的页面的左侧，列出了 4 种建立资源的方法。

（1）"自企业建立工作组"指的是如果所在的组织已经部署 Project Server 并且 Project Server 已经建立了资源账户，同时使用的 Project Professional 已经与 Project Server 成功进行了连接，则可以按照向导的提示，完成资源从 Project Server 导入"资源工作表"的工作。

（2）"Active Directory"指的是如果所在组织部署了 Windows Server 的"活动目录（AD）"，并且"活动目录"中建立了账户信息，便可以按照向导的提示完成资源信息的导入工作。

（3）"通讯簿"指的是如果用户使用的电脑中安装了 Outlook 软件，并且该软件中存放着人员信息，则按照向导提示完成资源信息的导入。

（4）"手动输入资源"指的是用手工的方式在"资源工作表"中——输入资源信息。

前 3 种方式通常是在导入数据量比较大的资源库的情况下使用。如果所在组织有大量的资源信息，利用导入资源的方式可以减少很大工作量。

为了详细讲述资源的建立过程，本章介绍的资源建立方式均采用第 4 种"手动方式建立"。

5.1.2 资源类型

在 Project 2010 中，资源分类与 Project 2007 一致，资源分为 3 类：工时资源、材料资源以及成本资源，而在 Project 2003 中则没有"成本资源"类型，读者需要注意这一点。

● 工时资源：按照工时执行任务的人员和设备资源，也可以理解为按照时间来付费的资源。例如，人力成本一般情况下是按照工作时间来支付费用；如果租用了一些大型设备（推土机等），或者是租用了会议室等，这些设备或者场地也是工时资源。工时资源的工作往往受到时间的限制。

● 材料资源：材料资源是一个项目中用于完成任务的供应品、存货或其他消耗性产品。材料资源的例子有混凝土、钢材、管道、木材和玻璃。当用户设置材料资源时，应定义材料标签或度量单位，如立方米、吨或箱。当给任务分配材料资源时，应指定工作分配的材料消耗，例如，一项工作分配需要 10 吨钢材。也可以设置材料的使用是可变的（使用的材料数量随任务的工期而变）还是固定的（不管任务工期多长，都使用相同数量的材料）。按照资源的投入数量执行任务的供应材料或者消耗材料，也可以理解为按照数量来计费的资源。这些资源的使用不会受到时间的限制。例如，纸张、钢筋、混凝土等资源。

● 成本资源：成本资源是项目的财务债务。成本资源的示例包括差旅费、资产成本或其他固定任务成本。设置成本资源时，设置默认的按比例分摊成本累算值。向任务分配成本资源时，应指定分配的成本值。不能设置任何工时值；如果 Project 计算的值不能满足特定的累算需要，则可以输入按时间分段的成本值。

5.1.3 建立工时资源

在实际的项目管理过程中，工时资源是最重要的，例如在 IT 项目中，很少用到材料资源，作为工时资源的人力资源是各级项目管理者最关心的内容。

建立工时资源的方法是：鼠标单击菜单【资源】/【资源工作表】，进入"资源工作表"视图，开始新建资源。

1．输入基本信息

在第一个空白行的"资源名称"列中输入工时资源的姓名，例如"刘刚"。在"类型"中选择"工时"，如图 5.3 所示。

2．设置工作时间

设置资源的工作时间目的是为资源定义日历信息。之所以设置资源的日历信息是因为资源的工作时间可能与项目或者个别任务的工作时间冲突，具体的资源日历与项目日历以及任务日历的区别请参见本书的 4.1 章节的内容。

具体的设置方法是：在图 5.3 所示的"资源工作表"中双击该资源，出现如图 5.4 所示的"资源信息"对话框。

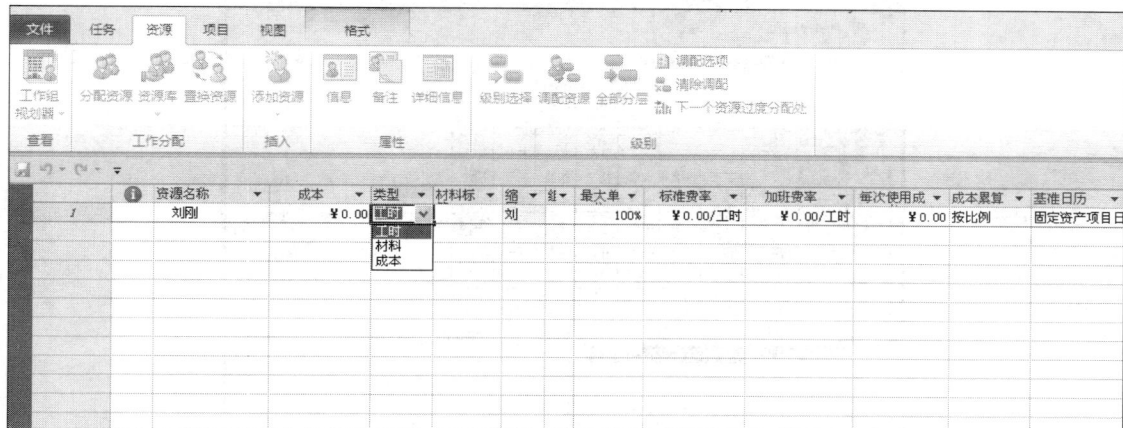

图 5.3 输入工时资源的基本信息

图 5.4 资源信息对话框

在如图 5.4 所示的页面中，单击"更改工作时间"按钮，将出现如图 5.5 所示的对话框。

在如图 5.5 所示的对话框中，根据资源的日历实际情况进行设置。

设置资源日历有两种方法：

● 第一种是在"基准日历"下拉框中选择当初为该资源建立的日历（日历如何设置请参考第 4 章中相关介绍）；

● 第二种方法是直接在"例外日期"中进行"工作/非工作时间"的设置，在此对话框中完成的日历的"工作/非工作日"修改只对本资源有效，而不会影响到项目中的其他日历信息。

具体的设置方法请参见 4.1 小节的内容，本处不再详述。

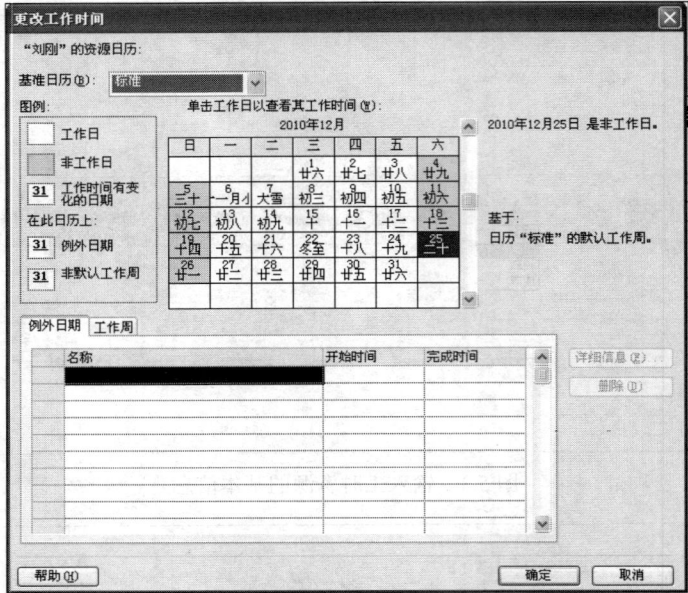

图 5.5　设置资源日历

3．设置成本信息

资源的成本信息指的是资源在该项目中工作时，如何计算所消耗的成本。具体的做法是单击图 5.4 中的"成本"选项卡，将打开如图 5.6 所示的"资源信息"对话框。

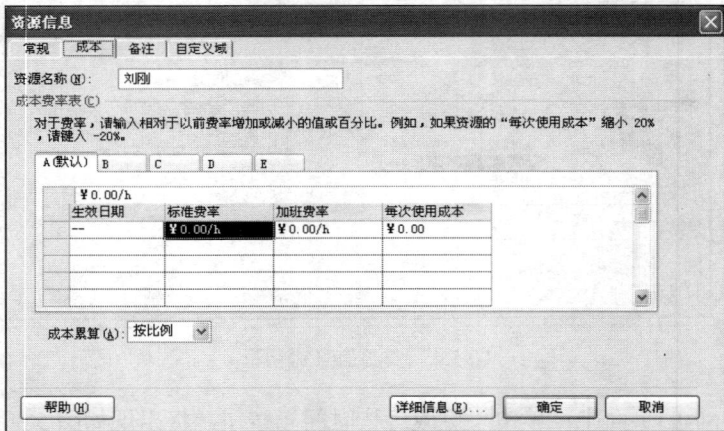

图 5.6　设置资源成本信息

在图 5.6 中，用户可以输入有关该资源成本费率的信息，具体代表的意义如下。

（1）标准费率。Project 中的标准费率指的是该资源被分配到任务中以后成本计算的方式。默认单位是"每小时"。当然，单位也可以进行修改，例如修改为"天"，但是一般情况下核算工作量是按照小时来进行的，所以费率的单位建议依然采用 Project 的默认值，这样计算的结果的准确性可以得到保证。具体的计算方式举例说明："刘刚"的每月工资是 5 000 元人民币，经过换算以后得出大约每个小时 30 元人民币，则在标准费率输入框中输入"30"。

> **注意**　在实际的 Project 应用过程中，为了能够方便项目费用核算，一般是按照公司平均工资进行计算，这样也可以起到工资保密的效果。

（2）加班费率。如果在资源分配到某一任务以后，额外指定了"加班工时"，在计算该任务总成本时候，加班工时部分的成本将按照该"加班费率"的输入值计算。加班费率的单位也默认为"小时"。

（3）每次使用成本。指的是一旦该资源被分配一次，便一次性在该任务上发生的成本。例如，资源"刘刚"需要出差才能够完成某项工作。在出差期间，刘刚的标准费率是"30/小时"。如果该任务的工时是 10 天（8 × 10 = 80 个工时），则该任务的成本（不包括交通费的部分）是 30 × 80 = 2400；但是往返的交通费在刘刚出差期间只发生了一次，因此这次发生的交通费就被称为"每次使用成本"。

（4）生效日期。生效日期指的是以上 3 种费率信息的有效时间区间。例如，从"2011 年 1 月 1 日"开始，由于公司整体薪水发生了变化，为了能够比较客观地反映项目成本随之受到的影响，Project 中所有资源的费率需要进行一次调整。这种调整的方式就是在图 5.6 所示的对话框中的"生效日期"的第二行开始指定"2011 年 1 月 1 日"，然后在该行的后续列中依次输入调整后薪水计算方式。例如，刘刚从"2010 年 1 月 1 日"之后的工资变为 5880 元，因此标准费率经过换算成为"35/小时"，如图 5.7 所示。

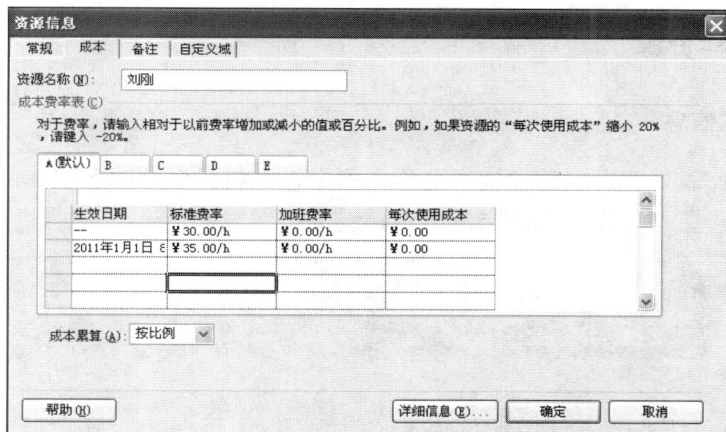

图 5.7　生效日期设置

（5）A、B、C、D、E。在图 5.7 中可以发现有以上 5 个大写字母。这 5 个大写字母的意思是每个资源可以有 5 套费率标准。例如，刘刚在此项目中可能扮演多种角色，角色不同可能费率就不同，因此设定多套费率后，将资源分配到任务中时，可以选择该资源按照哪套费率进行计算。

> **注意**　默认情况下，资源均使用的是 A 费率，如果需要换为其他的费率需要在"资源使用状况"中才能够完成，具体的操作方法是在"资源使用状况"中双击该资源所执行的任务，在出现的"工作分配信息"对话框中进行设置。如图 5.8 所示。

图 5.8　其他费率表的选择

（6）成本累算。有关成本累算方式的解释，为了便于读者能够更好地理解，放到后面章节进行介绍。

将成本信息设置完成后，工时资源的设置基本就结束了。

5.1.4　建立材料资源

1. 输入基本信息

在"资源工作表"空白行的"资源名称"列中输入材料资源的名称，例如"纸张"；然后在"类型"中选择"材料"，如图 5.9 所示。

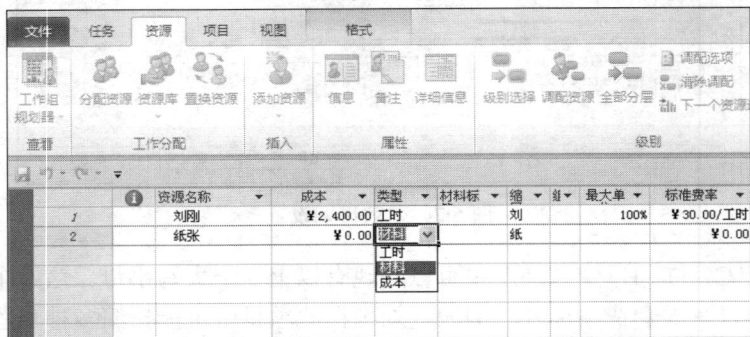

图 5.9　输入材料资源的基本信息

2. 设置工作时间

因为材料资源不是按照工时进行工作，因此没有日历信息的设置画面，不需要进行工作时间的设置。

3.　设置材料标签

在图 5.9 中，双击"纸张"资源，出现该资源的详细信息后，首先选择"常规"选项卡，出现如图 5.10 所示的画面。

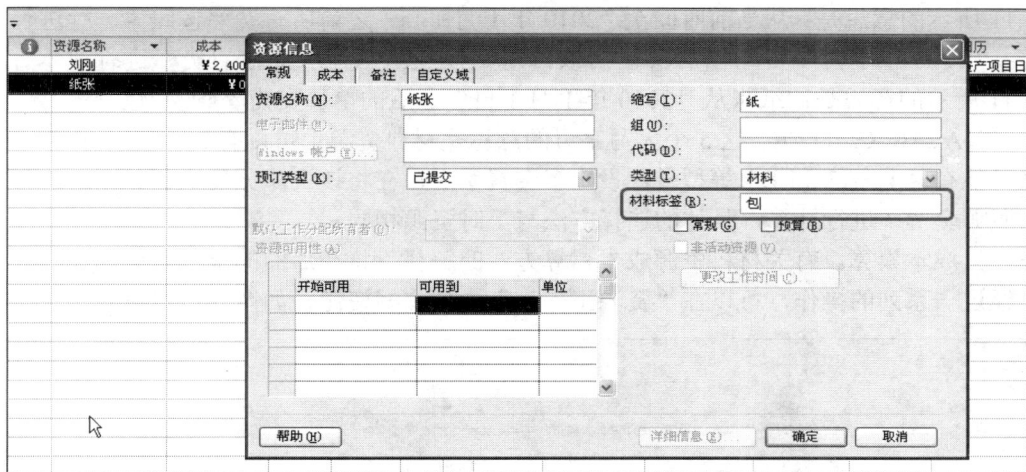

图 5.10　设置材料资源标签

在图 5.10 中的"材料标签"文本框中输入该资源的计量单位："包"。"材料标签"只在"材料"资源中的"常规"选项卡中出现。如果是水泥、钢筋之类的材料，"材料标签"中就需要设置为"吨"或者其他单位。

4.　设置材料资源成本信息

在图 5.10 中选择"成本"选项卡，将显示如图 5.11 所示的界面。

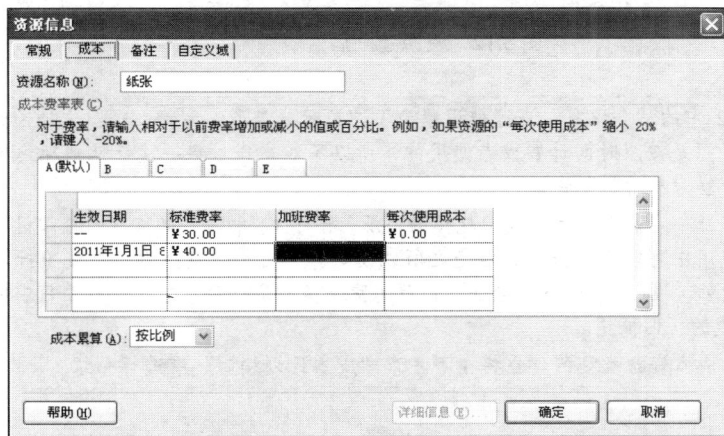

图 5.11　设置材料资源成本

（1）标准费率。在图 5.11 中的"标准费率"与"工时资源"出现的"标准费率"是有区别的，材料资源的标准费率没有时间单位。这是因为材料资源的计费是按照"材料标签"中标明的单位来计算的。例如，图 5.11 中描述的意思是：纸张的费率是"每包箱 30 元人民币"。

（2）加班费率。材料资源不会涉及加班，因此该输入框不能编辑。

（3）每次使用成本。材料资源中的每次使用成本指的是一旦该资源被分配一次，便一次性在该任务上发生的成本。

（4）生效日期。材料资源的"生效日期"指的是以上3种费率信息的有效时间区间。如图5.11所示的意思是：从当前时间至"2010年1月1日"之前所有费率按照第一行进行成本计算。"2010年1月1日"以后（包括该日期）按照第二行所描述的费率进行成本计算。图5.11所示的意思是：纸张从"2010年1月1日"之后的单价变为"40元/包"。

（5）A、B、C、D、E。这5个大写字母的意思是材料资源也可以有5套费率标准。例如，纸张可能有A4、A3和B5等型号，设定多套费率后，在将该资源分配到任务中时，可以选择按照哪套费率进行计算，具体的选择方法与工时资源相同。

（6）成本累算。有关材料资源成本累算方式的解释，将在后面的章节中进行介绍。

经过一系列的操作，可以在"资源工作表"中建立好资源，如图5.12所示。

		资源名称	成本	类型	材料标	缩	组	最大单	标准费率	加班费率	每次使用成	成本累算	基准日历
1		刘刚	￥2,400.00	工时		刘		100%	￥30.00/工时	￥0.00/工时	￥0.00	按比例	固定资产项目日
2		张华	￥0.00	工时		张		100%	￥0.00/工时	￥0.00/工时	￥0.00	按比例	固定资产项目日
3		赵孟	￥0.00	工时		赵		100%	￥0.00/工时	￥0.00/工时	￥0.00	按比例	固定资产项目日
4		王薆	￥0.00	工时		王		100%	￥0.00/工时	￥0.00/工时	￥0.00	按比例	固定资产项目日
5		赵玉	￥0.00	工时		赵		100%	￥0.00/工时	￥0.00/工时	￥0.00	按比例	固定资产项目日
6		卢天	￥0.00	工时		卢		100%	￥0.00/工时	￥0.00/工时	￥0.00	按比例	固定资产项目日
7		王磊	￥0.00	工时		王		100%	￥0.00/工时	￥0.00/工时	￥0.00	按比例	固定资产项目日
8		张海	￥0.00	工时		张		100%	￥0.00/工时	￥0.00/工时	￥0.00	按比例	固定资产项目日
9		韩胜	￥0.00	工时		韩		100%	￥0.00/工时	￥0.00/工时	￥0.00	按比例	固定资产项目日
10		会议室	￥0.00	工时		会		100%	￥0.00/工时	￥0.00/工时	￥0.00	按比例	固定资产项目日
11		电脑	￥0.00	材料	台	电			￥0.00		￥0.00	按比例	
12		打印机	￥0.00	材料	台	打			￥0.00		￥0.00	按比例	
13		纸张	￥0.00	材料	包	纸			￥30.00		￥0.00	按比例	

图 5.12　资源建立后的资源工作表

图5.12中的"会议室"资源被设置为了"工时"类型，为什么呢？这是因为"会议室"作为一种资源是按照时间计费或者使用的，所以不能当作材料一次性地消耗到项目当中，也就不能被设置为"材料"资源。

注意　材料资源一定是在项目中被消耗掉的资源。图5.12中的"电脑"、"打印机"等材料资源在项目的使用中可能不会报废，但是之所以设定为"材料"是因为可以按照折旧的方式来进行核算。例如，图5.12中的"电脑"资源的费率指的是每台"电脑"在项目中使用一次均要计算10块钱的折旧摊销。

此外，成本资源类型的建立将在下一章"成本计划编制"中进行介绍。

5.2　资源分配

资源信息建立完毕后，选择菜单【任务】/【甘特图】返回到"甘特图"视图中，用户可以针对每一项任务展开资源分配的工作。在 Project 中资源分配常用 3 种方式：给一个任务分配一个资源、给一个任务分配多个资源、给多个任务分配多个资源。

5.2.1　给一个任务分配一个资源

在任务的"资源名称"属性中，单击下拉列表，选择一个资源进行分配，如图 5.13 所示。

任务名称	工期	开始时间	完成时间	前置任务	资源名称	
□ 固定资产信息系统项目	76 个工作日?	2010年9月6日	2010年12月27日			
□ 1 需求分析阶段	5 个工作日	2010年9月6日	2010年9月10日			
□ 1.1 需求讨论	4.5 个工作日	2010年9月6日	2010年9月10日			
1.1.1 第一次需求讨论	0.5 个工作日	2010年9月6日	2010年9月6日		□ 编码工程师	
1.1.2 第二次需求讨论	0.5 个工作日	2010年9月10日	2010年9月10日	3	□ 打印机	
1.1.3 第三次需求讨论	0.5 个工作日	2010年9月10日	2010年9月10日	4FS+3 个工	□ 电脑	
1.2 需求分析阶段	0.5 个工作日	2010年9月10日	2010年9月10日	5	□ 韩胜	
1.3 编写需求说明书	1 个工作日	2010年9月9日	2010年9月9日	6FS-2 个工	□ 会议室	
1.4 确认需求说明书	1 个工作日	2010年9月10日	2010年9月10日	7	□ 李浩	
1.5 需求分析阶段结束	0 个工作日	2010年9月10日	2010年9月10日	8	☑ 刘刚	
□ 2 原型设计阶段	4 个工作日	2010年9月13日	2010年9月16日		☑ 卢天	
2.1 原型设计	1 个工作日	2010年9月13日	2010年9月13日	9	□ 王磊	
2.2 原型开发	1 个工作日	2010年9月14日	2010年9月14日	11	□ 王蒙	
2.3 原型评审	1 个工作日	2010年9月15日	2010年9月15日	12	□ 杨阳	
2.4 原型确定	1 个工作日	2010年9月16日	2010年9月16日	13	□ 张海	
2.5 原型设计结束	0 个工作日	2010年9月16日	2010年9月16日	14	□ 张华	
□ 3 系统设计阶段	7 个工作日	2010年9月13日	2010年9月21日		□ 张杰	
3.1 概要设计	3 个工作日	2010年9月13日	2010年9月15日	9	□ 赵孟	
3.2 详细设计	1 个工作日	2010年9月16日	2010年9月16日	17	□ 赵玉	
3.3 设计评审	1 个工作日	2010年9月17日	2010年9月17日	18	□ 纸张	

图 5.13　分配资源的第一种方式

这种分配方式的优点是操作简便，Project 2010 版本在 Project 2007 版本的基础上进行了升级，通过下拉的方式不但可以对任务分配单个资源，还可以方便分配多个资源。

注意　事实上，在实际的项目管理过程中，笔者建议尽可能地一个任务分配一个资源，这样做的好处是可以明确职责。如果一个任务上的资源出现过多对于后续的项目检查和控制会带来一定困难。如果的确存在一个任务多个资源执行的情况，可以先按照后续的方法进行分配，但是到了执行期间，建议还是进行尽可能地拆分，直到拆分到每个人能够清晰地明确任务为止。

5.2.2　给一个任务分配多个资源

一个任务有可能由多个资源一起执行，例如，"第一次需求讨论"工作需要李浩、张杰、杨阳 3 个人一起完成，如何将 3 个人一起分配到任务上去呢？除了通过下拉方式选择多个资源的方式外，还可以通过下面的处理方式进行。

在如图 5.13 所示的界面中，双击"第一次需求讨论"任务信息，在出现的"任务信息"对话框中选择"资源"选项卡，如图 5.14 所示。

在图 5.14 中的"资源名称"下拉框中，依次选取参与此任务的资源，然后单击"确定"按钮，3 人便都被分配到"第一次需求讨论"任务的资源名称上，分配结果如图 5.15 所示。

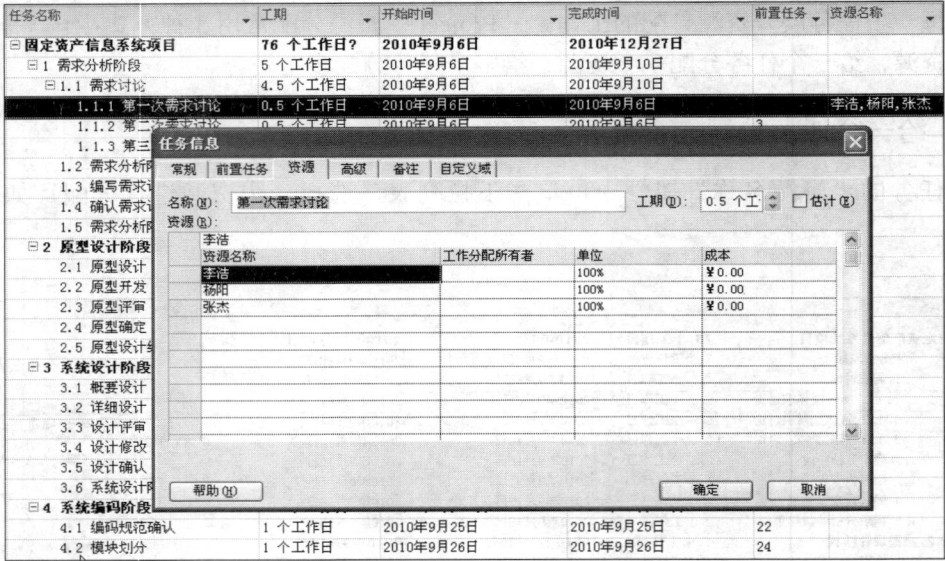

图 5.14   分配资源的第二种方式

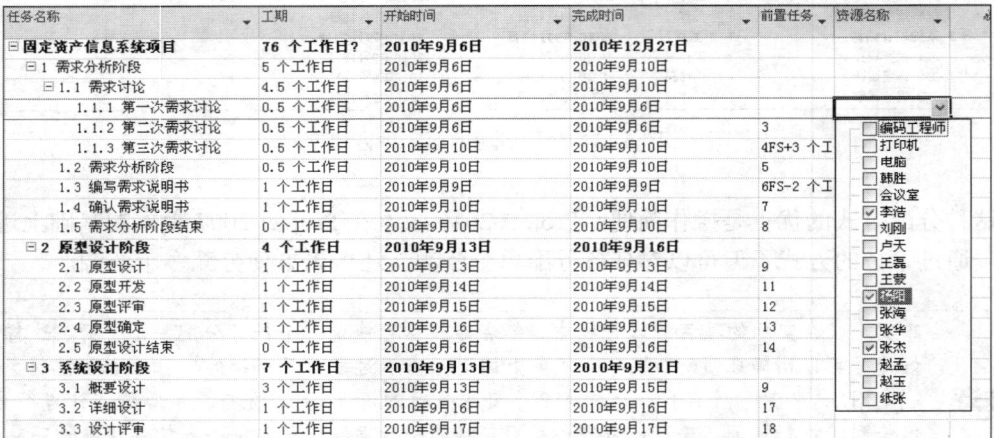

图 5.15   多个资源分配到一个任务的情形

5.2.3   给多个任务分配多个资源

有些情况下，相同的多个资源可能同时做多项工作，如果用上述两种办法分配资源，会加大项目经理的工作量。为了提高资源分配效率，Project 2010 提供了同时向多个任务分配多个资源的功能。

具体做法：在"甘特图"视图中，先选取多个任务，方法是用手按住 Ctrl 键的同时，使用鼠标左键依次选中需要同时分配相同资源的任务，如图 5.16 所示。

在图 5.16 中，需要给 5 个任务同时分配"王蒙、张华、赵孟"3 人。选中这 5 项任务以后，在【资源】/【分配资源】找到并单击图标 （提示信息为"分配资源"），打开如图 5.17 所示的"分配资源"对话框。

在出现的"分配资源"的对话框中，在用手按住 Ctrl 键的同时，使用鼠标左键在"资源"

列表中选择相关人员。选择完毕后，单击右上角的"分配"按钮。被选中的 3 个人员即被分配到前面选择的 5 个任务上，如图 5.18 所示。

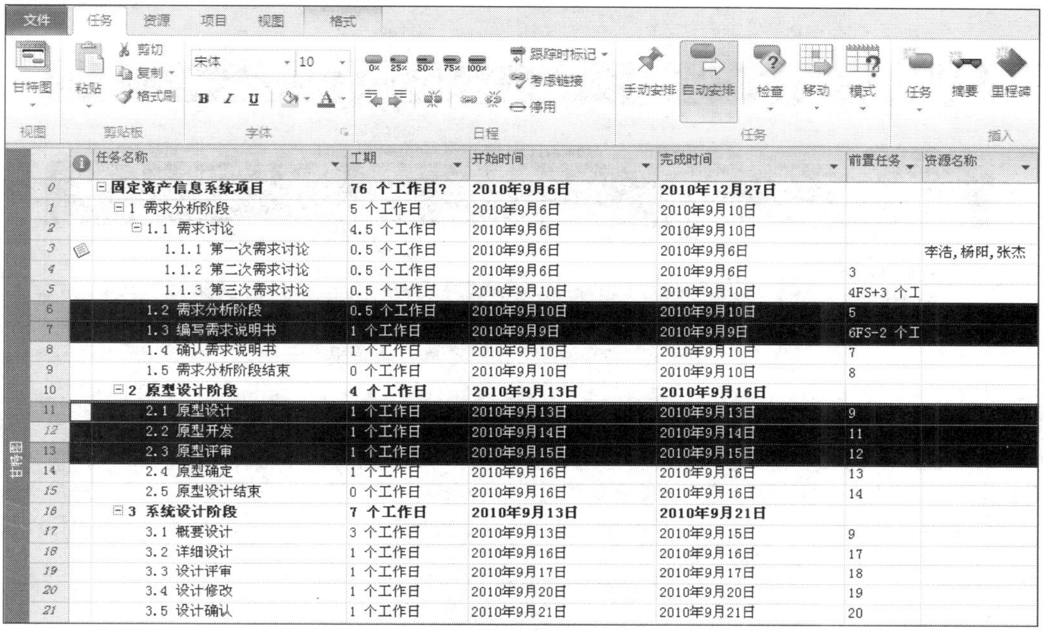

图 5.16　同时选中多个任务

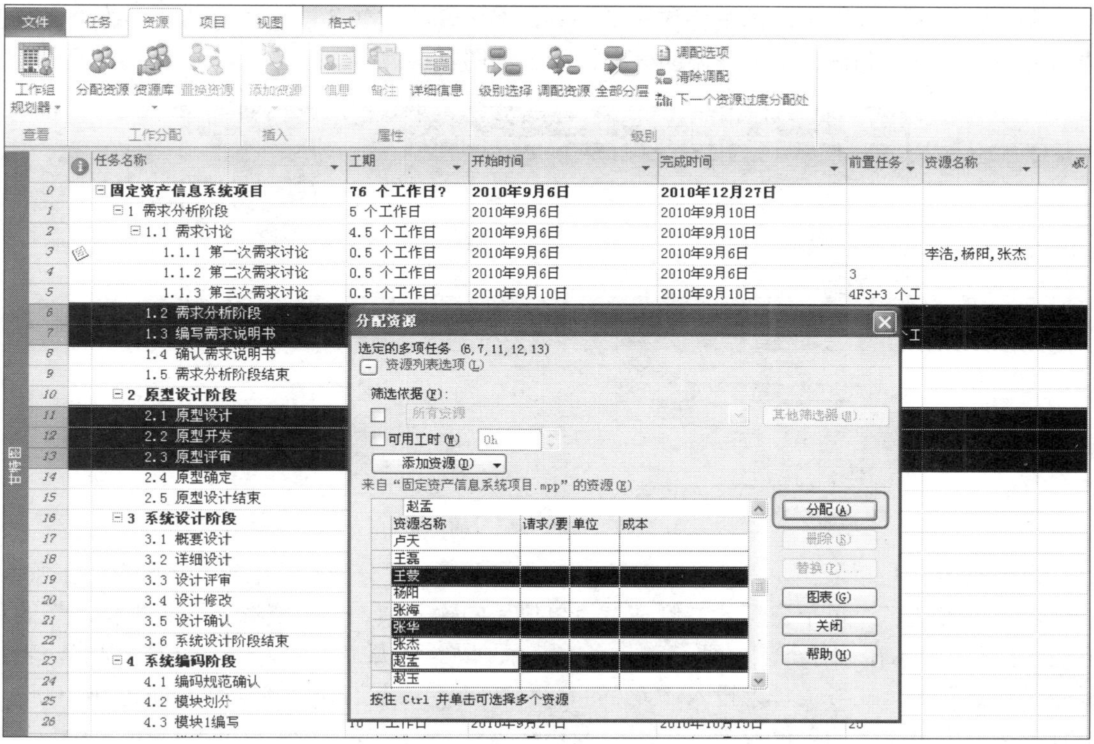

图 5.17　同时选中多个资源

图 5.18　同时分配多个资源后的效果

> **注意**　通过" "图标产生的功能不仅能批量分配资源，还可以实现批量替换资源、删除资源的功能。例如，在项目的执行过程中，"郭胜"因为某种原因需要离开此项目组，则就需要在 Project 中将资源"郭胜"全部删除或者是批量替换为其他资源。此时，利用图 5.17 中"分配资源"对话框中的"删除"或者"替换"按钮就可以轻松实现，而且还可以通过单击"图标"按钮查看每个资源的工时占用情况。

5.2.4　资源分配单位

在"甘特图"视图中，单击任何一条任务，在出现的"任务信息"对话框中的"资源"选项卡中，可以看到该任务上资源的分配情况，如图 5.19 所示。

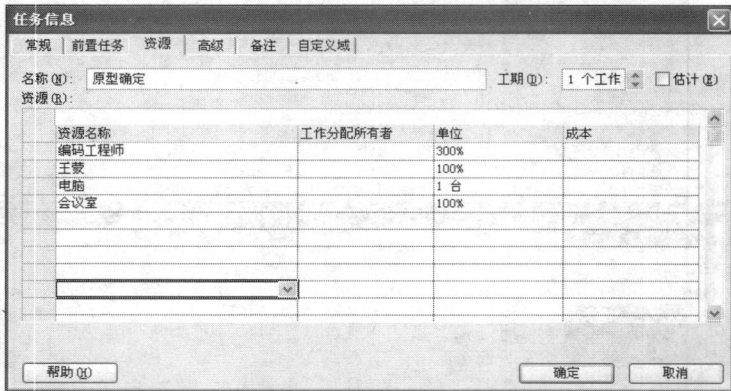

图 5.19　资源分配时的单位

在图 5.19 中可以看到，任务"原型确定"有 4 项资源，分别是"编码工程师"、"王蒙"、"电脑"、"会议室"。每个资源的右侧都有"单位"的输入项。其中资源"编码工程师"的单位是 300%，表示在该任务上需要 3 个"编码工程师"。资源"王蒙"的单位是 100%，表示资源"王蒙"在该任务上每天投入 100%的时间，即每天在该任务上的工作时间为 8×100%=8 小时。材料"电脑"的单位设为"1 台"，表示在该任务上需要一台"电脑"。资源"会议室"在该任务上投入为 100%的时间，即每天在该任务上的工作时间为 8 × 100% = 8 小时。

通常，如果资源为真实的人员，例如"王蒙"，那么单位就不要超过 100%，当然可以小于 100%，例如 50%表示该资源在任务上不是全职参与而是每天只投入 4 个小时（8 个小时的 50%）。岗位资源（类似编码工程师之类的资源）可以用 $n \times 100\%$ 来表示需要 n 个该岗位的资源。

5.3　资源分配情况分析

利用上节讲到的资源分配方法在"甘特图"中完成资源分配的工作后，如何查看分配的情况，如何得知有没有资源分配冲突、有没有资源闲置、有没有任务还没有被分配资源呢？本节将对资源分配情况的分析进行介绍。

选择菜单【资源】/【查看】/【资源使用状况】，可以看到如图 5.20 所示的内容。

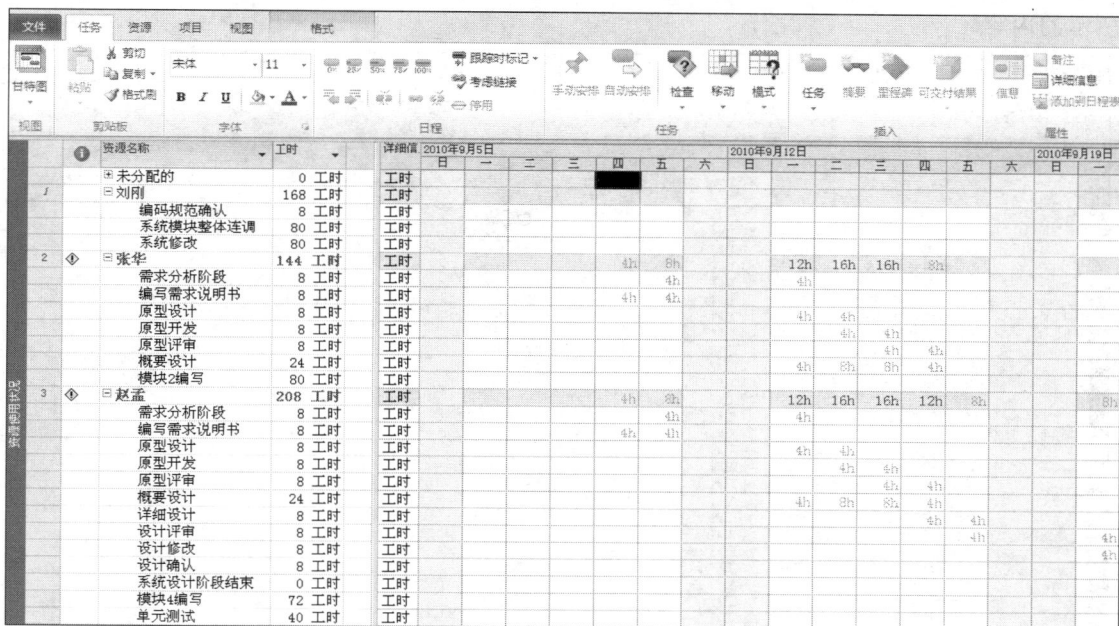

图 5.20　资源使用状况

5.3.1　未分配的

如图 5.20 所示，"未分配的"指的是尚未分配资源的任务，此功能用于提醒还有哪些任务没有分配资源执行。发现还有没被分配资源的任务，就需要再次返回到"甘特图"视图中继续分配资源到任务。

> **注意**　如果"未分配的"列表中有里程碑任务，可以不进行资源的分配。例如"需求分析阶段结束"等表示阶段结束的里程碑可以没有资源执行。里程碑任务是项目经理用来标示项目任务进度的工具。

5.3.2　按照资源分组展示分配情况

从图 5.20 中可以看到，资源"张华"被分配 7 项任务，总共的工时为 144 工时。其他资源，例如"赵孟"、"王蒙"等资源的任务分配情况都可以通过单击资源名称前面的加号看到。

5.3.3 过度分配的资源

从图 5.20 中同样可以看到资源"张华"的分配状况，总共被分配 7 个任务，总工时为 144 工时。但是，在 Project 环境中可以看到"张华"的颜色是红色的，并且"张华"的前面有一个标记 ⑩。出现以上情况表明资源"张华"被过度分配了。

在 Project 中这样解释过度分配：为资源分配了过多的任务，以至于资源无法在可用工作时间内完成这些任务。

资源"张华"出现了红色的警告，表示 Project 自动检测出了该资源被过度分配，具体在什么时间被过度分配，可以在如图 5.20 所示的右侧视图中，滑动滚动条，就可以看到如图 5.21 所示的内容。

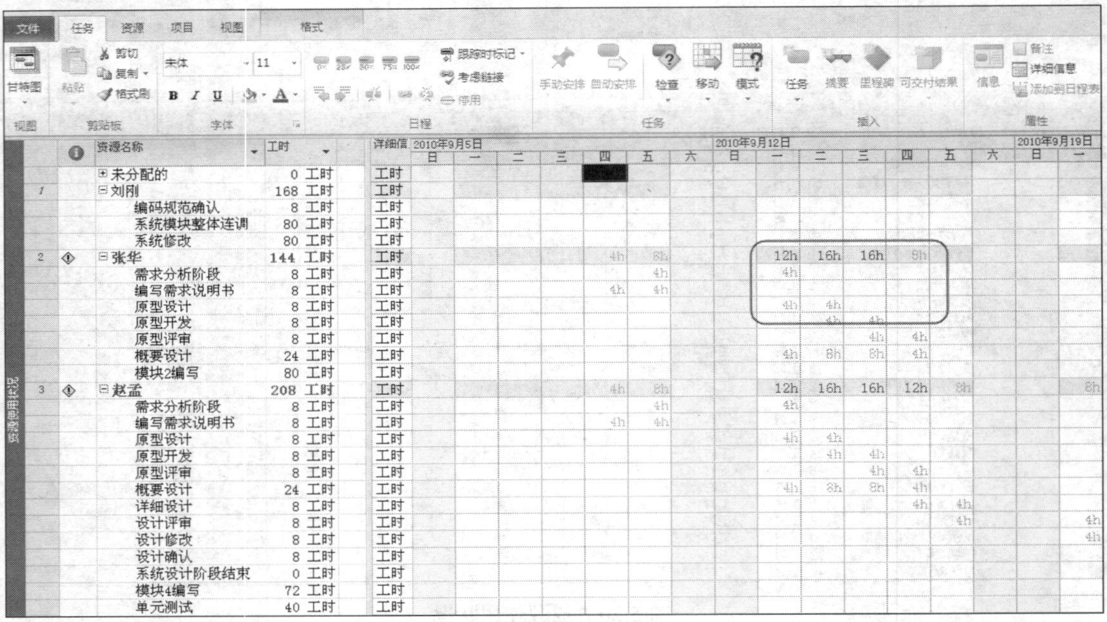

图 5.21 资源过度分配情形

从图 5.21 中可以得知，在"2010 年 9 月 13 日"这个周的周一、周三的期间内，资源"张华"被同时分配多项任务（"需求分析阶段"、"原型设计"、"概要设计"等）中去，而且在每个任务上均需要付出每天"4 小时"的工作量，从而累加起来每天要工作"12 个"小时或者更多时间，所以导致了过度分配。

5.3.4 过度分配的设置

选择菜单【资源】/【查看】/【资源工作表】，可以发现每个资源均有一个"最大单位"的属性，资源是否过度分配是通过检查实际的分配量是否超过了"最大单位"中的值来进行判断的，如图 5.22 所示。

在图 5.22 中，只有工时资源的"最大单位"有值，而且默认值为 100%，"编码工程师"的最大单位被笔者改为了"1000%"，表示该岗位对应的资源可用量为 10 个人。如果在分配过程中，同一天的"编码工程师"被分配的总量超过了 1000%，则该资源就会变为红色，即过度分配了。

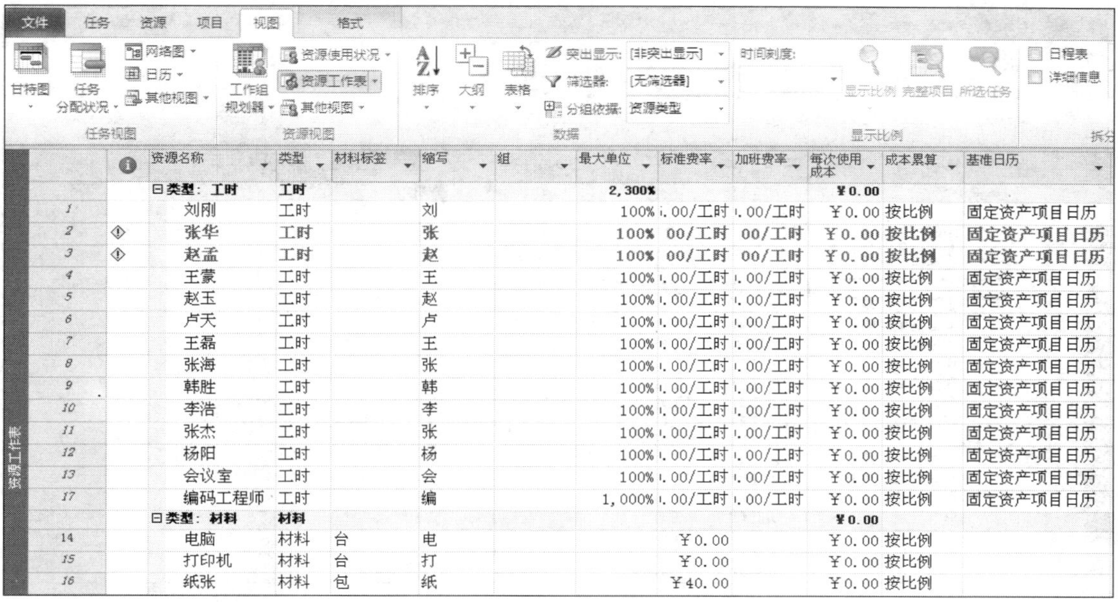

图 5.22　资源工作表中的"最大单位"

5.4　资源调配

利用 Project 软件可以自动发现过度分配的资源，从而指导项目管理者进行合理的资源分配。前面讲到了利用菜单【资源】/【查看】/【资源使用状况】可以发现过度分配的资源，本节将介绍如何消除资源的过度分配，即"资源调配"。

5.4.1　利用菜单进行调配

当发生资源过度分配时，一种方法是可以通过 Project 的菜单实现调配。在当前视图为"资源使用状况"的情况下，先用鼠标单击希望调配的资源，例如单击"张华"。之后，选取菜单【资源】/【级别】/【调配资源】，如图 5.23 所示。

打开如图 5.24 所示的"调配资源"对话框。

在图 5.24 中，选择"张华"，然后单击"开始调配"按钮。Project 2010 可自动完成调配工作，"张华"的红色自动消失，如图 5.25 所示。

在图 5.25 中可以看到，资源"张华"的过度分配现象消失了。Project 2010 采用何种方法进行的调配？经过仔细查看后，读者会发现 Project 2010 自动将有并行的任务改为的串行关系，最终消除资源在每天的工时分配小于 8 小时，但是这样调配容易导致项目工期变长。

对于 Project 2010 而言，它采取两种办法调配资源：延迟任务和拆分任务。延迟任务指的是将并行的两个任务改为串行的两个任务；拆分任务指的是将有并行部分的任务断开，以避免冲突。关于 Project 内部更详细的调配算法，本章不作赘述，本书的"问题解答"章节有详细的描述。

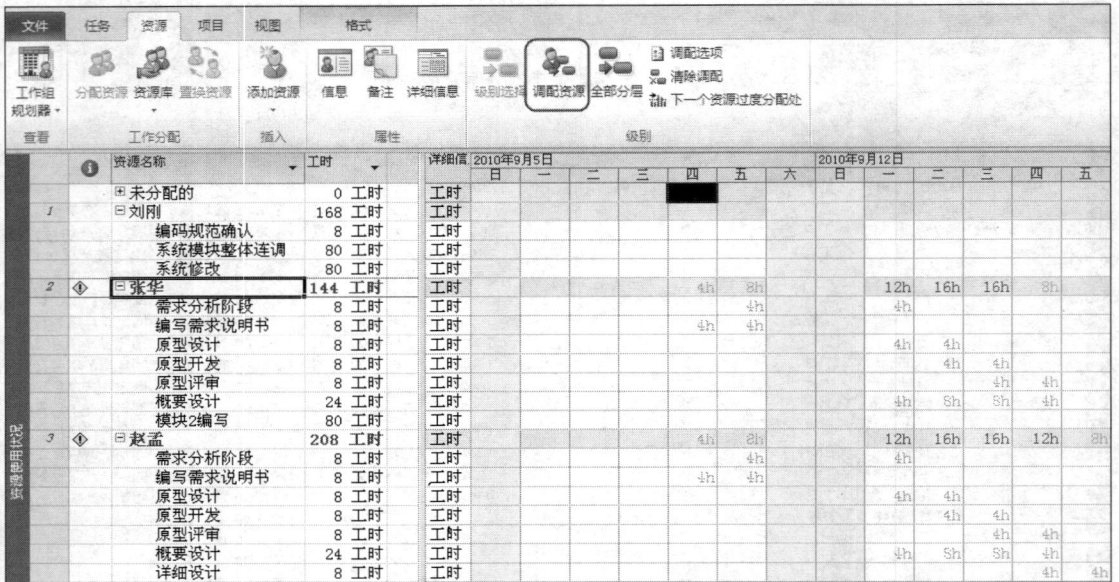

图 5.23　调配资源

图 5.24　调配资源

在实际的项目中，延迟任务和拆分任务往往都不可取，因为上述两种操作都会带来项目工期的延长。因此，笔者建议更多情况下采取手工调配的方式来解决资源的过度分配。

资源名称	工时	详细信息	2010年9月5日							2010年9月12日				
			日	一	二	三	四	五	六	日	一	二	三	四	五
⊞ 未分配的	0 工时	工时													
⊟ 刘刚	168 工时	工时													
编码规范确认	8 工时	工时													
系统模块整体连调	80 工时	工时													
系统修改	80 工时	工时													
⊟ 张华	144 工时	工时					4h	8h		8h	8h	8h	8h	8h
需求分析阶段	8 工时	工时						4h		4h				
编写需求说明书	8 工时	工时					4h	4h						
原型设计	8 工时	工时										4h	4h
原型开发	8 工时	工时											4h
原型评审	8 工时	工时											4h
概要设计	24 工时	工时								4h	8h	8h	4h
模块2编写	80 工时	工时											

图 5.25　调配以后

5.4.2　手工进行资源调配

仍以资源"张华"的过度分配为例，如果利用在上一小节中介绍的菜单调配的方法会导致项目的工期延误。如果此项目的工期要求很严格，Project 自动调配显然就不合理了。这时候就需要考虑手工来进行调配工作，具体做法如下。

1. 在"资源使用状况"中发现问题

在"资源使用状况"视图中，可以发现关于资源过度分配的问题，变红色即为过度分配的预警，如图 5.26 所示。

资源名称	工时	详细信	2010年9月5日							2010年9月12日				
			日	一	二	三	四	五	六	日	一	二	三	四
⊞ 未分配的	0 工时	工时												
⊟ 刘刚	168 工时	工时												
编码规范确认	8 工时	工时												
系统模块整体连调	80 工时	工时												
系统修改	80 工时	工时												
⊟ 张华	144 工时	工时					4h	8h		12h	16h	16h	8h	
需求分析阶段	8 工时	工时						4h		4h				
编写需求说明书	8 工时	工时					4h	4h						
原型设计	8 工时	工时									4h			
原型开发	8 工时	工时									4h	4h		
原型评审	8 工时	工时										4h	4h	
概要设计	24 工时	工时								4h	8h	8h	4h	
模块2编写	80 工时	工时												

图 5.26　再现资源过度分配

2. 返回到"甘特图"中分析问题

在"资源使用状况"中发现问题后，回到"甘特图"视图中分析问题。在"甘特图"的视图内，选择菜单【视图】/【数据】/【筛选器】/【显示自动筛选】之后，"甘特图"的每一列都出现一个向下的箭头，如图 5.27 所示。

单击"资源名称"右侧的箭头，选取"张华"后，甘特图中出现的任务都是与该资源相关的任务，如图 5.28 所示。

从图 5.28 中的右侧横道图中，可以很快发现"张华"参与的任务有重叠的部分，这些重叠部分直接导致了资源"张华"变红。

3. 采用替换资源的方法解决过度分配

通过手动方式解决资源过度分配时需要保证工期不受影响，因此一般采取替换资源的方式进行。

图 5.27　自动筛选后的甘特图

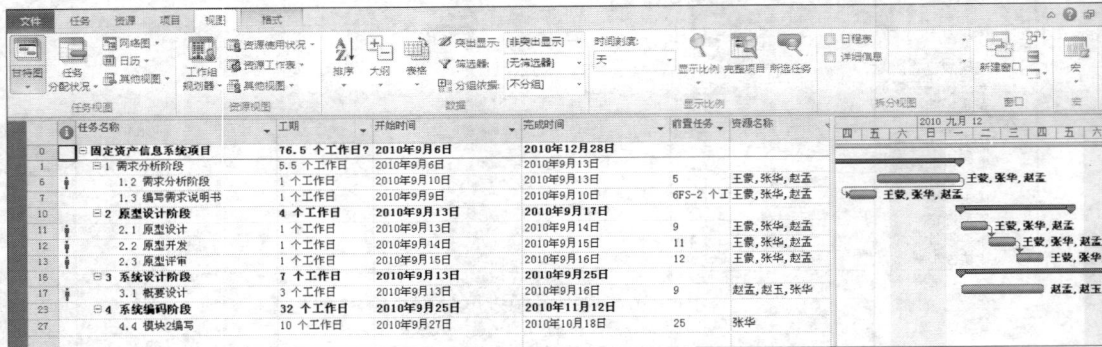

图 5.28　自动筛选后的甘特图

选中需要替换资源的任务，可以选择"原型设计"，也可以选择"概要设计"。之后，单击工具栏中的图标 ，在出现的"分配资源"对话框中选择需要替换的资源"张华"，如图 5.29 所示。

在"分配资源"对话框中，选择要被替换的资源"张华"，之后单击右侧的"替换"按钮，将出现如图 5.30 所示的"替换资源"对话框。

在图 5.30 中，选择一个替换"张华"的资源，例如"韩胜"。

注意　不要选择"王蒙"、"赵孟"，因为这两个资源与"张华"已经从事相同的任务了，如果选择了其中的一个，将直接导致"王蒙"或者是"赵孟"被过度分配。

在图 5.30 中，选择"韩胜"并单击"确定"按钮后，替换工作完成。替换后，"甘特图"

将显示为如图 5.31 所示的效果。

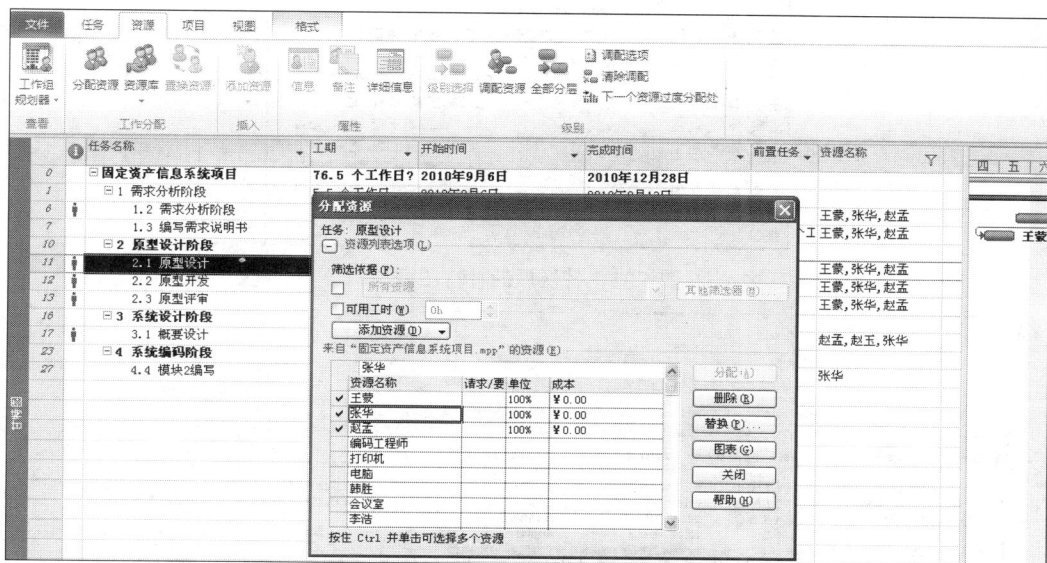

图 5.29　选择被替换的资源

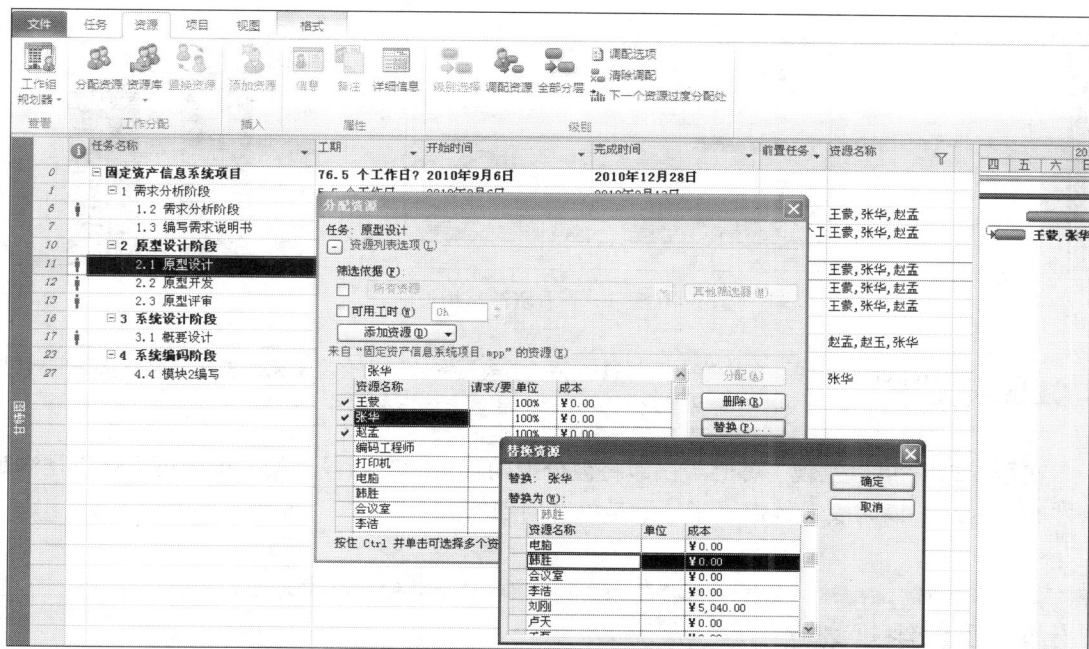

图 5.30　选择新资源

在图 5.31 中，可以看到第一项任务的资源中出现了"韩胜"的名称，"张华"从该任务的资源列表中消失了。

如果要在替换前查看"韩胜"在该时间段内是否可用，单击图 5.29 中的"图表"按钮，可以看到资源的可用性，如图 5.32 所示。

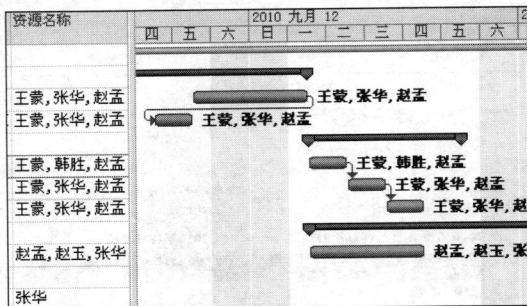

图 5.31　替换后的甘特图截图

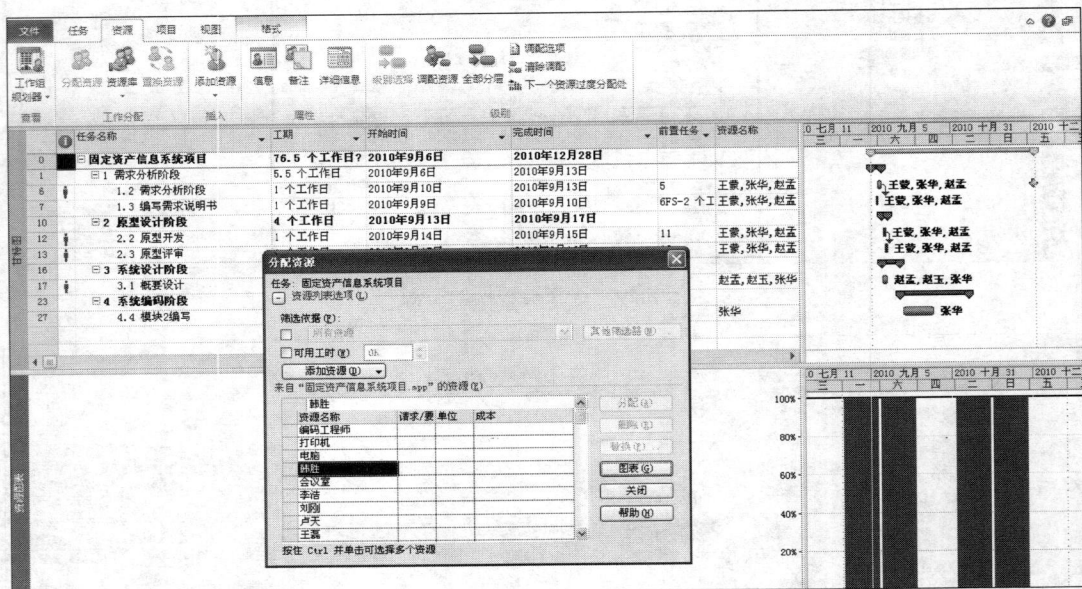

图 5.32　查看资源可用性

注意　在 Project 2010 中，直接单击图 5.32 中的"图表"按钮可能会发生无法查看韩胜资源可用性图标的情况，一旦发生这样的情况，请读者不要单击该任务即可。

在图 5.32 中可以发现"韩胜"在即将被分配的任务的时间段内的"剩余可用性"是满足条件的。因此在该时段内替换"张华"是没有问题的。

5.5　工作组规划器

Project 2010 版本增加了"工作组规划器"功能，该功能主要用来帮助项目经理完成项目资源的分配过程中出现资源冲突的问题，利用"工作组规划器"可以及时识别资源冲突问题，将资源分配与资源冲突分析及资源调配需要三步完成的工作在一步中进行完成。

将视图切换到"工作组规划器"视图，选择菜单【资源】/【视图】/【工作组规划器】之后，出现如图 5.33 所示的效果。

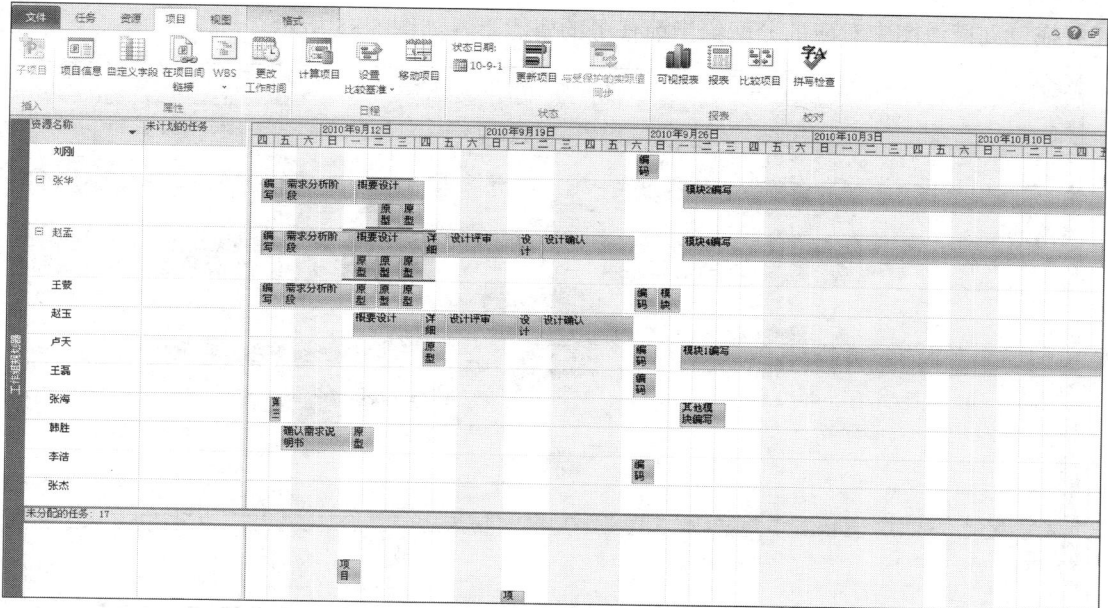

图 5.33　资源工作组规划器

从图 5.33 中可以看到，视图的左侧是资源名称，右侧是资源分配的任务，下端是未分配资源的任务。

利用"工作组规划器"进行任务资源的分配方式是，从未分配的任务中选择未分配资源的任务，选中该任务，如图 5.34 所示。

图 5.34　资源工作组规划器资源分配

从图 5.34 中可以看到，选择未分配资源的任务后，任务框四周颜色变为橙色，然后将该任务拖曳到横道图中对应的分配给当前任务的资源上，如图 5.35 所示。

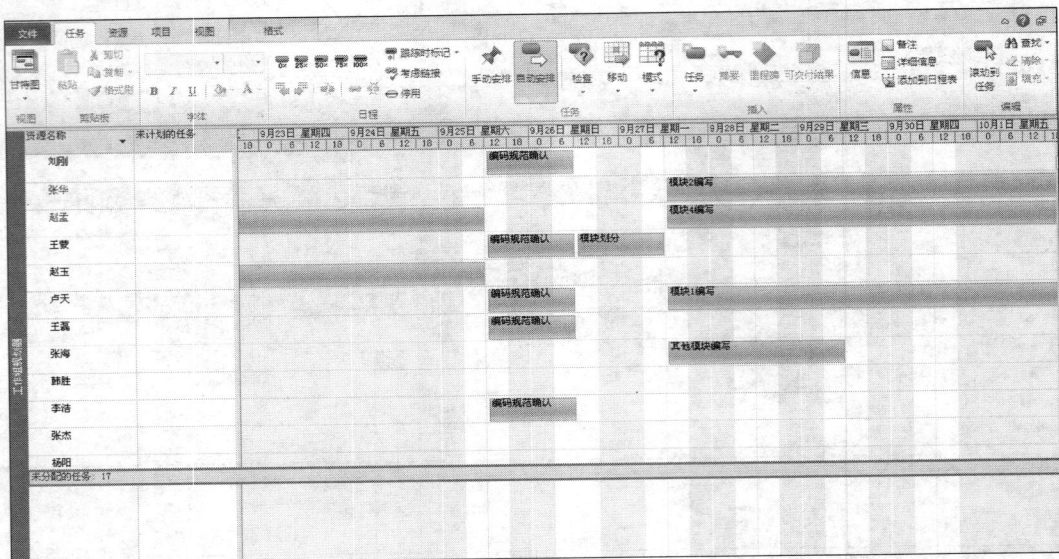

图 5.35　资源工作组规划器资源分配

利用"工作组规划器"进行任务资源的分配，对于项目经理来说比较直观，项目经理可以直观地看到那些资源在对应的任务要求的时间段内是空闲的，项目经理只需要找到这些时间段内空闲的资源分配给任务即可。当资源在该时间段内有任务分配时，任务条形图会显示冲突，如图 5.36 所示。

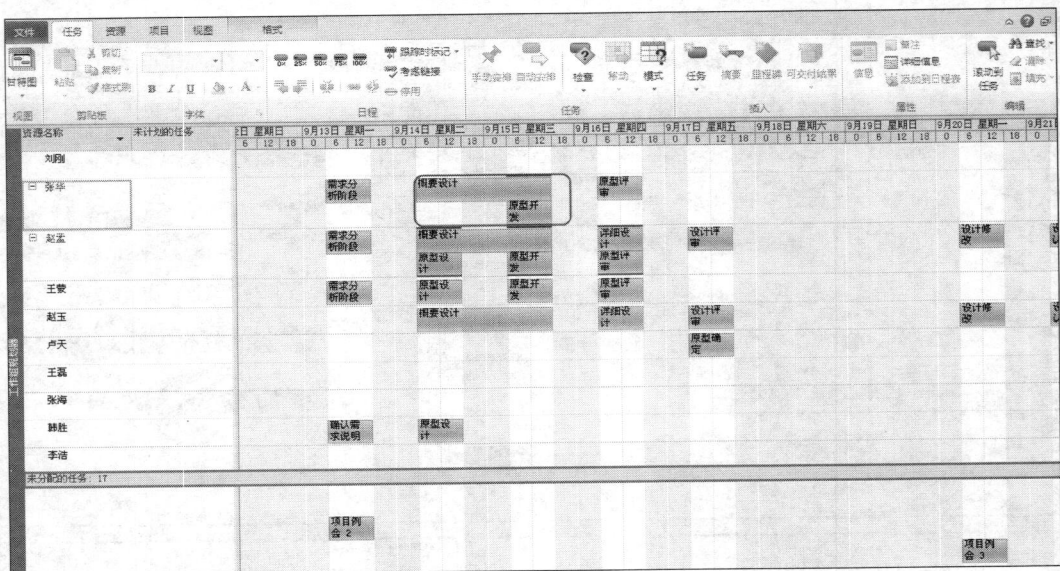

图 5.36　资源工作组规划器资源冲突

在图 5.36 中，资源"张华"对应的任务条边框变为红色，同时资源名称也同时变为红色，表示该资源在这一时间段内同时分配了两项任务，导致该资源过度分配。从资源分配调配的方式来解决，将一任务分配给另外一个资源"李浩"，实现对资源的调配，如图 5.37 所示。

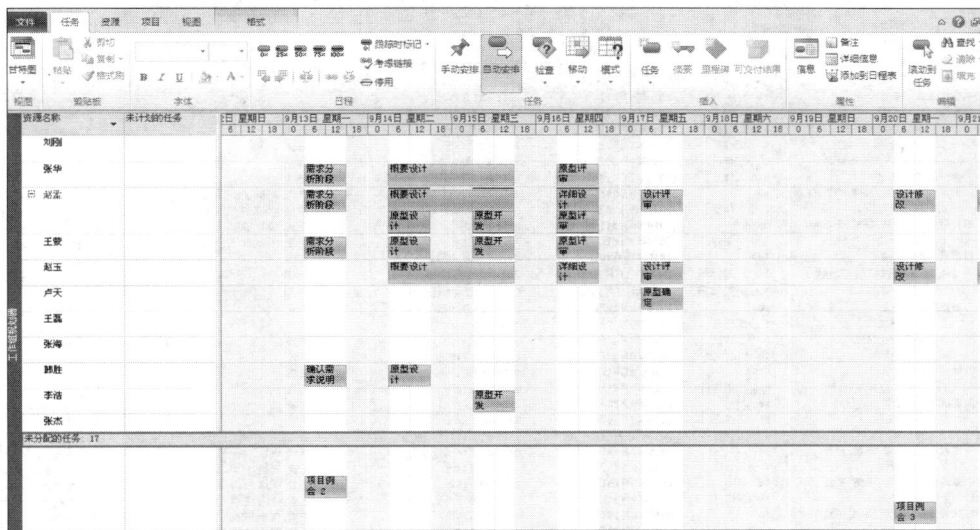

图 5.37　资源工作组规划器资源调配

在图 5.37 中，将任务"原型设计"分配给"李浩"后，资源"张华"的颜色变为黑色，同时，对应的任务框对应的红色消失，即对资源冲突进行了调配。

"工作组规划器"实质上是图形化了的"资源分配"，"资源冲突分析"及"资源调配"的工具。

5.6　资源计划的编制完成

重复 5.2～5.5 小节的操作，读者可以顺利地完成资源计划的编制。衡量资源计划编制质量有以下几个原则：

- 每个任务均有资源执行（摘要任务与里程碑除外）；
- 每个任务应该只有一个资源执行（为了能够分清楚责任）；
- 没有过度分配的资源。

5.7　资源计划的输出

资源计划编制完成之后，难免需要输出用以审批或者工作分配等用途。掌握输出的技巧对于熟练使用 Project 软件有着很大的帮助。

5.7.1　利用甘特图的分组方式输出

将视图切换到"甘特图"，选择菜单【视图】/【数据】/【分组依据】/【资源】之后，出现如图 5.38 所示的效果。

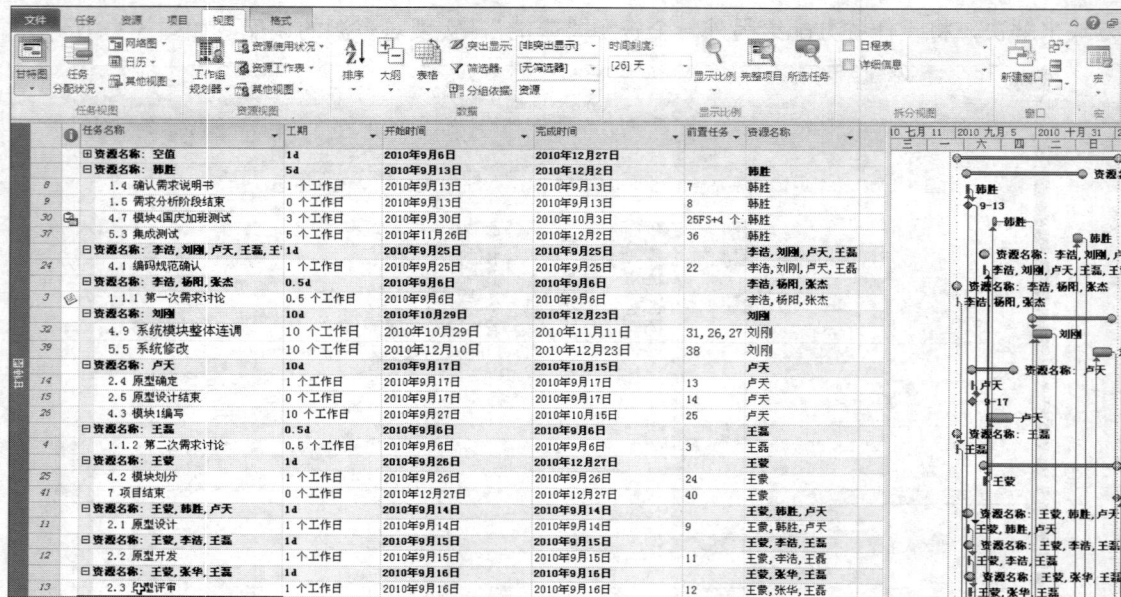

图 5.38　甘特图按照资源名称分组后

用户可以直接将图 5.38 中的结果打印输出，正式打印前可以选择菜单【文件】/【打印预览】查看打印效果，如图 5.39 所示。

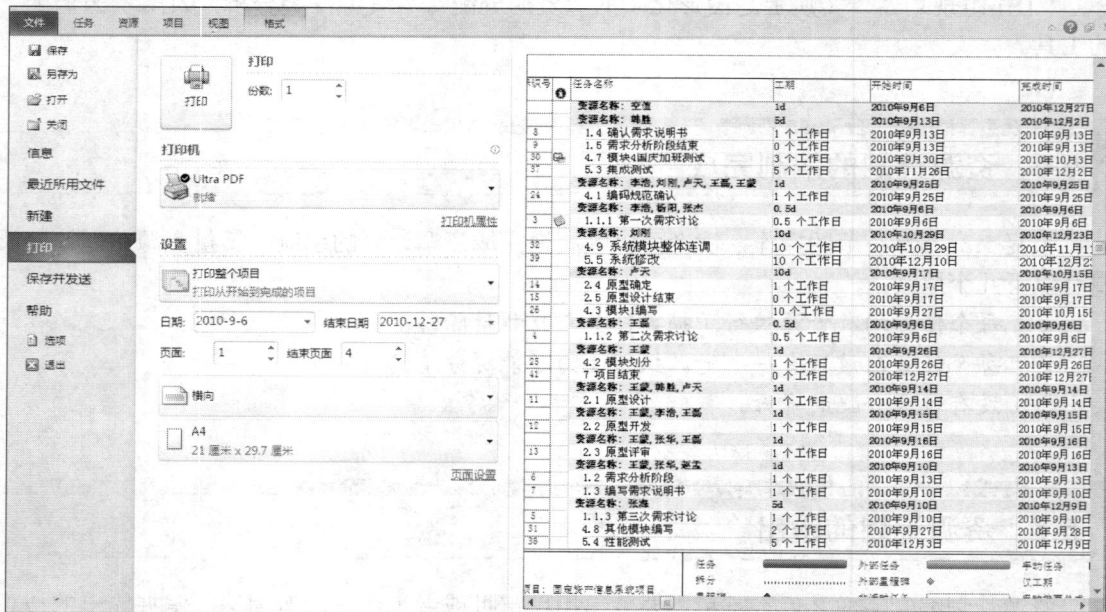

图 5.39　打印预览

5.7.2　利用报表输出

选择菜单【项目】/【报表】/【报表】，将出现如图 5.40 所示的"报表"对话框。

在图 5.40 中，选择"工作分配"图标，双击后出现如图 5.41 所示的"工作分配报表"

对话框。

图 5.40 "报表"对话框

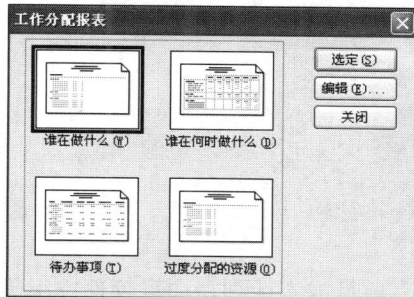

图 5.41 "工作分配报表"对话框

在图 5.41 中，双击"谁在何时做什么"图标，出现如图 5.42 所示的界面。

图 5.42 "谁在何时做什么"报表

在图 5.42 中，按照任务以及时间单位清晰地列出了每个人在何时做什么工作，而且每天需要的精确工时都已经统计出来。这种报表对于指导项目组成员日常工作有着非常大的作用。

项目成本计划是项目管理中很重要的一部分。通常，项目三要素指的是项目的时间、质量、成本。在如今的项目管理中，节省成本成为一项非常重要的工作，项目成本计划是实现成本控制的前提条件和基础。成本计划的编制和执行也是考察一个项目绩效的重要指标。

项目成本管理大概分为：成本估算、成本预算、成本控制 3 个方面。

成本估算指的是按照工作分解结构确定的活动，估算出每项活动所需要的资源以及近似的各种花销。这些成本包括但不限于人工、材料、设备、服务、设施、应急准本金等方面。如果没有专业的成本评估师，则需要召集内部专家一起决策。

成本预算指的是将单个活动或计划的估算费用进行汇总，以便确立整个项目的费用计划基准的过程。汇总得到的总体成本需要与项目启动时约定的项目成本预算进行对比，检查是否能够满足项目的最初成本预算的约定。

费用控制指的是在计划活动执行期间，对项目成本的执行进行监控以及施加影响的过程。目的是保证潜在的成本超支不超过项目启动阶段的总体成本要求。

在 Project 中，可以实现以上三个管理过程，在本章主要介绍如何实现前两项过程。

6.1 Project 中的成本分类

在 Project 2010 中，涉及成本来源的列默认有两项：固定成本和成本。涉及的公式如下：

- 成本 = 固定成本 + 资源成本；
- 资源成本 = 工时资源成本 + 材料资源成本 + 成本资源成本。

固定成本指的是在一定时期和一定业务量范围内，不受业务量增减变动影响而能保持不变的成本。例如内部培训费用、设备折旧、管理费用摊销等。

在 Project 中默认没有"资源成本"列，"资源成本"的值默认累计在"成本"列中，如果不设置"固定成本"时，"成本"列即等于"资源成本"。

打开"固定资产信息系统项目.mpp"文件，要让"固定成本"与"成本"在甘特图中出现，可以使用"插入列"的方式。具体方法是：选择任意一个列，之后选择菜单【插入列】，将出现如图 6.1 所示的下拉框。

在如图 6.1 所示的下拉框中找到"成本"，并选中后，"成本"列就可以出现在"甘特图"中。在 Project 2010 中，还可以采用输入域名查询的方式快速插入列，在图 6.1 中，直接在"键入列名"处输入"成本"，则下拉框直接将成本列检索出来。

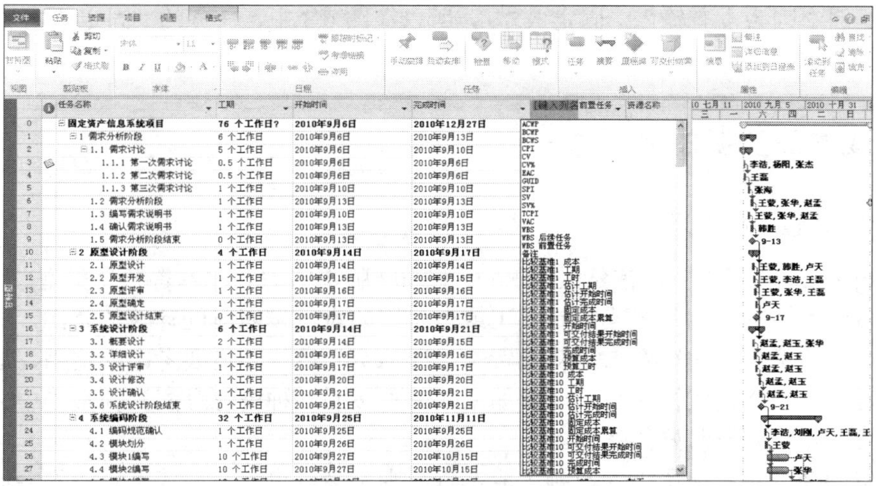

图 6.1　插入成本列

在如图 6.2 所示的下拉框中找到"成本"，选中后"成本"列将出现在"甘特图"中。

图 6.2　插入成本列

采用同样的办法可以将"固定成本"插入"甘特图"中。最终可以得到如图 6.3 所示的效果。

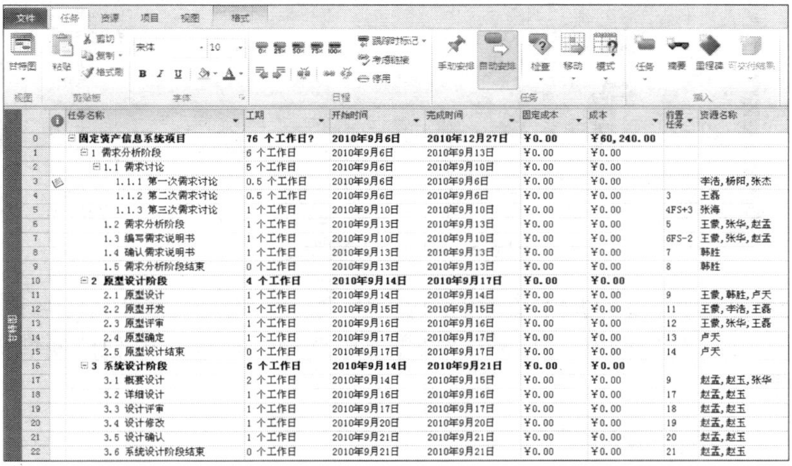

图 6.3　插入固定成本列和成本列

如图 6.3 所示，"成本"列中的数值全部为资源产生的成本，"固定成本"的值需要手工录入，在本例中因为没有输入"固定成本"，所以在图 6.3 中，任务的"固定成本"均为"0"。

6.2 成本类资源的使用方式

6.2.1 成本资源的定义

在 Project 2010 版本中，依然采用 Project 2007 版本中的"成本资源"类型。

工时资源类型的使用方式指的是人工或者租用的设备按照时间计算的资源。成本资源指的是诸如"差旅费"、"住宿费"、"交通费"、"通信费"等额外需要考虑的费用，这些费用与任务的工时没有直接的线性关系，所以如果能单独按照一种资源分配到任务当中去，对成本的精细化管理将起到非常好的作用。

工时资源会受到"日历"的影响，成本资源则不会。也就是说成本资源不会影响时间计划的排定。

6.2.2 成本资源类型的设置

成本资源类型的设置在"资源工作表"中进行。选择菜单【资源】/【查看】/【资源工作表】，定义成本资源类型，如图 6.4 所示。

	资源名称	类型	材料标签	缩写	组	最大单位	标准费率	加班费率	每次使用成本	成本累算
	日 类型：工时	工时				2,300%			¥0.00	
1	刘刚	工时		刘		100%	¥35.00/工时	.00/工时	¥0.00	按比例
2	张华	工时		张		100%	¥0.00/工时	.00/工时	¥0.00	按比例
3	赵孟	工时		赵		100%	¥0.00/工时	.00/工时	¥0.00	按比例
4	王蒙	工时		王		100%	¥0.00/工时	.00/工时	¥0.00	按比例
5	赵玉	工时		赵		100%	¥0.00/工时	.00/工时	¥0.00	按比例
6	卢天	工时		卢		100%	¥0.00/工时	.00/工时	¥0.00	按比例
7	王磊	工时		王		100%	¥0.00/工时	.00/工时	¥0.00	按比例
8	张海	工时		张		100%	¥0.00/工时	.00/工时	¥0.00	按比例
9	韩胜	工时		韩		100%	¥0.00/工时	.00/工时	¥0.00	按比例
10	李浩	工时		李		100%	¥0.00/工时	.00/工时	¥0.00	按比例
11	张杰	工时		张		100%	¥0.00/工时	.00/工时	¥0.00	按比例
12	杨阳	工时		杨		100%	¥0.00/工时	.00/工时	¥0.00	按比例
13	会议室	工时		会		100%	¥0.00/工时	.00/工时	¥0.00	按比例
17	编码工程师	工时		编		1,000%	¥0.00/工时	.00/工时	¥0.00	按比例
	日 类型：成本	成本								
18	会议费	成本		会						按比例
19	出差费	成本		出						按比例
20	交通费	成本		交						按比例
	日 类型：材料	材料							¥0.00	
14	电脑	材料	台	电			¥0.00		¥0.00	按比例
15	打印机	材料	台	打			¥0.00		¥0.00	按比例
16	纸张	材料	包	纸			¥40.00		¥0.00	按比例

图 6.4 成本资源类型定义

在图 6.4 中，增加了 3 种成本资源的类型，增加的方式是直接在资源名称一列中输入成本资源的类型，例如"交通费"。然后在"类型"中选择"成本"。其他的属性均不需要设置，当然也无法设置。

6.2.3 成本资源的使用

在"资源工作表"中只是完成了成本资源类型的定义，成本资源的使用还需要切换到"甘特图"中，双击需要分配成本资源的任务，在弹出的"任务信息"对话框中的"资源"选项卡中进行分配,如图 6.5 所示。

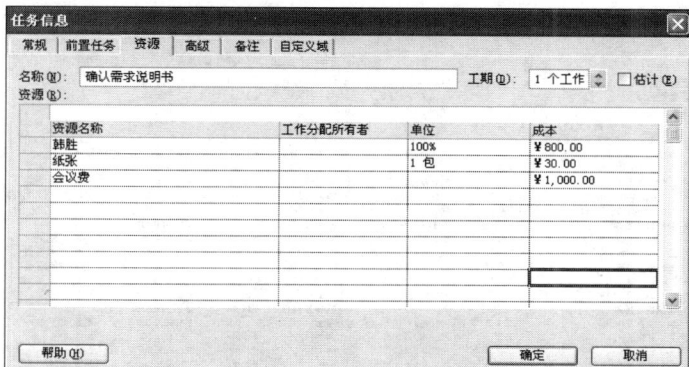

图 6.5 成本资源分配

如图 6.5 所示,任务"确认需求说明书"的资源列表中,在原有的资源下方依次选择添加了"会议费"一项成本类型的资源,并且具体的数值可以直接在右侧的"成本"属性中直接输入。例如,输入的值为"￥1000"。

单击"确定"按钮后,"甘特图"的结果如图 6.6 所示。

图 6.6 成本资源分配后的甘特图

在图 6.6 中,可以看到,"确认需求说明书"任务的"资源名称"属性中增加了一类成本资源,并且可以看到具体的数值。

按照上述的方法,可以为每一项任务分配不同数值的成本资源。

6.3 任务成本的计算方法

如图 6.7 所示,从"成本"列中的数值可以得知项目的总成本为"￥142,870.00",还可以得知每个阶段、每个任务的成本数值。

下面以"需求分析"任务为例,来说明 Project 2010 是如何计算出任务成本的。

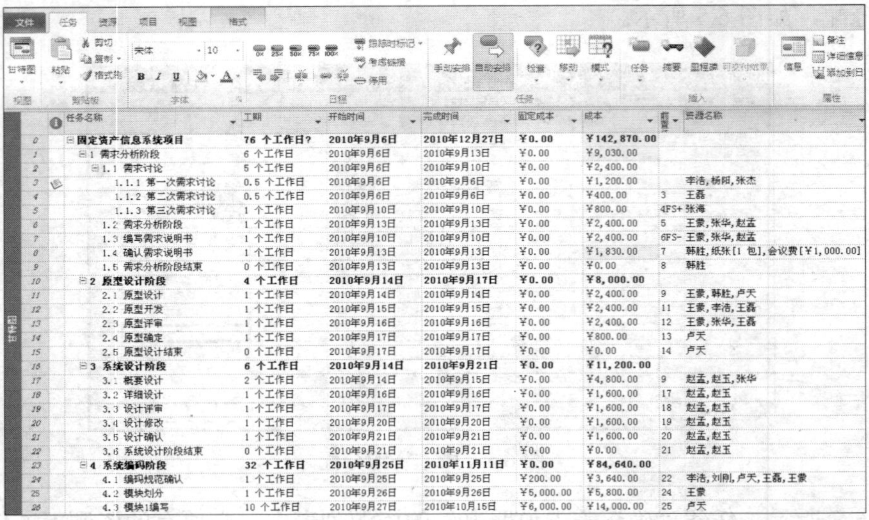

图 6.7　成本的计算结果

从图 6.7 中可以看到，该任务"确认需求说明书"的资源为"韩胜"工时资源，工期为"1 个工作日"，表明在该任务上总共投入的工时为 $1 \times 8 = 8$ 工时。选择该任务，单击菜单【视图】/【拆分视图】/【详细信息】将视图进行拆分，显示"任务详细信息"，可以看到任务资源在该任务上投入的工时信息，如图 6.8 所示。

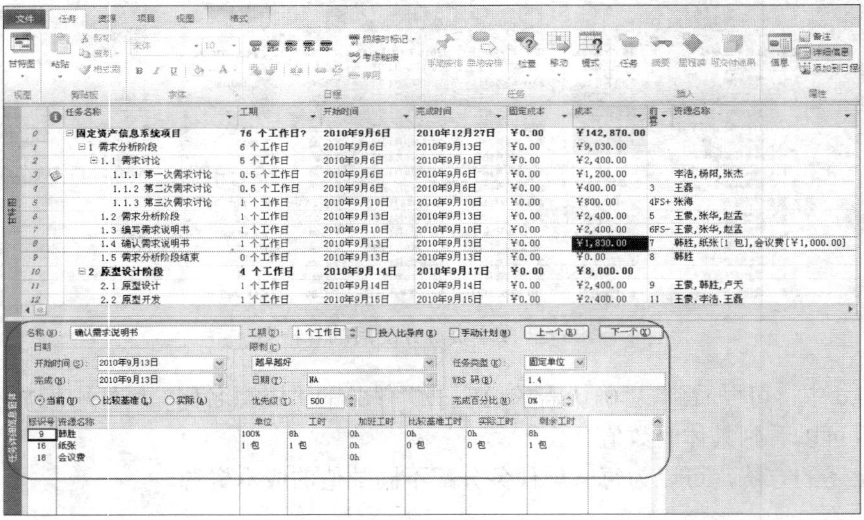

图 6.8　任务资源详细信息

从上图中可以看到资源在任务的投入情况，通过【资源】/【查看】/【资源工作表】，查看各资源对应的费率信息，如图 6.9 所示。

为了便于理解，该演示项目的所有工时资源费率设置为"￥100.00/工时"。

在图 6.8 中，鼠标右键单击"任务详细信息"，选择"成本"，"任务详细信息"视图显示资源在该任务上的成本情况，如图 6.10 所示。

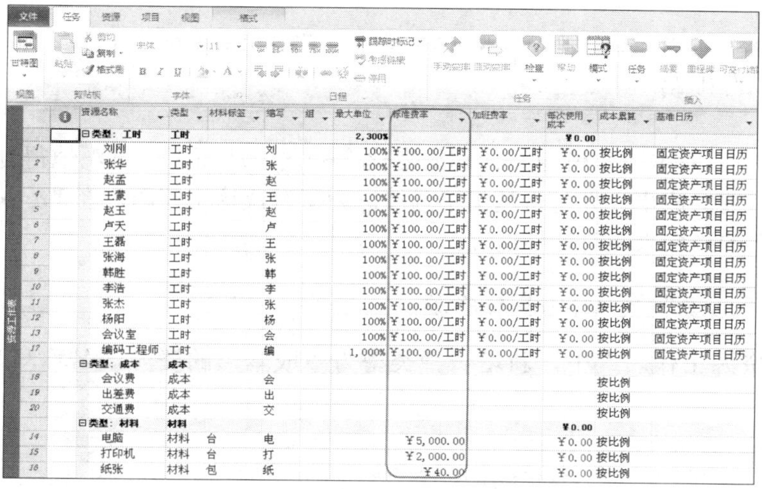

图 6.9　任务资源成本详细信息

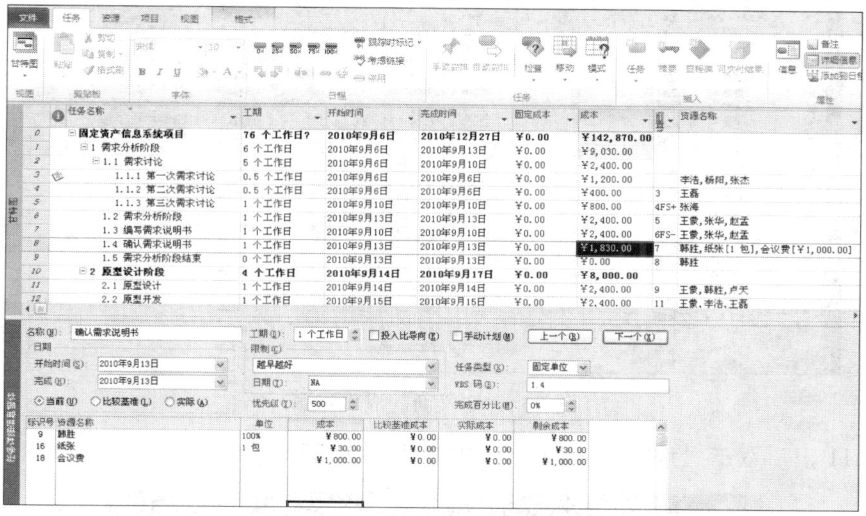

图 6.10　任务资源成本详细信息

从图 6.10 中可以看到任务投入的资源对应的成本如下。

- 资源"韩胜"的成本为 $100 \times 8 \times 1 = 800$;
- 资源"纸张"的成本为 $30 \times 1 = 30$;
- 资源"会议费"的成本为 1000。

该任务上的总成本=固定成本+工时资源成本+材料资源成本+成本资源成本=0+800+30+1000=1830。

因此，任务的总成本的公式应该为：

任务总成本 = 固定成本 + 工时资源成本 + 成本资源成本 + 材料资源成本

每个任务的成本最终会自动累加到上一级的任务，直到最顶层的任务。例如，在图 6.10 中可以看到项目的总成本。

6.4 项目的预算

在 Project 中，成本的数值随着计划的变化会变化，从而无法直观地得到项目的预算费用，从而得知目前的成本计划是否超出了预算。为了解决这个问题，在 Project 2010 中，可以利用"预算"的概念来应对这种情况。

6.4.1 创建"预算"类型的成本资源

在视图"资源工作表"中，新增一种类型为"成本"的资源，名称写为"预算"，如图 6.11 所示。

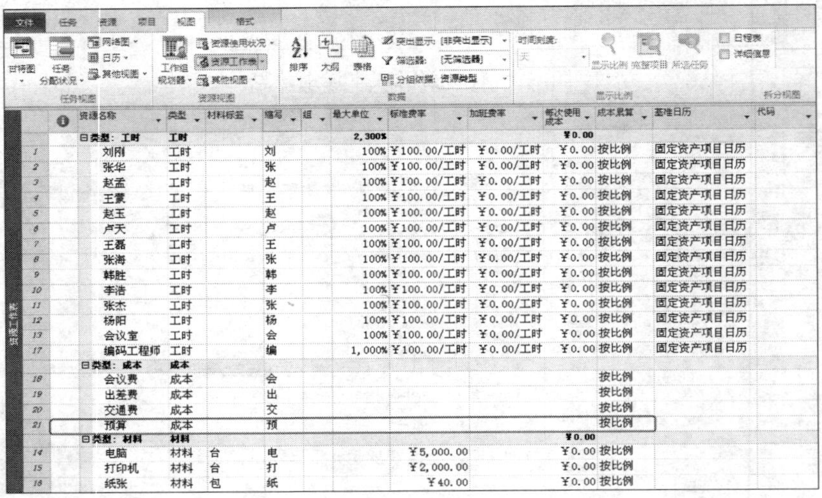

图 6.11　定义新的成本资源

在图 6.11 中，双击"预算"资源，出现如图 6.12 所示的"资源信息"对话框。

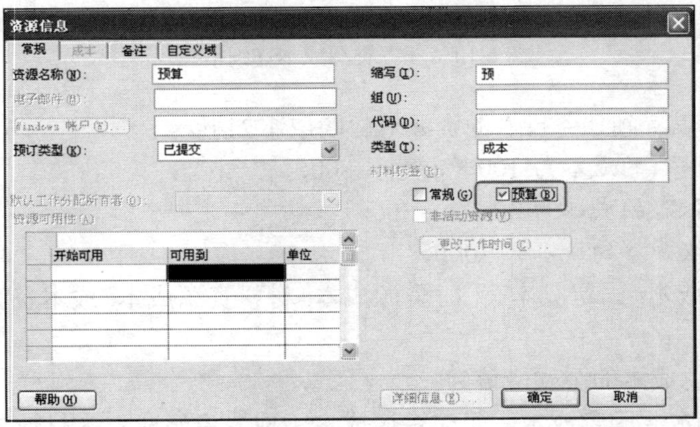

图 6.12　资源信息对话框

在"资源信息"对话框中，选中"预算"复选框。目的是用来说明该资源只用于预算使用。

6.4.2 将资源分配给项目

将视图切换到"甘特图",双击标识号为"0"的任务(项目摘要任务),将出现如图 6.13 所示的界面。

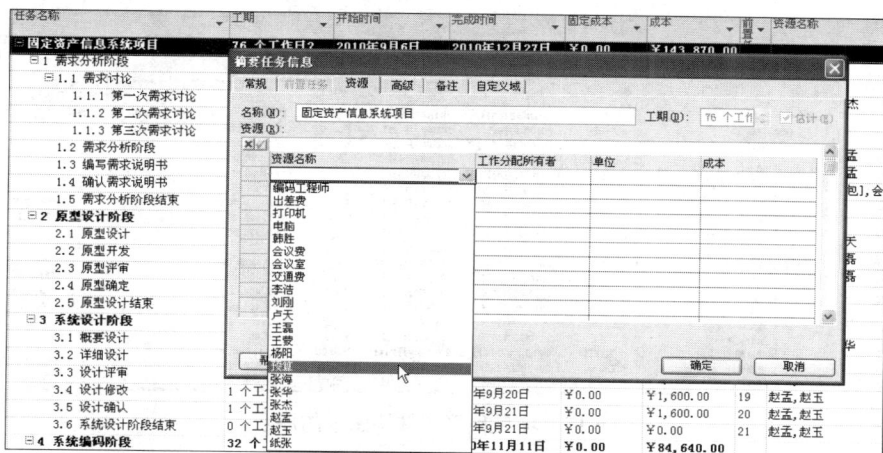

图 6.13 预算分配给项目摘要任务

在"摘要任务信息"对话框的"资源"选项卡中,选择资源名称为"预算"的资源,单击"确定"按钮。

> **注意** 如何在甘特图中出现标识号为 0 的项目摘要任务呢?请选择菜单【格式】/【显示/隐藏】,选中"项目摘要任务"。

6.4.3 为项目的预算赋值

选择菜单【资源】/【查看】/【资源使用状况】,在默认的视图中,插入"预算成本"列,如图 6.14 所示。

图 6.14 为项目预算赋值

在图 6.14 中，在新插入的列"预算成本"中，输入项目的预算"￥200,000"。输入该值后，选择【任务】/【视图】/【甘特图】，在"甘特图"中插入"预算成本"的列，可以看到项目的预算，如图 6.15 所示。

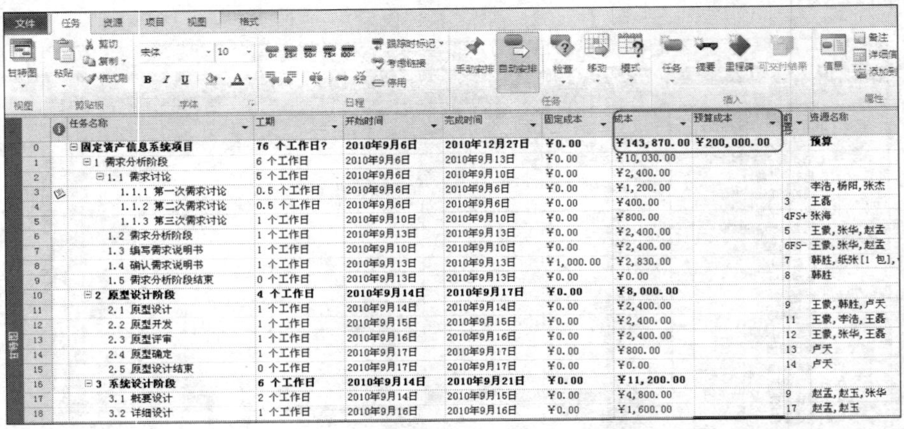

图 6.15　项目预算在甘特图中的展示

在图 6.15 中，可以看到项目的预算为"￥200,000"，目前成本计划的值为"￥143,870"，通过对比项目"预算"与"成本"从而可以实时对比当前的成本计划是否超过了预算。

6.5　成本计划的输出

成本计划可以按照阶段成本计划与详细成本计划两种方式输出，同时可以利用"报表"功能输出成本报表。

1．输出阶段成本计划

在"甘特图"区域内，在【视图】/【数据】/【大纲】下拉框中的"大纲级别 1"，如图 6.16 所示。

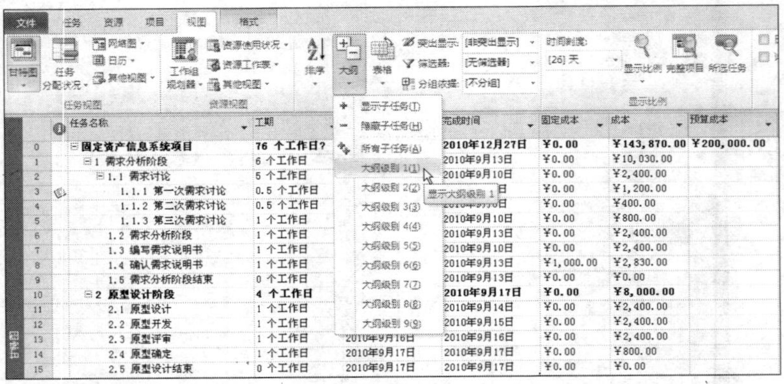

图 6.16　选取大纲级别 1

选取"大纲级别1"之后，在"甘特图"中将得出如图6.17所示的阶段成本计划。

图6.17 阶段成本计划

在图6.17中，可以看到按照阶段汇总出的成本计划。可以将当前的视图打印输出，选择菜单【文件】/【打印】可以看到打印的效果，如图6.18所示。

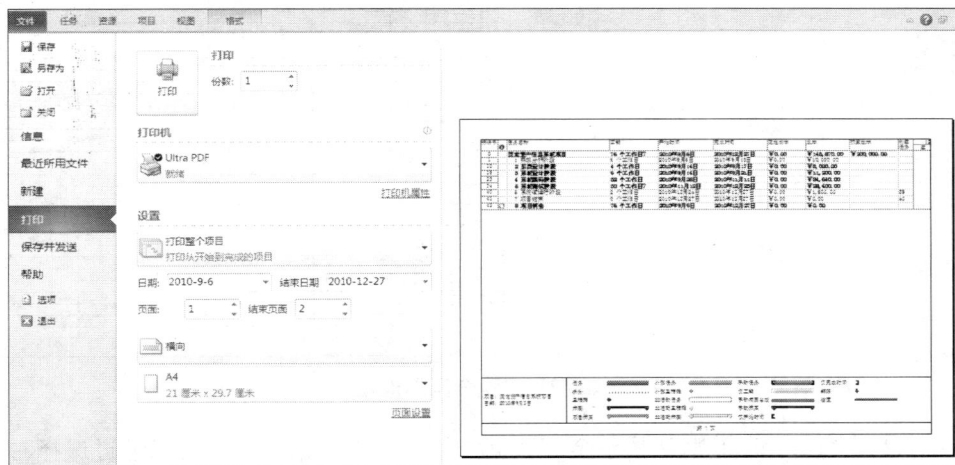

图6.18 阶段成本计划

2. 输出详细成本计划

在"甘特图"区域内，在【视图】/【数据】/【大纲】下拉框中的"所有子任务"，则会出现全部任务的成本情况。同样可以采取"打印预览"的方式得到打印效果的展示。

3. 现金流量报表

"现金流量"是财务部门非常关心的问题，利用"现金流量"报表，财务部门可以了解每天项目使用资金的情况，从而为项目的顺利实施做好资金准备。

选择菜单【项目】/【报表】/【报表】，打开如图6.19所示的"报表"对话框。

双击图6.19中的"成本"图标后，出现如图6.20所示的"成本报表"对话框。

在如图6.20所示的对话框中，选择"现金流量"，再单击"选定"按钮，将出现如图6.21所示的报表。

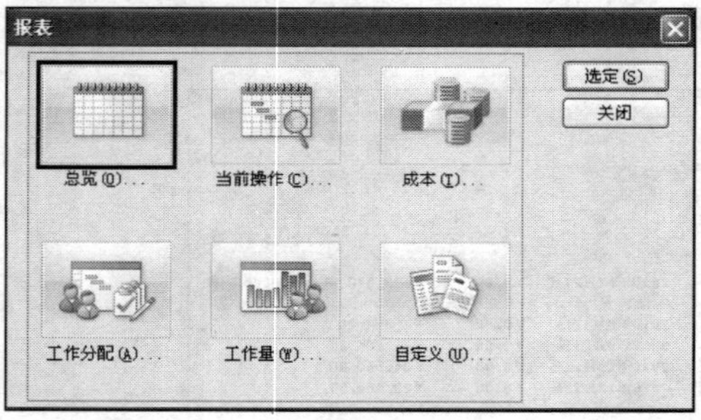

图 6.19 "报表"对话框

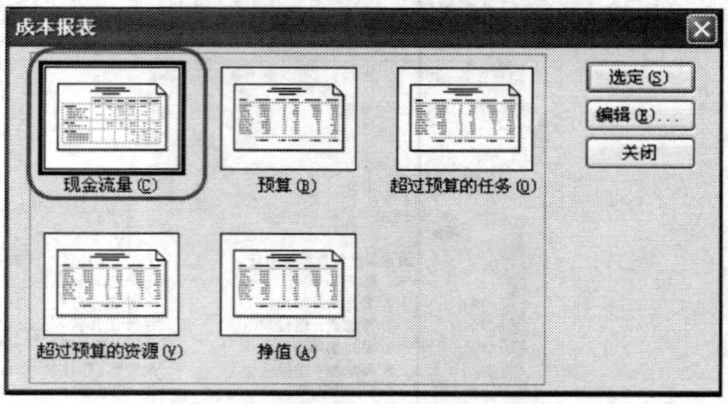

图 6.20 "成本报表"选择对话框

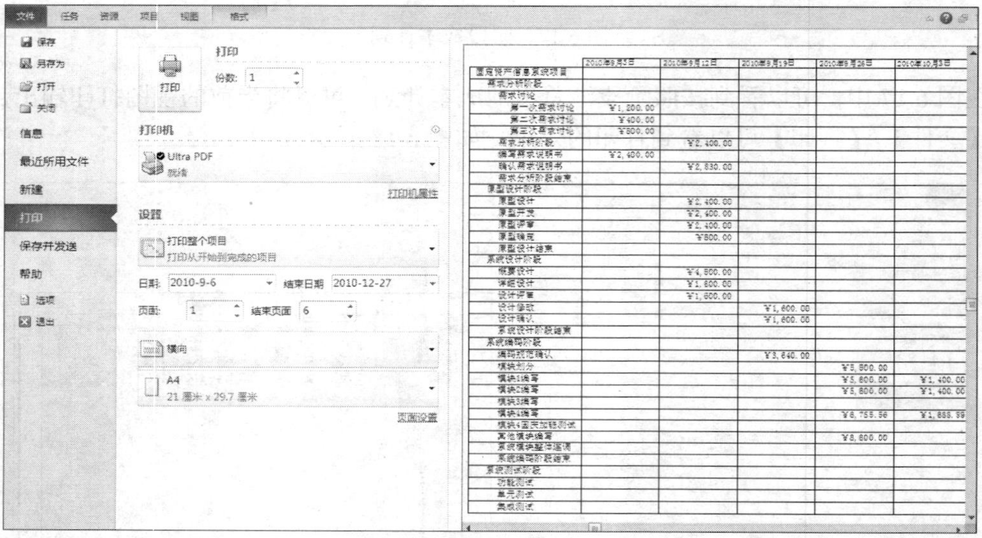

图 6.21 "现金流"报表

在图 6.21 中，Project 默认显示全部数据，导致显示效果不佳，可以通过选择右下角的 📄📄📄 进行选择，选择适合的预览效果。在明细中可以看到左边的列为任务名称，右侧是按照日期而显示出每个时间段内需要的现金数额。

4．影响现金流量报表的因素

之所以要重新开一个小节来介绍，是因为在"资源工作表"中每个资源还具有一个"成本累算"选项，如图 6.22 所示。

在图 6.22 中，线框的部分为"成本累算"方式，在 Project 中，有 3 种方式：按比例（默认）、开始时间、结束。这 3 个选项所表示的意思分别如下。

- 按比例：按照任务的完成比例来计算成本的实际消耗。
- 开始时间：任务一旦开始，成本便全部计入实际消耗。
- 完成：任务只有 100%完成之后，成本才全部计入消耗。

明白以上 3 个选项所表示不同的意思之后，我们将资源"刘刚"的"成本累算"设置为"开始时间"，意思是刘刚在开始每项任务之时需要一次性得到该任务的全部报酬。之后再次出具的"现金流量表"发生了变化，如图 6.23 所示。

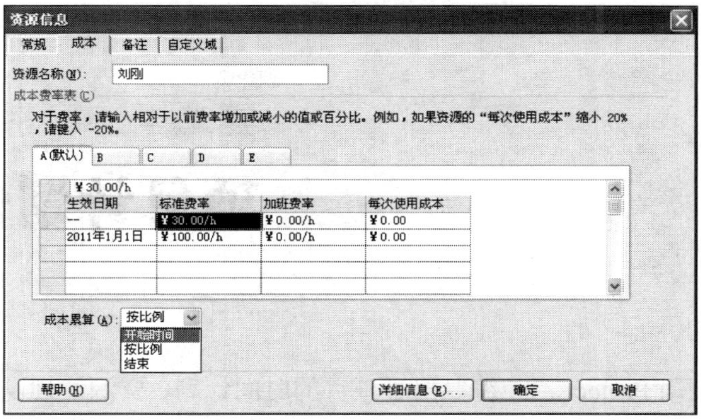

图 6.22　"资源信息"对话框

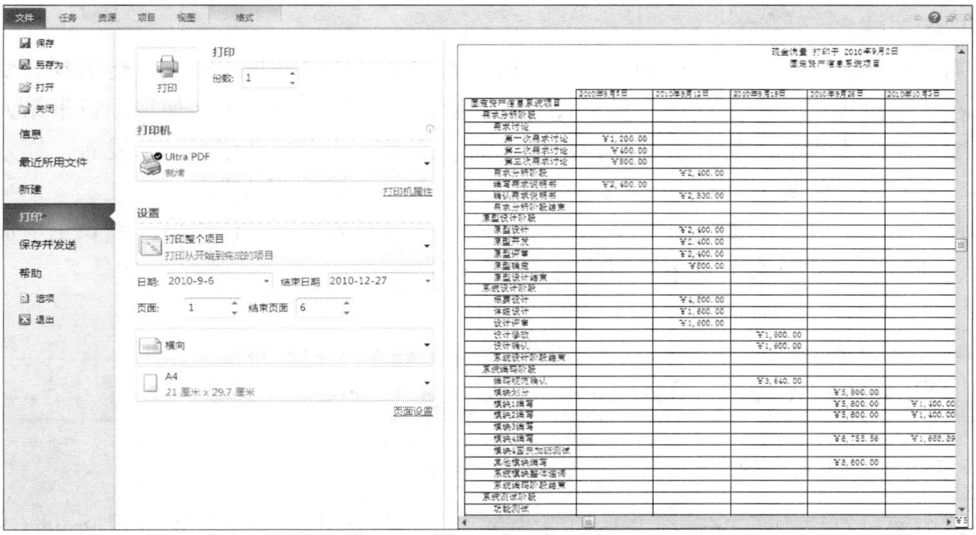

图 6.23　新的现金流量表

最后，请读者自己来判断，图 6.23 表中的数据与图 6.21 图中的数据有何不同呢？

第 7 章
项目计划信息发布

7

■■■■■■

截至第 6 章，利用 Project 已经编制出了项目的时间计划、资源计划以及成本计划，计划编制结束后需要及时发布到项目干系人，以便得到确认以及信息的共享。

在 PMI 的 PMBOK 第 10 章中介绍了关于沟通管理的内容，本章介绍的内容应该归属于沟通管理的范畴。

沟通管理指的是如何恰当以及即时的将项目的信息生成、搜集、分发、传播到必要的目的地。在这个过程中，项目经理需要极大地发挥协调组织的作用，务必使得项目干系人都能够在必要的时间内得到项目真实的信息汇报。沟通管理包括沟通规划、信息发布、绩效报告等内容。本章将介绍如何使用 Project 软件实现"项目计划信息发布"。

本章将从如下几个方面进行介绍：Project Server 的相关内容、协作信息的设定、保存比较基准、项目信息的发布、发布后的信息查看。

7.1 Project Server 2010 简介

7.1.1 Project 2010 产品架构

微软公司一直致力于 Project 产品的研发和改进。在最新的 2010 版本中对 Project Server 的功能做了较大的改动，而且在技术上进行了重构，增强了对工作流、文档管理、商业智能的支持。图 7.1 显示了 Project Server 2010 产品的技术架构。

1. Project Web App

图 7.1 中左上角上层位置显示的是 "Project Web App"，简称 PWA，Project Server 2007 的 PWA（Project Web Access）实际上是一个访问 Project Server 的接口（Access），也就是说通过 PWA 来使用 Project Server 所有的功能。而基于 Project Server 2010 的 PWA 不仅仅是一个访问 Project Server 的接口，更是一个 B/S 架构的 Project 轻量级客户端应用程序（Application），其主要使用者是项目经理、项目成员、高级管理者、管理员、部门经理和资源经理等角色的用户。

2. 专业版（Professional）

在图 7.1 中左上角的上层位置上显示的是 "Project Professional"，简称 Project 专业版。

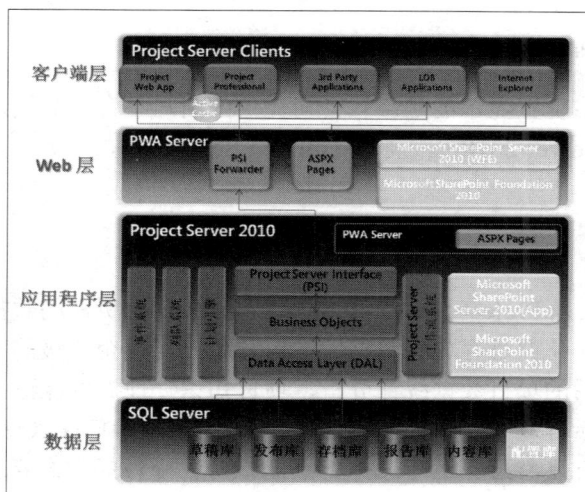

图 7.1　Project Server 2010 产品技术架构

通过升级方式安装的 Project Server 2010 同时支持 Project Professional 2007 与之协作，Project Professional 使用者主要是项目经理、资源经理等编制计划、管理资源的用户。在 Project2007/2010 版本中，标准版（Standard）依然存在，但是标准版仅限于个人单机使用，不能与 Project Server 进行协作。因此，如果需要与 Project Server 协作，在客户端必须使用 Project 2007/2010 专业版。本书中前面介绍的功能都是在专业版中实现的。

3．第三方程序

图 7.1 中最上层中间位置的图标显示的是"第三方程序"，指的是 Project Server/ Professional 可以与其他第三方产品（Office 等产品）互相协作，例如 Office 2007/2010 中的 Outlook、Word、Excel、PowerPoint 和 Visio 等。通过不同 Office 产品之间的有效协作可以在各种 Office 产品之间快速传递项目信息和数据。

4．LOB 应用程序

图 7.1 中最上层中间靠右侧位置的图标显示的是"LOB 应用程序"，指的是 Project Server 可以与众多的商业管理解决方案进行数据交互，以便实现全面的企业级管理信息化的要求，比如 Project Server 与 Team Foundation Server 协同、Project Server 与 Exchange Server 的协同、Project Server 与 SAP 协同。

5．Internet Explorer

图 7.1 中最上层最右侧位置的图标显示的是"Internet Explorer"，指的是可以使用 IE 浏览器与 Project Server 协作，Project Server 2010 支持 IE7、IE8 浏览器和最新发布的 IE9 浏览器。

6．PSI

图 7.1 中第二层中显示的"PSI Forwarder"，简称"PSI"，指的是在 Project Server 2010 版本中，向外界提供了功能强大而且丰富的接口调用程序。

7. Microsoft SharePoint Server 2010

图 7.1 中中间偏右位置显示的是微软公司提供的门户平台产品快速制作协作网站的产品 Microsoft SharePoint Server 2010，简称 SharePoint Server 2010。该产品实现 Project Server 的技术实现的底层支撑。

8. 数据库

图 7.1 中最下一层是 Project Server 和 SharePoint Server 所需的数据库。实践证明，只有将大量的项目数据结构化并且存放在数据库中，才可以实现企业级的项目管理。大量项目数据的积累，可以为今后的项目数据统计分析、项目知识管理提供保证。

- 草稿库：用于存放未发布的项目信息，PWA 无法访问此数据库。
- 发布库：项目发布后存放于此库，企业日历、资源等信息存放于此库。
- 存档库：用于保存归档的项目及其相关信息。
- 报告库：用于存放报告信息，其相当于一个项目数据仓库，其数据从其他数据库更新，以便 Project Server 2010 展现数据。
- 内容库：用于保存 Project Server 2010 的配置信息、网页、问题、风险、项目交付物等。
- 配置库：用来保存 SharePoint Server 2010 的配置信息。

7.1.2　Project Server 的基本功能

下面介绍 Project Server 的具体功能。

1. 主页

每一位有权限登录 Project Server 的用户，看到的首先是"主页"页面。在主页上，展示出该用户应该去处理的工作项，包括任务、时间表、审批、状态报告、风险和问题（如某些工作项无法显示，请确认登录账户是否具有对应的权限），如图 7.2 所示。

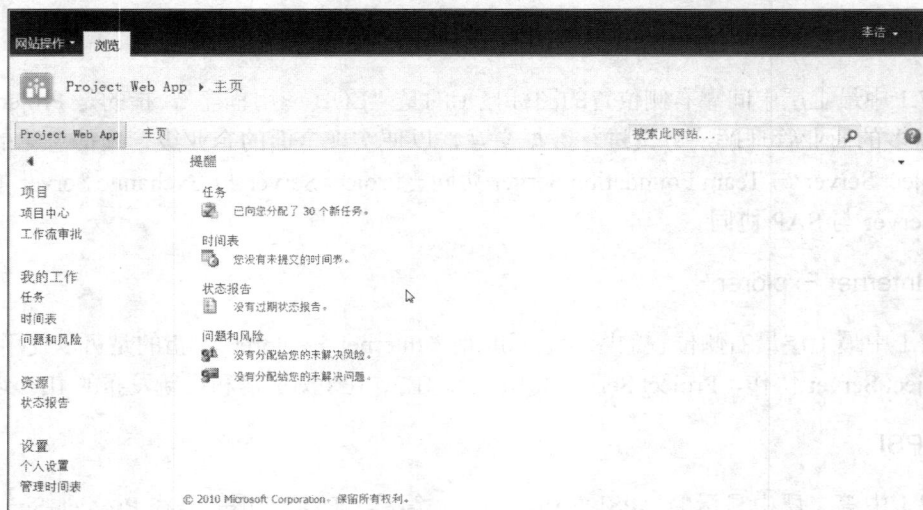

图 7.2　Project Server 的首页面

2．我的工作

"我的工作"包含三方面的内容，一为"任务"，指的是用户被分配的任务；二为"时间表"，指的是用户汇报每个报告周期内的工作内容的表单；三为"问题和风险"，将显示问题或者风险的"分配给"为用户本人的问题或者风险，如图 7.3 所示。

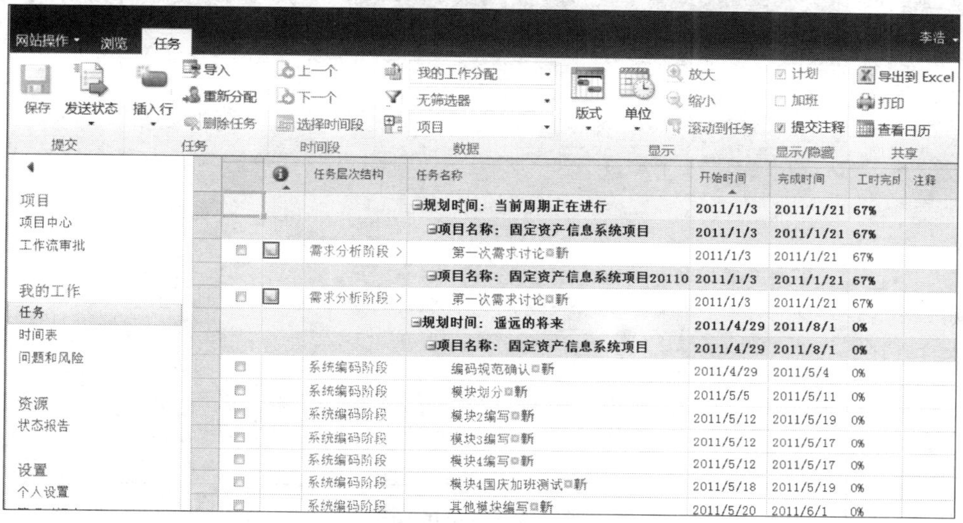

图 7.3　我的工作页面

如图 7.3 所示，"我的工作"首先列出的是"任务"列表，该列表可以显示出任务的来源项目、开始时间、完成时间、进度等信息。列出的任务为资源是当前用户的任务，这些任务的详细信息都可以通过切换不同的"视图"来实现查看。

"时间表"指的是通过按照天为单位汇报每日工作工时的一种工作汇报方法。在"时间表"中，可以记录正常的工作任务在每天的工作时间占用，也可以汇报诸如"病假"等日常性质的非项目工作时间，如图 7.4 所示。

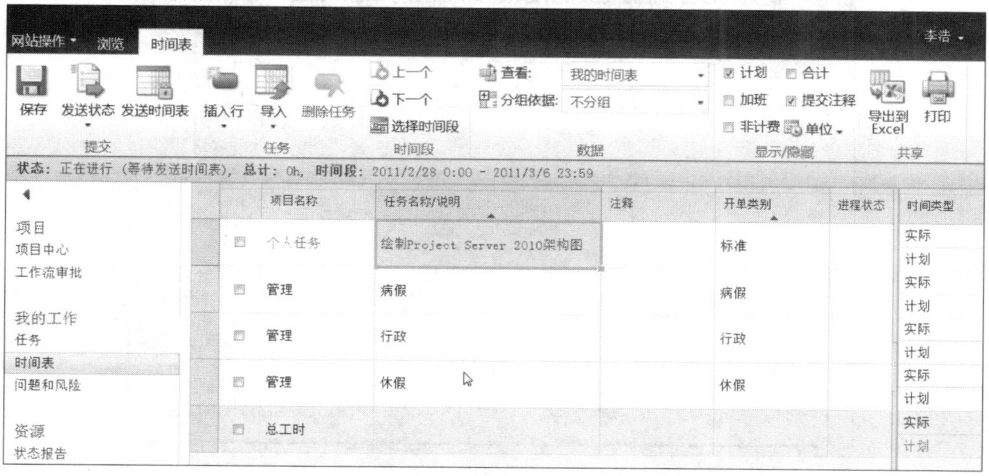

图 7.4　我的时间表

"问题和风险"指的是被其他人分配给用户本人的问题和风险。在填写问题和风险时，有一个属性为"分配给"某一个用户，如果该属性的值被指定为当前登录者，则该用户就会在此区域内接收到相应的问题和风险，如图 7.5 所示。

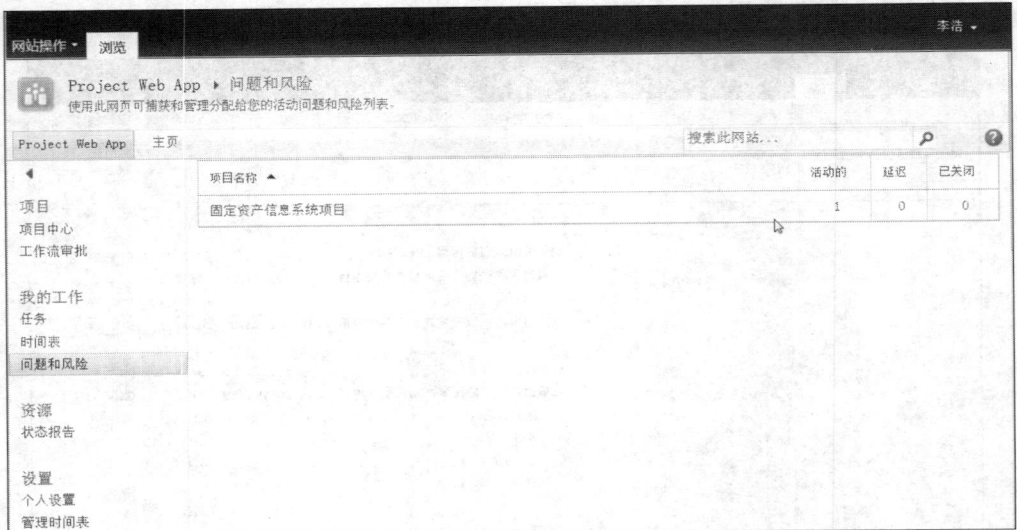

图 7.5　问题和风险

在如图 7.5 所示的页面中，风险和问题按照项目进行汇总并显示项目中风险或问题的状态（活动的、延迟、已关闭），单击进入后，用户可以单击该风险或问题的名称，看到该风险或问题的详细信息，如图 7.6 所示。

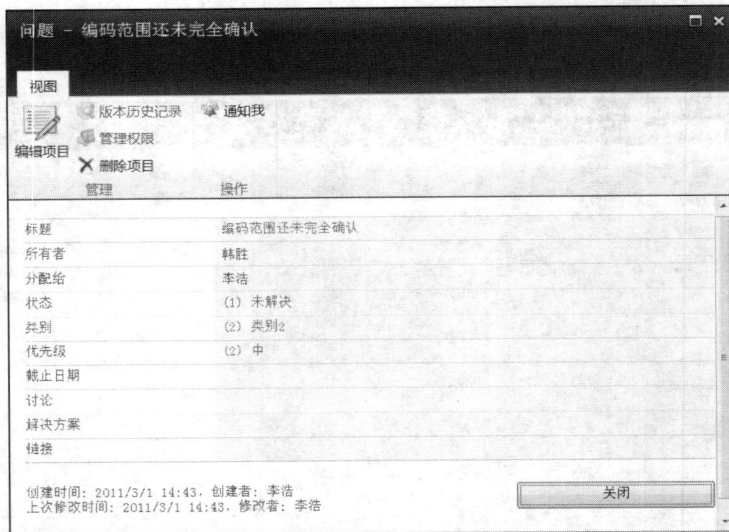

图 7.6　问题详细信息

3. 项目

"项目中心"是 Project Server 向当前登录用户展示其权限内可以查看的所有项目的汇总中心，如图 7.7 所示。

图 7.7 项目中心

在"项目中心"视图中，可以展示企业所有的项目。当然具体的某一个用户可以看到哪些项目要受到权限的约束。例如，默认情况下"项目经理"只能看到自己发布的项目，或者该项目经理参与的其他项目；"工作组成员"看到自己参与的项目；"主管人员"可以看到所有的项目。

在"项目中心"视图中，左侧是项目信息的数据展示，右侧是以甘特图的形式展示。可以单击某一个项目名称，看到该项目的详细日程表页面、需求管理页面（包括"项目信息"页面），如图 7.8 和图 7.9 所示。

图 7.8 日程表信息

图 7.9　项目详细信息

"项目信息"页面中可修改项目的项目经理、开始日期等基本信息。退出此页面时候请正确操作，即单击功能区上的【项目】/【关闭】按钮后，选择"签入"项目。

其中"计划"、"项目信息"等页面可以根据企业业务情况定制，管理页面如图 7.10 所示。

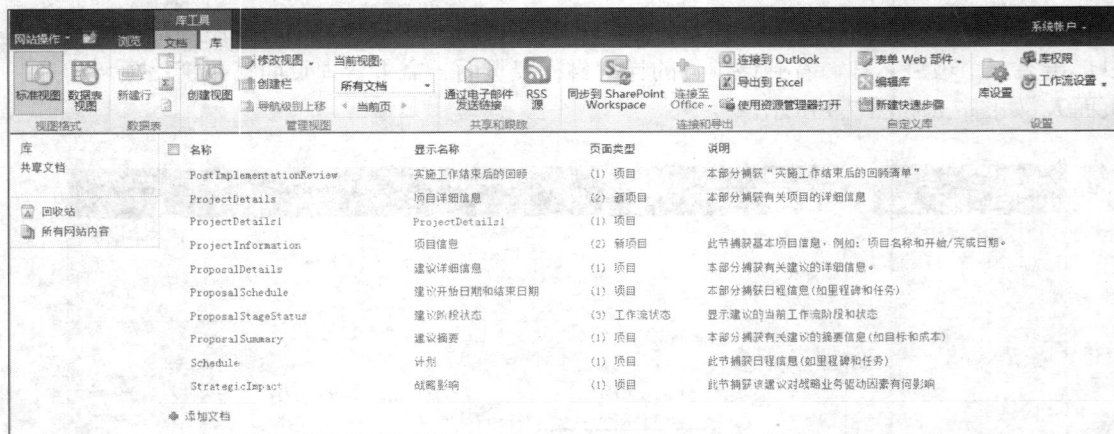

图 7.10　需求管理模块定制页面列表

4．资源

"资源"栏目分"资源中心"与"状态报告"两个子栏目。"资源中心"列出了企业所有的资源信息，包括工时资源、材料资源、成本资源，如图 7.11 所示。

在图 7.11 所示的"资源中心"中，可以新建资源、编辑资源，还可以查看每个资源的工作分配状况以及资源的可用性。在图 7.11 中选中某些资源，单击菜单栏"资源分配"图标后可以看到被选中的资源在企业中被分配的情况，如图 7.12 所示。

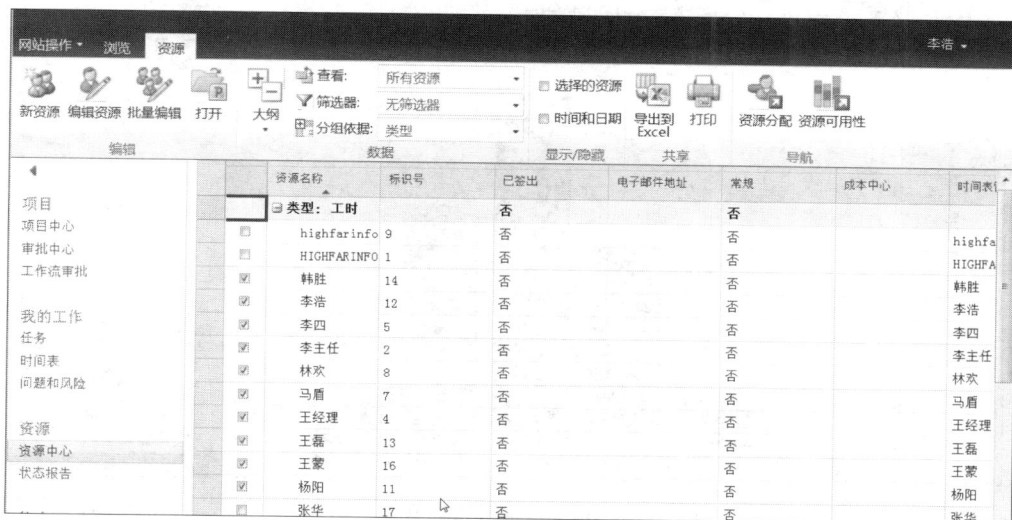

图 7.11　资源中心

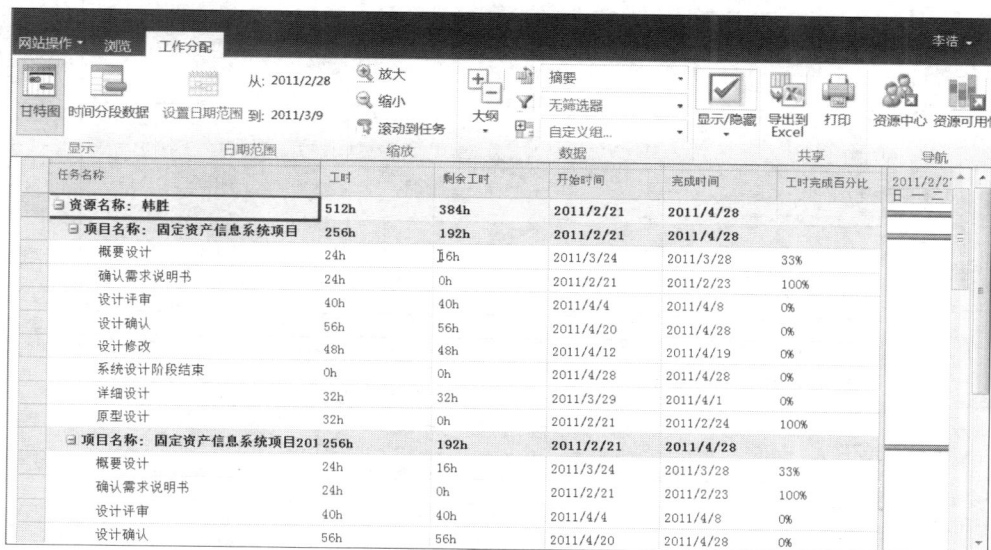

图 7.12　资源分配视图

单击图 7.11 中的"资源可用性"图标之后，可以看到被选中资源在任意时间段内是否可用以及被哪些项目占用的情况，如图 7.13 所示。

资源可用性 Excel 表格展现方式如图 7.14 所示。

"状态报告"是一种可以按照某种时间周期、遵循一定报个格式的项目周期性汇报的一种方法。"状态报告"分为两种，一种为"请求"的状态报告，也就是希望其他人来答复自己的报告；另一种为"答复"的状态报告，也就是其他人需要当前用户答复的报告，如图 7.15 所示。

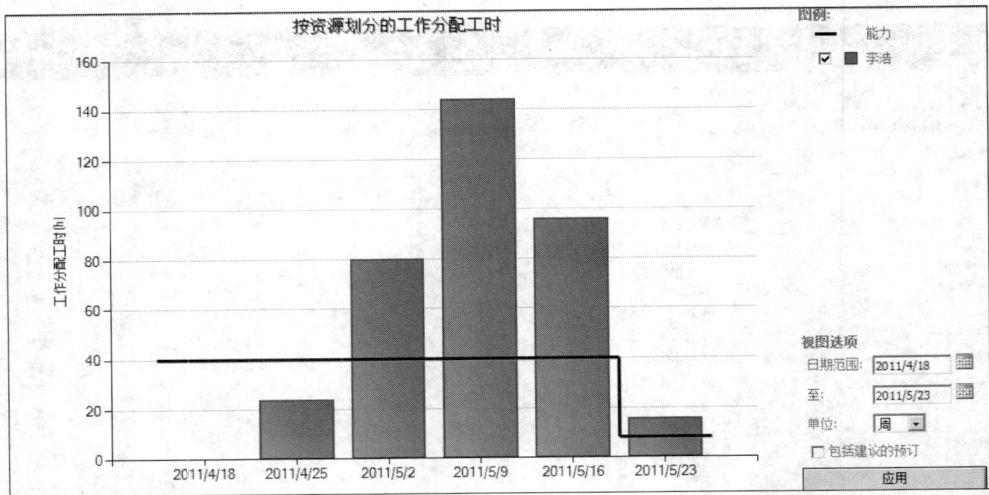

图 7.13　资源可用性视图

名称 ▲	2011/3/1	2011/3/7	2011/3/14	2011/3/21	2011/3/28	2011/4/4	2011/4/11
□ 韩胜	0h	0h	0h	32h	80h	80h	16h
固定资产信息系统项目	0h	0h	0h	16h	40h	40h	8h
固定资产信息系统项目20110201	0h	0h	0h	16h	40h	40h	8h
可用性	32h	40h	40h	8h	-40h	-40h	0h
能力	32h	40h	40h	40h	40h	40h	16h
□ 李洁	0h	0h	0h	0h	0h	0h	0h
固定资产信息系统项目	0h	0h	0h	0h	0h	0h	0h
固定资产信息系统项目20110201	0h	0h	0h	0h	0h	0h	0h
可用性	32h	40h	40h	40h	40h	40h	16h
能力	32h	40h	40h	40h	40h	40h	16h
□ 李四	0h	0h	0h	0h	0h	0h	0h
可用性	32h	40h	40h	40h	40h	40h	16h
能力	32h	40h	40h	40h	40h	40h	16h
□ 李主任	0h	0h	0h	0h	0h	0h	0h
可用性	32h	40h	40h	40h	40h	40h	16h
能力	32h	40h	40h	40h	40h	40h	16h

图 7.14　资源可用性表格

在如图 7.15 所示的页面中，"请求"所列出的是当前登录用户本人发出的、需要其他人答复的状态报告，名称及格式可以由用户本人自定义。图 7.16 为自定义报告的汇报周期等内容。

"状态报告"的回复人员名单以及报告的内容也可以实现用户的自定义，如图 7.17 所示。

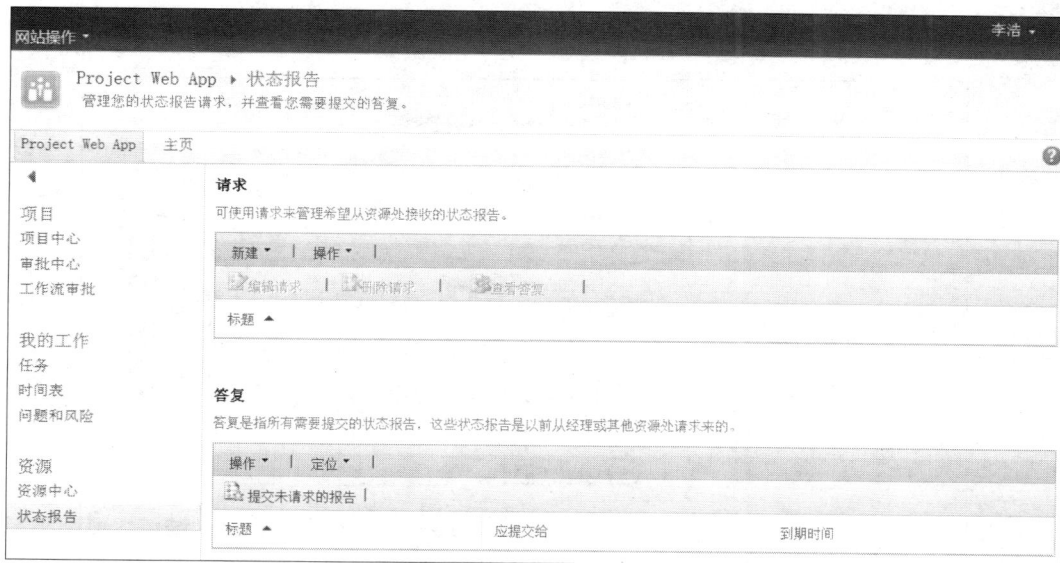

图 7.15 状态报告

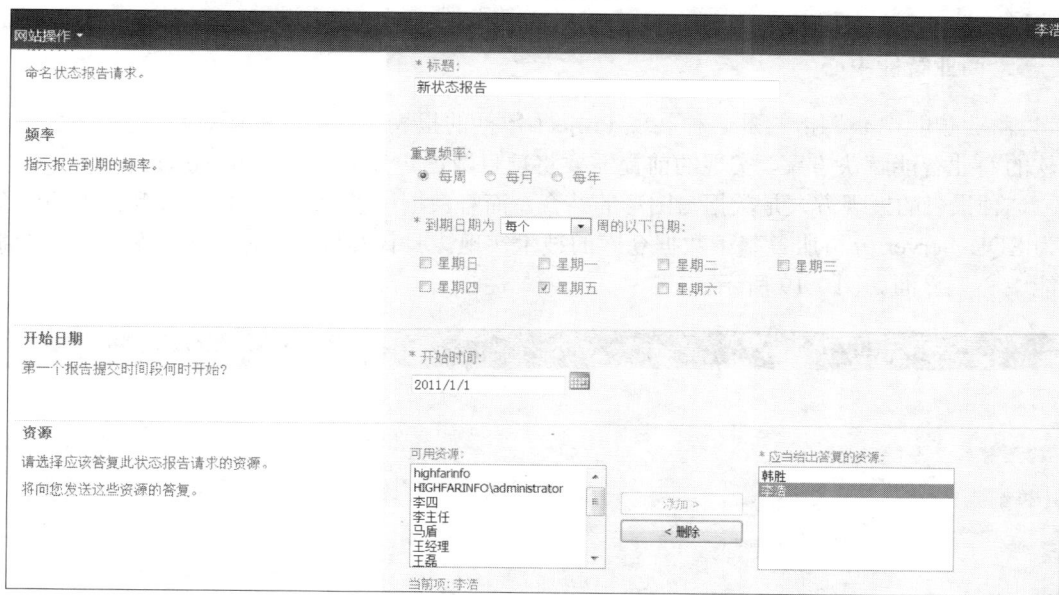

图 7.16 状态报告的汇报周期定义

图 7.17 状态报告的答复人员定义

在如图 7.15 所示的页面中，"答复"所列出的是需要当前用户本人答复的状态报告，单击该报告后，可以针对报告发出人的要求，进行答复，如图 7.18 所示。

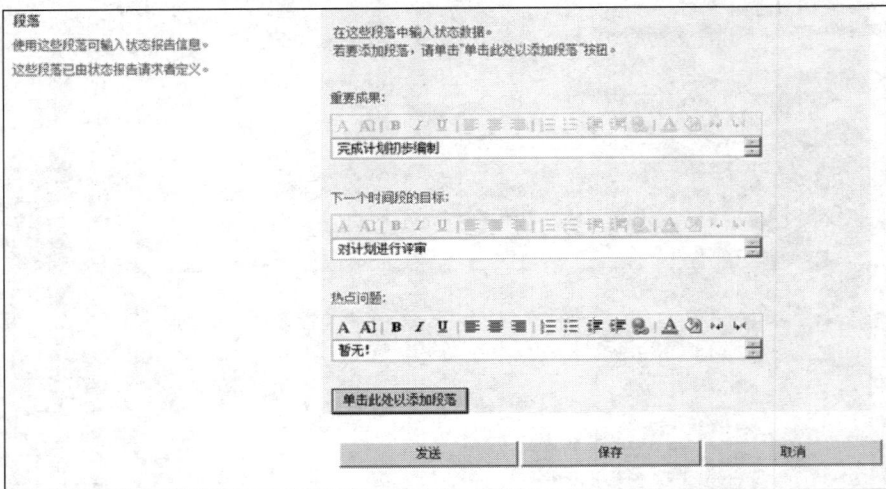

图 7.18　状态报告的答复

5. 商业智能中心

"商业智能中心"指的是一种展现 Project 数据的报表、视图、动画、仪表盘中心，基于微软的商业智能解决方案，实现的前提需要将项目数据定期同步到 SQL Server 的分析服务器中。这种报表的展现方式是数据与图形的结合，而且数据可以实现向下的钻取和向上的汇总。因为 SQL Server 分析服务基于数据仓库的技术实现。具体实现技术本章节不做介绍，"商业智能中心"界面如图 7.19 所示。

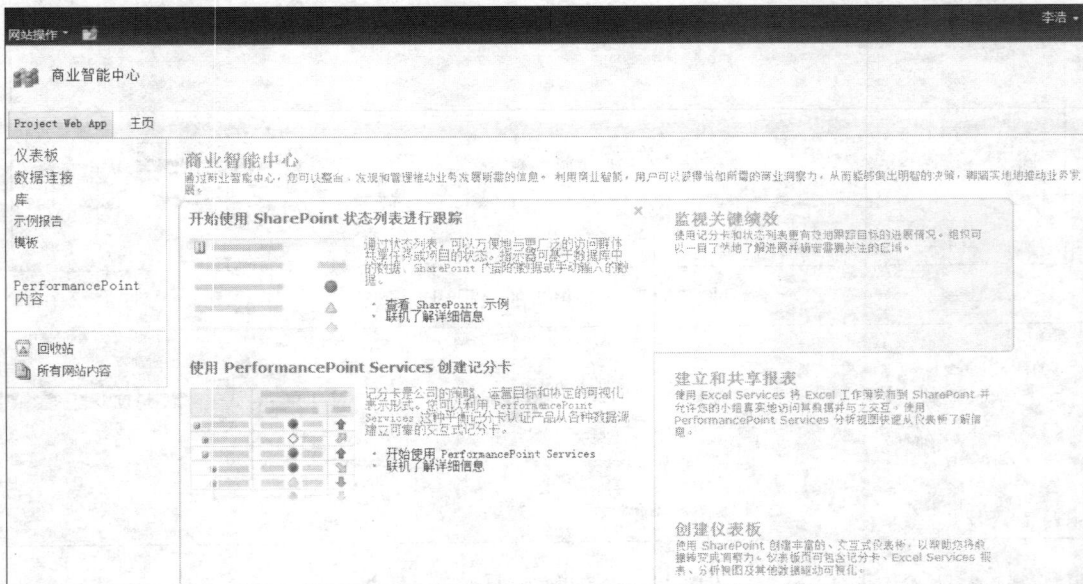

图 7.19　商业智能中心

6. 审批

相对于 Project 2007，Project 2010 将"审批"统一进行管理。"状态更新"指的是有资源向该用户提交了任务执行更新的请求，等待该用户的审批。"管理时间"指的是资源汇报的非项目工时投入量提交给当前用户，等待审批，如图 7.20 所示。

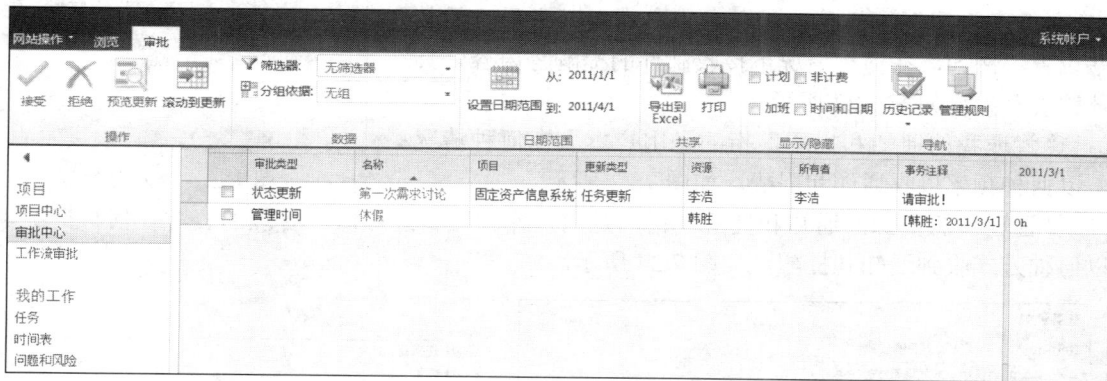

图 7.20　"审批"界面

如图 7.20 所示，审批列表中第一条待审核数据为"状态更新"的请求内容，包含有任务的名称，以及汇报人填写的每天在该任务上的工时分布情况。当前登录用户可以针对每一项任务的更新请求进行审批处理，处理的方式有"预览更新"、"接受"和"拒绝"。

● "预览更新"指的是对于资源提交的任务更新情况，查看是否对后续的项目任务产生了影响。例如，一个任务的完成时间被资源延迟了 10 天，通过预览可以看到是否对后续的项目任务产生影响。该功能为项目经理批准资源的任务更新提供了客观的判断依据。

● "接受"指的是对于资源提交的任务更新请求，全盘接受。一旦项目经理"接受"该请求，则 Project Server 将按照接受的内容更新数据库。

● "拒绝"指的是项目经理对于资源提交的任务更新请求不予认可。如果选择了"拒绝"，资源的任务依然需要再次重新执行并请求项目经理批准。

如图 7.20 所示，审批列表中第二条待审核数据为非项目工时投入的"管理时间"审核请求，包含非项目工时投入日期和工作量信息，选择该条数据，如图 7.21 所示。

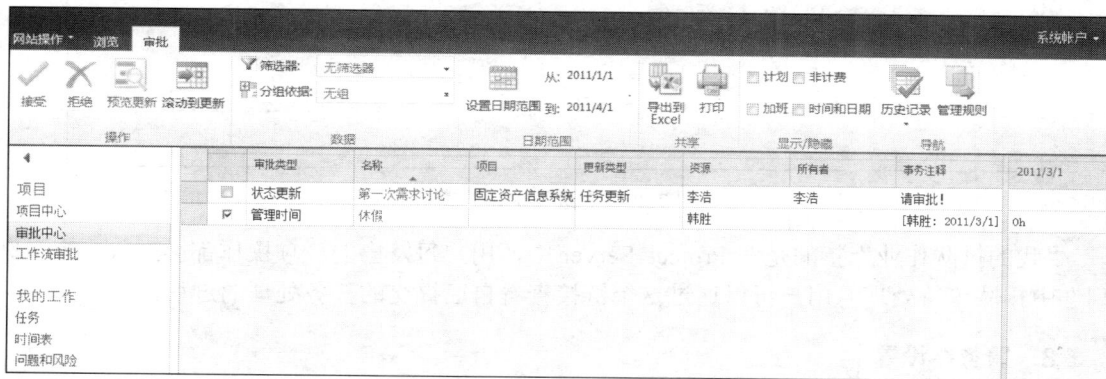

图 7.21　管理非项目工时

在如图 7.21 所示的页面中，当前登录用户可以针对提交人提交的"管理时间"汇报情况进行"拒绝"或者是"批准"的操作。

关于时间表审批信息的详细内容，可以参见第 12 章。

7. 个人设置

"个人设置"指的是仅对登录用户本身产生影响的某些设置。例如，在何种情况下接收邮件的提醒等内容，具体的设置内容如图 7.22 所示。

图 7.22　个人设置

"管理我的通知和提醒"指的是用户本人在何种情况下以何种频率接收通知和提醒，如图 7.23 所示。

"管理我的资源的通知和提醒"指的是用户作为项目经理时，管理的资源在何种情况下以何种方式收到通知和提醒，如图 7.24 所示。

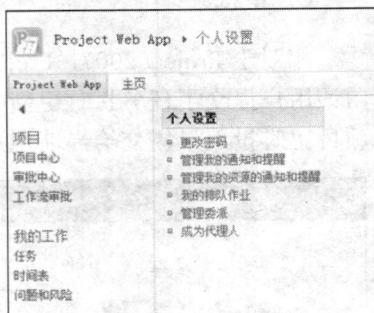

图 7.23　我的通知和提醒

图 7.24　我的资源通知和提醒

"更改密码"指的是更改表单认证方式用户的用户名和密码（开启表单认证后将出现此选项），如图 7.25 所示。

图 7.25　更改表单用户密码

"我的排队作业"指的是在 Project Server 中，用户每发出的一项操作都会进入一个"队列"中排队等待处理，用户可以通过这个链接查看自己提交的任务处理的过程。

8. 服务器设置

Project Server 安装后系统仅有默认设置，很难满足实际管理要求，因此在正式使用

Project Server 前需要做很多工作以满足实际管理要求，包括用户的建立、时间表报告阶段设置、安全性的管理、服务器的配置、企业功能的设置以及 PWA 的自定义等工作，还包括系统在正式运行之后维护管理，例如数据库的备份及恢复、垃圾数据的删除和整理、视图的更新和维护等内容，如图 7.26 所示，为 Project Server 设置的主页面，所有设置都将在该页面完成。

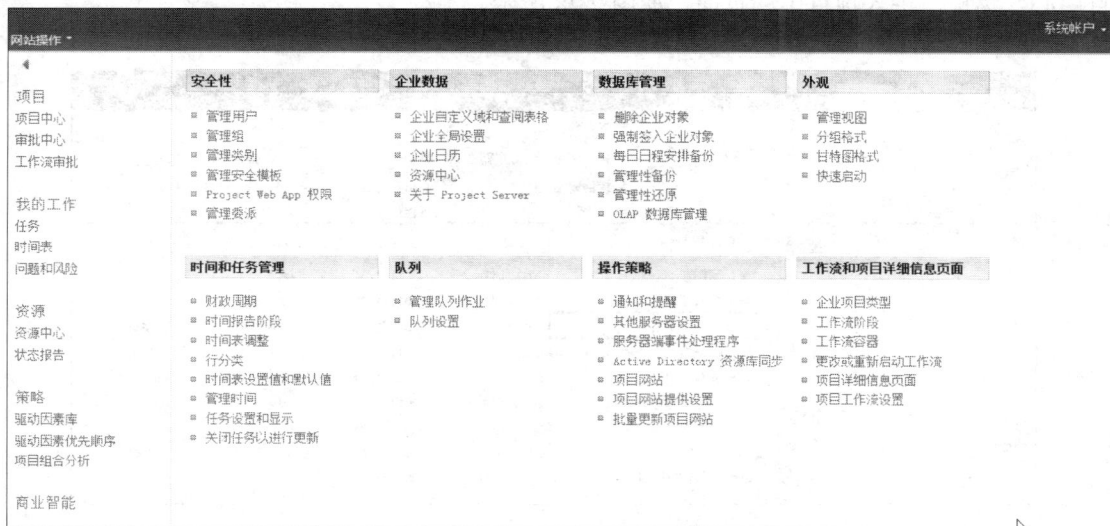

图 7.26　服务器设置

9. 文档

项目的执行过程中会生成很多文档，这些文档将成为项目非常珍贵的资料。Project Server 不仅为每个项目单独制作了文档库（在项目的项目网站当中），而且也为整个企业建立了共享的文档库。用户可以将企业中可以共享的文档统一按照某种分类标准存放在共享文档库中。经过时间的不断积累，上载的文档越多，文档库的作用越明显，企业员工可以在这些文档库中根据关键字查找相关资料，对后续项目的执行会带来很大帮助，如图 7.27 所示。

图 7.27　共享文档库

10. 项目网站

项目经理通过 Project Professional 向 Project Server 保存项目并且发布时，系统会提示项目经理是否为该项目建立项目网站。项目网站的建立为每个项目创建了一个网站，每个项目的成员都可以在该网站中进行项目的日常工作管理。这些网站统一称为"项目网站"。单击"项目中心"菜单，进入项目中心页面，如图 7.28 所示。

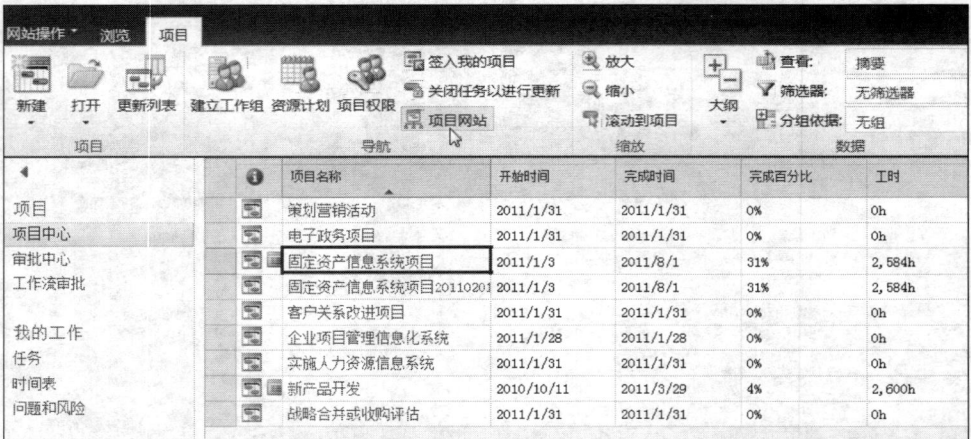

图 7.28　打开"项目网站"

在如图 7.28 所示的页面中，选择"固定资产信息系统项目"项目名称，单击"项目网站"，将出现该项目网站的页面，如图 7.29 所示。

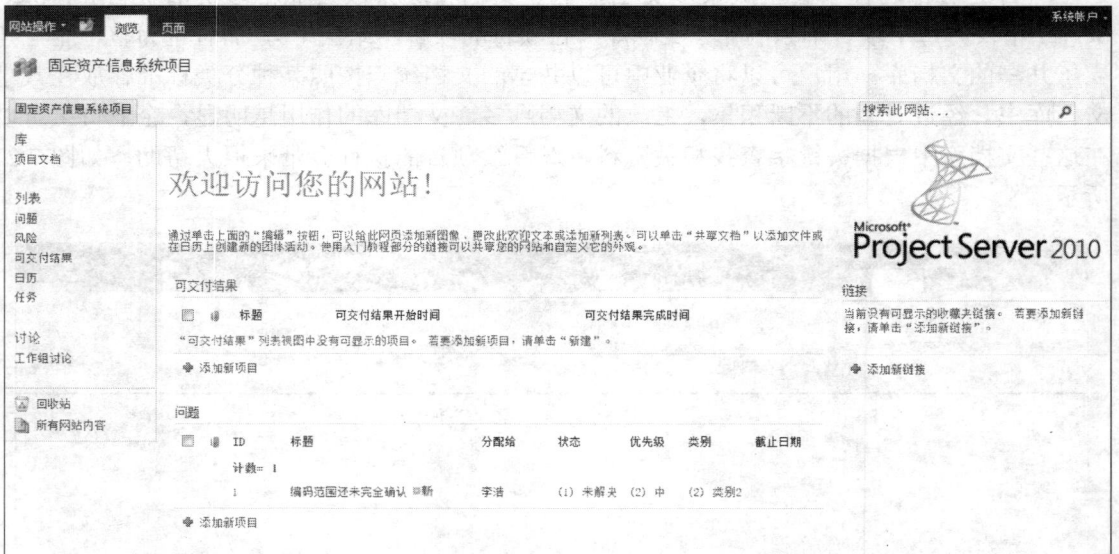

图 7.29　项目网站（Web 站点）

在如图 7.29 所示的页面中可以发现，项目工作环境实际上就是一个单独的 Web 站点，在该站点上可以进行通知、讨论等交流工作，对问题、风险、文档的管理工作也可以实现。在日常的项目管理过程中，每个项目组的成员都可以直接将站点的 URL 保存下来，从而可以直接访问项目的站点。

7.1.3 Project Server 中的角色

Project Server 的用户建立在"组"的基础上，这里的"组"就相当于"角色"，即不同的人员在项目中充当的不同岗位。

Project Server 2010 默认包含以下几个组，如图 7.30 所示。

工作组名称 ▲	说明	Active Directory 组	上一次同步
工作组成员组	Project Server 默认工作组成员组		
工作组领导组	Project Server 默认工作组领导组		
管理员组	Project Server 默认管理员组		
项目经理组	Project Server 默认项目经理组		
项目组合经理组	Project Server 默认项目组合经理组		
主管人员	Project Server 默认主管人员组		
资源经理组	Project Server 默认资源经理组		

图 7.30　Project Server 2010 默认用户组

● 工作组成员组："工作组成员组"是项目计划中被分配任务的资源，为权限最小的角色，默认情况下有如下的功能：查看风险、问题、文档；查看项目中心中参与的项目；新建任务或工作分配。

● 工作组领导组："工作组领导组"指的是将"工作组成员"分成若干个小组之后，某一个小组的领导。默认情况下除了具有"工作组成员"的所有权限外，还可以通过"查看工作分配视图中的资源分配"来查看自己领导的工作组的任务分配情况。

● 管理员组："管理员组"毋庸置疑便是整个 Project Server 中权限最大的角色了，默认情况下具有所有的权限。

● 项目经理组："项目经理组"指的是项目计划的制订者以及项目进度的批准者。默认情况下具有的权限有：保存、发布项目，查看风险、问题和文档，查看工作分配视图中的资源分配，查看企业资源数据，查看项目中心的视图，查看项目中心中主持或参与的项目，基于项目建立工作组，打开项目，删除项目，新建任务或工作分配等。

● 项目组合经理组："项目组合经理组"的角色是为了从多角度进行项目组合管理和需求管理而需要建立分析模型而设立的。主要的权限是建立组合分析器、查看项目组合分析器、需求管理控制、审批。

● 主管人员："主管人员"指的是单位的高层管理者，这种角色的人员不参与具体的项目执行，但是关心项目的各种监控数据。默认情况下，这种角色具有的权限包括查看风险、问题和文档，查看工作分配视图中的资源分配，查看企业资源数据，查看项目视图的项目，查看项目中心的项目。

● 资源经理组："资源经理组"可以理解为单位的"人力资源经理"。这种角色的主要工作就是维护企业资源库。默认情况下具备的权限有：查看风险、问题和文档，查看工作分配视图，查看项目视图，查看项目中心，查看资源中心，基于项目建立工作组，新建资源。

7.2　设定协作信息

Project Professional 的主要功能是编制项目计划，Project Server 主要的功能是展现各种项目信息，进行协作。前面重点介绍了 Project Server 的功能以及相关角色，本节主要介绍项目计划从 Project Professional 向 Project Server 保存及发布过程。在执行保存及发布之前，需要在 Project Server 与 Project Professional 端分别进行账户信息设置。

7.2.1　在 Project Server 端建立账户

在 Project 2002 版本中，客户端无论是专业版还是标准版都可以直接向 Project Server 端发布项目计划。但是，从 2003 版开始，必须要求有验证的过程，也就是说必须是在 Project Server 服务器端具有项目经理权限（或者项目经理以上）的账户才可以使用 Project Professional 向 Project Server 端发布项目计划。因此，实现协作的第一项工作就是在 Project Server 端建立必要的账户。

1. 登录 Project Server

在"浏览器"的地址栏中输入 Project Server 安装以后的访问地址，默认的地址信息是 http://servername/pwa（servername 根据具体情况定义），按下回车键之后，系统会弹出用户验证的对话框，使用 administrator（或者其他系统管理员账户）的用户名与密码登录 Project Server，如图 7.31 所示。

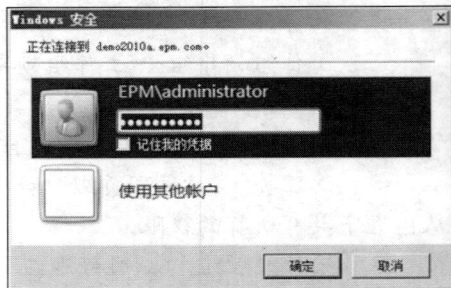

图 7.31　登录 Project Server

2. 建立项目经理账户

系统管理员登录以后，选择菜单"服务器设置"/"管理用户"，出现如图 7.32 所示的页面。

在如图 7.32 所示的页面中，单击"新建用户"按钮，弹出如图 7.32 所示的页面。

在图 7.33 中，输入用户显示的名称"小廖"，在"用户登录账户"文本框中输入"highfarinfo\xiaoliao"（对应系统 AD 账户）。

> **注意**　在 Project Server 2010 版本中，没有了 2007 版本中的"Form"验证方式复选框，取而代之的是通过编码规则识别身份认证方式，详细描述参见第 20 章。

在如图 7.32 所示的页面中输入必要的信息之后，再接着输入如图 7.34 所示的信息。

图 7.32　管理用户界面

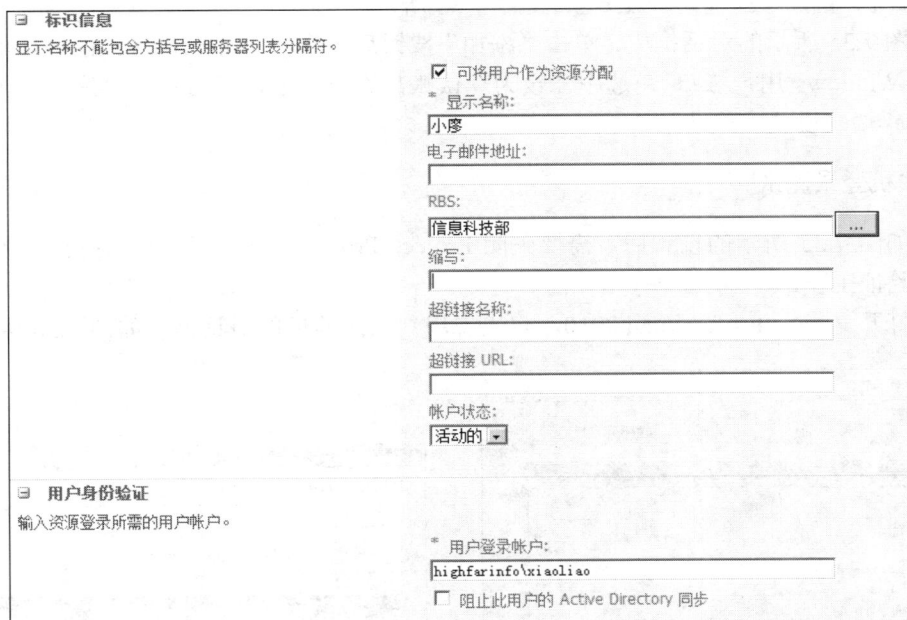

图 7.33　新增用户界面（部分）

在图 7.34 中，主要的操作是为用户设置"可用组"，只有加入"项目经理"等有权限联机使用 Project Professional 的用户才可以保存发布项目计划。

以上步骤完成，成功保存后，账户名为"小廖"的用户在 Project Server 端建立完毕。接下来还要进行 Project Professional 端的配置。

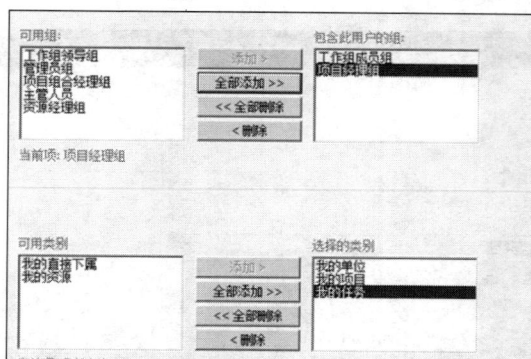

图 7.34　新增用户界面（续）

7.2.2　Project Professional 端的设置

1．设置 Project Professional 的账户信息

在装有 Project Professional 2010 的计算机中，打开 Project Professional 2010，选取功能区中的【文件】/【信息】/【管理账户】，如图 7.35 所示。

在如图 7.35 所示的对话框中，单击"添加"按钮后，输入 Project Server 的地址信息，选择"使用 Windows 用户账户"，选中"设为默认账户"复选框，然后单击"确定"按钮，在 Professional 端的设置工作结束。

2．联机登录测试

完成如图 7.35 所示的设置后，需要关闭 Project Professional，然后再次打开，才能够进行登录的验证工作。

重新打开 Project Professional 2010，将出现用户信息验证的对话框，如图 7.36 所示。

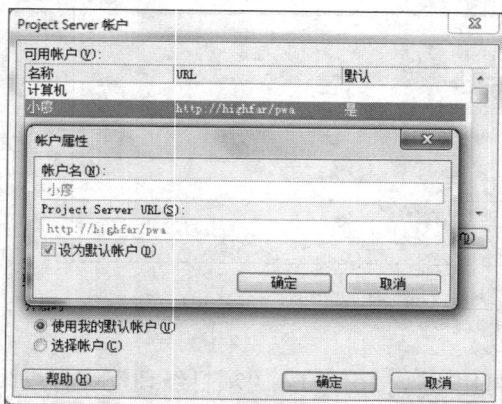

图 7.35　"Project Server 账户"对话框

图 7.36　验证页面

在图 7.36 中，输入"小廖"在 AD 中设置的密码，单击"确定"按钮，即可进入 Project Professional 的环境。

7.3 比较基准

项目计划发布之前需要"保存比较基准",因为项目计划发布后进行执行,项目计划执行过程中会根据实际情况进行变化,如果没有将最初的项目计划保存为"比较基准",当项目计划发生变化时就无法体现项目计划变化的情况,也就无法实现项目监控管理。

7.3.1 比较基准的定义

Project 中的"比较基准"是一组原始的任务信息,包括开始日期和完成日期、工期、工时和成本估计值等。项目经理完成并准确调整项目计划之后,项目正式开始执行前保存这些估计值。估计值是用于衡量项目变化的主要参照点。比较基准保存有大约 20 条信息,包括任务、资源和工作分配的汇总信息以及时间分段信息,项目最多可保存 11 个比较基准。

因为比较基准提供用于衡量项目实际执行偏差的参照点,所以它包含任务工期、开始日期和完成日期、成本以及其他要进行监控的项目变量的最佳估计值。如果比较基准信息与当前数据不同,表示当前计划与原始计划发生偏差。一般来说,如果项目的范围或性质发生变化,就会出现这种差异。当项目风险承担者(通常为项目经理或者项目管理办公室人员)认为该差异是合理的,可在项目进行过程中的任何时间修改或重新制定项目比较基准。如果项目的工期持续时间很长,或项目的计划任务,或成本发生显著更改,以至于项目的初始比较基准数据不再正确实现偏差对比时,可以通过保存多个比较基准进行更有效管理。

"中期计划"是在项目开始后保存的一组当前项目数据,可用来与比较基准进行比较,以评估项目进度。中期计划仅保存两条信息,即当前任务开始日期和完成日期。最多可以保存 10 个中期计划。

7.3.2 保存比较基准

> **注意** 在保存比较基准前一定要保证项目各种计划已经确认,确认的形式有多种多样,例如签字确认、邮件确认、口头承诺等。

按照上一小节的方法设置登录连接成功后,"小廖"利用 Project Professional 登录 Project Server,需要打开本地已经保存的"固定资产信息系统项目.mpp"文件。方法是单击菜单【打开】,出现如图 7.37 所示的对话框。

用户"小廖"从本地计算机的相应路径中找到了"固定资产信息系统项目.mpp",并顺利打开。

在打开的 Project Professional 界面中,单击功能区中的【项目】/【设置比较基准】/【设置比较基准】,出现如图 7.38 所示的界面。

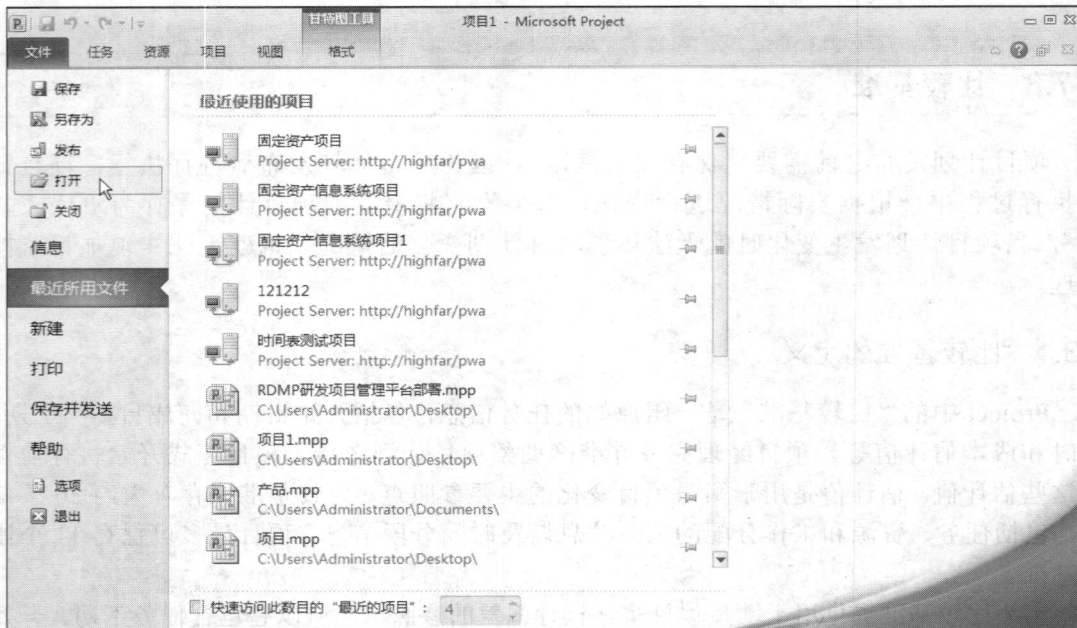

图 7.37 "打开"对话框

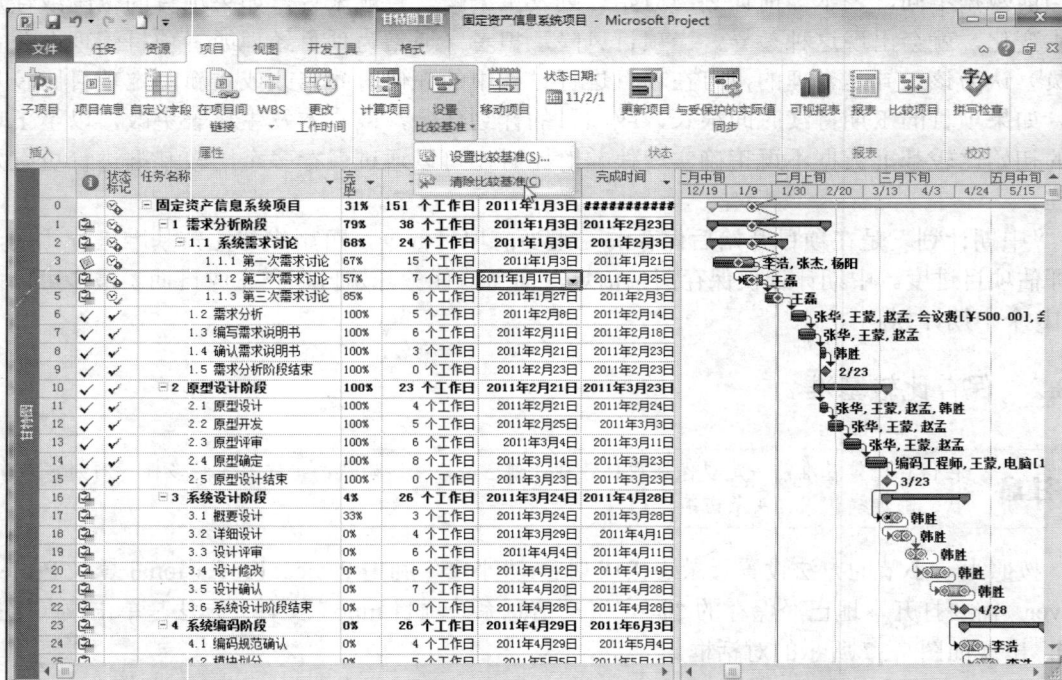

图 7.38 保存比较基准

7.3.3 查看比较基准

随着上一小节的"保存比较基准"的操作，相关的任务列（比较基准需要保存的数据）

均被保存了一份。项目经理如何对比保存的比较基准与执行计划的偏差呢？

在 Project 2010 中，将比较基准查看功能进行了极大的优化，无需特殊设置可直观对比比较基准。单击功能区中的【格式】/【比较基准】后，用户可以选择采用对比的比较基准版本（通常采用"比较基准"进行比较，也可以选择其他比较基准），如图 7.39 所示。

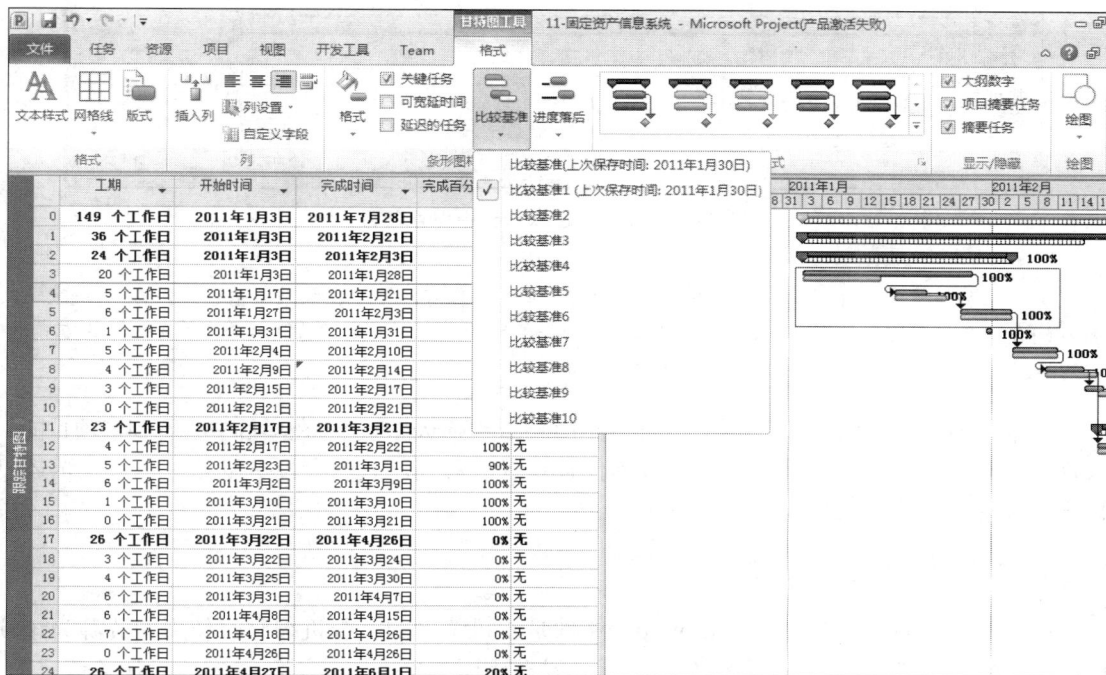

图 7.39　查看比较基准的对比结果

在图 7.38 中的横道图区域中可以看到，灰色横条为当前选择的"比较基准"时间刻度，绿色横条为当前的任务时间刻度，"100%"代表当前任务完成情况。

7.4　项目信息的发布

上述比较基准保存后，该文件信息依然在该用户的本地计算机中，为了能够将项目计划尽快发布出去，需要首先将项目的计划信息保存至 Project Server。

1. 将项目文件保存到 Project Server 中

项目计划信息得到确认后，第一项操作是将本地的项目文件保存到服务器中。方法是单击功能区中的【文件】/【另存为】，出现如图 7.40 所示的"保存到 Project Server"对话框。

在图 7.40 中的"名称"文本框中输入项目名称"固定资产信息系统项目"，然后单击"保存"按钮。此时，Project Professional 开始向 Project Server 发送项目信息，这个过程可能需要持续若干秒，具体的时间与项目计划的大小有关系。

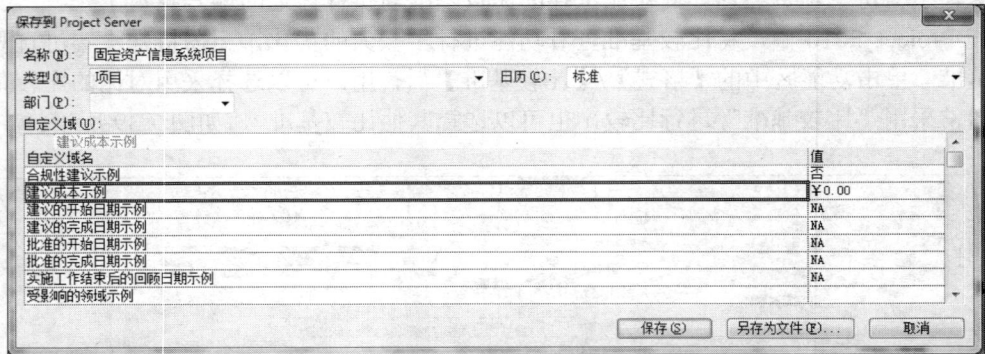

图 7.40　向 Project Server 中保存项目

> **注意**　将脱机文件保存到服务器中时，不能直接单击"保存"按钮，如果单击了"保存"按钮，该项目文件依然在本地，并没有保存到 Project Server 中。因此，只能选择"另存为"的方式进行，"另存为"就是另存到 Project Server 中。

Project Server 上保存成功之后，如果登录 Project Server 是无法在项目中心看到该项目的，只有"发布"的项目才能被项目组或者其他管理者查看到。只保存没有发布的项目表示还没有完全确定项目的相关信息。

2．将资源替换为企业资源

由于"固定资产信息系统项目.mpp"文件是脱机编制的，脱机编制时使用的资源为该项目计划文件的本地资源。这些资源在项目计划发布到服务器上时是无法收到项目任务信息的，因此在正式发布之前，需要将该项目计划文件的本地资源替换为"企业资源"（关于企业资源的建立后面章节中将有描述）。只有企业资源才能通过 PWA 接收到项目任务。

替换的方式是：选择功能区中的【资源】/【添加】/【自企业建立工作组】，将出现如图 7.41 所示的对话框。

图 7.41 的左侧为企业资源库中的资源信息，右侧为项目的本地资源，由于本地资源在服务器上无法得到识别，因此需要将右侧的本地资源替换为左侧的企业资源。可以直接单击图中的"替换"按钮进行一一替换，也可以将左侧的企业资源多选后"添加"到本地资源中，再进行一一分配。

3．发布项目文件

当项目文件被成功保存、并且资源信息也替换完毕后，项目经理可以发布整个项目计划，发布的方式是：选择功能区中的【文件】/【发布】，项目的计划信息就会发布到 Project Server 上。单击发布菜单之后，会弹出一个新的对话框，询问项目经理为该项目创建项目网站的选项，如图 7.42 所示。

在正常情况下，项目经理直接在图 7.42 中单击"发布"按钮，就可使得发布操作继续。再经过数秒之后，发布成功。从此，在 Project Server 的项目中心可以看到该项目的详细信息，任务的资源也可以在 Project Server 中接收到任务信息。

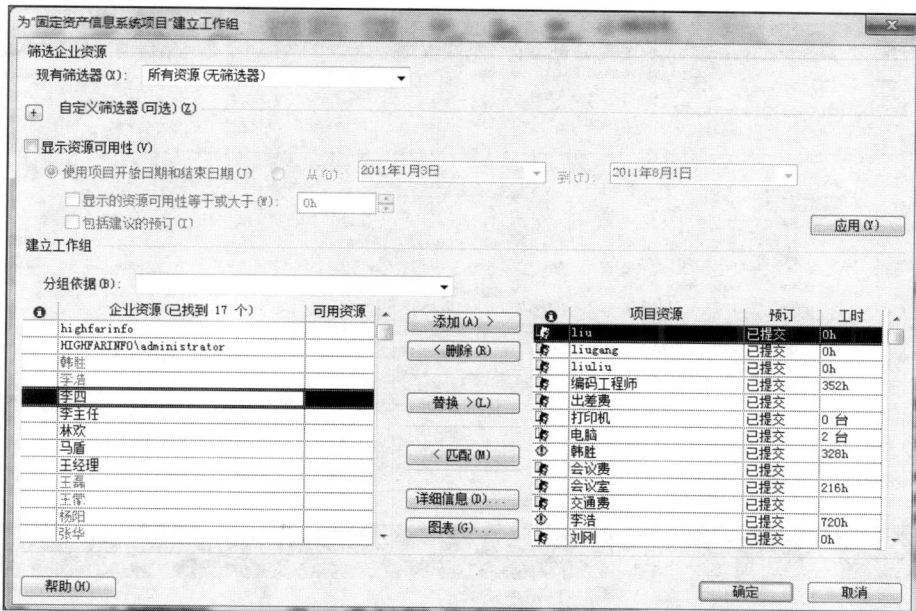

图 7.41　获得企业资源

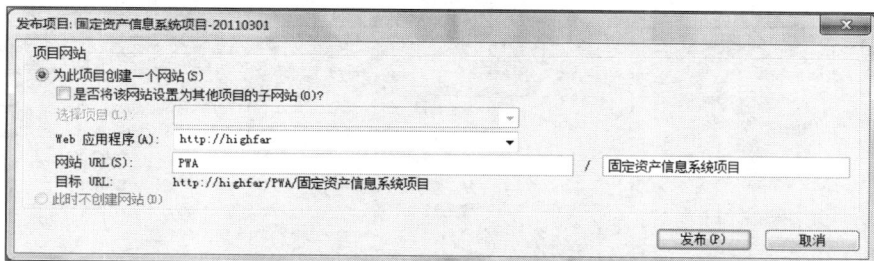

图 7.42　项目工作环境设置选项

7.5　查看发布信息

　　项目信息发布后，团队成员可以登录 Project Server 查看分配的任务，查看项目其他信息。

7.5.1　查看项目中心

　　项目成员"李浩"登录 Project Server，如图 7.43 所示。

　　登录 Project Server 以后，单击"项目中心"菜单，可以在项目中心看到"固定资产信息系统项目"，如图 7.44 所示。

图 7.43　登录 Project Server

　　单击项目名称"固定资产信息系统项目"，可以看到项目的详细甘特图，如图 7.45 所示。

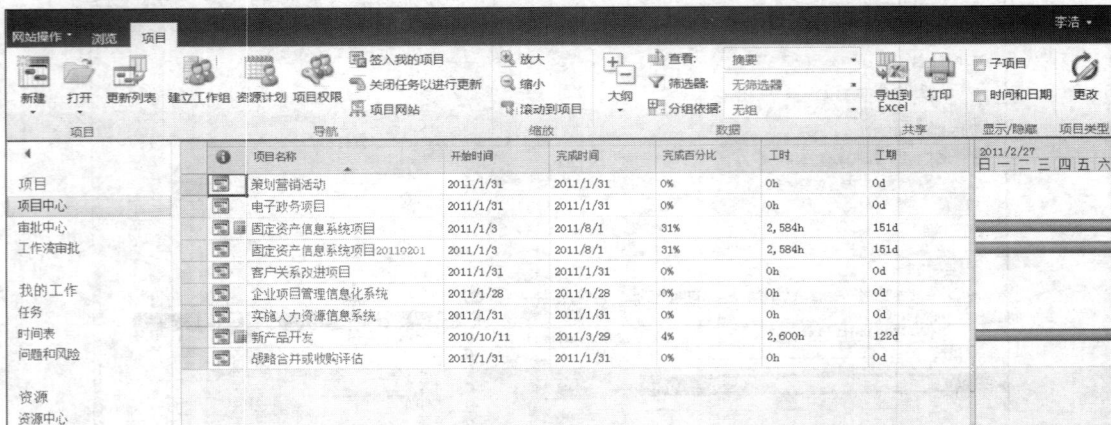

图 7.44　查看已经发布的项目

图 7.45　项目详细甘特图

以上表明项目信息的发布是正确的，"李浩"作为项目成员可以看到以上项目信息，其他具有足够权限的人员同样也可以看到项目信息，达到项目信息共享的目的。

7.5.2　查看资源中心

上一小节是通过"项目中心"查看到了项目信息，还可以选择"资源"进入资源中心，查看资源分配的情况，如图 7.46 所示。

从图 7.46 中可以看到资源"李浩"在"固定资产信息系统项目"中的任务分配情况。从资源的角度证明信息发布也是成功的。

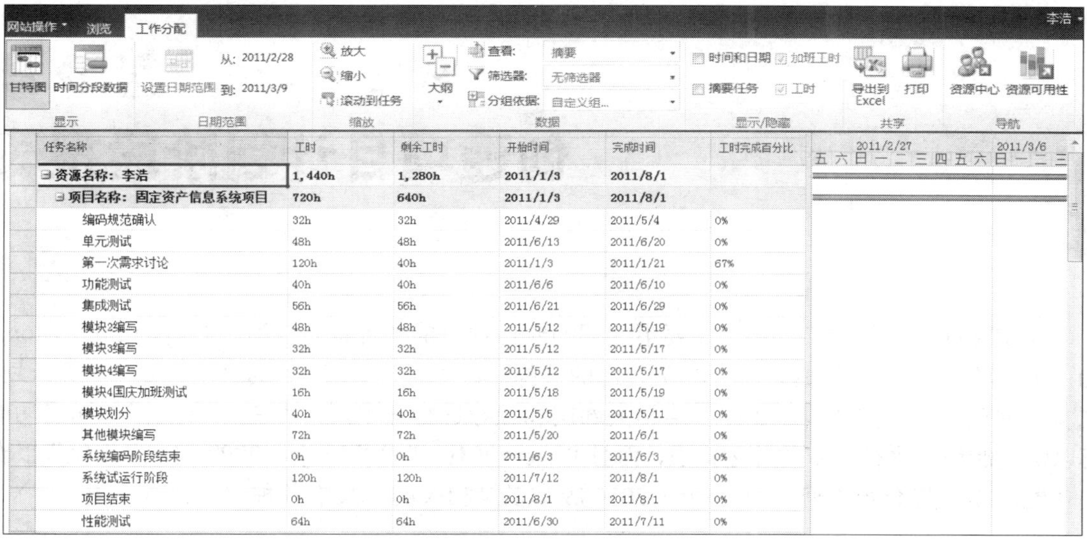
网站操作
浏览
工作分配
李浩
甘特图
时间分段数据
设置日期范围
从: 2011/2/28
到: 2011/3/9
放大
缩小
滚动到任务
大纲
查看: 摘要
筛选器: 无筛选器
分组依据: 自定义组...
时间和日期
加班工时
摘要任务
工时
导出到 Excel
打印
资源中心
资源可用性
显示
日期范围
缩放
数据
显示/隐藏
共享
导航
任务名称 工时 剩余工时 开始时间 完成时间 工时完成百分比
资源名称: 李浩 1,440h 1,280h 2011/1/3 2011/8/1
项目名称: 固定资产信息系统项目 720h 640h 2011/1/3 2011/8/1
编码规范确认 32h 32h 2011/4/29 2011/5/4 0%
单元测试 48h 48h 2011/6/13 2011/6/20 0%
第一次需求讨论 120h 40h 2011/1/3 2011/1/21 67%
功能测试 40h 40h 2011/6/6 2011/6/10 0%
集成测试 56h 56h 2011/6/21 2011/6/29 0%
模块2编写 48h 48h 2011/5/12 2011/5/19 0%
模块3编写 32h 32h 2011/5/12 2011/5/17 0%
模块4编写 32h 32h 2011/5/12 2011/5/17 0%
模块4国庆加班测试 16h 16h 2011/5/18 2011/5/19 0%
模块划分 40h 40h 2011/5/5 2011/5/11 0%
其他模块编写 72h 72h 2011/5/20 2011/6/1 0%
系统编码阶段结束 0h 0h 2011/6/3 2011/6/3 0%
系统试运行阶段 120h 120h 2011/7/12 2011/8/1 0%
项目结束 0h 0h 2011/8/1 2011/8/1 0%
性能测试 64h 64h 2011/6/30 2011/7/11 0%
2011/2/27
2011/3/6
五 六 日 一 二 三 四 五 六 日 一 二 三

图 7.46 资源分配视图

7.5.3 查看任务中心

还有一种验证方法：由于当时在获取企业资源时，“李浩”作为资源分配到了任务上去，因此“李浩”可以在 Project Server 中查看属于自己的任务。单击“我的任务”可以得到如图 7.47 所示的界面。

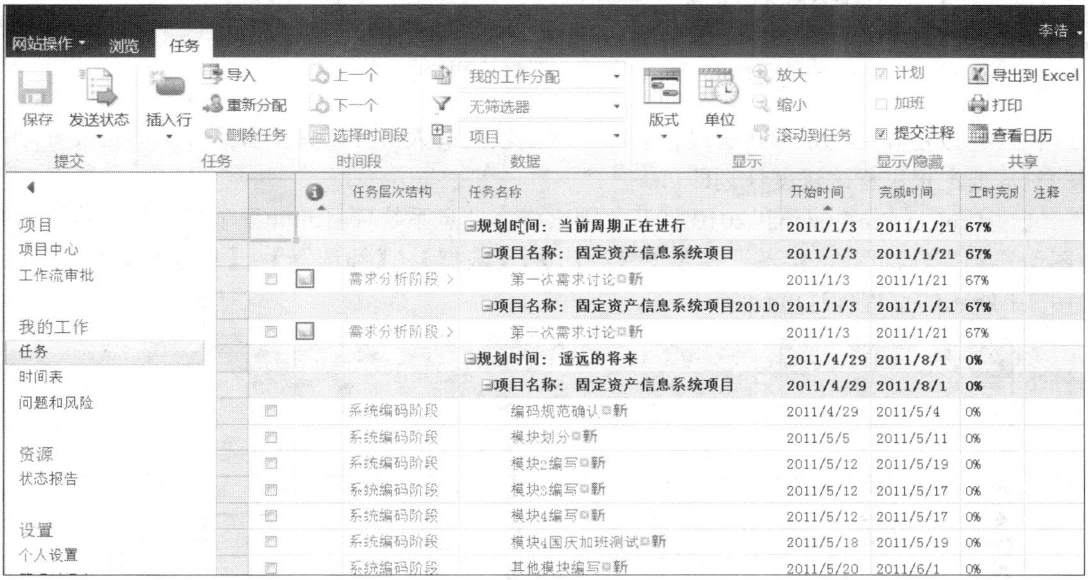
网站操作
浏览
任务
李浩
保存
发送状态
插入行
导入
重新分配
删除任务
上一个
下一个
选择时间段
我的工作分配
无筛选器
项目
版式
单位
放大
缩小
滚动到任务
计划
加班
提交注释
导出到 Excel
打印
查看日历
提交
任务
时间段
数据
显示
显示/隐藏
共享
项目
项目中心
工作流审批
我的工作
任务
时间表
问题和风险
资源
状态报告
设置
个人设置
任务层次结构 任务名称 开始时间 完成时间 工时完成 注释
规划时间: 当前周期正在进行 2011/1/3 2011/1/21 67%
项目名称: 固定资产信息系统项目 2011/1/3 2011/1/21 67%
需求分析阶段 > 第一次需求讨论 新 2011/1/3 2011/1/21 67%
项目名称: 固定资产信息系统项目20110 2011/1/3 2011/1/21 67%
需求分析阶段 > 第一次需求讨论 新 2011/1/3 2011/1/21 67%
规划时间: 遥远的将来 2011/4/29 2011/8/1 0%
项目名称: 固定资产信息系统项目 2011/4/29 2011/8/1 0%
系统编码阶段 编码规范确认 新 2011/4/29 2011/5/4 0%
系统编码阶段 模块划分 新 2011/5/5 2011/5/11 0%
系统编码阶段 模块2编写 新 2011/5/12 2011/5/19 0%
系统编码阶段 模块3编写 新 2011/5/12 2011/5/17 0%
系统编码阶段 模块4编写 新 2011/5/12 2011/5/17 0%
系统编码阶段 模块4国庆加班测试 新 2011/5/18 2011/5/19 0%
系统编码阶段 其他模块编写 新 2011/5/20 2011/6/1 0%

图 7.47 “我的任务”

至此，可以确认项目计划信息发布成功了。

在实际的项目管理活动中，需要不定期的制订项目的各种报告，利用 Project Professional 2010 出具各种项目报告成为一种非常方便的选择。截至上一章，项目的进度计划、资源计划、成本计划已经制订完毕，需要提交给相关部门和领导进行评审，利用 Project 的多种输出功能可以快速制作出进行评审的计划报表，而且 Project 2010 延续了 Project 2007 的"可视化"报表的功能。本章将介绍如何利用 Project 2010 版本以及相关的工具将各种项目计划输出。

8.1 筛选功能应用

在计划的编制过程中，Project 2010 存储了大量的数据，利用 Project 2010 软件的"筛选"功能可以从众多的数据中按照自定义的筛选条件找到用户所希望得到的视图或报表。下面列举实际项目管理中用到的案例对"筛选"功能的应用进行说明。

8.1.1 按照"里程碑"筛选任务信息

1. "里程碑"筛选进度计划

在向各级管理层汇报项目进度计划时，级别较高的人员并不希望看到详细的进度计划，因此只需要汇报里程碑进度计划即可。

通过 Project Professional 2010 打开"固定资产信息系统项目.mpp"项目文件，将当前的视图切换到"甘特图"，接着选择菜单【视图】/【数据】/【筛选器】/【里程碑】，可以得到如图 8.1 所示的里程碑进度计划。

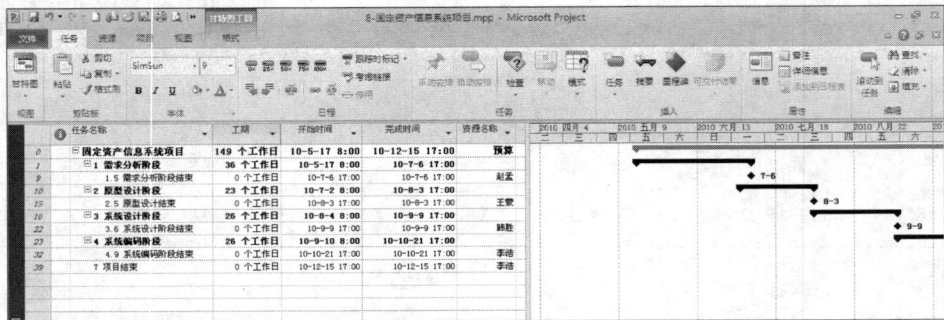

图 8.1　里程碑进度计划

从图 8.1 中，可以得到该项目每个阶段的开始时间以及结束时间等项目的里程碑的计划信息。图右侧的横道图也非常清晰地表示出了每个里程碑的时间节点信息。

用户可以按照图 8.1 所示的结果，将视图进行打印。

2．按照"里程碑"筛选项目整体计划

在"甘特图"中，利用"单击右键、插入列"的方式，将"预算成本"、"成本"两列加入后，接着再选择菜单【视图】/【数据】/【筛选器】/【里程碑】，可以得到包含"成本"信息在内的项目整体里程碑计划，如图 8.2 所示。

图 8.2　里程碑整体计划

从图 8.2 中可以得到该项目的总的预算，以及成本、工期在各阶段的分布情况，对于项目整体计划的掌握能够起到重要的作用。该视图同样可以进行打印。

8.1.2　按照"日期范围"筛选任务信息

在项目的执行过程中，经常发生需要得到某一个时间段计划信息的情况，此时可以利用"日期范围"的筛选来完成。例如，若需要汇报在"2011-2-1"至"2011-3-31"时间段执行的任务报表可以按照后面的方法操作。

首先将当前的视图切换到"甘特图"，接着选择菜单【视图】/【数据】/【筛选器】/【日期范围】，可以得到如图 8.3 所示的"日期范围"对话框。

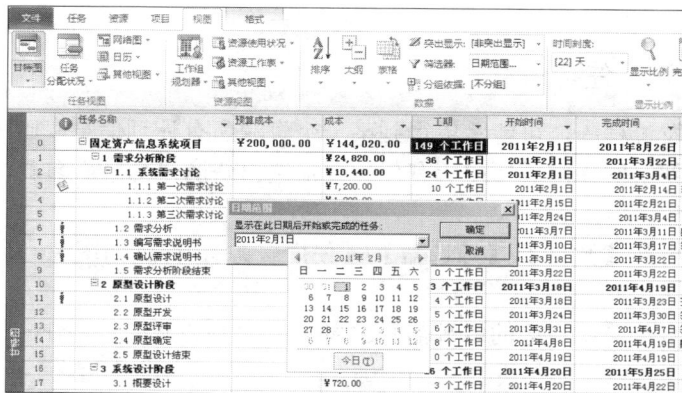

图 8.3　选择日期范围的开始时间

在如图 8.3 所示的时间下拉框中，选择开始时间为"2011-2-1"，单击"确定"按钮以后，继续在出现的对话框中输入结束时间"2011-3-31"，如图 8.4 所示。

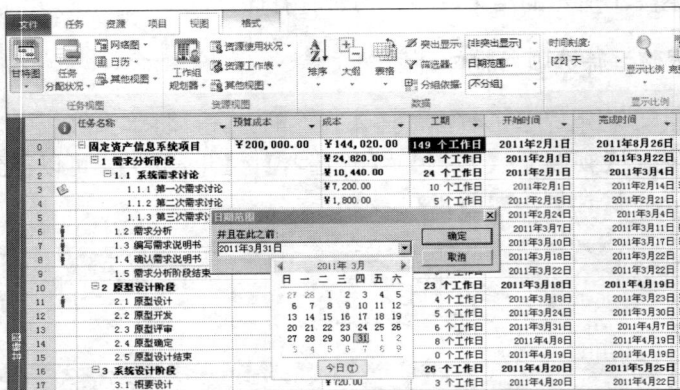

图 8.4　选择日期范围的结束时间

日期范围的"开始时间"与"结束时间"设定好后，可以得到如图 8.5 所示的该日期范围内的进度计划。

图 8.5　日期范围内的进度计划

按照如图 8.5 所示的进度计划视图，用户可以方便地安排该时间段内的项目工作以及其他工作。

8.1.3　按照资源筛选任务信息

在计划信息分发过程中，可能希望得到某一个资源所有计划信息，则可以利用"按照资源"筛选的方法得到。例如，需要在所有任务中筛选出资源"韩胜"参与的任务详细信息。可以执行后面的操作。

选择菜单【视图】/【数据】/【筛选器】/【使用资源】，得到如图 8.6 所示的"使用资源"对话框。

在图 8.6 中，输入需要筛选的资源名称"韩胜"之后，单击"确定"按钮后，出现如图 8.7 所示的结果。

图 8.7 中的结果为资源"韩胜"参与的所有任务。可以采用相同的方法筛选出其他资源

的任务。按照资源筛选任务对于向资源明确任务有很大的帮助。

图 8.6　按照资源的筛选

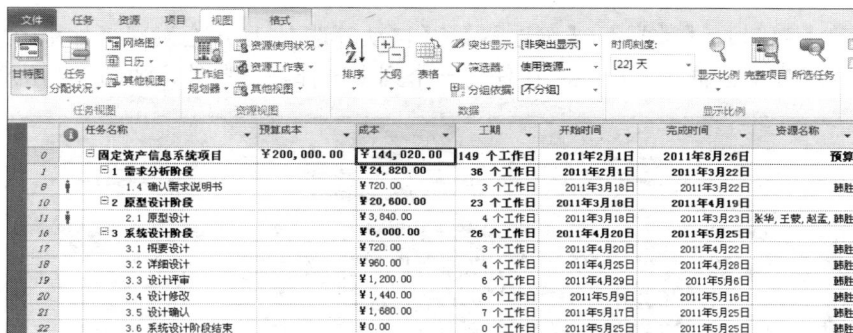

图 8.7　按照资源筛选后的结果

8.1.4　其他筛选器

以上两个小节中介绍的"里程碑"筛选和"日期范围"以及"资源"筛选是常用到的"筛选"功能。下面对其他的筛选功能进行说明。

● 关键：筛选所有的关键任务。本书的后面章节会介绍关键任务的详细内容。

● 活动任务：筛选出"活动"的任务，Project 2010 版本中新增功能，活动任务即执行过程的任务，非活动任务即不需要执行的任务。

● 具有估计工期的任务：筛选出"工期"列中带有"？"标记的所有任务。

● 任务范围：在任务标识号之间筛选任务。

● 未完成的任务：筛选出"完成百分比"小于"100%"的任务。

● 延迟的任务：筛选出"延迟"的任务。

● 已完成的任务：筛选出"完成百分比"等于"100%"的任务。

● 摘要任务：筛选出有子任务的任务。

除了以上常用"筛选"功能之外，Project 还提供了更多的筛选器，选取菜单【视图】/【数据】/【筛选器】/【其他筛选器】，打开如图 8.8 所示的"其他筛选器"对话框。

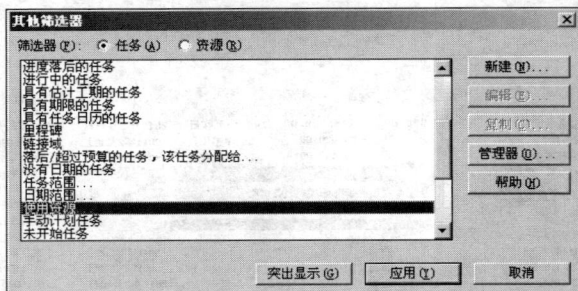

图 8.8 "其他筛选器"对话框

用户可以根据自己的需要，从图 8.8 中选取相应的筛选器，以便输出个性化的视图。

8.1.5 自动筛选

除了上面几个小节介绍的具体筛选功能外，Project 提供了供自由选择的筛选功能："自动筛选"。

选取菜单【视图】/【数据】/【筛选器】/【自动筛选】，用户会发现"甘特图"中每列的标题都增加了选择下拉框，可以随时在任何一个列中选择筛选条件，如图 8.9 所示。

图 8.9 自动筛选

Project 在"自动筛选"中已经预设了很多筛选条件，能够帮助用户快速找到所关心的数据和信息。用户还可以利用多个列的筛选实现组合筛选功能。

8.1.6 取消"筛选"

当选择某个筛选之后，当前视图显示的计划信息只是满足筛选条件的内容，不满足筛选条件的信息不予展示。但是如何又能返回所有信息展示的页面呢？这就需要取消当前的筛选效果。取消"筛选"指的是将当前的视图恢复到"所有任务"的范围，选取菜单【视图】/【数据】/【筛选器】/【无筛选器】，便可以取消之前的筛选，重新看到所有的任务信息。

8.2 分组功能

按照某种共同的属性集中分类展示项目信息，是 Project 2010 中提供分组功能的目的。

8.2.1 按照"工期"分组

工期分组的目的是按照不同的工期数量展现任务信息，对于任务工期的优化很有帮助，选取菜单【视图】/【数据】/【分组依据】/【关键性】，便可以得到如图 8.10 所示的按照"关键性"分组以后的"甘特图"。

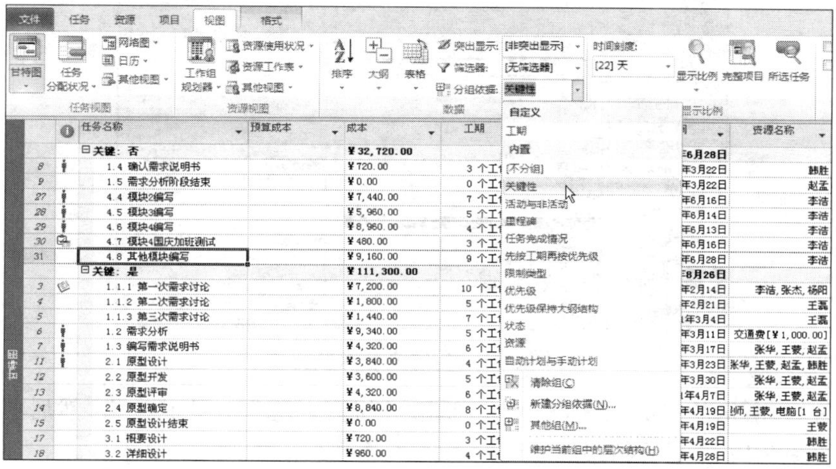

图 8.10 按照"关键性"分组

从图 8.10 中可以得知该项目中关键性的值共有两类，分别可以看到关键任务有哪些，非关键任务有哪些。在实际的应用中，利用此分组可以发现关键性任务的分布情况，从而对关键任务采取继续重点关注或者其他操作。

8.2.2 其他常用分组

Project 中提供了其他常用的分组，简述如下。

- 活动与非活动：按照任务是否活动对任务进行分组。
- 里程碑：按照任务是否是里程碑对任务进行分组。
- 任务完成情况：按照"完成百分比"的数值对任务进行分组。
- 先按工期再按优先级：先按照"工期"再按照"优先级"的数值对任务进行分组。
- 限制类型：按照任务的"必须开始于……"等限制类型进行分组。
- 优先级：按照任务的优先级的数值对任务进行分组。

- 优先级保持大纲机构：按照任务的优先级的数值对任务进行分组并且大纲结构不变。
- 状态：按照任务的状态的数值对任务进行分组。
- 资源：按照任务的分配的资源对任务进行分组。
- 自动计划与手动计划：按照任务的计划类型的数值对任务进行分组。

8.2.3 自定义"资源"分组

在实际的项目管理过程中，可能需要得到按照资源名称进行分组后再按照任务状态进行分组的计划信息，但是在"甘特图"视图中，Project 默认没有提供对"资源再按任务状态"的分组功能。Project 软件在分组方面提供了用户自定义的功能，用来满足不同用户个性化的分组需求。

下面介绍如何利用分组的"自定义"来实现此功能。

选取菜单【视图】/【数据】/【分组依据】/【新建分组依据】，可以打开如图 8.11 所示的对话框。

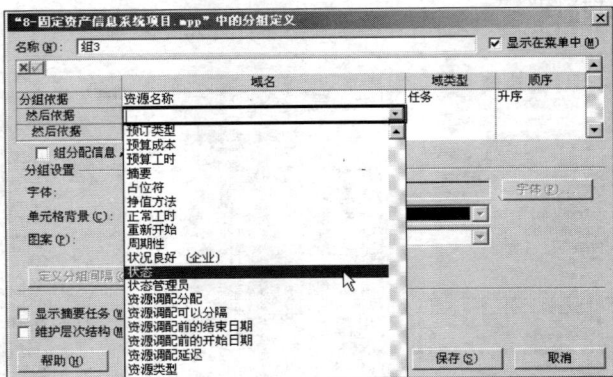

图 8.11　自定义分组依据

在如图 8.11 所示的"分组依据"中，选取"资源名称"与"状态"，然后单击"确定"按钮，得到如图 8.12 所示的结果。

图 8.12　先按"资源再按任务状态分组的甘特图

如图 8.12 所示的视图是先按资源分组再按任务状态分组的任务列表，利用该视图，项目经理可以明确地得知每个资源分配的任务的执行情况。

8.2.4　成本分组

在 Project 2010 中，资源类型有工时、材料以及成本，如何能知道 3 种类型的资源所产生的成本各是多少呢？利用分组功能就可以实现。

首先将视图切换到"资源工作表"，插入一个新的列，名称为"成本"，选择菜单【视图】/【数据】/【分组依据】/【资源类型】，将出现如图 8.13 所示的分组计算结果。

图 8.13　按照"资源类型"分组的"资源工作表"

在图 8.13 中，可以看到 3 种类型资源各自汇总的成本数量以及每个资源具体的成本数量。此分组视图对于分析项目成本分布，对于项目成本管理有较大的好处。

8.2.5　取消分组

取消分组指的是回到没有任何分组的情况，选取菜单【视图】/【数据】/【分组依据】/【不分组】，可以取消之前的分组依据。

8.3　突出显示

"突出显示"是 Project 2010 的新增功能，突出显示也是一种筛选工具，突出显示最大的特点是不改变项目计划的格式，而只对筛选出来的数据进行颜色标示，即突出显示出来，便于项目经理在项目计划中查看关注的信息。

8.3.1 按照"里程碑"突出显示任务信息

项目经理在项目执行过程中需要重点关注项目里程碑任务，又要兼顾非里程碑任务，为了实现此功能，可以利用突出显示，选择项目"甘特图"视图，然后通过菜单【视图】/【数据】/【突出显示】/【里程碑】，甘特图显示如图 8.14 所示。

任务名称	预算成本	成本	工期	开始时间	完成时间	资源名称
固定资产信息系统项目	￥200,000.00	￥144,020.00	149 个工作日	2011年2月1日	2011年8月26日	预算
1 需求分析阶段		￥24,820.00	36 个工作日	2011年2月1日	2011年3月22日	
1.1 系统需求讨论		￥10,440.00	24 个工作日	2011年2月1日	2011年3月4日	
1.1.1 第一次需求讨论		￥7,200.00	10 个工作日	2011年2月1日	2011年2月14日	李浩,张杰,杨阳
1.1.2 第二次需求讨论		￥1,800.00	5 个工作日	2011年2月15日	2011年2月21日	王磊
1.1.3 第三次需求讨论		￥1,440.00	7 个工作日	2011年2月24日	2011年3月4日	王磊
1.2 需求分析		￥9,340.00	5 个工作日	2011年3月7日	2011年3月11日	交通费[￥1,000.00]
1.3 编写需求说明书		￥4,320.00	6 个工作日	2011年3月11日	2011年3月17日	张华,王蒙,赵孟
1.4 确认需求说明书		￥720.00	3 个工作日	2011年3月18日	2011年3月22日	韩胜
1.5 需求分析阶段结束		￥0.00	0 个工作日	2011年3月22日	2011年3月22日	赵孟
2 原型设计阶段		￥20,600.00	23 个工作日	2011年3月18日	2011年4月19日	
2.1 原型设计		￥3,840.00	4 个工作日	2011年3月18日	2011年3月23日	张华,王蒙,赵孟,韩胜
2.2 原型开发		￥3,600.00	5 个工作日	2011年3月24日	2011年3月30日	张华,王蒙,赵孟
2.3 原型评审		￥4,320.00	6 个工作日	2011年3月31日	2011年4月7日	张华,王蒙,赵孟
2.4 原型确定		￥8,840.00	8 个工作日	2011年4月8日	2011年4月19日	师,王蒙,电脑[1 台]
2.5 原型设计结束		￥0.00	0 个工作日	2011年4月19日	2011年4月19日	王蒙
3 系统设计阶段		￥6,000.00	26 个工作日	2011年4月20日	2011年5月25日	
3.1 概要设计		￥720.00	3 个工作日	2011年4月20日	2011年4月22日	韩胜
3.2 详细设计		￥960.00	4 个工作日	2011年4月25日	2011年4月28日	韩胜
3.3 设计评审		￥1,200.00	5 个工作日	2011年4月29日	2011年5月6日	韩胜
3.4 设计修改		￥1,440.00	6 个工作日	2011年5月9日	2011年5月16日	韩胜
3.5 设计确认		￥1,680.00	7 个工作日	2011年5月17日	2011年5月25日	韩胜
3.6 系统设计阶段结束		￥0.00	0 个工作日	2011年5月25日	2011年5月25日	韩胜

图 8.14 按里程碑突出显示

在图 8.14 中，里程碑任务利用蓝色进行突出显示，项目经理在项目计划中不但能够看到项目所有任务情况，还可以通过突出显示的方式将项目计划中的所有的里程碑任务进行突出显示出来。

8.3.2 其他常用突出显示

Project 中提供了其他常用的突出显示，简述如下。

- 关键：将关键任务进行突出显示。
- 活动任务：将所有活动任务进行突出显示。
- 具有估计工期的任务：将具有估计工期的任务突出显示。
- 任务范围：按照输入的任务范围进行筛选然后进行突出显示。
- 日期范围：按照输入的任务日期范围将日期范围内的任务进行突出显示。
- 使用资源：按照输入的资源对任务进行突出显示。
- 未完成的任务：将所有任务完成百分比小于100%的任务突出显示。
- 延迟的任务：将延迟的任务突出显示。
- 已完成的任务：将任务完成百分比等于100%的任务突出显示。

8.3.3 自定义"未完成里程碑"突出显示

在实际项目管理过程中，系统默认自带的突出显示选项不能够满足项目经理的项目管理要求。例如，项目经理需要突出显示未完成的里程碑，而不是所有的里程碑都突出显示。下面就以这个实例，说明如何利用自定义功能实现。

选择项目"甘特图"视图，然后通过菜单【视图】/【数据】/【突出显示】/【新建突出显示筛选】，如图 8.15 所示。

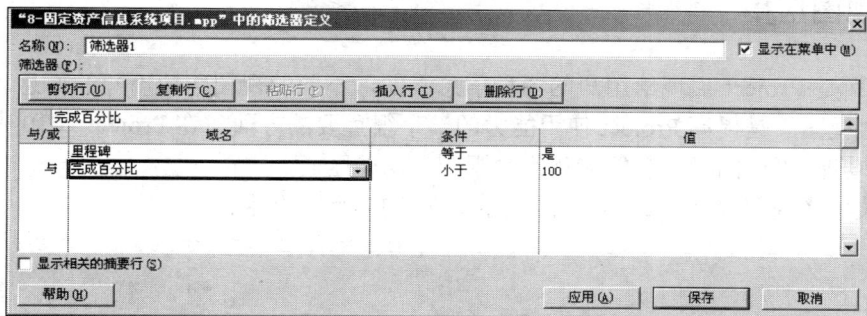

图 8.15　突出显示未完成里程碑设置

在图 8.15 中，对需要突出显示的筛选器进行设置，设置"里程碑"与"完成百分比"，然后应用，甘特图显示如图 8.16 所示。

图 8.16　突出显示未完成里程碑

在图 8.16 中，任务"需求分析阶段结束"里程碑完成百分比等于 100%，所以不进行突出显示。

8.3.4　取消突出显示

取消突出显示指的是回到没有任何突出显示的情况，选取菜单【视图】/【数据】/【突出显示】/【清除突出显示】，可以取消之前的突出显示操作。

8.4 视图应用

"视图"是 Project 展现给用户的各种信息界面，不同的视图传达不同的信息，了解并很好地使用"视图"是提高 Project 使用能力的一个很重要的方面。在 Project 2010 中，取消了"视图栏"功能，"视图栏"功能转化为"视图"功能区。

选取菜单【视图】，Project 功能区显示如图 8.17 所示的界面。

图 8.17 视图功能区

本节将针对计划阶段的几个主要的视图进行说明。

1．"日历"视图

"日历"视图非常直观地向展示了每个月、每周、每天的任务的分布情况，选取【视图】/【任务视图】/【日历】，如图 8.18 所示。

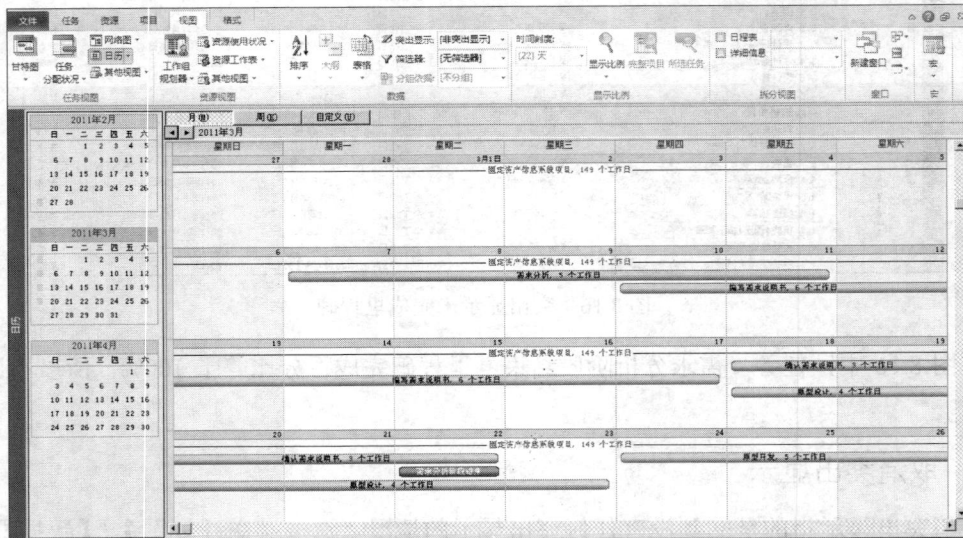

图 8.18 日历视图

从图 8.18 中，可以看到 2010 年 3 月每周的工作安排。"需求分析"工作需要在 11 日（星期五）结束；"编写需求说明书"周四开始、周四完成……很多实用的工作安排信息都可以从日历视图中得到。项目经理可以将图 8.18 稍做处理后打印出来，张贴在办公室内作为项目团队每月、每周的工作目标。与 Project 2007 版本相比，Project 2010 版本将月日历在左侧进行了列表。

2."网络图"视图

"网络图"视图非常直观地向项目经理展示了每个任务与其他任务之间的关联关系情况，选取【视图】/【任务视图】/【网络图】，如图 8.19 所示。

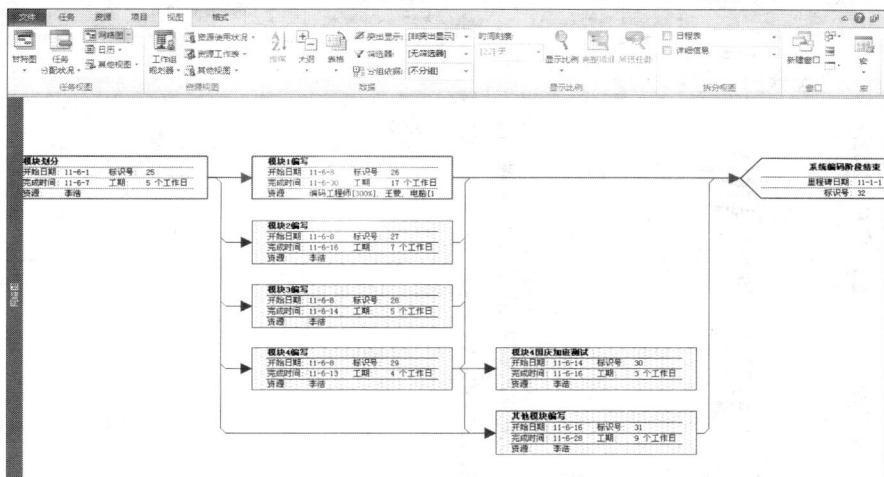

图 8.19　"网络图"视图

从图 8.19 中可以看到，各个任务之间的关联关系都可以从网络图视图中得到。

3."任务分配状况"视图

"任务分配状况"以每项任务为索引，展现出每一条任务被分配的资源，如图 8.20 所示。

图 8.20　"任务分配状况"视图

从图 8.20 中可以清楚了解每一项任务的资源分配情况。利用该视图，项目经理可以在会议上非常清楚地向每个资源讲述任务分配的情况，听取资源团队对任务分配的意见，从而为计划的最终确定起到推动作用。

4."资源使用状况"视图

"资源使用状况"在本书第 5 章中曾经有过介绍，它是以每个资源为索引，展现每个资源被分配任务的情况，如图 8.21 所示。

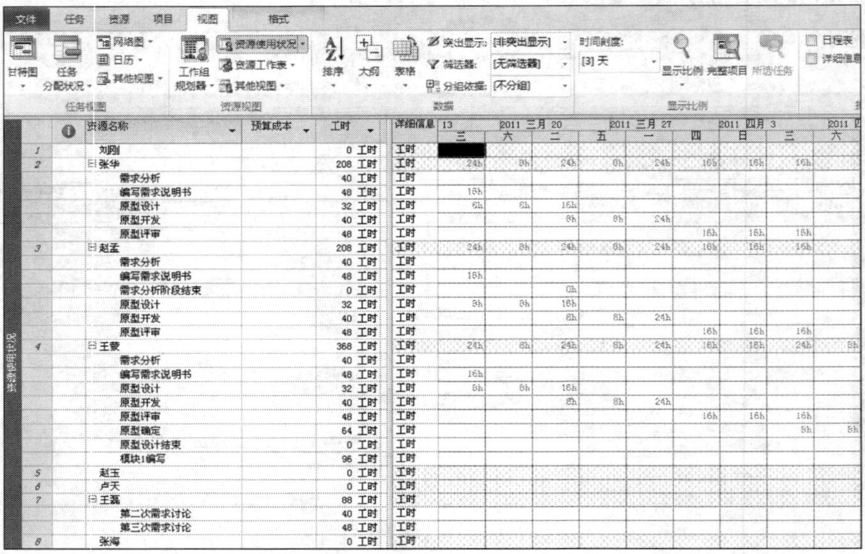

图 8.21　"资源使用状况"视图

从图 8.21 中的"资源使用状况"中，可以清楚了解哪些任务没有分配资源，每个资源被分配了哪些任务，哪些资源被过度分配了等信息。

其他视图本章暂不做介绍，在本书的后面章节中会有所涉及。

8.5　报表功能应用

在 Project 2010 中延续了 Project 2007 的报表功能，同样分为报表、可视化报表两类。Project 的传统报表中提供了 6 大类报表，为项目计划的展现提供了丰富的方式和方法。使用者还可以通过自定义报表来扩充功能。

8.5.1　报表分类

Project 中的报表分为如下 6 种：总览、当前操作、成本、工作分配、工作量和自定义。选择菜单【项目】/【报表】/【报表】后，出现如图 8.22 所示的"报表"对话框。

在图 8.22 中，任意双击某一图标，可以进入该类型的报表下一级子报表。例如，双击"当前操作"以后，出现如图 8.23 所示的"当前操作报表"对话框。

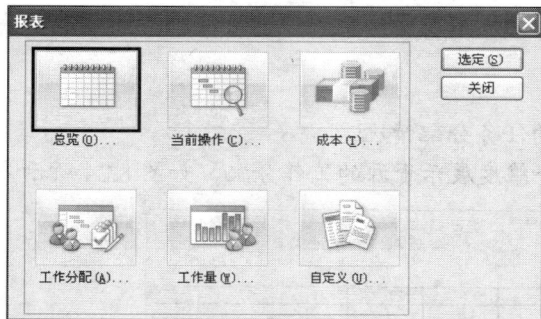

图 8.22　报表种类

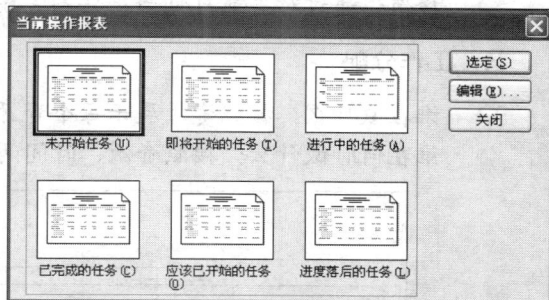

图 8.23　当前操作报表

Project 采用上述的方法向提供了共计 22 种报表，下面介绍各种报表的功能。

8.5.2　报表解释

1．总览

◉　项目摘要：展示项目总体摘要信息，包括项目的开始时间、结束时间、总工期、总成本等信息。

◉　最高级任务：最高级指的是 WBS 中大纲级别最高的摘要任务信息。

◉　关键任务：展示所有的关键任务组成的报表。

◉　里程碑：展示所有被标识为里程碑的任务组成的报表。

◉　工作日：展示项目的基准日历。此报表可以让项目团队清楚工作日与非工作日的详细情况。

2．当前操作

◉　未开始任务：展示所有"完成百分比"等于"0"的任务信息。

◉　即将开始任务：此报表需要指定一个时间，从而输出从该时间以后（包括该时间）开始的任务信息。

◉　已完成的任务：展示所有"完成百分比"等于"100%"的任务信息。

◉　进行中的任务：展示所有"完成百分比"在"0"与"100%"之间的任务信息。

◉　应该已开始的任务：需要指定一个时间，从而输出该日期应该开始而且"完成百分比"等于"0"的任务信息。

◉　进度落后的任务：展示当前的"完成百分比"落后于"当前日期"的"完成百分比"的所有任务信息。

3．成本

◉　现金流量：展示成本信息在指定周期时间内的分布情况，此报表对财务部门了解项目的资金使用情况非常有帮助。

◉　预算：展示当前的成本信息以及"比较基准"的成本信息，包括两者的差异。

◉　超过预算的任务：展示当前的"成本"大于"比较基准"成本的任务信息。

◉　超过预算的资源：展示当前资源成本大于"比较基准"资源成本的任务信息。

- 挣值：通过对当前日期为止任务完成量的成本度量来反映项目进度。

4. 工作分配

- 谁在做什么：按照资源展示每个资源的任务分配情况。
- 谁在何时做什么：按照资源、时间两个维度展示资源的工作分配，如图 8.24 所示。

谁在何时做什么 打印于 11-1-11 17:08
固定资产信息系统项目

	3-15	3-16	3-17	3-18	3-19	3-20	3-21	3-22	3-23
刘刚									
张华	8 工时	8 工时	8 工时	8 工时			8 工时	8 工时	8 工
需求分析									
编写需求说明书	8 工时	8 工时	8 工时						
原型设计				8 工时			8 工时	8 工时	8 工
原型开发									
原型评审									
赵孟	8 工时	8 工时	8 工时	8 工时			8 工时	8 工时	8 工
需求分析									
编写需求说明书	8 工时	8 工时	8 工时						
需求分析阶段结束									
原型设计				8 工时			8 工时	8 工时	8 工
原型开发									
原型评审									
王蒙	8 工时	8 工时	8 工时	8 工时			8 工时	8 工时	8 工
需求分析									
编写需求说明书	8 工时	8 工时	8 工时						
原型设计				8 工时			8 工时	8 工时	8 工
原型开发									
原型评审									
原型确定									
原型设计结束									
模块1编写									

图 8.24 "谁在何时做什么"报表

- 待办事项：按照每周的频率展示指定资源的工作任务
- 过度分配资源：展示在同一时间内过多为某一资源分配任务以致无法完成的资源列表。

5. 工作量

- 任务分配状况：按照时间、资源展示任务的分配情况，如图 8.25 所示。

任务分配状况 打印于 11-1-11 17:12
固定资产信息系统项目

	2011-1-30	2011-2-6	2011-2-13	2011-2-20	2011-2-27	2011-3-6	2011-3-13
固定资产信息系统项目							
预算							
需求分析阶段							
系统需求讨论							
第一次需求讨论	96 工时	120 工时	24 工时				
李浩	32 工时	40 工时	8 工时				
张杰	32 工时	40 工时	8 工时				
杨阳	32 工时	40 工时	8 工时				
第二次需求讨论			32 工时	8 工时			
王磊			32 工时	8 工时			
第三次需求讨论				16 工时	32 工时		
王磊				16 工时	32 工时		
需求分析						160 工时	
张华						40 工时	
赵孟						40 工时	
王蒙						40 工时	
会议室						40 工时	
纸张（包）						1	
会议费							
出差费							
交通费							
编写需求说明书						48 工时	96 工
张华						16 工时	32 工
赵孟						16 工时	32 工
王蒙						16 工时	32 工
确认需求说明书							8 工
韩胜							8 工
需求分析阶段结束							
赵孟							

图 8.25 "任务分配状况"报表

- 资源使用状况：按照资源分组展示分配任务的情况，如图 8.26 所示。

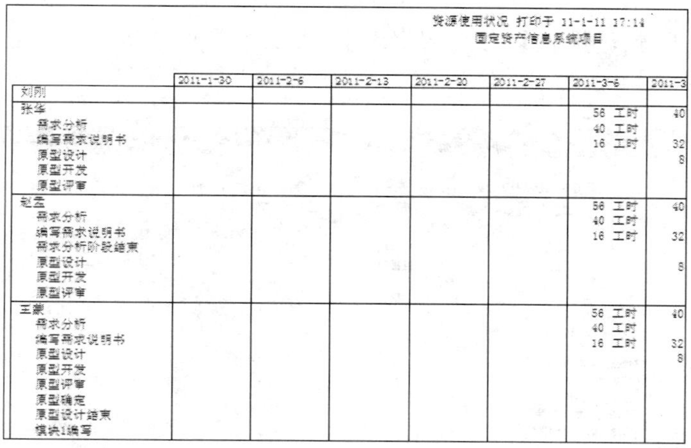

资源使用状况 打印于 11-1-11 17:14
固定资产信息系统项目

	2011-1-30	2011-2-6	2011-2-13	2011-2-20	2011-2-27	2011-3-6	2011-3
刘刚							
张华						56 工时	40
需求分析						40 工时	
编写需求说明书						16 工时	32
原型设计							8
原型开发							
原型评审							
赵云						56 工时	40
需求分析						40 工时	
编写需求说明书						16 工时	32
需求分析阶段结束							
原型设计							8
原型开发							
原型评审							
王蒙						56 工时	40
需求分析						40 工时	
编写需求说明书						16 工时	32
原型设计							8
原型开发							
原型评审							
原型确定							
原型设计结束							
模块1编写							

图 8.26 “资源使用状况”报表

8.5.3 计划阶段常用的报表

以上介绍的 5 大类 22 种报表在计划阶段常用的有如下几种。

（1）总览。

- 项目摘要。
- 关键任务。
- 里程碑。

（2）成本。

- 现金流量。

（3）工作分配

- 谁在做什么。
- 谁在何时做什么。“谁在何时做什么”按照资源、时间两个维度展示资源的工作分配，如图 8.20 所示。该报表能够非常清晰地说明每个资源在每天的工作任务，对于资源计划的确认以及执行期间的跟踪非常有帮助。
- 待办事项。
- 过度分配资源。
- 任务分配状况。从图 8.25 中可以清晰地得到每个任务上分配的资源以及执行的时间所耗的工时。
- 资源使用状况。从图 8.26 中可以清晰得到资源在整个项目中的任务分配情况。

8.6 可视报表应用

可视报表是利用 Project 软件与 Excel 以及 Visio 的配合实现的一种图表形式的报表。实现这种功能需要用户的计算机中安装 Excel 2007 以上版本以及 Visio 2007 以上版本。

8.6.1　操作方式

选择菜单【项目】/【报表】/【可视报表】，出现如图 8.27 所示的"可视报表-创建报表"对话框。

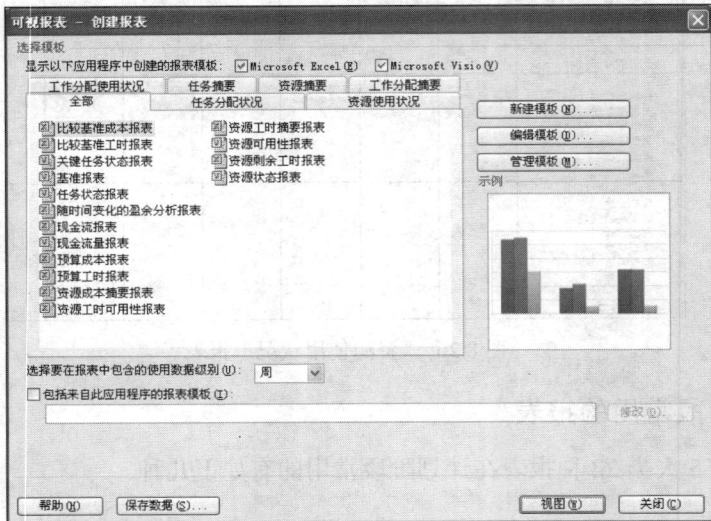

图 8.27　"可视报表-创建报表"对话框

8.6.2　内容介绍

在如图 8.27 所示的对话框中，最上面显示的是"Microsoft Office Excel"与"Microsoft Office Visio"，目的是询问用户希望是否将类大类报表均进行创建。如果将某一个选项取消，则在下方出现的报表就会减少该类的报表，例如，将"Microsoft Office Visio"取消，在下方的选项卡中就会缺少利用 Visio 生成的报表。如果将两个选项均取消，则所有报表均不显示。

在选项卡中，有如下几类报表。

（1）工作分配使用状况。

● 比较基准成本报表。使用此报表，可以查看显示项目的比较基准成本、计划成本以及实际成本的条形图。

● 比较基准工时报表。使用此报表，可以查看显示项目的比较基准工时、计划工时以及实际工时的条形图。

● 基准报表。使用此报表，可以查看按季度、然后按任务划分的项目图表。此报表将计划工时和成本与基准工时和成本进行比较。当计划工时超过比较基准工时，或计划成本超过比较基准成本时，会有标记显示。

● 随时间变化的盈余分析报表。使用此报表，可以查看按时间绘制 AC（已完成工时的实际成本）、计划值（已完成工时的预算成本）和盈余值（已完成工时的预算成本）的图表。

● 预算成本报表。使用此报表，可以查看按时间显示预算成本、比较基准成本、计划成本以及实际成本的条形图。

● 预算工时报表。使用此报表，可以查看按时间显示预算工时、比较基准工时、计划工时以及实际工时的条形图。

（2）任务摘要。

◎ 关键路径任务报表。使用此报表，可以查看显示关键及非关键任务的工时与剩余工时的图表。数据栏表明工时完成的百分比。

注意 在作者编写本章内容时，Project Professional 2007 中文版的利用 Visio 生成报表时，模板会存在一些问题，导致结果不能正常显示。

（3）资源摘要。

◎ 资源剩余工时报表。使用此报表，可以查看按时间显示总工时量、工时以及剩余工时资源可用性的条形图。

（4）工作分配摘要。

◎ 任务状态报表。使用此报表可以查看一个图表，该图表显示项目中的任务的工时与工时完成百分比。当比较基准工时超过工时、比较基准工时等于工时，以及工时超过比较基准工时，会有符号指明。数据栏表明完成工时的百分比。

◎ 资源状态报告（Resource Status Report）。使用此报表，可以查看显示每个项目的工时和成本值的图表。图表上每个框中的阴影表示工时完成百分比。随着资源中分配的工时趋于完成，阴影会越来越暗。

（5）任务分配状况。

◎ 现金流报表。使用此报表，可以查看按时间显示项目计划成本和实际成本的图表。成本按资源类型（工时、材料和成本）划分。当计划成本超过比较基准成本时会有标记显示。

（6）资源使用状况。

◎ 现金流报表。使用此报表，可以查看按时间显示项目计划成本和实际成本的图表。成本按资源类型（工时、材料和成本）划分。当计划成本超过比较基准成本时会有标记显示。

◎ 资源成本摘要报表。使用此报表可以查看饼图，该图显示三种资源类型（成本、材料和工时）之间的资源成本划分。

◎ 资源工时可用性报表。使用此报表，可以查看按时间显示总工时量、工时以及剩余工时资源可用性的条形图。

◎ 资源工时摘要报表。使用此报表，可以查看按工时单位显示总工时量、工时以及剩余工时资源可用性的条形图。

◎ 资源可用性报表。使用此报表，可以查看资源的任务分配情况，以及资源的可用性情况。

8.6.3 功能演示

上一小节对每个可视报表进行了简单介绍，本小节对部分报表进行举例说明。

1. 现金流量表

现金流量表是每个单位财务部门需要了解的非常重要的项目财务信息。用户打开可视报表对话框之后，双击"任务分配状况"选项卡中的"现金流量表"，系统将进行一系列的运算过程，会自动生成一个 Excel 文件，如图 8.28 所示。

在图 8.28 中，以柱状图的形式列出了从 2011 年第一季度到第三季度每周的现金值，其中包含"成本"以及"累计成本"两项值，所以每周均有两个柱状图显示。如果想得到用曲线表示的效果图。

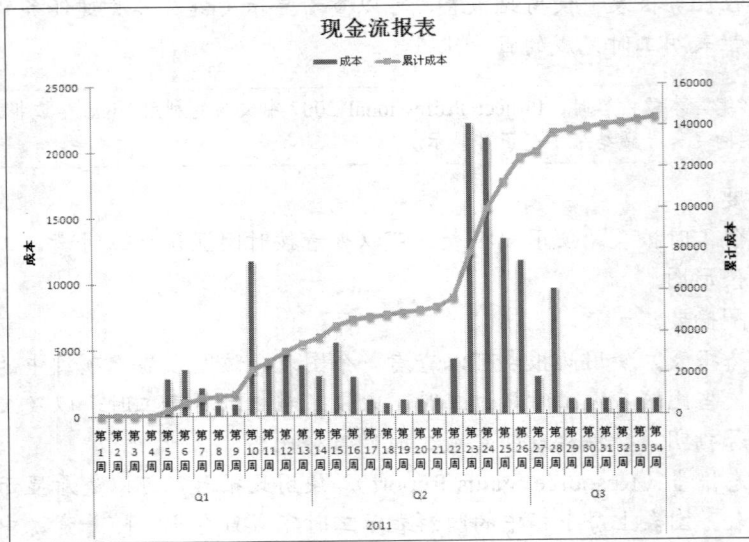

图 8.28 "现金流量表"可视报表

2．预算成本报表

在项目计划制订过程中，成本计划在不断发生变化，而且项目信息保存基准之后，成本计划也可能会不断变化，如何能够直观地展现"预算、成本、比较基准成本"三者的关系呢？通过可视的"预算成本报表"便可实现。

双击"预算成本报表"，经过系统一系列的计算之后，系统会生成一个新的 Excel 文件来展示生成的报表，如图 8.29 所示。

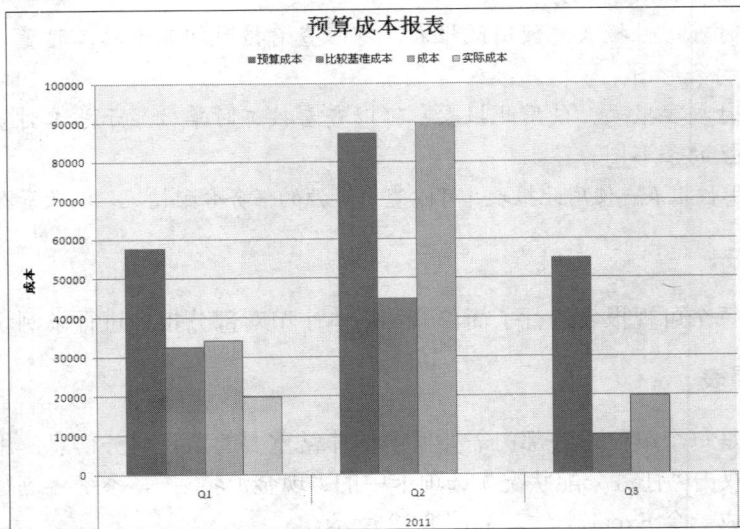

图 8.29 饼状图显示的"预算成本报表"

在图 8.29 中可以看到，在 2011 年的第一季度和第三季度成本均没有超出预算，但是 2011 年的第二季度，成本超出了预算。

8.6.4　报表模板维护

用户如果对默认的可视报表有修改的需求，就可以单击图 8.27 右侧的"编辑模板"按钮来实现。通过编辑模板可以定义希望报表中出现的内容，如图 8.30 所示。

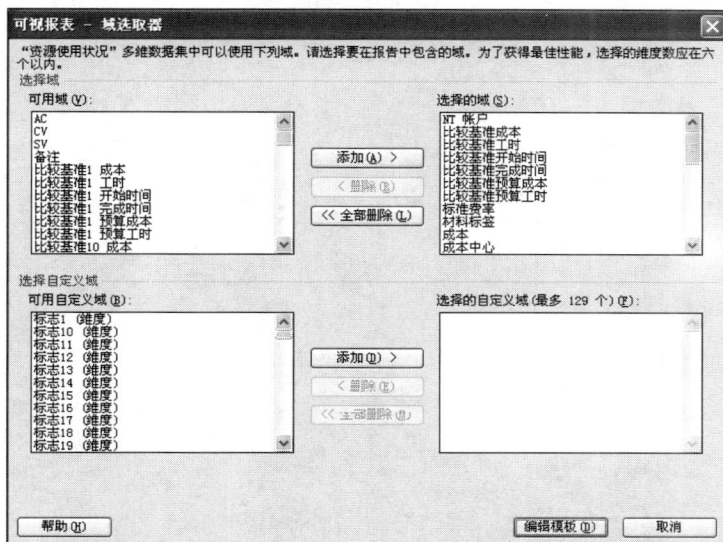

图 8.30　可视报表的模板编辑

如图 8.30 所示，可以从左侧的"可用域"中选择希望的数据"添加"到右侧的"选择的域"中。或者从右侧"选择的域"删除不希望报表中出现的数据。

此外，在图 8.30 中，用户不仅可以"添加"Project 默认的域，还可以添加用户自定义的域。

如果用户发现在当前的可视报表中，没有自己希望得到的报表，则可以单击图 8.27 中的"新建模板"来自定义新的报表模板文件。单击"新建模板"按钮之后出现如图 8.31 所示的对话框。

新建模板时需要首先选择 Excel 或者 Visio 为报表的应用程序，再单击图 8.31 中的"域选取器"按钮，由用户定义满足自身需求的可视报表。

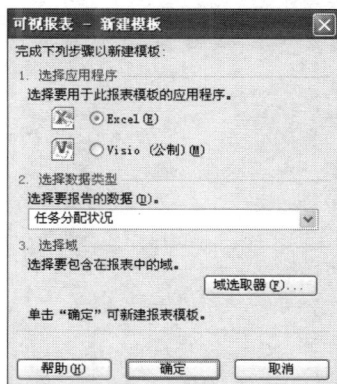

图 8.31　可视报表的新建模板

高级篇

前面章节介绍的项目计划编制是围绕单个项目来展开的，在实际的项目管理过程中可能会出现同时管理多个项目的情况。如果这多个项目存在一定的相关性，则会组成"项目群"。

项目群（Program）是指经过协调统一管理以便获取单独管理时无法取得的效益和控制的一组相互联系的项目。项目群中的项目需要共享组织的资源，需要进行项目之间的资源调配。

项目群管理（Program Management）是指为了实现组织的战略目标和利益，而对一组项目（项目群）进行的统一协调管理。项目群管理需要运用知识和资源，来界定、计划、执行和汇总客户复杂项目的各个方面。

同单项目管理相比，项目群管理是为了实现项目群的战略目标与利益，而对一组项目进行的统一协调管理。项目群管理是以项目管理为核心。单个项目上进行日常性的项目管理，项目群管理是对多个项目进行的总体控制和协调。

项目群管理不直接参与对每个项目的日常管理，所做的工作侧重在整体上进行规划、控制和协调，指导各个项目的具体管理工作

"项目群"是主项目，单个的项目之间资源是共享的，而且项目和项目之间的任务可能会有关联关系。本章将从两个方面进行介绍多项目计划的编制：项目的合并，共享资源的建立。

9.1 项目合并

Project 可以把若干个项目文件合并为一个大的项目文件，从而在一个 Project 环境中同时管理多个项目，完成项目间关联性的设定、资源的协调等工作，这种方式对于"项目群"的管理有着非常大的帮助。

9.1.1 案例描述

执行"固定资产信息系统"项目的项目管理办公室（PMO）发现其他项目组执行的项目与此项目有着非常多的关联关系，项目与项目之间有着很多互相限制的条件。因此，决定指派项目经理"小张"编制一个项目群的项目计划，项目群的名称为"9-企业信息化项目群"，具体包含的项目包括：本书中一直使用的案例"固定资产信息系统"，以及其他 3 个项目"邮件系统合并项目"、"办公自动化项目"和"视频保安系统项目"。

9.1.2　合并项目

1．建立主项目文件

打开 Project Professional，选择菜单【文件】/【新建】，新建一个空白的项目文件。选择菜单【文件】/【保存】，在出现的文件保存对话框中输入主项目的项目名称"企业信息化项目群"，如图 9.1 所示。

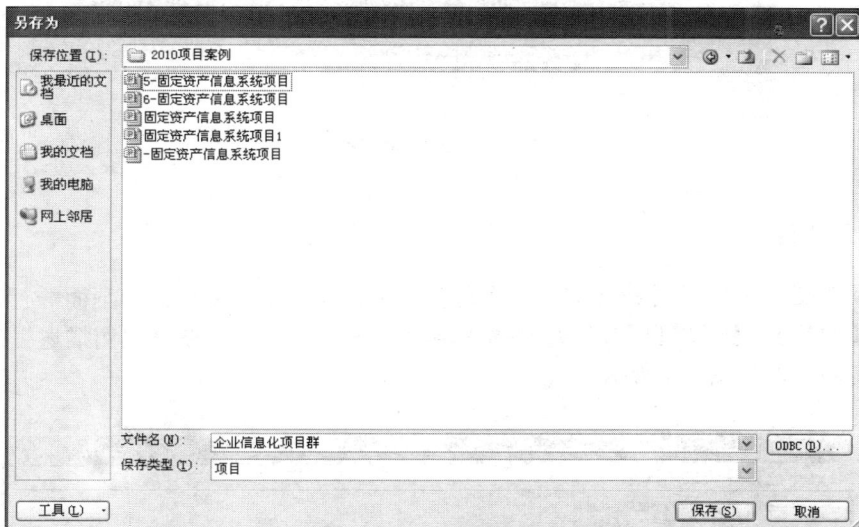

图 9.1　保存主项目文件

2．显示主项目名称

选择菜单【格式】/【现实/隐藏】，在出现的选择框中，将"项目摘要任务"选中，如图 9.2 所示。

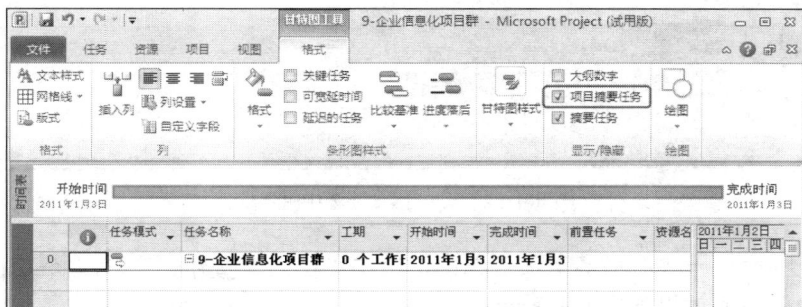

图 9.2　设置基本属性

按照图 9.2 中的结果设置后，在该文件的甘特图中会出现一条"标识号"为"0"的任务，任务名称是"9-企业信息化项目群"，该名称就是该项目文件的名称。这样做的目的是将下一步要插入的子项目利用标识号为"0"的项目摘要任务实现项目群数据汇总。

按照图 9.2 中的结果设置后，效果如图 9.3 所示。

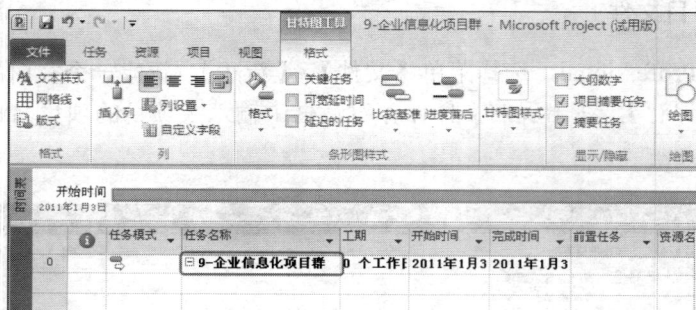

图 9.3　项目摘要任务

3. 插入项目

将鼠标在图 9.3 中的甘特图的第一个任务"9-企业信息化项目群"下面一行单击，然后选取菜单【项目】/【子项目】，打开"插入项目"对话框，选择在"案例描述"中提到的 4 个项目分别插入，如图 9.4 所示。

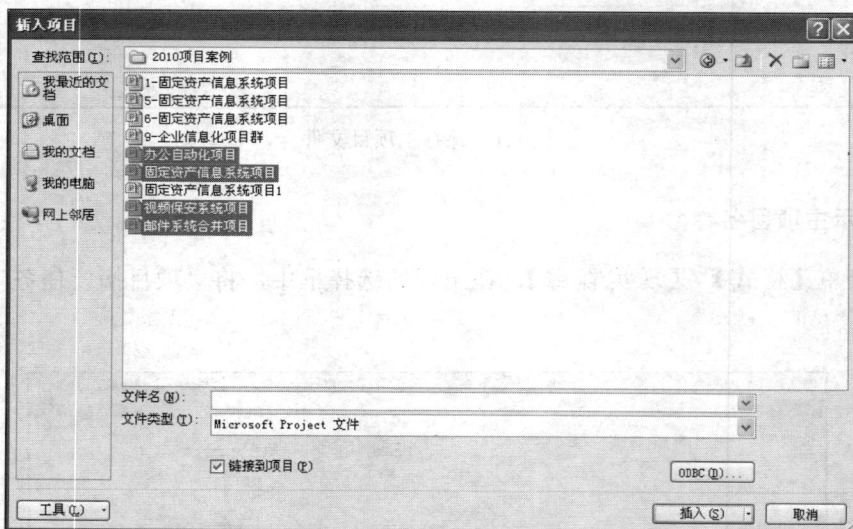

图 9.4　将多个子项目选中并插入

如图 9.4 所示，一次性将多个项目选中，单击"插入"按钮，上述 4 个项目会被合并到主项目中。合并后的效果如图 9.5 所示。

从图 9.5 中可以看到，4 个子项目都以"摘要任务"的形式加入了主项目"9-企业项目化项目群"，每个子项目左边的标记圖表明该摘要任务来源于项目文件。右边的条形图，表示每个项目的执行时间区域。

图 9.5 合并项目以后的主项目甘特图

9.1.3 项目间的关联性设定

将项目合并以后，在新的文件中，既可以在"子项目"与"子项目"之间直接建立关联，也可以在不同项目的任务之间建立关联。

1. 子项目之间的关联

例如，"固定资产信息系统项目"必须在"视频保安系统项目"完成之后才能开始。可以直接在如图 9.5 所示右边的条形图中，在两个项目对应的条形图之间设置"前置任务"，建立两个项目之间的关联，结果如图 9.6 所示。

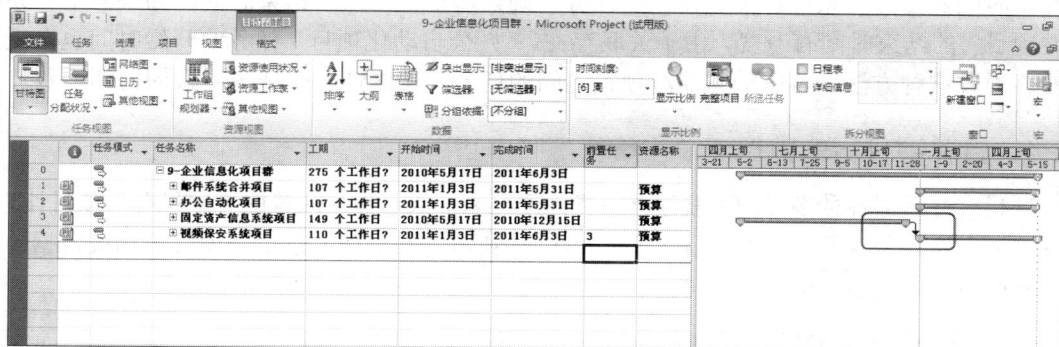

图 9.6 项目名称之间的关联

在图 9.6 中，由于建立了"固定资产信息系统项目"与"视频保安系统项目"之间的关联，导致项目群的结束时间变为"2011-6-3"。

这个过程可以体现多个项目之间的关系，项目经理通过这种关联的建立可以及时发现项目与项目之间产生的制约和影响。

2. 子项目之间的任务关联

项目合并以后，更大的作用是实现项目间的任务关联。

例如，"办公自动化项目"的任务"需求分析阶段结束"开始的前提是"邮件系统合并项目"的任务"确认需求说明书"结束。从而需要在两个任务之间建立"结束－开始"的关联关系，如图 9.7 所示。

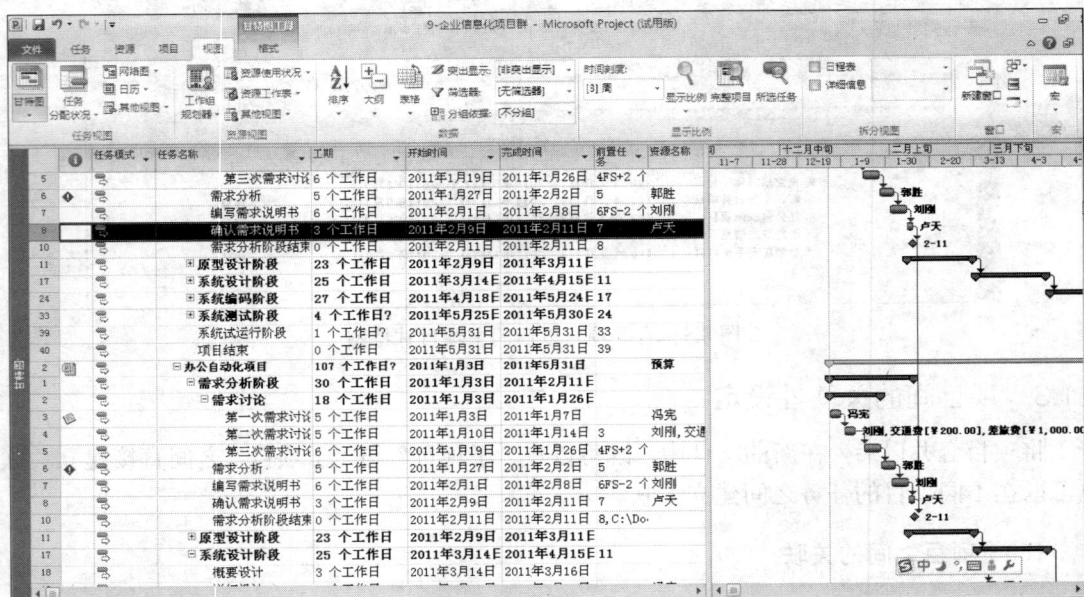

图 9.7　跨项目的任务之间关联性设定

两个任务的"结束－开始"关联建立后，"办公自动化项目"的"需求分析阶段结束"的开始时间是"邮件系统合并项目"的任务"确认需求说明书"结束时间。如果"邮件系统合并项目"的结束时间有改变，由于关联存在，"办公自动化项目"任务的开始时间也会受到影响。通过这种方法，可以动态监测项目之间的任务的关联性，保证多项目的协调一致。

9.1.4　合并项目后的数据汇总

项目合并后，各种必要的关联建立完毕，便可以形成一份高质量的"项目群"项目计划，如图 9.8 所示。从项目群文件的第一行，可以看到项目群自动汇总了子项目的相关数据：工期、开始时间、结束时间、成本等。

图 9.8　项目群的数据汇总

从图 9.8 中可以看到，该项目群的总工期为"275 工作日"，全部的项目在"2011 年 6 月

"3 日结束",项目群的总成本为"¥358432.00",总预算为"¥500000.00"。

9.1.5 主项目与子项目的信息同步

Project 实现项目合并的方式采用的是链接的方式,子项目并入主项目之后,子项目文件依然存在,因此子项目文件与主项目文件的信息同步非常必要。

1. 主项目同步子项目

Project 自动实现了主项目与子项目的信息同步,当在"主项目"中修改一个任务之后,保存"主项目"时,Project 会提示是否同步更新"子项目"文件,如图 9.9 所示。

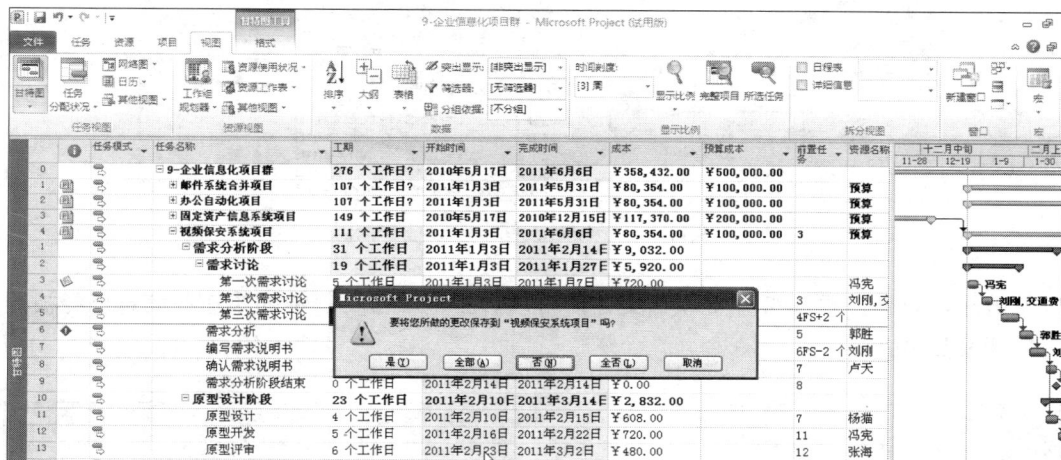

图 9.9 主项目与子项目的同步

把"主项目"中的"视频保安系统项目"的"第三次需求讨论"工期修改为"7 个工作日",单击菜单【文件】/【保存】后,出现如图 9.9 所示的提示信息。要将更改保存到"视频保安系统项目"吗,选择"是"以后,再次单独打开"视频保安系统项目"的 MPP 文件,可以看到"第三次需求讨论"任务的工期已经被自动修改为"7 个工作日",如图 9.10 所示。

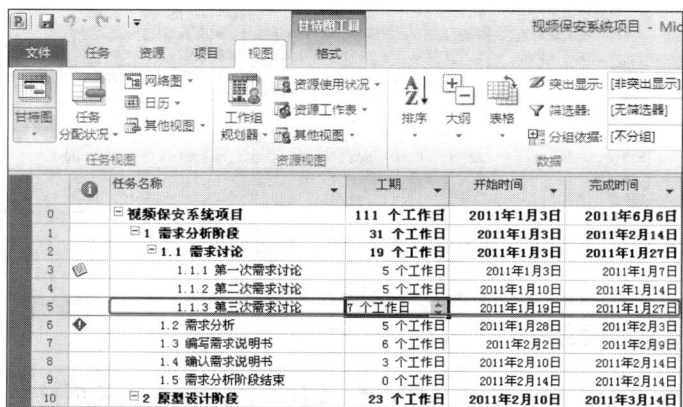

图 9.10 子项目文件同步更新

2．子项目同步主项目

如果更改子项目文件后，主项目文件中的信息也会被同时更新。例如，在子项目文件"视频保安系统项目"项目中，将"需求分析"修改为"系统需求分析"，如图9.11所示。

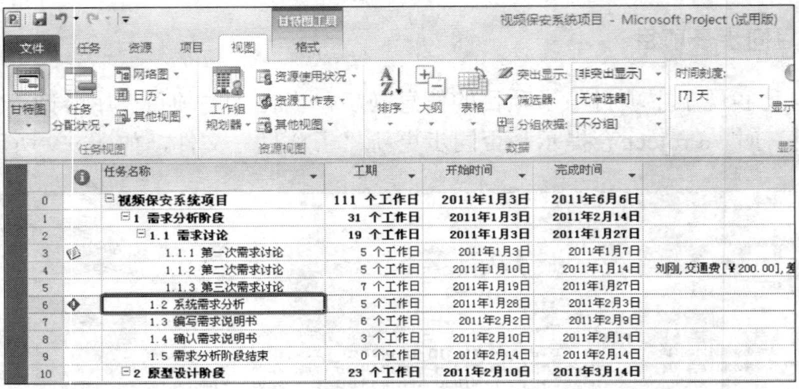

图9.11　在子项目文件中修改任务信息

修改子项目后，再次打开主项目文件，可以看到主项目文件中的该任务信息已经被同步了，如图9.12所示。

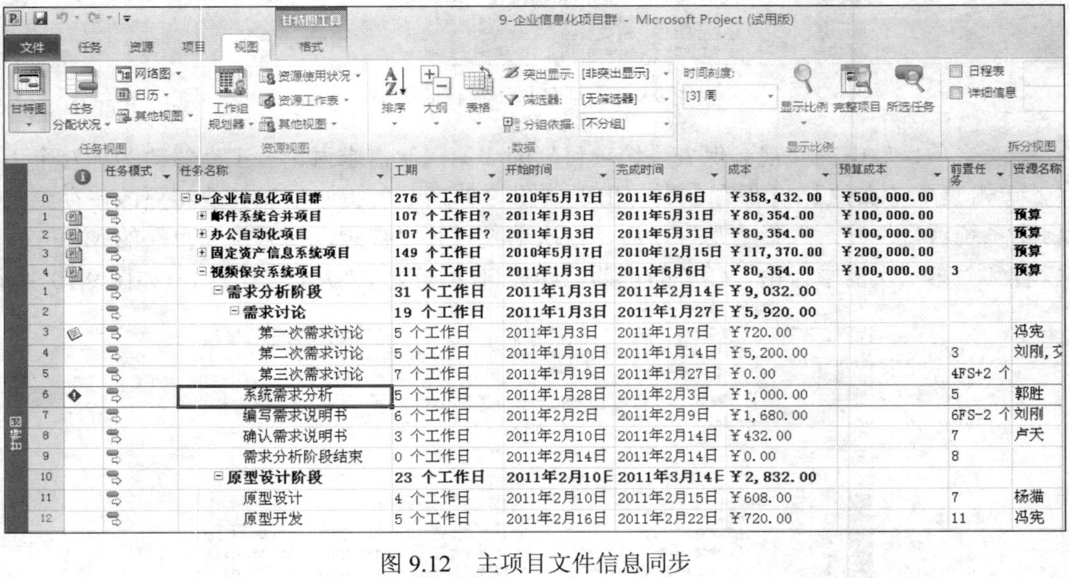

图9.12　主项目文件信息同步

3．限制主项目对子项目的修改

如果不希望在主项目中随意修改子项目的信息，可以在"插入项目"时采用"只读"的方式，项目合并后子项目的修改可以影响主项目，但是在主项目中不能更改子项目的内容，在一定程度上保证了数据的安全性。如图 9.13 所示，插入项目时有"只读"选项。

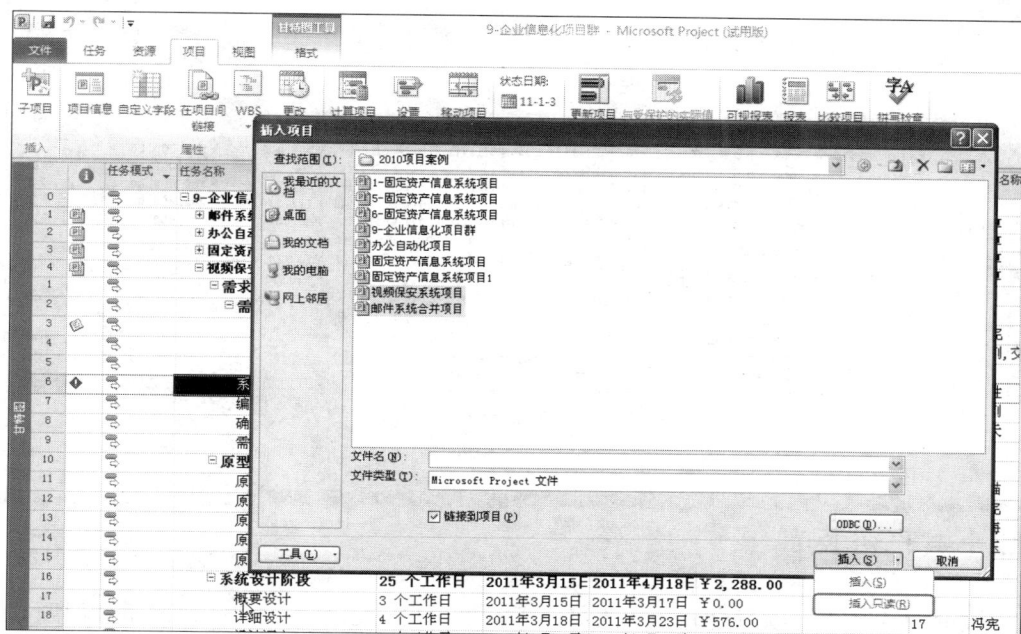

图 9.13 "插入项目"时的只读选项

或者，直接在"主项目"中用鼠标双击子项目名称，在出现的"插入项目信息"对话框中选中"只读"复选框，如图 9.14 所示。

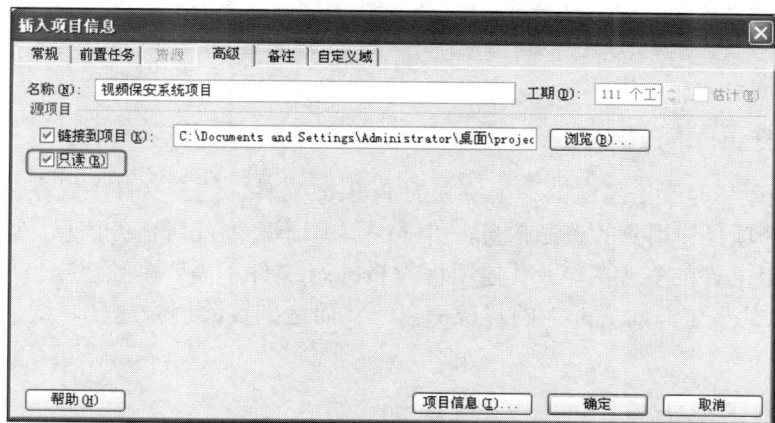

图 9.14 修改子项目的只读属性

按照"只读"方式插入项目，或者修改子项目"只读"属性后，在主项目中展现子项目时，子项目的图标成为如图 9.15 所示的形状。

如果希望取消项目的合并，方法很简单，在主项目中删除该项目的链接，便可取消该项目与主项目的合并关系。

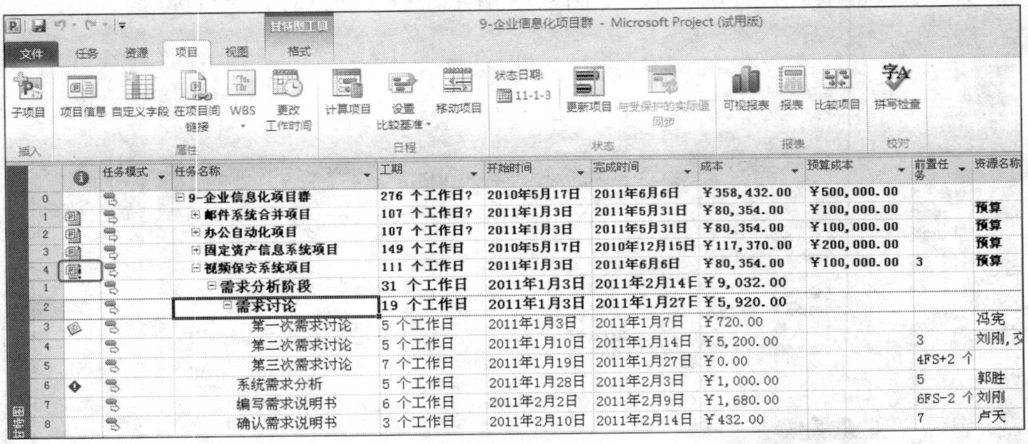

图 9.15　只读项目的标记

9.2　共享资源库

前面介绍的是通过项目合并的方式制定项目群项目计划的方法，解决的主要问题是多项目之间的任务关联性。在实际项目管理过程中，存在多个项目之间没有任务的关联性，只有资源的关联性的情况，当多个项目之间的任务没有明显的关联性，但是资源却使用同一资源库时，为了实时得知资源在不同项目之间的分配状况，可以采取"共享资源库"的方法来解决。

> **注意**　本小节介绍的"共享资源库"是在没有部署 Project Server 的情况下，使用 Project Professional 实现多项目资源管理的方法。如果部署了 Project Server，则本节内容不需要作为参考。

9.2.1　共享资源库简介

"共享资源库"是手工新建的一个单独的 Project 文件，这个文件中只在视图"资源工作表"中存放多个项目使用到的资源信息，"甘特图"中不需要任何任务信息。这个文件的用途是接受其他项目文件的资源共享，其他项目的 Project 文件不需要单独建立自己的"资源工作表"，都使用"共享资源库.mpp"的资源信息，从而达到资源统一建立、统一维护、统一查看的目的。

9.2.2　建立共享资源库

1．新建文件

在 Project Professional 环境中，选择菜单【文件】/【新建】，建立一个空白的项目文件，文件名保存为"共享资源库"（名字的格式无所谓，但是必须能够让使用者清晰地识别），如图 9.16 所示。

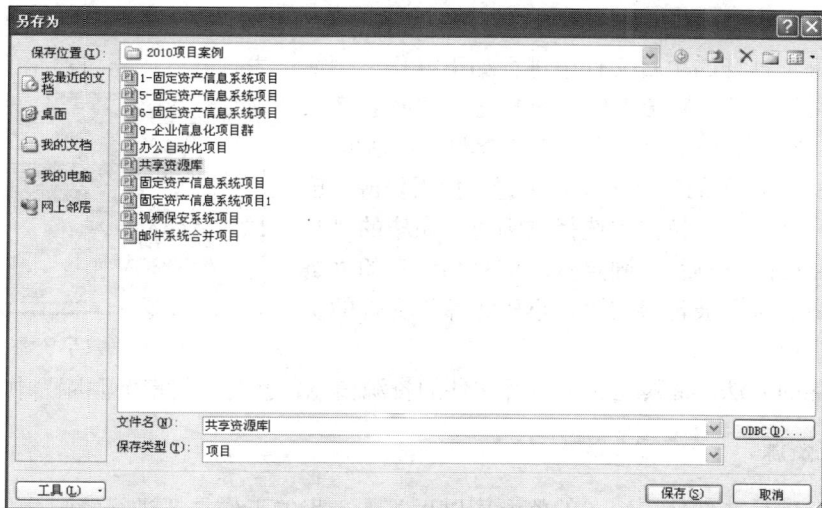

图 9.16　保存共享资源库

2．建立资源信息

"共享资源库"文件建立后，选择菜单【资源】/【资源工作表】，将视图切换到"资源工作表"，建立所有可能使用到的资源信息，如图 9.17 所示。

图 9.17　在共享资源库中建立资源信息

9.2.3　使用共享资源库

1．切换资源信息来源

资源库文件建立完毕后，打开所有即将使用该资源库的项目文件，即上一节提到的 4 个项目文件：固定资产信息系统项目、办公自动化项目、邮件系统合并项目、视频保安系统项目。

依次在每个打开的项目文件中进行如下操作。例如，先打开"固定资产信息系统项目"文件。选择菜单【资源】/【工作分配】/【资源库】/【共享资源】，出现如图 9.18 所示的"共享资源"对话框。

在如图 9.18 所示的对话框中，选择"使用资源"选项，并且在"来自"下拉框中选择刚刚建立完毕的"共享资源库"。选择完毕后，"固定资产信息系统"的"资源工作表"中的资源被替换成"共享资源库"文件的资源信息。

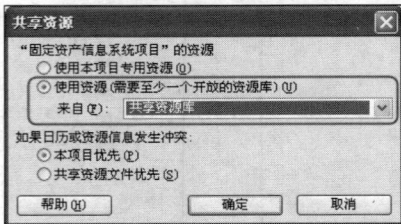

图 9.18 "共享资源"对话框

采用同样的方法，将其他 3 个项目文件的资源信息切换为"共享资源库"中的资源信息。

2．分配资源

设定 4 个项目文件使用统一的资源库以后，下一步的工作是要进行资源分配，在各自的项目中把资源分配到具体的任务中去，如图 9.19 所示。

图 9.19 在各自的项目中分配资源

3．查看资源分配状况

查看资源的分配状况是"共享资源库"最为实用的功能。

打开"共享资源库.mpp"文件，选择菜单【视图】/【资源使用状况】，将视图切换到"资源使用状况"。在该视图内加入一个名称为"项目"的列，加入的方法是在"工时"列上单击鼠标右键，在出现的选项中选择"插入列"，从"域名称"中选择"项目"，将该列插入当前的视图中，如图 9.20 所示。

图 9.20　在"资源使用状况"中增加"项目"

加入"项目"列的目的是可以看到同一资源在不同项目中的任务分配情况。"项目"列插入后，"资源使用状况"视图如图 9.21 所示。

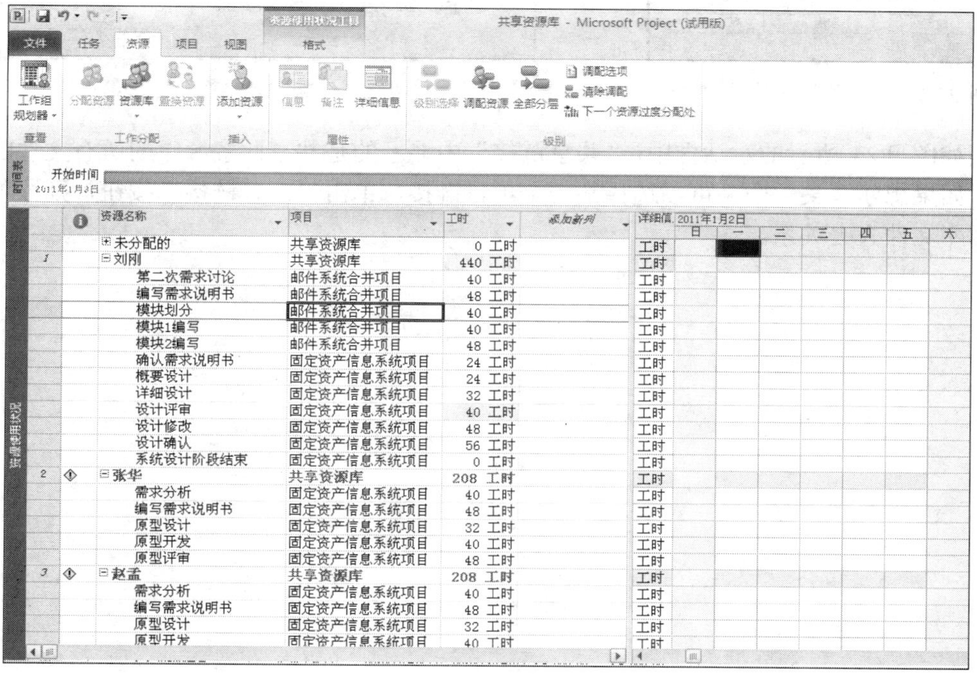

图 9.21　共享资源库的"资源使用状况"视图

从图 9.21 中可以看到，资源"刘刚"总共参与了 2 个项目中的多个任务；其他资源在多个项目中参与的任务也能非常清晰地现实出来。原因是这些项目文件均使用了"共享资源库"

的资源。

通过"共享资源库.mpp"文件可以看到资源在多个项目中的分配情况，而且通过其他使用该文件的项目文件的"资源使用状况"也同样可以看到如图 9.21 所示的效果。

项目经理可以通过此功能进行多项目之间的资源调配，从而保证资源的合理利用及项目的顺利实施。

4．取消共享资源库链接

项目文件中一旦使用了"共享资源库"文件，打开项目文件时，系统会提示是否同时打开"资源库文件"，如图 9.22 所示。

如果想取消项目文件与"共享资源库"的链接，可以打开"共享资源库"项目文件。选择菜单【工具】/【资源共享】/【共享资源】，出现如图 9.23 所示的"共享资源"对话框。

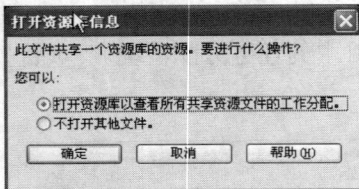

图 9.22　打开项目文件时的提示　　　　　图 9.23　断开共享资源库链接

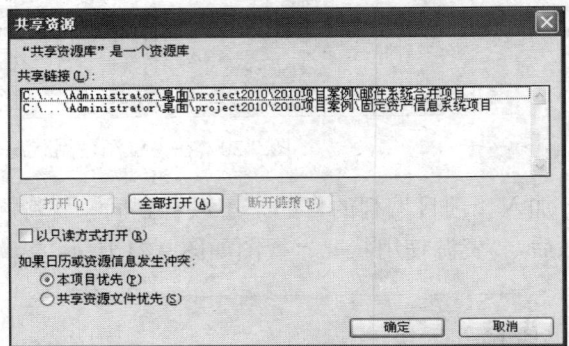

在如图 9.23 所示的对话框中，"共享链接"中显示的是共享此资源库的所有文件的路径描述。如果想断开某一个，可以选择某一个项目链接，单击"断开链接"按钮，则该项目与该资源库文件失去关系。

10

■■■■■■ ■■■■ **第 10 章**
关键路径分析

关键路径是项目管理中的一项核心技术，在指导项目计划的编制方面有着至关重要的作用。

本章将从如下几个方面进行介绍：关键路径定义、查看关键路径、关键路径的变化、关键路径的应用、关键路径的条件和多重关键路径。

10.1 关键路径定义

- ◎ 关键路径是指由关键任务组成的路径。
- ◎ 关键任务是指总时差为 0 的任务。
- ◎ 总时差是指在不延迟项目完成日期的情况下，任务可以延迟的时间量。

综合以上定义可以得出关键路径的另一种解释：决定项目完成日期的任务组成的路径便是关键路径。

在 Project 中，这样定义关键任务的条件。当一项任务满足以下任何一个条件时，该任务即成为关键任务：该任务没有总时差；该任务有"必须开始于"（MSO）或"必须完成于"（MFO）的日期限制；在一个从开始日期排定的项目中，该任务有"越晚越好"（ALAP）的限制；在一个从完成日期排定的项目中，该任务有"越早越好"（ASAP）的限制；该任务的完成日期等同于或超出期限。

限制是指对任务的开始日期或完成日期进行的设置。可以指定任务在特定日期开始，或者不晚于特定日期完成。限制可以是弹性的（未指定特定日期），也可以是非弹性的（指定了特定日期）。

期限是指表明希望完成任务的目标日期。如果期限日期已过而任务仍未完成，Project 就会显示一个标记日期。

当一项任务标记为已完成时，就不再是关键任务，因为它不再影响后续任务的完成或项目完成日期。

🌀**提示**   在项目管理理论中，关键路径有着更加科学的解释，可以参考项目管理相关书籍，进行深入的学习。

10.2 查看关键路径

Project 软件中固化了关键路径的算法，可以实现随着相关数据的变化实时地展现关键路径。下面介绍如何通过"甘特图"和"网络图"查看关键路径。

10.2.1 在"甘特图"中查看关键路径

打开"固定资产信息系统项目.mpp"项目文件，选取菜单【格式】/【条形图样式】，选择"关键任务"，"甘特图"中右边的条形图中很多任务的颜色变为了红色，红色任务组成的路径就是关键路径，如图 10.1 所示。

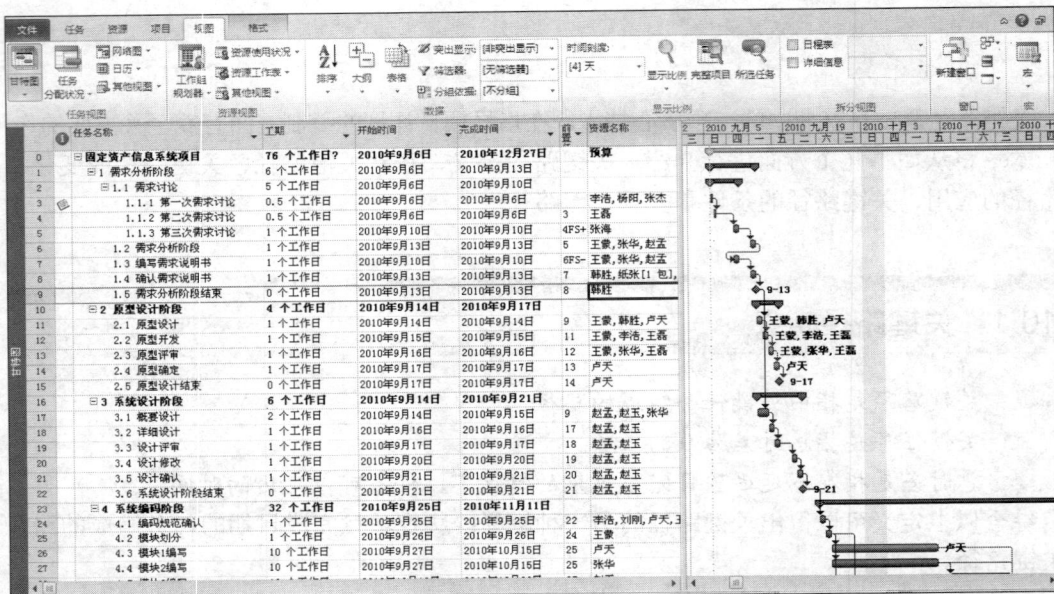

图 10.1　关键路径展示

在如图 10.1 所示的右边空白区域内双击鼠标，可以设置关键任务的特殊标记。将关键任务的条形图设置为如图 10.2 所示的标记。

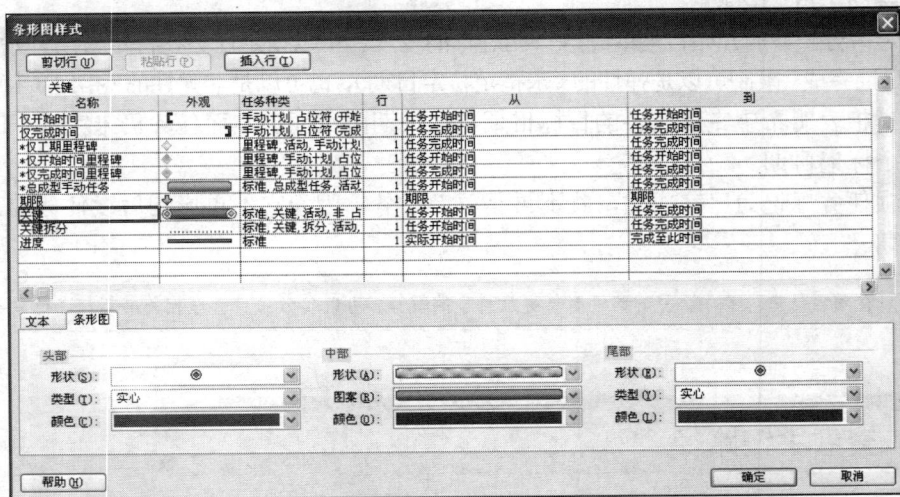

图 10.2　关键任务个性化设置

修改后，关键路径的效果如图 10.3 所示，可以看到任务条形状为 便是关键任务。

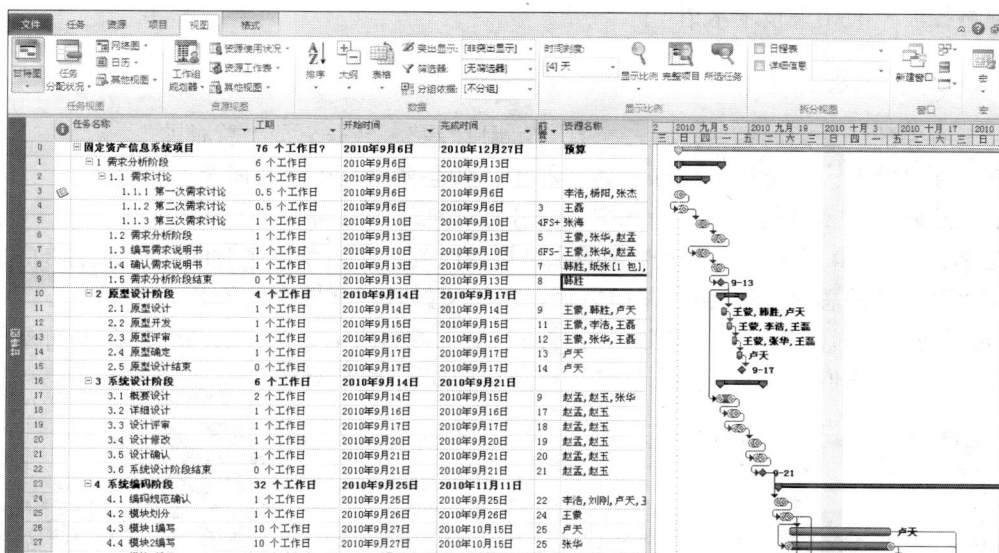

图 10.3　使用特殊标记设置后的关键路径

10.2.2　网络图中的关键路径

选取菜单【任务】/【视图】/【网络图】，在出现的网络图中，用红色标明的任务便是关键任务，如图 10.4 所示。

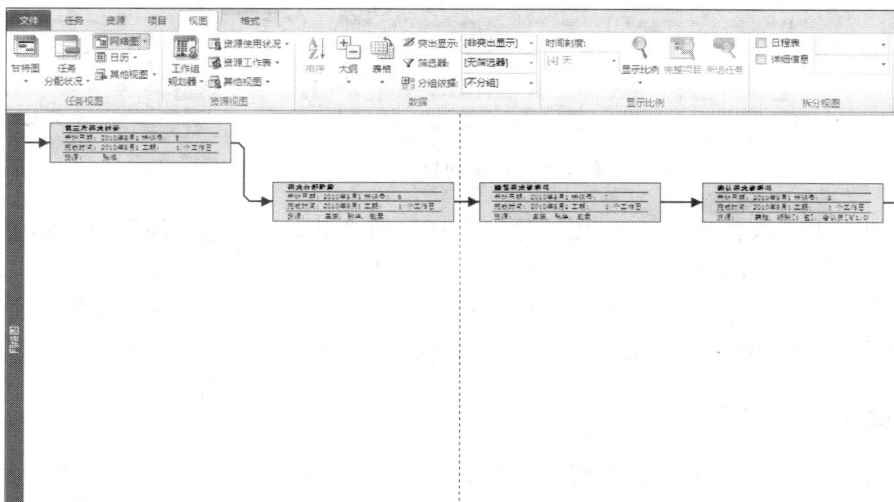

图 10.4　网络图中的关键路径

10.3　关键路径的变化

关键路径是由关键任务组成的，一个任务是否是"关键任务"并不是一成不变的，使用

Project 制作项目计划关键路径的好处便是可以动态地得到不断变化的关键路径。下面详细介绍关键路径涉及的相关技术术语。

10.3.1 时差的概念

关于时差的概念总共有两个，一个是"可用时差"，另一个是"总时差"。

● 可用时差：不延迟后续任务的情况下，任务可以延迟的时间量。

● 总时差：不延迟项目的情况下，任务可以延迟的时间量。

在 Project 2010 版本中，可用时差的术语被修改为"可用可宽延时间"，总时差的术语被修改为"可宽延的总时间"。经过修改之后，应该更好理解其要表达的意义了。

"可用可宽延时间"与"可宽延的总时间"是任务的两个属性，这两个列在 Project 中已经存在，可以将它们插入"甘特图"中进行分析，如图 10.5 所示。

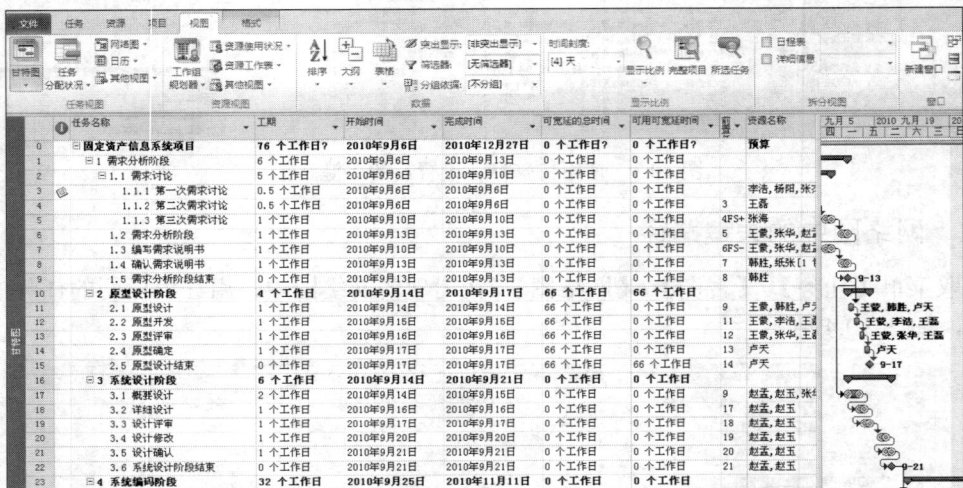

图 10.5　插入"可宽延的总时间"以后的甘特图

从图 10.8 中可以看到，任务"2.1 原型设计"的"可宽延的总时间"为"66 工作日"，表明该工作在不影响到项目完成日期的情况下，可以延迟的范围为"66 个工作日"，如果延迟超过 66 个工作日，就会影响到项目的结束日期"2010-12-27"。任务"概要设计"的"可宽延的总时间"为"0"，表明该任务没有可以延迟的天数。

10.3.2 关键路径的变化

项目的计划总是在不断变化，假设在某个阶段，由于种种原因，图 10.6 中的"系统编码阶段"的几个任务的工期发生了变化：资源"卢天"所负责的任务"模块 1 编写"工期被延长为"21 个工作日"。经过上述变化后，关键路径变成如图 10.6 所示的效果。

从图 10.6 中可以发现，原本是关键任务的"模块 2 编写"不再是关键任务，因为工期调整以后，该任务的总时差由"0"变为"1"；而原来不是关键任务的"模块 1 编写"成为了关键任务，因为该任务的总时差由原来的"10"变为"0"。

以上的案例说明关键路径会随着进度计划的改变而发生变化，项目管理者需要随时监测关键路径的变化。

任务名称	工期	开始时间	完成时间	可宽延的总时间	可用宽延时间		资源名称
12	2.2 原型开发	1 个工作日	2010年9月15日	2010年9月15日	67 个工作日	0 个工作日	11	王蒙,李浩,王磊
13	2.3 原型评审	1 个工作日	2010年9月16日	2010年9月16日	67 个工作日	0 个工作日	12	王蒙,张华,王磊
14	2.4 原型确定	1 个工作日	2010年9月17日	2010年9月17日	67 个工作日	0 个工作日	13	卢天
15	2.5 原型设计结束	0 个工作日	2010年9月17日	2010年9月17日	67 个工作日	67 个工作日	14	卢天
16	3 系统设计阶段	6 个工作日	2010年9月14日	2010年9月21日	0 个工作日	0 个工作日		
17	3.1 概要设计	1 个工作日	2010年9月15日	2010年9月15日	0 个工作日	0 个工作日	9	赵孟,赵玉,张...
18	3.2 详细设计	1 个工作日	2010年9月16日	2010年9月16日	0 个工作日	0 个工作日	17	赵孟,赵玉
19	3.3 设计评审	1 个工作日	2010年9月17日	2010年9月17日	0 个工作日	0 个工作日	18	赵孟,赵玉
20	3.4 设计修改	1 个工作日	2010年9月20日	2010年9月20日	0 个工作日	0 个工作日	19	赵孟,赵玉
21	3.5 设计确认	1 个工作日	2010年9月21日	2010年9月21日	0 个工作日	0 个工作日	20	赵孟,赵玉
22	3.6 系统设计阶段结束	0 个工作日	2010年9月21日	2010年9月21日	0 个工作日	0 个工作日	21	赵孟,赵玉
23	4 系统编码阶段	33 个工作日	2010年9月25日	2010年11月12日	0 个工作日	0 个工作日		
24	4.1 编码规范确认	1 个工作日	2010年9月25日	2010年9月25日	0 个工作日	0 个工作日		李浩,刘刚,卢天
25	4.2 模块划分	1 个工作日	2010年9月26日	2010年9月26日	0 个工作日	0 个工作日	24	王蒙
26	4.3 模块1编写	21 个工作日	2010年9月27日	2010年10月25日	0 个工作日	0 个工作日	25	卢天
27	4.4 模块2编写	10 个工作日	2010年9月27日	2010年10月15日	1 个工作日	1 个工作日	25	张华
28	4.5 模块3编写	10 个工作日	2010年10月18日	2010年10月29日	1 个工作日	1 个工作日	27	赵孟
29	4.6 模块4编写	9 个工作日	2010年9月27日	2010年10月14日	12 个工作日	12 个工作日	25	赵玉
30	4.7 模块4国庆加班测试	3 个工作日	2010年9月30日	2010年10月17日	3 个工作日	17 个工作日	25FS	韩胜
31	4.8 其他模块编写	2 个工作日	2010年9月27日	2010年9月28日	19 个工作日	19 个工作日	25	张海
32	4.9 系统模块整体连调	10 个工作日	2010年11月1日	2010年11月12日	0 个工作日	0 个工作日	31,2	刘海
33	4.10 系统编码阶段结束	0 个工作日	2010年11月12日	2010年11月12日	0 个工作日	0 个工作日	32	张杰
34	5 系统测试阶段	30 个工作日?	2010年11月15日	2010年12月24日	0 个工作日?	0 个工作日?		
35	5.1 功能测试	5 个工作日?	2010年11月15日	2010年11月19日	0 个工作日?	0 个工作日?	33	赵玉
36	5.2 单元测试	5 个工作日	2010年11月22日	2010年11月26日	0 个工作日?	0 个工作日?	35	赵孟

图 10.6 变化后的关键路径

10.4 关键路径在压缩工期方面的应用

关键路径在项目计划的制定和调整中有非常重要的作用，下面通过压缩工期来介绍关键路径的应用案例。

1. 关键路径决定项目工期

关键路径上的任务对项目的结束日期起着决定性的作用，即关键路径决定项目的工期。因此，只有保证了关键路径上的任务按时完成，才能够保证项目的工期不会发生延期。所以项目经理应该对关键路径上的任务格外关注。

2. 直接压缩关键任务工期进而压缩项目工期

项目在执行过程中，有可能发生缩短工期的情况。因为项目的工期是由每一个关键任务的工期所决定，因此项目经理只有在纷繁复杂的任务中找出关键路径，压缩关键任务上的工期，才有可能真正缩短项目的工期。例如，要求将本书中介绍的案例项目的工期缩短 2 天，即将原来的项目结束日期"2010-12-27"修改为"2010-12-25"，而且还要求为了保证项目的质量不受影响，只允许压缩"系统编码阶段"的工期。这时，可以打开 Project 2010，找到"系统编码阶段"的关键任务进行仔细分析，如图 10.7 所示。

在"系统编码阶段"所属任务中，"模块 2 编写"是关键任务，而且工期长为"10 工作日"，其他任务大多是"非关键任务"。如果将"非关键任务"工期压缩 2 天，项目的工期并不会发生变化。例如，把"4.5 模块 1 编写"的工期由"10 工作日"改为"5 工作日"，再次查看甘特图如图 10.8 所示。

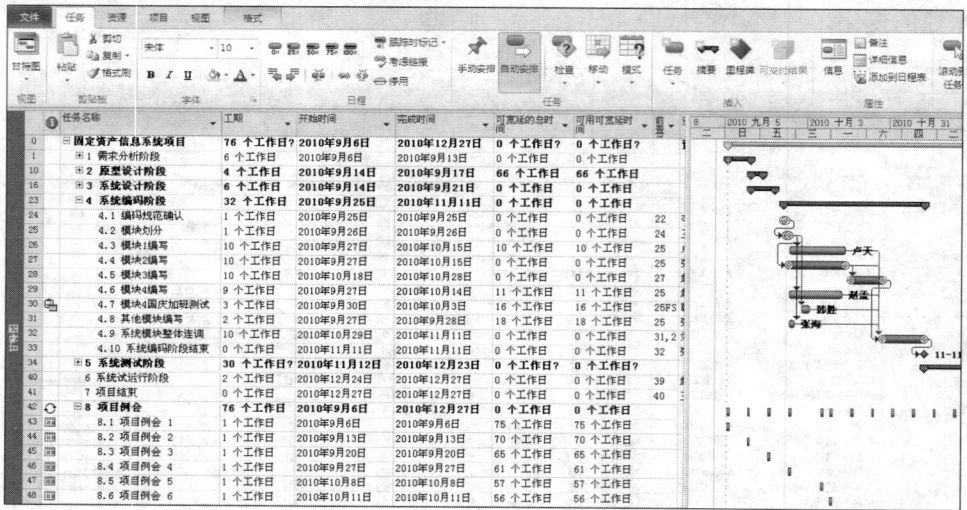

图 10.7　缩短项目工期

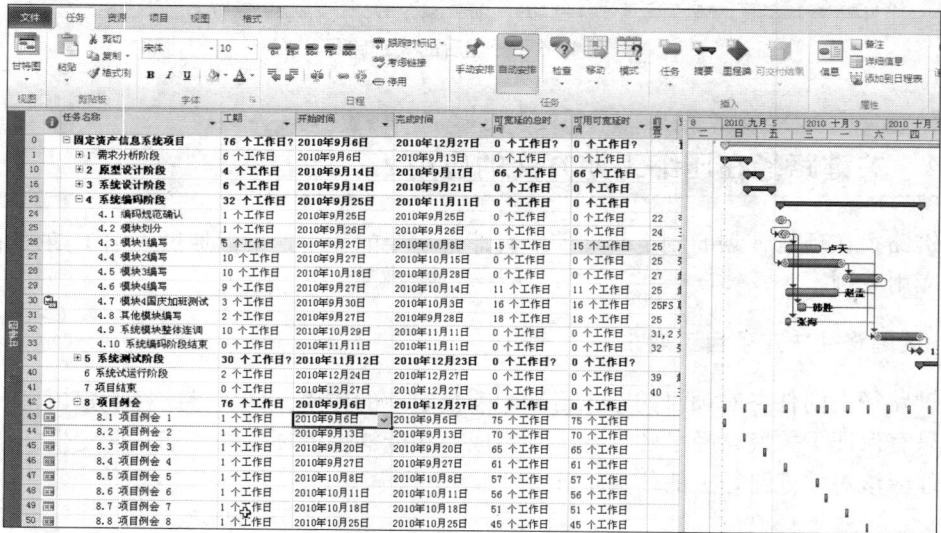

图 10.8　非关键任务工期缩短

　　从图 10.8 中可以看到，"4.5 模块 1 编写"的工期由"10 工作日"缩短为"5 工作日"，但是项目的结束日期"2010-12-27"也没有发生变化。

　　如果缩短关键任务"模块 2 编写"的工期，项目的工期以及项目的结束日期便会立刻发生变化。例如，把"模块 2 编写"的工期由"10 工作日"缩短为"8 工作日"，得到的甘特图如图 10.9 所示。

　　从图 10.9 中可以看到，项目的工期由"76"缩短为"74"，项目的结束日期由"2010-12-27"变为"2010-12-23"（压缩任务工期 2 天，由于项目时间跨越非工作日，因此结束时间在自然日上压缩 4 天）。

　　总之，如果需要缩短项目的工期，一定要先找到关键路径，再针对关键任务进行相应的工期缩短的操作。

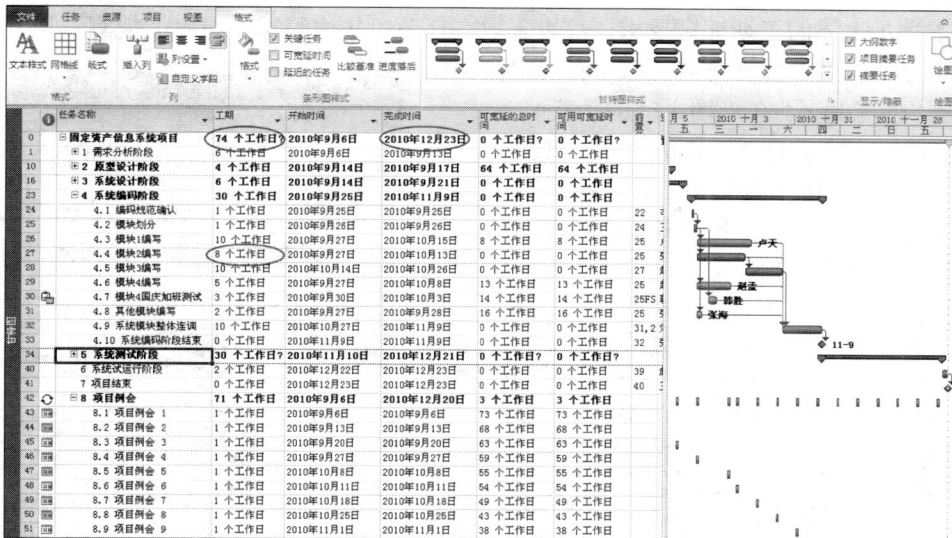

图 10.9　缩短关键任务工期

3. 使用重叠时间压缩工期

有些情况下，项目的工期需要压缩，但是关键任务的工期也不能缩短的情况下，如何来实现呢？

在第 4 章中讲述"任务关联性设置"时，曾经涉及任务间的重叠时间，利用这种方法可以达到上述的目的。

例如，现在的要求是：将本书中介绍的案例项目的工期缩短 2 天（工作日），即将原来的项目结束日期"2010-12-27"改为"2010-12-23"（中间跨越周六、周日），而且不能缩短任何一个任务的工期，并且要求在"测试阶段"的任务上进行相关操作，具体实现方法如下。

首先将甘特图调整至如图 10.10 所示的效果。

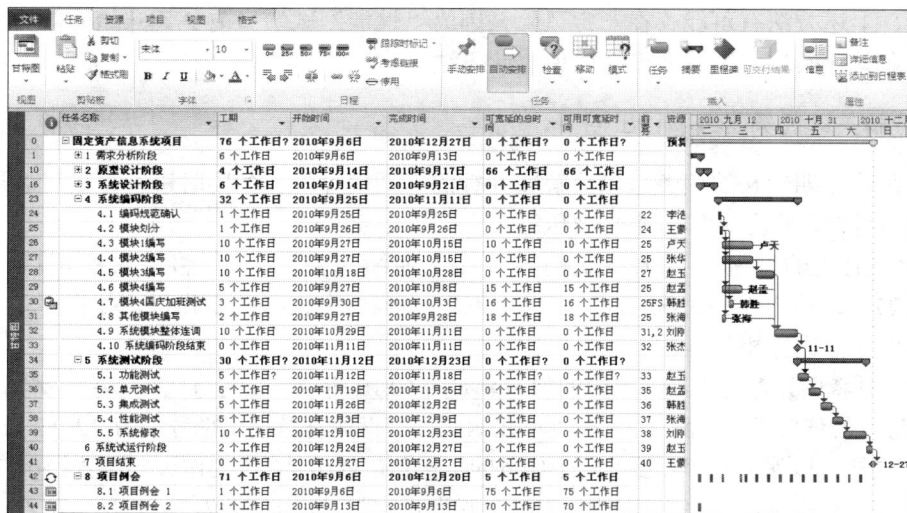

图 10.10　工期调整前的甘特图

为了满足上述的工期缩短要求，可以采取在任务"集成测试"与"性能测试"之间设置
"-2d"的重叠时间。操作方式是双击任务"集成测试"与"性能测试"条形图之间的关联箭头线，出现如图 10.11 所示的"任务相关性"对话框。

在图 10.11 中的"延隔时间"内输入"-2d"，单击"确定"按钮后，甘特图效果如图 10.12 所示。

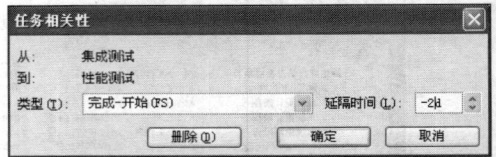

图 10.11　设置任务间重叠时间

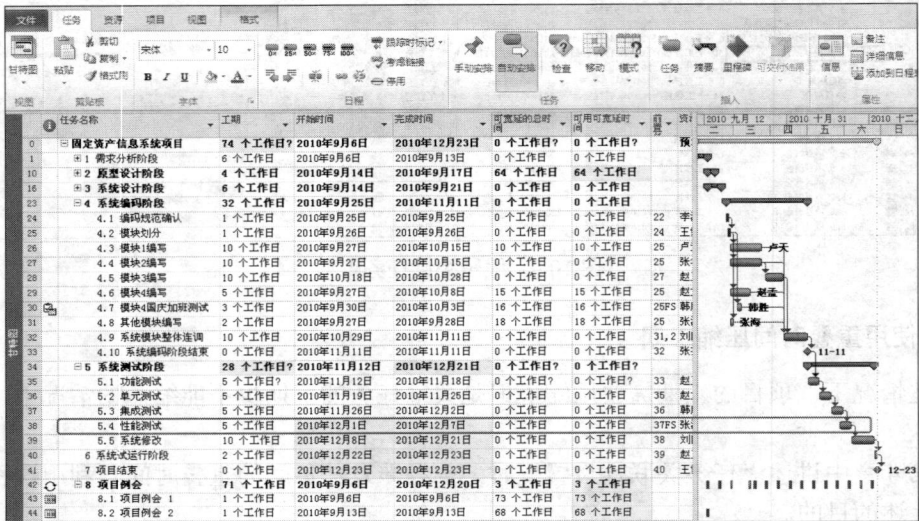

图 10.12　设置任务间重叠时间后

从图 10.12 中可以看到，任务"集成测试"与"性能测试"之间的关联关系变为"FS-2工作日"，项目的工期由"76"变为"74"，项目的结束日期由"2010-12-27"变为"2010-12-23"。由此达到了不缩短任务工期而缩短项目工期的目的。

当然，上述方法有可能存在一定风险，因为"性能测试"提前 2 天开始的前提条件不一定成立。在具体操作时，需要谨慎地使用此方法。

4. 分解关键任务压缩项目工期

如果某些工期较长的任务可以分解成并行的工期较短的任务同时进行，也可以达到缩短项目工期的目的，而且工作量不会被压缩。

依然是上述的案例，要求将案例项目的工期缩短 2 天，即将原来的项目结束日期"2010-12-27"调整为"2010-12-23"，但不能缩短任何一个任务的工作量，并且要求在"测试阶段"的任务上进行相关操作。

再次将甘特图调整为工期变化前的状态，如图 10.10 所示。现在将任务"单元测试"分解为两个同时进行的任务"单元测试 1"与"单元测试 2"，两个任务的工期分别为"2 工作日"和"3工作日"，这样可以保证分解以后的两个任务的工作总量依然是"5 工作日"，如图 10.13 所示。

如图 10.13 所示，项目的工期由"76"变为"74"，缩短了"2 天"。项目的结束日期由"2010-12-27"变为"2010-12-23"。

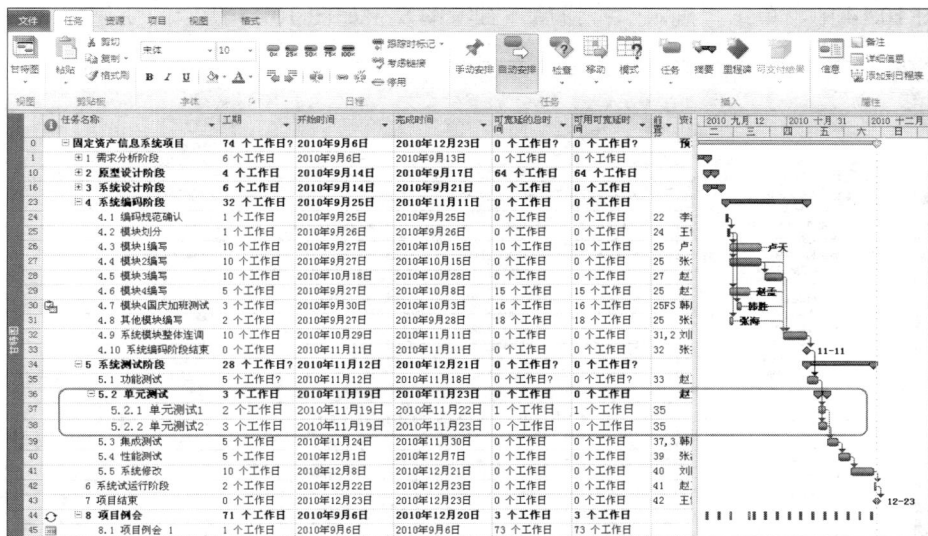

图 10.13　分解任务缩短工期

> **注意**　任务被分解以后，并行的任务不能继续由同一个资源执行，否则会导致资源过度分配，因此需要分配不同的资源。例如上述案例两个并行的"性能测试"任务分别是由两个不同的资源执行的。

5．增加资源从而压缩项目工期

为关键任务分配更多的资源，在一定条件下可以缩短该任务的工期。

例如，要求将案例项目的工期缩短 2 天，即将原来的项目结束日期"2010-12-27"改为"2010-12-23"，但不能缩短任何一个任务的工作量，并且要求在"测试阶段"的任务上进行相关操作。

上一小节采取的是分解任务的方法，下面介绍通过增加资源的方法如何缩短工期。

首先，将甘特图返回至如图 10.10 所示的状态。在任务"单元测试"的资源分配信息中增加一个资源"韩胜"，如图 10.14 所示。

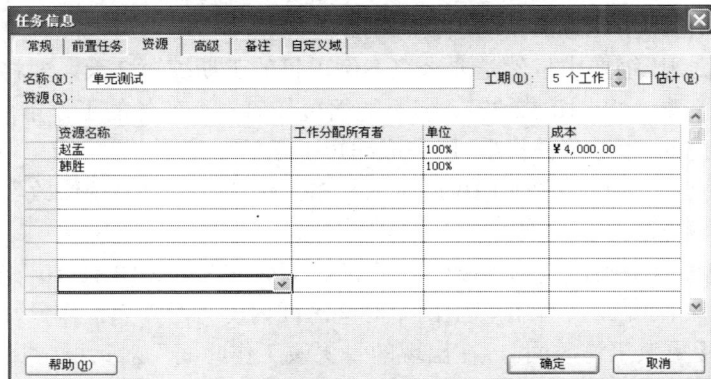

图 10.14　增加资源

在图 10.14 中，单击"确定"按钮后，甘特图发生如图 10.15 所示的变化。

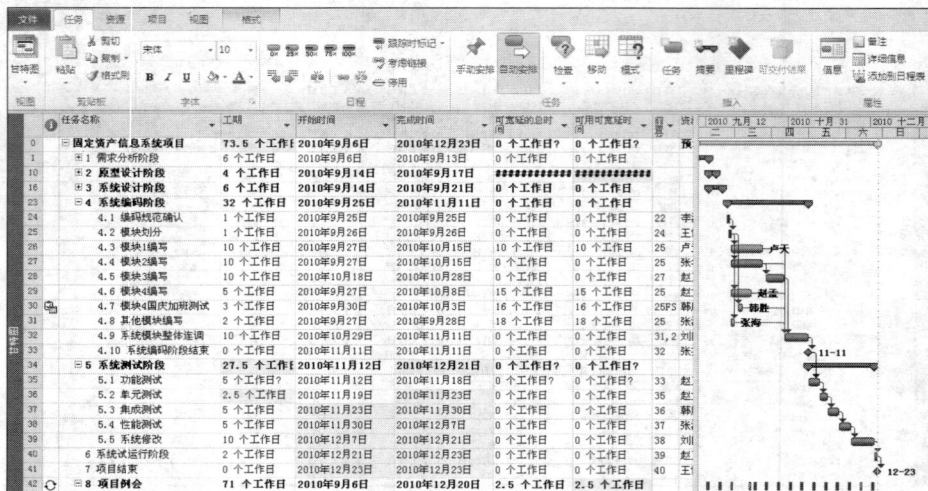

图 10.15　增加资源以后

从图 10.15 中可以看到，任务"单元测试"分配给资源"赵孟"与"韩胜"以后，工期变为"2.5 工作日"，所以项目的工期自动由"76"变为"74"，项目的结束日期由"2010-12-27"变为"2010-12-23"。

> **注意**　资源由一个变为两个后，任务总工时未变，由于投入的资源变为两个，所以对应任务的工期相应变为原工期的一半。对于这样的任务，需要设置任务类型为"固定单位"与"投入比导向"。

6. 更改日历压缩项目工期

在很多项目执行过程中，压缩工期是通过减少"非工作日"（将休息日变化为工作日）的方式来完成的。尤其是在 IT 行业，由于 IT 项目的"需求不确定性"经常引起项目的延期。为了能够赶回工期，很多项目都采取各种各样的加班方式。例如，每周工作日由"5 工作日"变为"6 工作日"，就会无形中为项目增加了很多工作时间，因此理论上，项目就有可能提前完成了。

下面将介绍如何采用此方法压缩项目工期。

具体的项目工期压缩要求依然是要求将案例项目的工期缩短 2 天，即将原来的项目结束日期"2010-12-27"改为"2010-12-23"，但不能缩短任何一个任务的工作量，并且要求在"系统修改"的任务上减少"非工作日"，以完成缩短工期的要求。

首先，将甘特图返回至如图 10.10 所示的状态。仔细分析"系统修改"任务所在的时间区间，如图 10.16 所示。

从图 10.16 中可以看到，"系统修改"所在的时间区间为"2010-12-10"至"2010-12-23"。为了缩短工期"2 工作日"，必须在以上两个时间区间内将"两"非工作日修改为工作日。选取菜单【项目】/【更改工作时间】，在出现的"更改工作时间"对话框中将"2010-12-18"、"2010-12-19"这两个非工作日修改为工作日，如图 10.17 所示。

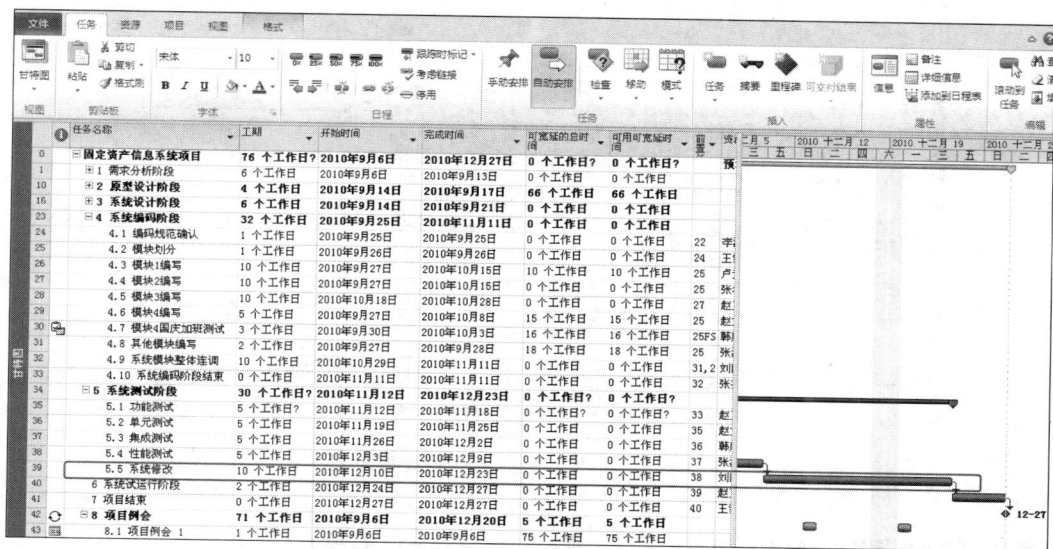

图 10.16 "系统试运行阶段"时间区间分析

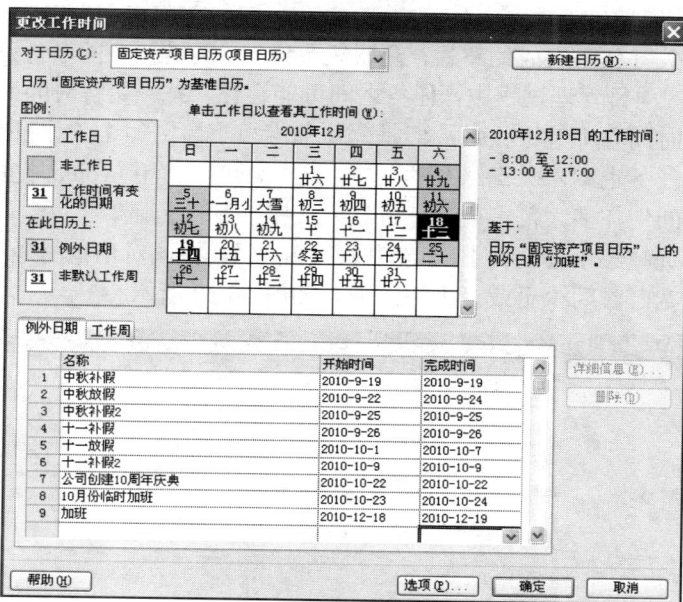

图 10.17 更改非工作日为工作日

日历修改完毕后，单击"确定"按钮，甘特图呈现如图 10.18 所示的效果。

从图 10.18 中可以看到：项目的结束日期由"2010-12-27"变为"2010-12-23"。任务"系统修改"的工期没有发生变化。

注意 修改日历后项目的结束日期提前了，但是项目的工期没有发生变化，是因为将非工作日改为工作日以后，Project 计算工期时将做过改动的日期也计算在内，项目的实际执行工期并没有发生变化。当然，项目提前结束的目的是达到了。

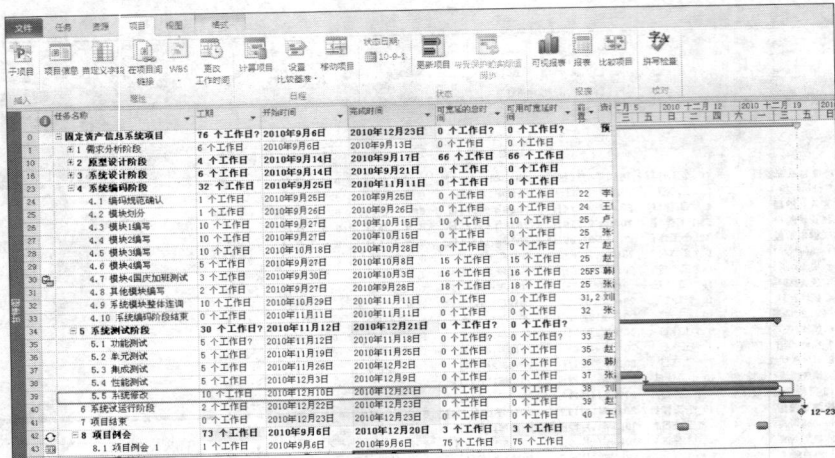

图 10.18　修改日历提前项目结束时间

10.5　关键路径的条件

关键路径是由关键任务组成的路径，在默认条件下，关键任务的条件是"可宽延总时间"等于"0"。在实际的项目管理过程中，任务之间可能存在一些"缓解时间"，因此有可能某些任务的"可宽延总时间"不等于"0"，但是变化范围很小。例如 1 工作日或者 2 工作日。项目经理希望把这些任务也纳入关键路径的范围。这时，可以使用 Project 提供的一个参数来设定将"可宽延总时间"在多大范围内的任务纳入关键路径的范围。

具体做法是：选择菜单【文件】/【选项】/【高级】，在该对话框的最下端修改"关键任务定义：任务可以宽延时间少于或等于"的值，如图 10.19 所示。

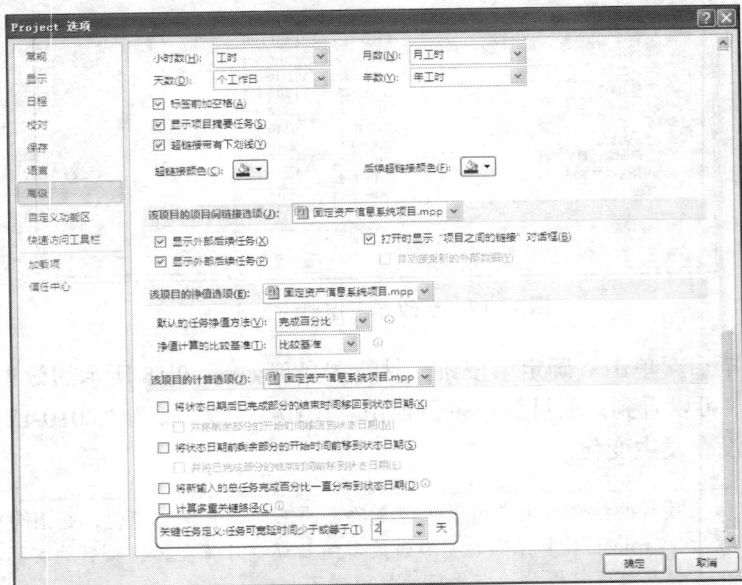

图 10.19　修改关键任务定义条件

在图 10.19 中，总时差小于或者等于 "2" 的任务将被列进入关键路径的行列。

10.6　多重关键路径

默认情况下，Project 中的每一个项目计划都会有一条关键路径。但是如果有需要，可以展现多重关键路径。

1. 多重关键路径设置

选取菜单【文件】/【选项】/【高级】，在出现的对话框的最下端，选中 "计算多重关键路径" 复选框，如图 10.20 所示。

图 10.20　选择 "计算多重关键路径"

经过这样的设置后，项目甘特图中的条形图区域内将可能有不止一条的关键路径出现。

2. 多重关键路径计算方法

在不允许计算多重关键路径的情况下，Project 只会将最长的影响项目结束日期的路径定义为关键路径。如果允许计算多重关键路径，这时候的关键路径的定义的条件不是影响 "项目的结束日期"，而是 "任务组的结束日期"，如图 10.21 所示。

在图 10.21 中可以看到，关键路径有两条，分别是线框内的两个 "任务组"。两个任务组都有各自的结束时间，也就有各自的关键路径。

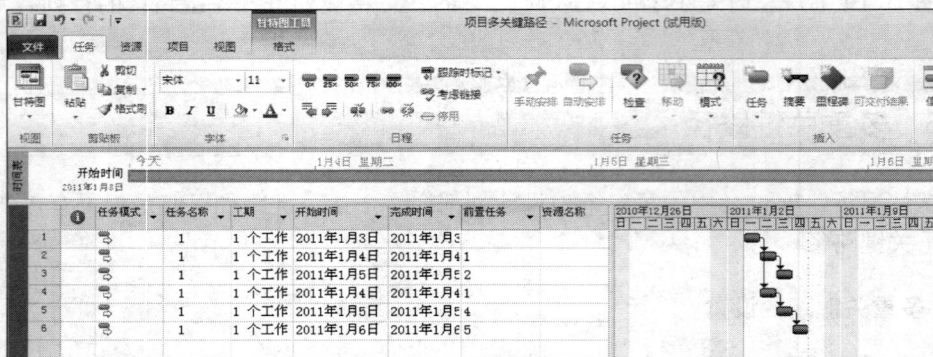

图 10.21　多重关键路径

注意　　即使出现了多条关键路径，但还有一条总的关键路径，总关键路径便是真正影响项目结束日期的那条关键路径。在图 10.21 中，任务 1、4、5、6 组成的一条路径便是总关键路径。

11

■■■■■■■

第 11 章
项目执行

在第 7 章中介绍了项目计划的发布，项目计划发布后项目进入执行阶段，项目成员开始在项目经理的组织下按照计划执行具体的任务。在执行过程中会出现下列很多情况：任务提前完成或者延期完成、更换资源、增加任务、取消任务等。

Project 作为一套优秀的项目管理软件，可以帮助项目管理人员体现项目执行的情况，并能够根据目前的执行状况预测对项目未来的影响。Project 产品在项目执行阶段向用户提供了两套使用的方式，对于没有 Project Server 环境的用户，可以单独使用 Project Professional 完成项目执行的操作，对于已经具备 Project Server 的用户，可以通过 Project Server 与 Project Professional 的协作更好地完成项目执行的操作。本章将分别介绍上述两种方式。

11.1 单独使用 Project Professional 的执行方式

如果用户只有 Project Professional，项目计划的编制和进度的更新都是由项目经理单独在自己的电脑上完成。

> 📌**注意**　在项目执行操作之前，再次提醒用户必须保存"比较基准"。检查是否保存过比较基准的方法：选择菜单【视图】/【任务视图】/【跟踪甘特图】，仔细观察出现的"跟踪甘特图"右边的条形图区域，如果每个条形图被上下分为两部分，就证明保存过比较基准，如图 11.1 所示。如果与"甘特图"中的条形图是相同的，就证明没有保存过比较基准。如何保存比较基准，请参考第 7 章的介绍。

本章使用的案例是"固定资产信息系统"项目。Project 实现项目执行的方式有以下几种。

11.1.1　更新完成百分比

体现项目执行的第一种方式是由项目经理通过 Project Professional 打开最初编制的项目计划，将视图切换到"甘特图"视图，更新每一项任务的"完成百分比"域。

打开"固定资产信息系统项目.mpp"项目文件，在默认的"甘特图"视图中，"完成百分比"是不存在的，需要手工将该域加入"甘特图"视图。加入的方式：鼠标右键单击"甘特图"中的任何一个域名称，在出现的菜单中选择"插入列"，出现如图 11.2 所示的下拉菜单。

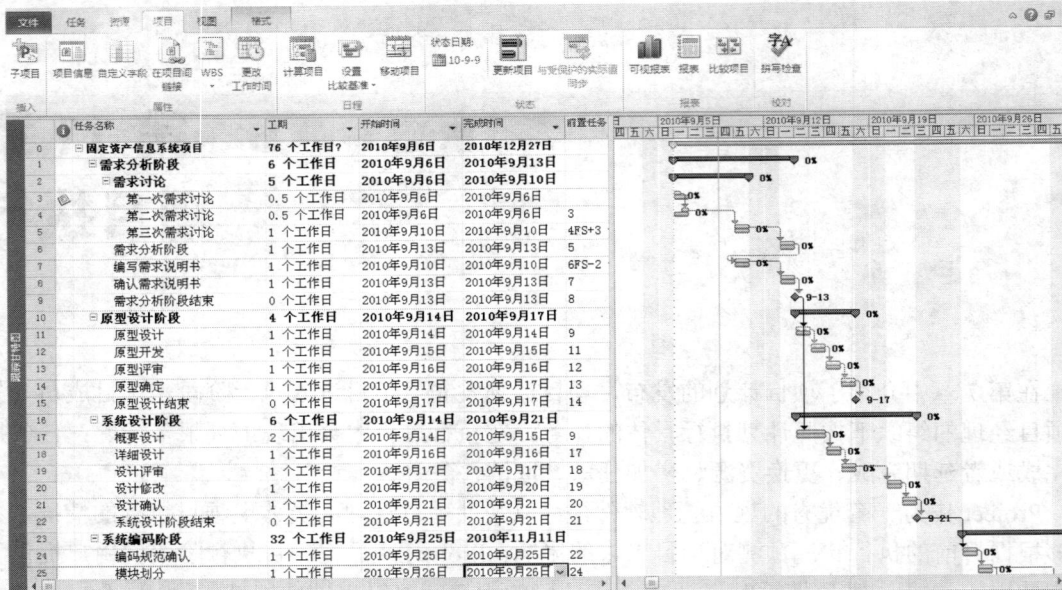

图 11.1　检查是否保存过比较基准

在图 11.2 中的"域名称"下拉框中，选择"完成百分比"，选中后该域便会出现在"甘特图"视图中。

下面用案例来说明"完成百分比"如何更新。

案例描述："固定资产信息系统项目"开始一周以后，项目经理根据项目的实际情况准备更新 Project 文件，当时的实际情况是该项目的第一个任务"第一次需求讨论"已经全部完成，"第二次需求讨论"全部完成；任务"第三次需求讨论"完成了 10%。

项目经理将"完成百分比"加在"完成时间"之后，如图 11.3 所示。

在"第一次需求讨论""第二次需求讨论"任务相对应的"完成百分比"中输入"100%"，表示该任务已经全部完成；

图 11.2　插入列"完成百分比"

在"第三次需求讨论"任务相对应的"完成百分比"中输入"10%"，表示该任务完成了 10%，如图 11.4 所示。

从图 11.4 中可以看到，更新"第一次需求讨论"与"第二次需求讨论"、"第三次需求讨论"任务的"完成百分比"之后，这两项任务的父节点任务（摘要任务）"系统需求讨论"的完成百分比自动变化为"55%"，"需求分析阶段"的"完成百分比"自动更新为"22%"，整个项目的完成百分比也自动变化为"1%"。

在 Project 软件中，父节点任务被称为"摘要任务"，摘要任务的"完成百分比"是通过该摘要任务所属已经完成的子任务工期之和与该摘要任务所有子任务的工期之和对比后乘"100%"计算出来的。

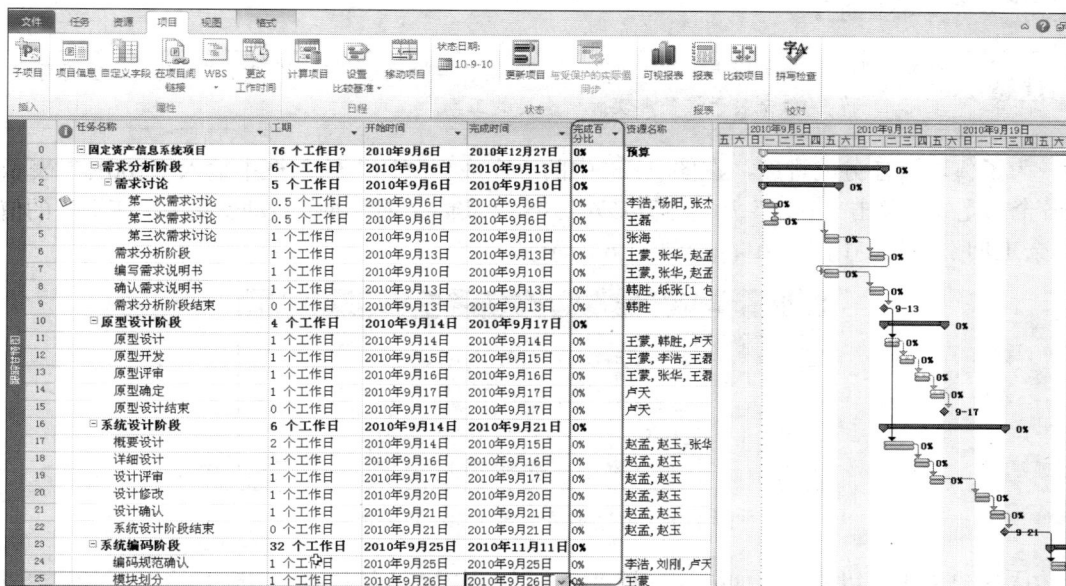

图 11.3　插入列"完成百分比"以后的甘特图

图 11.4　在"甘特图"中更新"完成百分比"

　　上述方法是通过在"甘特图"中直接更新"完成百分比"域达到更新项目进度的目的，还可以通过使用菜单的方式完成以上操作。具体的方法是：在"甘特图"中用鼠标将"第一次需求讨论"任务选中，选取菜单【任务】/【日程】/【更新任务】，将显示"更新任务"对话框，如图 11.5 所示。

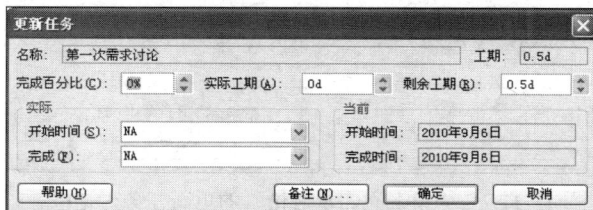

图 11.5　"更新任务"对话框

　　在图 11.5 中，"名称"表示任务名称，"工期"表示任务所需要的全部工期，"完成百分比"表示任务的完成情况，"实际工期"表示任务已经完成的部分实际消耗的工期，"剩余工期"表示任务没有完成的部分需要的工期。此对话框中的 3 种工期之间的关系为："剩余工期"=

"工期" – "实际工期"。

> **注意** "实际工期"的值可以大于"工期",当"实际工期"大于"工期"时,"工期"的值将变化为"实际工期"的值来表示该任务实际所需要的工期。

为了体现该任务的进度,在图 11.5 中的"完成百分比"输入框中输入"100%"表示该任务全部完成。单击"确定"后再打开该对话框,"实际工期"的值自动变化为"工期"的值,"剩余工期"的值变化为"0",如图 11.6 所示。

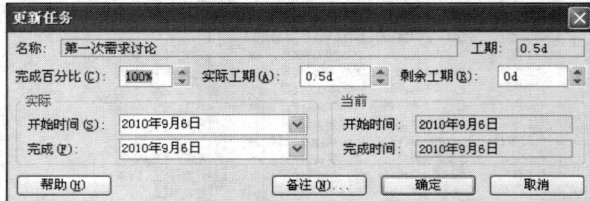

图 11.6　通过菜单更新"完成百分比"

从图 11.6 中可以看到,如果只更新"完成百分比",该任务的"实际开始"、"实际完成"的值自动变化为与计划中的"开始时间"、"完成时间"相等的值。

11.1.2　更新实际开始时间与实际完成时间

上一小节介绍的是通过更新"完成百分比"更新任务进度,本节介绍的内容是通过更新"实际开始时间"与"实际完成时间"来体现任务进度。

案例描述: 项目开始一周后,需要再次更新项目的进度信息,经过实际调查,项目的实际进度情况如下。

任务"第三次需要讨论"已经全部完成,实际的完成时间不是计划的"2010-9-10",而是延迟了一天(一个工作日)结束,实际的完成时间为"2010-9-13"(因为跨度周六、周日非工作日)。

通过下列的操作体现以上项目的进度情况:选中"第三次需求讨论"任务,选取菜单【任务】/【日程】/【更新任务】,显示"更新任务"对话框,如图 11.7 所示。

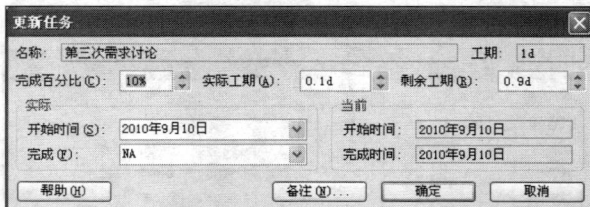

图 11.7　"第三次需求讨论"的更新任务对话框

在如图 11.7 所示的对话框中,"实际–完成"输入框中选择该任务的实际完成时间"2010-9-13",单击"确定"按钮,关闭该对话框。再次通过选择菜单【工具】/【跟踪】/【更新任务】打开该对话框,查看该任务的进度信息,如图 11.8 所示。

从图 11.8 中可以看到,将实际完成时间设定为"2010-9-13"后,由于开始时间没有发生变化，而完成时间延迟了 1 天，因此实际工期的值由"1d"变化为"2d"，"工期"的值也相应的变化为"2d"。与此同时"甘特图"该任务的"工期"、"完成时间"也相应地发生了同样的变化，如图 11.9 所示。

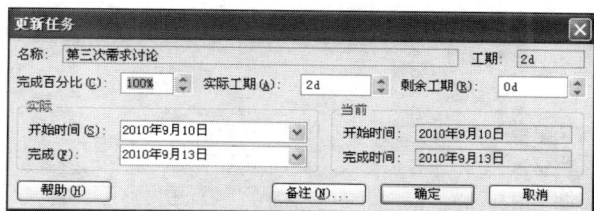

图 11.8　更改实际完成时间之后的任务进度信息

图 11.9　进度更新后的甘特图

从图 11.9 中右侧的横道图中可以看到，"第三次需求讨论"任务的实际工期比原来的工期增大了，两个横道叠在一起能够发现差别。

11.1.3　更新实际工期与剩余工期

另一种更新任务进度的方法是通过直接修改"实际工期"与"剩余工期"达到更新进度的目的。

如上，同样的场景，项目继续执行了一周，最新的项目进展情况为：任务"第三次需求讨论"工作进行了"1 天"，估计还需要"1 天"。

体现上述进度的操作方法：在"甘特图"中选中"第三次需求讨论"任务，选择菜单【任务】/【日程】/【更新任务】，显示"更新任务"对话框，如图 11.10 所示。

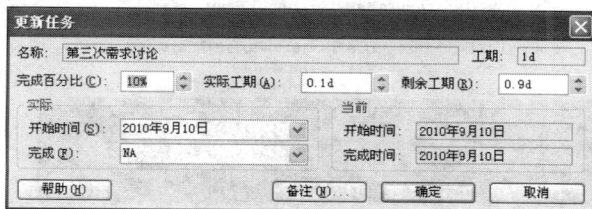

图 11.10　"第三次需求讨论"任务更新之前的信息

在如图 11.10 所示的对话框中，"实际工期"输入框中输入"1d"，在"剩余工期"输入框中输入"1d"，单击"确定"按钮后关闭该对话框，再次打开该对话框后如图 11.11 所示。

从图 11.11 中可以看到，实际工期被修改为"1d"，剩余工期修改为"1d"后，Project 自动计算出"完成百分比"为"50%"。计算公式是："实际工期"/（"实际工期"+"剩余工期")×100%=1/（1+1）×100% = 50%。由于该任务还没有全部完成，因此"实际完成"没有实际的日期。而且总"工期"由原来的"1 天"变为了"2 天"，之所以是"2 天"，因为是"1 天"实际工期+"1 天"剩余工期。

图 11.11　通过更新"实际工期"与"剩余工期"更新任务进度

11.1.4　批量更新任务进度

以上 3 种更新进度的方式是针对单一任务进行的，在实际的项目进度更新中，经常发生批量更新项目进度的情况，Project 通过下述的方法实现批量更新。

1."跟踪"工具栏

选取菜单【任务】/【日程】，在日程对应的左上角显示任务跟踪工具栏，如图 11.12 所示。

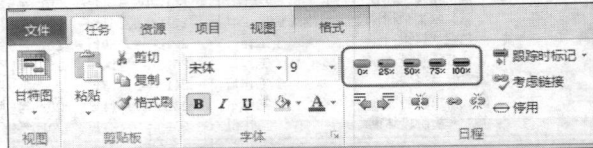

图 11.12　跟踪工具栏

实现批量进度更新的方法是：用鼠标单击"甘特图"最左边的任务标识号，选中多个任务。单击跟踪工具栏中的 图标中的任意一个，被选中的任务的"完成百分比"会被批量按照图标中显示的"百分比"更新。

例如，项目继续执行了两周，"系统需求分析阶段"摘要任务所属的所有子任务全部完成，实现该进度更新的方法：选中多个任务，如图 11.13 所示。

图 11.13　选中多个任务

单击工具栏中的 ，被选中任务的"完成百分比"被统一修改为"100%"，如图 11.14 所示。

2."更新项目"菜单

上述方法是通过使用"跟踪"工具栏的方法实现的项目进度批量更新，除此之外，可以通过菜单实现项目进度的批量更新。具体方法是：在"甘特图"中用鼠标将多个任务选中后，选择菜单【项目】/【状态】/【更新项目】，出现"更新项目"对话框，如图 11.15 所示。

图 11.14　批量更新之后的"甘特图"

　　在"更新项目"对话框中，"按日程比例更新进度"指的是如果该对话框的"确定"按钮被单击后，Project 将自动计算被选中的任务截至"2010 年 9 月 16 日"当天应该完成的百分比，并使用该百分比批量修改被选中的多个任务的"完成百分比"。

　　例如，图 11.15 中的"确定"按钮被单击后，所有任务的"完成百分比"均会被按照"2010 年 9 月 16 日"的完成标准来更新，如图 11.16 所示。

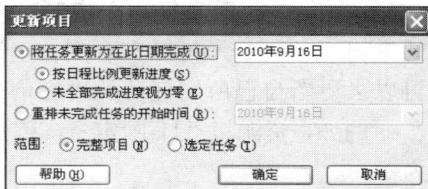

图 11.15　"更新项目"对话框

注意　如果选择完整项目，则项目计划按照 2010 年 9 月 16 日进行更新，如果选择选定任务，则只对选择的任务按照 2010 年 9 月 16 日的进度进行更新。

图 11.16　更新项目后的界面

　　综上所述，在只有 Project Professional 的情况下，可以通过以上 4 种方法由项目经理在自己的电脑上更新任务的进度，从而达到更新整个项目进度的目的。

11.2　Project Professional 与 Project Server 协作实现项目执行

上一节介绍的是没有 Project Server 的情况下，完全依靠 Project Professional 体现的项目执行的过程。在实际的项目管理过程中，如果项目计划的任务数量、项目成员的人员数量都比较大，所有的更新操作都由项目经理承担，将给项目经理带来很多的工作负担。

Project Server 提供了"项目成员更新进度、项目经理批准进度"的协作方式，在很大程度上减轻了项目经理的工作量，而且增加了项目成员与项目经理沟通的机会。本节介绍的是如何通过 Project Professional 与 Project Server 的协作体现项目的执行。

11.2.1　资源对任务的处理

通过前面章节介绍，项目经理在 Project Professional 上编制项目计划，做资源分配时，要通过 Project Server 的"企业资源库"获取资源信息，然后为每一项任务分配资源（主要为项目成员，也包括材料资源与成本资源）。资源分配结束后，项目计划信息需要发布到 Project Server，发布之后，每一个资源可以使用"浏览器"访问 Project Server，可以查看到自己被分配的任务，而且可以去更新自己所属任务的进度信息。

例如，资源以"11-固定资产信息系统"中的"李浩"为例。

"李浩"使用"浏览器"登录 Project Server，出现用户验证的窗口，如图 11.17 所示。

在图 11.17 中输入用户名、密码之后，单击"确定"按钮，进入 Project Server 界面，如图 11.18 所示。

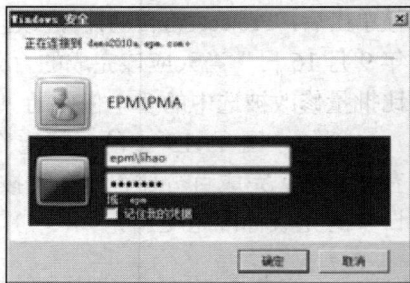

图 11.17　登录 Project Server 的验证窗口

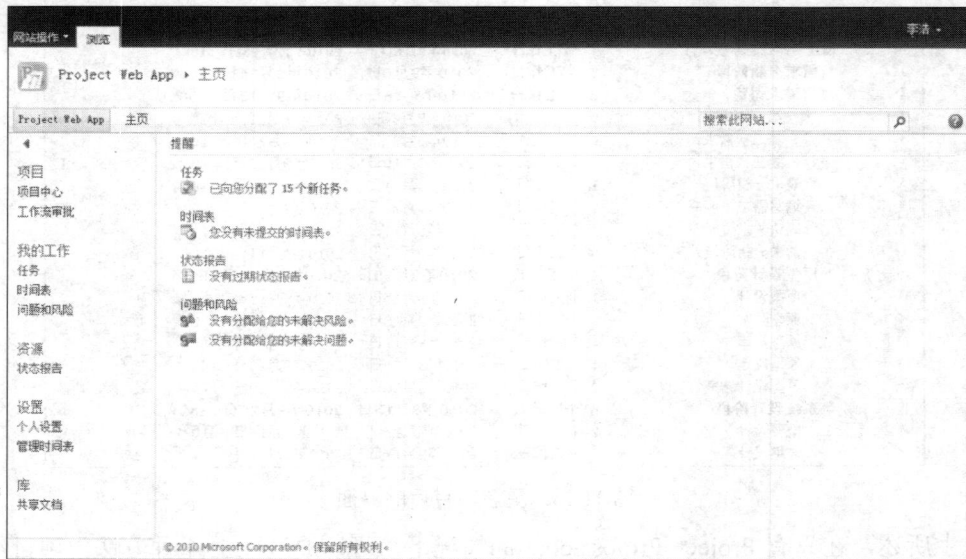

图 11.18　Project Server 的首页面

在图 11.18 中，左侧是菜单，右侧是"提醒"。账户名为"李浩"的用户，可以单击左侧的"我的任务"，也可以单击右侧提醒中的"15 个新任务"将进入同一个页面，该页面向用户展示被分配的任务详细信息，如图 11.19 所示。

图 11.19　我的任务

如图 11.19 所示，每个用户都可以在"我的任务"视图中查看自己被分配的任务。"李浩"收到了来自"11-固定资产信息系统项目"的"15"个任务，每个任务的时间要求等信息都可以得到展示。

在该视图中的资源"李浩"可以进行以下操作。

1. 删除（拒绝）任务

在资源查看到自己被分配的任务时，有权拒绝，因为实际情况中可能出现项目经理分配错误的可能。资源拒绝任务分配后，Project Server 会自动通知该项目的"项目经理"，项目经理可以根据实际情况进行判断是否分配错误后再次修正资源分配。需要注意的是资源对任务的拒绝需要项目经理的确认方可生效。

例如，"李浩"收到任务之后，如图 11.19 所示，发现第一条任务"第一个需求讨论"不是自己承担的任务，经过与项目经理电话沟通后，项目经理让"李浩"提交一个"删除"的操作。

"李浩"首先将"第一个需求讨论"任务之前的选择框选中，然后单击图 11.19 中的工具栏中的"删除任务"图标，系统将弹出提示信息，如图 11.20 所示。

提示的意图是让用户确认是否要发出"删除任务"的请求，如果确认要发出该任务的删除请求，则单击"确定"按钮。

单击"确定"按钮后，该条任务将会被打上删除标记，该标记的方式是在任务名称信息中间划了一条删除线，如图 11.21 所示。

如图 11.21 所示，任务"第一次需求讨论"被划了一条删除线。到目前为止，删除任务的请求还没有发出，单击图 11.21 左上方的"发送状态"图标，才能够将该请求发送给项目经理进行批准。因为资源提交的"删除任务"操作是无法直接修改计划数据信息的，必须得到项目经理的批准才可以。

图 11.20　删除任务提示

图 11.21　打上删除标记的任务

　　"李浩"单击图 11.21 左上方的"发送状态"图标，将出现"提交更改"对话框，如图 11.22 所示。

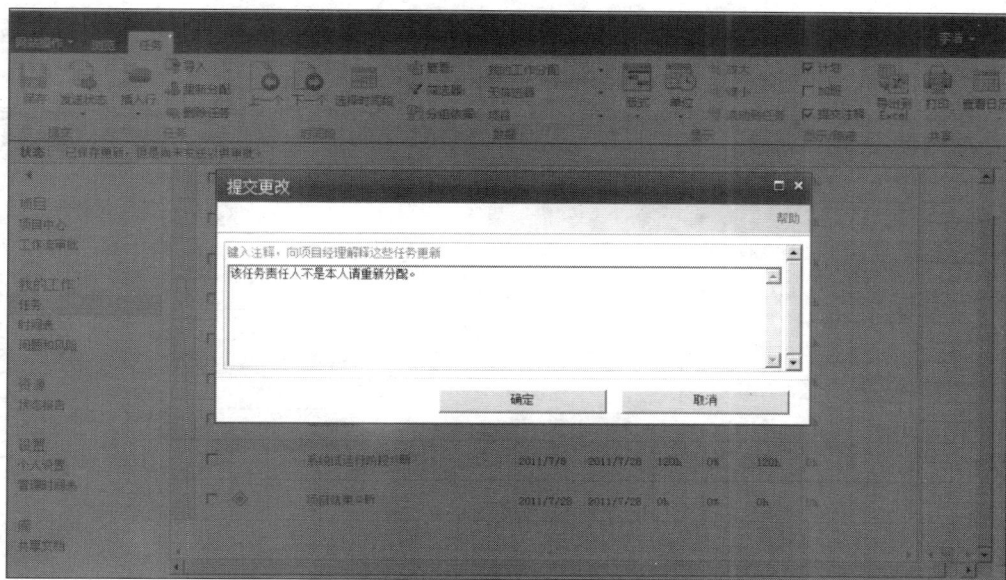

图 11.22　任务提交后的注释填写对话框

图 11.22 是任何一项任务更改提交之后，默认弹出的注释信息填写对话框，这是 Project 2010 的默认要求。为了增强项目成员与项目经理的沟通，能够让项目经理在审批任务更新请求时更加有据可依。并且在将来一段时间内进行项目回顾时，能够知道当时的详细情况。

"李浩"在注释输入框内输入了具体的信息，然后单击"确定"按钮，该请求会发送至项目经理的进行审核确认。

2．重新分配任务

在实际的项目管理过程中，存在任务的多级分配的情况。例如，先把某一部分任务分配给一个部门经理，然后再由部门经理分配给每个项目成员。

Project 针对这一情况也提供了解决方案。例如，资源"李浩"需要把项目经理分配给自己的任务继续分配给其他人员。在图 11.22 中，单击"重新分配"图标，将出现一个新的页面，如图 11.23 所示。

在图 11.23 中，左侧是内容提示，右侧是等待重新分配的任务信息，每个任务都有一列为"重新分配给"，单击该单元格，会出现一个下拉框，该下拉框内为当前用户有权限可以再次分配的资源名称。在图 11.23 中，第一项任务"编码规范确认"重新分配给了"韩胜"。

重新分配的资源选择完成后，可以在"开始时间"处重新定义该任务的开始时间，可以在"注释"中注明重新分配的原因等相关事项。

以上内容均填写完毕后，可以单击图 11.23 右上角的"提交"按钮，将此请求发送至项目经理进行确认审批。

3．汇报任务进度

如果认为接收到的任务为用户应该执行的任务，则可以按照对该任务的实际情况来汇报。例如，任务"编码规范确认"原定的开始时间为"2011-4-27"，完成时间为"2011-5-2"。

"李浩"执行该任务的实际时间开始于"2011-4-28",实际完成时间为"2011-5-3",而且目前已经全部完成了。"李浩"按照以上的实际情况进行更新,如图 11.24 所示。

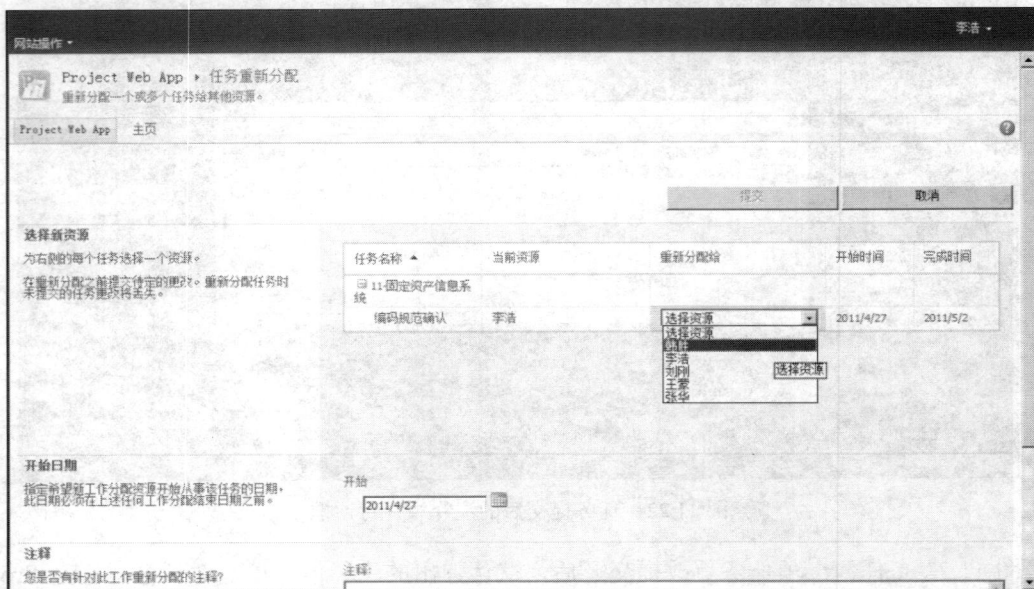

图 11.23　单击"任务重新分配"之后的页面

图 11.24　如实更新任务的进度信息

用户在图 11.24 中将开始时间、完成时间、进度信息更新后,单击"提交选择的内容",系统将弹出一个注释信息的输入框,如图 11.25 所示。

如图 11.25 所示填写注释信息后,单击"确定"按钮后,该任务的进度更新信息将提交项目经理进行确认审批。

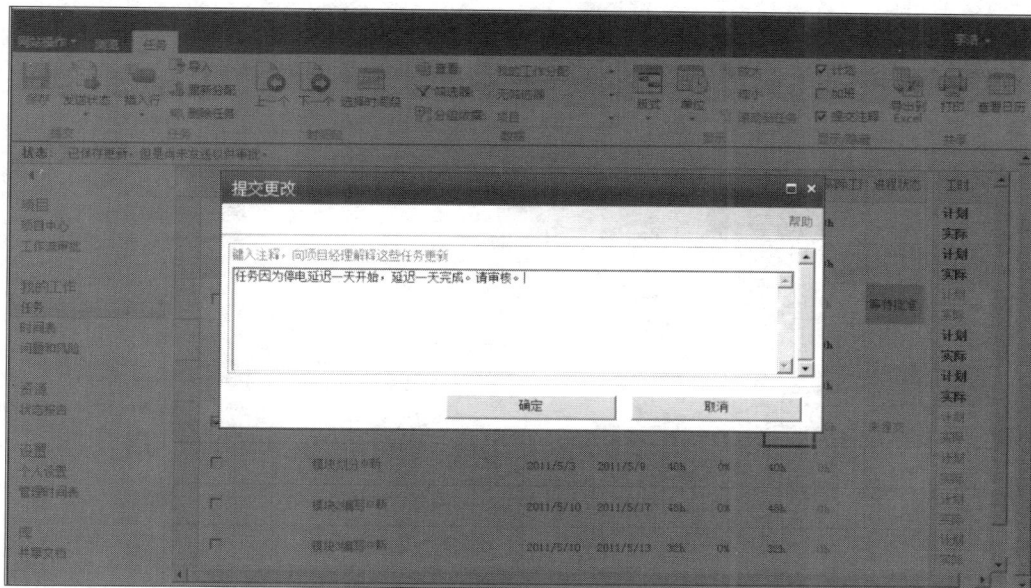

图 11.25　进度信息汇报的注释信息填写

4．添加新任务

在"任务中心"中，"李浩"可能发现少了一项任务，则可以自己添加任务至任务中心，该任务最终可以进入所属的项目计划中。

单击工具栏中的"插入行"图标，选择"创建新任务"，如图 11.26 所示。

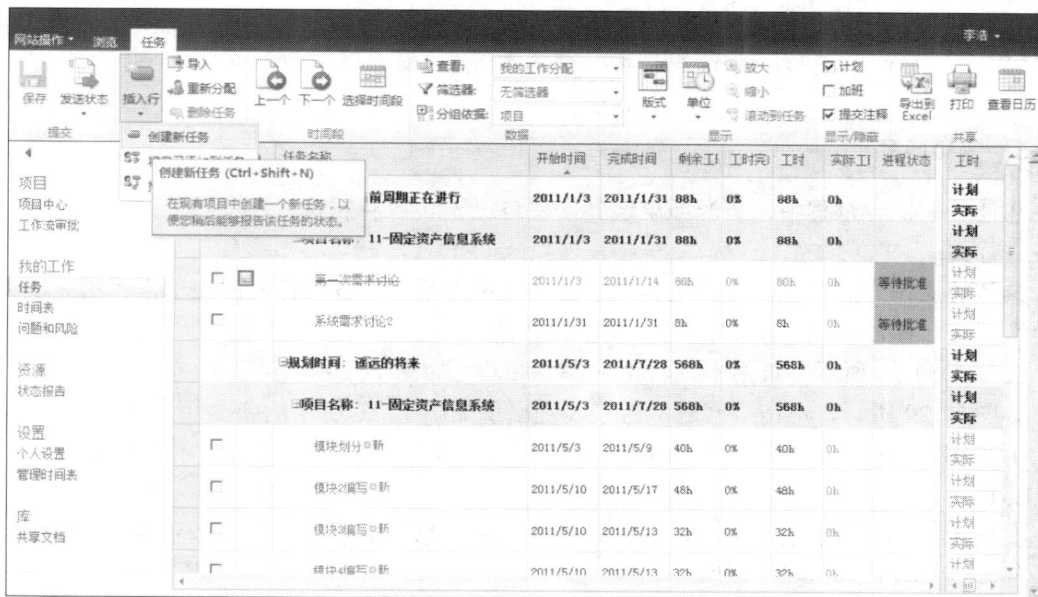

图 11.26　添加任务

在图 11.26 中，单击"创建新任务"图标后，出现如图 11.27 所示的新页面。

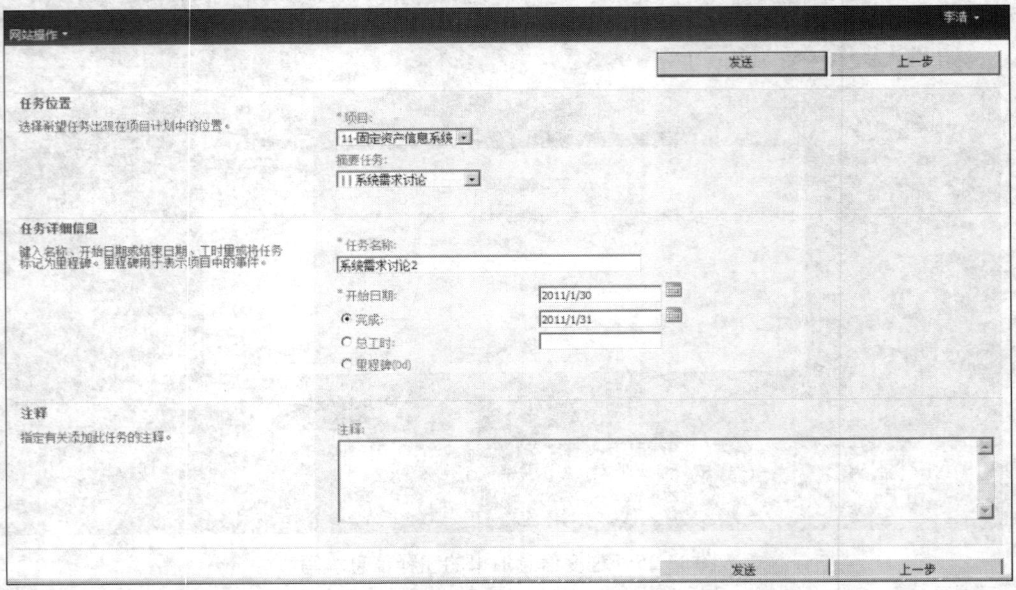

图 11.27　添加任务页面

在如图 11.27 所示的添加任务页面中，要选择"项目"、"附属于摘要任务"，需要填写任务名称，并指定开始时间与完成时间。填写完毕后，单击"提交"按钮。新任务的添加申请会通知到项目经理进行确认审核。

> **注意**　"任务"与"个人活动"的区分在于，"任务"是需要附属于某一个项目的，"个人活动"是独立于项目之外的，例如临时招待一次上级参观等活动。

5．链接问题

在任务的执行过程中，资源如果遇到一些自己无法解决的问题，可以将出现的问题与该任务进行关联。

具体的操作方法：在"我的任务"视图中，单击某一任务名称，例如单击"第三次需求讨论"任务名称，出现如图 11.28 所示的页面。

在如图 11.28 所示的页面中，将"附件"展开，如图 11.29 所示。

如图 11.29 所示，单击"问题"链接，则出现如图 11.30 所示的新页面。

单击图 11.30 中的"添加新项目"图标，在出现的页面中，输入问题的详细信息，如图 11.31 所示。

在如图 11.31 所示的页面中，输入必要的问题信息（必须在"自定义命令"中链接到当前任务），后单击"确定"按钮，问题添加完毕。

6．链接风险

风险是指会对项目产生负面影响的事件。风险不同于问题，问题是已经发生或当前正在发生的事件，风险是可能发生对项目影响的事件，如果风险没有得到有效的处理，就会变成问题。风险管理是指识别项目风险、分析项目风险和处理项目风险，以使风险不会成为问题，以免对项目造成损害或给项目带来损失的过程。

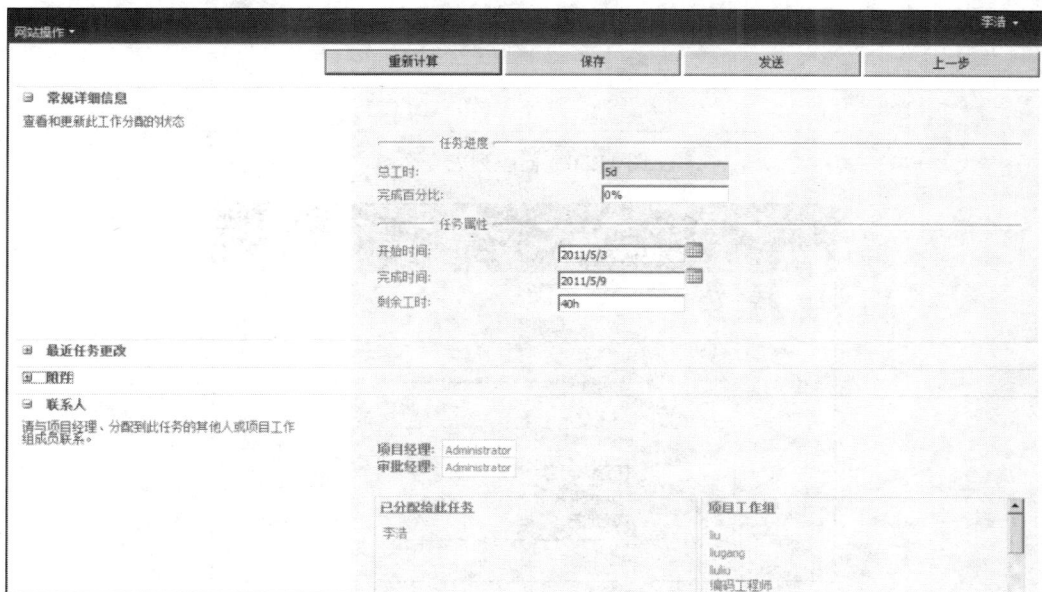

图 11.28　任务详细信息页面

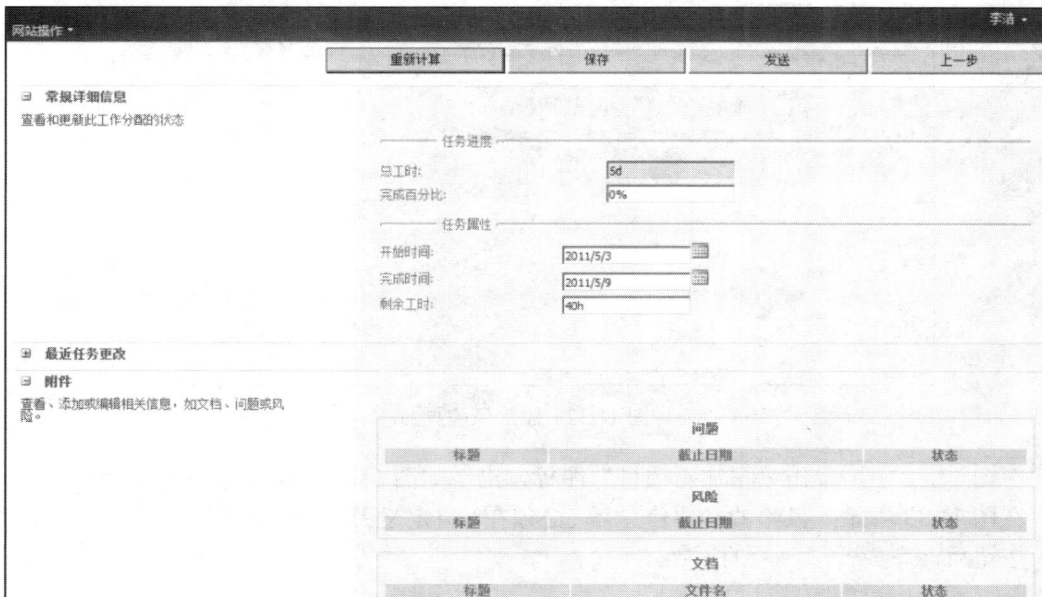

图 11.29　问题、风险和文档编辑页面

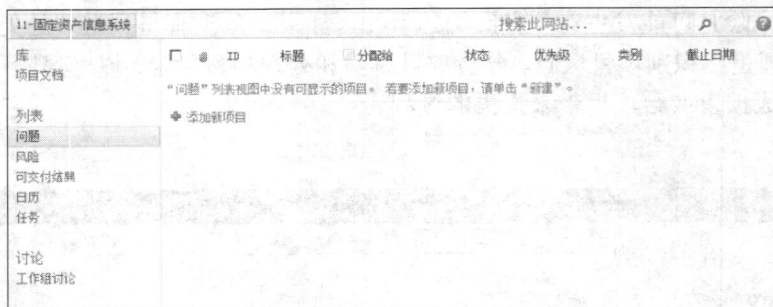

图 11.30　问题列表界面

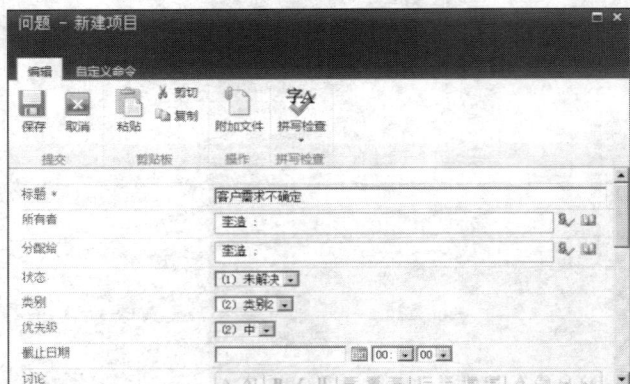

图 11.31　新增问题的界面

添加风险的具体做法是：在如图 11.29 所示的页面中，单击"风险"链接，再单击"风险"列表，如图 11.32 所示。

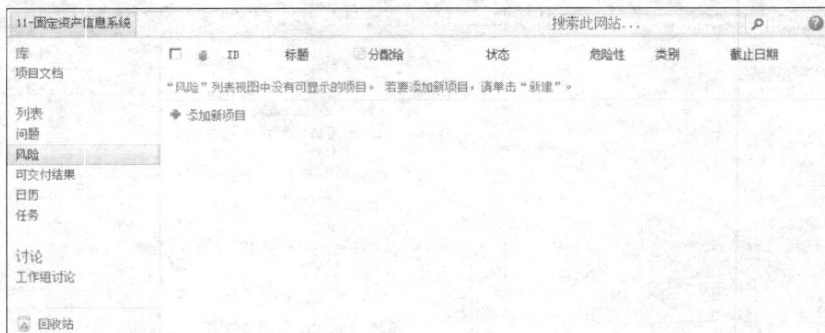

图 11.32　添加风险页面

在图 11.32 中，单击"添加新项目"图标，出现如图 11.33 所示的新页面。

在图 11.33 中录入风险的必要信息后（必须在"自定义命令"中关联当前任务），单击"确定"按钮后，完成一项风险的添加。

7．链接文档

文档是项目的重要知识积累，在任务执行过程中，会产生各种文档，通过 Project Server

将文档从用户的本地上传至服务器，能够起到共享文档的作用。具体的做法是：在图 11.29
中，单击"文档"链接，出现如图 11.34 所示的页面。

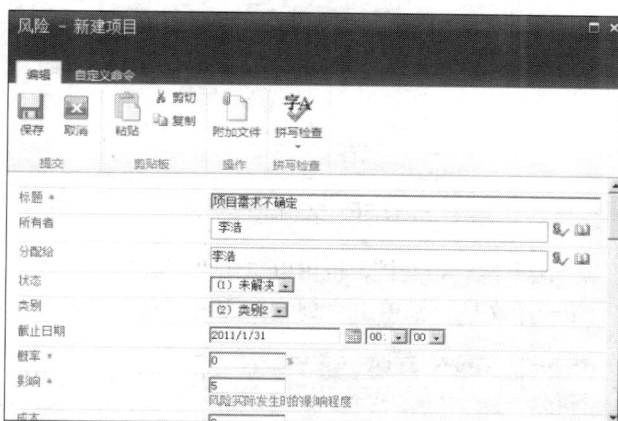

图 11.33 风险详细信息录入

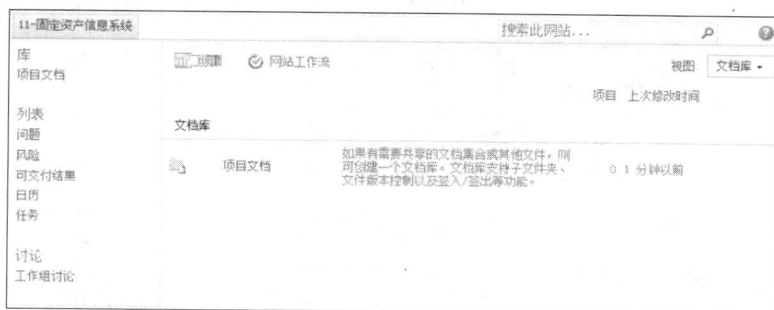

图 11.34 文档信息录入

在图 11.34 中，单击"项目文档"链接进入文档库，如图 11.35 所示。

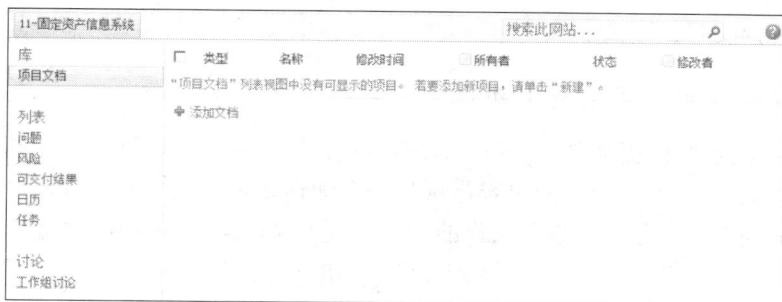

图 11.35 文档上载操作

在图 11.35 中，提供了"添加文档"图标，但是文档不同于"问题"和"风险"，文档一
般均是在本地的计算机中编写完成后，才进行上载操作的，而不是直接在网页上进行编写。
因此，直接单击"添加文档"对本地已经编写完成的文档进行上传操作，单击"添加文档"
图标后，出现如图 11.36 所示的页面。

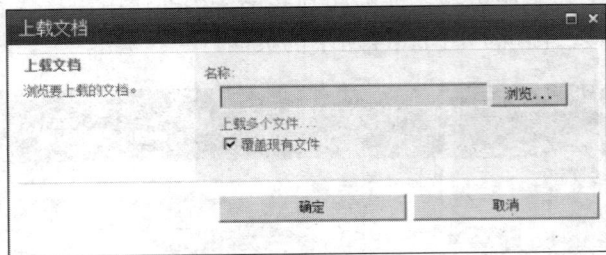

图 11.36 文档上载页面

在图 11.36 中，可以一次上传一个文档，也可以单击"上载多个文件…"来实现批量的文档上传。例如，"李浩"只上传一个文档，则单击"浏览"按钮，出现如图 11.37 所示的对话框。

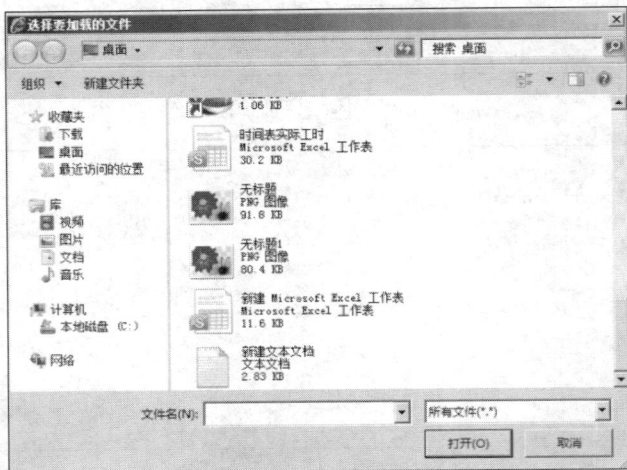

图 11.37 文档浏览页面

在如图 11.37 所示的对话框中，寻找到需要上传的文档后，单击"打开"按钮，则该文档将上传至服务器之上。

11.2.2 项目经理对任务汇报的批准

上一节介绍的是资源提交任务更新请求的方式，这些任务更新请求发出后，必须由项目经理批准才可以生效。本节介绍的内容是项目经理如何审核确认这些请求。

例如，"11-固定资产信息系统"项目的项目经理"项目经理"使用"浏览器"登录 Project Server，选择菜单"审批中心"，可以看到如图 11.38 所示的页面。

从图 11.38 中可以看到，来自资源"李浩"提交的"编码规范确认"任务更新请求显示了出来，该任务提交的进度信息是"100%"即完成。如果想看到更详细的汇报信息，可以单击"编码规范确认"，则会出现详细的汇报信息，如图 11.39 所示。

从图 11.39 中，可以看到具体的进度汇报信息，以及备注信息"任务因为停电延迟一天开始，延迟一天完成。请审核。"

项目经理对于资源提交的请求有两种选择，"拒绝"和"接受"。"拒绝"意味着不认可资源提交的任务汇报信息，该任务的实际进度信息不会发生改变，也就是说资源提交的任务更改没有生效。"接受"则意味着项目经理认可了资源的任务更新，则系统会将实际的任务数据进行更改。

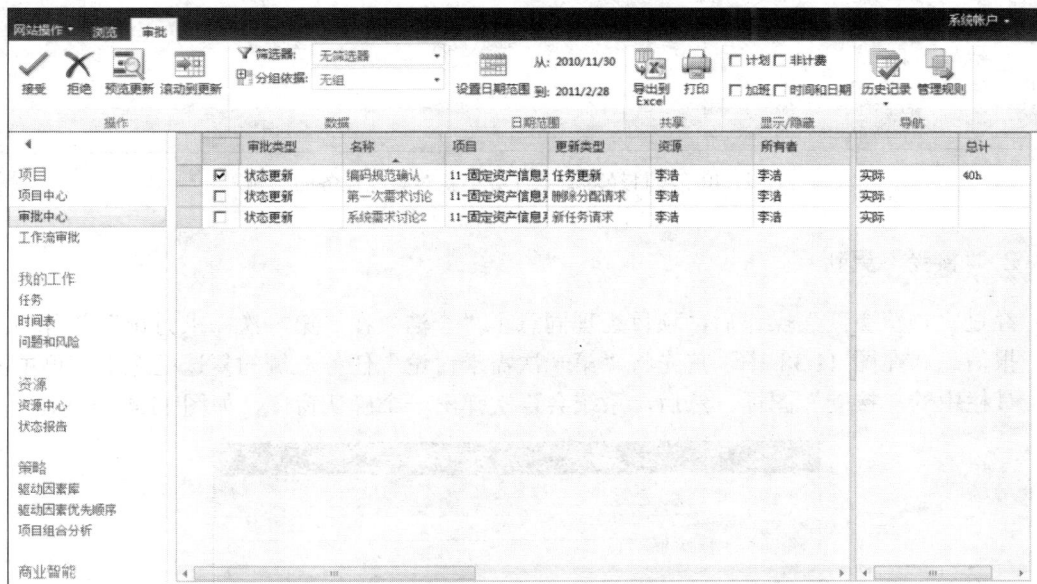

图 11.38　项目经理看到的任务更改请求

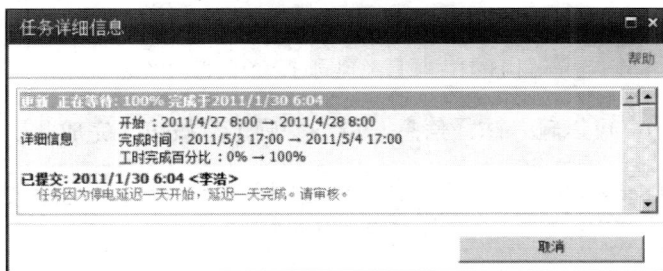

图 11.39　项目经理看到的任务更改请求详细信息

在 Project Server 2010 中，沿用了 Project Server 2007 的"预览更新"功能。在实际的项目管理过程中，任务信息众多而且关系复杂，仅仅是对某一条任务的汇报信息很难做出判断是否同意，如果能看到该任务的变化是否对整体项目有影响则是非常有效果的。因此，这一功能非常具有实用价值。

下面介绍预览更新、接受、拒绝的详细操作过程。

1. "预览"更新

对于任务"第一次需求讨论"的完成情况，项目经理在图 11.38 中，可以单击"预览更新"图标，然后看到如图 11.40 所示的新页面。

在图 11.40 中，不仅可以看到任务"以前的"开始时间以及完成时间，而且可以用比较甘特图的方式展示对后续任务的影响，从而客观地向项目经理提供是否批准任务更新的依据，使得 Project Server 更能能够体现信息化的作用。

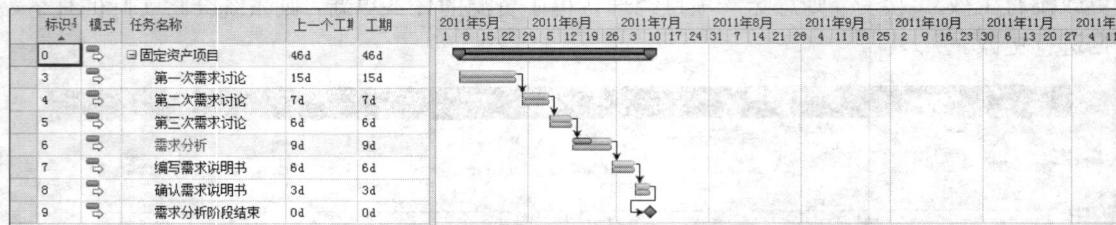

图 11.40 项目经理看到任务更新对其他任务的影响

2."接受"更新

经过"预览更新"操作后，项目经理同意了"李浩"在"第一次需求讨论"任务中的进度汇报信息。在图 11.38 中，首先将"第一次需求讨论"任务左侧的复选框选中，再单击上方工具栏中的"接受"图标。然后，系统会再次弹出一个确认窗口，如图 11.41 所示。

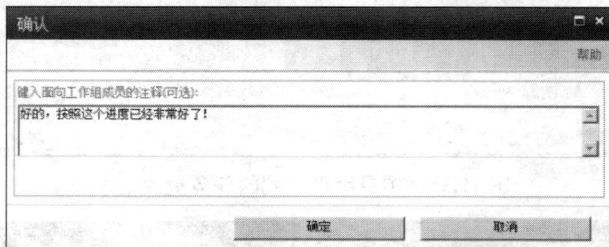

图 11.41 项目经理同意之前的再次确认

如图 11.41 所示，可以输入注释信息，单击"确定"按钮，完成此次审批。

> **注意** 在 Project Server 2010 版本中，项目经理"接受"操作的结果并不直接更新数据库，还需要进行"发布"操作。如何"发布"，本章的后续小节会做详细介绍。

3."拒绝"更新

"李浩"给项目经理新增了一条任务"新增任务"，如图 11.26 所示。项目经理可以收到该任务的新增审核请求，如图 11.42 所示。

项目经理经过仔细审核之后，发现该项目中不需要增加该任务，因此需要将该任务更新请求进行拒绝。拒绝的方式是先将任务左侧的复选框选中，然后单击工具栏中的"拒绝"图标，将弹出如图 11.43 所示的对话框。

项目经理在如图 11.43 所示的对话框中，输入了拒绝的相关注释，单击"确定"按钮，完成此次拒绝审批。

4."发布"更新

项目经理对项目任务的批准并不立刻生效，还需要进行发布操作，操作的方式是在"任务更新"视图中，单击"历史记录"，再单击"状态更新"，如图 11.44 所示。

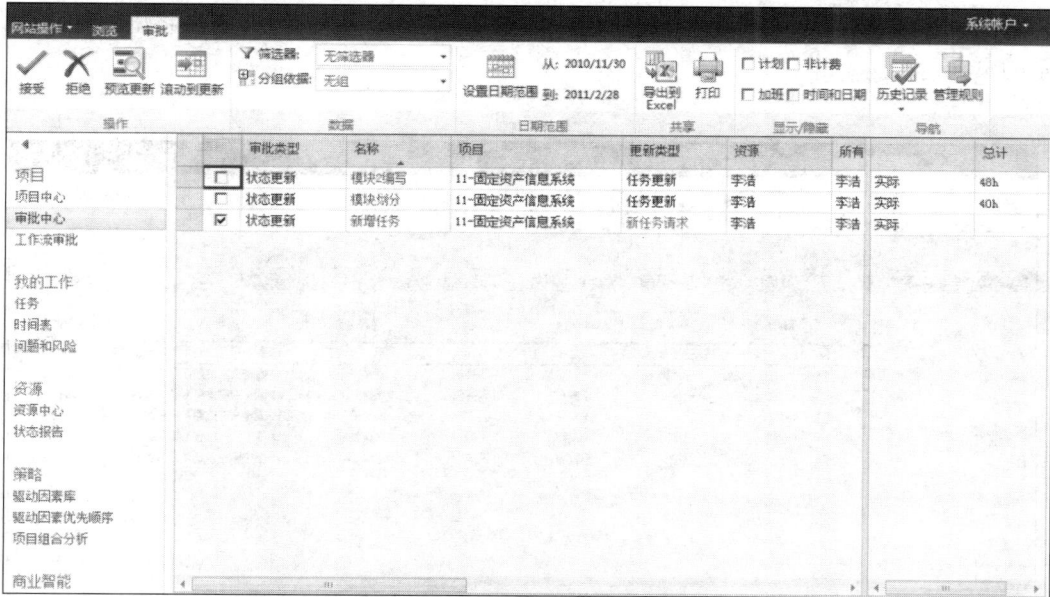

图 11.42 项目经理收到的任务新增请求

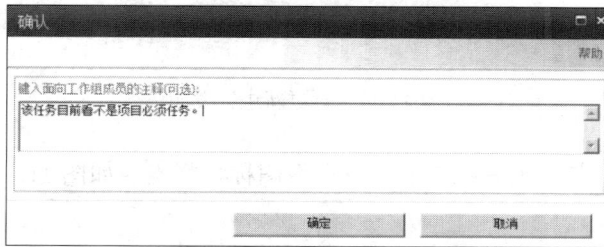

图 11.43 项目经理填写拒绝注释

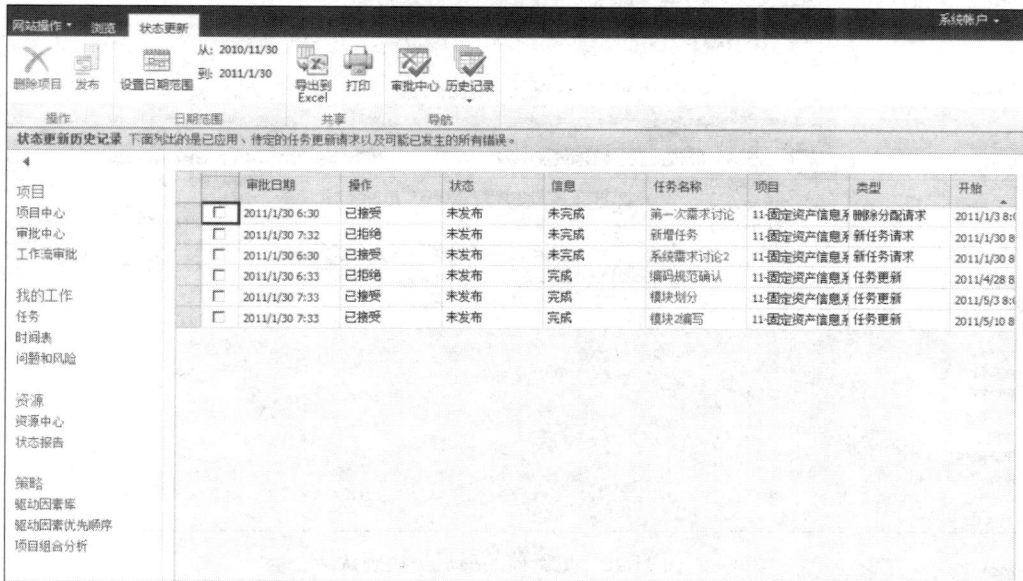

图 11.44 准备发布更新请求

如图 11.44 所示，利用复选框选择需要发布的任务更新内容，选择后将出现如图 11.45 所示的页面。

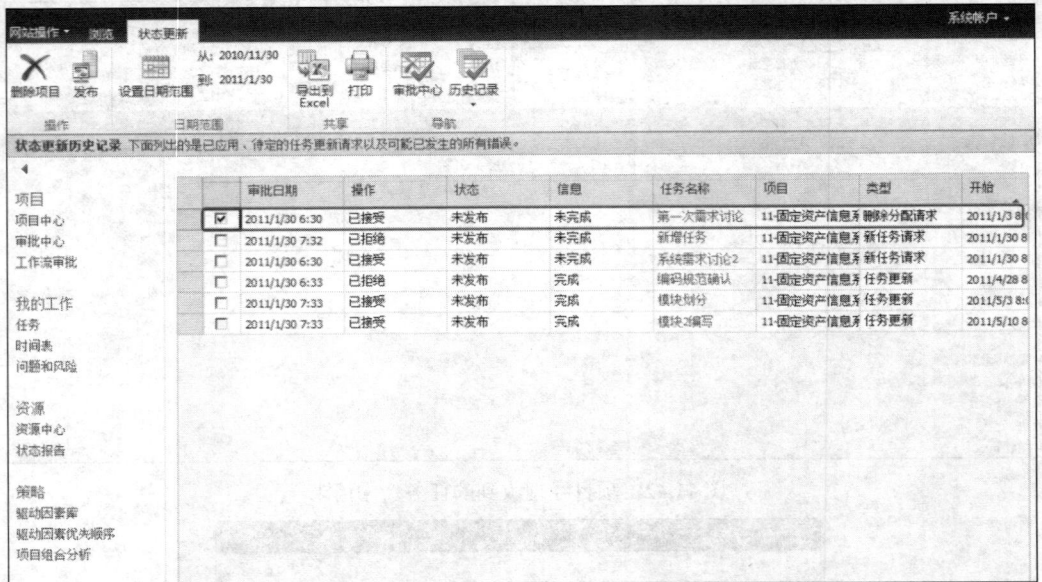

图 11.45   对更新进行发布

如图 11.45 所示，单击工具栏上的"发布"图标，将出现如图 11.46 所示的对话框。

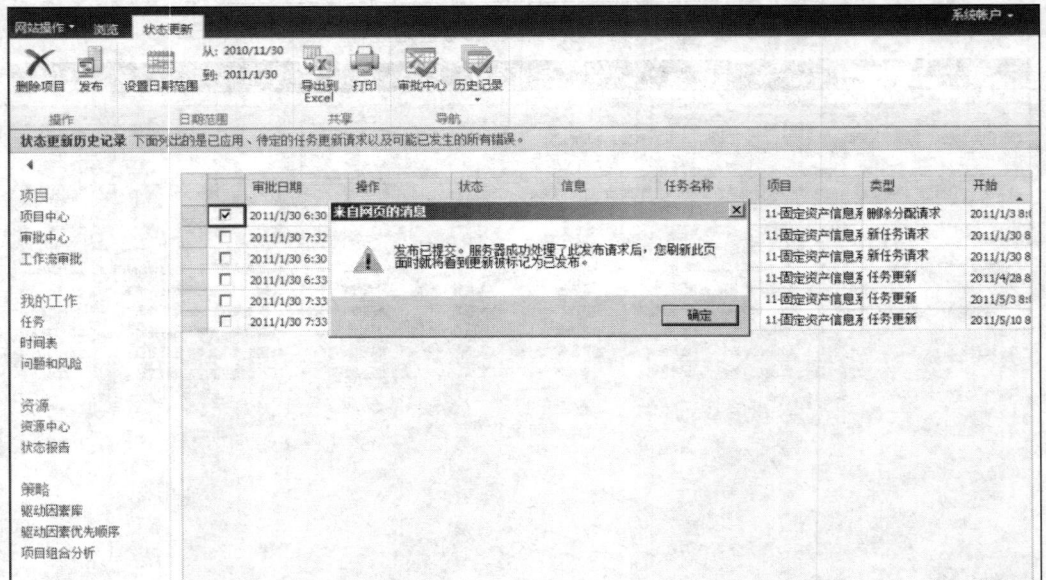

图 11.46   更新前的最后一次确认

单击"确定"按钮，团队成员提交的经过项目经理审核完成的任务更新请求才真正地被写入数据库。用户可以刷新如图 11.45 所示的页面查看发布状态，当该请求对应的"是否已发布"属性值变化为"是"时，说明已经更新数据库完成。

5．设置审批规则

一条一条的任务更新操作对于管理任务数量庞大的项目经理来说是一项不小的工作，在 Project Server 中，可以设置自动审批的规则。例如，"新增任务"请求均默认自动同意、某一资源提交的任务更新请求均默认自动同意等类似的自动审批规则。

这种规则的设置类似于我国的质量监督体系中的"免检"，可以将部分任务的请求默认自动审批，使得项目经理有精力去处理另外一些可能有争议的任务更新。

具体的设置方式是在"任务更新"视图中，单击"管理规则"，将出现如图 11.47 所示的页面。

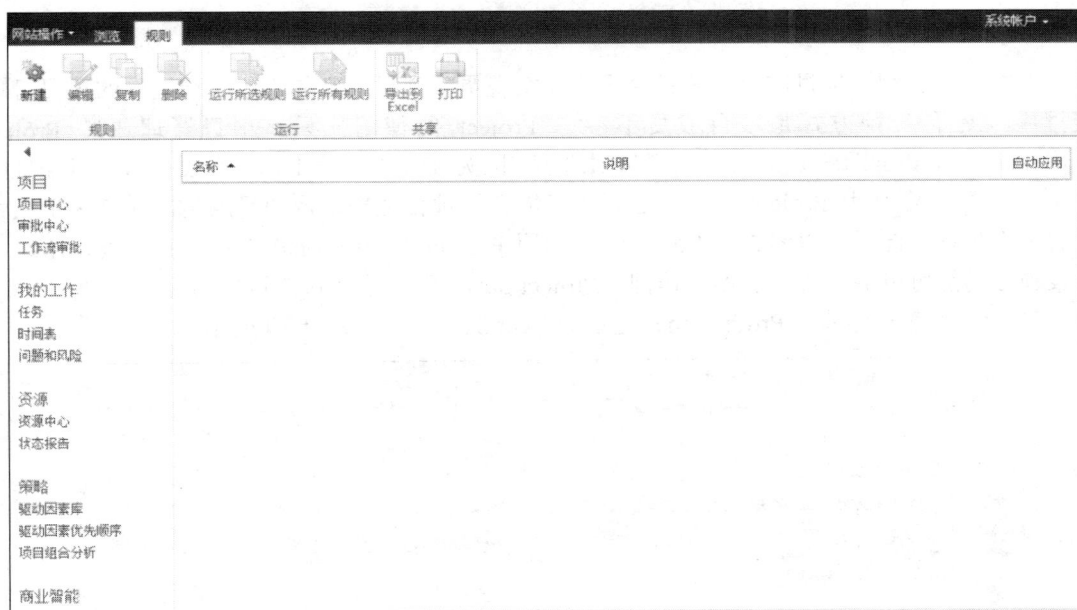

图 11.47　管理规则的设置

在图 11.47 中，单击"新建"按钮，可以设置自动审批同意的具体规则，如图 11.48 所示。

在图 1.48 中，填写了规则的名称、规则的注释，以及选择了自动审批同意的请求类型等信息。设置完成后，单击"保存"按钮。

在具体应用该规则时，可以在图 11.47 中，单击"运行所选规则"或者"运行所有规则"。"运行所选规则"指的是运行某一条规则；而"运行所有规则"指的是运行所有的规则。无论运行哪种规则，"任务更新"页面满足规则的任务均会被自动审批完成。

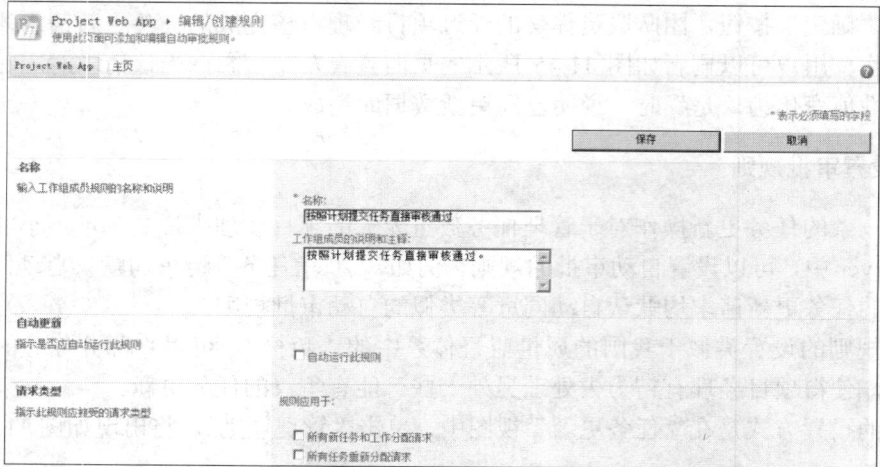

图 11.48　管理规则的创建过程

11.2.3　资源不参与的进度更新

上文已经介绍了项目成员与项目经理协作实现更新项目进度的方式，在实际的项目管理过程中，还有一种方式是项目成员不参与 Project 的使用，只是项目经理通过 Project Professional 向 Project Server 批量更新项目进度。因为在某些组织中，项目成员与项目经理的 IT 技能有限，在利用 Project 的交互过程中可能会给项目经理以及项目成员同时带来不同程度的工作负担。此时可以考虑只有项目经理利用 Project Professional 汇报项目进度，组织的各级领导仍然可以通过"浏览器"访问"Project Server"查看项目的进展情况。

项目经理通过 Project Professional 登录 Project Server，如图 11.49 所示。

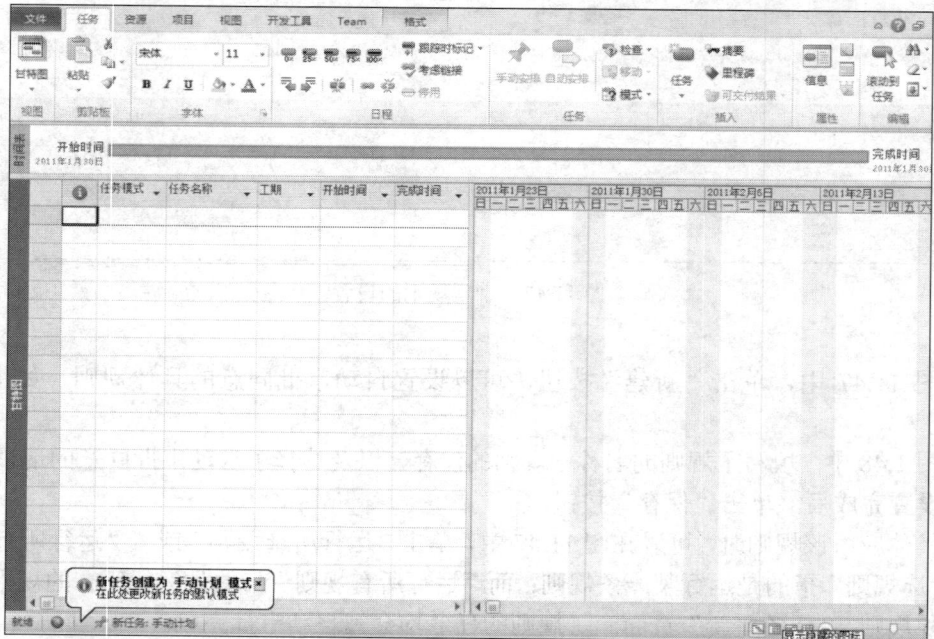

图 11.49　登录后的 Project Professional

单击菜单【文件】/【打开】，弹出如图 11.50 所示的对话框。

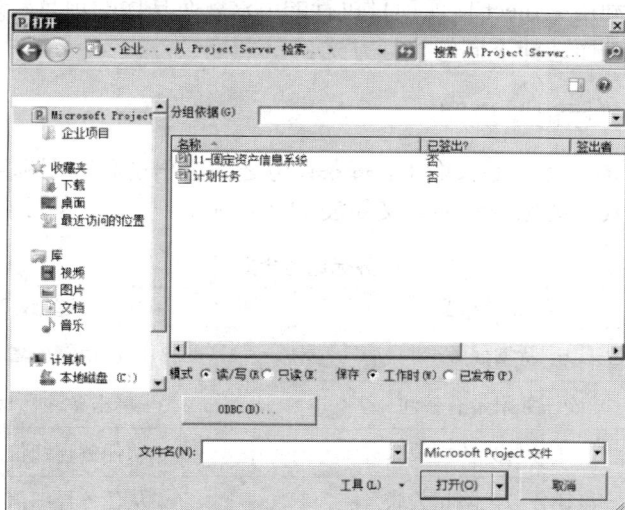

图 11.50 从 Project Server 选择项目

在图 11.50 中，选择"11-固定资产信息系统项目"，单击右下角的"打开"按钮。系统将会打开该项目，如图 11.51 所示。

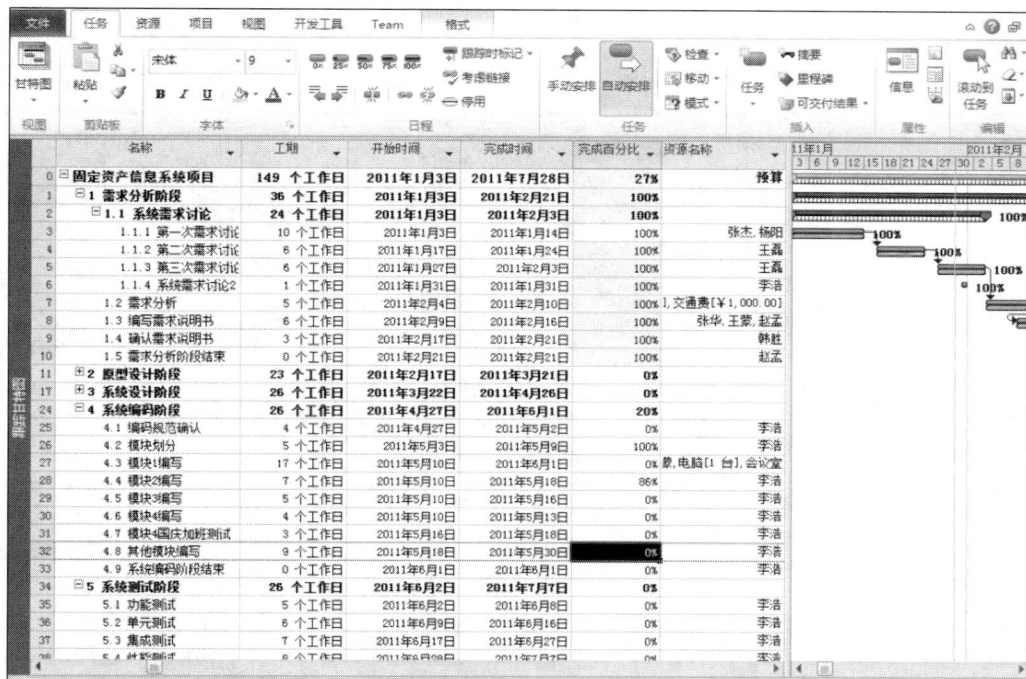

图 11.51 打开后的项目计划

在图 11.51 中，可以直接修改任务的各项属性：完成百分比、开始时间、完成时间等。更新完毕后，选择菜单【文件】/【发布】，系统会将项目经理在 Project Professional 上进行的任务更新直接更新至 Project Server 的数据库。

本章介绍了两类利用 Project 体现项目执行的方法，在具体的项目管理过程中，用户可以根据组织的各种条件进而选择不同的执行方式。

11.2.4 任务中心 "标记" 说明

在 Project Server 的任务中心页面中，每条任务之前会出现各种图标用来向使用者表示出该任务的最新状态，具体图标表示的意义如表 11.1 所示。

表 11.1   任务标记的含义

	标 记 含 义	建 议 动 作
新	新增任务	可以拒绝或者提交任务更改
	该任务附带有备注	单击备注标记以阅读备注
	该任务与文档相关联	从任务详细信息中查看文档
	该任务与风险相关联	从任务详细信息中查看风险
	该任务与问题相关联	从任务详细信息中查看问题

注意   在 Project 2010 中，由于采用图标与任务状态说明的联合提醒方式，因此图标与 Project 2007 相比，数量减少很多。以上是经常用到的图标。

12

在很多企业的实际项目管理过程存在"工时/报工管理"的需求,"工时/报工管理"的目的是通过严格的工时分配与汇报,记录每位员工考勤情况和在项目中的实际工作量,从而为衡量员工的工作绩效提供客观的基础数据。

在 Project Server 中这种"工时/报工管理"被称为"时间表管理","直观地提交时间和任务更新"作为 Project Server 2010 的新功能与新特性之一,将极大地方便项目经理、部门经理、项目成员进行时间表管理。掌握正确的使用方法和流程是发挥其作用的前提条件。本章将从以下几个方面详细描述基于 Project Server 2010 的时间表管理的流程和方法:

- 时间表的基本设置;
- 时间表的用户设置;
- 时间表的应用;
- 时间表的高级应用;
- 时间表的统计。

12.1 时间表的基本设置

时间表管理在启用前需要做一系列的设置。设置的工作需要系统管理员在 PWA 的"服务器设置"中完成。

12.1.1 管理时间设置

"管理时间"指的是不参与实际项目工作中的相关时间,例如请假、培训、会议等时间。Project 软件管理的是项目的生命周期,在日常工作当中,有些时间是不会出现在项目当中,例如休假、公司培训、郊游等工作。为了能够客观的记录这些可能被"遗漏"的时间,通过"管理时间"将这些时间统一收集起来,从而使得时间表管理能够覆盖每个人的所有工作时间。

系统管理员登录 PWA 之后,选择"服务器设置",如图 12.1 所示。

如图 12.1 所示,关于时间表的设置的大部分工作均是在"时间和任务管理"中完成。系统管理员单击"管理时间",出现如图 12.2 所示的界面。

在图 12.2 中,可以看到有 4 项管理时间,其中"病假"、"行政"、"休假"是系统安装时默认的 3 个管理时间,"培训"是作者本人新建的一个类别。用户在此界面中,可以编辑每个已有的类别,也可以新建一个类别。

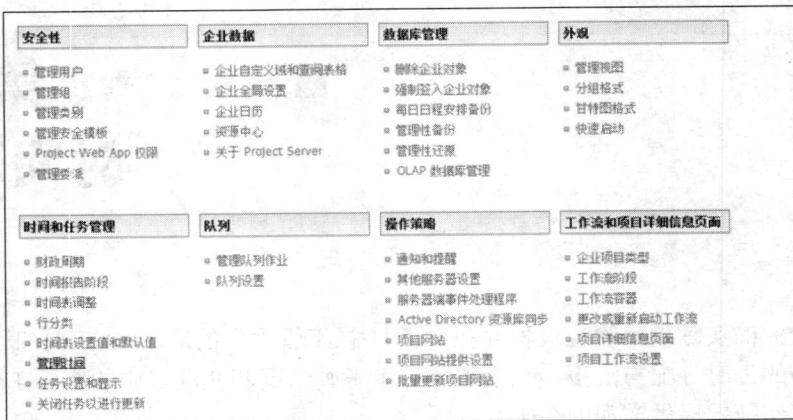

图 12.1 "管理时间"设置

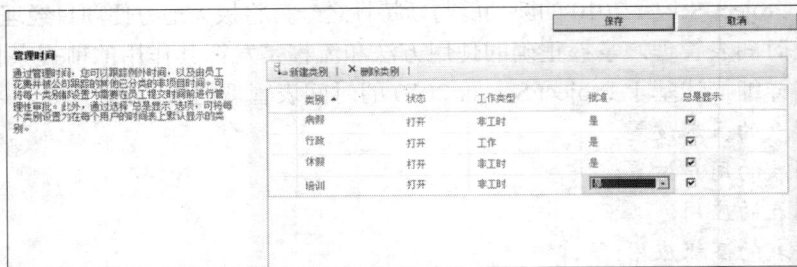

图 12.2 "管理时间"编辑

编辑管理时间类别时，"状态"指是否启用；"工作类型"指的是计入工作时间还是计入非工作时间；"批准"指的是是否要经过时间表管理者的审批才能起作用。

如图 12.2 所示，目前 4 个类别均是需要经过批准的，也就是说用户不能私自给自己的时间表中安排上述管理时间。具体是否需要审批，用户可以根据企业的实际情况来决定。

用户也可以新增类别来满足您企业的个性化需求。新建类别时，按照提示进行填写和选择便可以快速地完成新建工作。

12.1.2 时间表默认值设置

在图 12.1 中，单击"时间表设置值和默认值"，将出现如图 12.3 所示的界面。

如图 12.3 所示，需要设置的内容较多。其中比较重要的设置内容有以下几项。

（1）默认时间表跟踪单位设置。如图 12.4 所示。系统支持两种跟踪单位，"天"或者"周"，用户选择是按照"天"汇报工时，还是按照"周"来汇报工时，需要按照用户企业的实际情况来决定。二者只能选择一种。一般情况下，选择"天"。

（2）默认时间报告单位设置。"默认时间报告单位"指的是在填写工时的时候，是按照"小时"填写，还是按照"天"来填写。一般情况下选择"小时"，否则无法达到"工时管理"的目的了，如图 12.5 所示。

（3）时间表策略。"时间表策略"规定了 4 项内容，如图 12.6 所示。

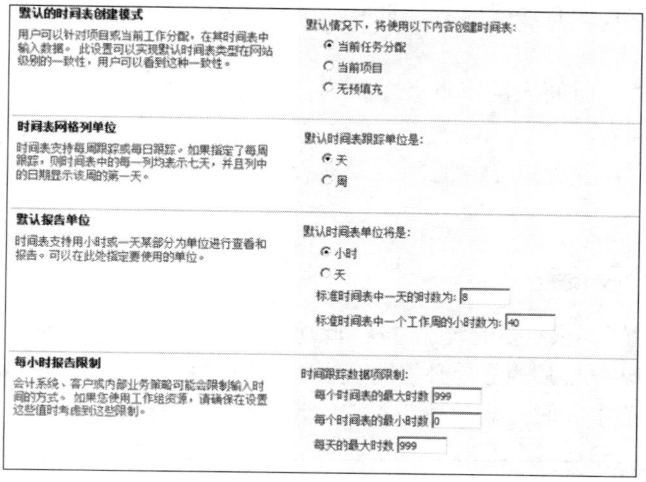

图 12.3　"时间表默认值"设置

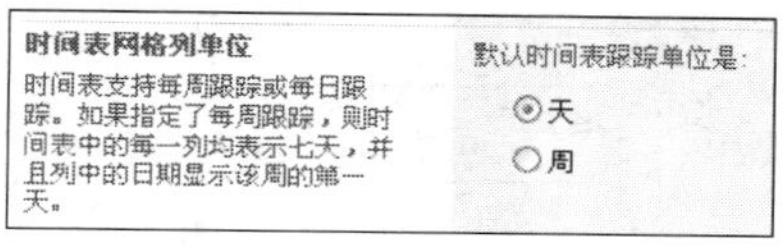

图 12.4　"时间表跟踪单位"设置

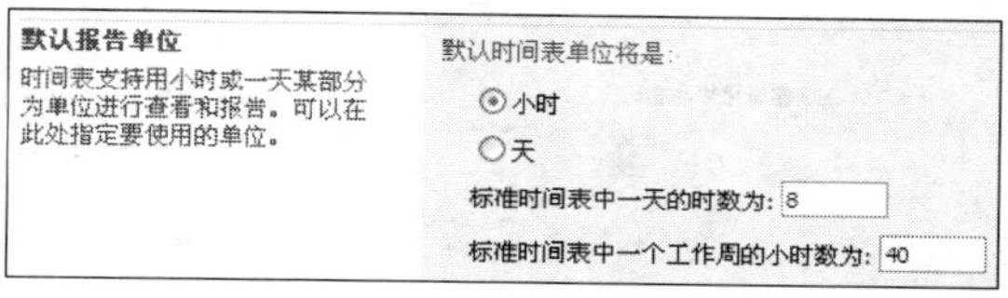

图 12.5　"时间报告单位"设置

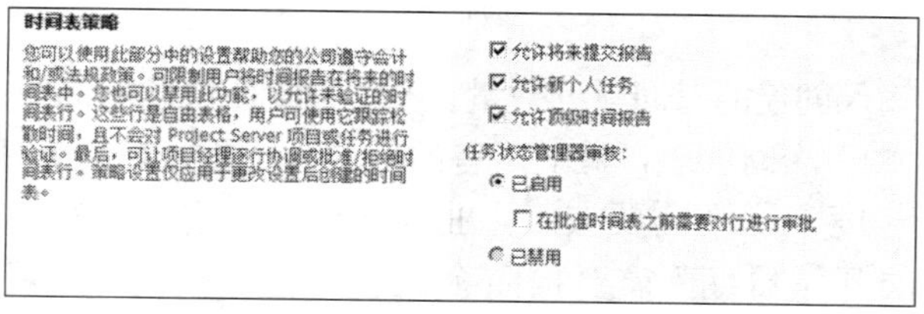

图 12.6　"时间表策略"设置

● "允许将来提交报告"如果没有被选中，则无法汇报未来时间表。例如，计算机的当前时间是"2011 年 1 月 26 日星期三"，那就只能填写"2011 年 1 月 24 日星期一"至"2011 年 1 月 30 日星期日"这个期间内的时间表信息，此后的时间表可以创建但是无法填写。如果该选项被选中，则可以随意填写未来的时间表信息。

● "允许未验证的时间表"如果没有被选中，用户在汇报时间表时，新增的工作项只能从项目中选取。如果该选项被选中，则可以自己创建一个项目之外的工作项，可以针对该工作项进行工时的汇报。例如"临时接待客户来访"的工作项，可以新增为一项工作项进行工时汇报。

● "允许顶级时间报告"如果被选择，则允许工作组成员针对摘要任务报告时间，否则，必须针对低级别任务报告时间，并且这些值会上卷显示于摘要级别。

● "任务状态管理器审核"如果被启用，则允许项目经理逐行批准/拒绝时间表。如果选择"已启用"，则可选中"在批准时间表之前需要对行进行审批"复选框，该复选框指定必须先审批每行，然后才能批准整个时间表。如果只想批准整个时间表（不是逐行审批），请选择"已禁用"。

（4）审批流程。审批流程的选项决定提交时间表审批时，是否可以手动选择时间表审批者，否则默认时间表管理者为时间表审批者。默认情况下该选项应该处于"选中"的状态，如图 12.7 所示。

如图 12.7 设置后，时间表的审批者默认为提交时间表用户的时间表管理者。

图 12.7　"审批流程"设置

经过以上设置后，便完成了"时间表默认设置"的主要选项。

12.1.3　时间表阶段设置

"时间表阶段设置"是很重要的设置内容，此功能的目的是批量生成时间表，Project Server 2010 安装好之后，在时间表功能启用之前必须设置此处，否则每个用户都无法进行时间表的汇报。

在图 12.1 中，单击"时间表阶段"，将出现如图 12.8 所示的界面。

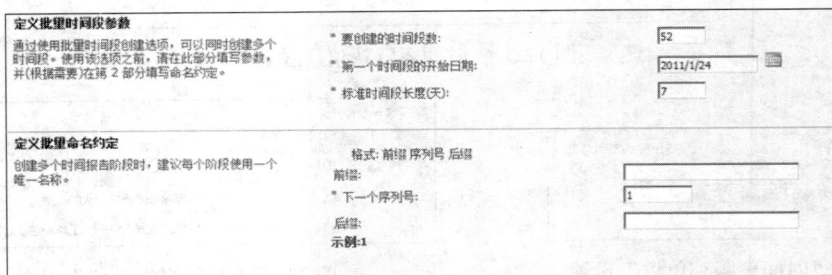

图 12.8　"时间表阶段"设置

如图 12.8 所示，输入创建的时间段的数量、开始日期、标准时间段长度后，单击"批量创建"按钮，可以生成"52"个时间表，此后所有的用户才能够针对每个时间表进行创建和汇报。

其中，"标准时间长度（天）"需要按照企业实际情况指定，一般情况下，指定为 7 天（一周）。"第一个时间段的开始日期"需要按照企业实际情况指定，一般情况下，指定 Project Server 2010 中最先需使用时间表的前一周的星期一（默认报工从星期一开始）。

12.2　时间表的用户设置

时间表的应用是在用户之间进行的，在建立用户信息时，就需要为时间表的审批者做必要的设置，才能保证时间表管理流程的顺利应用。本小节介绍建立用户信息时，需要进行如何的设置才能开始应用时间表管理。

12.2.1　时间表管理者

系统管理员在 PWA 中新建用户时，需要选择"时间表管理者"的一个选项，如图 12.9 所示。

如图 12.9 所示，正在编辑的用户名称为"韩胜"，默认情况下，"时间表管理者"的默认值为该用户的用户名称，也就是不需要审批。在实际的管理过程中，应该选择其他人来审批每个用户的时间表，例如项目经理，或者是部门经理、资源经理。

选择的方式是单击"时间表管理者"右侧的"浏览"按钮，从列出的用户中选择一个适当的用户，如图 12.10 所示。

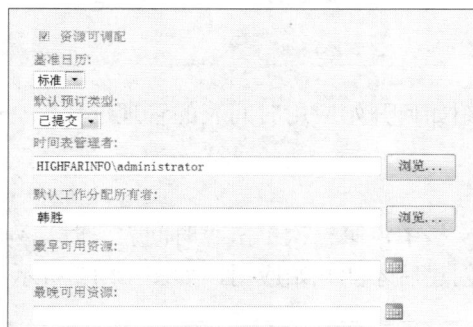

图 12.9　编辑用户信息

图 12.10　选择"时间表管理者"

系统管理员从图 12.10 列出的用户中，选择适当的用户成为"韩胜"用户的时间表审批者。例如，选中了"administrator"。此后当"韩胜"提交时间表之后，审批人是"administrator"。

12.2.2　时间表管理者的权限

图 12.10 中出现的用户是具备"时间表管理者"的权限的人员，在 Project Server 2010 安装完成之后，在默认的状况下，这个用户列表中，只会出现"Administrator"一个用户，即使添加了其他账户，也只是具备"资源经理"组权限的人员才能够出现在这个列表中。即表明在默认的设置中，只有"管理员"组以及"资源经理"组的人员可以担当时间表审批者的角色。

如何能够使得在图 12.10 中出现的用户列表中增加自己希望的用户呢？可以由系统管理员直接在该用户信息中的"全局权限"中，增加一个"接受时间表"的权限即可。

例如，希望用户"administrator"出现在"时间表管理者"的选择范围内。则系统管理员编辑用户"administrator"的信息，在全局权限中选中"接受时间表"，如图 12.11 所示。

图 12.11　修改"全局权限"

为用户增加了"接受时间表"的权限后，在其他用户信息编辑页面中，就会出现该用户的信息。

12.3 时间表的应用

前两节介绍的是时间表的设置，本小节开始介绍如何开始应用时间表的管理过程。

12.3.1 创建时间表

每个用户在登录 PWA 之后，在"我的工作"一栏中，第一次单击"时间表"时，列出的将是等待创建的时间表。所有的时间表需要手工创建后才能开始应用，如图 12.12 所示。

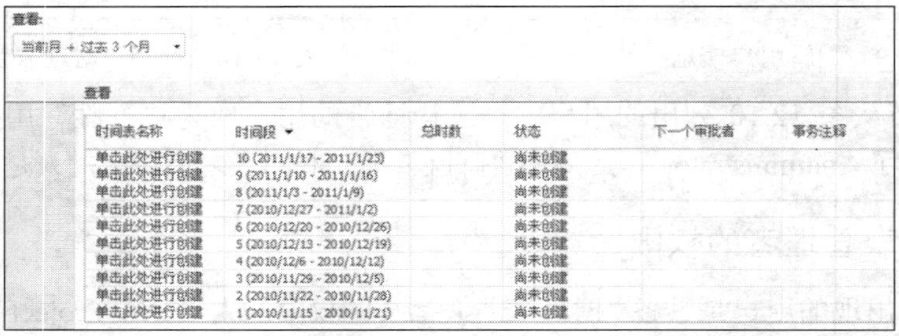

图 12.12 时间表列表

如图 12.12 所示，当用户第一次访问"时间表"时，看到的均是"尚未创建"的时间表列表。用户可以单击时间表名称的"单击此处进行创建"链接，从而选择性地创建即将用到的时间表。单击第一个"单击此处进行创建"链接，将出现一个新的页面，如图 12.13 所示。

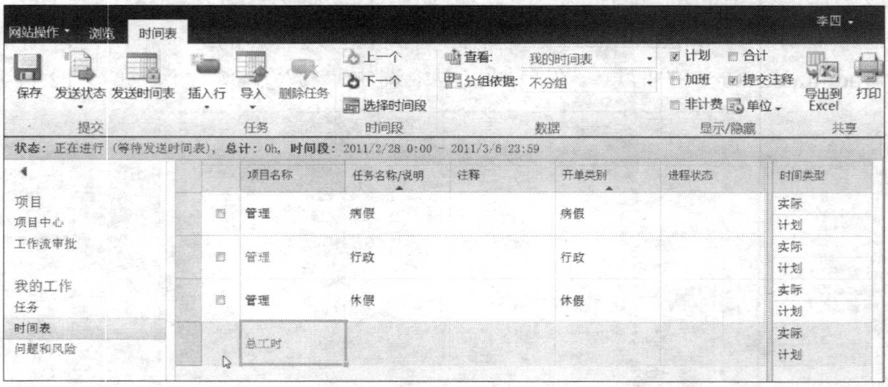

图 12.13 时间表创建后

时间表创建后，可以看到如图 12.13 所示，只出现了 4 个"管理时间"的列表，因为时间表刚刚创建完毕还没有项目的任务添加进来，也没有临时任务添加进来。

12.3.2 管理时间的请求

在图 12.13 中，4 个管理时间都是"0"工时，用户需要将每个时间表阶段的"管理时间"

做申请。方法是在图 12.13 的基础上，右边网格区填写实际工时，将出现如图 12.14 所示的页面。

图 12.14　管理时间

如图 12.14 所示，用户可以选择管理时间的类别，例如，培训、休假、病假等内容，这些类别的维护在 12.1 节中已有描述。

如图 12.14 所示，用户填写了这样的管理时间请求：在"2011 年 3 月 1 日"以及"2011 年 3 月 3 日至 4 日"，每天都有"4"小时的"休假"活动需要参加。

单击"保存"按钮并单击"发送时间表"按钮后，"休假"的管理时间请求发送到了"审批者:administrator"等待审批。

12.3.3　管理时间的审批

由于用户"韩胜"的时间表管理者是用户"administrator"，因此当用户"administrator"登录 PWA 后能看到一项管理时间的审批请求，如图 12.15 所示。

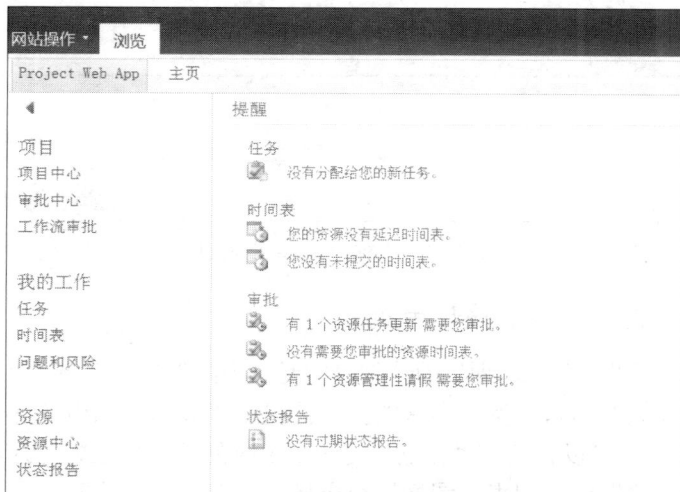

图 12.15　时间表审批者的主页

在图 12.15 中的"主页"中的"审批"中，可以看到需要审批的"管理性请假"请求。

用户单击该链接后，可以看到用户"韩胜"提交的请求，如图 12.16 所示。

图 12.16　管理时间审批

在图 12.16 中可以看到"韩胜"提交"培训"和"休假"类别的管理时间，有总共的小时以及时间的范围。用户将左侧的复选框选中后，可以单击"接受"或者"拒绝"回应管理时间的请求。在此处，用户单击"接受"，表示用户"administrator"同意了用户"韩胜"的"休假"请求。

该管理实践请求同意之后，用户"韩胜"再次登录 PWA，访问"时间表"时，看到时间表已经批准的提示的页面，如图 12.17 所示。

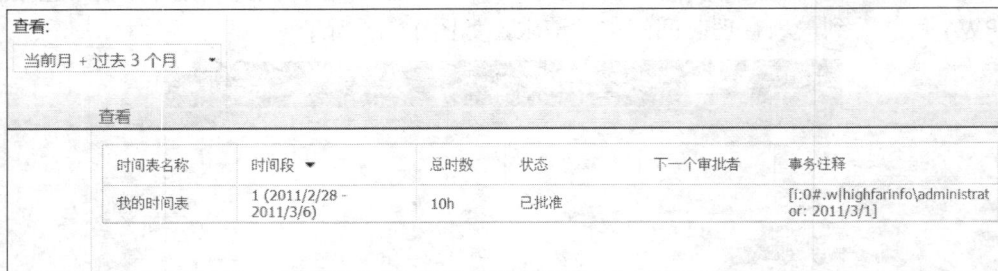

图 12.17　管理时间审批通过

12.3.4　管理时间实际值的汇报与审批

在图 12.17 中，可以看到"培训"的计划时间是"周四"花费"4h"、"周五"花费"8h"，但实际执行可能与计划有出入，例如实际的执行情况是"周四"利用了"4h"，但是"周五"只消耗了"4h"，则用户可以直接在"计划"的两个工时的单元格上方写入实际值后单击"保存"图标后，再单击"发送时间表"图标提交审批，如图 12.18 所示。

管理时间实际值的审批与计划值的审批方法雷同，此处不再赘述。如果通过了审批，则该类别的"进程状态"将变化为"已审批"。

图 12.18 管理时间实际值汇报

12.3.5 任务行时间表的提交

在"时间表"中添加任务（包括项目任务或个人任务），并填报任务实际工时信息之后，可以提交时间表等待管理者审批。

如图 12.19 所示，等待审批的管理性任务。

	项目名称	任务名称/说明	注释	开单类别	进程状态
☑	个人任务	为领导些会议材料		标准	
☑	管理	病假		病假	
☑	管理	行政		行政	
☑	管理	休假		休假	等待审批
	总工时				

图 12.19 等待审批的任务

12.3.6 任务行时间表的审批

时间表审批者，登录 PWA 后，单击"审批中心"，单击需要审批的时间表，看到用户提交时间表审批请求，如图 12.20 所示。

如图 12.20 所示，时间表审批者，可以查看到"韩胜"提交的时间表请求，单击时间表名称可查看详细的时间表信息，时间表审批过程与任务审批过程一致，本小节不再描述。单击功能区中的【历史记录】/【时间表】可查看时间表审批的历史记录信息，如图 12.21 所示。

"已批准"的时间表是不能被用户本人再次编辑的，只能查看。

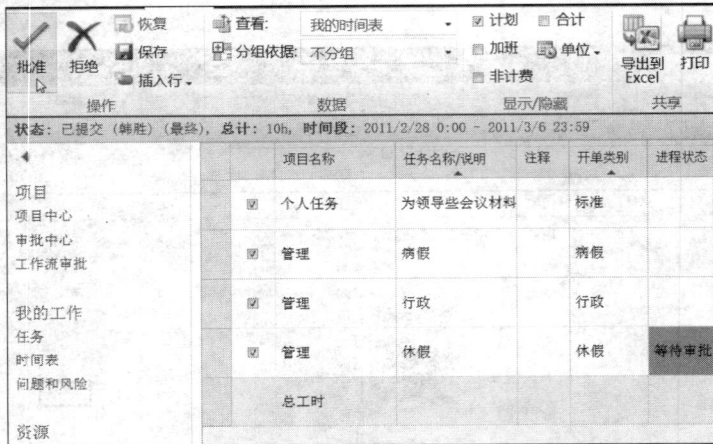

图 12.20　审批时间表

图 12.21　已批准的时间表

12.4　时间表的高级应用

12.4.1　统一输入模式

Project Server 默认情况下，任务审批后，其工时会并入当前计划，时间表审批后，其工时会并入当前时间表，导致 Project Server 中存在两套工时数据。为适应不同组织业务需求，Project Server 2010 额外提供了用于输入时间和任务进度的全新的统一模式。现在您可以通过单一视图完成您的工时单并通知任务状态。当单一输入模式设置成功后，已审批的工时会并入当前计划和时间表。

Project Server 2010 可以实现（并强制）与 Project Server 2007 相同的 3 种跟踪模式，并增加第 4 种"自由表格"模式，以便让团队成员能够使用自己偏好的模式来呈报自己的进度。Project Server 2010 引擎将自动将执行数据转换，而不考虑模式。每种跟踪配置方法所支持的跟踪模式如表 12.1 所示。

表 12.1　　　　　　　　　　　　跟踪方法与模式对应支持关系

	工 时 完 成	实际/剩余工时	时间段工作时数	自 由 表 格
任务输入	支持	支持	支持	支持
时间表输入	不支持	不支持	支持	不支持
统一输入模式	不支持	不支持	支持	不支持

切换 4 种跟踪模式如图 12.22 所示。

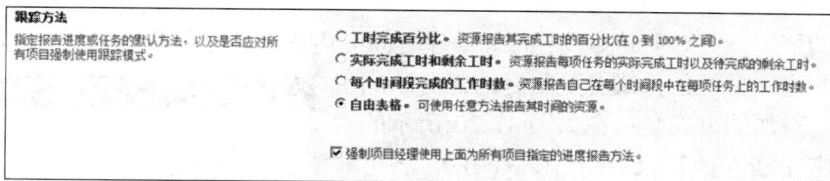

图 12.22   跟踪方法

以管理员登录 PWA，单击左侧导航上"服务器设置"，于"时间与任务管理"区域中打开"时间表设置与默认值"，选中"单输入模式"复选框，如图 12.23 所示。

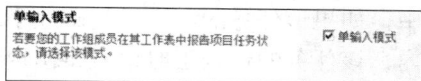

在图 12.23 中，单击"确定"按钮后，"我的任务"视图中，所有可编辑的网格（如：工时完成百分比等）都不可编辑。

图 12.23   开启单输入模式

同时，在"时间表"视图中，网格区也有了较大的变化，首先，新增了"任务名称"、"进程状态"、"开始时间"、"完成时间"等原本属于"我的任务"视图中的属性。其次，任务信息被默认添加入"时间表"视图中，如图 12.24 所示。

	任务名称/说明	项目名称	开始时间	完成时间	剩余工时	工时完成百分比
☑	系统需求讨论2	11-固定资产信息系统	2011/1/31 8:00	2011/1/31 17:00	8h	0%
☐	病假	管理				
☐	行政	管理				
☐	休假	管理				
		总工时				

图 12.24   开启单输入模式下的时间表视图

此时，可以通过向时间表添加工时报告任务进度，或者在"我的任务"视图中，单击进入具体任务后，填报工时。

12.4.2   统一审批模式

除了能够在同一位置输入时间和任务进度信息以外，拥有适当权限的人现在还可以在统一视图批复工时和任务更新信息，审批过程与未开启"统一审批模式"一致，此小节不再叙述。

12.4.3   "自由表格"跟踪方法

当开启"自由表格"跟踪方法后，"我的任务"与"时间表"视图中的数据不进行强制关联，例如，"我的任务"视图中的任务工时数据与"时间表"视图中任务工时数据可以不一致。

开启"自由表格"跟踪方法后，可以实现实际工时的灵活跟踪，使之满足根据工时计算成本的外包型等项目管理需求。

12.4.4　管理非项目任务行

　　在默认的情况下，"时间表"中只有管理时间的内容，为了管理非项目工作任务的时间表，用户需要将项目的任务或者是临时的任务添加到时间表中，添加的方式是：在如图 12.20 所示的页面中，单击【插入行】/【插入个人任务】，将出现如图 12.25 所示的页面。

　　如图 12.25 所示，"时间表"中增加了一条叫做"临时任务"的任务，该任务不会出现在"我的任务"中，如果该任务的起止时间落在了本阶段的时间表内，该任务的计划工时信息将出现在时间表中，如图 12.24 所示。计划工时是不能编辑的，用户可以参考计划工时，根据实际的工时投入来填入每天的实际工时。

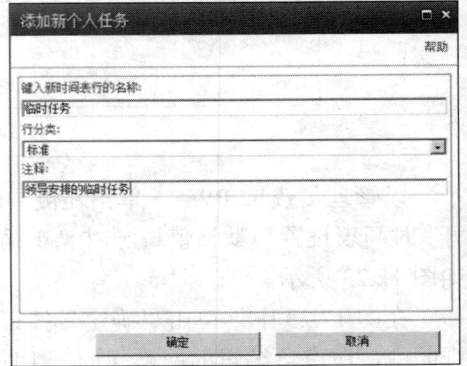

图 12.25　添加时间表任务行

12.5　时间表的统计

　　每个用户在日常工作中不断地汇报工时信息，利用 Project Server 2010 提供的"数据分析"功能可以定期对每个用户的工时信息进行汇总。

　　在默认情况下，PWA 中的"数据分析"功能是无法使用的，需要由系统管理员进行配置以及开启 SharePoint 的 Excel Services，本章只介绍简单的实现效果，如图 12.26 所示。

图 12.26　工时信息的统计

　　在图 12.26 中，可以较直观地统计出每个资源参与各种项目的工时统计信息。

13

■■■■■■■ **第 13 章**
项目监控与沟通

　　项目在执行过程中，项目成员与项目经理通过一起协调沟通，完成项目的正常执行。但是，任何一个项目在执行过程中都会或多或少的出现一些问题，最典型的问题是进度延误或者费用超支。项目经理、项目管理办公室、高层管理者、客户等项目的干系人必须实时监控项目的进展情况，及时发现问题并解决问题，以实现项目的最终目标。

　　本章主要介绍如何利用 Project 环境达到实时监控项目的目标。本章将从以下几个方面进行描述：

- 对计划的监控；
- 对进度的监控；
- 对项目问题和风险的监控；
- 对项目总体状况的监控。

13.1　对计划的监控

　　本章所描述的对计划的监控指的是监控项目计划的变化情况，即项目的各项计划在项目执行过程中是否发生了变化；如果发生了变化，则要监控变化的规模、发生变化之后对项目有何影响等方面。项目计划应该包括进度计划、成本计划、资源计划等很多种计划，本章涉及的计划主要以进度计划与费用计划为主。

　　计划变化举例：原定项目工期是 100 个工作日，项目执行了 20 个工作日后，经过仔细分析工期需要调整到 150 个工作日才可能完成项目。表明计划即将发生变化，发生变化的工期与原来工期相差 50 天，以上是"对计划的监控"。

　　"对进度的监控"与"对计划的监控"是两个完全不同的概念，"进度监控"指的是在最新的进度计划确定的前提下，监控任务是否按照计划执行的情况。例如原定某任务工期为"10个工作日"，到第 5 个工作日时应该完成 50%，但实际上只完成了 20%，监控的结果是进度过于缓慢，这种监控就是对进度的监控。

　　"计划监控"的目的是查看计划是否发生了变化，"进度监控"的目的是检查任务执行有没有按照当前最新的进度计划进行。

　　案例描述：经过多次讨论，"13_固定资产信息系统项目"项目最终的计划被确定下来。项目的开始时间是"2011 年 1 月 3 日"，项目的完成时间是"2011 年 8 月 1 日"，总工期是"151个工作日"，总成本是"144260.00"，预算是"200000.00"。在发布项目计划之前，以上数据已经完成了保存比较基准的工作，具体的摘要计划如图 13.1 所示。

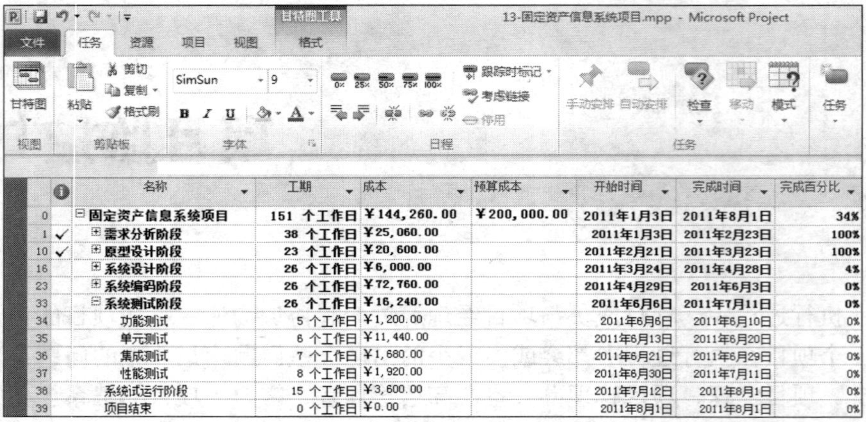

图 13.1　项目执行前的摘要计划数据

图 13.1 中的计划保存比较基准后，可以参照第 11 章介绍的项目执行方法进行项目执行的相关操作，在项目执行过程中，需要对项目的各项计划进行定期的监控。

下面来介绍对进度计划的监控与成本计划的监控以及其他一些监控的方法。

13.1.1　监控进度计划

为了更好的实现对进度计划的监控，笔者建议用户自定义一个视图：进度计划监控视图。这个视图应该包含下面的列："标识号"、"标记"、"（任务）名称"、"工期"、"比较基准工期"、"工期差异"、"开始时间"、"比较基准开始时间"、"开始时间差异"、"完成时间"、"比较基准完成时间"和"完成时间差异"。

该视图的自定义方法按如下步骤进行：

1．打开项目文件

项目经理利用 Project Professional 登录 Project Server，打开"13_固定资产信息系统项目"项目文件。

2．自定义表

打开项目文件之后，选择菜单【视图】/【表格】/【更多表格】，出现如图 13.2 所示的"其他表"对话框。

在"其他表"对话框中，选择最上方的"任务"单选按钮，接下来选择"新建"按钮，将出现如图 13.3 所示的对话框。

在"名称"文本框中输入该表的名称，这里为"进度计划监控表"；在中间区域的"域名称"中依次选中新建视图所需要的列："标识号"、"标记"、"（任务）名称"、"工期"、"比较基准工期"、"工期差异"、"开始时间"、"比较基准开始时间"、"开始时间差异"、"完成时间"、"比较基准完成时间"和"完成时间差异"。选择完成之后，单击"确定"按钮，如图 13.4 所示。

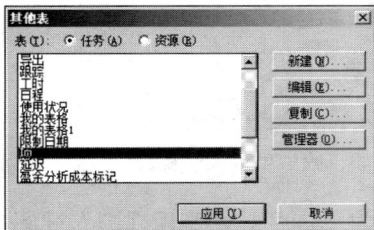

图 13.2 "其他表"对话框

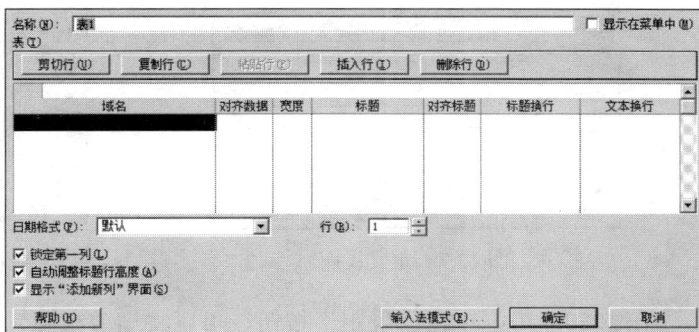

图 13.3 新建表对话框

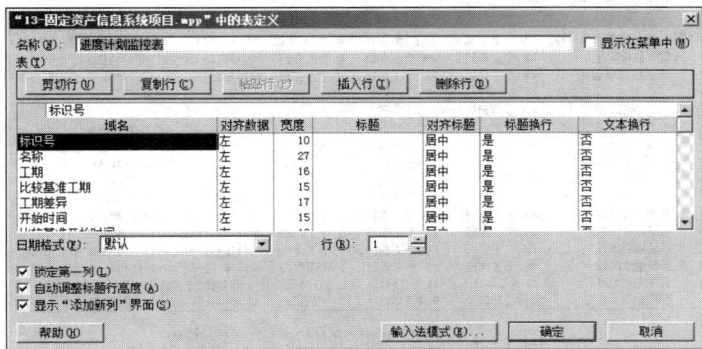

图 13.4 进度计划监控表

3. 自定义视图

"进度计划监控表"定义完成后，选择菜单【视图】/【任务视图】/【其他视图】/【其他视图】，出现"其他视图"对话框，如图 13.5 所示。

在图 13.5 中，单击"新建"按钮，将出现如图 13.6 所示的"定义新视图"对话框。

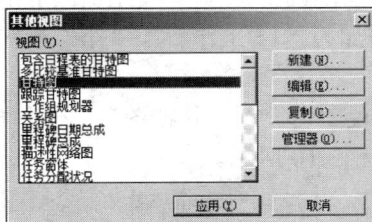

图 13.5 "其他视图"对话框

图 13.6 "定义新视图"对话框

在图 13.6 中，选择"单一视图"单选按钮，单击"确定"按钮，将出现如图 13.7 所示的对话框。

在图 13.7 中，在"名称"输入框中输入视图的名称，这里是"进度计划监控视图"，在"表"下拉列表中选择上一步新建的表"进度计划监控表"，在"分组"选项中选择"不分组"，在"筛选器"中选择"所有任务"。为了能够方便使用自定义的视图，可以选中"显示在菜单中"复选框，如图 13.8 所示。

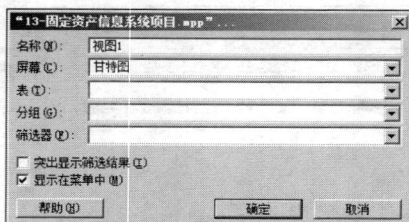

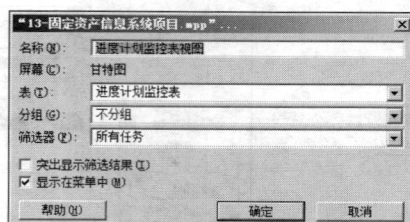

图 13.7 定义视图   图 13.8 应用自定义的视图

在图 13.8 中，单击"确定"按钮，可以将当前视图切换为"进度计划监控视图"视图，切换后的效果如图 13.9 所示。

图 13.9 自定义的进度计划监控视图

通过图 13.9 中的"进度计划监控视图"，用户可以随时观察进度计划的变化。图 13.9 目前表示计划没有发生任何变化。但是，在项目执行过程中，进度计划可能发生如下的情况：

- ● 工期延长；
- ● 工期提前；
- ● 开始时间发生变化；
- ● 完成时间发生变化。

案例描述： 经过一段时间的执行，"13_固定资产信息系统项目"发生更改的情况如下。"第一次需求讨论"的工期由原来的"10 工作日"增加为"15 工作日"，"第二次需求讨论"的工期由原来的"8 工作日"减少为"2 工作日"。

为了能够体现以上变化，需要将当前 Project 的视图切换到"甘特图"，之后修改相应任务的"工期"域就可以实现，该操作执行完毕后如图 13.10 所示。

图 13.10 在"甘特图"中修改项目信息

在图 13.10 中的"工期"修改完毕后,将视图切换到刚刚自定义的"进度计划监控视图",查看计划有可能发生的变化,结果如图 13.11 所示。

名称	工期	比较基准工期	工期差异	开始时间	比较基准开始时间
□ 固定资产信息系统项目	151 个工作日	151 个工作日	0 个工作日	2011年1月3日	2011年1月3日
需求分析阶段	38 个工作日	38 个工作日	0 个工作日	2011年1月3日	2011年1月3日
□ 系统需求讨论	24 个工作日	26 个工作日	-2 个工作日	2011年1月3日	2011年1月3日
第一次需求讨论	15 个工作日	10 个工作日	5 个工作日	2011年1月3日	2011年1月3日
第二次需求讨论	7 个工作日	6 个工作日	1 个工作日	2011年1月17日	2011年1月17日
第三次需求讨论	6 个工作日	8 个工作日	-2 个工作日	2011年1月27日	2011年1月27日
需求分析	5 个工作日	5 个工作日	0 个工作日	2011年2月8日	2011年2月8日
编写需求说明书	6 个工作日	6 个工作日	0 个工作日	2011年2月11日	2011年2月11日
确认需求说明书	3 个工作日	3 个工作日	0 个工作日	2011年2月21日	2011年2月21日
需求分析阶段结束	0 个工作日	0 个工作日	0 个工作日	2011年2月23日	2011年2月23日
□ 原型设计阶段	23 个工作日	23 个工作日	0 个工作日	2011年2月21日	2011年2月21日
□ 系统设计阶段	26 个工作日	26 个工作日	0 个工作日	2011年3月24日	2011年3月24日
□ 系统编码阶段	26 个工作日	26 个工作日	0 个工作日	2011年4月29日	2011年4月29日
□ 系统测试阶段	26 个工作日	26 个工作日	0 个工作日	2011年6月6日	2011年6月6日
系统试运行阶段	15 个工作日	15 个工作日	0 个工作日	2011年7月12日	2011年7月12日
项目结束	0 个工作日	0 个工作日	0 个工作日	2011年8月1日	2011年8月1日

图 13.11 进度计划监控视图

"进度计划监控视图"的其他域也会实时发生变化。例如,"开始时间差异"与"完成时间差异"等数据。

> **注意** 不要直接在自定义的"进度计划监控视图"中修改计划数据,因为基准数据有可能被用户误操作,所以,项目执行过程中项目经理只需更改"甘特图"中的相关进度信息,"进度监控视图"就会自动地记录发生的各种变化,需要查看详细变化时切换到"进度计划监控视图"查看即可,更新计划时,再切换回"甘特图"。

13.1.2 监控成本计划

上一小节介绍的是进度计划监控,在项目的执行过程中,成本计划的监控也是项目管理者关注的内容。成本计划的变化往往与进度计划的变化有着密切的联系,例如,进度的延迟往往导致成本的增加,成本的减少也可能会导致进度的延迟。因此,严格监控项目成本计划的变化情况,并及时分析原因予与纠正成为保证项目成功最主要的工作之一。

与监控进度计划相同,为了更好的监控成本计划的变化情况,笔者建议读者自定义一个"成本计划监控视图"来完成对成本计划的监控。

自定义的视图中的列有:"标识号"、"标记"、"名称"、"成本"、"比较基准成本"、"成本差异"。其中"成本差异"="成本"—"比较基准成本",上述公式是 Project 软件内部默认提供的。如果"成本差异"的值大于 0,则表示成本有超支的迹象,如果"成本差异"小于 0,则表示成本有节约的迹象。具体的视图定义过程请参照上一节的"进度计划监控视图",同样是先定义"表",再定义"视图",本节不做详细描述。定义完成的视图如图 13.12 所示。

从图 13.12 中可以监控成本计划的变化情况,图中的"成本差异"为"¥3120"表示截至目前为止,项目成本计划超支了"人民币 3120 元",其中"第一次需求讨论"超支了"人民币 3600 元","第三次需求讨论"任务节省了"人民币 480 元",二者相抵之后"需求分析阶段"超支了"人民币 3120 元"。

在实际的项目执行时,项目经理通过更新"甘特图"汇报项目的成本执行情况。需要监控项目成本时,切换到自定义的"成本计划监控视图"实施监控成本计划的变化情况。

名称	成本差异	成本	比较基准成本	预算成本
□ 固定资产信息系统项目	￥3,120.00	￥147,860.00	￥144,740.00	￥200,000.00
□ 需求分析阶段	￥3,120.00	￥28,660.00	￥25,540.00	
□ 系统需求讨论	￥3,120.00	￥14,280.00	￥11,160.00	
第一次需求讨论	￥3,600.00	￥10,800.00	￥7,200.00	
第二次需求讨论	￥0.00	￥2,040.00	￥2,040.00	
第三次需求讨论	-￥480.00	￥1,440.00	￥1,920.00	
需求分析	￥0.00	￥9,340.00	￥9,340.00	
编写需求说明书	￥0.00	￥4,320.00	￥4,320.00	
确认需求说明书	￥0.00	￥720.00	￥720.00	
需求分析阶段结束	￥0.00	￥0.00	￥0.00	
⊞ 原型设计阶段	￥0.00	￥20,600.00	￥20,600.00	
⊞ 系统设计阶段	￥0.00	￥6,000.00	￥6,000.00	
⊞ 系统编码阶段	￥0.00	￥72,760.00	￥72,760.00	
⊞ 系统测试阶段	￥0.00	￥16,240.00	￥16,240.00	
系统试运行阶段	￥0.00	￥3,600.00	￥3,600.00	
项目结束	￥0.00	￥0.00	￥0.00	

图 13.12　自定义"成本计划监控视图"

13.1.3　用图形标记差异

"工期差异"与"成本差异"两个值在上述的"进度计划监控"视图与"成本计划监控"视图中起到重要的提示作用，用来表示进度计划与成本计划发生的偏差值。在上述两个视图中，两个差异的值是通过数值来体现的，Project 也提供了更直观的图形方法来表现"成本差异"与"工期差异"，从而为项目管理者带来更大的方便。

本小节介绍如何制作"红绿灯"来表示"工期差异"与"成本差异"的值。具体做法如下：选择菜单【项目】/【自定义字段】，出现如图 13.13 所示的"自定义域"对话框。

在"自定义域"对话框右上角的"类型"下拉框中，选择定义域的类型。例如，要定义一个"成本状况"的域来用图形的方式警示用户，则应在"类型"下拉框中选择"成本"，如图 13.14 所示。

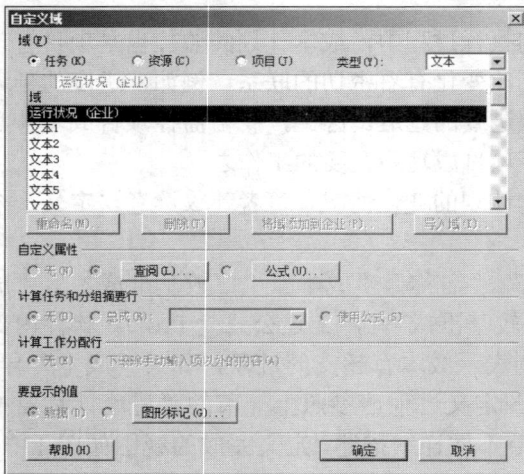

图 13.13　自定义"成本状况"域 1

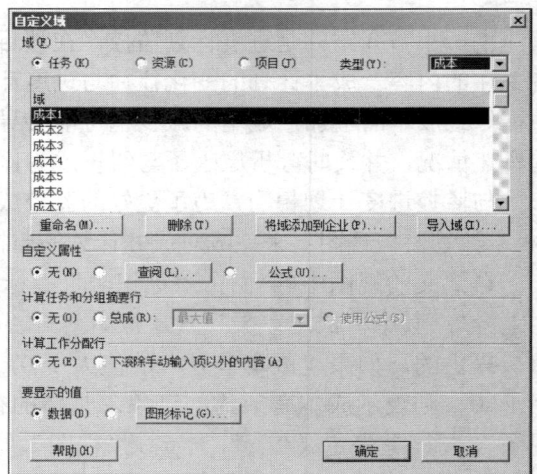

图 13.14　自定义"成本状况"域 2

在如图 13.14 所示的对话框中，"域"列表中列出了可供用户自定义的关于"成本"类型的空白域，这些域可以由用户自由发挥定义出满足自身需求的域。

用户选中"成本 1"之后，单击"重命名"按钮，在弹出的"重命名域"对话框中，输入定义域的名称"成本状况"，如图 13.15 所示。

然后单击"确定"按钮，关闭"重命名域"对话框，返回到如图 13.14 所示的对话框，再单击"公式"按钮，出现如图 13.16 所示的"'成本状况'的公式"对话框。

图 13.15　自定义"成本状况"域 3

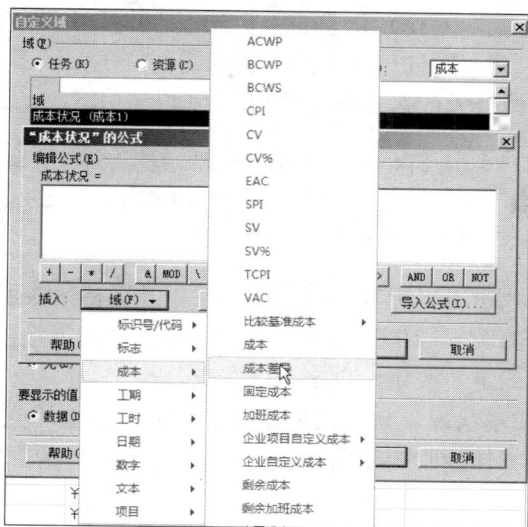

图 13.16　自定义"成本状况"域 4

单击"插入"右侧的"域"下拉框，从中选择到需要的列"成本差异"，之后单击"确定"按钮。这一步的目的是将"成本差异"的值赋给了新定义的域"成本状况"。

上述步骤完成后，需要在图 13.14 中，对"计算任务和分组摘要行"进行设置，设置的结果如图 13.17 所示。

在图 13.17 中，"计算任务和分组摘要行"的设置结果为"使用公式"。在定义各种计算类型的域时，这个选项的目的是询问遇到"摘要任务"时，该域的值如何计算，因为是引用的"成本差异"域，所以遇到摘要任务时应该选择"使用公式"。

上一步设置完成后，需要在"要显示的值"中选择"图形标记"，因为我们的目的是定义一个能够用"警示灯"提示的"成本状况"域，所以要选择"图形标记"，选择之后的结果如图 13.18 所示。

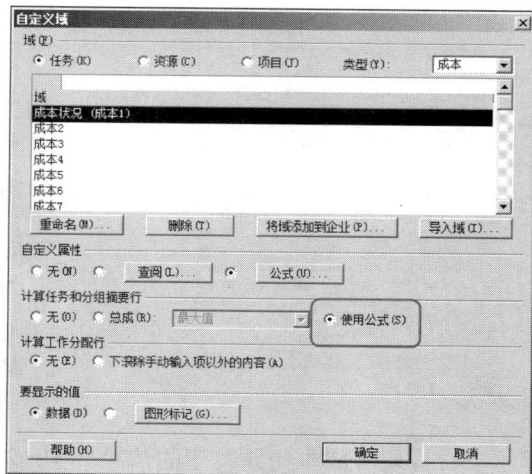

图 13.17　自定义"成本状况"域 5

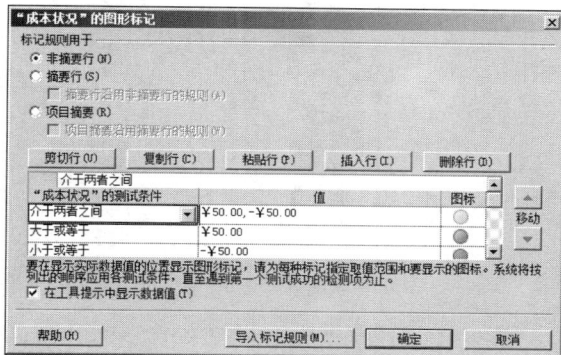

图 13.18　自定义"成本状况"域 6

在图 13.18 中，用户可以进行自定义各种条件下的图标显示。上述表示的意思是"成本状况"（成本差异）介于-50 与 50 之间时，用黄色的灯进行提示，表示在正常范围内；如果大于了 50，则红色灯提醒，表示需要严重关注了；如果小于了-50，则表示有了结余，也需要进行检查为什么会出现结余。

注意　图 13.18 中左上方的"标记规则应用于"需要将"摘要行"以及"项目摘要"均设置一遍，设置的方式是先选择各自的单选按钮，再选中各自后面的复选框，否则在应用时会出现摘要行与项目摘要行没有图标的情况。

用户可以采用其他不同的条件以及图标来表示更多更直观的效果。

当"图形标记"设置完成后，单击"确定"按钮再次返回到如图 13.17 所示的对话框，单击"确定"按钮，自定义域完成。

"成本状况"自定义域定义完成后，还要将它引用到某个视图中才能看到。将视图切换到"成本计划监控视图"，在"名称"域上单击鼠标右键，选择"插入列"命令，如图 13.19 所示。

单击"插入列"之后，在下拉框中，选择已经自定义的任务属性"成本状况"，如图 13.20 所示。

在图 13.20 中，插入任务列"成本状况（成本 1）"后，如图 13.21 所示。

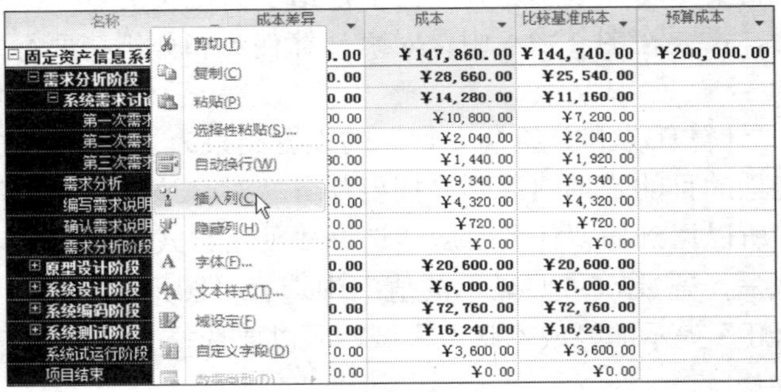

图 13.19　插入列

图 13.20　选择"成本状况"

在图 13.21 中，"成本状况"可以非常醒目地提示项目管理者成本问题发生的情况。当"成本差异"的值发生变化时，"成本状况"域会自动根据定义条件改变图形标记。

成本状况	名称	成本差异	成本	比较基准成本
○	□ 固定资产信息系统项目	￥3,120.00	￥147,860.00	￥144,740.00
○	□ 需求分析阶段	￥3,120.00	￥28,660.00	￥25,540.00
○	□ 系统需求讨论	￥3,120.00	￥14,280.00	￥11,160.00
○	第一次需求讨论	￥3,600.00	￥10,800.00	￥7,200.00
○	第二次需求讨论	￥0.00	￥2,040.00	￥2,040.00
○	第三次需求讨论	-￥480.00	￥1,440.00	￥1,920.00
○	需求分析	￥0.00	￥9,340.00	￥9,340.00
○	编写需求说明书	￥0.00	￥4,320.00	￥4,320.00
○	确认需求说明书	￥0.00	￥720.00	￥720.00
○	需求分析阶段结束	￥0.00	￥0.00	￥0.00
○	⊞ 原型设计阶段	￥0.00	￥20,600.00	￥20,600.00
○	⊞ 系统设计阶段	￥0.00	￥6,000.00	￥6,000.00
○	⊞ 系统编码阶段	￥0.00	￥72,760.00	￥72,760.00
○	⊞ 系统测试阶段	￥0.00	￥16,240.00	￥16,240.00
○	系统试运行阶段	￥0.00	￥3,600.00	￥3,600.00
○	项目结束	￥0.00	￥0.00	￥0.00

图 13.21　加入"红绿灯"的成本计划监控视图

在以往的项目管理过程中，监控项目的很大困难便是项目管理者如何能够在纷繁复杂的项目计划中快速定位出现问题的位置，采用"图形标记"的方法，面对项目中的众多任务，项目管理者从此不需要依次查看每一条任务的"成本差异"的数值，只需要通过醒目的图形标识便可以迅速定位出现问题的任务，从而为快速解决问题提供了帮助。

笔者在为很多客户部署 Project 环境时经常被问到一个问题：Project 能帮助项目管理者带来什么？

Project 是一套优秀的通用项目管理工具，但是它自己并没有任何"做项目"的能力，如果能够非常灵活的运用它，它能给项目管理者带来的最大帮助就像"红绿灯"一样：及时监控项目，迅速发现问题。

采用同样的方法可以在"进度计划监控"视图中加入自定义域"工期状况"，该域的定义过程与"成本状况"类似，此处不再做描述。"工期状况"加入"进度计划监控"视图后的效果如图 13.22 所示。

ⓘ	成本状况	工期状况	名称	成本差异	成本	比较基准成本
	○	○	□ 固定资产信息系统项目	￥3,120.00	￥147,860.00	￥144,740.00
	○	○	□ 需求分析阶段	￥3,120.00	￥28,660.00	￥25,540.00
	○	○	□ 系统需求讨论	￥3,120.00	￥14,280.00	￥11,160.00
▦	○	○	第一次需求讨论	￥3,600.00	￥10,800.00	￥7,200.00
	○	○	第二次需求讨论	￥0.00	￥2,040.00	￥2,040.00
✓	○	○	第三次需求讨论	-￥480.00	￥1,440.00	￥1,920.00
✓	○	○	需求分析	￥0.00	￥9,340.00	￥9,340.00
✓	○	○	编写需求说明书	￥0.00	￥4,320.00	￥4,320.00
✓	○	○	确认需求说明书	￥0.00	￥720.00	￥720.00
	○	○	需求分析阶段结束	￥0.00	￥0.00	￥0.00
✓	○	○	⊞ 原型设计阶段	￥0.00	￥20,600.00	￥20,600.00
	○	○	⊞ 系统设计阶段	￥0.00	￥6,000.00	￥6,000.00
	○	○	⊞ 系统编码阶段	￥0.00	￥72,760.00	￥72,760.00
	○	○	⊞ 系统测试阶段	￥0.00	￥16,240.00	￥16,240.00
	○	○	系统试运行阶段	￥0.00	￥3,600.00	￥3,600.00
	○	○	项目结束	￥0.00	￥0.00	￥0.00

图 13.22　加入"工期状况"的监控视图

13.1.4　跟踪甘特图

以上的监控手段是通过自定义视图实现的，本节介绍的"跟踪甘特图"是 Project 默认提供的功能。

选择菜单【视图】/【跟踪甘特图】，如图 13.23 所示。

在"甘特图"中，左侧每个任务在右侧的区域对应一条"横道图"，横道图的长度表示

"工期"的大小,横道图的起始位置表示任务的"开始时间",结束位置代表任务的"完成时间"。

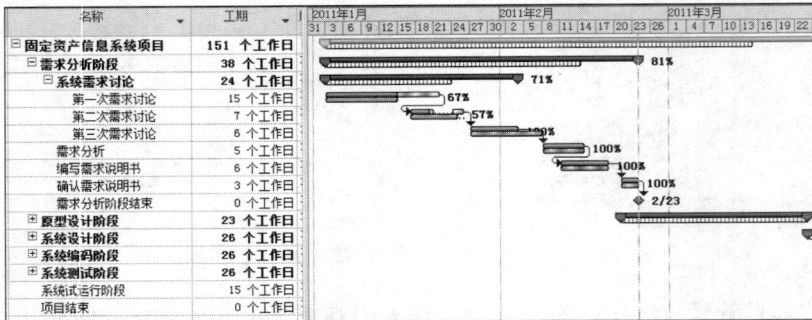

图 13.23　跟踪甘特图

如图 13.23 所示,"跟踪甘特图"左侧的每个任务在右侧区域对应上下两条横道图,下面的横道图的长度代表任务的"比较基准工期"大小,起始位置表示任务的"比较基准开始时间",结束位置表示任务的"比较基准完成时间"。上面的横道图的长度表示任务的"工期"大小,起始位置表示任务的"开始时间",结束位置表示任务的"完成时间"。

从两条横道图的差别中可以得到任务最新计划任务与"比较基准"计划的偏差情况。当任务的"工期"与"比较基准工期"相同,而且"开始时间"与"比较基准开始时间"相同,"完成时间"与"比较基准完成时间"相同时,两条横道图重合,如果上述值有不相等的情况出现,两条横道图就会出现错位的情况。

例如,图 13.23 中的"第一次需求讨论"任务对应的两条横道图的"开始时间"是相同的,但是"完成时间"不同,说明该任务当前的"工期"大于"比较基准工期";还可以发现由于"第一次需求讨论"任务的延期,后续任务均发生过了延期。

"跟踪甘特图"能够以交错的横道图的形式直观地反映项目当前计划与最初计划的对比情况,对于项目计划监控有很大的帮助。

13.1.5　多比较基准甘特图

上一小节介绍的"跟踪甘特图"体现的是当前计划与第一次保存的计划(比较基准)的对比情况,但是在实际的项目管理过程中,经常发生项目计划多次变更的情况。Project 允许用户保存多个比较基准,总共可以保存 11 个,名称分别是"比较基准"、"比较基准 1"、"比较基准 2"……"比较基准 10"。

例如,第一次保存比较基准时,Project 将每一项任务当前的"工期"、"成本"、"开始时间"、"完成时间"均保存为"比较基准工期"、"比较基准成本"、"比较基准开始时间"、"比较基准完成时间";当第二次保存比较基准时,Project 将每一项任务最新的"工期"、"成本"、"开始时间"、"完成时间"均保存为"比较基准 1 工期"、"比较基准 1 成本"、"比较基准 1 开始时间"、"比较基准 1 完成时间";当第三次保存比较基准时,Project 将每一项任务最新的"工期"、"成本"、"开始时间"、"完成时间"均保存为"比较基准 2 工期"、"比较基准 2 成本"、"比较基准 2 开始时间"、"比较基准 2 完成时间"……依次类推,每一项任务都可以保存 11 次比较基准信息。如果项目计划的变更大于 11 次，可以"覆盖"其中某一次被认为不重要的"比较基准"。更多关于"比较基准"的信息请参考本书的第 7 章内容。

　　默认的"跟踪甘特图"提供的是当前计划与"比较基准"的比较信息，无法从该视图中得到当前计划与其他"比较基准"的对比。因此 Project 提供了"多比较基准甘特图"用来对比多个比较基准的信息，选择菜单【视图】/【其他视图】，如图 13.24 所示。

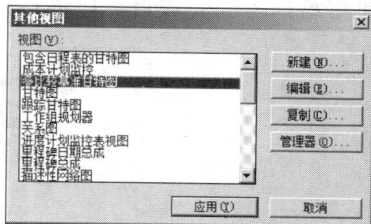

图 13.24　选择"多比较基准甘特图"

　　在如图 13.24 所示的"其他视图"对话框中，选中"多比较基准甘特图"，单击"应用"按钮之后，效果如图 13.25 所示。

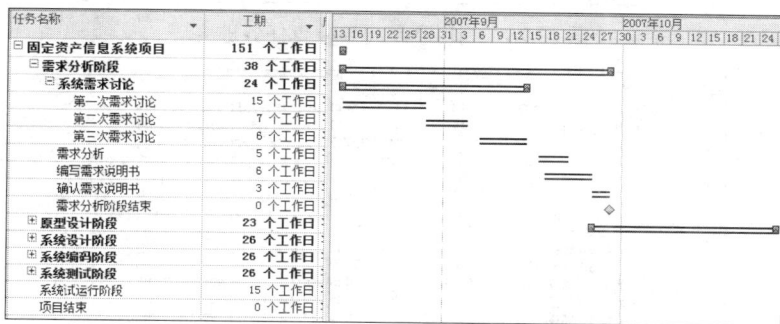

图 13.25　多比较基准跟踪甘特图

　　在图 13.25 中，每个任务对应了 3 个横道图，分别代表该任务的 3 套比较基准数据。通过"多比较基准甘特图"，可以实现在一个视图中对比历次项目计划的修改情况的目的。

注意　要看到多比较基准甘特图的前提是已经保存了多个基准。

13.2　对进度的监控

　　本章开头描述了"计划"监控与"进度"监控的区别：计划监控的目的是查看计划是否发生了变化，而进度监控的目的是检查任务执行有没有按照当前最新的进度计划进行。本节主要讲述对"进度"的监控。

　　在 Project 中，对进度的监控是通过检查任务或者项目的"完成百分比"是否按照日程更新来完成的。监控的方法主要有以下两种。

13.2.1　利用状态标记域监控进度

　　使用 Project Professional 打开项目文件，在"列表标题"栏上单击鼠标右键，单击"插入列"命令，在插入列中选中"状态标记"列，结果如图 13.26 所示。

　　在图 13.26 中可以看到，有几个任务是完成的，其他任务均是延迟的。

　　Project 判断任务"延迟"的标准是：在状态日期（状态日期指的是检查项目进度的日期）

"2010-2-1"的情况下，"第三次需求讨论"的任务完成百分比应该大于所填写的"45%"。如果将该任务的完成百分比调整为"85%"，该任务的状态变化为"按时"，如图 13.27 所示。

图 13.26　利用项目向导检查任务进度

图 13.27　调整"完成百分比"后的再次检查进度

图 13.27 中结果的原因分析："第三次需求讨论"的工期为"6 天"，时间区间为"2011-1-27 至 2011-2-3"，当状态日期为"2011-2-1"时，该任务应该工作 5 天了，应该完成的百分比是 5/6×100%=67%，如果"完成百分比"小于 83%，进度检查的结果应该时是"延迟"；如果"完成百分比"在 83%与 100%之间，进度检查结果应该是"按时"；如果"完成百分比"是 100%，进度检查的结果是"完成"。

了解到进度检查原理后，可以按照上述的方法，利用调整"状态日期"不定期地监控项目的进度情况。

13.2.2　利用进度线监控进度

上一小节介绍的是在"状态标记"域监控项目进度的方法，而本小节将介绍在"甘特图"右侧的条形图区域内检查项目进度的方法：进度线法。

利用 Project Professional 打开项目文件，在条形图区域内单击鼠标右键，在出现的菜单中选中"进度线"命令，如图 13.28 所示。

打开如图 13.29 所示的"进度线"对话框，选中"显示："复选框并选中"在项目状态日期"

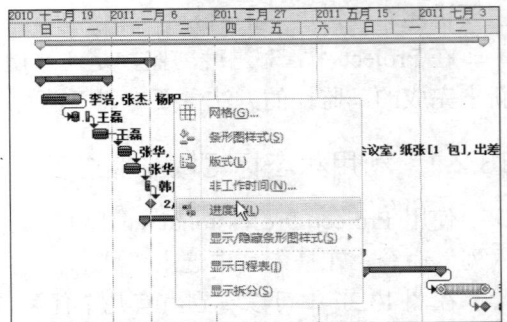

图 13.28　进度线

单选按钮，然后单击"确定"按钮。

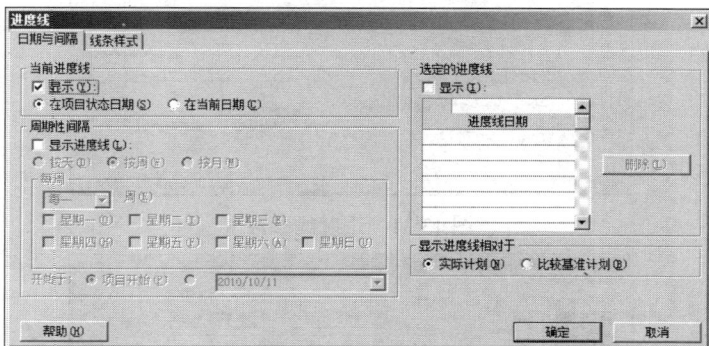

图 13.29　"进度线"对话框

在图 13.29 中单击"确定"按钮后，条形图区域出现一条红色的折线，"进度线"的检查日期为"2010-2-1"，任务"第二次需求讨论"在该日期的进度线出现了向左偏的情况，说明在"2010-2-1"的日期下，该任务没有完成应该的百分比，即该任务的实际进度落后于计划进度。

如果任务按时完成，进度线是一条直线；注意的是如果提前完成，进度线不会向右偏，如图 13.30 所示。

在实际的应用中，可以在横道图区域中加入多条进度线，用来体现在不同的检查日期下，进度完成的情况对比。

利用进度线可以直观地利用线条扭曲的方向来判断在某个日期时进度提前的任务、进度按时的任务、进度延迟的任务。

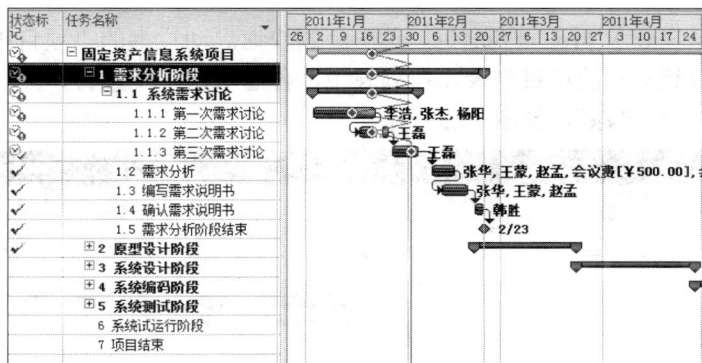

图 13.30　按时完成的任务的进度线

如果想改变进度线的格式或者删除进度线，可以双击进度线的线条，双击后打开如图 13.31 所示的"进度线"对话框。

在图 13.31 中，可以定义进度线的显示周期、删除进度线、选择进度线对应的计划数据。如果要设置进度线的格式，可以单击"线条样式"选项卡，如图 13.32 所示。

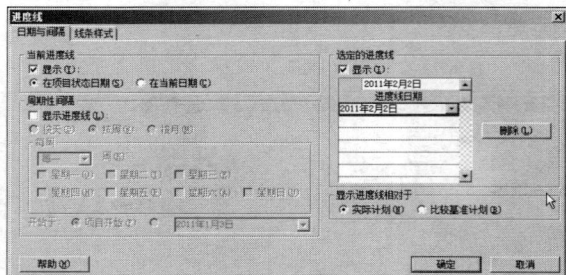

图 13.31　进度线参数 1

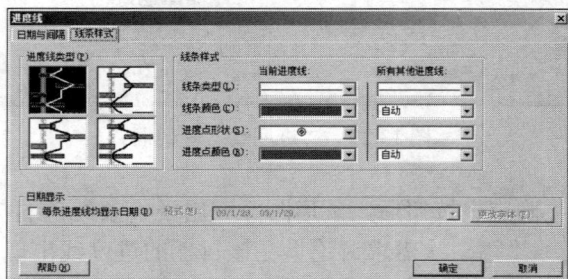

图 13.32　进度线参数 2

13.3　利用 Project Server 实现项目监控

上文介绍的监控都是围绕 Project Professional 来实现的，如果部署了 Project Server 环境，利用 Project Server 提供的监控功能就可以使用"浏览器"达到监控项目的目的。

13.3.1　计划、进度的监控

利用"浏览器"登录 Project Server，单击左侧快速启动栏上的"项目中心"链接，进入项目中心，可以看到所有的项目列表，在列表中，任意单击一个项目，然后单击功能区中的"查看"后面的"任务跟踪"，如图 13.33 所示。

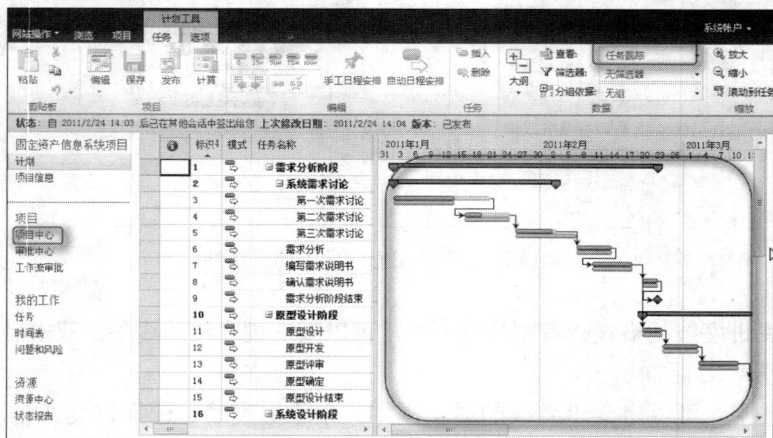

图 13.33　Project Server 上的任务跟踪视图

从图 13.33 中可以发现，在 Project Professional 上的很多监控功能在 Project Server 上也可以实现。利用 Project Server 实现的项目监控功能可能涉及视图的自定义，如何在 Project Server 上自定义视图以及如何更好地实现项目的监控，可以参考本书后续章节的内容。

13.3.2 问题、风险的监控

第 11 章中介绍了在项目执行过程中，可以为项目、任务分配问题或者风险，这些风险或者问题在第一次与任务或者项目关联时，只是完成了对问题和风险的识别阶段。真正解决问题、化解风险还需要在项目的后期执行、监控过程中进行。Project Server 针对问题、风险管理的功能特别设置了对它们的监控跟踪管理。

利用"浏览器"登录 Project Server，单击左侧快速启动栏上的"项目中心"链接，进入项目中心，如图 13.34 所示。

如何跟踪项目的风险、问题和文档呢？在如图 13.34 中的"项目中心"视图中选中某一项目名称，单击视图上方的菜单栏中的"项目网站"图标，如图 13.35 所示。

从图 13.35 可以看到，通过"项目网站"链接，可以监控到项目的问题、风险、文档以及可交付结果等内容。选择"问题"链接后，看到如图 13.36 所示的页面。

在图 13.36 中，单击"风险"链接后，看到如图 13.37 所示的页面。

在图 13.36 中，单击"项目文档"链接后，看到如图 13.38 所示的页面。

图 13.34 Project Server 上的项目中心

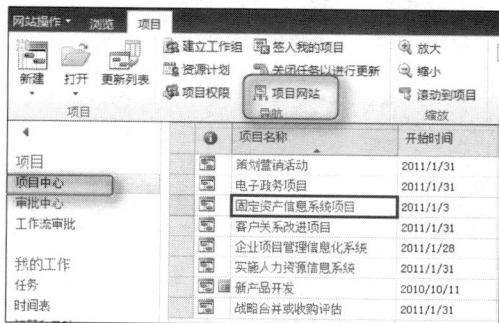

图 13.35 寻找项目的问题、风险和文档

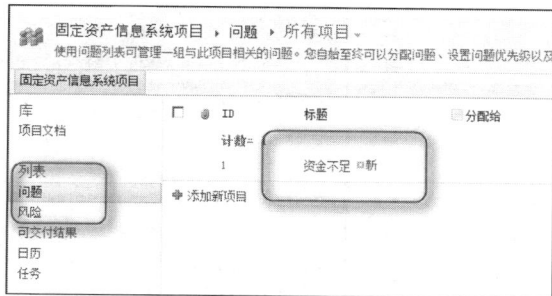

图 13.36 项目的问题跟踪

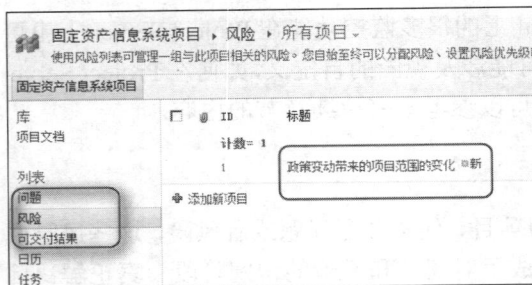

图 13.37　项目的风险跟踪

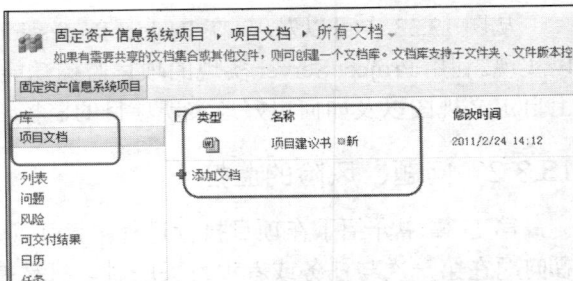

图 13.38　项目的文档跟踪

在图 13.36 中，单击"可交付结果"链接后，看到如图 13.39 所示的页面。

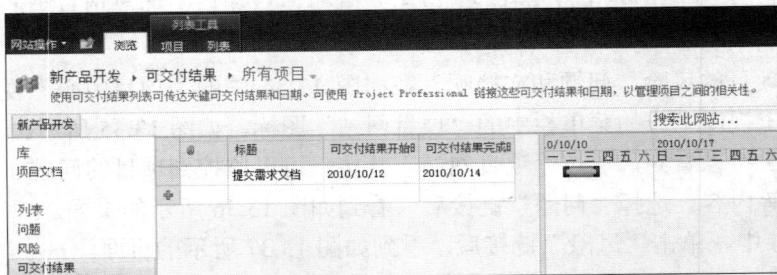

图 13.39　项目的可交付结果跟踪

13.3.3　项目总体情况的监控

项目总体情况监控指的是利用 Project Server 的"状态报告"功能来完成对项目总体情况的汇报与沟通。

1．建立状态报告格式

项目状态报告一般由关心项目情况的高层管理者来定制并发出回应请求。具体做法是，具有"状态报告"定制权限的账户利用"浏览器"登录 Project Server 以后，选择左侧的"状态报告"链接，出现如图 13.40 所示的页面。

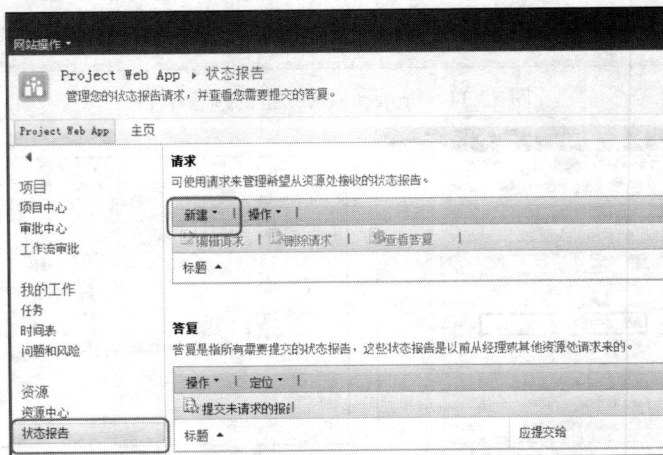

图 13.40　定制状态报告第一步

在图 13.40 中，单击"新建"按钮，进入下一步的操作页面，如图 13.41 所示。

图 13.41 定制状态报告第二步

在图 13.41 中，需要更改状态报告的"标题"、汇报的"频率"以及此报告起作用的"开始"时间。在"重复频率"中可以设置"每隔"若干日期的方法。设置完毕后，再接着设置如图 13.42 所示的部分内容。

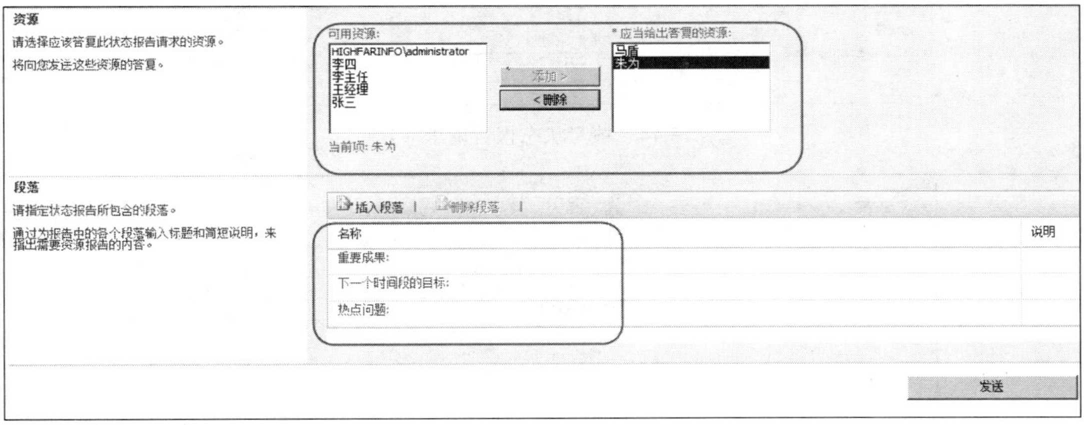

图 13.42 定制状态报告第二步

图 13.42 是图 13.41 的延续，从"资源"左侧下拉框中寻找此状态报告需要回应的人名单，选中后，单击"添加"按钮，将人员添加到右边区域。在选择过程中，如果想去掉某个资源，可以在右侧列表中选中资源，再单击"删除"按钮，便可以将该资源移到左侧。人员选择完毕后，再定义需要回应人回答的问题"段落"，图 13.42 中默认有 3 个段落，用户可以利用"插入段落"菜单再添加不同的段落，已有的默认段落名称也可以进行编辑修改。

定义完成之后，可以单击"发送"按钮，将此报告发出，相关人员会周期性地收到该状态报告通知。

2．状态报告应答

状态报告发出后，应该回应的人员登录 Project Server 后可以看到状态报告提示，如图 13.43 所示。

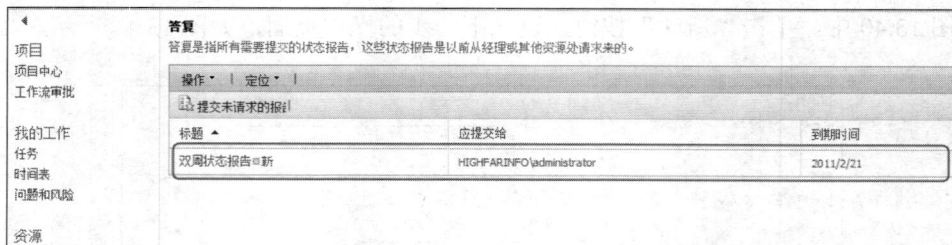

图 13.43　收到状态报告请求

在图 13.43 中，用户看到了应该在"2011-2-21"之前将项目周报汇报给"administrator"的"项目双周周报"状态报告。单击"项目双周报告"进入报告内部，如图 13.44 和图 13.45 所示。

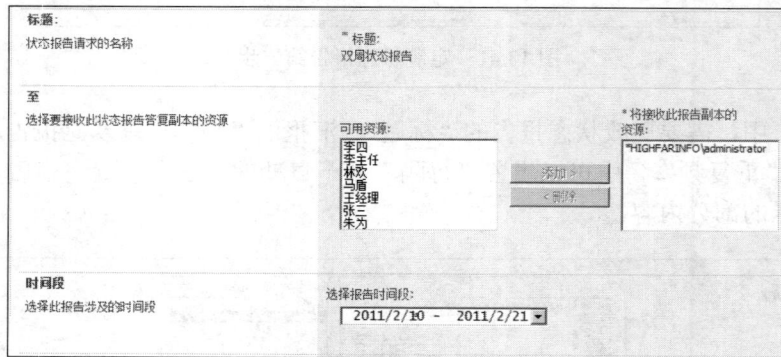

图 13.44　填写状态报告请求（1）

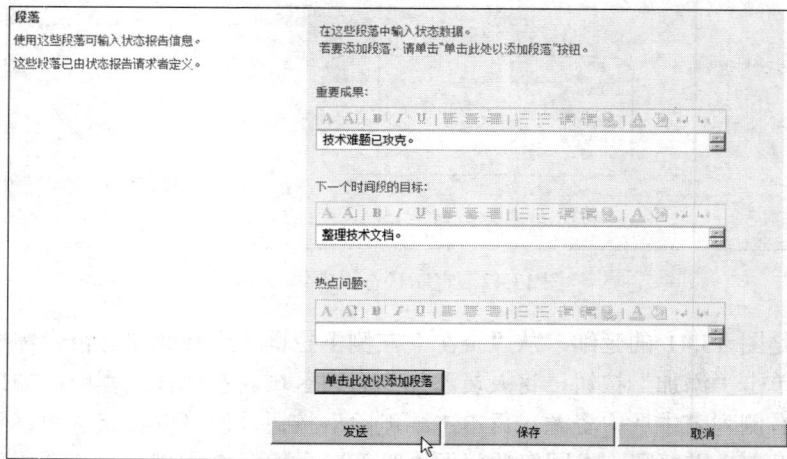

图 13.45　填写状态报告请求（2）

用户根据"administrator"制定的报告格式填写项目情况，填写完毕后，单击"发送"按钮，"administrator"可以收到该报告。其他用户也需要登录 Project Server 采取同样的办法填写状态报告并发送。

3．状态报告展现

状态报告的发起人"administrator"登录 Project Server，进入"状态报告"链接查看答复，可以看到如图 13.46 所示的界面。

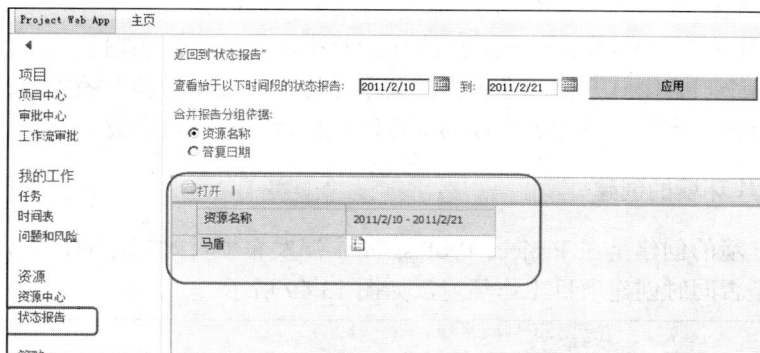

图 13.46　查看状态报告

从图 13.46 中可以看到，"马盾"发来了一份状态报告，选中该报告单击"打开"图标，可以看到状态报告的回复详情，如图 13.47 所示。

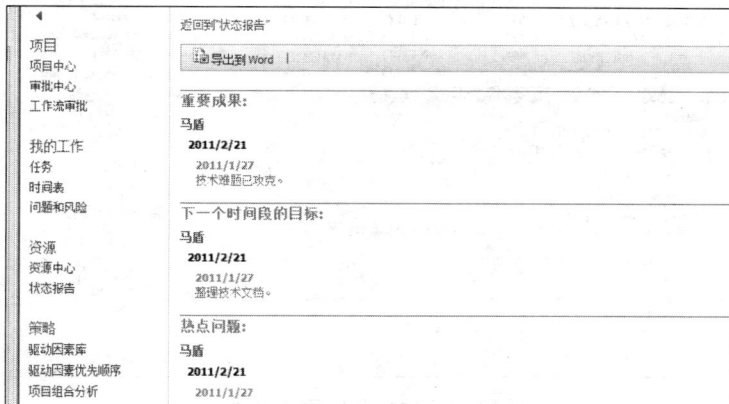

图 13.47　查看状态报告详情

在图 13.47 中，可以看到"马盾"发来状态报告的详细情况。单击"导出到 Word"图标可以将状态报告输出到 Word 文档中。输出后的效果如图 13.48 所示。

图 13.48　导出到 Word 的状态报告

13.3.4 项目工作环境的使用

"项目工作环境"是 Project Server 2010 中为每个项目所建立的项目站点，利用这个项目站点，可以为每个项目团队开辟一个工作的共享环境，与该项目相关的文档、问题、风险、可交付结果、讨论、事件、通知等事项都也可以直接通过该站点完成。

1．项目工作环境的创建

项目工作环境的创建是在 Project Professional 端发布项目时创建的，在发布项目时，系统会提示用户是否同时创建项目工作环境，如图 13.49 所示。

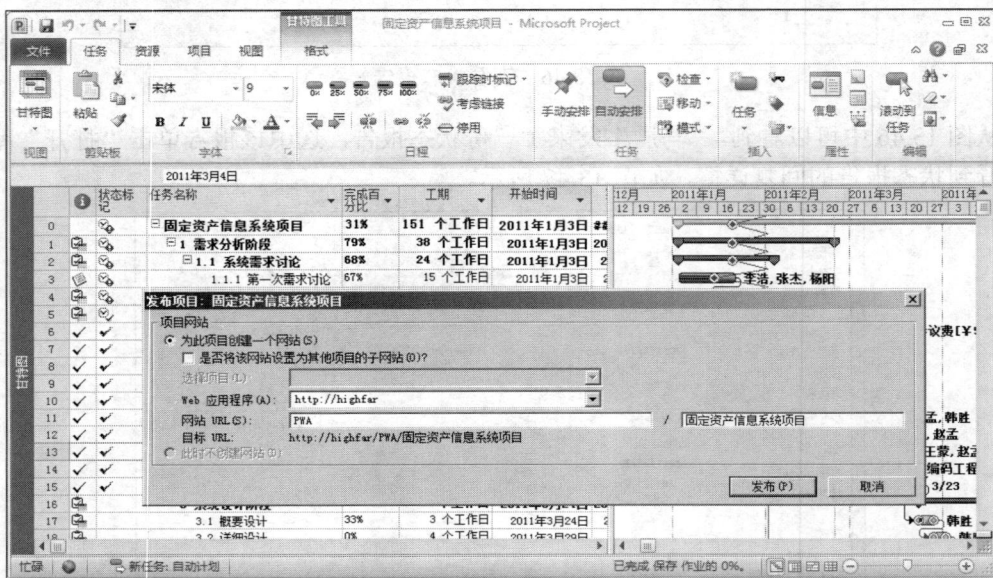

图 13.49　项目工作环境的创建

当发布项目时，会同步创建项目工作环境。

2．项目工作环境的使用

当用户访问 PWA 时，单击左侧快速启动栏上的"项目中心"，进入项目中心，可以看到项目中心中的所有项目，如图 13.50 所示。

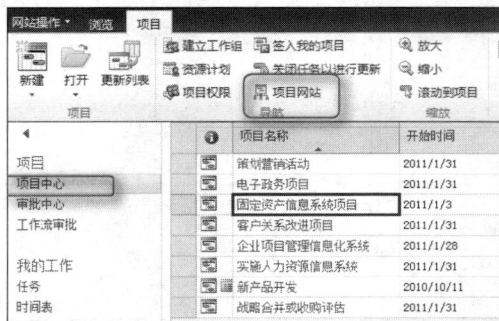

图 13.50　PWA 中的项目工作环境

在图 13.50 中，用户先单击某一个项目，再单击"项目网站"图标，就会进入该项目的工作环境站点，如图 13.51 所示。

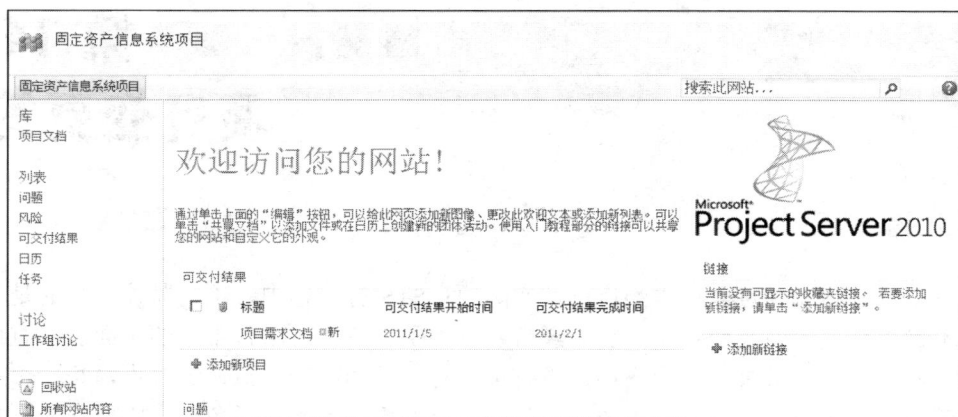

图 13.51　项目工作环境首页

利用该站点可以完成日常的项目工作汇报，也可以添加非项目任务进行沟通，还可以通过直接访问站点 URL 的方式来访问。

第 14 章
项目变更管理

上一章中介绍了项目监控与沟通，在实际项目的执行过程中，项目监控的目的是尽量使得项目不发生变更，但是变更的情况却经常避免不了。变更对项目带来的负面影响有可能是巨大的，不仅可能会带来成本的增加，更有可能对项目团队带来致命的打击，每一个项目经理都不希望自己所负责的项目发生变更。但是项目变更却是不能避免的，因此作为项目管理者必须面对这些变更，争取采取更好的措施来应对变更、处理变更。

Project 作为一套优秀的项目管理工具，在帮助项目管理者处理项目变更也有一套相应的解决方案，本章的内容是介绍如何使用 Project 处理项目的各种变更。

项目发生变更之后面临的一项重要工作就是重新制定新的项目计划，并且后续的项目执行将按照新计划监控与跟踪。Project 软件提供的项目变更管理的主要内容就是详细记录每次的变更情况，并且使得这些变更情况可以被很方便地查看。

Project 提供的变更记录的存储与查看是通过 Project Professional 2010 中的"项目比较"来实现的。本章从下面 4 个方面来讲述如何利用"项目比较"功能实现对各种变更的记录：

- 项目范围变更；
- 进度计划变更；
- 成本计划变更；
- 资源计划变更。

14.1 设置"项目版本"

14.1.1 项目版本基本概念

项目运行到一定阶段后，项目的计划可能发生变化，项目的执行情况也会发生变化，如果只依靠项目信息的一套版本，就无法记录这种变更。因此，引入项目版本的概念，在项目发生重大变更时，将变更前的内容保存为一个旧的版本，在未来的时间内可以用未来的项目信息与当初保存的项目版本进行比较，从而量化地得到这种变化的细节，以便更好地指导项目执行。

例如，"固定资产信息系统项目"项目第一次变更之前，可以将项目计划文件的版本命名为"第一次变更前"。如果需要再次发生变更，可以将项目计划文件的版本命名为"第二次变更前"。

在项目执行过程中，项目经理应该始终按照最新的计划执行项目，同时可以比较不同版本的差别，从而得到历次变更的具体细节，以备随时查询。

14.1.2 项目版本设置

用户可以根据"企业自定义域"的方式实现项目版本控制需求，具体操作如下。

管理员登录 PWA，选择"服务器设置"，出现如图 14.1 所示的页面。

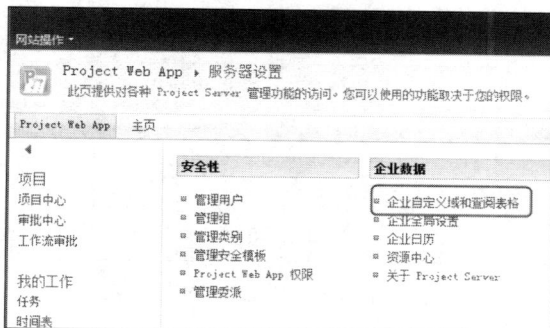

图 14.1 Project Server 的服务器设置页面

在如图 14.1 所示的页面中，单击"企业自定义域定义和查阅表格"链接，出现如图 14.2 所示的页面。

图 14.2 Project Server 的企业自定义域设置页面

图 14.2 为"企业自定义域和查阅读表格"的设置页面。在定义域之前首先定义该域的可选值，所以首先单击的是页面下方的"新建查阅表格"图标，随后打开如图 14.3 所示的页面。

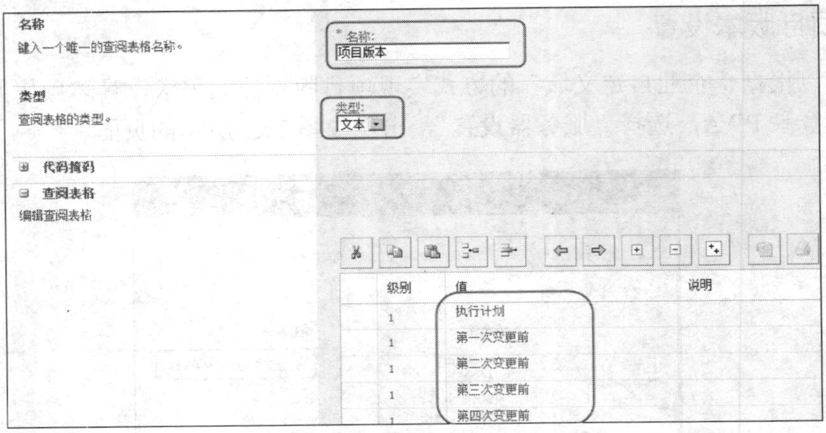

图 14.3　定义查阅表格

在图 14.3 中的"名称"处输入"项目版本"，在"类型"处输入"文本"，"代码掩码"采用默认值，"查阅表格"中输入可能会采用的值。"查阅表格"指的是可以被自定义域使用的值的列表。

定义完成查阅表格之后，定义"项目版本"域。单击图 14.2 中的"新建域"，打开如图 14.4 所示的界面。

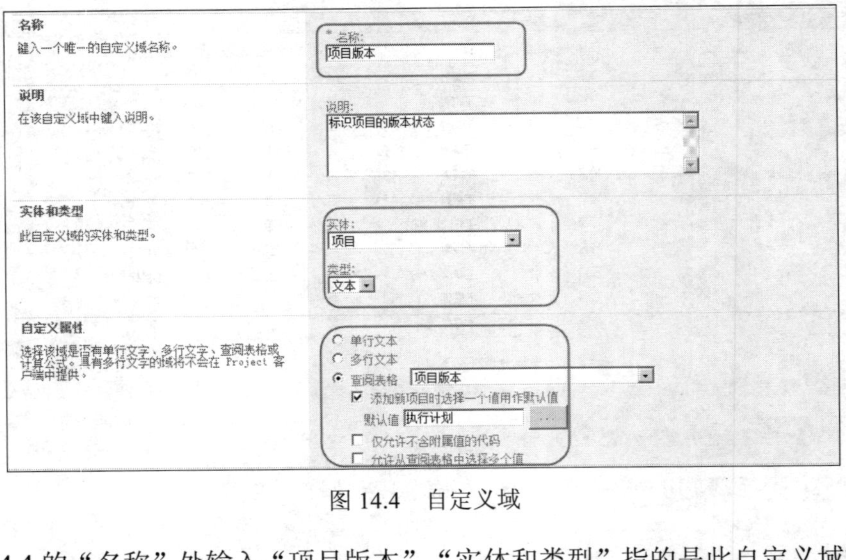

图 14.4　自定义域

在图 14.4 的"名称"处输入"项目版本"，"实体和类型"指的是此自定义域将应用于何种对象，此处选择"项目"（默认值为项目），类型选择文本。在"自定义属性"处选择"查阅表格"，并在右侧的下拉框中选择"项目版本"，并且将"将表中的值用作域的默认项"复选框选中，并且选择"执行计划"作为该域的默认值，此操作的目的是为了让项目在第一次保存到服务器时有一个默认的版本。

上述定义完成之后，将图 14.4 界面向下拖动，显示如图 14.5 所示的界面。

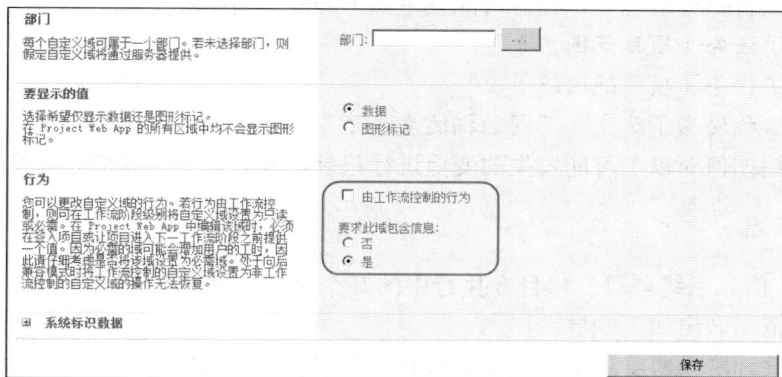

图 14.5　设置自定义域的后续信息

在图 14.5 中，需要将"必填"设置为"是"。此操作的目的是让此域成为向服务器保存项目时必须填写的信息。由工作流控制的行为复选框代表这域的值在容器中手动指定。以上信息设置完成后，单击"保存"按钮，项目版本的设置工作结束。

14.2　"项目版本"的使用

"项目版本"设置结束后，在 Project Professional 端向服务器保存项目文件时，系统会提示填写"项目版本"信息，如图 14.6 所示。

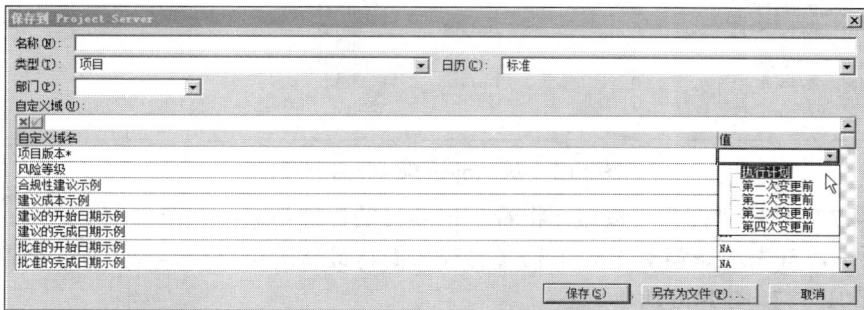

图 14.6　保存项目时选择项目版本

在图 14.6 中，"项目版本"带有"*"符号，表示为必填项，因为在服务端设置时，提供了默认的选项"执行计划"，因此在保存项目时，如果没有改动下拉框中的选项，"项目版本"的默认值便是"执行计划"，也就说明是正在执行的版本。下面说明项目版本在各种变更中的使用方式。

14.2.1　项目范围变更

项目范围的严格定义指的是项目完成之后所交付的成果。从任务的角度来讲，项目的范围可以理解为：为完成可交付的成果所做的工作。在 Project 中可以认为项目范围便是项目计划中的任务分解。所以，项目范围的变更管理在 Project 中实际上是对任务的变更管理。

在实际的项目执行过程中，任务可能发生如下的变更情况：

- 增加了任务（项目范围扩大）；
- 减少了任务（项目范围缩小）；
- 任务名称发生了改变（范围的描述发生了变化）。

下面来介绍如何对以上可能发生的变更进行记录，并且得到具体变更的细节。

1．案例描述

"固定资产信息系统项目"项目在执行中的某个时期，客户与公司项目经理的协商后决定对该项目的范围做出如下变更：

- 原型设计阶段需要增加"原型设计讨论"（增加了任务）；
- 取消计划中的功能"原型确定"（减少了任务）；
- 将"原型设计结束"任务名称改为"标准原型计划结束"（任务的描述发生了改变）。

项目经理需要将以上变更的内容体现到项目当中去。

2．范围变更处理

项目经理打开 Project Professional，登录至 Project Server。打开"固定资产信息系统项目"项目计划，如图 14.7 所示。

图 14.7　从 Project Server 打开项目

在图 14.7 中单击"打开"按钮，将看到该项目的详细信息。在范围变更之前，为了保留变更前的版本，首先选择菜单【文件】/【另存为】将最新的项目另存为"固定资产信息系统项目 20110201"，如图 14.8 所示。

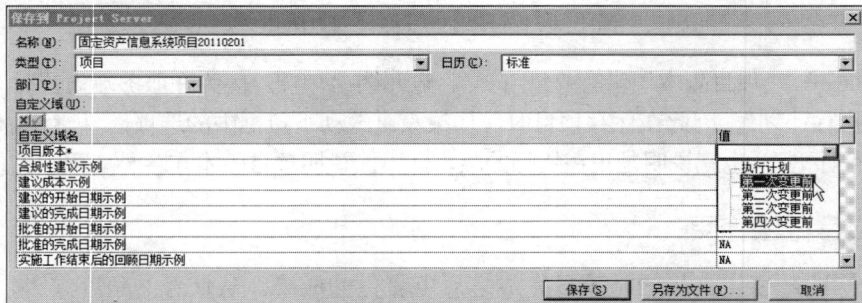

图 14.8　变更前保存版本

在图 14.8 中，项目名称后面的"20110201"指的是保存日期，用来起到标识作用；在"项目版本"下拉列表中选择"第一次变更前"。单击"保存"按钮，该版本的项目信息保存成功。

上述的"另存为"操作结束后，进行范围变更之前，需要再次打开该项目的"执行计划"的版本，因为变更操作必须在"执行计划"版本上进行。

再次打开"固定资产信息系统项目"后，将以下 3 个变更体现到项目文件中：

● 原型设计阶段需要增加"原型设计讨论"（增加了任务）；

● 取消计划中的功能"原型确定"（减少了任务）；

● 将"原型设计结束"任务名称改为"标准原型计划结束"（任务的描述发生了改变）。

以上变更之前的"甘特图"如图 14.9 所示。

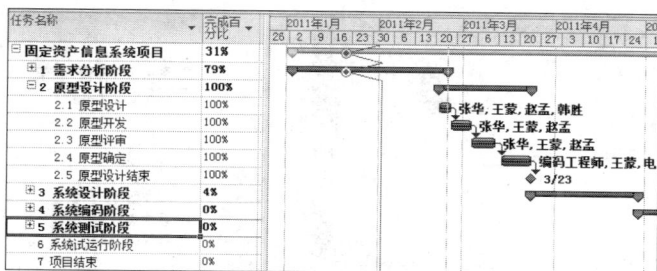

图 14.9　范围变更发生前的甘特图

变更操作之后的"甘特图"如图 14.10 所示。

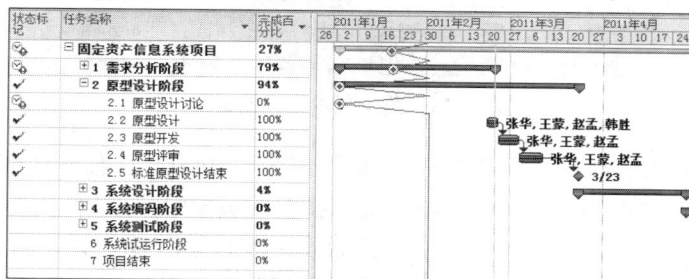

图 14.10　范围变更发生后的甘特图

3．变更内容查看

变更发生后，可以利用 Project 提供的"版本比较"功能，来实现项目计划的"已发布"版本与"第一次变更前"版本的比较，比较的方式是 Project 自动生成一个新的 Project 文件用来展示两个版本的详细异同点。

利用 Project Professional 从 Project Server 打开项目"固定资产信息系统项目 20110201"，在的菜单中选择"项目"菜单下的"比较项目"，如图 14.11 所示。

图 14.11　"比较项目"工具

单击图 14.11 中的"比较项目"图标后，出现如图 14.12 所示的"比较 Project 版本"对话框。

在"比较当前项目"下拉框中选择"固定资产信息系统项目"，在"任务表"下拉框中选择"项"，在"资源表"下拉框中选择"项"，单击"确定"按钮。Project 会自动进行一系列的计算，并生成一个新的项目文件用来展示两个版本的区别，新生成的文件如图 14.13 所示。

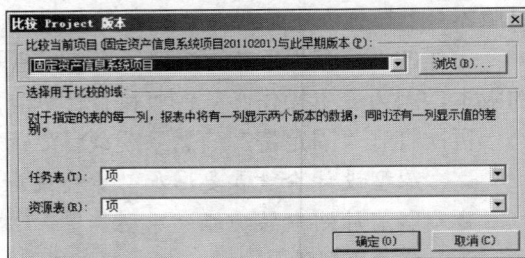

图 14.12　"比较项目版本"选项

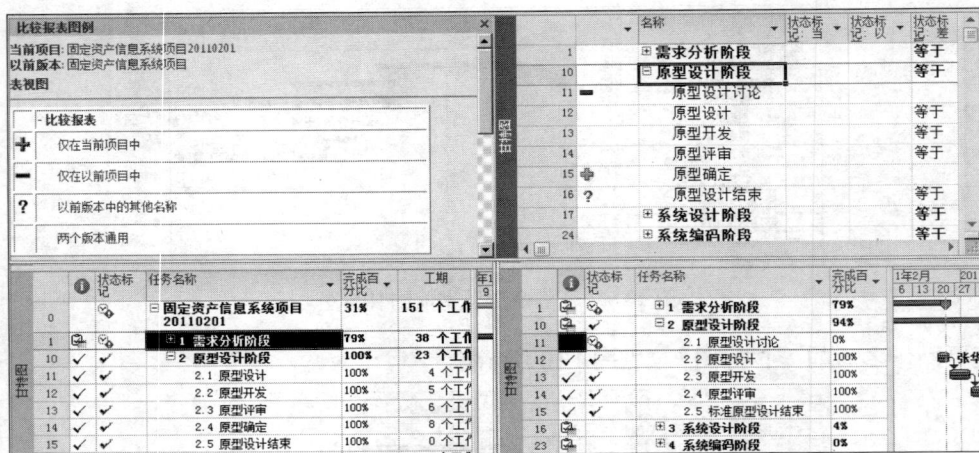

图 14.13　两个版本比较的结果

在图 14.13 中，比较报表任务名称左侧的不同图标分别表示了任务的变化情况："原型确定"在新的版本中被添加，"原型设计讨论"在新的版本中被删除，"原型设计结束"描述发生了改变。图标具体含义如图 14.14 所示。

可以把"版本比较"后生成的新文件保存下来，用来记录每次变更的详细情况。可以单击"保存"按钮将该文件保存在 Project Server 上，也可以选择"另存为文件"按钮将该文件保存到本地。无论项目的范围发生多少次变更，利用上述方法

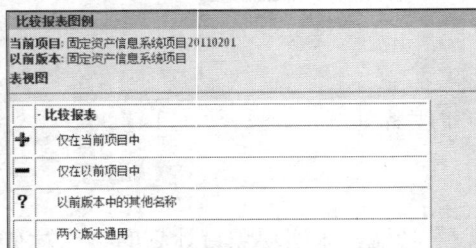

图 14.14　图例说明

都可以记录变更发生的详细情况。

以上的方法不仅可以作为记录项目范围变更的手段，也可以成为高层领导检查计划编制人员是否未经允许修改项目范围的方法。例如，高层领导批准项目计划之后，可以在本地的电脑中留存一份计划的副本。每过一段时期（例如一个月），可以从 Project Server 上下载最新的项目计划，两个版本做过比较之后，就可以检查项目计划是否修改过。

14.2.2　进度计划变更

相对于范围计划而言，进度计划在项目执行过程中更可能发生。范围计划变更关注的是

“任务数量”以及“任务名称”发生的变化，进度计划变更关注的是任务的“工期”是否发生变化，“开始时间”是否发生变化，“完成时间”是否发生变化等。同样，进度计划变更的记录与查询也是通过“比较项目版本”来实现的。

例如，“固定资产信息系统项目”在执行过程中发生了如下的变更内容：

- “系统设计阶段”阶段的任务“详细设计”的工期由 4 天变化为 6 天（工期延长）；
- “系统设计阶段”阶段的任务“设计确认”的工期由原来 7 天变为 3 天（工期缩短）。

项目经理通过 Project Professional 打开“固定资产信息系统项目”。在以上变更内容尚未发生之前，选择菜单【文件】/【另存为】，在打开的对话框中，将该文件保存为“固定资产信息系统项目-工期变化”。具体的保存操作上一节中已经做了详细介绍，本节不再赘述。

保存成功后，关闭该文件。再次打开“固定资产信息系统项目”，在该项目文件中，按照进度计划变更的要求修改两个任务的工期。

以上操作完成后，在打开“固定资产信息系统项目”的状态下，单击“项目”菜单栏下的“比较项目”功能图标进行比较。经过 Project 的一系列计算，将得到如图 14.15 所示的进度计划变更情况文件。

	名称	工期：当前	工期：以前	工期：差异
1	⊞ **需求分析阶段**	**38 个工作日**	**38 个工作日**	**0d**
10	⊞ **原型设计阶段**	**23 个工作日**	**58 个工作日?**	**-35d**
17	⊟ **系统设计阶段**	**24 个工作日**	**26 个工作日**	**-2d**
18	概要设计	3 个工作日	3 个工作日	0d
19	详细设计	6 个工作日	4 个工作日	2d
20	设计评审	6 个工作日	6 个工作日	0d
21	设计修改	6 个工作日	6 个工作日	0d
22	设计确认	3 个工作日	7 个工作日	-4d
23	系统设计阶段结系	0 个工作日	0 个工作日	0d
24	⊞ **系统编码阶段**	**26 个工作日**	**26 个工作日**	**0d**
34	⊞ **系统测试阶段**	**26 个工作日**	**26 个工作日**	**0d**
39	系统试运行阶段	15 个工作日	15 个工作日	0d
40	项目结束	0 个工作日	0 个工作日	0d

图 14.15　进度变更的记录

在图 14.15 中，新文件的“甘特图”中显示了“工期：当前”、“工期：以前”、“工期：差异”、“开始时间：当前”、“开始时间：以前”、“完成时间：当前”、“完成时间：以前”和“完成时间：差异”等列，以上内容详细显示了两个版本的进度差别，对于控制进度计划变更提供了准确的数据。

14.2.3　成本计划变更

范围、**进度**和**成本**是项目的三要素，在实际的项目管理过程中，这三要素之间经常是互相制约、互相影响的。在通常情况下，范围变更可能引起进度与成本的同时变更；进度的变更可能引起成本的变更；成本的变更又可能引起进度和范围的变更。本节介绍的内容是如何管理成本计划的变更。

本节介绍的成本计划的变更依然通过“比较项目版本”的功能来实现。

案例描述：“固定资产信息系统项目”项目经过一段时间执行后，“编码规范确信”的成本计划由“200”变为“400”（成本增加），“模块划分”的成本计划由“5000”变为“2500”（成本减少）。

项目经理通过 Project Professional 打开“固定资产信息系统项目”，在以上变更内容尚未发生之前，选择菜单【文件】/【另存为】，在出现的对话框中，将该文件保存为“固定资产信息系统项目-成本变更”。具体的保存操作前面小节中已经做了详细介绍，本节不再赘述。

保存成功后，再次打开“固定资产信息系统项目”，在该项目文件中，按照成本计划变更的要求修改两个任务的成本值。

以上操作完成后，在打开"固定资产信息系统项目"的状态下，单击"项目"菜单栏下的"比较项目"功能图标，在"项目比较"对话框中的"任务表"中选择"成本"，单击"确定"按钮后，开始在"固定资产信息系统项目-成本变更"版本与"固定资产信息系统项目"版本之间进行比较。经过 Project 的一系列计算，将得到如图 14.16 所示的成本计划变更情况文件。

名称	成本：当前	成本：以前	成本：差异	固定成本：当	固定成本：以
⊞ 需求分析阶段	¥6,340.00	¥6,340.00	¥0.00	¥0.00	¥0.00
⊞ 原型设计阶段	¥6,920.00	¥6,920.00	¥0.00	¥0.00	¥0.00
⊞ 系统设计阶段	¥0.00	¥0.00	¥0.00	¥0.00	¥0.00
⊟ 系统编码阶段	¥61,720.00	¥59,120.00	¥2,600.00	¥0.00	¥0.00
编码规范确认	¥200.00	¥100.00	¥100.00	¥200.00	¥100.00
模块划分	¥5,000.00	¥2,500.00	¥2,500.00	#######	#######
模块1编写	¥22,520.00	¥22,520.00	¥0.00	#######	#######
模块2编写	¥6,000.00	¥6,000.00	¥0.00	#######	#######
模块3编写	¥5,000.00	¥5,000.00	¥0.00	#######	#######
模块4编写	¥8,000.00	¥8,000.00	¥0.00	#######	#######
模块4国庆加班测	¥0.00	¥0.00	¥0.00	¥0.00	¥0.00
其他模块编写	¥7,000.00	¥7,000.00	¥0.00	#######	#######
系统编码阶段结束	¥8,000.00	¥8,000.00	¥0.00	#######	#######
⊞ 系统测试阶段	¥10,000.00	¥10,000.00	¥0.00	¥0.00	¥0.00
系统试运行阶段	¥0.00	¥0.00	¥0.00	¥0.00	¥0.00
项目结束	¥0.00	¥0.00	¥0.00	¥0.00	¥0.00

图 14.16   成本计划变更的记录

在图 14.16 中，新文件的"甘特图"中显示了"成本：当前"、"成本：以前"和"成本：差异"等列，以上的内容详细显示了两个版本的成本差别，对于控制成本计划变更提供了准确的数据。

14.2.4   资源计划变更

进度计划变更、成本计划变更除了使用"比较项目版本"的功能记录变更以外，还可以使用"比较基准"（有关"比较基准"的内容请参考本书第 12 章的内容）的方式来记录历次变更。但是资源计划却没有"比较基准"，因此只能通过"比较项目版本"的功能来实现。

案例描述："固定资产信息系统项目"项目经过一段时间执行后，项目经理对资源进行以下调整。

● "系统测试阶段"阶段下的"功能测试"任务的资源由"朱为"替换为"李浩"。

● "系统测试阶段"阶段下的"单元测试"任务的资源由"李浩"一个人承担修改为"朱为"与"李浩"两个人一起承担。

项目经理通过 Project Professional 打开"固定资产信息系统项目"，在以上变更内容尚未发生之前，选择菜单【文件】/【另存为】，在出现的对话框中，将该文件保存为"固定资产信息系统项目-资源变更"。保存成功后，再次打开"固定资产信息系统项目"，在该项目文件中，按照上述资源调整的计划修改两个任务的资源分配信息。

以上操作完成后，在打开"固定资产信息系统项目"的状态下，单击"项目"菜单栏下的"比较项目"功能图标，开始在"固定资产信息系统项目-资源变更"版本与"固定资产信息系统项目"版本之间进行比较。经过 Project 的一系列计算，将得到如图 14.17 所示的资源计划变更情况文件。

名称	资源名称：以前	资源名称：当前	资源名称：差异
⊞ **需求分析阶段**			等于
⊞ **原型设计阶段**			等于
⊞ **系统设计阶段**			等于
⊞ **系统编码阶段**			等于
⊟ **系统测试阶段**			等于
功能测试	李洁	朱为	不同
单元测试	李洁	李洁,朱为	不同
集成测试	李洁	李洁	等于
性能测试	李洁	李洁	等于
系统试运行阶段	李洁	李洁	等于
项目结束	李洁	李洁	等于

图 14.17　资源计划变更的记录

在图 14.17 中，新文件的"甘特图"中显示了"资源名称：当前"、"资源名称：以前"和"资源名称：差异"等列，以上的内容详细显示了两个版本的资源信息差别，对于控制资源计划变更提供了准确的数据。

第 15 章
项目团队管理

项目团队指的是为完成项目而分派的在项目中担任一定角色的人员集合。团队成员应该更多地参与到项目的各个阶段，团队成员的组成人员和角色会随着项目的进展而发生变化。

在很多大型的机构中，参与项目的人员数量比较大，团队管理显的非常重要。本章介绍的项目团队管理指的是如何利用 Project 管理参与项目执行的各种人员，团队中主要涉及的角色包括资源经理、项目经理、项目成员。本章将围绕下面几项内容展开叙述。

- 企业资源库的建立；
- 项目团队的组建；
- 项目团队的协作；
- 项目团队工作量的计算。

15.1 资源库的建立

在传统的"职能型"组织形式中，项目所需的资源分布在各个不同的职能部门中，一旦某一个项目需要若干个职能部门人员的参与，资源的调动和调配是一件非常困难的事情，因为将涉及各个职能经理的沟通。因此在企业内部建立虚拟的"人力资源库"，将人力资源的调配权利交给统一的组织（类似项目管理办公室的机构）。实践证明，人力资源共享是提高大型机构多项目管理效率的重要手段，Project Server 利用"企业资源库"帮助用户实现企业级的资源共享。在本书第 9 章介绍的"共享资源库"是在没有部署 Project Server 的情况下，通过 Project Professional 在一台电脑上实现的资源共享，本章介绍的"企业资源库"是通过 Project Server 实现真正企业级的资源共享，请读者在阅读时予以注意。

15.1.1 建立组织结构

一般情况下，与项目相关的人员在组织中都会从属于不同的部门，因此需要首先在 Project Server 中建立组织层次结构，具体做法如下。

为资源建立组织结构信息是 Project Server 的全局设置信息，需要具有系统管理员权限的人员登录 PWA（系统简称）实现组织结构的设置。

登录系统后，看到如图 15.1 所示的 PWA 主界面，选择【服务器设置】/【企业自定义域定义和查阅表格】，显示如图 15.2 所示的界面。

图 15.1　PWA 主界面

图 15.2　企业自定义域设置页面

在 Project Server 2010 安装完成时，系统默认存在一个名称为"RBS"的"查阅表格"，RBS 的中文意思是"资源分解结构"。在默认情况下，该查阅表格的内容是空白的，用户可以将该查阅表格的内容定义为企业组织结构。

在图 15.2 中，单击"RBS"，进入 RBS 设置页面，如图 15.3 所示。

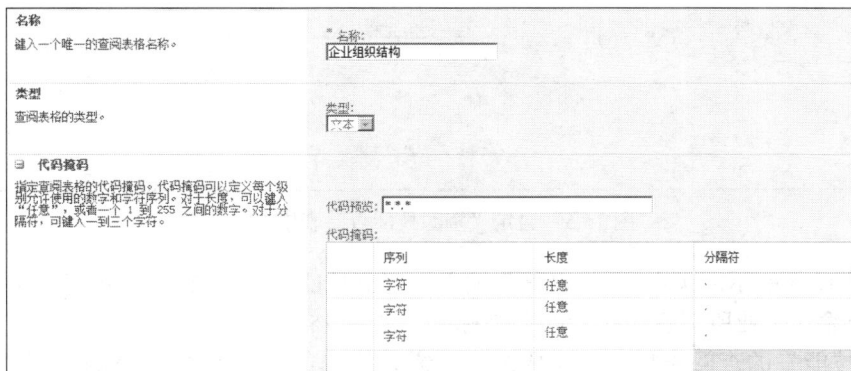

图 15.3　编辑"所属部门"查阅表格

在图 15.3 中，将查阅表格的名称由"RBS"修改为"企业组织结构"，并在"代码掩码"中，设置"企业组织结构"可能存在的级别层次所采用的掩码信息，默认均选择"字符"类型。

在"查阅表格"部分中，用户需要仔细按照自身单位的组织层次输入部门结构，如图 15.4 所示。

图 15.4　编辑查阅表格

以上信息设置完成后，单击页面中的"保存"按钮，组织结构信息设置完毕。

15.1.2　建立资源技能

在资源精细化管理的实践活动中，需要能够及时的了解资源的技能分布，为不同的项目分配不同资源时，资源技能成为很重要的选择依据。资源技能结构可以帮助企业用户实现快速查找所需资源的目的，具体定义方法如下。

在如图 15.2 所示的页面中，单击"新建查阅表格"图标，打开如图 15.5 所示的页面。

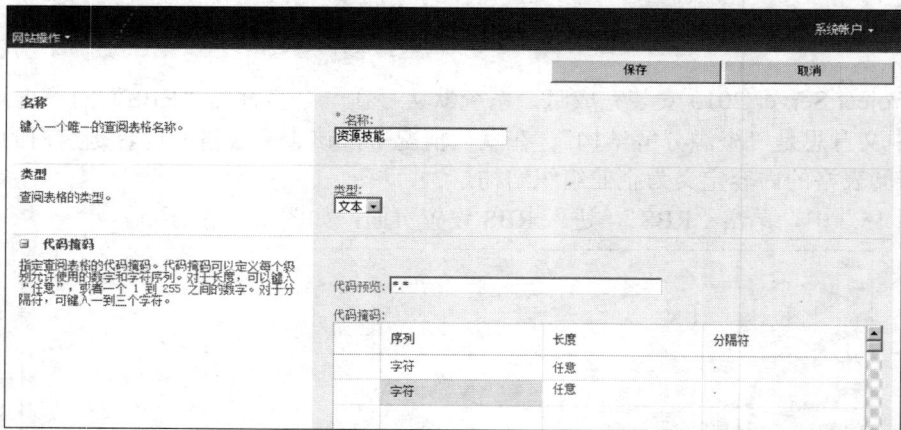

图 15.5　自定义资源技能查阅表格（1）

在如图 15.5 所示的页面中，"名称"输入"资源技能"，代码掩码均选择"字符"，"查阅表格"部分输入企业所需资源技能的分类标准，如图 15.6 所示。

"资源技能"的查阅表格定义完成之后，需要接着定义资源的"资源技能"自定义域。在"企业自定义域"页面，单击"新建自定义域"图标，打开如图 15.7 所示的页面。

在"名称"中输入"资源技能"，在"实体和类型"中选择"资源"，在"自定义属性"中选择"查阅表格"，并在右侧的下拉列表中选择"资源技能"，选中"将此域用于匹配常规资源"复选框。该页面的其他内容可以维持默认值。单击"保存"按钮，"资源技能"自定义域定义完成。

图 15.6　自定义资源技能查阅表格（2）

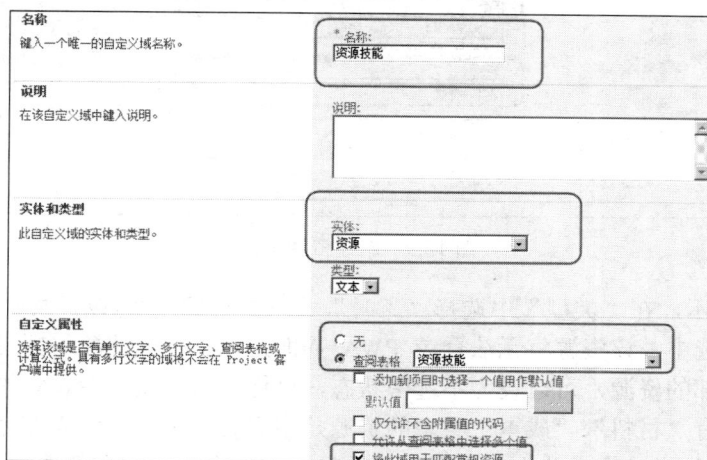

图 15.7　自定义"资源技能"域

15.1.3　建立资源库

"资源技能"与"组织结构"建立完毕后，"系统管理员"开始建立企业资源库的相关工作。

注意　资源库的建立与维护可以在 Project Professional 2010 与 PWA 中进行。

具有"系统管理员"权限的用户登录 PWA，选择"资源中心"，展示系统的所有资源，如图 15.8 所示。

图 15.8　进入资源中心的页面

单击"新资源"图标，进入新建资源页面，如图 15.9 所示。

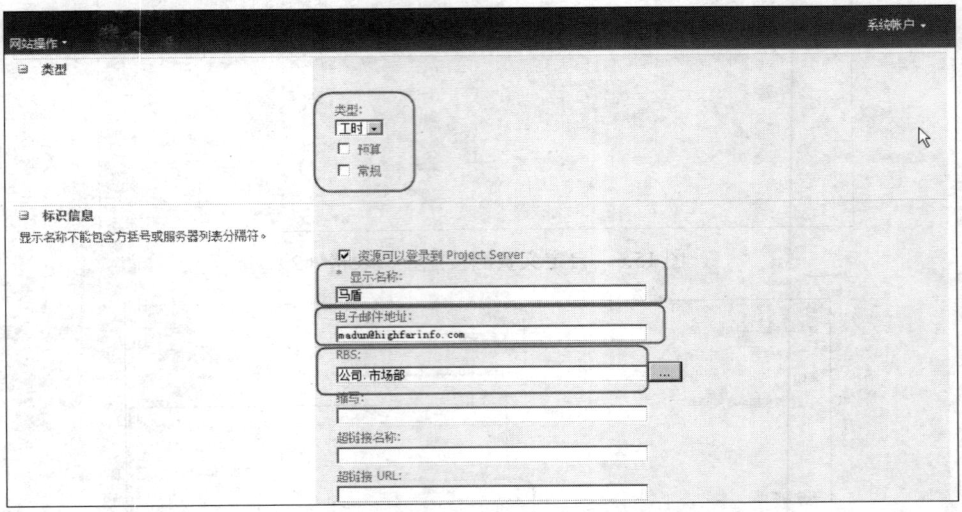

图 15.9　新建资源页面

如图 15.9 所示，在"类型"中选择"工时"，并选中"资源可以登录到 Project Server"复选框，如果不选中，该资源将无法登录 PWA 界面，也就是无法参与项目的协作。例如，如果是本企业外部的资源，可以设为不选中状态，这样做可以减少 PWA 的"使用许可证"的购买数量，还有"材料"、"成本"类型的资源是不需要登录 PWA 界面的，因此也应该设置为"不选中"；如果是本企业内部需要进行项目协作的资源，则需要选中。在"显示名称"中录入资源的名称"马盾"，在"电子邮件地址"中输入该资源的邮件地址，在"RBS"中选择该资源所属的组织结构。

上述信息选择完毕后，将页面下拉继续填写必需的内容，如图 15.10 所示。

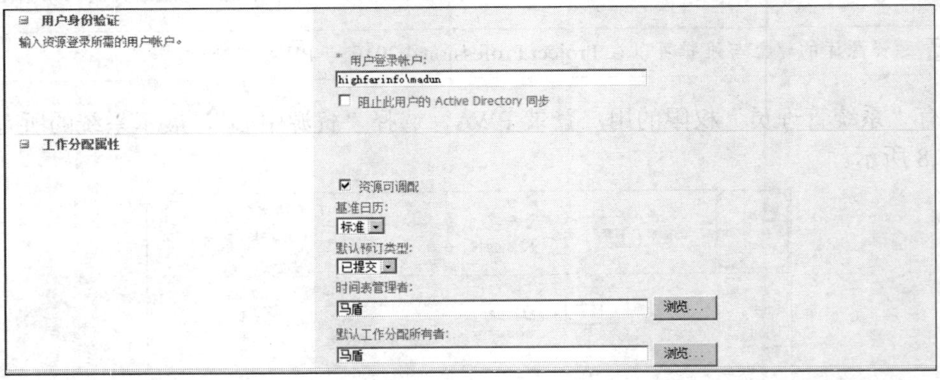

图 15.10　新建资源页面

如图 15.10 所示，输入该资源的 Windows 登录账户，在"时间表管理者"中可以选择审批该资源时间表的人员，并在"默认工作分配所有者"中可以选择某一个用户。在"最早可用资源"与"最晚可用资源"中输入该资源可用的时间范围。

以上信息输入完毕后，再继续将页面下拉，显示如图 15.11 所示的界面。

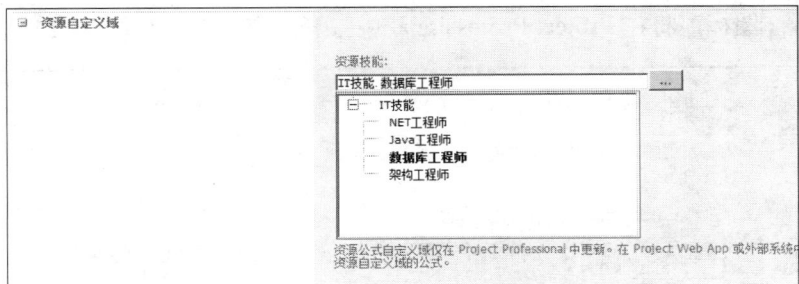

图 15.11　新建资源

如图 15.11 所示，选择资源的"资源技能"，"资源技能"是在上一小节中为资源建立的自定义域。

以上信息输入完成后，单击"保存"按钮就可以完成资源的新建，如图 15.12 所示。

图 15.12　新建资源完成

在图 15.12 中，资源列表中显示了刚刚新建的资源"马盾"。采用同样的方法可以将资源库的资源一一建立完毕。

15.1.4　维护资源库

资源的新建可以通过上一小节的方法一一建立，也可以通过 Project Professional 进行统一的维护，并且也可以批量新建，具体方法如下。

在图 15.13 中，单击"全选"后，资源被全部选中。

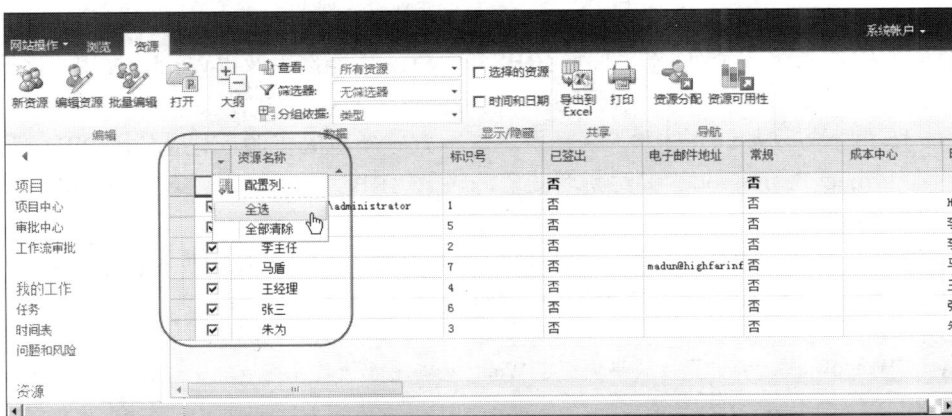

图 15.13　选中全部资源

然后单击 ![打开]图标，将在 Project Professional 中打开所有资源，如图 15.14 所示。

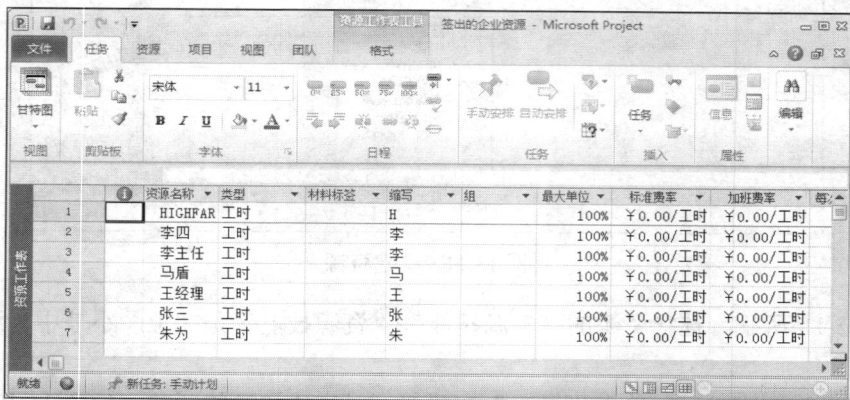

图 15.14　在 Project Professional 中打开的资源库

为了能够维护资源的详细信息，在如图 15.14 所示的资源信息基础上需要再插入一些列，插入后的视图如图 15.15 所示。

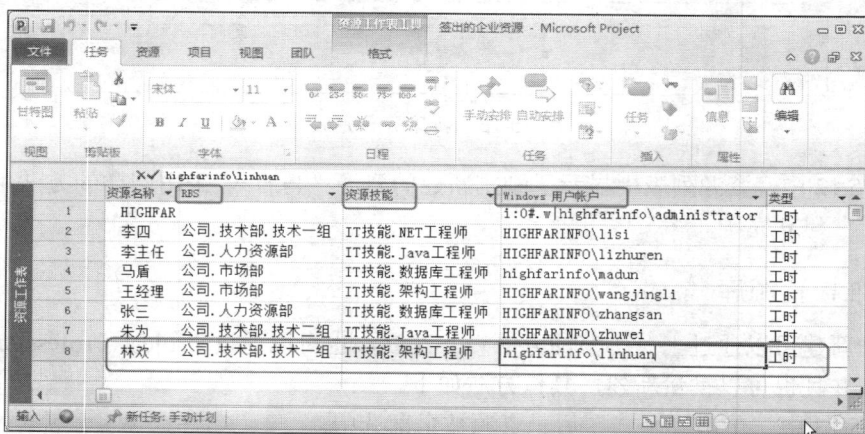

图 15.15　插入列后的企业资源列表

图 15.15 中加入了 3 个列，分别为"RBS"、"资源技能"以及"Windows 用户账户"。用户可以在此视图中进行批量编辑资源信息，也可以批量新增资源信息。

图 15.15 最下方增加的"林欢"就是采用这种方式新建的资源。对应利用 PWA 新建的资源属性，在 Project Professional 中对新增的资源设置"RBS"、"资源技能"、"Windows 用户账户"等信息。

如果需要设置资源的其他属性，例如"时间表管理者"、"默认工作分配者"等，也可以通过插入对应的列的方式添加在该视图中，然后进行设置。

> **注意**　"Windows 用户账户"是需要提前在 Windows 服务器上建立完毕之后，此处才能使用。

在图 15.15 中统一编辑、维护资源库信息后，关闭当前文件，根据提示信息保存资源信息，资源信息将会被保存到 Project Server 中。再次登录 PWA 后，在"资源中心"可以看到维护后的资源信息，如图 15.16 所示。

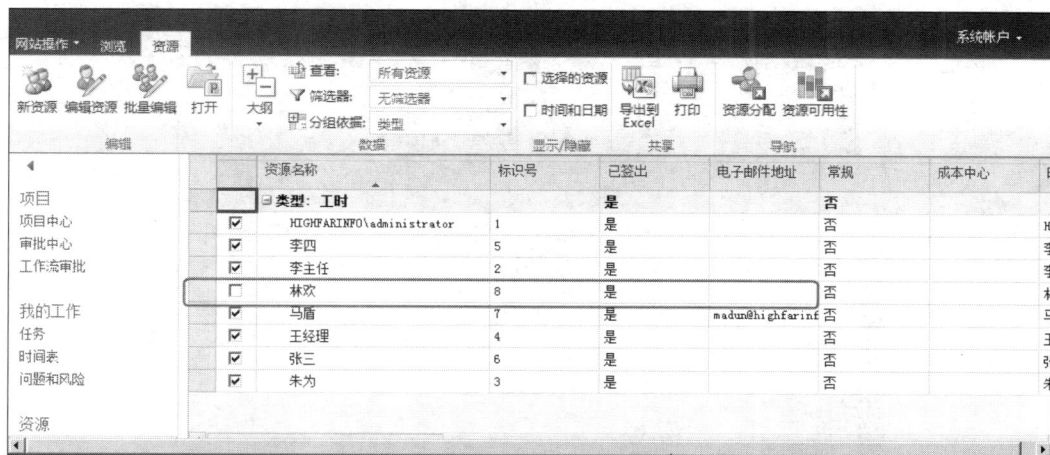

图 15.16　在 PWA 中查看在 Project Professional 端维护后的企业资源信息

图 15.16 中的"林欢"就是在上一步中新建的资源。通过上述的描述说明了新建资源的操作必须从 PWA 发起，但是可以在 PWA 中完成新建，也可以通过 PWA 在 Project Professional 上完成新建。维护的工作同样可以通过以上两种方式来完成。

15.2　项目团队的组建

在 Project Professional 联机（连接服务器）使用过程中，项目团队的成员来自"企业资源库"，定义统一的企业资源库之后，项目经理在选择项目成员时能够更加便利，尤其是在大型企业机构中，企业内部有众多的资源分散在不同的部门和不同的地域。每个人员所具备的特长和技能通常不能得到充分地了解与公开，所以"企业资源库"的建立对于大型机构的项目管理有着重要的意义。

"企业资源库"建立完毕后，项目经理就可以从统一的资源库中寻找自己所需要的资源进行项目团队的组建，具体的做法如下。

15.2.1　获取资源

在本书第 5 章介绍的资源计划编制，是通过项目经理在 Project Professional 端的"资源工作表"中手工建立资源完成的。这种方式是在没有部署 Project Server 的情况下所采取的办法，如果企业内部部署了 Project Server，并且已经建立了资源库，那么项目经理就可以通过以下两种方法获得项目所需的资源。

1．项目经理通过 Project Professional 直接获取

项目经理打开 Project Professional，利用自己的账户登录 Project Server，并且从服务器端

打开了"新产品开发项目"。选择菜单【视图】/【资源工作表】，视图切换到"资源工作表"，此时，视图中的内容应该是空白的，如图 15.17 所示。

图 15.17　空白的"资源工作表"

在如图 15.17 所示的环境下，选择菜单【资源】/【工具】/【自企业建立工作组】，出现如图 15.18 所示的对话框。

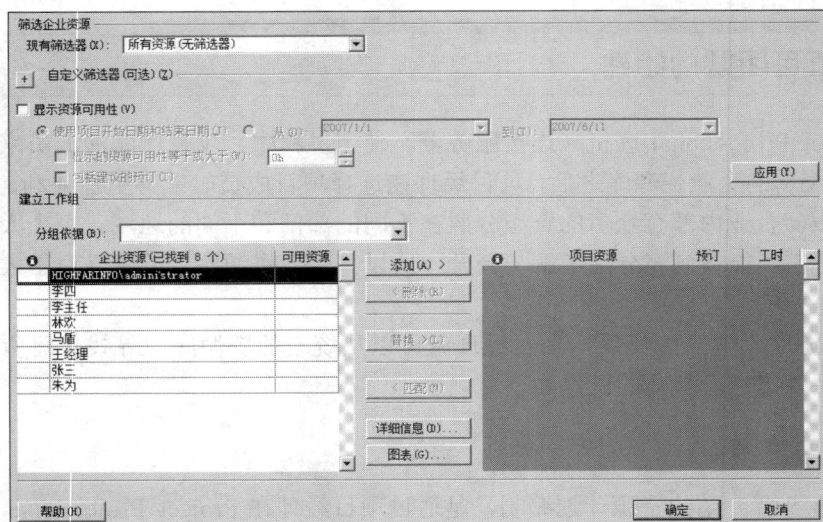

图 15.18　自企业建立工作组

在图 15.18 的左侧列出了 Project Server "企业资源库"中的全部资源（权限查看的所有资源），项目经理在左侧列表中选择了需要的资源后，单击"添加"按钮，左侧被选中的资源将会出现在右侧列表中。右侧列表显示的是被选中到当前项目中的资源，如图 15.19 所示。

在图 15.19 中，左侧的 4 个资源被添加到了右侧，单击"确定"。此时，查看该项目的"资源工作表"时，可以发现已经有了上述 4 个资源的数据，如图 15.20 所示。

项目经理在"资源工作表"中查看到选中的资源后，就可以进行任务资源分配的工作了。上述方法介绍的是项目经理通过 Project Professional 端直接获取的企业资源，下面介绍资源经理通过 PWA 为项目分配的资源。

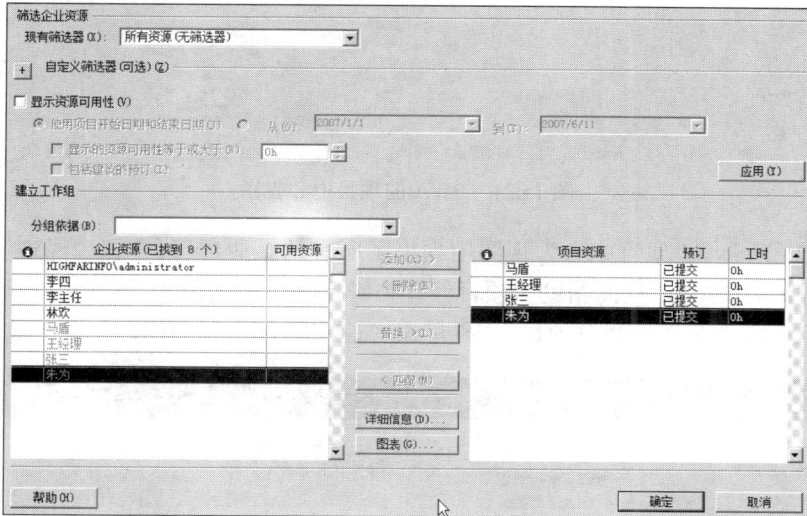

图 15.19　自企业建立工作组

图 15.20　获取企业资源后的"资源工作表"

2. 资源经理通过 PWA 为项目建立工作组

具有"资源经理"权限的人员登录 PWA，选择"项目中心"，显示如图 15.21 所示的界面。

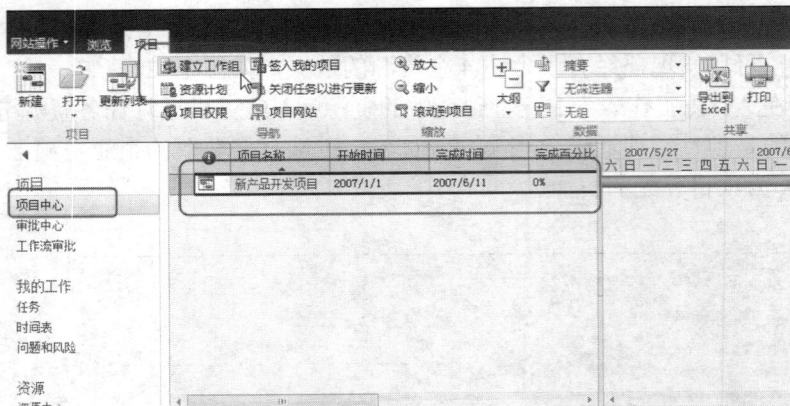

图 15.21　PWA 的项目中心视图

如图 15.21 所示，"项目中心"视图中列出了所有的企业项目，"资源经理"可以为每个项目分别"建立工作组"，从而帮助"项目经理"确定项目所需的人员。具体操作方法是：选中某一项目，例如"新产品开发项目"，再单击"建立工作组"图标，如图 15.22 所示。

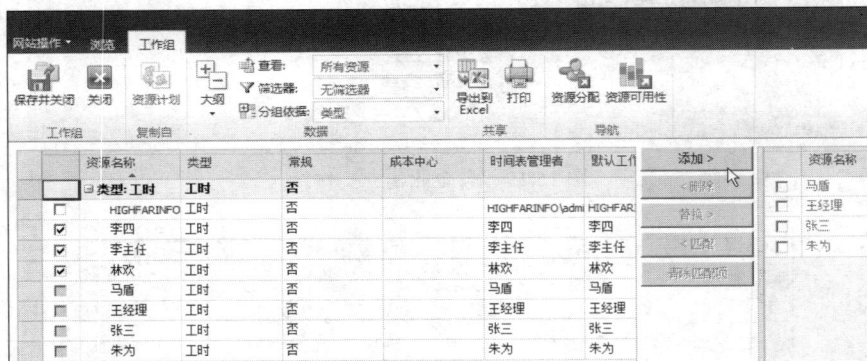

图 15.22　在 PWA 页面为项目建立工作组

在图 15.22 中，左侧是企业的资源库，右侧是该项目分配的资源。首先在左侧选中所需要的资源，单击"添加"按钮，被选中的资源将出现在右侧列表中，如图 15.23 所示。

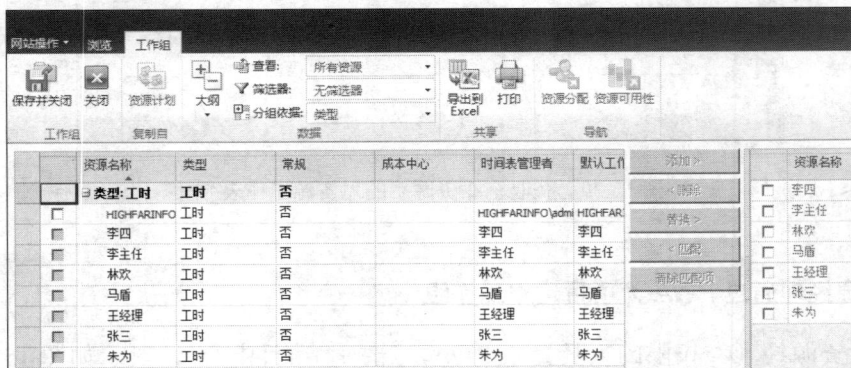

图 15.23　资源被选中到右侧

在图 15.23 中，项目将得到右侧的资源，该项目的"项目经理"通过 Project Professional 登录服务器，打开项目文件时，在"资源工作表"中就可以看到图 15.23 右侧列出的 7 个资源信息。

15.2.2 选择资源

项目经理面对企业资源库中的众多资源，必须进行有条件的选择，才能够找到满足项目需要的资源。选择的依据有很多种，例如，项目经理需要一些具备".Net 工程师"技能的人员，项目经理可以通过下述的方法进行选择。

1. 利用筛选器

在如图 15.19 所示的对话框中，靠左上方的位置有一个"自定义筛选器"选项。用户单击该选项前的符号"＋"后，就会出现如图 15.24 所示的界面。

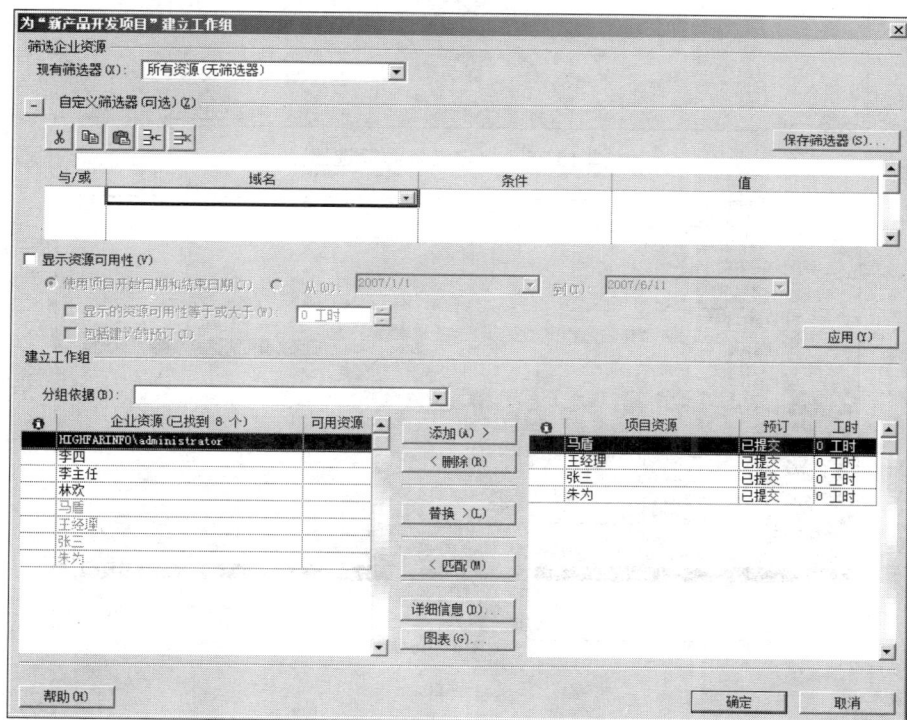

图 15.24　自定义资源筛选器

在"自定义筛选器"下面的"域名"下拉框中选择"资源技能"，在"条件"下拉框中选择"包含"，在"值"下拉框中选择".Net 工程师"，如图 15.25 所示。

筛选器定义完毕后，单击图 15.25 中筛选器下方的"应用"按钮，Project 将会在左下方的区域内筛选出满足要求的资源。经过上述筛选后的结果如图 15.26 所示。

可以看到，在企业资源库中，有一个资源"李四"满足筛选条件。项目经理可以通过"添加"按钮将筛选出的资源添加到右边的工作组资源列表中，就可以进行分配使用了。

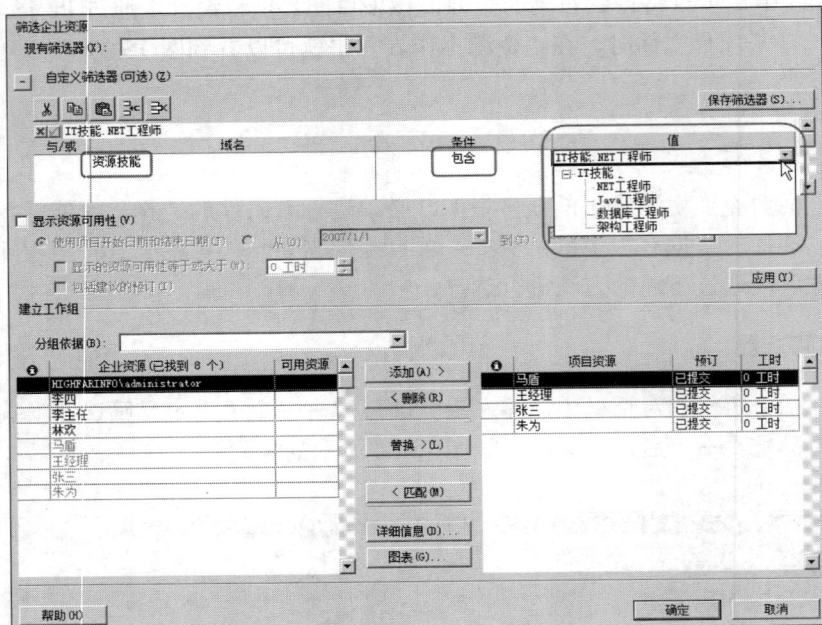

图 15.25 自定义资源筛选器

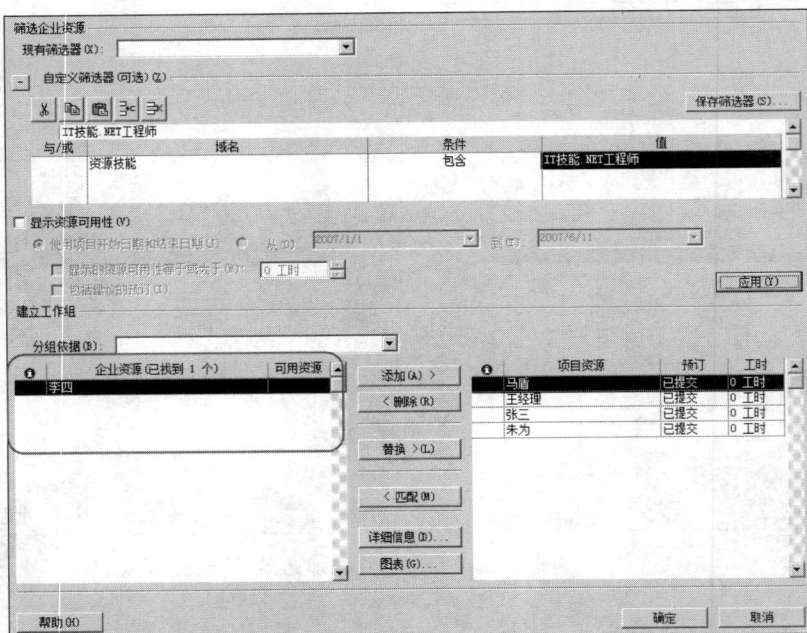

图 15.26 经过筛选后的资源

2．利用"图表"查看可用性

项目经理如果希望了解被筛选后的资源是否在指定的时间内被其他项目占用时，可以在选中资源后，单击图 15.26 中的"图表"按钮，来查看资源的可用性。例如，项目经理想了解资源"李四"在"2011 年 1 月 9 日所属的周"是否被其他项目占用的情况。选中"李四"，单击"图表"按钮，将打开 PWA 资源可用性页面，如图 15.27 所示。

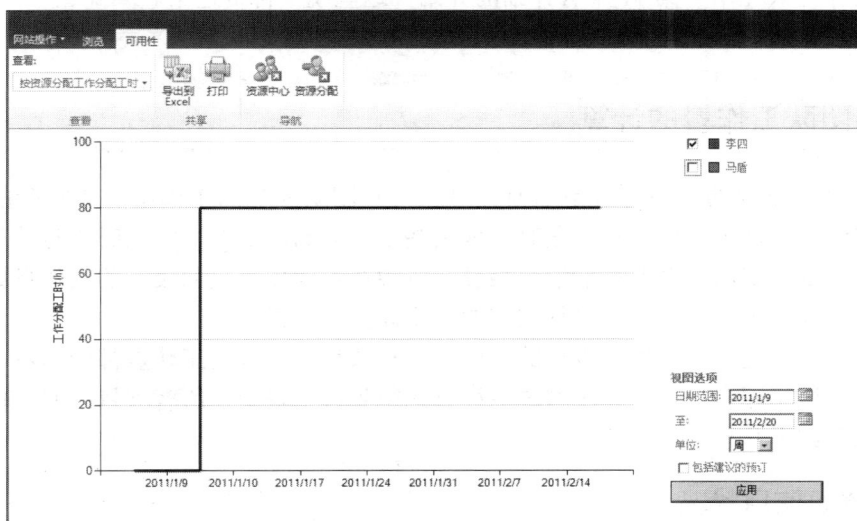

图 15.27　查看资源可用性

在图 15.27 中可以看到，该资源在"2011 年 1 月 9 日"开始的一周中，被其他项目所占用，不可以使用。项目经理可以根据以上信息来决定是否将该资源纳入项目团队当中。

通过上述的"筛选器"与"图表"两种方法，可以帮助项目经理快速准确地找到项目所需的合适资源。

企业资源库中的资源获取到本地的项目中，下一步的工作是分配资源。分配资源的方法在本书的前面章节中已经做过详细介绍，请读者参考相关章节。

15.3　项目团队的协作

项目团队的协作主要是指项目经理与项目成员（资源库中的资源）如何进行信息交互。在日常项目管理活动中，项目经理通过定期检查项目成员（资源）的任务完成情况来完成信息交互的协作。在 Project Server 中，这一交互主要体现在项目成员接受任务、执行任务以及项目经理批准任务的几个环节中，主要可以分为两类动作。

（1）项目成员（资源）的动作：
- 拒绝任务;
- 委托任务;
- 更新任务进度（接受任务）;
- 添加附加信息（备注、文档、问题等）;
- 给自己创建新任务。

（2）项目经理的动作：

● 接受来自资源的任务更新请求；
● 拒绝来自资源的任务更新请求。

具体协作方式在本书第 11 章有详细的介绍，这里就不再赘述了。

15.4 团队工作量的计算

团队管理很重要的一项内容是如何计算和考核团队成员的工作量。在实际的各种组织中，不同资源的生产力不同，在一段时期内某些生产力高的资源可能同时参与若干个项目，另一些生产力低的资源的情况可能恰恰相反。资源在不同项目里面投入的工作量如果没有被结构化的数据存储下来，是无法进行相应的量化计算和考评的。

Project Server 是基于数据库设计的，所有参与项目的资源的工作量都会随着时间的积累而自动存储在数据库中，可以随时通过多种方式得到每个资源在所有项目中的工作量投入，具体的方法有如下几种。

15.4.1 资源使用状况

无论是"资源经理"还是"项目经理"，通过 Project Professional 登录 Project Server 后，都可以在 Project Professional 的"资源使用状况"视图中看到每个资源在多个项目中的分配情况，如图 15.28 所示。

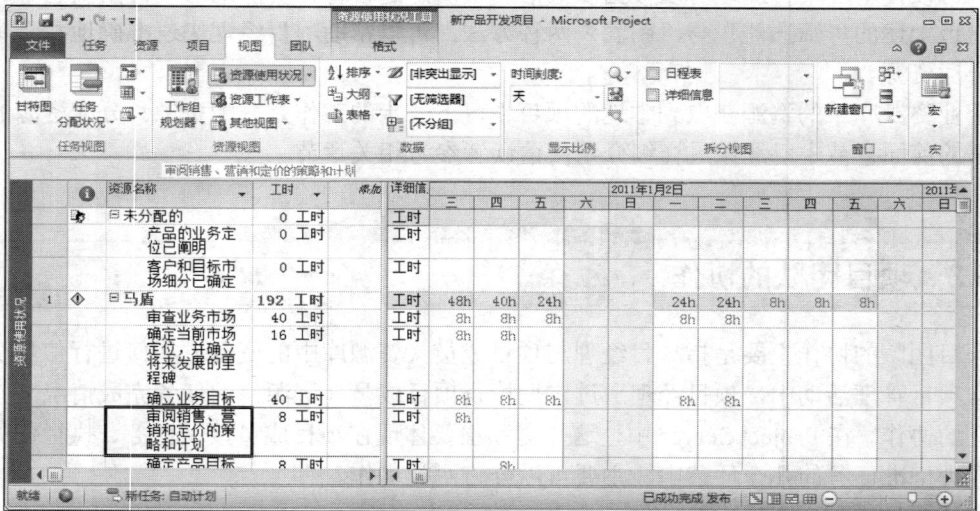

图 15.28 资源使用状况

在图 15.28 中可以看到，资源"马盾"的总工时为"192 工时"，而且在"2010 年 12 月 29 日"开始的一周内，同时参与了多项任务，该资源的投入都超过 8 个小时，显然该资源在这段时间内是被过度分配了，需要重新安排该资源的工作。

通过上述例子表明，所有资源的分配和使用状况都可以通过"资源使用状况"视图得到及时、正确的反映，从而为资源的合理分配提供帮助。

15.4.2 资源分配报表

上一小节介绍的"资源使用状况"是在 Project Professional 上实现的，通过 Project Server 也可以实现类似的功能，具体的做法如下。

"资源经理"登录 PWA 之后，单击"资源中心"链接，显示如图 15.29 所示的界面。

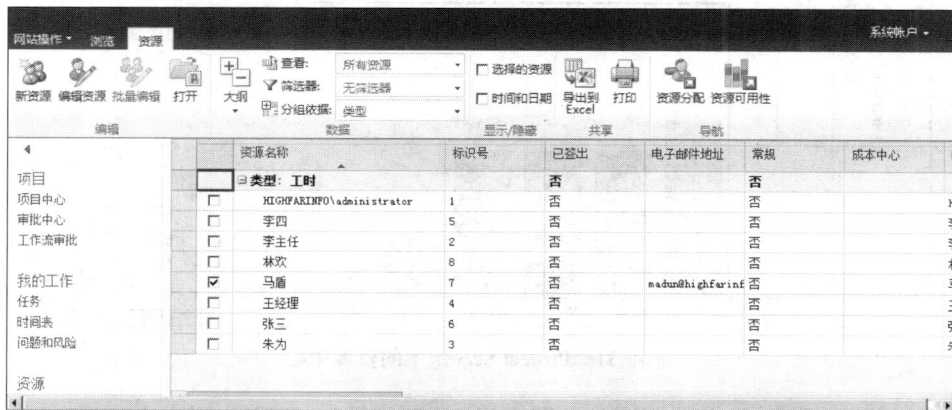

图 15.29 资源中心

在图 15.29 中，选中需要查看的资源，单击"资源分配"图标，将打开如图 15.30 所示的界面。

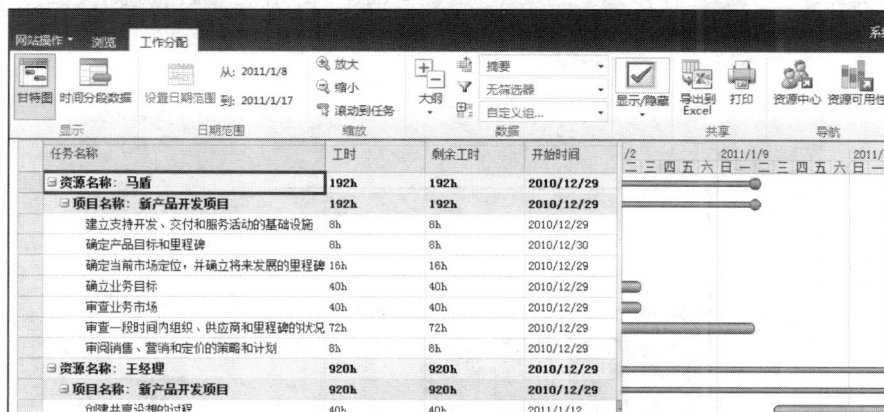

图 15.30 资源分配查看

在图 15.30 中可以看到，资源所从事的项目和任务均清晰地展示出来，从而可以判断资源分配的合理与否。

15.4.3 资源工作量图表分析

上一小节介绍通过 Project Server 采用层级的形式展现资源的工作量以及分配情况，本小节介绍的图表方式也通过 Project Serve 实现，具体的操作方法如下。

"资源经理"登录 PWA 之后，在图 15.29 中选中资源后，单击"资源可用性"将出现如图 15.31 所示的页面。

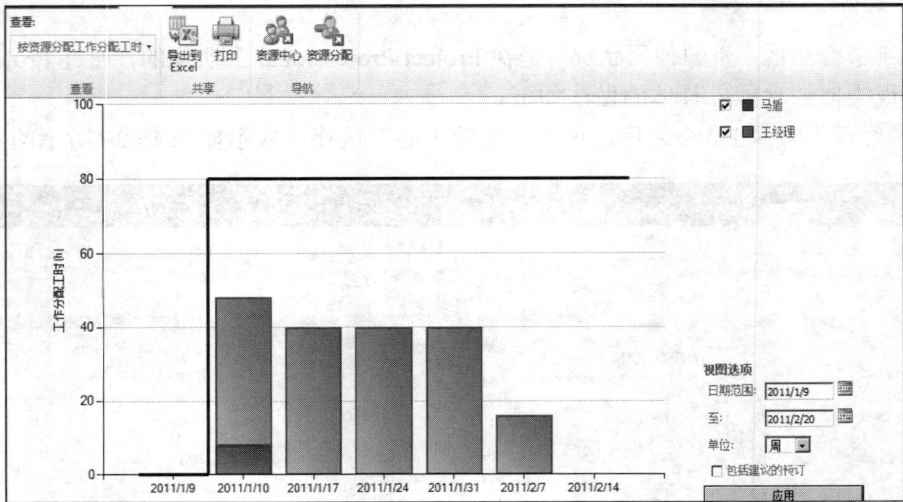

图 15.31　Project Server 上的资源中心

图 15.31 显示了"按资源分配工作分配工时"的工作量统计情况。用户也可以通过图 15.31 左上角的"查看"下拉框，将视图切换到"按项目分配工作分配工时"的工作量统计情况，如图 15.32 所示。

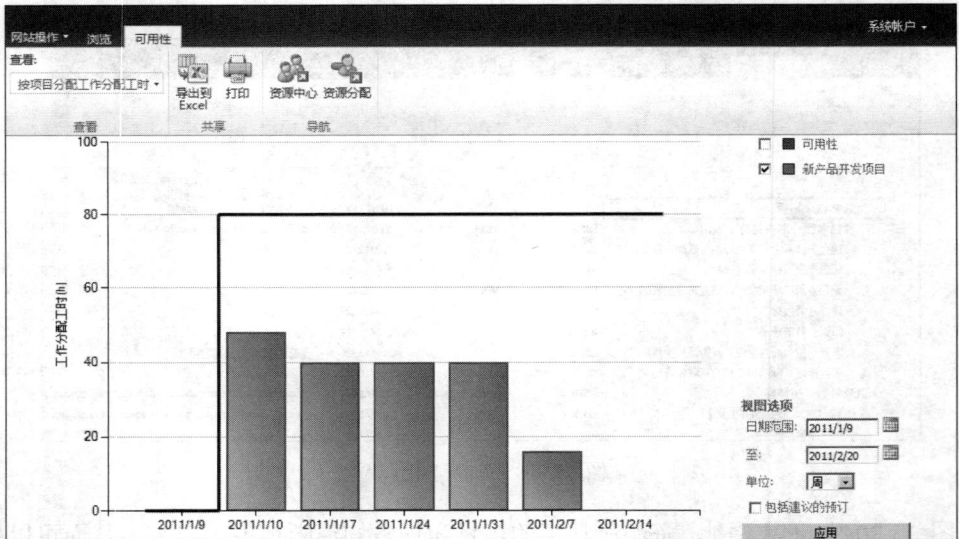

图 15.32　按项目进行划分的工作分配情况

在图 15.32 中，每个项目分别用不同的颜色标识，可以展现出所有被选资源的工作量在不同项目之间的分配情况。

15.4.4　资源工作量挖掘分析

当用户的多个项目数据在 Project Server 平台上运行一段时间以后，例如一年或者更长时间。

Project Server 就可以利用数据库中的报表数据，很方便地帮助用户实现数据分析挖掘功能。

　　"资源经理"利用商业智能开发出企业需要的报表，在组合分析服务视图中选择与资源相关的视图，可以得到如图 15.33 所示的效果。

		2009-11	2009-12	2010-01	2010-02	2010-03	2010-04	2010-05	2010-06	2010-07	2010-08	2010-09	2010-10
Project1	系统工程师	0.9	0.0	0.2	3.1	2.6	2.7	2.9	2.7	2.7	2.7	2.7	2.9
Project2	软件工程师	0.4											
	系统工程师	0.5	0.3	0.4	0.4	0.3	0.3	0.4	0.3	0.3	0.3	0.3	0.4
Project3	软件工程师	1.5	1.6	1.5	1.5	1.3	1.4	1.5	1.4	1.4	1.4	1.4	1.5
	系统工程师		0.1										

资源可用性

		2009-11	2009-12	2010-01	2010-02	2010-03	2010-04	2010-05	2010-06	2010-07	2010-08	2010-09	2010-10
软件工程师	User8	1.0	1.0	1.0	1.0	1.0	1.0	1.0	1.0	1.0	1.0	1.0	1.0
	User9	1.0	1.0	1.0	1.0	1.0	1.0	1.0	1.0	1.0	1.0	1.0	1.0
系统工程师	User	1.0	1.0	1.0	1.0	1.0	1.0	1.0	1.0	1.0	1.0	1.0	1.0
	User1	1.0	1.0	1.0	1.0	1.0	1.0	1.0	1.0	1.0	1.0	1.0	1.0
	User2	1.0	1.0	1.0	1.0	1.0	1.0	1.0	1.0	1.0	1.0	1.0	1.0
	User3	1.0	1.0	1.0	1.0	1.0	1.0	1.0	1.0	1.0	1.0	1.0	1.0
	User4	1.0	1.0	1.0	1.0	1.0	1.0	1.0	1.0	1.0	1.0	1.0	1.0
硬件工程师	User5	1.0	1.0	1.0	1.0	1.0	1.0	1.0	1.0	1.0	1.0	1.0	1.0
	User6	1.0	1.0	1.0	1.0	1.0	1.0	1.0	1.0	1.0	1.0	1.0	1.0
	User7	1.0	1.0	1.0	1.0	1.0	1.0	1.0	1.0	1.0	1.0	1.0	1.0

图 15.33　针对资源工作量的分析挖掘

注意　在 Project Server 安装完毕后，如图 15.33 所示的商业智能视图系统要通过配置与开发才能展示，具体开发请参阅帮助文件，这里不再赘述。

16

■■■■■■ **第16章**
项目收尾管理

利用本章之前介绍的内容，读者可以顺利地使用 Project 及 Project Server 进行项目的执行、监控过程、直到项目结束。本章的项目收尾管理指的是项目实施结束时，如何利用 Project Server 总结项目经验，提炼项目成果。

任何一个项目在实施结束时，项目的成果、经验以及教训都被以各种文档的形式保留下来。如何规范的整理、分类这些文档成为项目收尾管理的一项很重要的内容。而且，当项目结束时，经过多次调整的项目计划可以通过 Project 模板功能保存在"模板库"中，以后有类似的项目启动时，可以作为参考，从而提高项目计划编制的速度和质量。

本章主要围绕下面两项内容展开讲述：

⬤ 文档管理；

⬤ 项目计划模板管理。

16.1 文档管理

项目在实施过程中，不同的项目阶段会产生各类有价值的文档。随着知识型社会的到来，文档对于项目的重要性日益凸显出来。严格的文档管理制度要求项目中配备专职的文档管理员定期收集这些文档并进行相应的整理和分类。在项目结束、项目组解散之前，项目管理员应该召集所有的项目成员，将散落在各处的项目文档进行统一的集中收集和整理，才能够有效的为今后的知识共享做准备。

16.1.1 文档分类方法

在项目管理中，文档管理的核心是文档的分类方法。不同类型的项目分类方法不同，例如，工程项目文档分类可以采用如下方法。

（1）办公室文档。

⬤ 施工现场记录。

⬤ 信函往来（涉及工程师、业主等）。

⬤ 所在国资料（政治、经济、社会等方面）。

（2）内业资料。

⬤ 技术规范与合同。

⬤ 项目总体实施计划。

- 工程月报表。
- 收款记录。
- 工程索赔基础资料。

又例如，IT 项目文档分类可以采用如下方法：

（1）开发文档。

- 需求文档（需求规格说明书、需求分析说明书等）。
- 设计文档（概要设计文档、详细设计文档等）。
- 测试文档（测试用例、测试报告等）。
- 质量保证。

（2）产品文档。

- 培训手册。
- 参考手册。
- 用户指南。
- 软件支持手册。
- 产品手册和信息广告。

（3）管理文档。

- 项目计划（进度计划、费用计划、人员计划等）。
- 变更记录。
- 汇报文档（项目周报、项目月报、项目季报、项目总结等）。
- 项目合同。

以上两种分类方法只是很多分类方法中的举例，在实际的项目管理过程中，读者可以根据项目的实际情况与所在单位的实际要求进行分类。

16.1.2　建立文档库

在上一节中，举例说明了两种文档分类方法，本小节介绍如何在 Project Server 中进行相应文档库的建立。

1.　登录 Project Server

实现文档库管理的功能是通过 Project Server 来完成的。例如，项目经理登录 Project Server，如图 16.1 所示。

项目经理单击左侧快速启动栏上的“项目中心”链接，选中在项目中心页面的项目列表的某一个项目，然后单击上方的“项目网站”图标，例如“固定资源信息系统项目”，则会出现如图 16.2 所示的页面。

图 16.2 为“固定资源信息系统项目”的网络工作环境，单击页面中的“项目文档”，则会进入该项目的文档库，如图 16.3 所示。

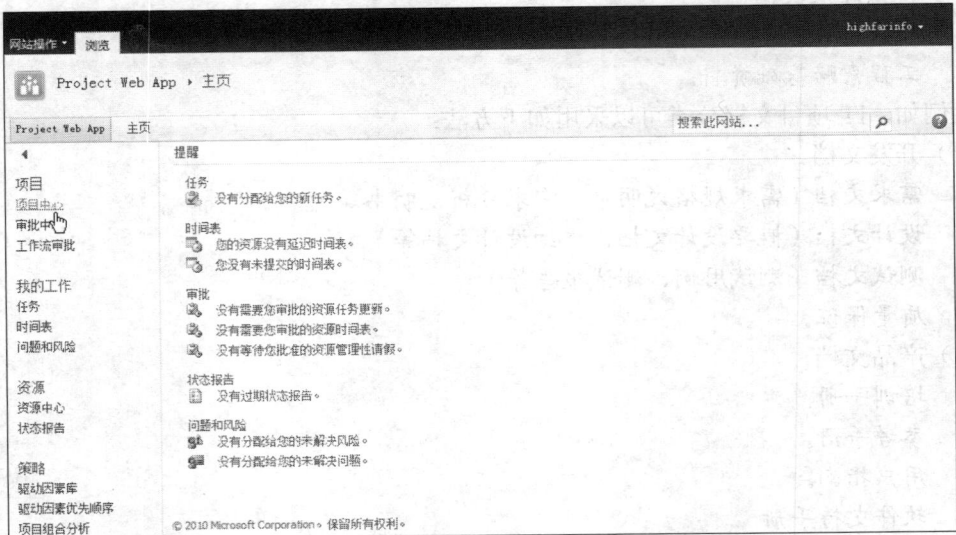

图 16.1　项目经理登录 Project Server

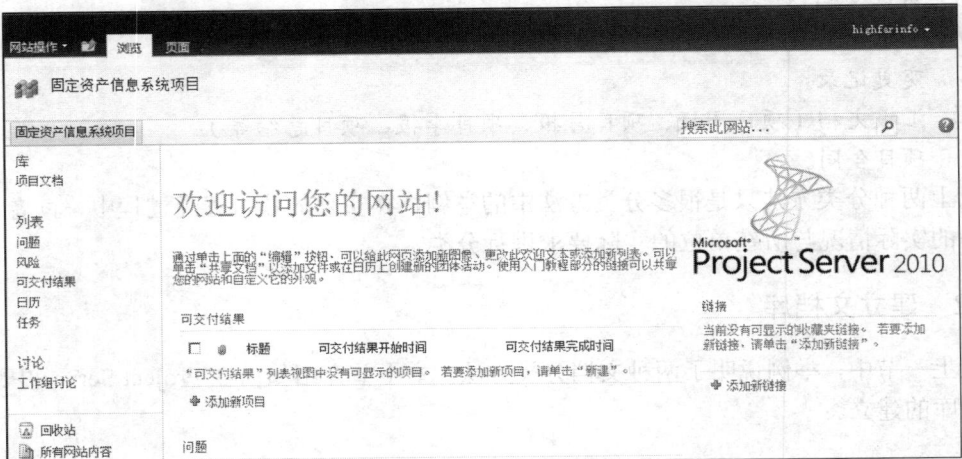

图 16.2　打开"固定资源信息系统项目"的工作环境

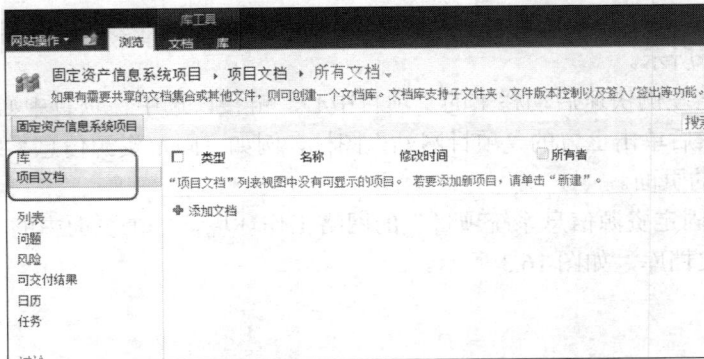

图 16.3　进入"固定资源信息系统项目"文档库

2. 建立文档库的第一级别

如图 16.3 所示的页面是当前项目的文档库，在默认情况下，每个项目只有一个名为"项目文档"的文档库。接下来以上一节介绍的"IT 项目文档分类方法"为例，介绍项目文档库的建立过程。单击图 16.3 中的菜单【文档】/【新建文件夹】，出现如图 16.4 所示的页面。

在"名称"输入框中输入"开发文档库"，单击"确定"按钮后出现如图 16.5 所示的页面。

按照上述办法，可以建立"产品文档库"与"管理文档库"，如图 16.6 所示。

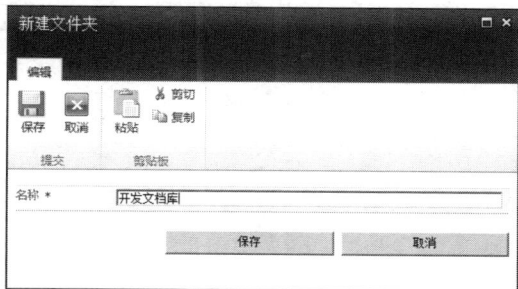

图 16.4 新建文档库

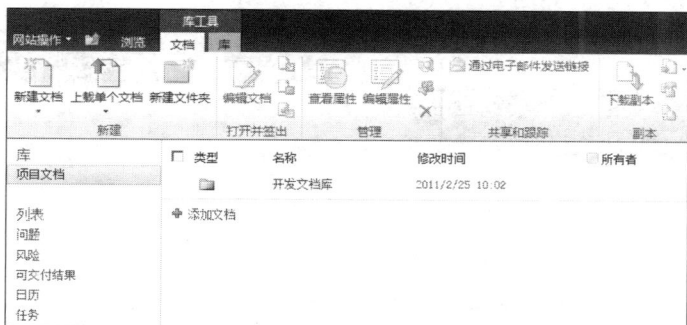

图 16.5 子文档库建立后

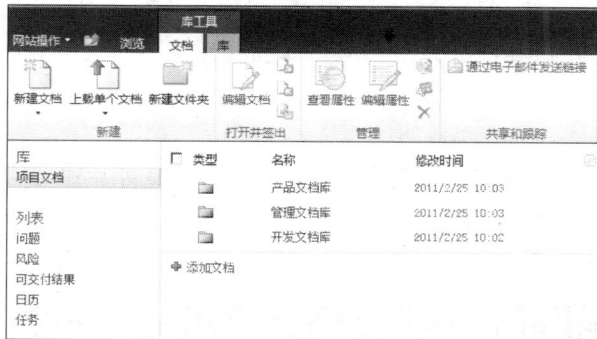

图 16.6 3 个文档库建立后

3. 建立子文档库

一级文档库建立后，还需要建立二级、三级文档库。下面以建立开发文档库的子文档库来进行介绍。

在图 16.6 中，单击"开发文档库"图标，进入该文档库，如图 16.7 所示。

在图 16.7 中，单击菜单【文档】/【新建文件夹】，打开如图 16.8 所示的页面。

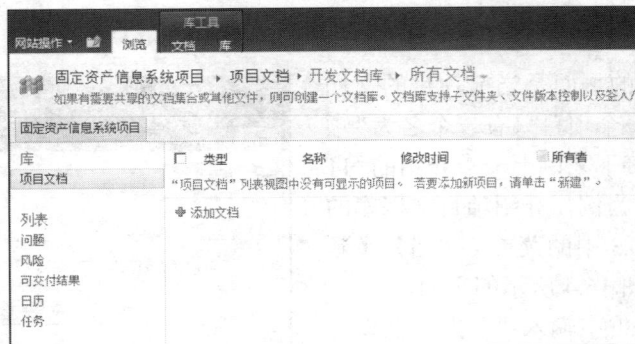

图 16.7　进入"开发文档库"

在图 16.8 中，输入"开发文档库"的子文档库"项目需求类文档"的名称，单击"确定"按钮，显示如图 16.9 所示的界面。

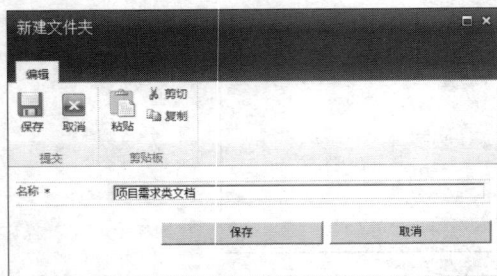

图 16.8　建立"项目需求类文档"库

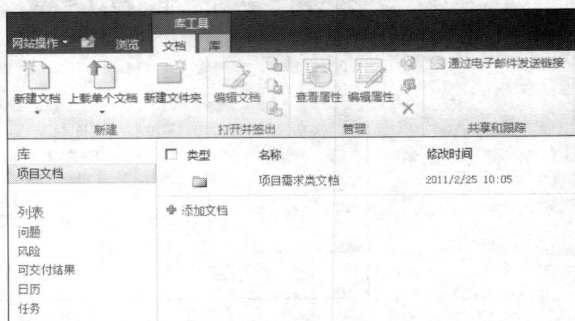

图 16.9　建立"项目需求类文档"库完毕

采用同样的方法，可以建立开发文档库所属的其他子文档库。

16.1.3　上传文档

按照前几节介绍的方法将文档库建立完毕，接下来需要将各种文档上传至文档库。例如，在项目的需求分析阶段需要将《固定资源信息系统项目项目需求说明书》进行上传。在如图 16.9 所示的页面中，单击"项目需求类文档"图标，进入该文档库，如图 16.10 所示。

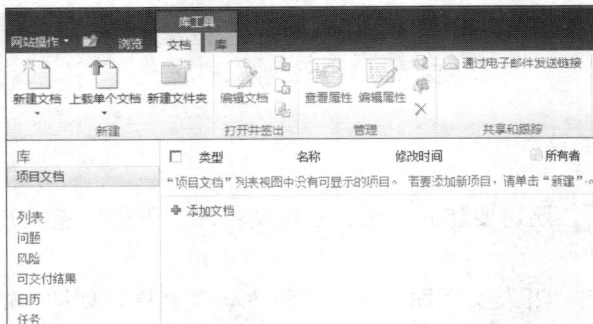

图 16.10　进入"项目需求类文档"文档库

在如图 16.10 所示的页面中，单击菜单【上载单个文档】/【上载单个文档】可以上传文档，单击后出现如图 16.11 示的页面。

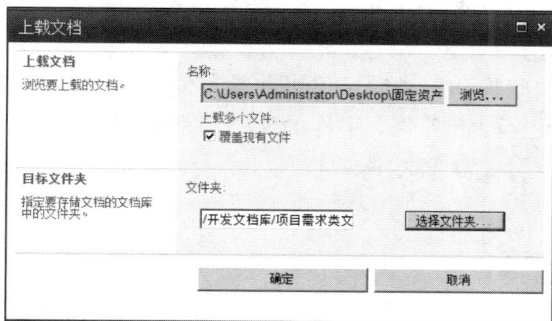

图 16.11 上载文档

在图 16.11 中，单击"浏览"按钮，可以在指定的路径下找到所需要的文档，文档成功上传后，界面如图 16.12 所示。

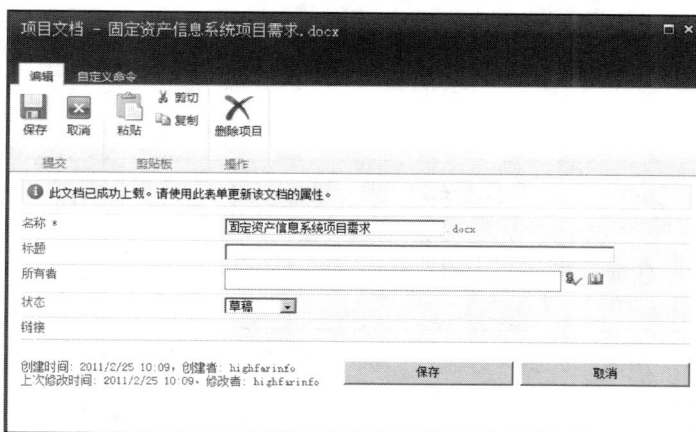

图 16.12 文档属性编辑

需要对文档的"标题"、"所有者"、"状态"进行设置。设置工作完成后，单击"确定"按钮，上传文档的工作完成，如图 16.13 所示。

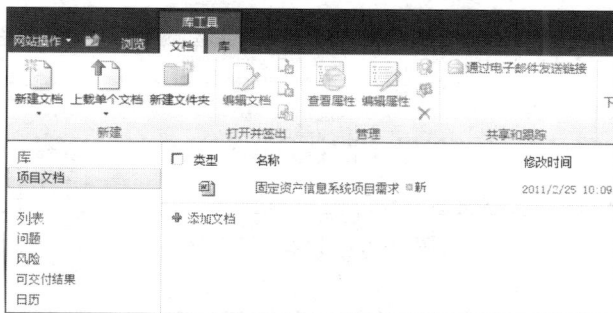

图 16.13 文档上传完成

如果该文档被修改后，可以利用"通知我"功能，自动发邮件通知相关人员该文档变更的情况。

16.1.4 查找文档

各种文档经过规范的整理和分类后，可以非常方便文档地共享和传播。例如，项目经理希望得到在该项目中涉及"固定资产"字样的文档，在如图 16.14 所示的页面右上角的搜索输入框中输入"固定资产"关键字。

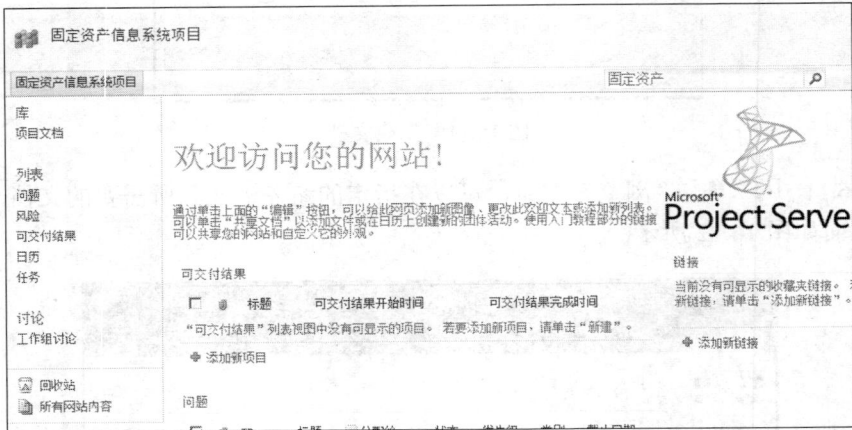

图 16.14 输入搜索关键字

按下回车键后，查询结果如图 16.15 所示。

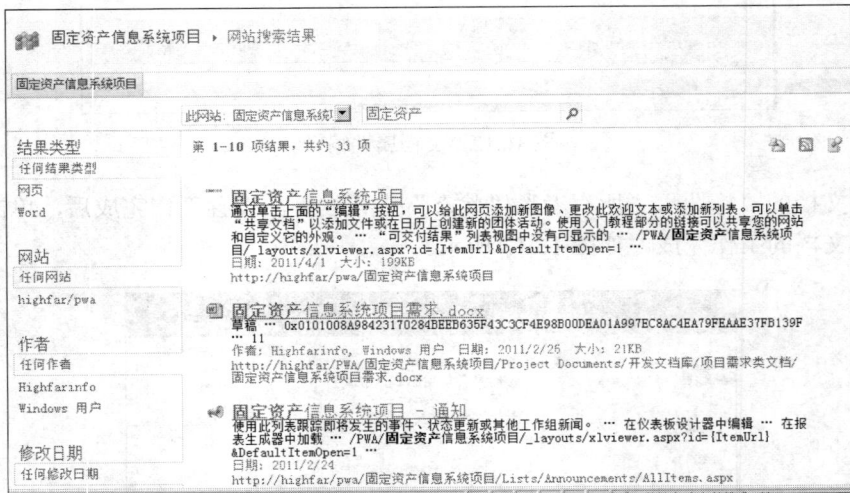

图 16.15 搜索后的结果

在图 16.15 中列出了所有包含"固定资产"关键字的文档，读者可以在被显示出的文档中找到所需要的资料。

16.2　项目计划模板管理

项目在执行过程中，Project 格式的项目计划有可能被修改多次，最终的计划所包含的经验有助于以后项目的借鉴和参考。例如，某些曾经疏漏的任务，某些未预料到的风险，某些工期估计错误的任务等。Project 格式的项目计划文件除了可以存放在每个项目的文档库中之外，还可以存放在服务器的"计划模板库"中。

16.2.1　另存为"模板"

项目经理希望将"固定资源信息系统项目"计划文件保存为"模板"，以便向其他项目经理分享经验和知识，具体的操作方法如下。

项目经理通过 Project Professional 登录 Project Server，打开"固定资源信息系统项目"，选择菜单【文件】/【另存为】，出现如图 16.16 所示的对话框。

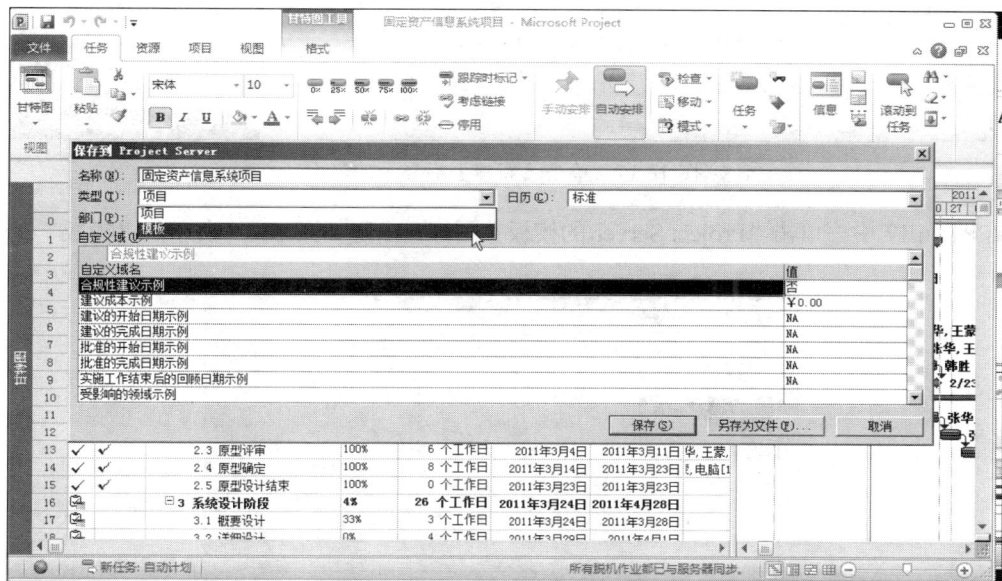

图 16.16　另存为"模板"

在图 16.16 中，选择"类型"为"模板"，单击"保存"按钮，"固定资源信息系统项目"计划将被存储为模板文件。

> **注意**　在编写此书过程中，我们使用的是 Project 2010 环境，当将某项目文件保存为"模板"时，系统会提示文件名重复的错误，因此需要改动文件名之后才能保存为企业模板。

16.2.2　"模板"的使用

"另存为"模板操作成功后，该项目计划的一份副本被另存为了"模板"，其他项目经理在利用 Project Professional 登录 Project Server 时，都可以看到该模板，并且可以修改后直接使用。例如，另一名项目经理通过 Project Professional 登录 Project Server，选择菜单【文件】/【新建】，显示如图 16.17 所示的界面。

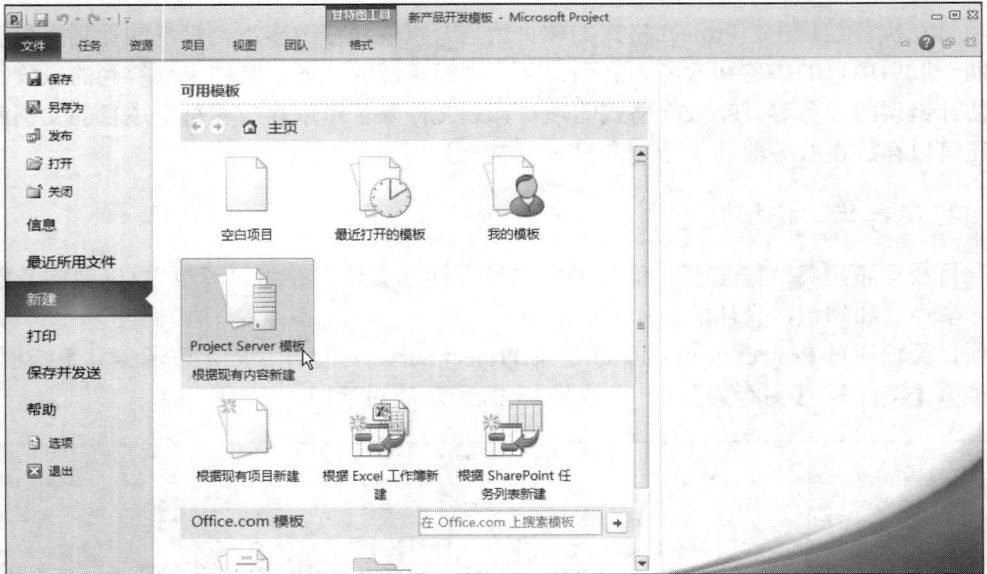

图 16.17　单击【新建】后显示的界面

在图 16.17 中，单击 "Project Server 的模板" 图标，出现如图 16.18 所示的 "模板" 对话框。

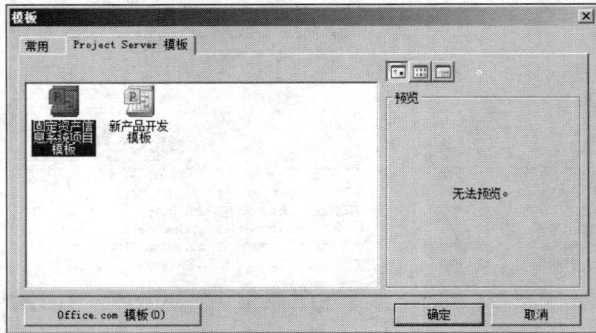

图 16.18　"模板" 对话框

在图 16.18 中，选择 "Project Server 的模板" 选项卡，选中下方的 "固定资产信息系统项目模板" 模板文件，然后单击 "确定" 按钮。

项目经理打开该文件后，另存为项目文件后便可以开始使用了。

通过此方法项目经理可以在项目结束以后，将项目计划以模板的形式存储在服务上，供其他人员进行使用和参考，从而达到提高项目管理生产力的目的。

■■■■■

第 17 章
需求管理

什么是需求？

经济学家一般将需求定义为消费者在某一特定时间内按既定的价格对一种商品愿意并且有能力购买的数量。在经济学家的定义中，需求有几个重要的属性：消费者、特定时间、既定的价格、能力。

什么是企业项目需求？

按照经济学家的定义，提取这个几个重要的属性，就可以定义我们的企业项目需求：

企业在将来一年的时间里按年度预算对项目愿意并且有能力执行的项目数量。

现在可以将需求的属性与企业需求——对应：

- 消费者——企业（公司）;
- 特定时间——将来的一年（大企业可以做长期的规划）;
- 既定的价格——年度预算;
- 能力——企业资源的能力。

经济学家的定义只是一个统一的定义，企业项目需求有自己特定的属性，比如项目需求是不是符合企业的战略目标、企业是不是能承担需求的风险、需求是不是满足企业自己定义的特定条件。

EPM 2010 中需求管理是什么？（EPM 2010 即 Project Server 2010）

需求管理就是收集所有用户需求，在收集的过程中要求反映出企业项目需求的属性。这些需求属性将用于需求的组合分析，以筛选出企业应该执行的需求。

注意　关于需求管理（Demand Management）的解决方案，在微软 Project Server 2007 中没有功能模块来实现需求管理。需求管理是 Project Server 2010 的一项新功能。本章将介绍 Project Server 2010 平台默认的需求收集流程和怎么定义自己企业的需求集流程。关于需求的组合分析将会在本书的后续章节中介绍。

17.1　默认的需求管理流程

完整的需求管理应该是需求定义、需求确认、建立需求状态、需求评审、需求承诺。本书所指的需求管理是指管理用户录入需求的流程，在流程过程中用户需要录入哪些信息，流程的每一步可以用工作流来控制审批。本节将基于 Project Server 2010 系统自带的需求管理流程进行描述。

17.1.1 案例描述

工程部的王经理在项目实施的过程中，发现以下几个问题：

- 团队成员汇报任务进度不及时；
- 公司领导无法跟踪多个项目进度；
- 工程部人员对同时进行什么项目，在每个项目上花费多少时间，都很不清楚。

王经理获悉到微软的 EPM 解决方案可以解决项目管理中的这些问题。但是公司没有 EPM 平台。于是王经理了解到建设这个平台要花费的成本，要求的资源状况等相关信息，接着向企业提出需求。在需求提出的过程中，公司的项目管理办公室的李主任要求审批需求。整个需求流程采平台自带的"示例建议"流程进行。

17.1.2 基本设置

要使李主任具有审批需求的权限，必须把李主任加入"项目组合经理组"组，默认情况下这个组的成员审批所有的需求。当有新需求审批请求时，"项目组合经理组"组的所有成员都会收到审批请求，如果一个人接受这个请求，那么所有人都会接受。如果一个人拒绝这个请求，那么所有成员都会拒绝这个请求。

1．系统管理员登录 PWA

系统管理员通过浏览器，登录 PWA（Project Server），如图 17.1 所示。

图 17.1　登录 PWA

2．进入"服务器设置"页面

在图 17.1 中，选择"服务器设置"，打开如图 17.2 所示的界面。

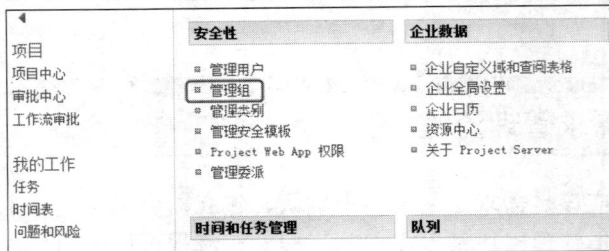

图 17.2　进入服务器设置页面

3．进入"项目组合经理组"设置页面

在图 17.2 中，单击"管理组"，出现如图 17.3 所示的界面。

图 17.3　进入"管理组"

4．将用户加入到项目组合管理组

在图 17.3 中，单击"项目组合经理组"，出现如图 17.4 所示的页面。在可用用户列表中选中"李主任"，然后单击"添加"按钮，单击页面上的"保存"按钮。这样就把李主任加入了"项目组合经理组"，这样李主任就有需求审批权限。

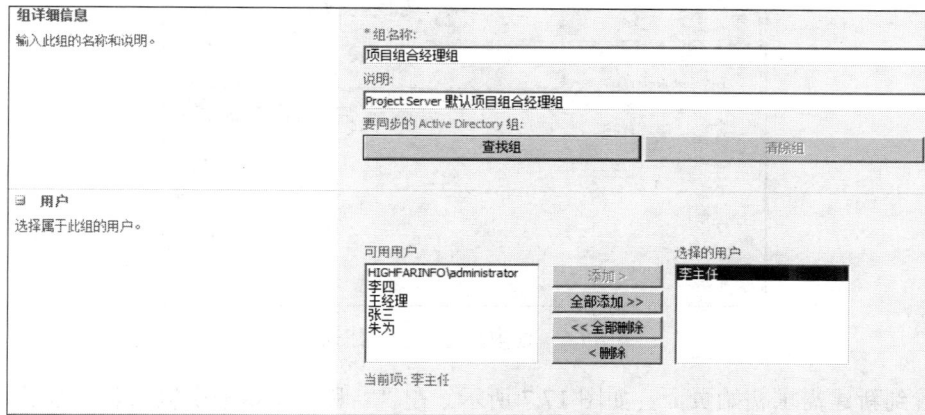

图 17.4　项目组合经理组

17.1.3　新建需求

1．登录 Project Server

王经理利用"浏览器"登录 PWA（Project Server），图示省略。

2．新建需求

王经理登录 PWA 之后，出现如图 17.5 所示的页面。选择左侧快速启动栏上的"项目中心"链接。

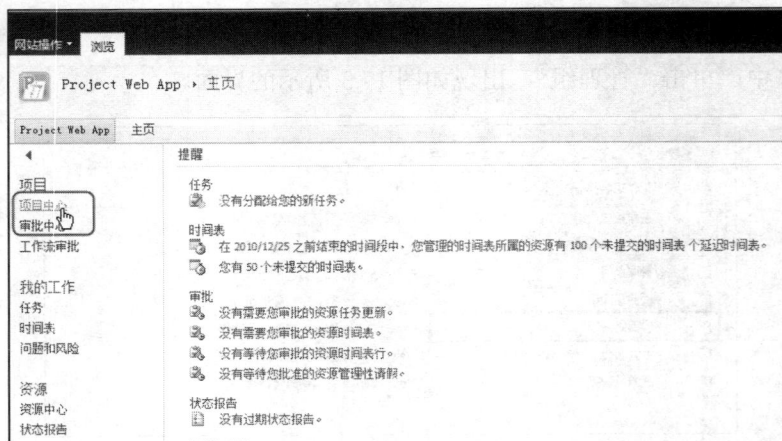

图 17.5　进入项目中心的页面

单击"项目中心"后进入 Project Server 2010 项目中心。所有类型的需求、项目计划都会列在这里。根据系统默认的需求类型"示例建议"，将创建需求。单击菜单【新建】/【示例建议】，如图 17.6 所示。

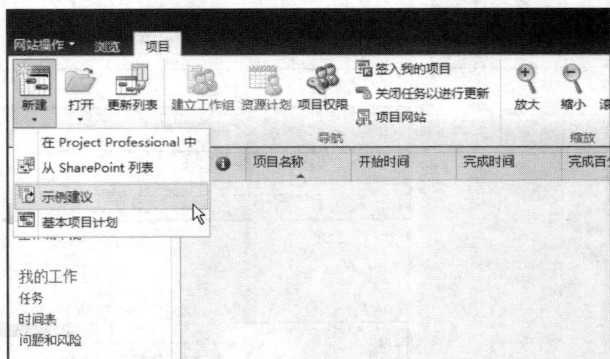

图 17.6　选中新建"示例建议"

将看到新建需求初始页面，如图 17.7 所示。在"名称"文本框中输入新需求的名称，这里填写"企业项目管理信息化系统"；在"说明"文本框中输入对新需求的概要信息；在"开始日期"栏，选择提出需求的日期；在"所有者"栏中选择需求的所有者，默认为需求提出人，这里为王经理。填写完成单击上方的"保存"按钮。

在新建需求的初始页面里，单击"保存"按钮后，系统会将页面数据保存到数据库并显示新建需求状态信息页面，如图 17.8 所示。

在需求状态信息页面中，有一个"当前工作流容器"栏，可以看到新建需求的当前节点（系统里叫容器），每个容器包括了的一个或多个详细信息页面；"此工作流容器中可用的页面"栏，显示了需求提出者在当前容器中应该填写的详细信息页面。单击"所有工作流容器" 前的＋号，可以显示整个新建需求的阶段与容器，前面标示了⇨向右箭头的，则表示当前容器，如图 17.9 所示。

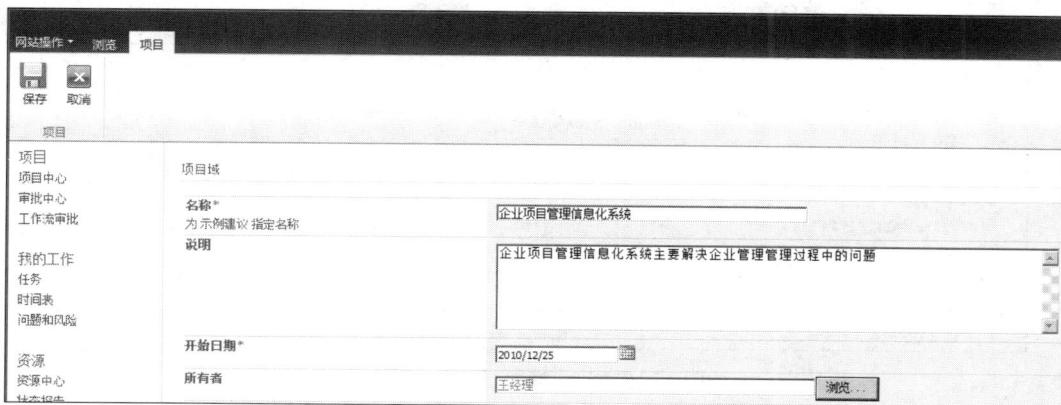

图 17.7 新建需求的第一个页面

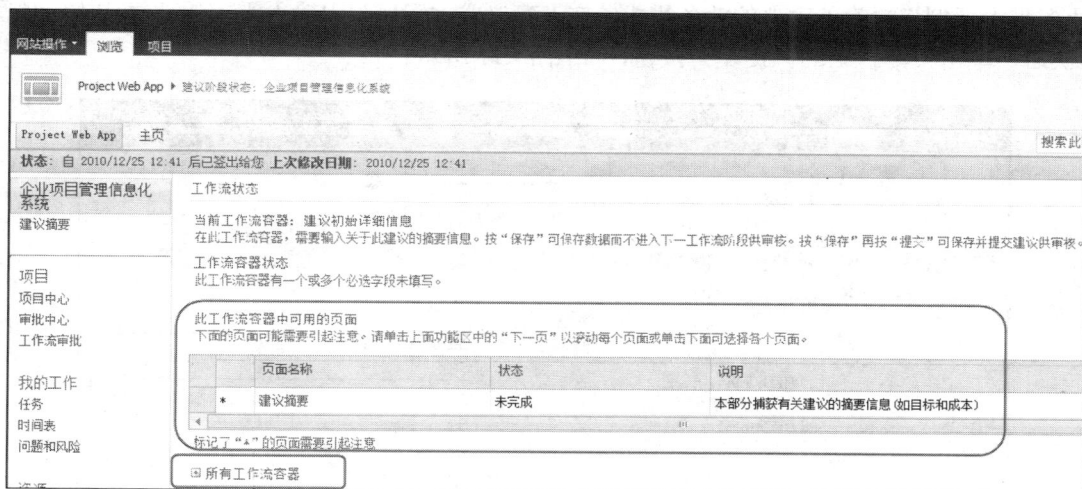

图 17.8 需求状态信息页面

图 17.9 需求录入的所有阶段与节点

在图 17.9 中，王经理单击"此工作流容器中可用的页面"栏中的"建议摘要"链接（或者单击左侧快速启动栏上的"建议摘要"链接），进入建议摘要详细信息页面，如图 17.10 所示。

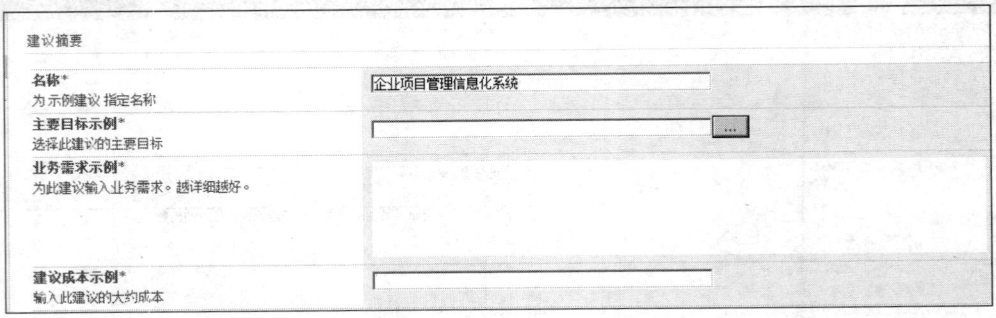

图 17.10　建议摘要详细信息页面

在建议摘要详细信息页面中，在"主要目标示例"选择列表中，选择"业务增长"，在"业务需求示例"中输入建议的业务需求，在"建议成本示例"中输入需求的估算成本。填写确认后，单击菜单栏上的"提交"按钮，如图 17.11 所示。

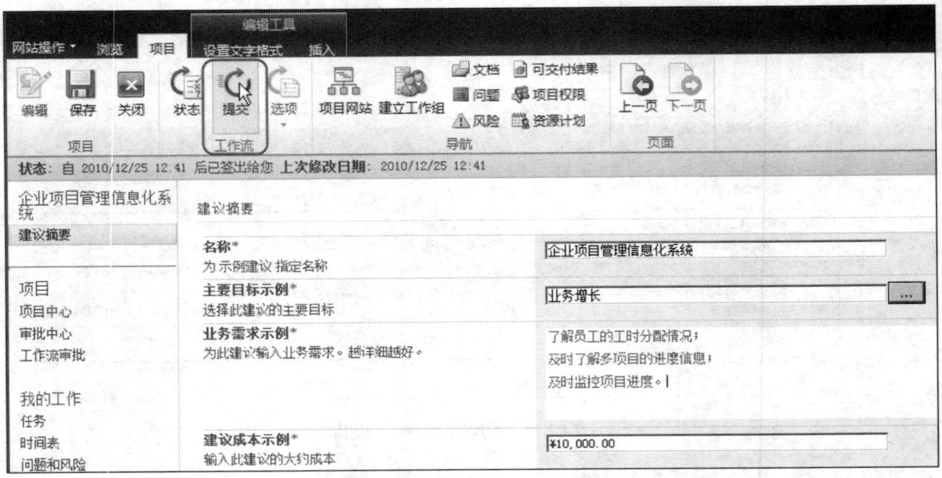

图 17.11　建议摘要详细信息页面的提交

单击"提交"按钮后，将弹出警告框，提示将进入工作流审批。系统将在后台队列中新建一项作业，然后启动工作流。此时新需求将进入初始审核阶段，在初始审核阶段的状态信息栏，可以看到"项目正在等待审批"，如图 17.12 所示。

图 17.12　新需求的状态信息页面

王经理填写建议初始详细信息容器里的页面信息并提交后，项目组合管理组的成员将收到审批请求，这时李主任登录 PWA，单击左侧快速启动栏上"工作流审批"链接，如图 17.13 所示。

图 17.13　李主任登录到 PWA 页面

　　李主任进入工作流审批页面后，将看到王经理提交上来的"项目所需的审批：'企业项目管理信息化系统'"项，将鼠标放在项上，然后单击右侧小三角，选择"编辑项目"命令，如图 17.14 所示。

图 17.14　编辑需求审批请求

　　打开如图 17.15 所示的编辑项目页面，单击"查看项目详细信息"链接，可以查看需求的基本信息。查看信息后，在文本框中输入审批的一些意见或建议，然后选择上方的"批准"按钮或者"拒绝"按钮，这里选择"批准"按钮。

　　李主任审批过后，王经理登录到 PWA 页面，单击左侧快速启动栏上的"项目管理"链接，如图 17.16 所示。

　　进入如图 17.17 所示的项目中心页面，在右侧的项目列表中，单击"企业项目管理信息系统"名称，将进入需求状态信息页面。

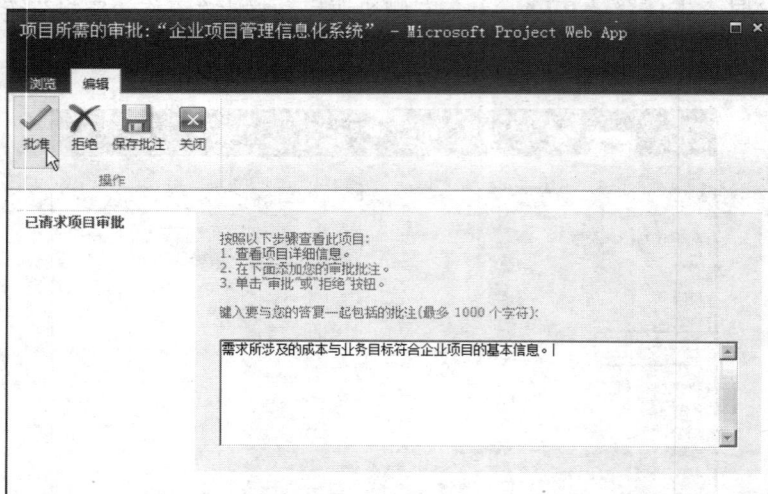

图 17.15　审批需求请求

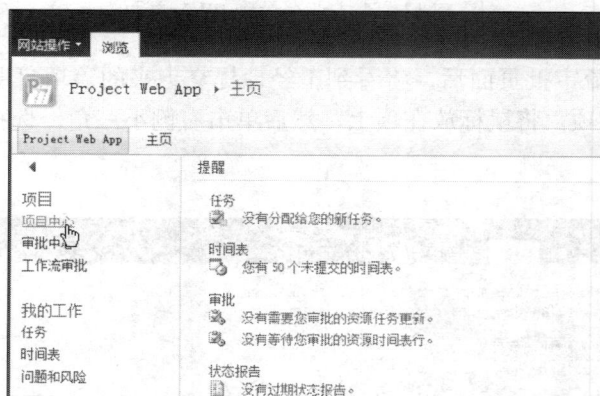

图 17.16　进入项目中心页面

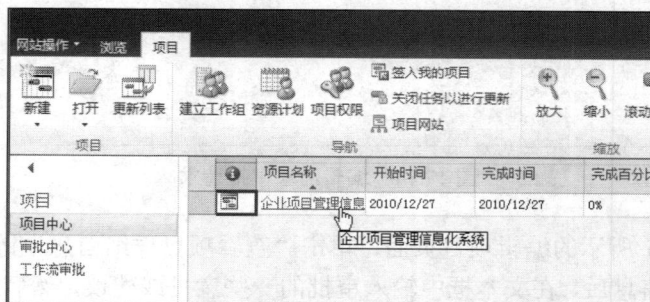

图 17.17　进入需求状态信息页面

　　在如图 17.18 所示的需求状态信息页面中，可以看到经过李主任的审批后，王经理新建的需求的工作流容器已经到了"建议详细信息"容器。这个容器里有已经完成的"建议摘要"详细页面，还有"建议详细信息"、"建议的开始日期和结束日期"、"计划"、"战略影响"4个详细页面还没有填写。

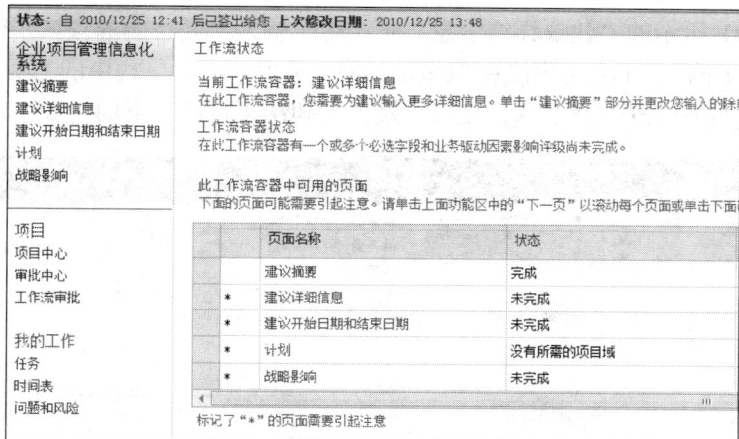

图 17.18　查看需求状态信息

展开"所有工作流容器",可以看到需求已经到了"建议详细信息"节点(容器),状态为"正在进行(等待输入)",如图 17.19 所示。

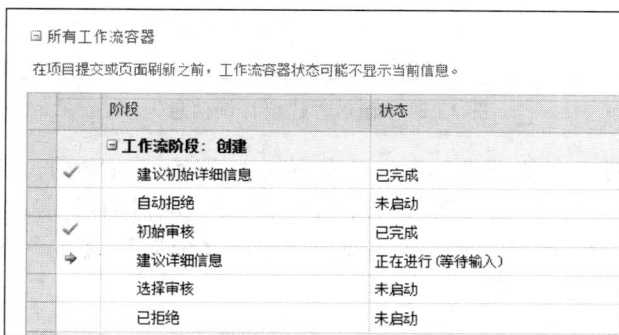

图 17.19　查看需求的节点信息

王经理单击"此工作流容器中可用的页面"栏中的"建议详细信息"链接(或者单击左侧快速启动栏上的"建议详细信息"链接),如图 17.20 所示,进入建议详细信息页面。

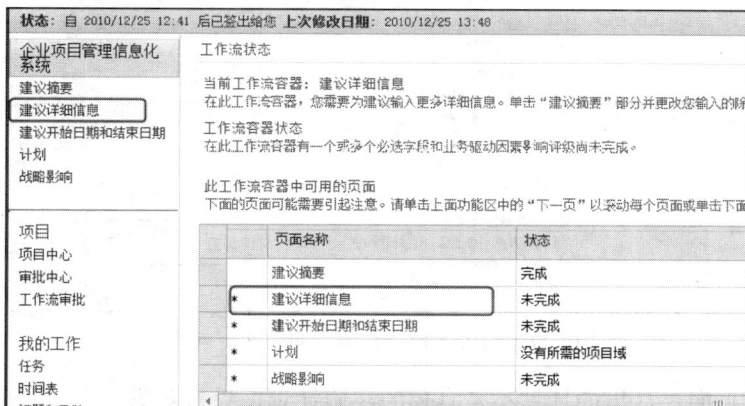

图 17.20　进入"建议详细信息"页面

在如图 17.21 所示的"建议详细信息"页面中，输入"受影响的领域示例"、"合规性建议示例"、"假设示例"、"目标示例"字段里的信息。然后单击菜单栏中的【项目】/【下一页】，将会保存当前页面的内容，并进入"建议开始日期和结束日期"页面。

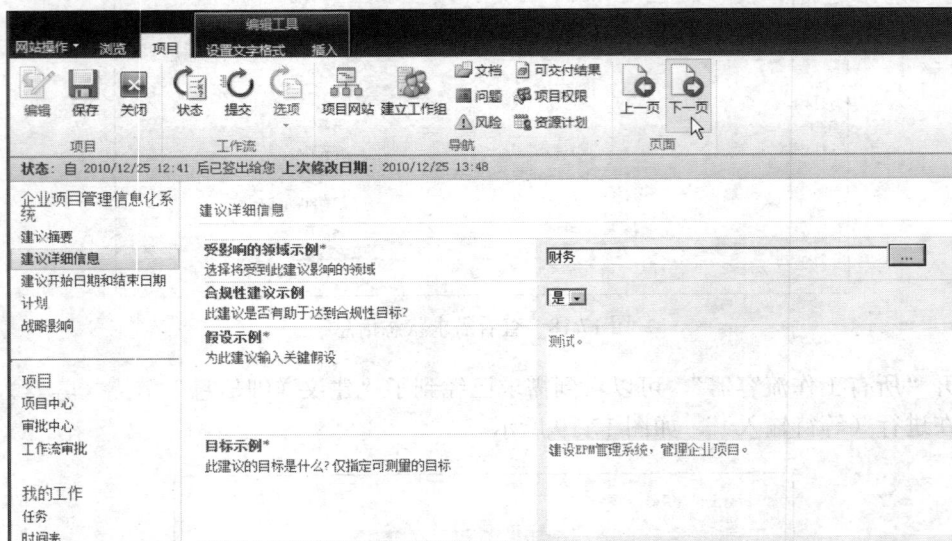

图 17.21　输入"建议详细信息"

在"建议开始日期和结束日期"详细信息页面中，输入"建议的开始日期示例"、"建议的完成日期示例"、"批准的开始日期示例"、"批准的开完成日期示例"，有红色米号标记的字段为必填项，如图 17.22 所示，然后单击菜单栏中的【项目】/【下一页】，将会保存当前页面的内容，并进入"计划"页面。

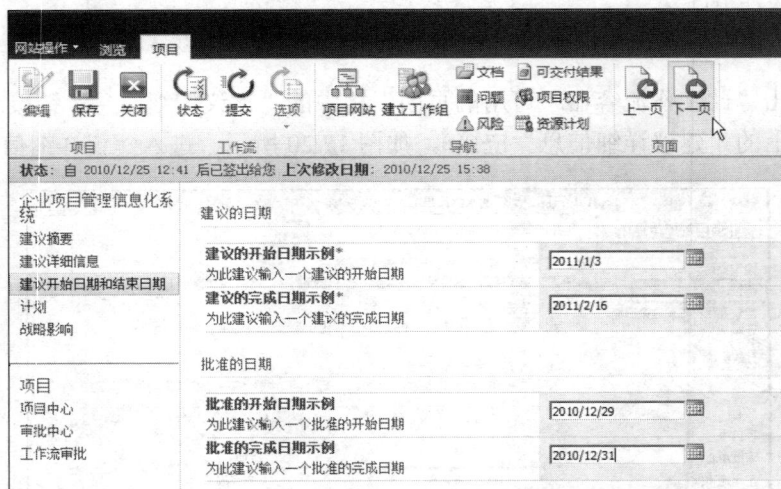

图 17.22　输入"建议开始日期和结束日期"

在"计划"页面，这里的计划不是具体的实施计划，只是对需求所要求的范围、工时、资源的一个大体规划，如图 17.23 所示，然后单击菜单栏中的【项目】/【下一页】，将会保存当前页面的内容，并进入"战略影响"页面。

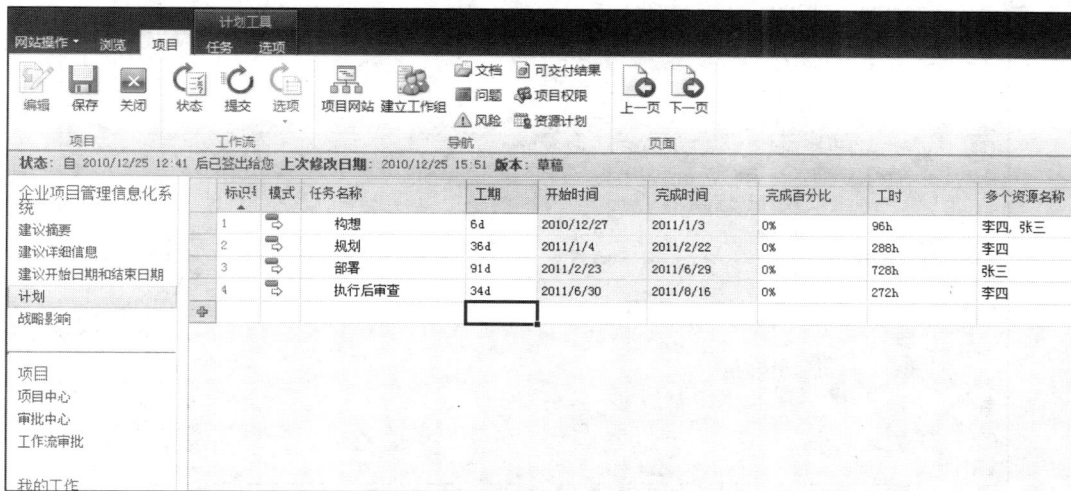

图 17.23　制定大体的范围、时间与资源计划

在"战略影响"页面，收集的信息是新需求对企业战略目标的影响程度，指定新需求对每个战略目标的影响级别，如图 17.24 所示。然后单击菜单栏中的【项目】/【保存】，就会保存当前页面的内容。

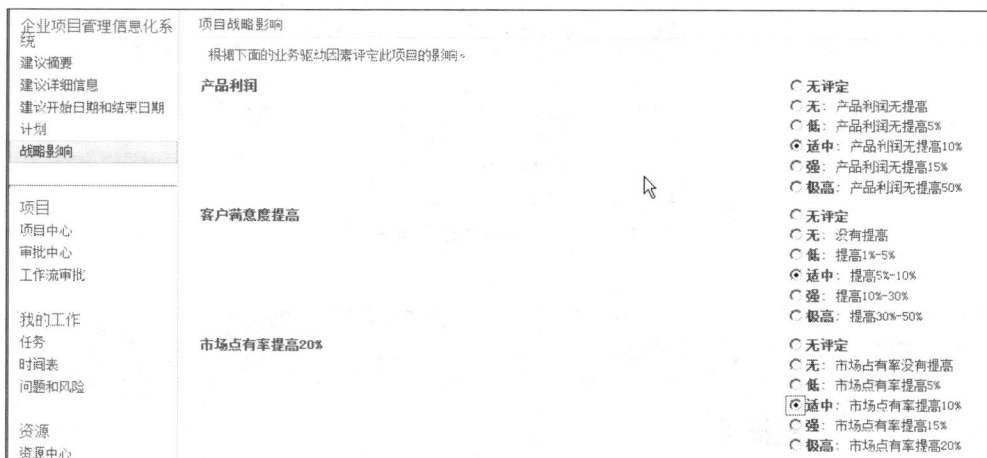

图 17.24　评定需求对战略目标的影响

"战略影响"是这个容器的最后页面，如图 17.25 所示。每个容器的最后页面结束后，要求单击"提交"按钮，提交给"项目组合管理组"的成员审批。

新需求提交后，在需求状态信息页面中，可以看到新需求已到了"选择审核"节点，如图 17.26 所示，如果李主任审核拒绝，需求将进入"已拒绝"节点，如果审批通过，将进入"选择"阶段。选择阶段是需求的组合分析阶段，将在下一章中详细介绍。

王经理在项目中心采用系统默认的"示例建议"新建需求，新建需求的过程是一个由工作流控制的填写相关内容的过程。填写需求时所填写的内容是需求规划说明书的所规定的内容。用户可以参考也可以自己定义。

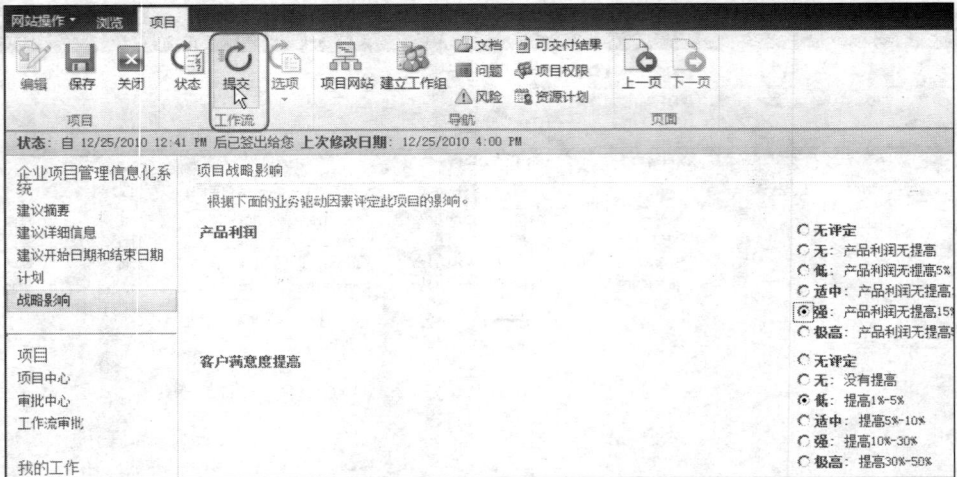

图 17.25 容器最后页面完成后提交

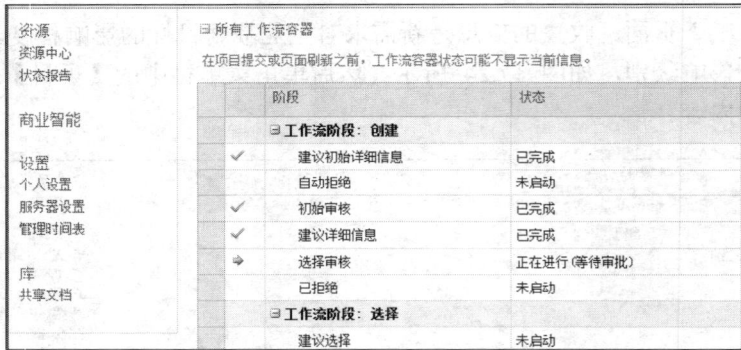

图 17.26 新需求的最后审核容器

17.2 自定义需求管理流程

17.2.1 自定义流程概述

在根据平台自带的"示例建议"需求类型来新建需求后，经历了需求的创建阶段，创建阶段中有"建议初始详细信息"、"自动拒绝"、"建议详细信息"、"选择审核"、"已拒绝"等容器，每个容器中都是有一个或多个项目详细信息页面，每个页面中都有一些自定义域，并且填写每个容器中的最后页面时，系统要求提交审批。

为了让企业可以新建多种类型的需求，系统用"企业项目类型"来标识不同的需求类型。示例建议就是的一种企业项目类型。每种企业项目类型中的所要求填写的页面可以不同，每种企业项目类型的工作流的类型也可以不同。在结构上来说，企业项目类型分为有工作流与无工作流两种。对于有工作流的企业项目类型的定义一般是：新建一个企业项目自定义域，把域放到一个 WEBPART 部件（即页面上的一个功能模块）中，并把 WEBPART 放在项目详细页面中，然后把页面与容器绑定，把容器与工作流中的节点绑定，把工作流与企业项目类型绑定，如图 17.27 所示。当用户填写一个详细页面，就知道当前的容器，根据容器就知道需求所属的阶段。对于无作流的企业项目类型定义，直接指定页面的前后顺序。

图 17.27　结构关系图

本小节将新建"风险等级"、"需求类型"等企业自定义域，新建"风险等级"项目详细信息页面，并将"风险等级"、"需求类型"等企业自定义域加入到"风险等级"项目详细信息页面中，然后新建"风险评估阶段"、"风险容器"，最后新建一个企业自定义类型。通过这样来新建一个自定的需求管理流程。

17.2.2　新建自定义域

根据企业特定的需求属性，比如"风险等级"，"需求类型"，但 EPM 平台上没有这些属性值，这需要自定义这些属性域，并放入需求录入流程中。在 EPM 平台中定义的属性的值的获取有三种方式：手动输入、从列表中选择和根据公式获取。"风险等级"是一个下拉列表的值。下面介绍需求属性如何进行定义。

1．系统管理员通过浏览器登录 Project Server

具体过程略。

2．进入"企业自定义域定义和查阅表"

成功登录后，选择菜单【服务器设置】/【企业自定义域定义和查阅表格】，如图 17.28 所示，准备开始进行"风险等级"和"需求类型"两个项目属性的定义。

3．风险等级

在"企业自定义域定义和查阅表格"页面中，单击"新建查阅表格"图标，如图 17.29 所示。

进入如图 17.30 所示的页面，在"名称"中输入"风险等级"；在"类型"中选择"文本"；在"代码掩码"中确定每个级别标识的掩码类型；在"查阅表格"中，输入"风险等级"的级别，其中也可以实现分级数据输入。

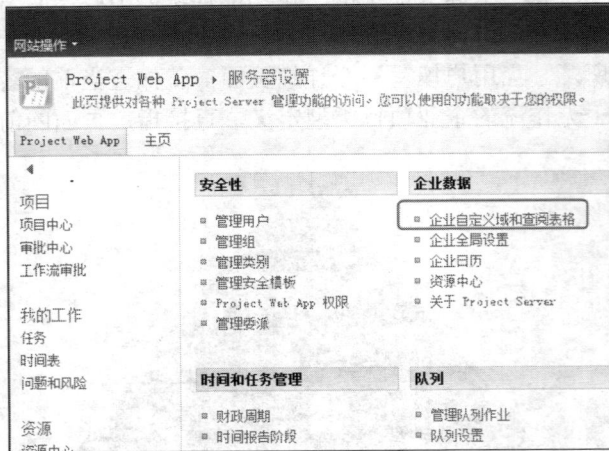

图 17.28　进入"企业自定义域定义和查阅表"

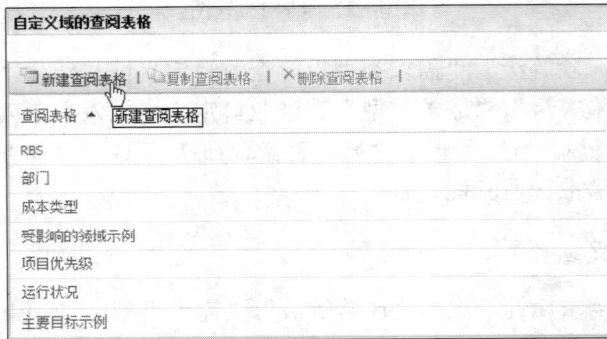

图 17.29　项目类型查阅表格

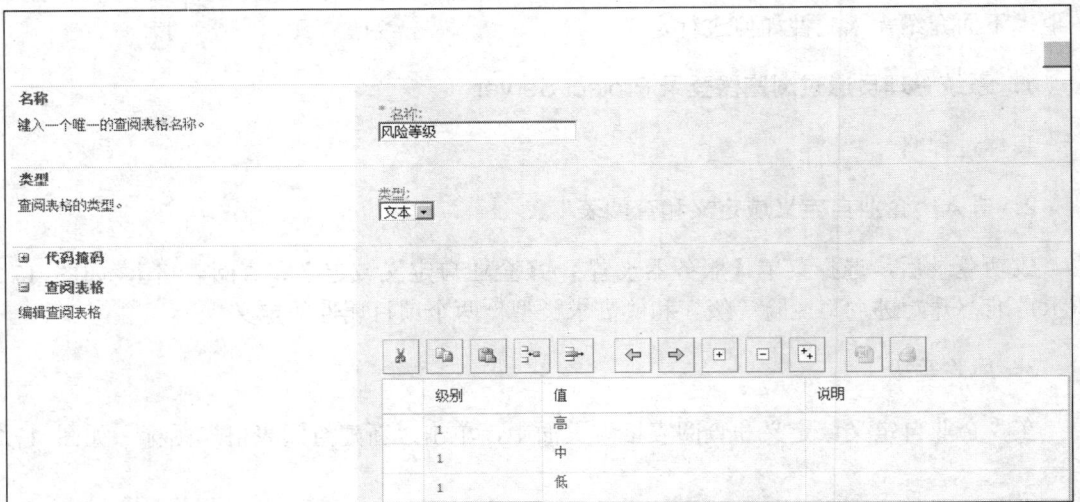

图 17.30　新建查阅表格

上述信息定义完成后，单击"保存"按钮，将退回到如图 17.31 所示的页面。

图 17.31　新建域

在图 17.31 中，单击"新建域"图标，开始新建"风险等级"域，新建时的页面和数据如图 17.32 所示。

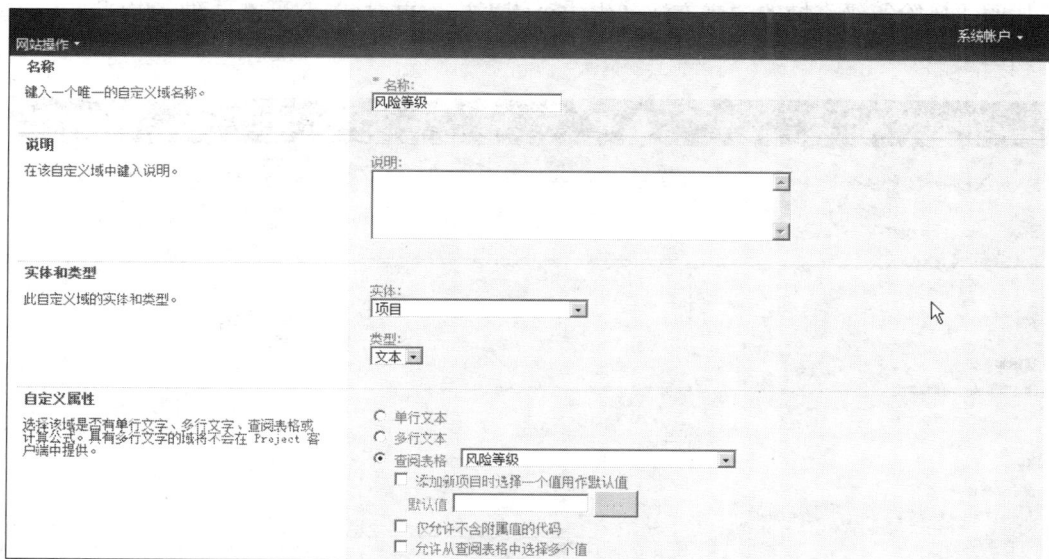

图 17.32　"风险等级"域的建立（1）

在"名称"中输入"风险等级"，"实体和类型"选择"项目"，"类型"选择"文本"，"自定义属性"选择"查阅表格"中的"风险等级"。然后将页面向下滚动，继续填写其他属性，如图 17.33 所示。

在图 17.33 中，"由工作流控制的行为"复选框不选中。以上信息设置完成后，单击"保存"按钮，"项目类型"域设置成功。

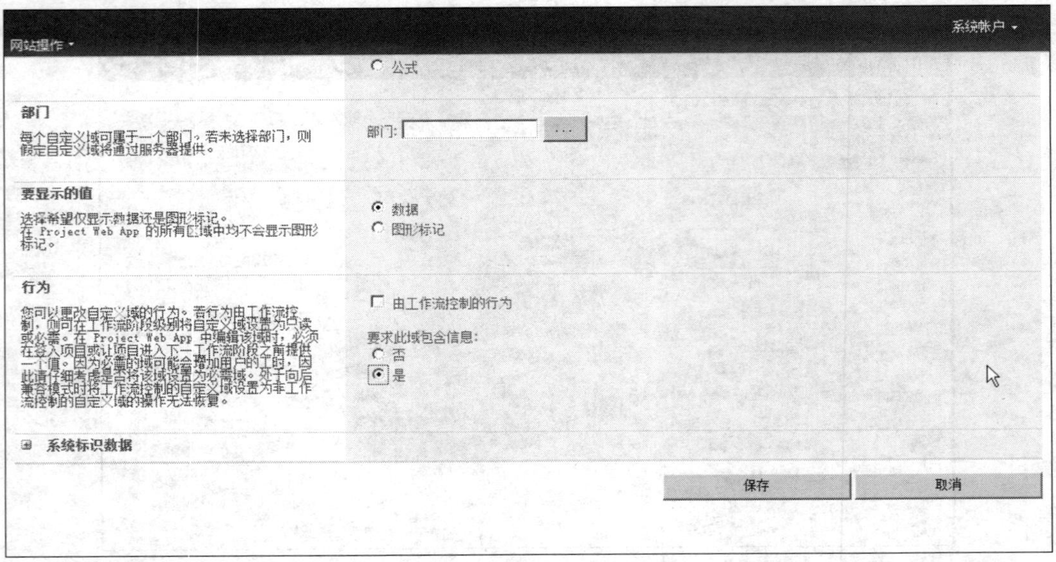

图 17.33 "风险等级"域的建立（2）

4．需求类型

按照"风险等级"域的建立方法（先建查阅表格，再建域），可以再建立出"需求类型"域，如图 17.34 所示。

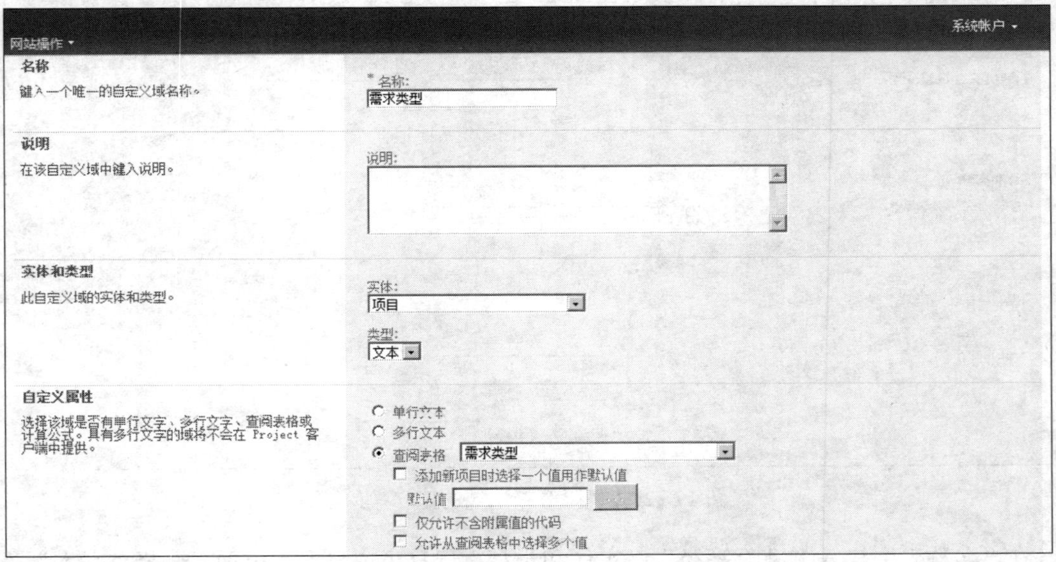

图 17.34 项目实施地点的建立

17.2.3 新建项目详细信息页面

之前定义的"风险等级"与"需求类型"是项目的两个属性，前面小节介绍的是如何定义这两个属性，本小节介绍如何把这个自定义域添加到项目详细信息页面中。

1．系统管理员通过浏览器登录 Project Server

具体过程略。

2．进入"项目详细信息页面"定义页面

成功登录后，选择菜单【服务器设置】/【项目详细信息页面】，如图 17.35 所示，准备开始进行"风险等级评估"项目详细信息页面的定义。

3．新建项目详细信息页面

在如图 17.36 所示的项目详细信息页面库中，选择菜单【新建文档】/【新建文档】。

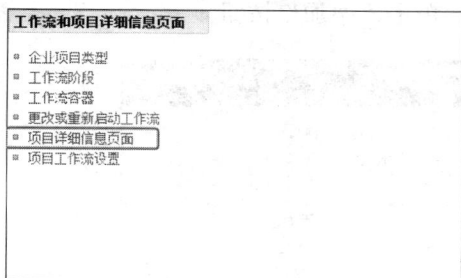

图 17.35　进入项目详细信息页面库

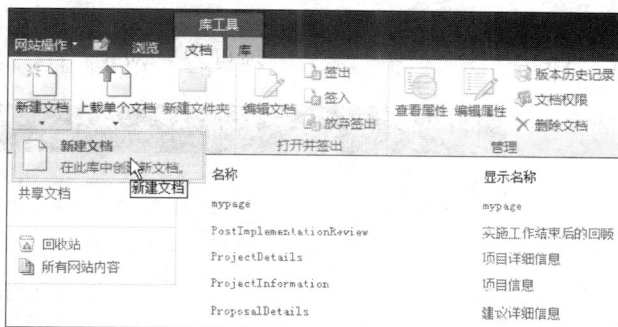

图 17.36　新建项目详细信息页面

进入如图 17.37 所示的"新建项目详细信息页面"页面，在"名称"文本框中输入页面的名称，在"请选择布局模板"下拉框中选择页面布局类型。最后单击"创建"按钮，完成页面的新建。

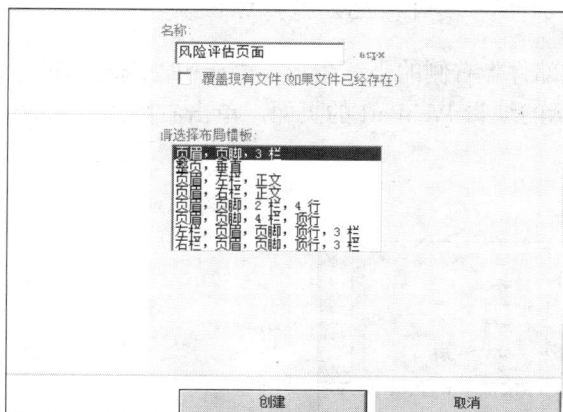

图 17.37　项目详细信息页面布局

4．在页面中放入"WebPart 部件"

在新建页面的页眉栏中，单击"添加 Web 部件"链接，如图 17.38 所示。

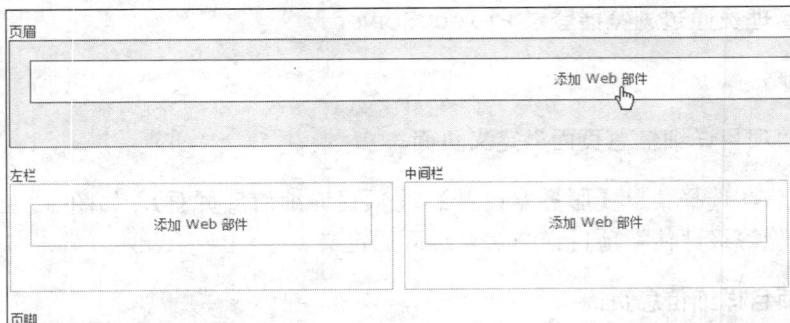

图 17.38　添加 Web 部件

在 Web 部件选择区域的"类别"栏中，如图 17.39 所示，选择"Project Web App"类别，在"Web 部件"栏中，选择"项目域"Web 部件，然后单击"添加"按钮。

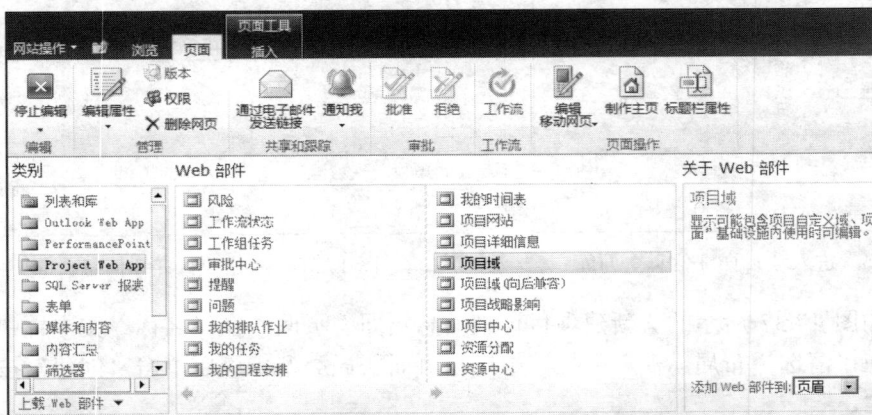

图 17.39　选择 Web 部件

单击"项目域 Web 部件"右侧的小三角形，再选中"编辑 Web 部件"，如图 17.40 所示。进入如图 17.41 所示的编辑 WebPart 的页面，单击右侧的"修改"按钮。

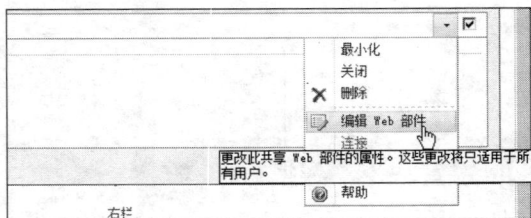

图 17.40　编辑 WebPart

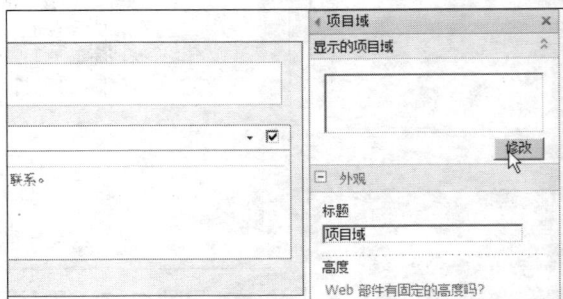

图 17.41　在 WebPart 中添加项目域

打开"选择项目域"对话框，如图 17.42 所示，从"项目域"列表选中"风险等级"与"需求类型"域到"选定的项目域"列表中，然后单击"确定"按钮。

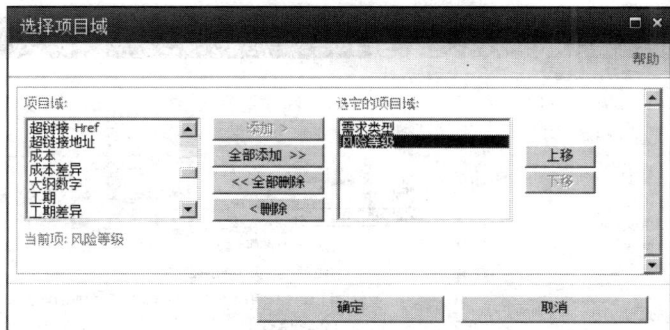

图 17.42　在 WebPart 中添加自定义域

返回到如图 17.39 所示的页面中,单击左上角的"停止编辑"按钮,定制的"风险等级"与"需求类型"页面如图 17.43 所示。

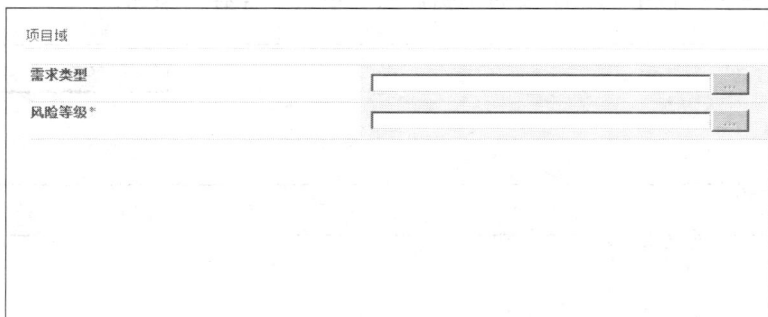

图 17.43　定制完成后风险等级评估页面

17.2.4　新建阶段

阶段是企业项目生命周期的划分,默认情况分为创建、选择、计划、管理、完成 5 个阶段,可以根据企业项目的特点来增加或编辑阶段。本节模拟创建"风险评估阶段"阶段自定义。

1. 系统管理员通过浏览器登录 PWA

具体过程略。

2. 进入"工作流阶段"页面

成功登录后,选择菜单【服务器设置】/【工作流阶段】,如图 17.44 所示,准备进入"风险评估阶段"的"工作流阶段"定义。

3. 定义"工作流阶段"

在工作流阶段页面中,单击"新工作流阶段"按钮,如图 17.45 所示。

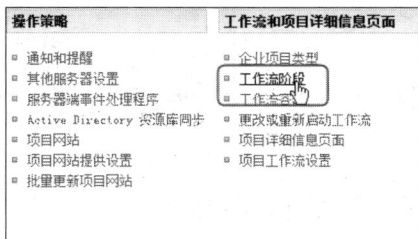

图 17.44　进入工作流阶段的定义

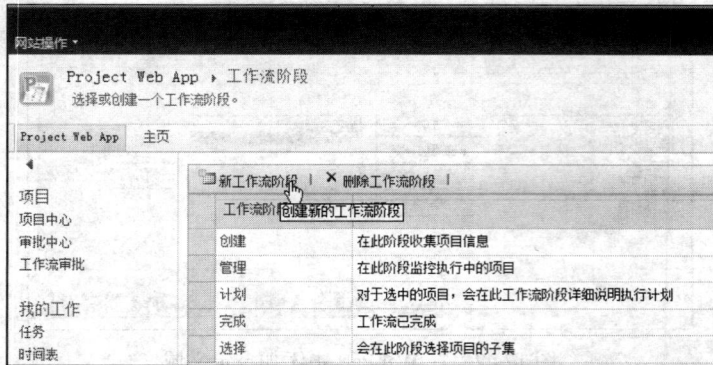

图 17.45　新建工作流阶段

打开如图 17.46 所示的新建工作流阶段页面，在"名称"栏中输入阶段的名称"风险评估阶段"，在"说明"栏中输入阶段的说明，然后单击"保存"按钮。

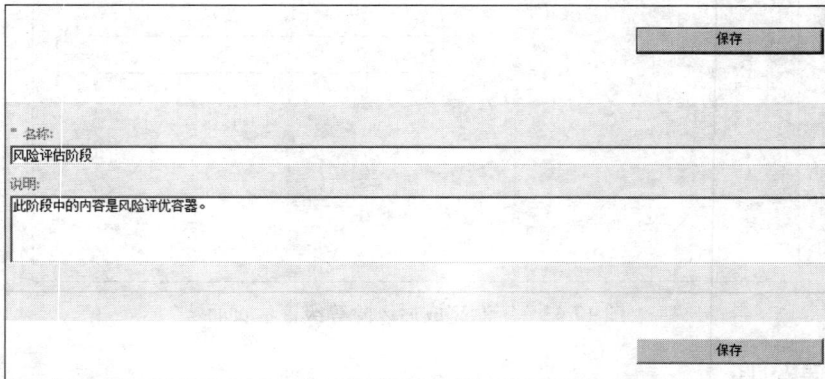

图 17.46　定义工作流阶段属性

在工作流阶段库列表中，显示了增加的"风险评估阶段"，如图 17.47 所示。

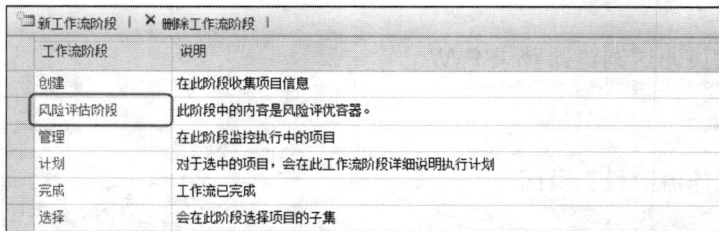

图 17.47　阶段列表

17.2.5　新建容器

容器是页面与阶段的"桥梁"，当用户操纵页面时，可以知道目前的阶段。在工作流控制的需求收集过程中，节点是与容器绑定的，每个容器都有一个唯一的 GUID（唯一标识号），每个容器的最后一个页面保存后，都要求提交。

1. 系统管理员通过浏览器登录 PWA

具体过程略。

2. 进入"工作流容器"页面

成功登录后，选择菜单【服务器设置】/【工作流容器】，如图 17.48 所示，准备进入"风险评估容器"的工作流容器定义。

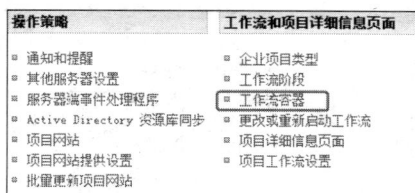

图 17.48　进入容器的定义

3. 定义"工作流阶段"

在工作流容器页面中，单击"新工作流容器"按钮，如图 17.49 所示。

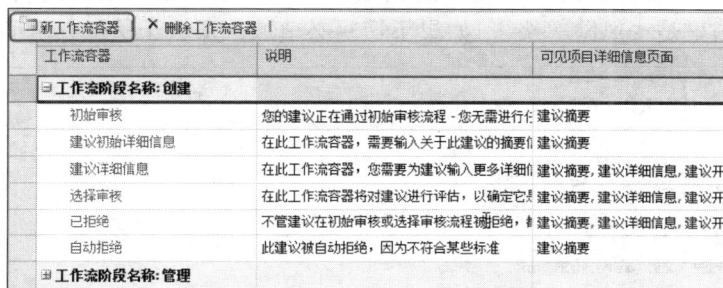

图 17.49　创建新工作流容器

打开新建工作流容器页面，在"名称"文本框中输入容器的名称，在"说明"文本框中输入对容器的相关说明，这些说明将显示在需求的状态信息页面中，如图 17.50 所示；在"提交说明"栏的"说明"文本框中输入提交时的文字说明，提交说明的信息将显示在"提交"按钮上。

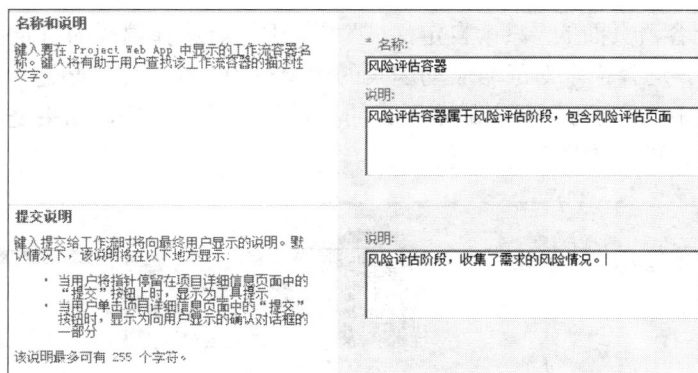

图 17.50　新容器基本信息（1）

在新建工作流容器页面的"工作流阶段"栏中，选择容器所属的阶段"风险评估阶段"；在可见的项目详细信息页面，选择这个容器中所含的页面，这里为"风险评估页面"，如图 17.51 所示。

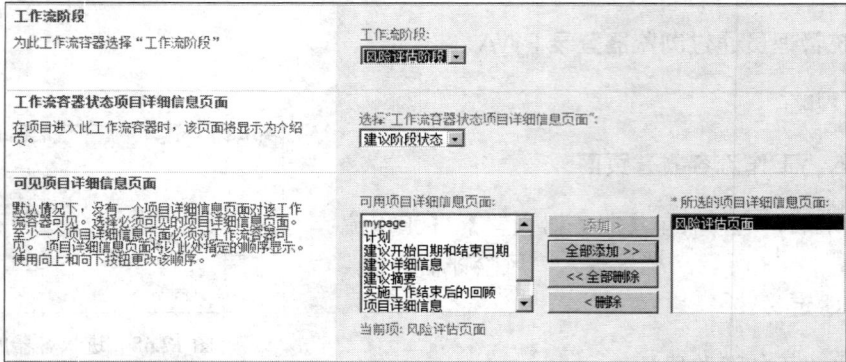

图 17.51　新容器基本信息（2）

在新建工作流容器页面的"必需自定义域"栏中，添加必须填写的自定义属性域，如图 17.52 所示，这里是"风险等级"，如果不填写必填域，那么无法保存页面。

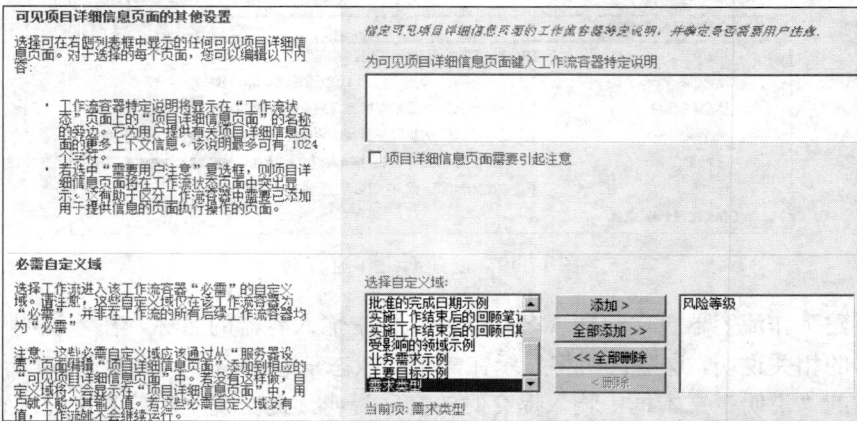

图 17.52　新容器基本信息（3）

在新建工作流容器页面的"只读自定义域"栏，添加可选择填写的自定义属性域。在"战略影响行为"栏中，选择需求对战略驱动因素的评定行为，如果是"必需"，代表必需评定需求对战略因素的影响，"读写"代表战略因素的评定是可以评定的，如果是"只读"，代表战略因素的评定是只读的，如图 17.53 所示。

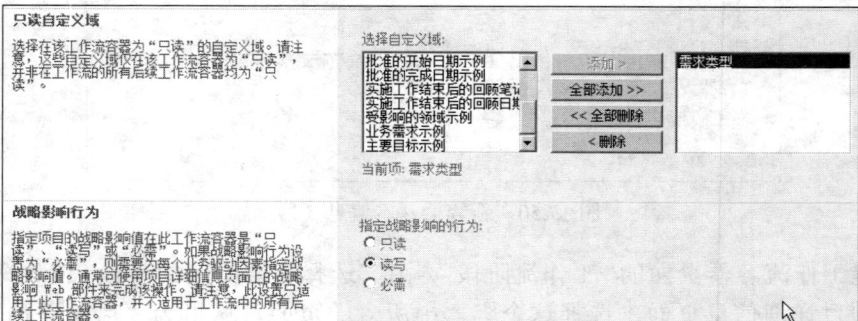

图 17.53　新容器基本信息（4）

在新建工作流容器页面的"需要项目签入"栏中，"项目签入是必需的"选项表示在容器提交前必须签入，这里选择默认设置。在"系统标识数据"栏中，是每个容器的 GUID 标识，这 GUID 用于工作流开发，如图 17.54 所示。

图 17.54　新容器基本信息（5）

在新建工作流容器页面中，填写完成后，单击"保存"按钮后，在工作流容器库中就可以看到新建的"风险评估容器"，如图 17.55 所示。

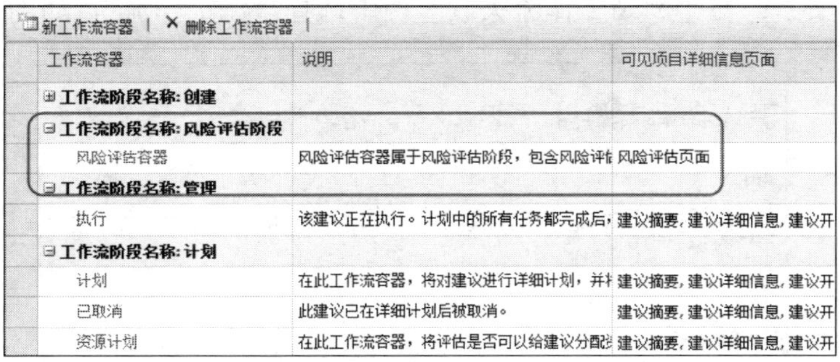

图 17.55　风险评估容器新建完成

17.2.6　新建企业自定义类型

企业项目类型用于不同的需求类型，比如财务的提交需求填写的页面信息，审批流程可能与工程部的需求类型不一样，于是需要多个企业项目类型。企业项目类型又分有工作流与无工作流的两种。有工作流的企业项目类型，将在工作流的开发中，用工作流的节点来绑定工作流的容器，来实现按一定的顺序来排定项目详细信息页面，并且每个容器结尾处可以控制审批行为。无工作流的企业项目类型，只能手动排定项目详细信息页面，没有审批流程。

阶段是企业项目生命周期的划分，默认情况分为创建、选择、计划、管理、完成 5 个阶段，可以根据企业项目的特点来增加或编辑阶段。准备进入"风险评估阶段"的定义。

1. 系统管理员通过浏览器登录 PWA

具体过程略。

2. 进入"企业项目类型"页面

成功登录后，选择菜单【服务器设置】/【企业项目类型】，如图 17.56 所示，准备进入"企业项目类型"的定义。

3. 定义"无工作流企业项目类型"

进入企业项目类型页面，单击"新企业项目类型"按钮，如图 17.57 所示。

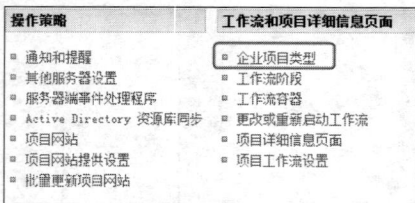

图 17.56　进入企业项目类型的定义

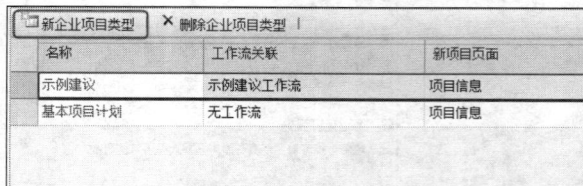

图 17.57　新建企业项目类型

打开新建企业项目类型页面，在"名称"栏中的"名称"文本框中，输入企业项目类型的名称"工程部企业项目类型"，这将显示在项目中心的"新建"按钮下；在"说明"栏输入企业项目类型的描述，当鼠标放到项目中心的"新建"按钮下的"工程部企业项目类型"上时，将显示说明文字；在"网站工作流关联"栏中选择"无工作流"，如图 17.58 所示。

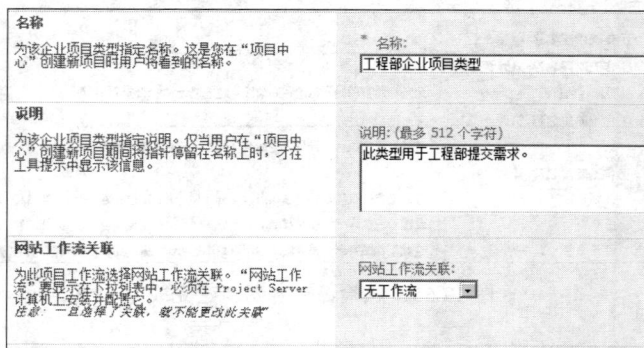

图 17.58　企业项目类型基本信息（1）

在新建企业项目类型页面的"新项目页面/项目详细信息页面"栏中，在"新项目页面"栏中，选择企业项目类型的起始页面；在"可用项目详细信息页面"列表中，选择要在这种企业项目类型中要求填写的信息页面，如图 17.59 所示。

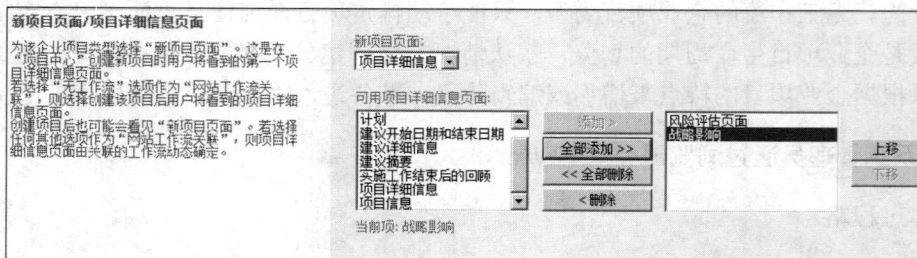

图 17.59　企业项目类型基本信息（2）

在新建企业项目类型页面的"默认"栏中，表示在项目中心直接单击"新建"按钮时采用的项目类型；"部门"栏表示企业项目类型所属的部门，只有本部门的人能看到本部门的项目类型；"图像"栏可以定义在项目中心的"新建"按钮下企业项目类型的图标，如图 17.60 所示。

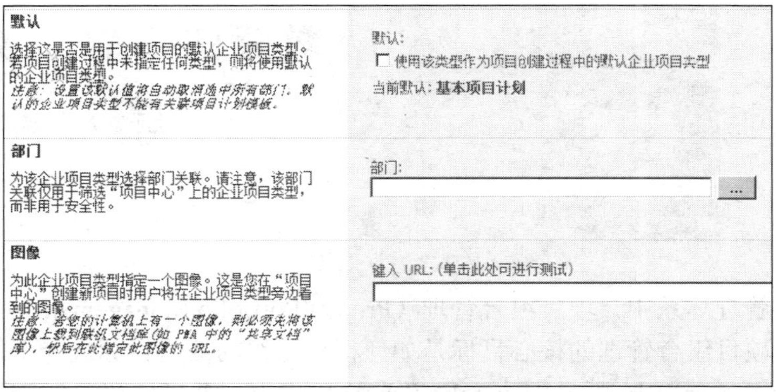

图 17.60 企业项目类型基本信息（3）

在新建企业项目类型页面的"顺序"栏中，定义了项目中心"新建"按钮下企业项目类型的排序；"项目计划模板"栏表示录入需求计划中所采用的模板；"项目网站模板"栏表示项目工作空间所采用的网站模板，如图 17.61 所示。

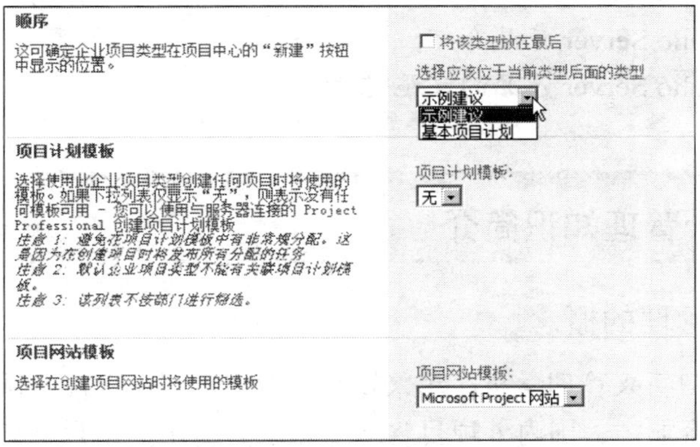

图 17.61 企业项目类型基本信息（4）

当企业项目类型基本信息录入完成后，单击"保存"按钮，在企业项目类型列表中将看到新建的企业项目类型，如图 17.62 所示。

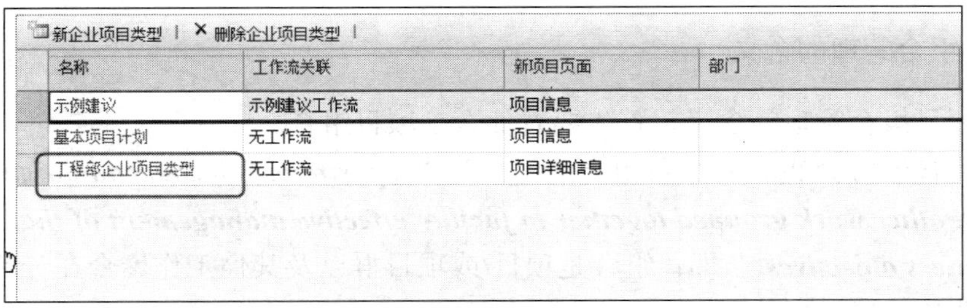

图 17.62 无工作流企业项目类型新建完成

18

■■■■■■ **第 18 章**
项目组合管理

在组织项目管理体系中，项目组合管理（Project Portfolio Management）是组织最高决策层关心的重点，项目组合管理的核心目标是如何根据组织的战略目标选择正确的项目。

到了 Project Server 2010 版本，Portfolio Server 已作为一个模块整合到 Project Server 2010 中。但为了便于理解，本章对 Portfolio 模块依然称作"Project Portfolio Server"。利用 Project Server 2010 产品就可以进行需求收集、组合分析、计划和监控，从而为企业提供了一套完整的端到端的项目组合管理解决方案。

本章从以下 3 部分内容展开介绍：

- 项目组合管理知识介绍；
- Project Portfolio Server 产品介绍；
- Project Portfolio Server 产品的实施过程。

18.1 项目组合管理知识简介

18.1.1 项目组合管理的概念

项目管理作为一门新兴管理学科，越来越受到业界广泛的关注，同时项目管理也被越来越广泛地应用在现代企业中。国内外项目管理专家学者提出的项目管理理论、企业项目管理理论、项目增值管理等方法为成功实施项目管理提供了指导和帮助。随着企业内部项目的不断增多，对于企业高层管理者来说，如何管理多个项目，如何保证项目符合企业战略的要求，成为项目管理领域新的研究课题。近年来，国外的一些项目管理领域专家提出了项目组合管理（Project Portfolio Management）的概念。

1. 项目组合管理的含义

要解释项目组合管理的含义，首先要看什么是项目组合。

美国项目管理协会 PMI 对项目组合的定义为："*A portfolio is a collection of projects and/or programs and other work grouped together to facility effective management of that work to meet strategic business objectives*。" 即：组合是项目/或项目群以及其他工作聚合在一起，通过有效管理以满足业务战略目标。

而项目组合管理是对项目组合的有效管理，PMI 对组合管理的定义为 "Project Portfolio

management refers to the selection and support of projects or program investments. These investments in projects and programs are guided by the organization's strategic plan and available resources。"

组合管理是指在可利用的资源和企业战略计划的指导下，进行多个项目或项目群投资的选择和支持。项目组合管理是通过项目评价选择、多项目组合优化，确保项目符合企业战略目标，从而实现企业收益最大化。

项目组合管理不是简单地对多个项目进行管理，而是超越了传统项目管理的边界，它作为企业项目和战略之间的桥梁，使项目实施和企业商业战略结合起来。

2. 项目组合管理与传统项目管理

首先，来看一下项目组合管理与传统项目管理的区别，如表 18.1 所示。

表 18.1　　　　　　　　　　项目组合管理与传统项目管理的比较

	项目组合管理	传统项目管理
管理目标	项目选择和优化	项目完成交付
管理方式	自上而下，战略性的	自下而上，战术性的
管理范围	整个企业的所有项目	单个项目或项目群
管理周期	长期，企业只要有项目存在就会一直存在	短期，从项目启动到项目结束
管理决策层次	高层管理者/组织级管理者	项目经理/资源经理
重要干系人	企业高层管理者、财务经理、企业最终股东	项目发起人、项目经理、项目客户
管理内容	根据战略目标进行项目组合范围定义，进行项目分析选择，多项目组合分析，动态管理组合	项目管理的九大领域（PMI）：项目整体管理、范围管理、时间管理、费用管理、质量管理、人力资源管理、沟通管理、风险管理、采购管理

（1）传统项目管理的特点。

传统的项目管理强调"怎样做项目"，通过有效的项目管理方法保证项目按照进度、成本、质量要求进行交付，是针对单个项目或项目群的管理方法。美国项目管理协会多年来发布的项目管理知识体系指南 PMBOK，从项目管理的九大领域介绍了在实施项目过程中需要管理的内容和方法。

传统项目管理主要是项目经理进行的管理活动，针对项目内部的管理传统项目管理采取的是自下而上的管理方式，即数据从项目管理的底层开始收集，传送至高层经过分析后对项目进行管理和控制，不能及时发现与企业的目标发生偏差或不能超越企业执行和控制能力的项目。

（2）项目组合管理的特点。

项目组合管理强调"做什么项目"，通过帮助组织将精力集中于产生最大价值的项目，将项目组合与企业目标结合在一起，获得项目之间的恰当平衡和组合，通过为最有价值的项目设定优先级和筹集资金，来最优化项目组合的价值，确保实际实施和运作与企业目标保持一致。

项目组合管理是组织以及战略层面的管理活动，是进行组织决策的过程，是面向的多个项目的管理。

项目组合管理采取的是自上而下的管理方式，即先确定企业的战略目标，优先选择符合企业战略目标的项目，在企业的资金和资源能力范围有效执行项目。

18.1.2　项目组合管理的发展现状

早在 20 世纪 50 年代，美国一位经济学家 Harry Markowz 就提出了投资组合的概念，建立了金融证券等领域的投资组合方法，从风险和回报的角度来评估投资资产的价值和收益，形成了现代投资组合理论（Modern Portfolio Theory）。随着 MPT 理论的传播，一些商业公司开始考虑如何在业务项目中应用这一理论。1981 年沃伦·麦克法兰首次将现代投资组合理论运用到项目的选择和管理中，通过项目组合的运作方式实现了风险一定情况下的收益最大化。

项目组合管理利用了 MPT 的概念并且也应用了 3 个关键评估标准来衡量项目：项目承担的成本、存在的风险以及投资潜在的收益。这时，项目成为企业的一项投资行为，项目决策建立在项目组合基础上而不是单个项目基础上。

近几年来，项目组合管理在国际项目管理领域得到了飞速发展和广泛应用。美国学者 Russell D. Archibald 2003 年在谈到项目管理发展现状时，提到项目组合管理是项目管理最新理论的重要发展方向之一。目前国外一些项目管理专家提出了项目组合管理的体系架构和管理过程，国内针对项目组合管理方面的研究也开始起步。项目组合管理软件在国内外企业中的广泛应用大大推动了项目组合管理的实践和发展。

META Group 研究表明，全球 2000 个 CIO 中有超过 50%的人采用组合管理技术和工具来进行项目和资产的管理，以及预算的计划和跟踪。组合管理理论能够使企业的组织改善战略投资，提高商业价值。

18.1.3　项目组合管理的目的和意义

越来越多的组织面临着企业在同一时间内正在进行许多项目和项目群的情况，每个企业都希望对项目的投资取得最大的收益回报。作为项目管理领域未来的发展趋势之一的项目组合管理，已经得到了越来越多的企业的重视，其重要性也日益显现出来。

目前企业在项目管理过程中存在的一些问题：

⚫ 缺乏统一的评估项目投资和选择的过程和方法，项目决策层大多还是主观进行项目决策，没有科学量化的项目选择评价标准；

⚫ 对于项目的过程缺乏透明度和可控性，不能及时发现项目过程中出现的问题并对项目加以调整，造成项目的失败；

⚫ 不能从战略层次考虑项目的收益，只关注单个项目的短期财务收益，忽视短期项目和长期项目、财务收益和非财务收益之间的平衡；

⚫ 对项目的管理停留在项目的水平上，即以分散的项目为基础的单一项目管理，而不是将所有项目视为一个整体进行管理，忽视了企业是一个系统的战略整体；项目管理者联盟文章，深入探讨。

⚫ 不能在整个企业的范围内对所有项目进行统一的资源管理和分配,造成企业资源(财务和人力资源）的浪费；

⚫ 由于企业资源有限，造成多个项目之间为得到关键资源而发生冲突和争论；

◎ 存在很多重复和冗余的项目。

而通过项目组合管理能够实现以下目标：

◎ 能够快速响应外部环境的变化，提高企业的竞争优势；

◎ 建立企业所有项目的视图，动态评价项目与战略目标的一致性；

◎ 在企业内建立一个统一的项目评估与选择机制。对项目的特性以及成本、资源、风险等项目要素按照统一的评价标准进行优先级别排序，选择符合企业战略目标的项目；

◎ 对企业里所有的项目进行平衡，平衡长期和短期、高风险和低风险以及其他因素的项目；

◎ 在企业范围内对项目分配企业的资源，保证企业资源达到最优化，同时确保项目的水平控制在企业的财务和资源能力之内，提高项目的成功率；

◎ 通过识别低价值的、不符合战略的、多余的、执行很差的项目来降低成本，从而降低运营风险；

◎ 通过改进项目选择、优化、排序等过程来增加企业的投资回报；

◎ 能够识别项目群和项目之间的依赖关系；

◎ 改善项目负责人和业务管理者之间的沟通关系，使业务管理者更加关注项目。

可见，企业通过进行项目组合管理，能够合理运用企业各种资源，快速适应市场环境的变化，提高企业项目包括 IT 信息化项目实施的成功率，从而提升企业的竞争优势。

18.1.4 项目组合管理的主要框架内容

通过对国内外学者项目组合管理的研究成果进行分析，结合国内项目组合管理的发展现状，笔者认为项目组合管理过程主要应包括以下几个阶段。

（1）项目战略定位。

本阶段的主要目的是进行企业项目的战略定位，判断企业的项目是否与企业的战略方向一致。在这个阶段的主要内容是宏观上进行与相关企业战略目标分解，按照战略目标将企业项目进行组合分类，使企业战略目标与项目组合的目标结合在一起。同时在项目与企业战略目标相匹配的前提下，进行企业项目整体资源配置。要了解企业整个项目资源的情况，就需要建立企业所有项目信息和资源库，了解与项目相关的所有信息，以帮助企业后续进行选择决策。

（2）项目分析选择。

本阶段的主要目的是对具体的项目进行分析选择，衡量项目为企业带来的收益。这个阶段是整个项目组合管理过程的重要阶段。它的核心内容是建立企业项目统一的评价标准，并将每个项目与该标准进行衡量。同时对项目的资源、进度、成本、风险等影响评价标准的各种因素分析。最后进行项目选择，对不符合评价标准的项目进行暂停或中止。

（3）项目组合优化。

本阶段的主要目的是在项目分析的基础上，结合企业目前的资源约束条件，进行项目优化组合，使企业项目投资收益最大化。这个阶段也是整个项目组合管理过程的关键阶段。一方面通过优化模型进行多个项目的选择优化，另一方面在资源、成本等约束条件下，进行组合内项目平衡，确定最优项目组合。

（4）项目组合决策。

本阶段的主要目的是在上阶段项目组合优化的基础上，进一步调整项目组合，最终进行企业项目组合决策。企业项目决策者结合实际经验、企业现有项目的情况以及具体项目用户需求，进行项目组合最后调整，使企业项目组合之间进一步得到平衡。

（5）项目实施与跟踪管理。

本阶段的主要目的是通过企业项目的实施跟踪，及时了解组合项目的状态信息和变化情况。一方面建立企业项目组合视图，及时监控并了解影响项目组合分析的各种因素变化情况；另一方面及时对项目环境、战略目标、影响因素等变化情况进行审查，进行变更控制。发生变更情况或者一定时间周期内企业都需要重新开始项目组合管理流程。

可见，项目组合管理过程是一个动态的持续执行、循环反复的过程，随着环境的不断变化，项目组合的分析优化也随之变化。企业通过实施上述过程，能够在企业中建立所有项目的全景图，动态地跟踪项目的执行情况，进行项目和资源优化组合，最终实现企业的战略目标。

18.1.5 结论与建议

我国企业如何通过项目组合管理的实践来解决在项目管理上存在的若干问题呢？以企业的信息化 IT 项目为例，笔者认为可以从以下几点进行逐步实施和改进：

（1）以企业信息化主管 CIO 为首成立 IT 项目管理小组，对企业现有在建的以及规划中的 IT 项目进行收集整理和检查，了解每个 IT 项目的实施状况；

（2）充分分析企业自身特点，结合企业的战略目标，建立企业 IT 项目统一评价指标和标准；

（3）按照评价标准对每个 IT 项目进行评估，中止重复的、冗余的、不符合企业战略目标的项目；

（4）必要时使用项目组合管理工具软件进行 IT 项目管理，通过软件进行项目实施监控和跟踪，及时分析影响 IT 项目评价的指标变化情况，动态进行项目组合优化。

面对企业不断变化的环境以及越来越多的项目信息，项目组合管理通过建立持续动态执行的管理过程，使企业在有限的资源情况下执行"适合的"项目，实现项目的战略价值。

18.2 项目组合分析模块

18.2.1 项目组合分析模块简介

EPM 2010（Office Enterprise Project Management Solution）是微软公司面向企业级项目管理需求而推出的全面解决方案，与整个项目生命周期紧密结合，在项目计划与管理之前，需要定义战略目标、收集需求，基于战略目标与需求来组合分析，从而选择合适的项目计划。如图 18.1 所示。

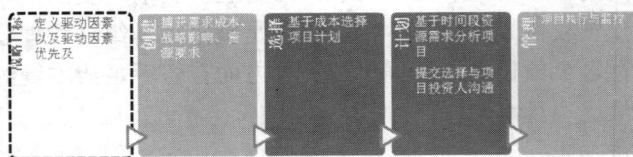

图 18.1 微软 EPM 产品架构图

1．战略目标

要进行项目组合分析，首先要定义企业一定时间段（一般为一年）的战略目标，即组织级战略目标，比如市场占用率提高多少，当公司提出项目需求时，可以用市场占用率来衡量项目需求。由于不同部门的职责、负责的业务不同，也可以为不同的部门制定部门目标，比如客服部的客服满意度提高到多少，这样当客服部提出项目需求时，可以用客户满意度这个指标衡量项目需求。

2．创建

在项目执行前，只是一个项目需求，当需求提出者提出需求的时候，要填写需求成本、需求对战略目标的影响程序、需求对人力资源要求等相关信息。Project Server 2010 提供了工作流的功能来控制需求信息的录入流程，不同的信息可以由不同的负责人来审批。在本书的第 17 章已经介绍了系统默认的需求创建流程。

3．选择

当需求的提出者提出了大量的项目需求，公司的决策层会根据需求对战略目标的影响程序排出项目需求的优先级，然后公司的决策层就要根据项目需求的优先级、公司的年度成本来选择项目。这是一些粗选过程。

4．计划

在计划这个阶段，根据公司在需求执行时间段里资源的需求与资源实际能力进行选择，选择完成后，把选择结果提交给公司高层。公司高层批准后，就会做项目计划，开始执行。

5．管理

在管理阶段，资源经理监控所有的资源计划。项目经理监控项目进度计划、成本计划和团队沟通等。

18.2.2　项目组合分析模块的作用

1．使 PPM（Portfolio Project Management）控制流程实现自动化并加以强制实施

直观的工作流程设计器可帮助用户迅速定义项目组合管理控制流程并使之实现自动化。

- 定义工作流，使每个项目在其整个生命周期中都受到适当的管理控制。
- 利用最佳实践方法和使用直接可用的模板，有效地管理所有的项目、程序和应用程序组合。

2．合并数据收集并使之标准化

通过自定义表单来简化组织中每项投资的数据收集并使之标准化。

- 定义模板，以使每项投资（项目、程序和应用程序）的数据和收集得以标准化。
- 将所有投资合并到一个中央存储库中，帮助确保主管人员全面、深入地了解和控制

整个项目组合。

- 捕获所有项目请求，并开发符合组织管理流程的详细业务案例。

3. 确定竞争性投资的优先级并进行有效评估

使用最佳实践技术可以自动获得优先级得分并生成直观的图表，帮助您从不同角度有效评估竞争性投资。

- 客观地定义并设置组织业务战略的优先级。
- 自动获得优先级得分，例如，战略值、财务值、风险、体系结构是否适合以及运营绩效，从而客观地评估项目、程序和应用程序。
- 使用优先级得分生成直观的图表，以便有效评估项目组合内的竞争性投资。

4. 选择最符合业务战略的项目组合

优化并选择最符合组织的战略优先级的项目组合。界面易于使用，嵌入的最佳实践方法和分析技术可帮助确保您为企业选择正确的投资。

- 利用精密的优化算法，根据成本和全时工作当量 (FTE) 等多种预算限制来选择最佳的项目组合。
- 识别并打破阻止项目组合接近"有效边界"的限制。
- 自动计算项目组合与组织的业务战略的符合程度。
- 实施理性而非感性的项目组合选择方法。

5. 有效管理项目组合绩效

衡量并跟踪每项投资在其整个生命周期中的绩效，帮助确保实现预期收益。

- 创建多个项目组合记分卡，以管理并跟踪活动的项目组合。
- 从项目组合级别深入了解，查看每项投资的最新状态报告。
- 完成定期状态报告，以便衡量一段时间内项目的绩效以及程序或应用程序的性能。
- 使用灵活的报表生成器创建并发布模板，简化组织中的报告过程并使之标准化。

18.3　项目组合分析模块的使用

18.3.1　定义项目驱动因素

什么是驱动因素？通俗地说，驱动因素是项目为什么要去做的理由。驱动因素定义的前提是怎么更好的实现企业的战略目标，与企业战略目标相结合。驱动因素应该在项目组合分析前定义完成。每一个企业项目驱动因素应该可以控制、测量和唯一的。驱动因素的创建者应该是公司高层人员。

1. 创建驱动因素

单击 PWA 网站左侧快速启动栏上的"驱动因素库"链接，就可以查看所有的驱动因素。

默认情况下，驱动因素库是空白的。驱动因素录入人员录入各类驱动因素，单击工具栏上的
"新建"按钮，如图 18.2 所示，开始创建驱动因素。

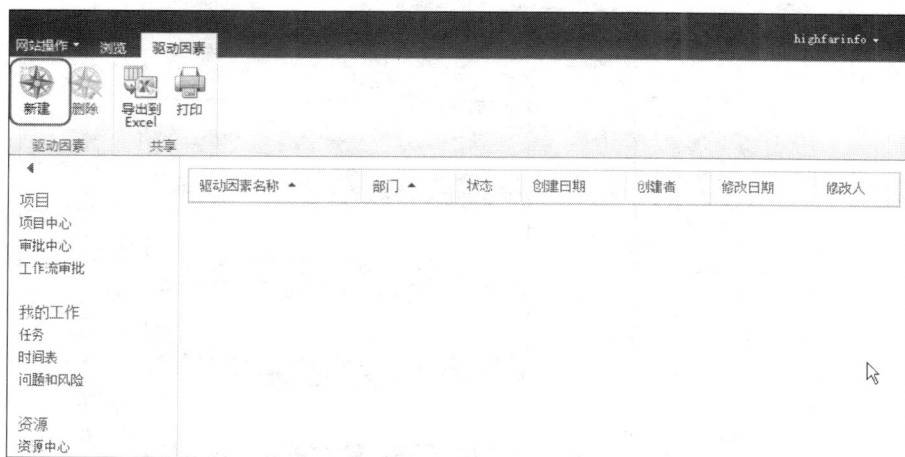

图 18.2 新建驱动因素（1）

在"名称"栏输入驱动因素的名称；在"说明"文档框中输入驱动因素的描述；"部门"
可以指定驱动因素所属的部门，如果没有指定，那么驱动因素属于组织驱动因素，任何需求
提出者可以评定需求的驱动因素等级；"状态"决定驱动因素的状态，"活动"代表可用，如
图 18.3 所示。

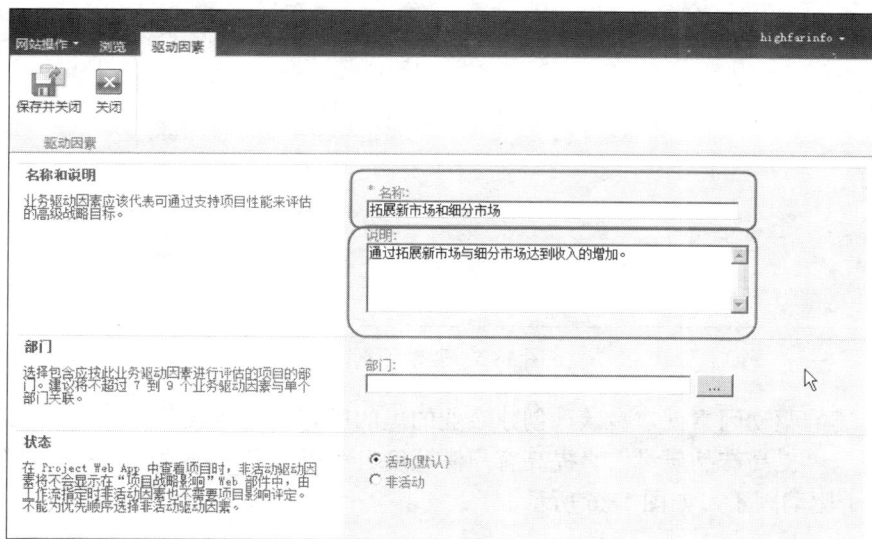

图 18.3 新建驱动因素（2）

在"项目影响声明"栏中，输入驱动因素每个等级的描述，系统默认分了 5 个等级，输
入完成后，单击工具栏上的"保存并关闭"按钮，如图 18.4 所示。

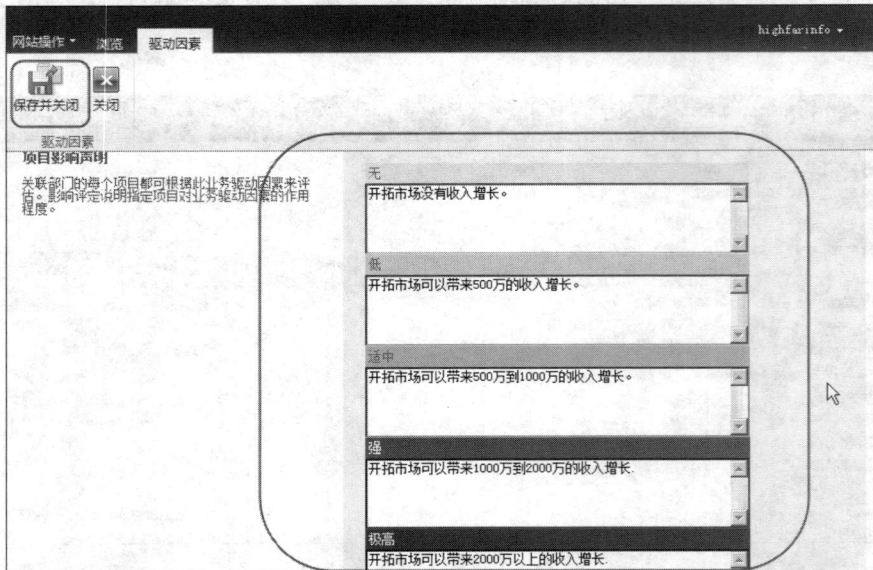

图 18.4 新建驱动因素（3）

在驱动因素库中，就可以看到创建好的驱动因素以及驱动因素的部门、状态、创建等相关信息，如图 18.5 所示。

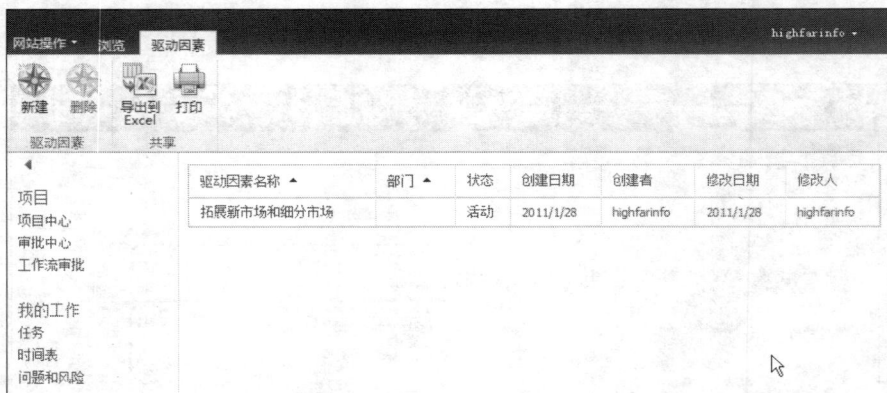

图 18.5 驱动因素库

按照上述的驱动因素创建步骤，创建企业的里的所有驱动因素。作为示例，录入了"减少基本费用"、"提高产品质量"、"提高客户满意度"、"提高员工满意度"、"拓展新市场和细分市场" 5 个驱动因素，如图 18.6 所示。

2．删除驱动因素

企业每年的战略目标都会根据实际情况发生相应的变化，或者由于驱动因素定义不合理，驱动因素管理人员可以删除已有的驱动因素。驱动因素管理人员进入驱动因素库，在驱动因素列表中，选中驱动因素，然后单击工具栏上的"删除"按钮，如图 18.7 所示。

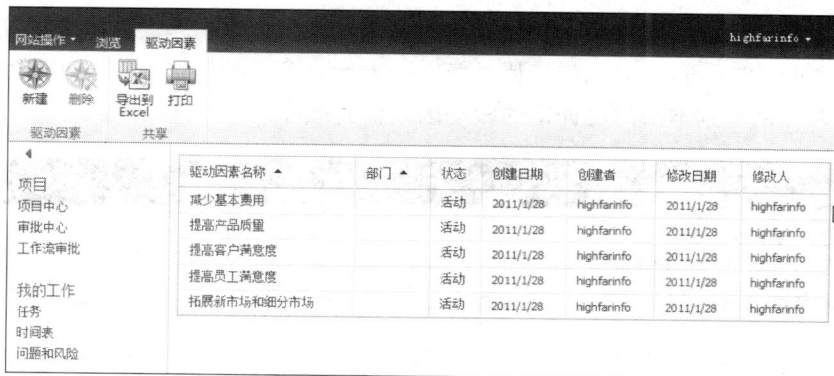

图 18.6　驱动因素示例列表

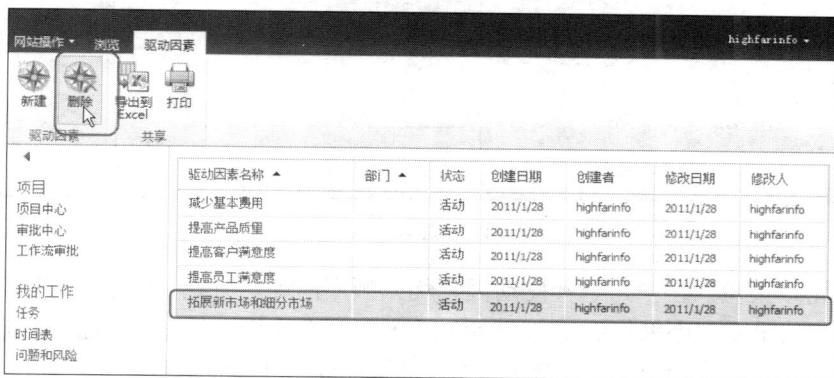

图 18.7　删除驱动因素

3. 评定驱动因素优先级

驱动因素优先级是指驱动因素的重要程度，企业组织会很多驱动因素。在示例中有"减少基本费用"、"提高产品质量"、"提高客户满意度"、"提高员工满意度"、"拓展新市场和细分市场" 5个驱动因素。在组合分析中，要求评定驱动因素的优先程序，每个驱动因素所占的比率为多大。

登录 PWA，单击左侧快速启动栏上的"驱动因素优先顺序"链接，如图 18.8 所示，进入驱动因素优先顺序评定页面，单击上方的"新建"按钮，开始新建驱动因素的优先顺序。

图 18.8　单击"驱动因素优先顺序"

在"名称"栏，输入驱动因素优先顺序的名称；在"说明"栏，可输入驱动因素优先顺序的描述，如图 18.9 所示；"部门"栏是驱动因素优先顺序的标记属性，在组织分析中，只有本部门的人可以看到本部门已评定的驱动因素优先顺序。

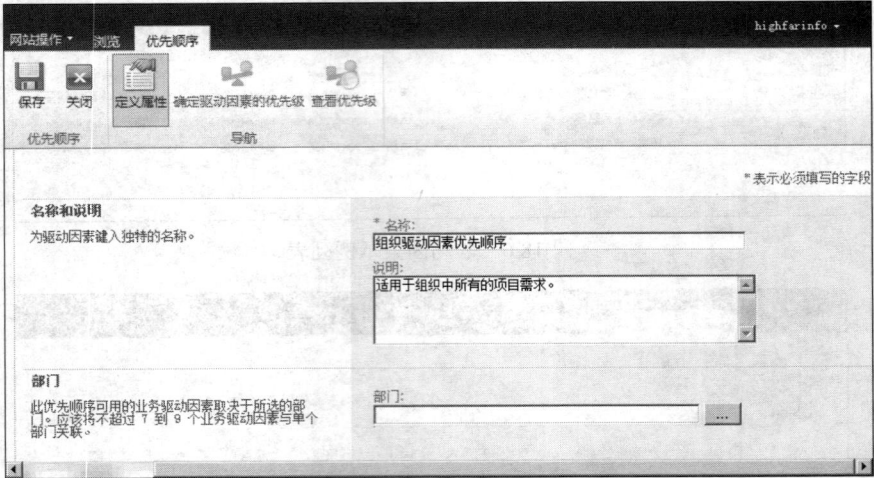

图 18.9　开始评定驱动因素优先顺序（1）

在"优先级类型"栏中，选择驱动因素优先顺序的评定方式，"已计算"方式通过比较两个驱动因素的重要程序来算优先率，"手动"方式是手动指定优先率；在"确定以下驱动因素的优先顺序"栏，选择用于评定优先顺序的驱动因素（只能看到本部门与组织驱动因素），然后单击下方的"下一个：确定驱动因素的优先级"按钮，如图 18.10 所示。

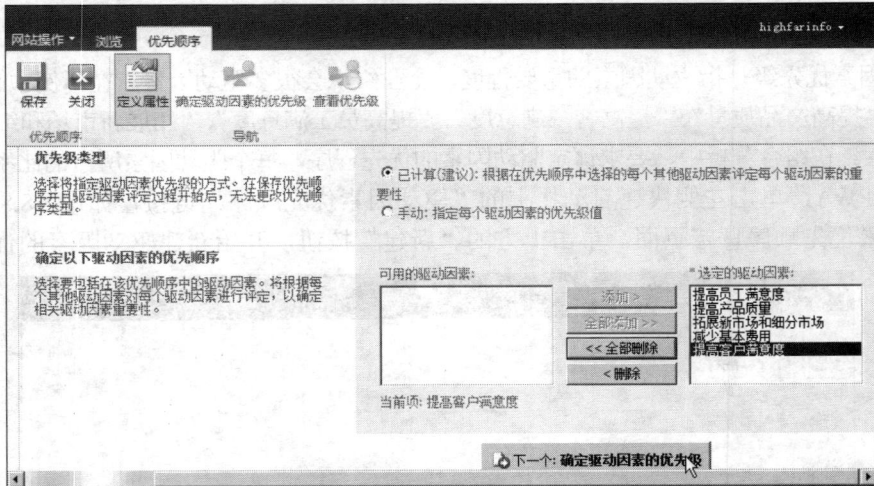

图 18.10　开始评定驱动因素优先顺序（2）

在确定驱动因素的优先级页面，要求比较每两个驱动因素之间的关系。有"重要性远远高于"、"重要性大大高于"、"重要性高于"、"重要性等于"、"重要性低于"、"重要性大大低于"、"重要性远远低于" 7 种比较关系。首先评定第一个驱动因素与其他因素的关系，选中小三角下的比较关系，然后单击下方的"下一个驱动因素"按钮，如图 18.11 所示。

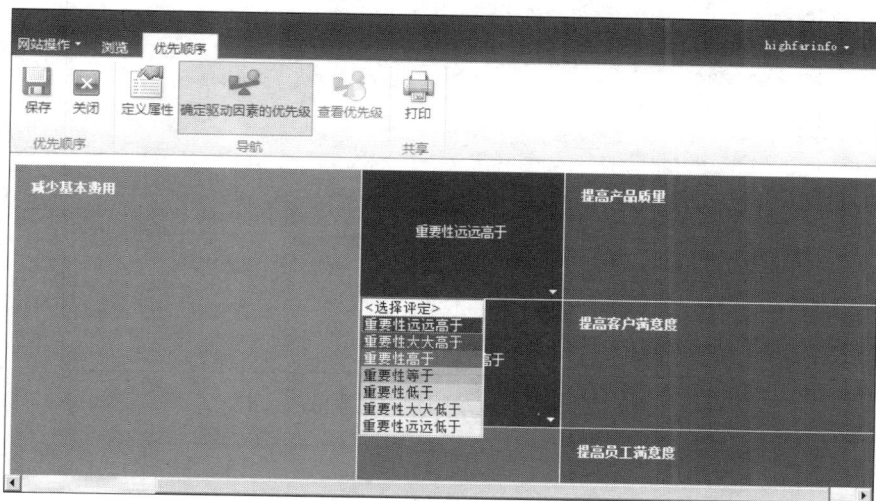

图 18.11　开始评定驱动因素优先顺序（3）

评定第二个驱动因素与其他驱动因素的关系，如图 18.12 所示。

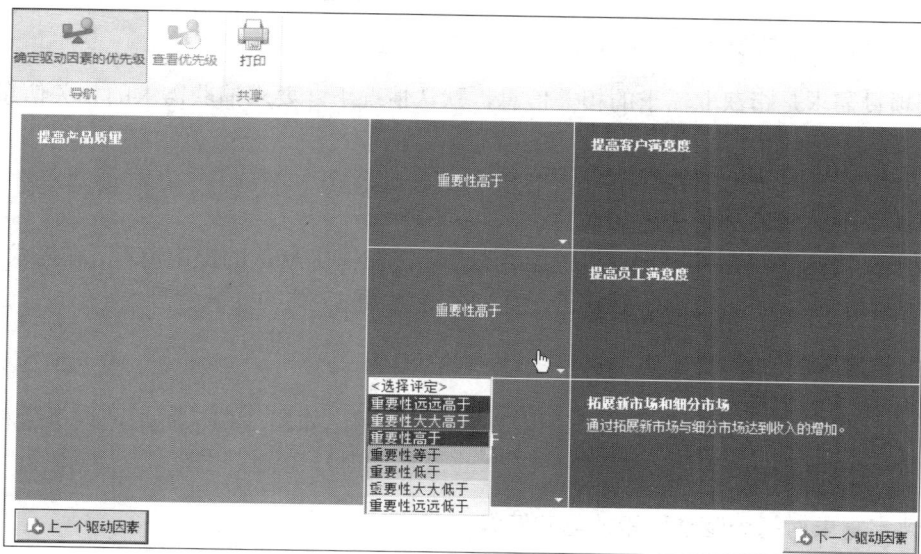

图 18.12　开始评定驱动因素优先顺序（4）

经过一一比较后，比较完所有的驱动因素后，系统会自动计算出驱动因素优先顺序的表格，如图 18.13 所示。

单击图 18.13 中的"一致性比率"按钮，可以查看驱动因素优先顺序之间的比较关系是否合理，如图 18.14 所示。如果显示在红色区域，说明评定不合理，要求重新比较任意两者之间的关系。

驱动因素名称	优先级
减少基本费用	58.89%
提高产品质量	14.44%
拓展新市场和细分市场	12.26%
提高员工满意度	9.19%
提高客户满意度	5.22%

⊞ 一致性比率

⚙ 上一个: 确定驱动因素的优先级

图 18.13 查看驱动因素的优先顺序（5）

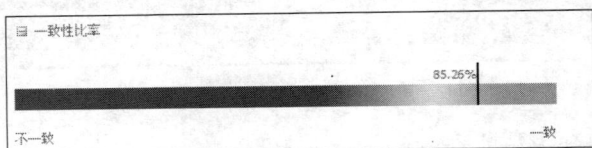

⊞ 一致性比率

85.26%

不一致   一致

图 18.14 驱动因素优先顺序评定是否合理

18.3.2 捕获项目需求

捕获项目需求是指获取需求的相关信息，默认情况下，要求捕获需求的相关信息：

● 建议示例成本；
● 评定需求对每个驱动因素的影响等级；
● 在每个时间段里的资源需求。

每个项目的这些信息将用于项目的组合分析。按照需求默认的提出流程，在需求提出时，要求需求提出人录入以下信息。具体的录入过程参考第 17 章的需求管理。

1．指定需求的成本

当用户提出需求时，要求填写"建议成本示例"域，如图 18.15 所示，这个值将会用于项目组合分析（具体的录入过程参考第 17 章的需求管理）。

2．评定需求对每个驱动因素的影响等级

当用户提出需求时，需要填写一个驱动因素页面，要求评定需求对每个驱动因素的影响等级，这个值将会用于项目组合分析（具体的录入过程参考第 17 章的需求管理），如图 18.16 所示。

3．指定需求的资源需求

一个项目需求所需资源会影响到项目的选择，当组织达不到需求的资源需求时，可能会不选择这个需求。需求提出者可以指定需求按时间段所需的资源。

进入项目中心，选中指定资源需求的项目计划，然后单击上方的"资源计划"按钮，如

图 18.17 所示。

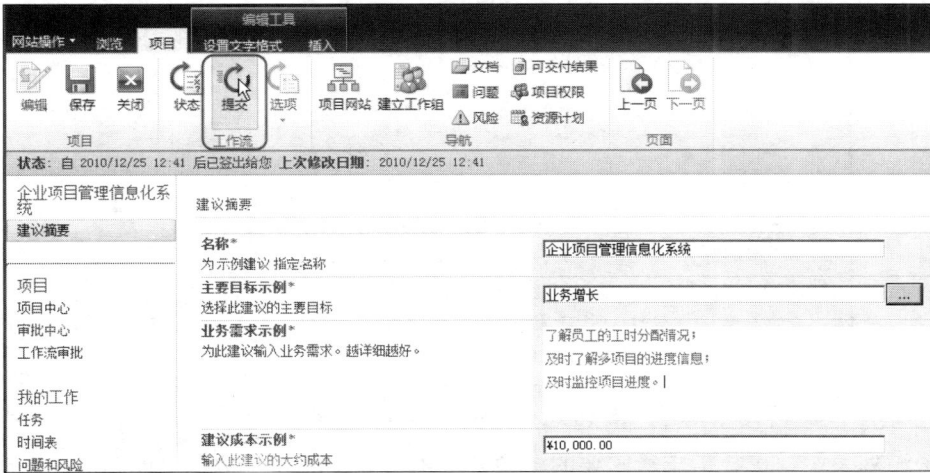

图 18.15　指定项目的成本

图 18.16　项目的驱动因素等级

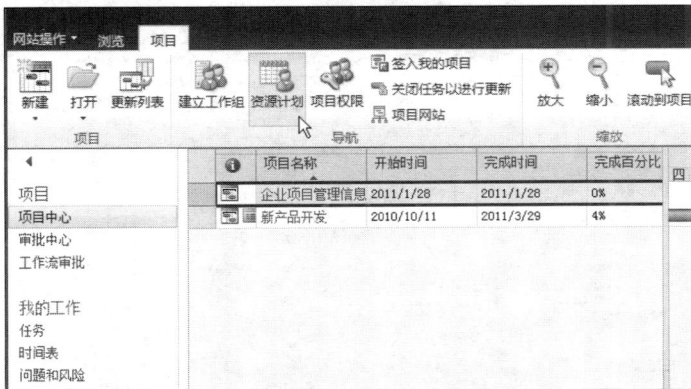

图 18.17　准备制订需求的资源计划

在资源计划页面中，单击工具栏上"建立工作组"按钮，准备从资源库中获取资源，如

图 18.18 所示。

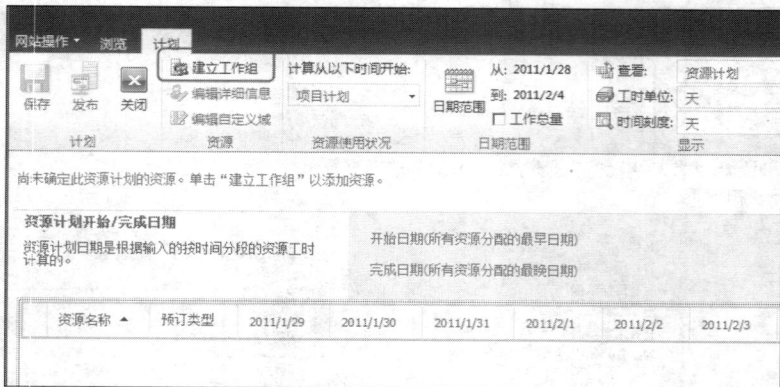

图 18.18 资源计划建立工作组

在资源列表中，选择需求所需要的资源，单击中间"添加"按钮，如图 18.19 所示，添加完成后，单击上方的"保存并关闭"按钮，将返回到资源计划页面。

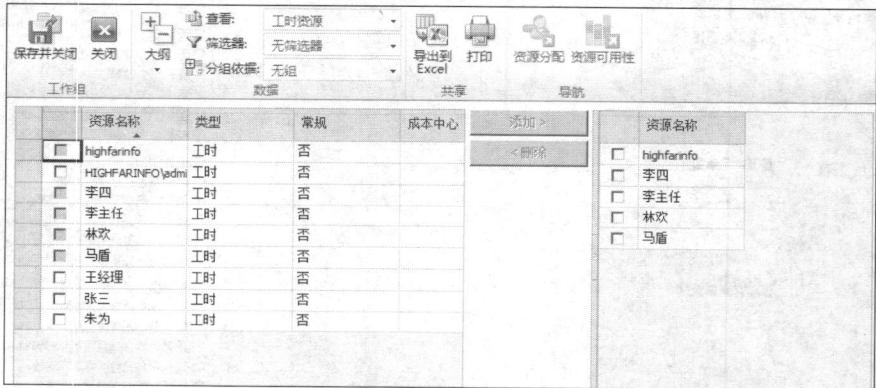

图 18.19 工作组成员

指定需求对每个资源在某个时间段里的工时需求。然后单击工具栏上方的"发布"按钮，如图 18.20 所示。

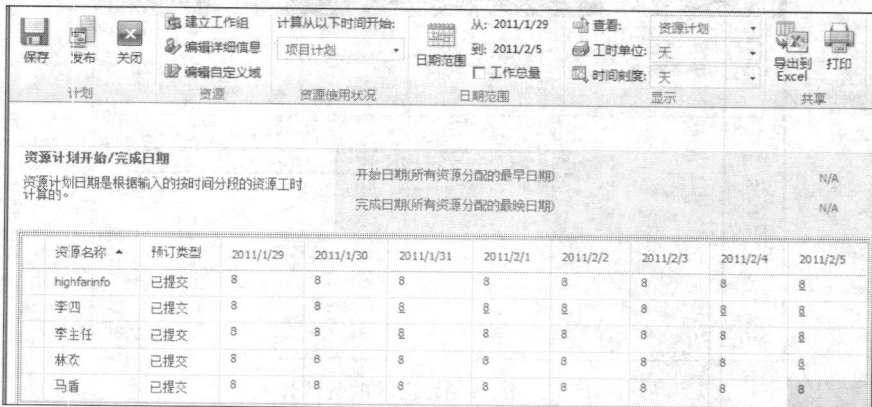

图 18.20 需求的按时间段资源需求

18.3.3　项目组合分析

项目组合分析是在需求的成本、资源需求、对驱动因素影响评定等信息的基础上，根据特定的分析模型，选择出合适企业的项目。

1．创建组合分析模型

单击在 PWA 项目管理网站左侧快速启动栏上的"项目组合分析"链接，进入项目组合分析模块，然后单击工具栏上的"新建"按钮，如图 18.21 所示。

图 18.21　开始新建组合分析模型

在"名称与说明"栏中，输入组合分析模型的名称与说明；在"部门"栏，可选择组合分析模型所属的部门，部门的分析模型对应相应的优先级类型；在"优先级类型"选择用于组合分析的驱动因素优先级，如图 18.22 所示。

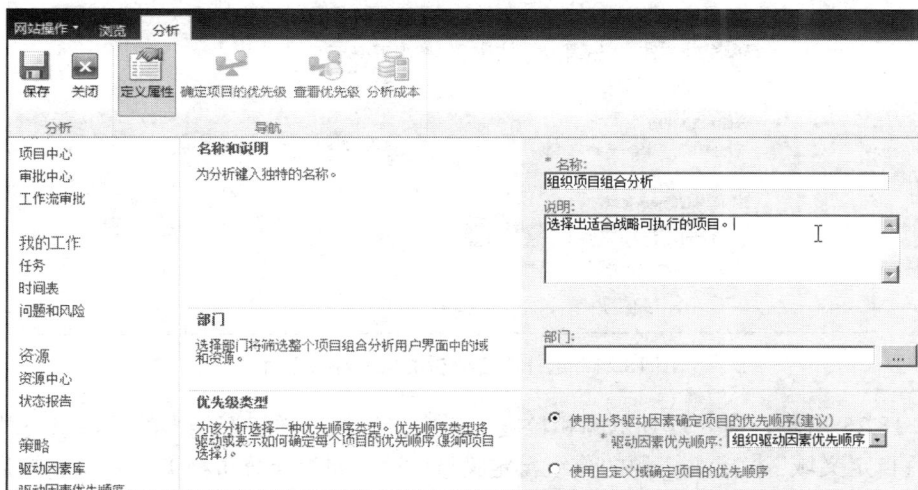

图 18.22　新建组合分析模型

在"确定这些项目的优先顺序"栏中，单击"选定的项目"按钮，将弹出"项目选择"

对话框，如图 18.23 所示，将可用项目列表中的项目添加到选择的项目列表，确定需要组合分析的项目。

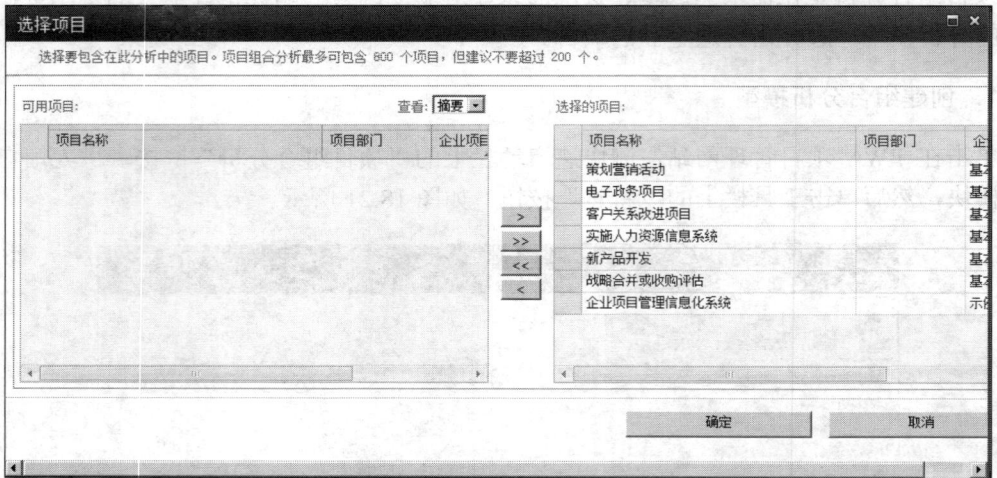

图 18.23　选择被组合分析的项目

在图 18.22 中，单击"确定"按钮后，将返回到组合分析模型的新建页面。在"分析主成本限制"栏中，选择项目组合分析的约束条件。在"时间分段的资源规划"栏，选中"根据组织资源能力分析按时间分段的项目资源需求"复选框，如图 18.24 所示。

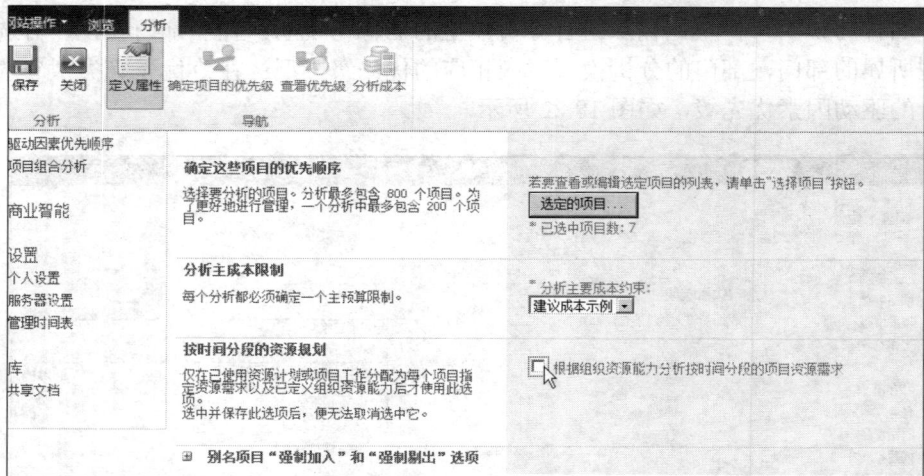

图 18.24　选择组合分析的成本约束条件

如图 18.25 所示，在"规划范围和粒度"栏中，选择分析资源能力的月份以及单位；在"资源角色自定义域"栏定义资源的分组自定义域；设置完组合分析模型的资源选项后，单击"确定项目的优先级"按钮，开始确定项目的优先级。

在"确定优先级"页面，可以改动每个项目需求的驱动因素评定等级，如图 18.26 所示。

在图 18.26 中，单击右下角的"下一个：查看优先级"按钮，系统会根据驱动因素的优先级顺序以及每个项目需求的驱动因素等级计算出每个项目的优先级比率，如图 18.27 所示。

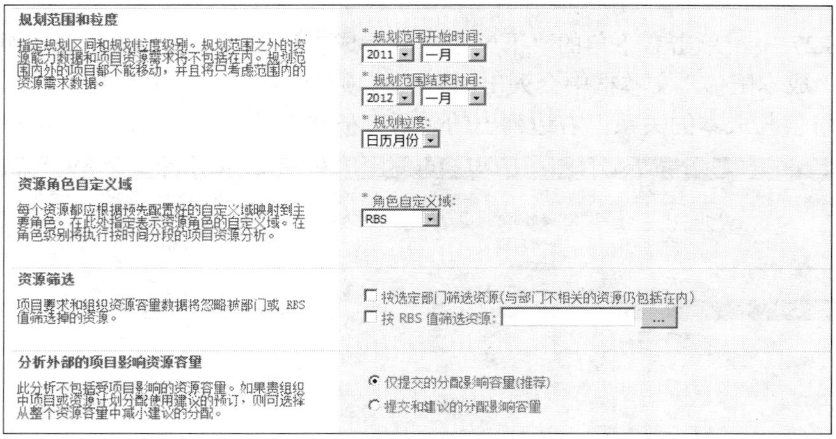

图 18.25　设置组合分析模型的资源参数

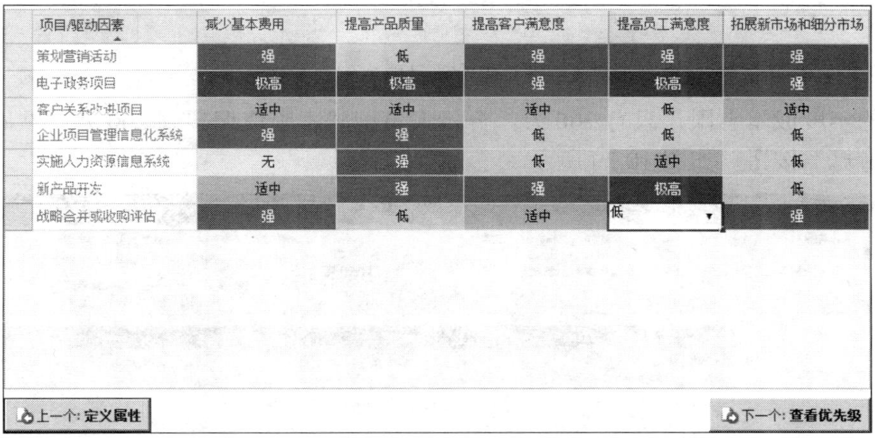

项目/驱动因素	减少基本费用	提高产品质量	提高客户满意度	提高员工满意度	拓展新市场和细分市场
策划营销活动	强	低	强	强	强
电子政务项目	极高	极高	强	极高	强
客户关系改进项目	适中	适中	适中	低	适中
企业项目管理信息化系统	强	强	低	低	低
实施人力资源信息系统	无	强	低	适中	低
新产品开发	适中	强	强	极高	低
战略合并或收购评估	强	低	适中	低	强

图 18.26　每个项目的驱动因素评定等级

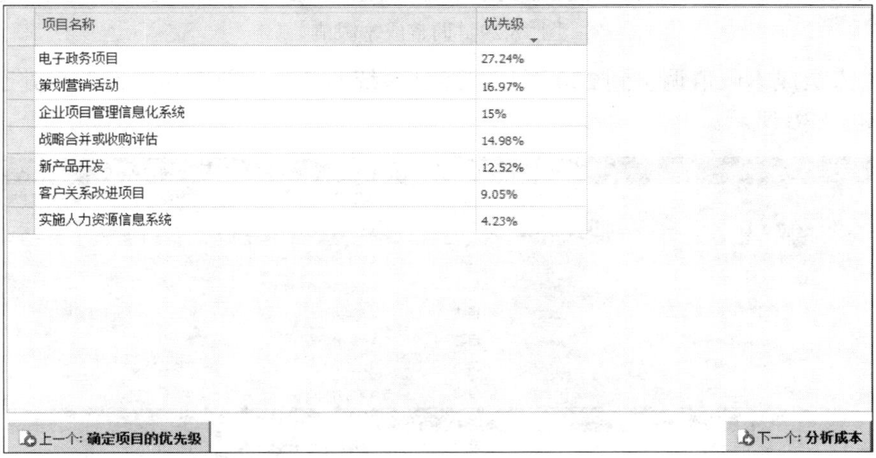

项目名称	优先级
电子政务项目	27.24%
策划营销活动	16.97%
企业项目管理信息化系统	15%
战略合并或收购评估	14.98%
新产品开发	12.52%
客户关系改进项目	9.05%
实施人力资源信息系统	4.23%

图 18.27　每个项目的优先级比率

2．基于成本组合分析项目

在图 18.27 中，单击右下角的"下一个：分析成本"按钮，进入项目成本组合分析的初始页面。在"成本限值"文本框中会列出所有被选项目的总成本；左下方是"战略价值"图，反映出战略价值与成本的关系；右边列出的是所有被选中的项目，如图 18.28 所示。

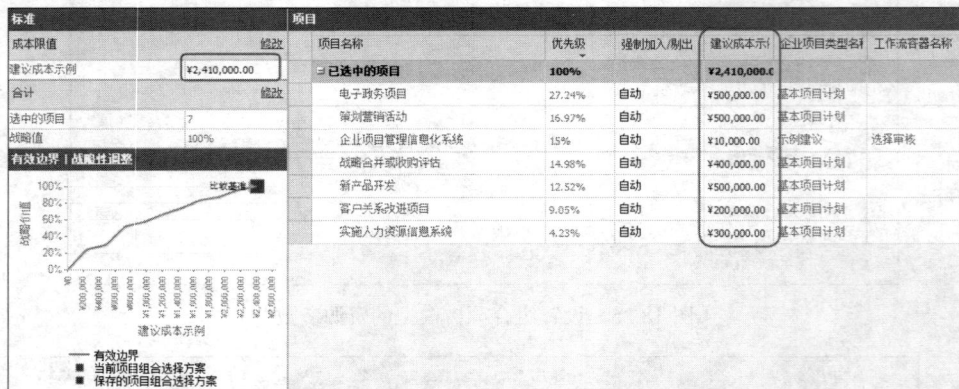

图 18.28　初始项目成本组合分析

组织的年度成本有限，只有 200 万，分析人员把成本限值调整到 200 万，然后单击上方的"重新计算"按钮，如图 18.29 所示。

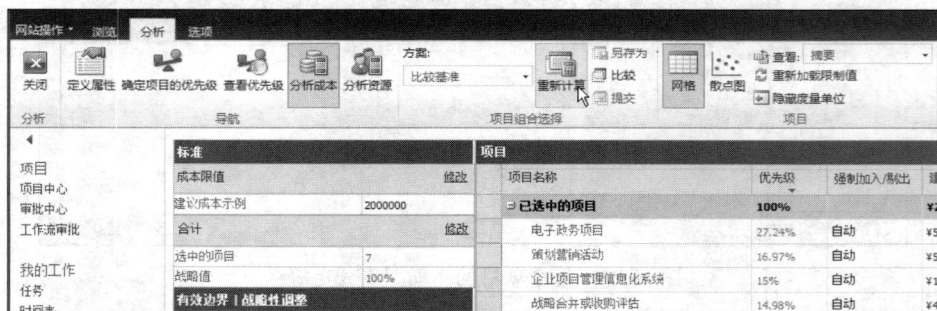

图 18.29　调整成本限值

当分析人员成本限值调整到 200 万后，经过系统的分析，新产品开发项目处于"移出"状态，如图 18.30 所示。

图 18.30　调整成本后的项目选择

根据实际情况，可以有些项目必须做，那么可以通过"强制加入/剔出"栏，可以将更改项目的选中状态，如图 18.31 所示。

图 18.31 强制改变项目选择状态（1）

当改变成本限值后，可以将分析结果另存为一个版本，单击工具栏上的"另存为"按钮，将分析结果存档，如图 18.32 所示。

图 18.32 强制改变项目选择状态（2）

在"保存项目组合选择方案"对话框中，输入方案名称，然后单击"确定"按钮，如图 18.33 所示。

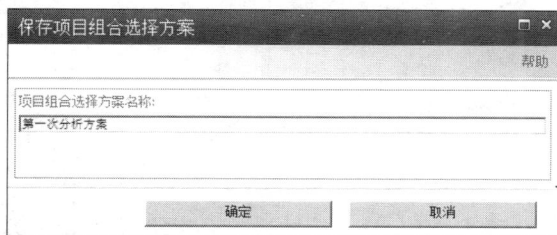

图 18.33 "保存项目组合选择方案"对话框

分析人员可以不断调整成本限值，来分析项目的选择情况，并将分析结果存档，这样多个版本就可以形成组合分析战略图。单击工具栏上的"比较"按钮，可以查看不同版本之间的区别，如图 18.34 所示。

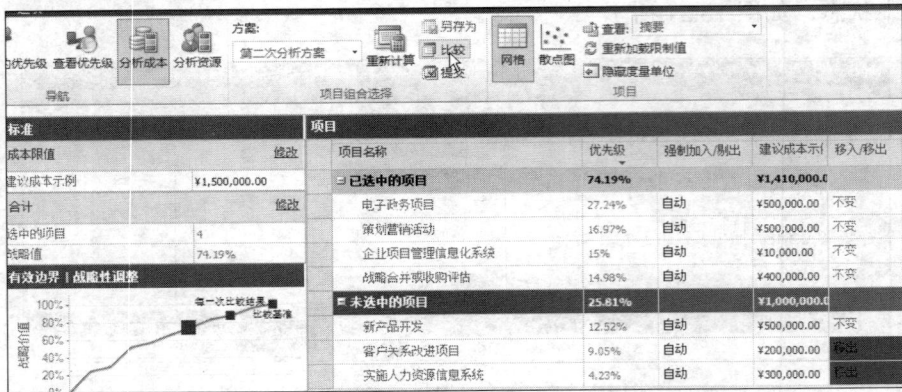

图 18.34　查看组合分析战略图

通过组合分析战略图，可以看到调整成本限值后不同的分析结果，如图 18.35 所示。

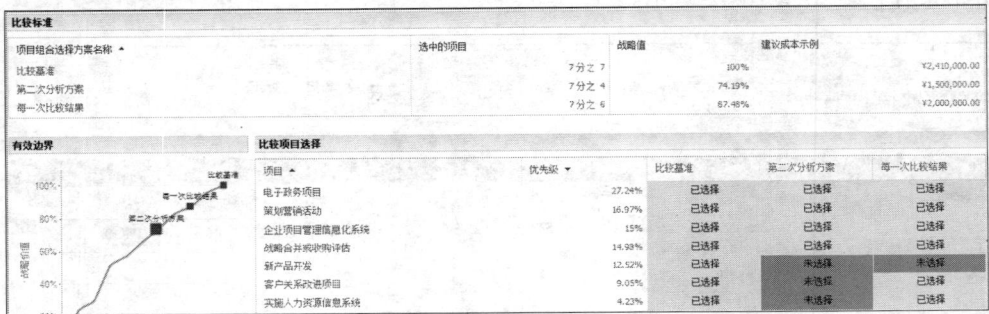

图 18.35　组合分析战略图

3. 提交选择结果与投资人沟通

形成组合分析战略图后，单击左下角的"导出到 Excel"可将数据导出 Excel 中，将 Excel 交付到投资人讨论与沟通，如图 18.36 所示。

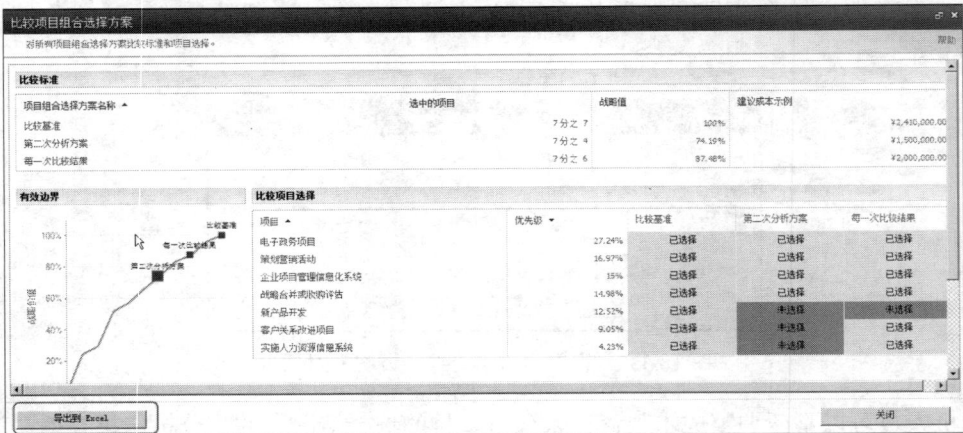

图 18.36　组合分析战略图导出

18.4 怎么进行项目的组合分析

企业项目组合管理涉及企业战略管理与企业项目管理的业务交叉，所以项目组合管理信息化是一项相对复杂的业务过程，不仅需要信息化部门的介入，更需要项目管理部门以及各业务部门的积极参与。为了能够保证项目组合管理信息化的成功，笔者建议企业按照如下过程进行实施。

1. 客户现状调研与分析阶段

在这一阶段需要实施服务人员与用户一起研讨得出以下资料（主要部分）：
- 公司组织机构基本信息；
- 公司以及各部门的战略目标细分与分值（非常重要）；
- 项目优先级评估要素；
- 公司与项目管理相关各人员信息；
- 公司项目组合管理基本流程信息；
- 财务科目信息；
- 项目监控指标信息（非常重要）；
- 企业资源能力信息；
- 企业项目分类信息。

以上信息是需要提供信息主要部分，更多细节信息需要在实施过程中进行再次确认。

2. 系统配置阶段

此阶段的主要任务是将在第一步中调研的结果配置在系统当中。在配置过程中需要与用户逐一进行确认。主要的配置工作有：
- 组织机构的设置；
- 用户的设置；
- 权限的设置；
- 项目组合信息设置；
- 工作流的设置，包括基本流程（项目阶段）、生命周期（项目步骤）、流程节点转换条件设置等；
- 财务科目的设置；
- 战略目标的设置；
- 项目监控指标的设置，包括进度、财务、风险、范围、资源等；
- 项目监控视图设置；
- 项目报表设置；
- 企业资源池设置。

3. 系统培训阶段

培训包括两类培训，第一类培训是基于产品使用的培训，第二类培训是基于系统维护的培训。

⬤ 产品使用培训：针对即将使用本系统的人员进行完整的使用培训。

⬤ 系统管理培训：以微软公司提供的产品管理手册，针对此产品的日常管理人员进行有效的培训。

4．系统试运行阶段

此阶段的任务是实施服务人员指导用户开始使用此系统。

5．系统正式运行阶段

此阶段为用户正式使用阶段，实施服务人员离开用户，系统进入售后服务阶段。

18.5　为什么要进行项目组合分析

项目组合分析是一个自上而下的项目组合管理解决方案，可用于识别、选择和提供最符合组织业务战略的项目组合，以此来帮助组织实现其潜力。下面是项目组合分析帮助您获得对项目、程序及应用程序组合的全面深入的了解和控制的 10 种主要方式。

（1）使管理过程实现自动化并强制实施该过程。

定义多个工作流，使每个项目在其整个生命周期（例如，从建议到实施后阶段）中都受到适当的管理控制。

（2）利用最佳实践方法。

利用直接可用的模板（如业务推动因素库或风险评估）和嵌入的最佳实践方法，更加高效地管理组织范围内的项目、程序和应用程序组合。

（3）捕获中央知识库内的所有投资。

合并企业知识库内的业务和信息技术（IT）投资，以便提高全面深入的控制能力。灵活的配置形式有助于管理员迅速生成和发布模板，使所有项目组合的数据集合得以标准化并使之简化。

（4）客观地设置业务战略的优先级。

利用经过验证的技术为即将来临的规划期制定组织的业务战略，并设置业务战略的优先级。

（5）有效地设置竞争性投资的优先级并进行评估。

利用最佳实践技术自动获得优先级评分（如战略值、财务值和风险）并开发出投资分析图，从而有效地从多个角度评估竞争性投资。

（6）优化预算并使所选投资符合业务战略。

运行优化假设分析方案，以便确定折衷结果并依据不同的预算和业务约束选择最符合您所在组织的业务战略的最佳项目组合。

（7）接近有效边界。

利用高级项目组合分析技术（例如观点分析）识别并打破阻止项目组合接近有效边界的限制。

（8）衡量和跟踪项目组合的绩效。

监控每项投资的绩效，帮助确保实现预期收益。根据管理过程重新优化项目组合，使之一直符合组织的业务战略。

（9）无须安装部署。

组合分析作为 Project Server 2010 中的一个功能模块，为企业高层领导服务，专注于项目的组合分析与选择。部署完 Project Server 2010 就可以使用组合分析模块。

（10）与整个项目生命周期紧密结合在一起。

在 Project Portfolio Server 2007 版本中实现项目的分析与选择，在 Project Server 2007 中实现需求的收集与项目的计划与监控，需要两套系统的支持。然而利用 Project Server 2010 系统就可以实现需求的收集、需求的分析、需求的选择、计划、执行与收尾全生命周期的管理，用户无须在两套系统间切换，实现管理的统一与高效。

案例篇

为了更加直观地说明 Project 2010 在企业项目管理中的应用情况，本书特意安排了两个案例分析。第一个案例以 Project 2010 与应用系统整合为背景，第二个案例以 Project 2010 应用于公司范围内全员使用实现项目管理为背景。

Project 2010 产品包含标准版（Project Standard 2010）、专业版（Project Professional 2010）与服务器版（Project Server 2010）。标准版适用于项目经理在单计算机上管理单个项目，专业版与服务器版的协作适合企业管理多项目。Project 2010 推荐的使用方法是专业版与服务器版的协作，随着企业项目管理水平的提高，业务系统的多元化，企业迫切需要将各自独立的业务系统统一协作。

Project 2010 可以广泛适用于不同行业、不同类型的项目管理活动中，不仅为项目计划阶段提供协助，而且还是项目实施阶段监控、计划调整的重要工具。对于项目管理人员来说，如果采用手工方式管理、监控项目，项目管理的效率会很低，并会增加项目失败的风险。因此在项目工作中，通常采用 Project 2010 工具协助进行项目管理工作，提高项目管理的效率，降低项目管理成本。

通过上述章节的介绍，读者已经对 Project 2010 的功能非常熟悉了，但是在实际项目中该如何运用这些功能，如何利用 Project 2010 与其他业务系统协同进行项目管理呢？在本章中，将通过案例详细介绍 Project 2010 如何实现高效项目管理！

19.1　案例介绍

本章介绍的是关于某公司实施项目管理平台建设方面的案例，该公司希望通过信息化项目管理提高公司内部 IT 项目的管理效率，减少各业务系统分别独立造成的信息孤岛，该项目的具体情况如下。

中国海岸公司（以下简称"海岸公司"）主要承担国家"十五"科技攻关项目的系统集成、网络平台建设、应用项目开发和系统运行维护，为全国 500 多万家企业提供全程电子政务服务。

海岸公司现有员工共 1500 人。自 2005 年开始，海岸公司陆续部署了 CQ 工具用于软件缺陷及变更管理，部署了 CC 工具用于配置管理，部署了微软的 Project Server 2007 用于项目进度计划管理、报工管理，部署了 TFS 用于代码管理。随着公司业务的不断发展，公司高层和中层管理层发现需要花费大量的时间用于各个系统的培训与日常使用上；员工的日常工作经常需要登录多个系统，工具的实用性不是很强，且各系统需要手工输入相关数据，造成工作效率低下，各系统数据不统一，严重的时候导致信息错误，影响工作开展。为了进一步提高管理水平、优化管理手段、满足业务发展需要，急需在现有的项目管理工具的基础上，建立入口统一、管理先进、操作可靠、性能稳定的项目管理平台系统，供各部门和各项目组对项目进行统一管理，于是海岸公司决定由信息部牵头组成公司项目管理信息化小组，全面负责公司项目管理平台建设。

项目管理信息化小组通过对公司业务现状分析，专家咨询后，决定采用 Project Server 2010 为核心建设公司项目管理平台。根据公司高层会议决议，限定项目实施周期为 2010 年 7 月 1 日－2010 年 12 月 1 日，考虑到项目时间较紧迫，自项目启动后，项目管理信息化小组制定出该公司项目管理平台实施步骤：（1）部署 Project Server 2010，（2）定制 Project Server 2010 并建设项目管理门户，（3）整合平台与其他 IT 业务系统。

19.2　案例分析

项目合同签订完毕，确定项目的项目经理，进入项目管理平台实施阶段。项目经理首先制定项目管理计划，考虑到项目工期紧张，决定采用快速跟进的方法实施。进行需求调研的同时部署工程师实施 Project Server 2010 安装部署工作，如图 19.1 所示。

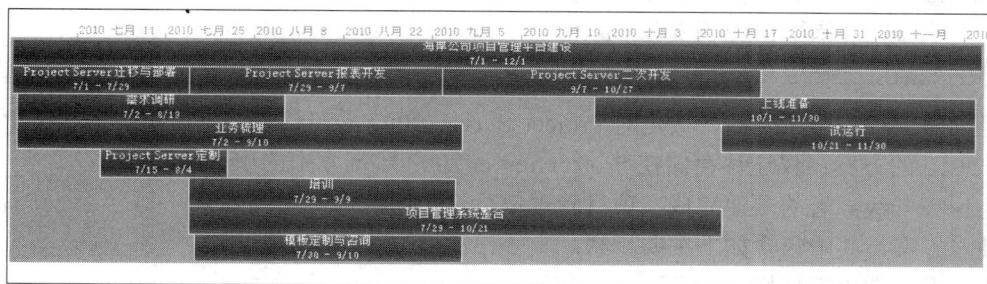

图 19.1　项目管理平台建设日程时间表

19.2.1　实施基本情况

海岸公司所有员工均采用 Windows 域用户方式登录办公计算机，海岸公司电子邮件系统采用微软 Exchange Server 2007。

海岸公司项目过程管理中涉及的 IT 业务系统如下。

- ClearQuest（简称 CQ）：对软件缺陷或功能特性等任务记录提供跟踪管理。
- ClearCase（简称 CC）：配置管理工具，主要对项目过程资产（管理文档、技术文档、代码）进行版本管理。
- Project Server 2007：项目进度管理、资源管理、报工管理、风险/问题管理。
- RequisitePro：需求管理平台，主要是记录、跟踪测试中发现在问题。
- TFS：代码管理平台。

19.2.2 实施过程与方式

1. 部署 Project Server 2010

海岸公司已部署了 Project Server 2007，但部署内容较为简单，仅将 Project Server 2007 系统按照微软提供的标准安装流程安装部署，未对公司项目管理业务进行梳理并导入 Project Server 2007 系统中。尽管管理层对 Project Server 2007 平台高度认可，但员工对 Project Server 2007 平台理解不够、操作不熟练，普遍存在抵触情绪。

为打破现有禁锢，项目管理信息化小组与管理层一致认为，以微软最新一代项目管理产品 Project Server 2010 部署为契机，将 Project 平台真正应用于海岸公司项目管理业务中。

部署工程师对现有 Project Server 2007 环境进行评估，结论如表 19.1 所示。

表 19.1　　　　　　　　　　　对现有环境的评估

安装环境	操作系统	Windows Server 2003 R2（64 位）
	数据库	SQL Server 2005（64 位）
	应用层	Microsoft Office SharePoint Server 2007（64 位） Microsoft Office Project Server 2007（64 位）
应用环境	网站工作环境未定制使用； 未进行额外的权限控制定义； 自定义域较少（仅有 3 个）； 未进行工作流开发； 未进行 WebPart 开发	

经部署工程师分析判断，决定对 Project Server 2007 采用核心数据库附加升级至 Project Server 2010 的方案：仅迁移存储在 Project Server 2007 数据库中的项目数据。

为保障升级部署的顺便完成，项目管理信息化小组与部署工程师共同制定了一个详细的升级技术方案，其中包含如下主要步骤。

（1）准备软硬件环境。

为保障新系统的高效运行，硬件配置如下：

● Intel 至强 双核 3.0 CPU；

● 8GB 内存；

● 3*142 硬盘，RAID5。

为提高新系统的运行效率，软件环境如下。

● 操作系统：Windows Server 2008 R2。

● 数据库：SQL Server 2008 R2。

（2）验证 Project Server 2007 数据。

将所有项目、资源、日历全部签入。验证 Office Project Server 2007 是否使用了 Project 2010 新增的保留字段作为命名，比如，列表名称"项目详细信息页面"，网站名称"商业智能中心"，项目属性名称"项目部门"、"资源部门"等。

（3）在 SQL Server 2005 中备份数据库。

在数据库服务器上，单击"开始"，指向"所有程序"，再指向"Microsoft SQL Server 2005"；

然后单击"SQL Server Management Studio"。

在"连接到服务器"框中，填写连接信息，然后单击"连接"。连接到 SQL Server 2005 数据库引擎的相应实例后，在对象资源管理器中通过展开服务器名称来展开服务器树。

展开"数据库"，右键单击要备份的数据库，选中"任务"命令，然后单击"备份"按钮。此时将出现"备份数据库"对话框。

在"源"区域的"数据库"框中验证数据库名称。

在"备份类型"框中，选择"完全"选项。

在"备份组件"下，选择"数据库"。

在"备份集"区域内的"名称"文本框中，接受建议的默认备份集名称，或者为备份集键入其他名称。

在"目标"区域中，通过选择"磁盘"或"磁带"来指定备份目标的类型，然后指定目标。若要创建其他目标，请单击"添加"按钮。

单击"确定"按钮开始备份过程。

（4）在 SQL Server 2008 R2 中还原数据库的备份副本。

在连接到 SQL Server 2008 数据库引擎的相应实例后，在对象资源管理器中展开服务器名称。

右键单击"数据库"，然后单击"还原数据库"。此时将出现"还原数据库"对话框。

在"还原数据库"对话框中的"常规"页上，在"目标数据库"列表中键入要还原的数据库的名称。

在"目标时间点"框中，保留默认的"（最近状态）"。若要指定要还原的备份集的源和位置，请单击"源设备"，然后单击"浏览"以选择备份文件。

在"指定备份"对话框中的"备份媒体"框中，确保选择了"文件"。

在"备份位置"区域中，单击"添加"按钮。

在"定位备份文件"对话框中，选择要还原的文件，单击"确定"按钮，然后在"指定备份"对话框中单击"确定"按钮。

在"还原数据库"对话框中的"选择用于还原的备份集"网格下，选中最近完整备份旁边的"还原"复选框。

在"还原数据库"对话框中选项页上的还原选项下，选中"覆盖现有数据库"复选框，单击"确定"按钮开始恢复过程。

重复上面的过程以还原所需的其他数据库。

（5）部署 Project Server 2010。

安装 SharePoint Server 2010 和 Project Server 2010。

在 SharePoint 管理中心网站上的"应用程序管理"部分，单击"管理服务应用程序"。

在"管理服务应用程序"页上，单击"Project Server Service 应用程序"。

在工具栏上，单击"管理"按钮。

在"管理 Project Web Access 网站"页上，单击"创建 Project Web Access 网站"。

在"创建 Project Web Access 网站"页上：

○　在"Project Web Access 网站位置"和"管理员账户"字段中，保留默认值；

○　在"主数据库"字段中，键入已还原 Office Project Server 2007 数据库所在的数据库服务器的名称；

　　● 验证 Project Server 数据库的名称是否与将使用的已还原 Office Project Server 2007 数据库的名称匹配，如果不匹配，则更改这些名称，使其相匹配；

　　● 单击"确定"按钮。

（6）进行安装后配置。

　　在创建 Project Web App 实例将 Office Project Server 2007 数据库升级到 Project Server 2010 之后，可以执行其他安装后步骤，以使部署更好地运行。例如，一些额外的安装后配置步骤包括：

　　● 配置 Project Server 2010 报告；

　　● 优化数据库；

　　● 配置 SharePoint 中的 Excel Services；

　　● 配置单一登录；

　　● 配置多维数据集生成服务；

　　● 配置时间报告阶段。

（7）验证迁移与测试。

　　打开 Project Web App 并检查数据是否已正确迁移。在此服务器上运行常规测试。按照以上 7 个步骤完成 Project Server 升级工作。

2．定制 Project Server 与项目管理门户建设

（1）定制 Project Server 2010。

Project Server 2010 部署完成后，仅仅是一个标准的项目管理平台，需要根据海岸公司项目管理业务现状进行定制。

海岸公司主要的定制集中在：

　　● 项目模板；

　　● 企业自定义域；

　　● 视图与报表；

　　● 用户全局权限与类别权限；

　　● Project Server 2010 与 Outlook 同步任务与任务日历信息。

（2）项目管理门户建设。

　　● 网站页面定制，修改了 Project Server 关联的 CSS。

　　● 网站的页面开发，通过开发 WebPart 方式实现。

　　● 涉及更新 Project 项目计划、日历、资源等通过 PSI 开发。

　　● 工作流审批通过 SharePoint 工作流方式开发。

　　● 事件审批功能通过 EventHandler 开发。

　　● 数据分析与展示使用了 SQL Reporting Service 工具开发。

3．各业务系统整合

　　通过一段时间的梳理，信息化组根据各业务系统用户的意见整理完成整合信息单，并组织各部门确定业务系统整合架构图，数据流及流程图，经海岸公司高层审批通过后，进行实

施和开发。

19.2.3 实现功能与效果

系统的主要功能包括以下几项。

（1）待办事项。

实现当前用户查看待办事项并操作。代办事项分别从相关系中提取并进行实时同步，如图 19.2 所示。

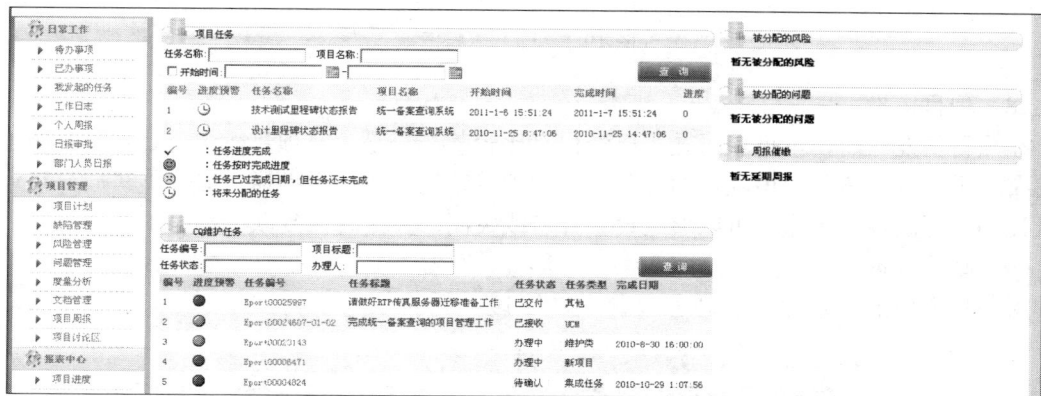

图 19.2 日常工作

（2）已办事项。

主要实现当前用户查看已办事项并操作。已办事项分别从相关系统中提取并进行同步，如图 19.2 所示。

（3）我发起的任务。

查看当前用户发起的任务，查询发起的任务。发起的任务包括 Project 中项目经理发起的任务，CQ 系统中下达的任务，相互之间进行同步并统一响应，如图 19.2 所示。

（4）工作日志。

查看当前用户发起的项目日报、CQ 日报、部门日报，还可以新建日报，查看被拒绝的日报。工作日志通过项目管理门户网站进行填写，并提交经审批人审批后，同步至相关系统中，如图 19.3 所示。

（5）个人周报。

查看当前用户的个人周报，新建周报和编辑周报。个人周报通过对工作日志、各业务系统的任务信息回执情况，自动生成，如图 19.3 所示。

（6）日报审批。

查看日报并审批日报。通过时间表管理并汇报每一天工作的进度和所对应工作花费的工时，并经审批人审批通过后，同步至相关业务系统中。

（7）项目计划。

对项目计划进行发布、更新、修改。通过 Project Professional 2010 对项目计划进行发布、更新、修改等动作，并将关联系统同步至各相关业务系统中。

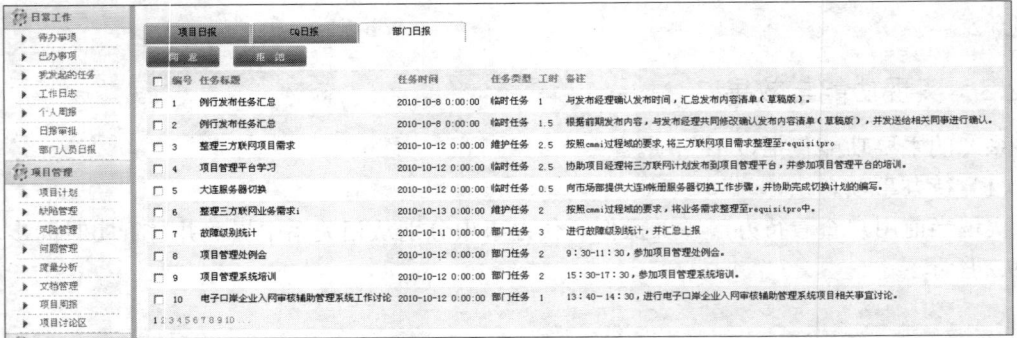

图 19.3   日志与周报

（8）项目审批。

在项目新发布时，审批项目是否已经保存比较基准、是否在项目库中已登记。每个项目新发布或更新时，需要由该项目的部门经理和项目管理处领导审批通过后才能访问，以保证项目计划的正确性。工作流可以通过设置开启或关闭，关闭时恢复默认功能。

（9）缺陷管理。

对项目中出的 Bug 进行管理和查看，如图 19.4 所示。

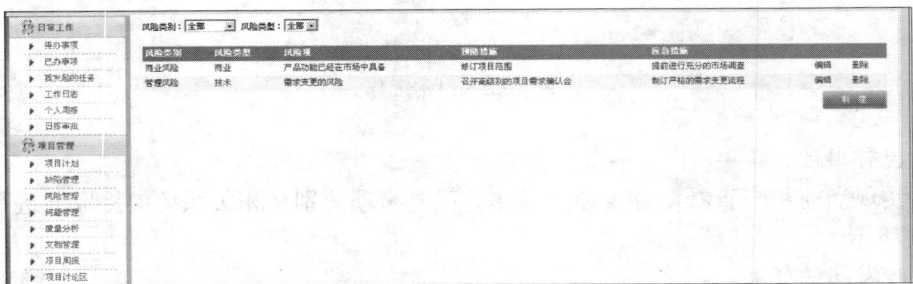

图 19.4   风险和缺陷列表

（10）风险管理。

实现风险知识库管理、风险识别、评估、跟踪及风险管理报告等功能，如图 19.5 所示。

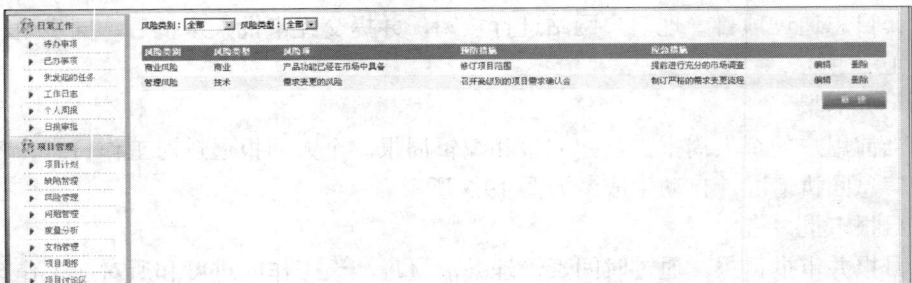

图 19.5   风险和缺陷列表

（11）问题管理。

查看最新问题，管理项目问题，如图 19.6 所示。

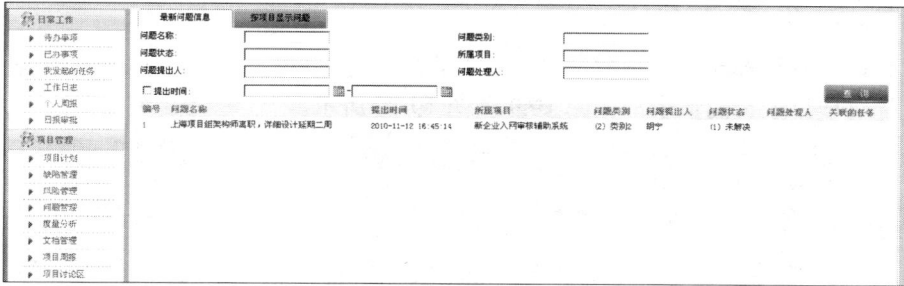

图 19.6 问题库

（12）文档管理。

查看最新文档，管理项目文档，如图 19.7 所示。

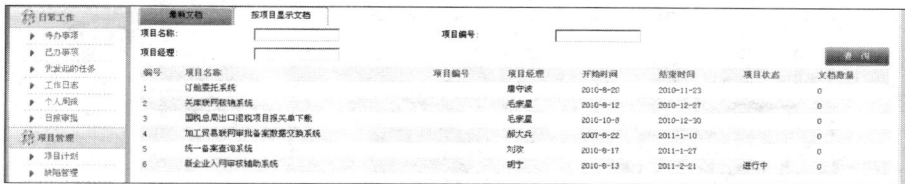

图 19.7 文档库

（13）项目周报。

查看项目周报，编辑项目周报，新建项目周报，对项目进行周计划的管理，如图 19.8 所示。

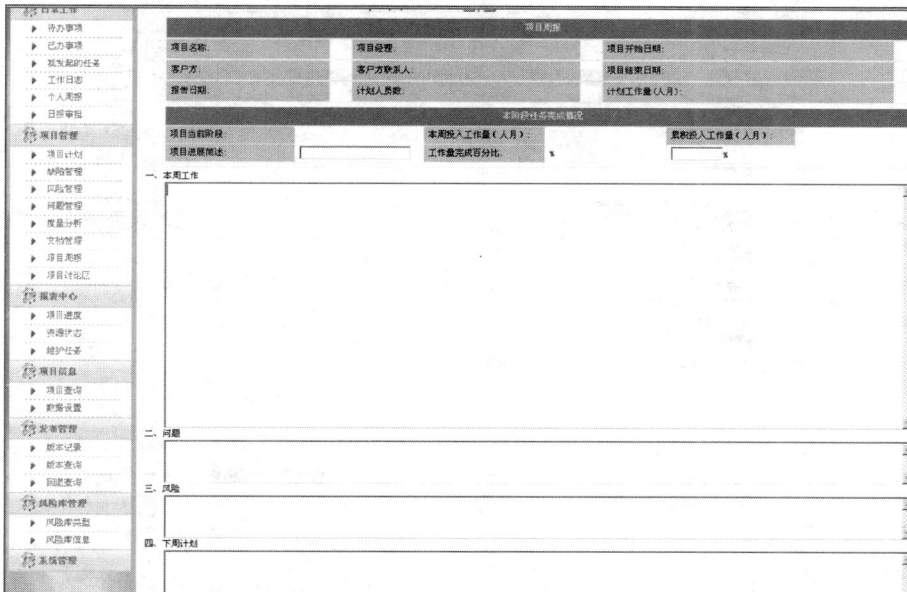

图 19.8 项目周报

（14）项目讨论区。

查看项目讨论，发布管理项目讨论，实现小型的 BBS 功能。

（15）项目查询。

项目查询带权限控制，对项目关键信息的查看，包括针对管理层的报表，针对项目经理的报表，针对项目成员的报表，如图 19.9 和图 19.10 所示。

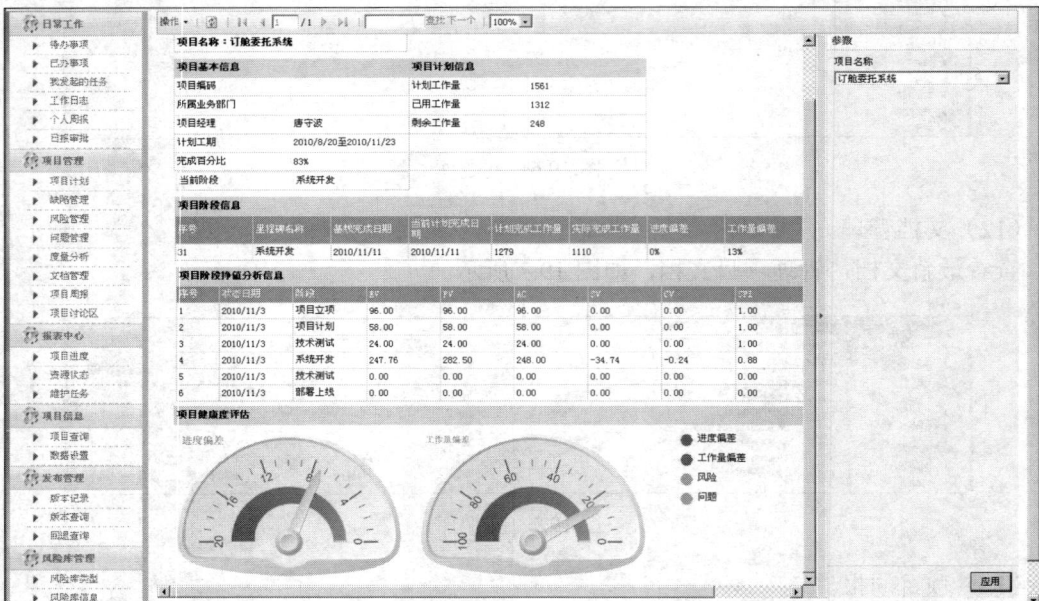

图 19.9　项目基本信息

图 19.10　项目资源关系

（16）数据设置。

设置项目的项目基本信息，如图 19.11 所示。

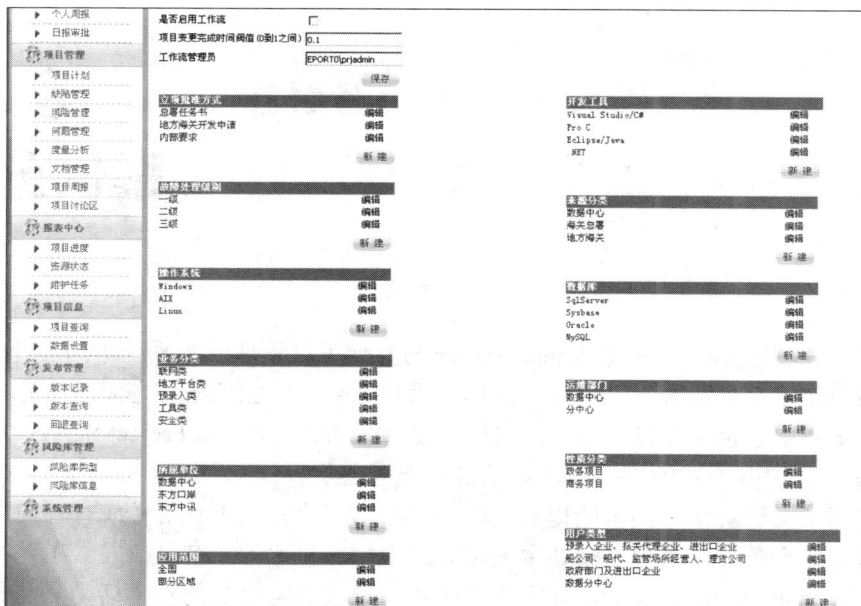

图 19.11　数据设置

（17）风险库类型。

设置项目的风险类型，并可以收集各个项目、任务关联的风险并进行分类，如图 19.12 所示。

（18）风险库信息。

设置项目的风险库的信息，从各业务系统、各项目之间统一展示，如图 19.12 所示。

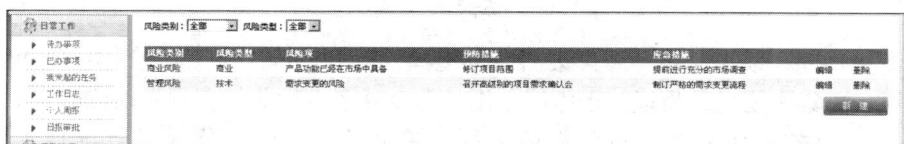

图 19.12　风险库

20

第 20 章
案例分析二

上一章中介绍的案例是围绕 Project Server 与其他项目管理业务系统协同展开的，并通过项目管理门户实现单点登录，进行统一操作，用户无须关注业务系统之间的差异。本章介绍 Project Server 应用于企业项目管理中的案例，在企业项目管理中，Project Server 2010 的使用方式主要是基于 Web 方式的协同，针对项目管理型企业。

随着中国项目管理水平的不断提高，项目管理思想从 IT、工程等传统行业向各行业飞速渗透，随着市场竞争的激烈化，企业中的项目越来越多，比如新产品研发、工艺改进等，项目也越来越成为企业战略目标的载体，它是企业实现其战略目标的基本活动，是推动企业发展的直接动力。

企业项目管理的主导思想就是把活动当作项目运作以实行项目管理，即"按项目进行管理"，企业项目管理就是站在企业高层管理者的角度对企业中各种各样的任务实行项目管理，是一种以"项目"为中心的长期性组织管理方式，其核心是基于项目管理的组织管理体系。

20.1　案例介绍

中国海集集团（以下简称"海集集团"）于改革开放初期创立，随后在国内上市。经过 30 多年的发展，海集集团已成为根植于中国本土、在全球多个行业具有领先地位的企业。

集团公司总部与各分公司每年需要运行大量的项目，海集集团设置项目管理办公室（PMO）对所有项目统一管控，随着海集集团业务飞速发展，PMO 成员需花费大量的日常工作时间于指导、跟踪项目进展情况，但仍然存在项目管理混乱，进度更新不透明，任务报告不及时等问题，严重时造成项目取消。

同时由于公司 IT 架构规划较早，公司总部采用 Windows AD 域登录，部分子公司通过租用专线接入集团内网连接至 AD 域登录，余下子公司未直接接入公司内网，导致 PMO 无法借助 IT 手段对子公司的项目资源进行有效的管理。

20.2　案例分析

项目管理工具不同于其他 Office 产品，它是一套企业级的管理工具，是否能够成功实施在很大程度上取决于项目管理专家顾问提供的咨询服务。咨询服务提供的内容是根据用户的现状与需求，提出有针对性的量身定做的解决方案。

20.2.1　用户需求

经过对上一节中用户面临挑战的分析，顾问将该用户的需求理解为五大部分：

- 项目计划模板的规范；
- 项目执行情况的展现与监控；
- 项目资源的有效管理；
- 项目管理平台的易用性；
- 有效权限控制。

基于以上 5 点需求，顾问还需要进行进一步的细化需求。经顾问与用户进一步的沟通，顾问认为用户的需求可以细化如下。

1．项目计划模板的规范

- 按照不同的项目管理类型总结项目计划模板。
- 模板中具有统一的阶段划分。
- 模板中的任务分解合理并具有通用性。
- 模板中任务的资源是角色或岗位名称。

2．项目执行情况的监控与展现

- 本期需求只关注项目的工期（进度）情况，项目成本暂时不纳入需求范围。
- 希望得到项目信息包括：项目名称、项目经理、最新工期、基准工期、开始时间、完成时间、完成百分比、项目阶段、投资规模、实施地点、项目管理、项目级别类型等内容。
- 希望可以按照项目实施地点、项目管理类型、投资规模、项目阶段等字段对项目信息进行分组展示。
- 项目进度可以及时报告与审批。
- 项目情况可以动态展现给项目经理、管理者、公司高层。

3．项目资源的有效管理

- 需要建立统一的资源库。
- 项目人力资源都可以登录 Project 平台，内网用户通过 Windows AD 验证实现单点登录。
- 资源能够按照组织机构分类。
- 资源能够按照技能进行分类。
- 能够看到每个资源在不同项目当中的分配情况。
- 能够得到资源在不同项目中的工时投入情况。

4．项目管理平台的易用性

- 项目管理平台面向公司不同的组织层面，其操作方式也不同。
- 项目管理平台角色分工明确。
- 使用 IE 浏览器也可建立项目计划。

⚪ 满足项目经理和部门经理同时管理项目成员。

⚪ 部门经理临时安排的工作可以体现在项目管理平台。

5．有效的权限控制

⚪ 对公司所有的项目经理统一设置权限。

⚪ 资源可以被设置为适当的权限。

⚪ 组织中资源的权限可以得到适当的继承。

⚪ 未经 PMO 的批准，项目无法被发布。

⚪ 只有 PMO 有保存项目基准的权限。

用户对上述需求确认后，顾问针对用户需求结合实践经验给出了相应的解决方案。

20.2.2　解决方案

顾问对上一节中用户的需求经过细化后得出如下方案。

⚪ 在海集集团总部部署 3 套 Project Server 2010，并按照服务器场模式部署。

⚪ 采用 Windows AD 域认证（内网）和表单认证（外网）混合认证方式，满足内网、外网访问需求。

⚪ 分布在 10 多个城市的分公司部署 60 套 Project Professional 2010，供 60 个项目经理使用。

⚪ 总部领导、各分公司的领导、项目管理办公室通过"IE 浏览器"访问 Project Server 查看项目执行情况等信息。

⚪ 项目的参与人员通过"IE 浏览器"访问 PWA 进行进度报告，时间表报告，任务增加等工作。

环境部署完毕后，使用之前必须进行定制工作（系统部署后默认设置，需根据实际情况定制系统以满足具体管理要求），具体的定制、开发内容如下。

1．定制项目计划模板

海集集团的项目管理类型分为工具软件类，新产品研发类，优化类，推广类以及网络建设类。顾问建议应该根据以上五类不同的项目管理类型编制不同的项目计划模板。

2．定制项目属性

仔细分析用户的需求，发现用户要求的项目信息中有以下内容是 Project 产品本身默认不具备的："项目级别"、"项目管理类型"、"投资规模"。所以以上 3 项项目属性需要手工进行定制。

3．定制资源库

用户对资源信息的要求中，"资源技能"与"组织结构"也是 Project 产品默认不提供的，所以需要手工定制。

4．定制视图

Project 默认提供的视图无法满足用户提出的根据不同项目属性分组展示的要求，因此项目视图需要手工定制。

5．定制权限

根据组织中资源及其位置，分别定制全局权限和类别权限。

6．开发报表

总部领导、各分公司领导直观查看项目图表。

20.3　案例实施

以上 6 项定制方案确定后，可以开始在 Project 环境中开始定制工作了。本节中很多定制过程的详细步骤可以参考前面章节中的相关内容。

20.3.1　定制项目计划模板

在定制项目计划模板过程中，项目管理顾问将召集该机构中资深的项目经理进行了为期两周的详细讨论，在讨论中主要围绕如下几点进行：

- 模板的任务分解必须有明确的层次级别；
- 模板的任务划分的阶段必须清晰、统一、符合项目管理生命周期规范；
- 模板的每个阶段必须有里程碑标志阶段结束；
- 模板的包含的任务应尽量全面；
- 每一种类型的模板特点突出。

经顾问与 PMO、资深项目经理的共同努力，得出以下几个模板。

（1）工具软件类项目计划模板，如图 20.1 所示。

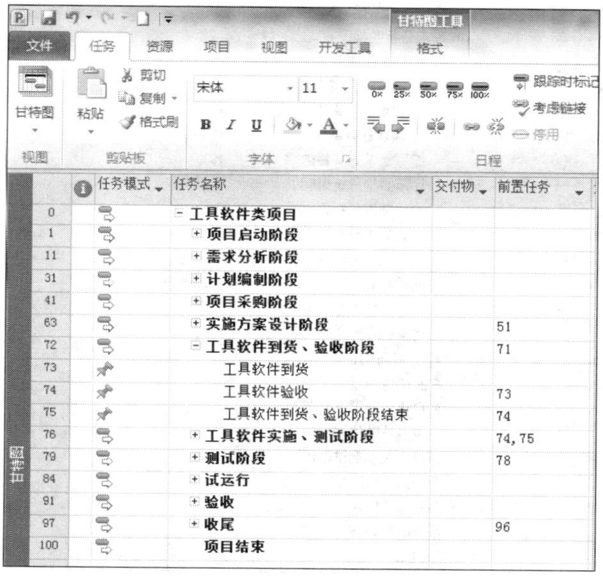

图 20.1　工具软件类项目计划模板

在如图 20.1 所示的工具软件类项目计划模板中，与其他类型项目不同的地方是需要注意"工具软件到货、验收阶段"等工作的细化。

（2）新产品研发类项目计划模板，如图 20.2 所示。

	任务模式	任务名称	前置任务
0		□ 新产品研发类项目	
1		□ 项目启动阶段	
2		下达项目任务书	
3		成立项目组	2
4		落实需求阶段的场地和设备	3
5		编制项目里程碑计划	4
6		制定项目组内部管理办法	5
7		阶段检查	6
8		项目启动阶段结束	7
9		⊞ 需求分析阶段	1
21		⊞ 计划编制阶段	
30		⊞ 项目采购阶段	
38		⊞ 产品试用阶段	30
45		⊞ 客户化功能需求整理	9, 21
51		⊞ 系统设计阶段	45
58		⊞ 系统开发和测试阶段	45SS+50%
62		⊞ 系统试运行阶段	
68		⊞ 系统验收阶段	
74		⊞ 系统收尾阶段	
78		项目结束	

图 20.2　新产品研发类项目计划模板

在如图 20.2 所示的新产品研发类项目计划模板中，与其他类型项目不同的地方是需要注意"项目启动阶段"等任务的细化。

（3）优化类项目计划模板，如图 20.3 所示。

	任务模式	任务名称	前置任务
0		□ 优化类项目	
1		⊞ 项目启动阶段	
9		□ 需求分析阶段	
10		□ 获取业务需求	
11		编写业务需求	
12		评审业务需求	11
13		确认业务需求	12
14		编写需求分析报告	12SS
15		评审需求分析说明书	
16		修改需求分析说明书	
17		确认需求分析说明书	16
18		录入配置管理系统	
19		阶段检查	18SS+5 天
20		需求分析阶段结束	
21		⊞ 计划编制阶段	
30		⊞ 项目采购阶段	
38		⊞ 产品试用阶段	
45		⊞ 客户化功能需求整理	
51		⊞ 系统设计阶段	
58		⊞ 系统开发和测试阶段	
62		⊞ 系统试运行阶段	
68		⊞ 系统验收阶段	
74		⊞ 系统收尾阶段	
78		项目结束	

图 20.3　优化类项目计划模板

在如图 20.3 所示的优化类项目计划模板中，与其他类型项目不同的地方是需要注意"需求分析阶段"等任务的细化。

（4）推广类项目计划模板，如图 20.4 所示。

	①	任务模式	任务名称	前置任务
0			☐ 推广类项目	
1			☐ 推广启动阶段	
13			☐ 推广计划编制阶段	
14			编写项目详细计划	
15			编制预算	
16			绘制场地和设备的要求	
17			制定采购计划	
18			制定质量保证计划	
19			制定风险控制计划	
20			制定用户培训计划	
21			评审计划	14, 15, 16, 17, 18, 19, 20
22			☐ 推广采购阶段	
35			☐ 推广执行阶段	22
47			☐ 系统验证阶段	35
55			☐ 系统验收阶段	47
66			项目结束	

图 20.4 推广类项目计划模板

在如图 20.4 所示的推广类项目计划模板中，与其他类型项目不同的地方是需要注意"推广执行阶段"与相关分支机构的配合方面，以及需要进一步细化在试点单位的推广任务，包括需要格外重视"系统验证阶段"等任务的细化。

（5）网络建设类项目计划模板，如图 20.5 所示。

	①	任务模式	任务名称	前置任务
0			☐ 基础设施_网路建设类项目	
1			☐ 项目驱动阶段	
13			☐ 需求分析阶段	
14			☐ 获取需求	
15			编写需求	
16			评审需求	15
17			确认需求	16
18			编写需求分析报告	
19			评审需求分析说明书	18
20			修改需求分析说明书	19
21			确认需求分析说明书	20
22			需求分析阶段结束	21
23			☐ 计划编制阶段	
36			☐ 项目采购阶段	23
51			☐ 方案实施阶段	36
61			☐ 设备到货与验收阶段	51
71			☐ 网络环境部署与测试阶段	
75			☐ 项目验收阶段	
78			项目结束	

图 20.5 网络建设类项目计划模板

在如图 20.5 所示的网络建设类项目计划模板中，与其他类型项目不同的地方是需要注意"需求分析阶段"等部分的细化。

（6）登录方式。

根据海集团 IT 架构，公司成员根据自己所处的网络环境选择登录方式，内网用户采用"Windows AD 验证"方式登录，未接入集团内网的用户采用"表单验证"方式登录。

采用 Project Professional 2010 或 PWA 方式登录，出现认证方式选择下拉列表，如图 20.6 所示。

图 20.6　选择认证方式

（7）保存和使用模板。

以上 5 种模板利用 Project Professional 2010 编制完成后，需要保存到企业模板库中。具体的保存方法是：PMO 成员通过 Project Professional 2010 登录 Project Server，登录后依次打开这 5 个模板文件，选择【文件】/【另存为】，出现如图 20.7 所示的"保存到 Project Server"对话框。

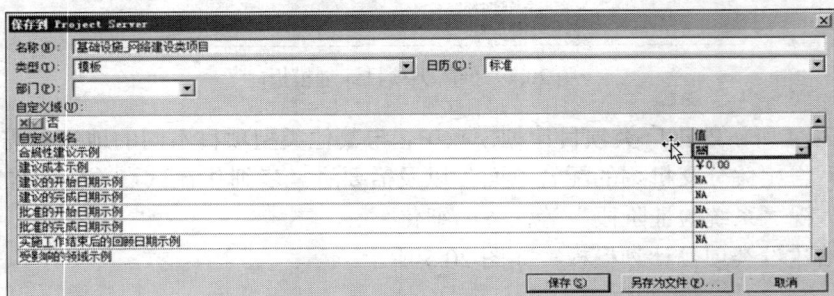

图 20.7　保存模板对话框

在图 20.7 中的"类型"下拉框中选择"模板"，在"名称"输入框中输入模板名称，然后单击"保存"按钮，Project 会将该文件以模板的形式保存至 Project Server。

其他项目经理再次利用 Project Professional 2010 登录 Project Server 时，选择【文件】/【新建】/【计算机上的模板】，出现如图 20.8 所示的"模板"对话框。

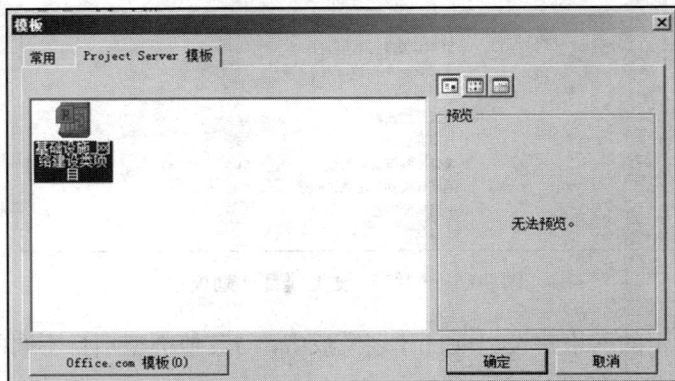

图 20.8　使用编制好的模板

在"模板"对话框中，利用编制好的项目计划模板，打开该模板并另存为具体的项目文件之后，项目经理可以利用该模板快速的编制出规范、统一的项目计划文件。

20.3.2　定制项目属性

1．明确属性要素

此案例中需要定制的项目属性有"项目级别"、"项目管理类型"、"投资规模" 3 项，在定制之前应该再次明确各个属性具体的要素。

（1）项目级别：
- 集团级；
- 公司级；
- 部门级。

（2）项目管理类型：
- 工具软件类；
- 新产品研发类；
- 优化类；
- 推广类；
- 网络建设类。

（3）投资规模：
- 特大项目；
- 重大项目；
- 一般项目；
- 小型项目。

2．属性定制

定制项目属性的具体方法可以参考本书之前的章节。

3．验证定制结果

定制完成之后，打开（登录 Project Server 的方式）Project Professional 2010 之后，选择【项目】/【项目信息】，将出现如图 20.9 所示的对话框。

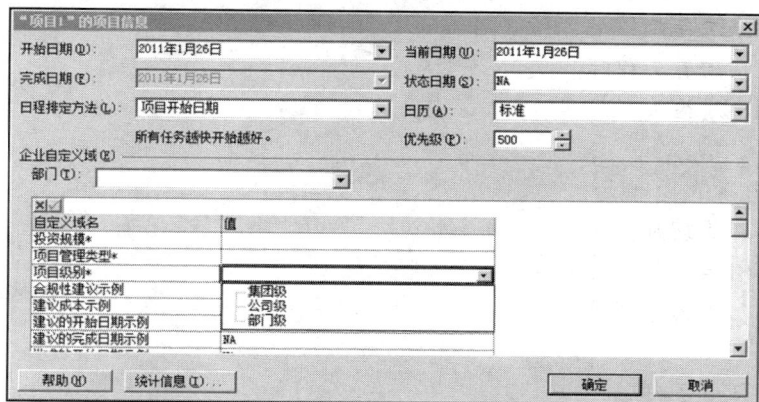

图 20.9　项目信息对话框

在"企业自定义域"区域中，显示了已经定制完毕的项目的属性，单击每一个属性域名右侧的"值"，可以显示出相应的以下拉列表出现的值。通过这些属性为项目的属性进行赋值。

20.3.3　定制资源库

1．明确属性要素

此案例中的资源属性有两项："组织结构"与"资源技能"，在定制之前应该明确这两项具体的要素。下面给出两个示例。

（1）组织结构：

- 集团公司
  - 研发科技部
  - 广州分公司
  - 上海分公司
  - 北京分公司
  - 信息科技部
    - 信息中心
    - 开发中心
      - 项目管理办公室
      - 技术办公室
    - 运维中心
  - ……

（2）资源技能：

- 技术工程师
  - 高级工程师
    - 开发工程师
    - 制造工程师
    - ……
  - 中级工程师
    - 配置工程师
    - 质检工程师
    - ……
- 管理师
  - 高级管理师
    - 后勤管理师
    - 人力管理师
    - ……
  - 中级管理师
    - 分析师

> ● 库管师
>
> ● …… ……
>
> ● …… ……

2．属性定制

定制资源属性的具体方法在本书之前章节中有详细的描述，请读者参考相关章节，本章不做详细描述。

3．验证定制结果

定制完成之后，以管理员身份登录 PWA，在【服务器设置】/【安全性】/【管理用户】中单击【新建用户】，其中单击展开"RBS"将出现预定义的下拉列表，表明定制成功。

20.3.4 新建用户

Project 2010 用户登录有 3 种认证方式，分别为 Windows 域认证、Windows 本机认证、表单认证，介于篇幅，这里不对这 3 种认证方式配置与使用方法做一一介绍。

1．建立单个用户

以管理员身份登录 PWA，在【服务器设置】/【安全性】/【管理用户】中单击【新建用户】，"新建用户"页面中需要设置的内容较多。其中比较重要的设置内容有以下几项。

（1）标示信息。需要输入"显示名称"、"电子邮件地址"、"RBS"，如图 20.10 所示。

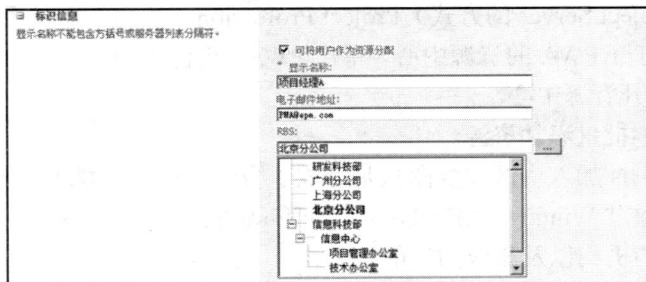

图 20.10 用户标示信息

（2）用户登录账号。需要输入用户的登录名字，由于 Project Server 2010 未提供专门的表单登录选项，取而代之用前缀标识符予以标示，输入规则详细信息如表 20.1 所示。

表 20.1 Project 2010 用户输入规则

用户认证类型	输 入 规 则	登录名成功认证条件
Windows 域认证	i:0#.w |AD 域名\登录名	Windows 域用户
Windows 本机认证	i:0#.w |本机名\登录名	本机用户
表单认证	i:0#.f|用户提供程序名|登录名	表单数据库中用户

例如，新建表单用户登录账户如图 20.11 所示。

图 20.11　新建表单用户登录账号

（3）资源技能，如图 20.12 所示。

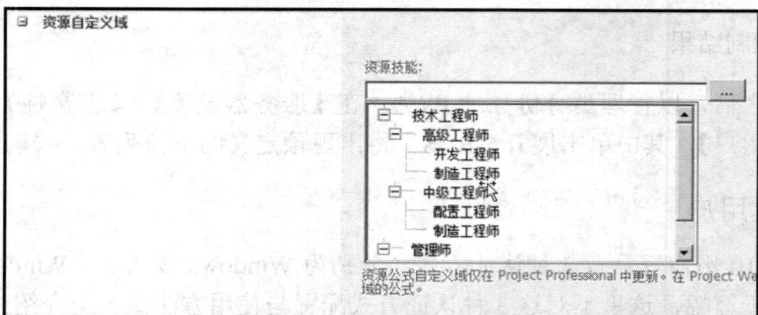

图 20.12　资源技能

设置完成后，单击"保存"按钮新建用户。

2．批量建立用户

（1）使用 Project Professional 2010 打开资源库。

打开（登录 Project Server 的方式）Project Professional 2010，选择【资源】/【资源库】/【企业资源库】，将打开 PWA 的资源中心，单击 PWA【资源】功能区中"打开"按钮，Project Professional 2010 打开资源中心。

（2）向资源库中批量添加资源。

将对应的资源属性加入资源库视图只是完成了资源库框架的搭建，但具体的资源还需要通过手工输入或者通过 Windows AD 域用户组同步等方式获得。每输入一名资源信息都需要手工设定资源所属的机构以及相应的技能。

资源添加完毕后，如图 20.13 所示。

图 20.13　输入资源后的资源库

保存并关闭资源库，资源属性定制成功，资源库建立完毕。资源属性中具备组织机构属性之后，可以方便的按照组织机构统计、分组、查询资源的情况，可以动态了解每个分公司的资源分布情况，非常有利于在分公司之间调配资源。大型机构的信息中心资源数量一般都比较庞大，资源能力的调查、技术队伍培养成为一项难题，具备资源技能属性后可以迅速定位所需技能所在的组织机构，以及目前正在从事的项目、工作等内容，可以为平衡技术力量、合理使用资源等方面提供第一手资料。

20.3.5　定制视图

1．明确定制内容

定制视图的目的是为了可以让各级领导通过浏览器清晰跟踪项目执行状况，定制的主要视图集中在 Project Server 中的"项目中心"的"跟踪"视图上。

在"跟踪"视图中各级领导希望看到的要素如下：进度预警状况（红绿灯方式）、工期预警（红绿灯方式）、项目名称、项目经理、最新工期、基准工期、开始时间、完成时间、完成百分比、项目阶段、投资规模、实施地点、项目管理类型。

默认的跟踪视图中不包含的属性有：进度预警（红绿灯方式）、工期预警（红绿灯方式）、项目级别、项目管理类型、投资规模。

2．视图定制

在定制视图之前需要保证上述 5 项属性已经存在，在本章前面小节中已经通过 PWA 定制了上述 5 项属性的后 3 项。第 1 项"进度预警（红绿灯方式）"、第 2 项"工期预警（红绿灯方式）"的定制在本章中还未涉及。该属性的定制是由 administrator 登录 PWA 在"服务器设置"中的"企业自定义域定义"完成的，具体方法和步骤可以参考之前的章节。

所需的 5 项项目属性都定制完毕后，使用 administrator 的账户通过"浏览器"登录 Project Server，访问菜单【服务器设置】/【管理视图】，在出现的视图列表中，选中"项目中心"的"摘要"视图，将上述 5 项属性依次找到并"添加"到右边"显示域"列表中，并且通过"上移"、"下移"按钮调整排列顺序，从而完成视图的定制，如图 20.14 所示。

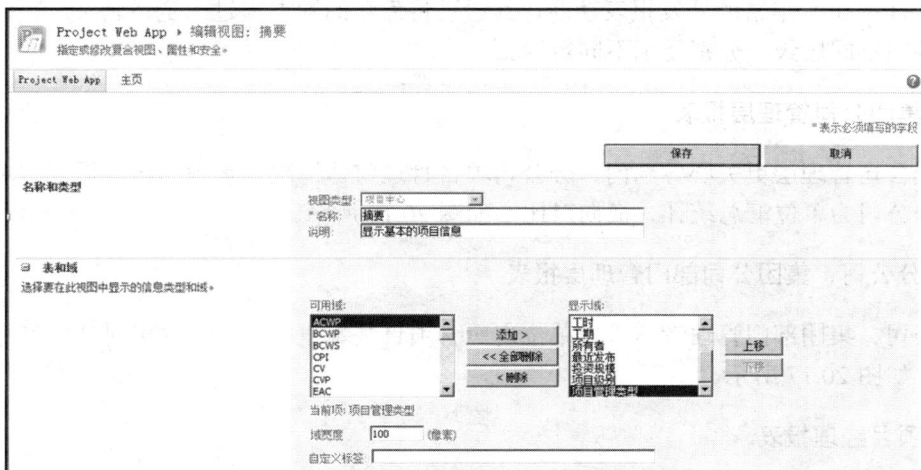

图 20.14　视图定制页面

视图定制的详细方法和步骤可以参考本书前面章节的内容。Project Server 提供的视图有数十种之多，用户可以根据实际项目管理的需要选取相关的视图进行个性化的定制。

3．视图定制验证

视图修改完毕后，在 PWA 中单击"项目中心"，通过"查看"下拉列表中选择上述定制过的视图，如图 20.15 所示。

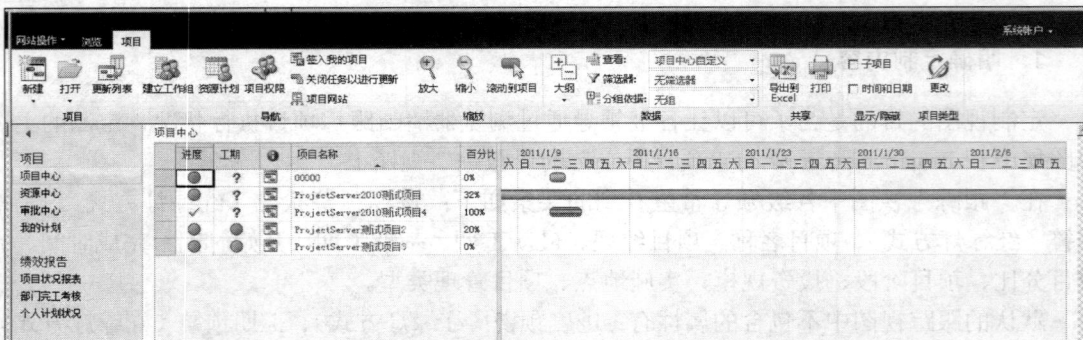

图 20.15　定制过后的项目跟踪视图

图 20.15 中的列可以通过直接左右拖曳字段来改变展现的顺序，可以通过单击工具栏上的【数据】/【分组依据】实现分类显示的目的。

采用同样的方法可以按照其他项目属性进行分组展示，还可以完成关键字筛选、搜索等操作。单击图 20.15 中"导出到 Excel"功能可以直接将视图生成 Excel 格式的报表，也可以通过"打印"功能可以直接将视图输出到打印机，在打印之前可以调整格式，挑选打印的内容。Project Server 2010 上所有的视图均提供直接打印、导出 Excel 的功能，对于用户及时输出项目信息提供了强大的支持。

20.3.6　定制报表

Project 提供了丰富的开发报表功能，其通过将后台的数据通过一定逻辑关联，针对项目管理业务的不同层级，分别展示不同数据。

1．集团公司管理层报表

集团公司管理层更关心各部门、分公司项目管理整体情况、绩效 KPI，需要将项目以部门或者分公司为单位汇总统计、横向对比，如图 20.16 所示。

2．分公司、集团公司部门管理层报表

分公司、集团部门管理者需求本单位内所有项目基本概况信息，并可对项目信息进行综合统计，如图 20.17 所示。

3．项目经理报表

项目经理时刻关心自己管理的项目，其需要统计详细的项目信息，如图 20.18 所示。

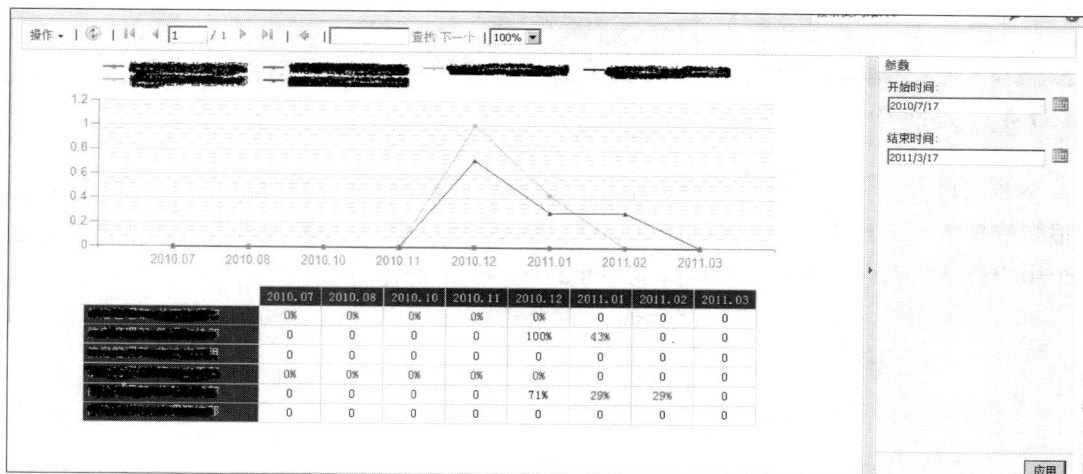

图 20.16　集团公司管理层报表

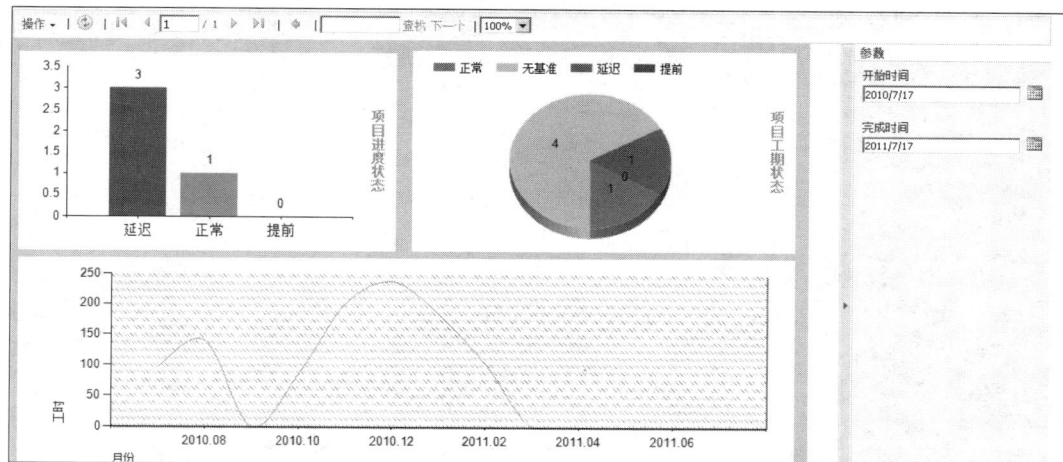

图 20.17　分公司、集团公司部门管理层报表

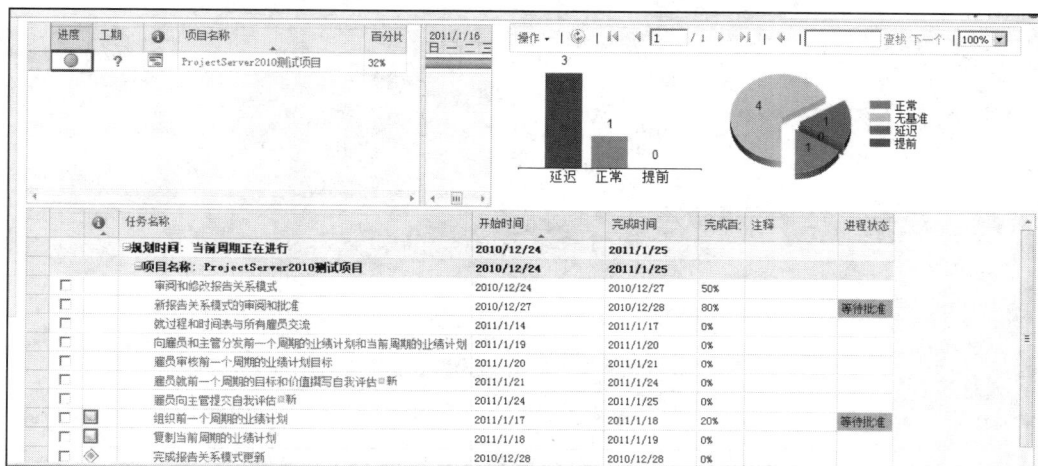

图 20.18　项目经理报表

20.4　案例小结

　　企业项目管理是近年来发展的新方向，如何更有效率的应用工具提高企业项目管理水平是很多管理者、项目管理办公室（PMO）关注的焦点，本章所描述的案例所针对的正是这样一个用户群体，对于其他的用户同样能够起到抛砖引玉的作用。

第 21 章
Project 提供的案例模板

模板（Template），指的是一种可以重复使用的文件，这种文件具有很强的共性，能够满足许多用户的多方面需求。在 Project 中模板指的是：区别于普通 Project 文件格式（.mpp）的另外一种 Project 文件格式（.mpt），这种格式的 Project 文件允许用户重复使用编制不同的项目计划。模板与普通的项目文件的区别有：

- 任务分解更加规范、全面；
- 工作量估计有参考价值；
- 资源一般是岗位名称；
- 项目进度为 0。

Project 2010 版本与 Project 2007 版本相比，模板的设置及选择更加全面和丰富，特别是网络模板的使用功能上全面加强，便于项目经理通过网络寻找适合项目特点的模板使用，充分利用其他项目经理的优秀项目经验。

本章除介绍系统自带模板的内容外，将着重介绍项目经理如何使用和自定义项目计划模板。

21.1 主要模板介绍

打开 Project Professional，选择菜单【文件】/【新建】，出现如图 21.1 所示的界面。

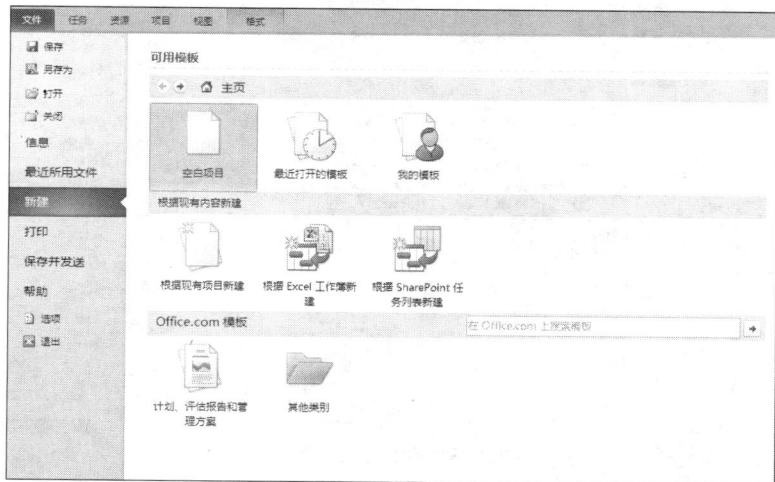

图 21.1 新建文件时的界面

在图 21.1 中，单击"我的模板"图标，出现"新建"对话框，如图 21.2 所示。

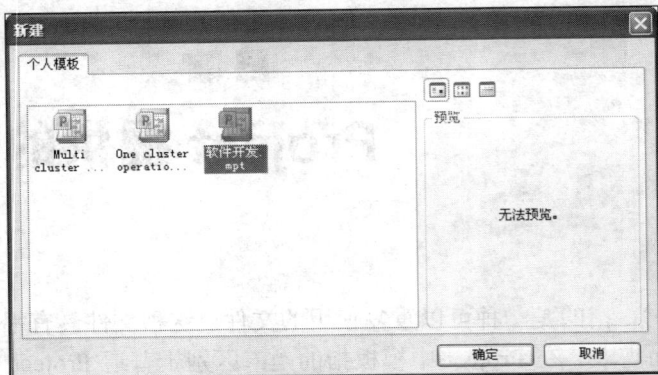

图 21.2 模板的页面出现

在图 21.2 中，显示的模板就是本机模板库中存在的模板，但第一次打开时"个人模板"中显示为空。

> **注意** 在 Project 2010 Professional 安装后默认个人模板为空，当读者从 Office.com 上下载计划模板后，再打开个人模板，可以看到下载的项目计划模板出现在"个人模板"中。

与 Project 2007 不同，Project 2010 安装后不再默认安装计划模板在本地，而是将计划模板统一放在微软网络服务器中，项目经理在寻找计划模板时通过 Office.com 网站服务器选择适合项目的项目模板，如图 21.3 所示。

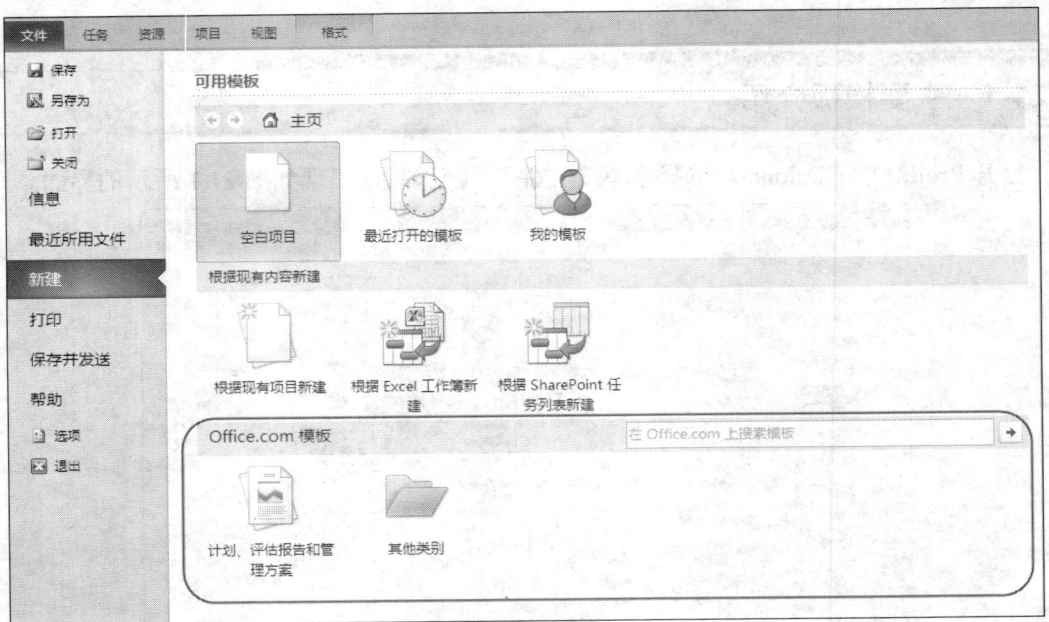

图 21.3 Office.com 模板

在图 21.3 中，单击"计划、评估报告和管理方案"图标，可以查看到各类项目计划模板，如图 21.4 所示。

图 21.4　Office.com 模板列表

下面介绍几种常用的项目计划模板。

21.1.1　"六西格玛 DMAIC 周期"模板

现在很多的大型企业都在寻求一种有效的管理方式，其中"六西格玛"已经成为一种业界追求的管理方式。我们可以把六西格玛管理定义为："获得和保持企业在经营上的成功并将其经营业绩最大化的综合管理体系和发展战略。是使企业获得快速增长的经营方式"。六西格玛管理是"寻求同时增加顾客满意和企业经济增长的经营战略途径"，是使企业获得快速增长和竞争力的经营方式。它不是单纯的技术方法的引用，而是全新的管理模式。六西格玛管理具有以下特点：

● 比以往更广泛的业绩改进视角，强调从顾客的关键要求以及企业经营战略焦点出发，寻求业绩突破的机会，为顾客和企业创造更大的价值；

● 强调对业绩和过程的度量，通过度量，提出挑战性的目标和水平对比的平台；

● 提供了业绩改进方法。针对不同的目的与应用领域，这种专业化的改进过程包括：六西格玛产品/服务过程改进 DMAIC 流程，六西格玛设计 DFSS 流程等；

● 在实施上由"勇士 Champion"、"大黑带 MBB"、"黑带 BB"、"绿带 GB"等经过培训职责明确的人员作为组织保障；

● 通过确定和实施六西格玛项目，完成过程改进项目。每一个项目的完成时间在 3~6 个月；

● 明确规定成功的标准及度量方法，以及对项目完成人员的奖励；

● 组织文化的变革是其重要的组成部分。

Project 2010 中提供了有关六西格玛实施方面的模板（如图 21.4 所示），选择"六西格玛"DMAIC 周期模板，然后在右侧选择下载，如图 21.5 所示。

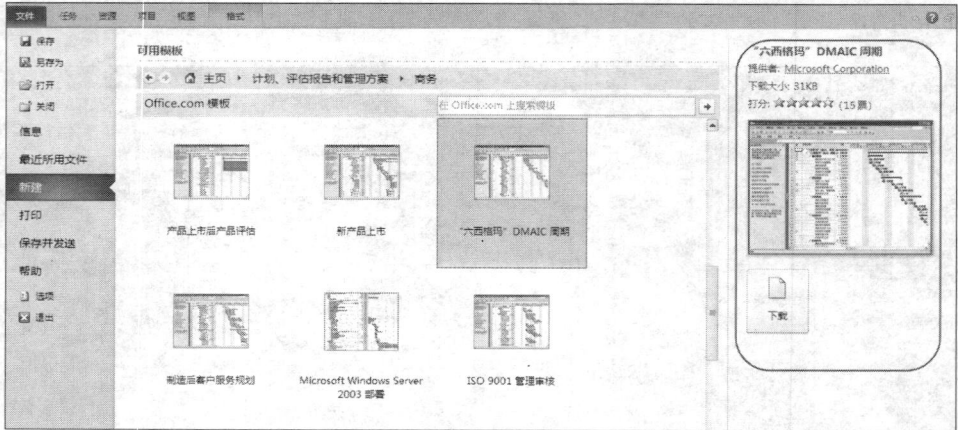

图 21.5　选择六西格玛模板

下载完成后，打开计划模板，如图 21.6 所示。

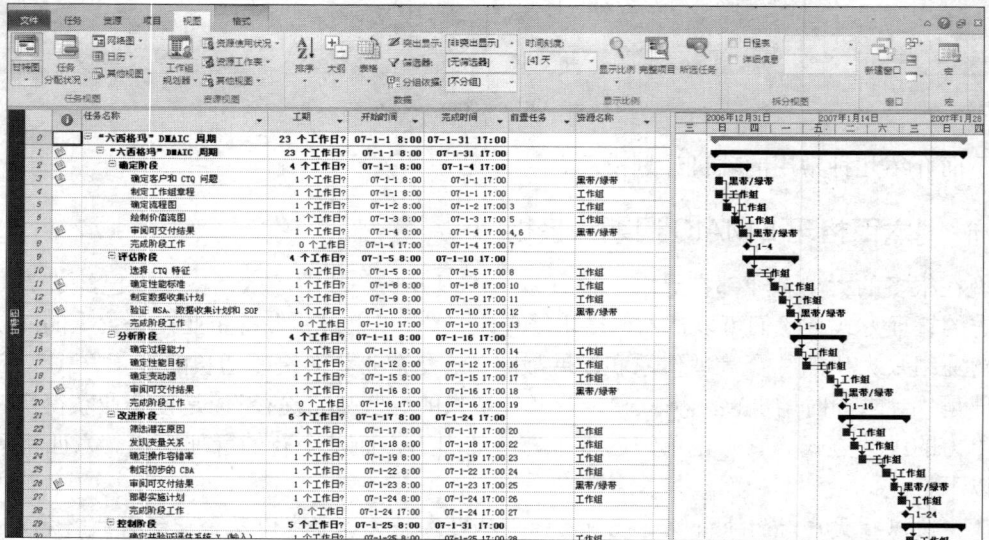

图 21.6　打开六西格玛模板

21.1.2　"ISO 9001 管理审核"模板

要加强企业管理，其中主要是质量管理。组织管理要以质量管理为纲。随着全球经济一体化的加快，ISO 9001 质量体系认证的重要性越来越被更多的组织所认识，贯彻 ISO 9001 标准并进而获得第三方质量体系认证，已经成为当今的一股社会潮流。

组织按 ISO 9001 标准进行质量管理体系认证，是组织的战略性决策。因为 ISO 9001 标准是国际上通用的质量管理标准，是总结了世界各国特别是发达国家的质量管理经验而成的，它体现了当今世界先进的质量管理思想，如以顾客为关注焦点，应用 PDCA 循环持续改进产品质量特性和体系的有效性，强调以人为本，强调领导作用是确定组织的宗旨和方向并创造一个使员工充分参与实现组织的质量方针、目的的内部环境等。ISO 9001 标准，虽然是一个基础性的管理标准，但对中国的组织来说，贯彻仍是一个变革，需要组织的领导下决心并亲自参与。

　　Project 2010 提供了有关 ISO 9001 在年度审核当中需要做的工作，帮助企业能够顺利地度过每次审核。在图 21.5 中，选择"ISO 9001 管理审核"模板，单击下载后，模板如图 21.7 所示。

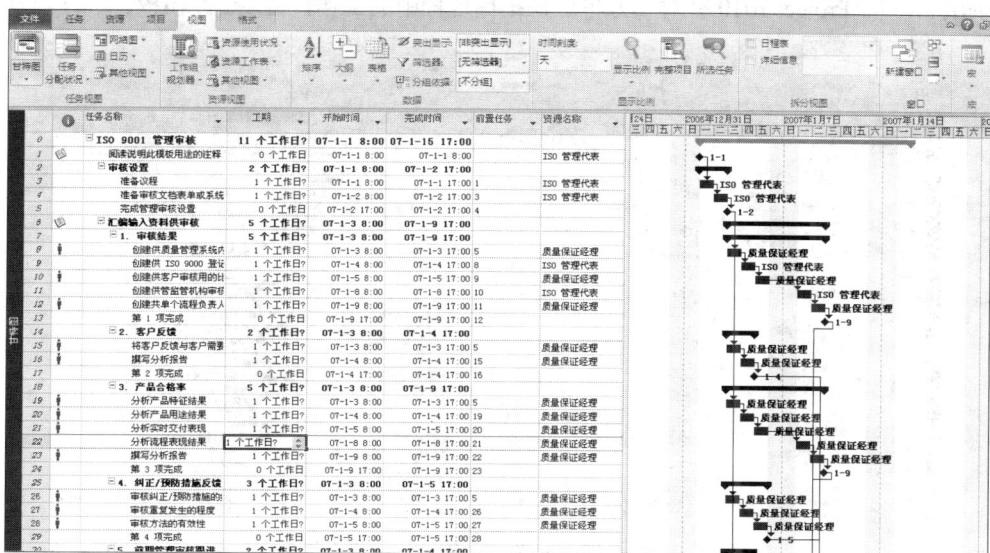

图 21.7　"ISO 9001 管理审核"模板

21.1.3　"软件开发计划"模板

　　软件开发项目是各类项目计划中比较难制定的，因为软件项目的执行过程很多时候是看不见摸不着的代码，并且很多软件开发项目的项目经理都是技术出身，因此软件项目计划的编制非常困难。Project 2010 提供了关于如何进行软件开发的模板，如图 21.8 所示。

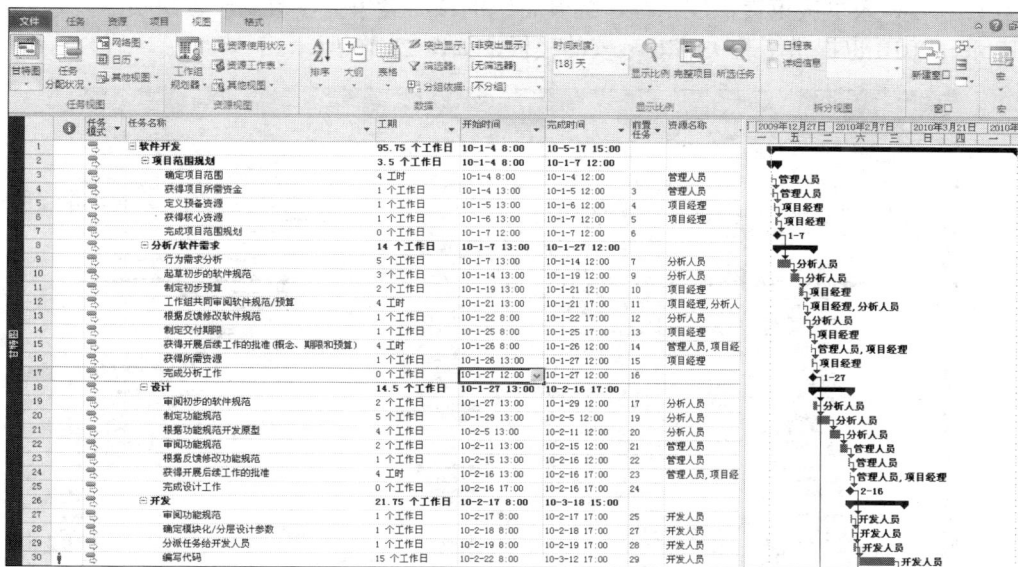

图 21.8　"软件开发计划"模板

21.1.4 "供应商竞标（RFP）申请"模板

在商务活动中，作为甲方的企业如果遇到投资较大的项目，为了慎重选择供应商，需要进行规范的招标工作。Project 2010 针对甲方单位在招标过程中的工作，制订了此模板，如图 21.9 所示。

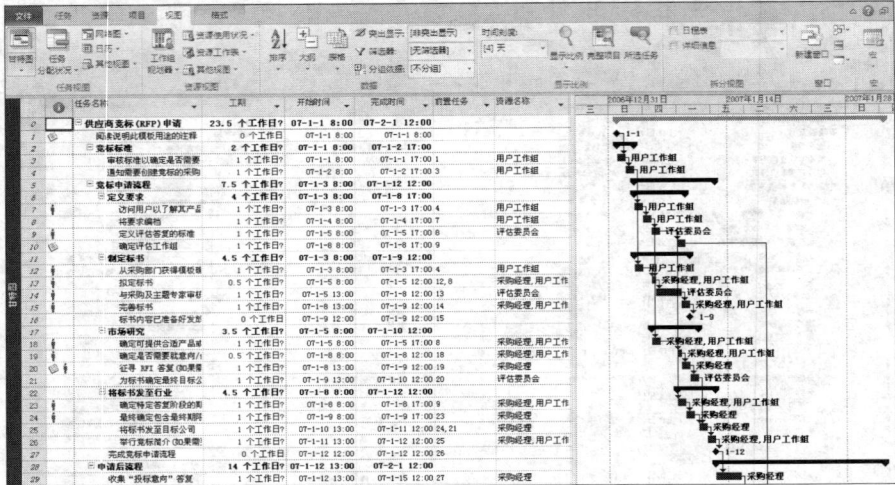

图 21.9 "供应商竞标（RFP）申请"模板

21.1.5 "绩效考核"模板

绩效考核是按照一定的标准，采用科学的方法，检查和评定组织员工对职务所规定的职责的履行程度，以确定其工作业绩的一种有效的管理办法。从内涵上讲绩效考核就是对人和事的评价，有两层含义：一是对人及其工作状况进行评价；二是对人的工作结果，即对人在组织中的相对价值或贡献程度进行评价。绩效考核作为人力资源管理的重要组成部分，有利于为薪资管理和人事决策提供硬指标，提升组织的核心竞争力，有利于促进员工良性发展。

Project 2010 也提供了有关绩效考核的模板，如图 21.10 所示。

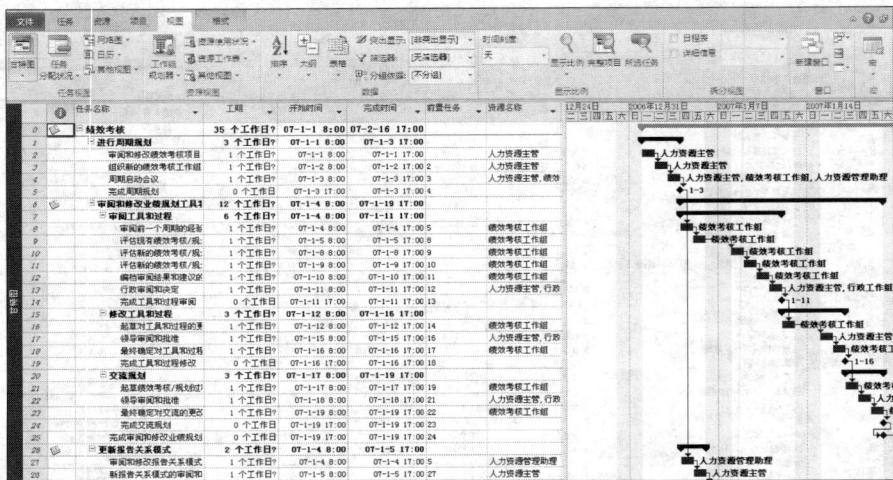

图 21.10 "绩效考核"模板

21.1.6　其他模板

Project 2010 不再在本地默认存储计划模板，所有模板都需要通过联机的方式从 Office.com 上进行下载，用户还可以通过搜索的方式从 Office.com 上搜索需要的项目计划模板，如图 21.11 所示。

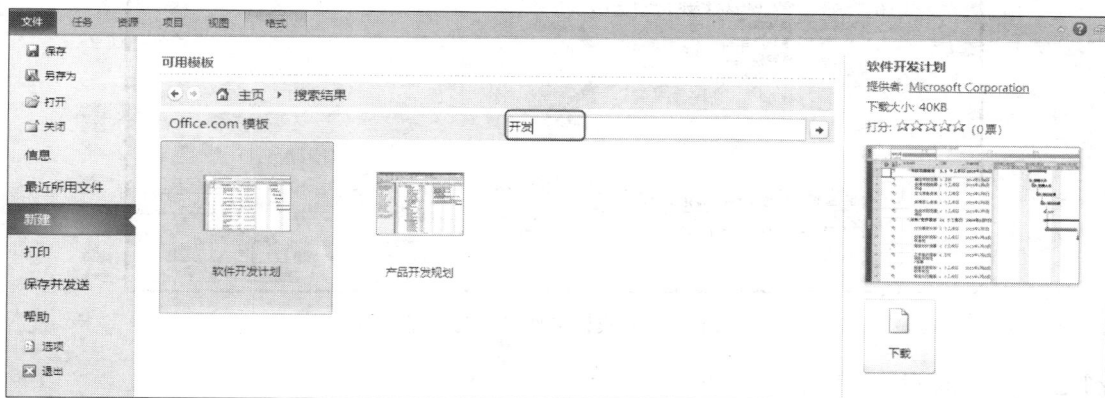

图 21.11　项目计划模板搜索

下载需要的模板后，读者可以将下载后的模板保存到本地模板库中。

21.2　如何使用模板

用户在决定使用 Project 2010 提供的某一种模板后，需要做如下几项工作：
- 将该模板另存为自己所需要的项目文件；
- 修改此项目文件的日历信息以满足当前项目日历要求；
- 修改此项目文件的项目开始时间或者完成时间，修改前确认项目进度为 0；
- 裁剪任务；
- 修改关联性；
- 替换资源。

21.2.1　将模板另存为项目文件

用户在如图 21.3 中所示的对话框中将某一模板打开后，选择菜单【文件】/【另存为】，在出现的对话框中输入项目文件的名称。例如，用户需要编制"项目管理系统"项目计划，经过筛选，认为"软件开发模板"有借鉴价值，用户在模板区域中选择了"软件开发"模板，将该模板打开后，将文件名另存为"项目管理系统开发计划"，如图 21.12 所示。

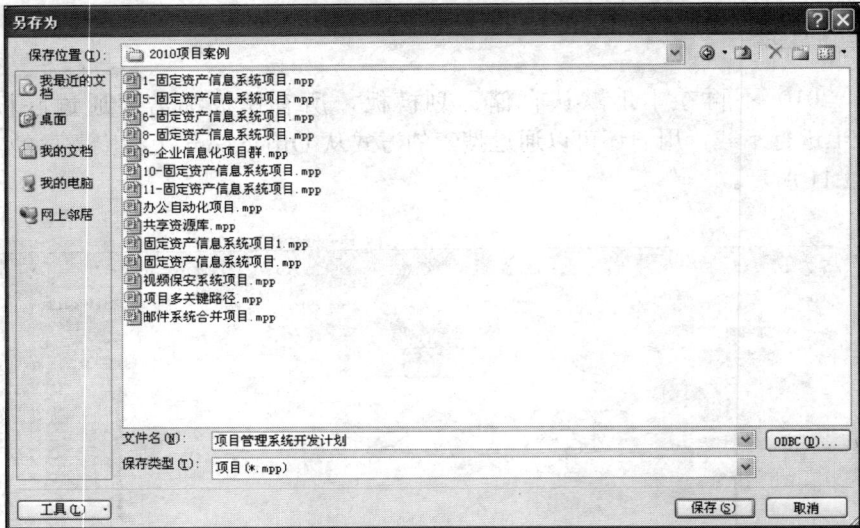

图 21.12　将模板文件另存为项目文件

21.2.2　修改日历信息

项目日历是项目计划及项目执行的基础，因此编制项目计划之前首先需要修改项目日历，即设置项目中的"工作日/非工作日"，修改之后项目进度计划的编排才有意义。

修改日历的方式是选择菜单【项目】/【属性】/【更改工作时间】，打开如图 21.13 所示的"更改工作时间"对话框，即可在此修改日历信息。

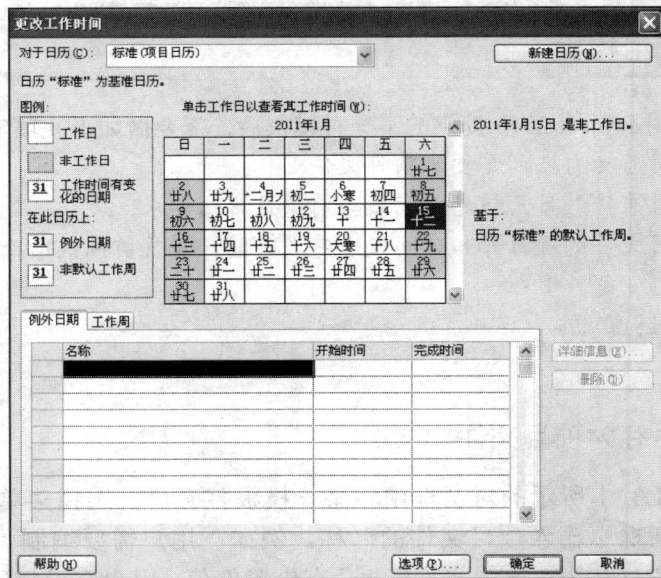

图 21.13　修改日历

21.2.3　修改项目的开始时间或者是完成时间

因为模板中项目的"开始时间"或者是"完成时间"是随机的，用户使用模板编排计划的第一步就是更新"开始时间"或者"完成时间"。例如，"项目管理系统开发计划"项目的开始时间应该是"2010-2-1"，选择菜单【项目】/【项目信息】，在打开的对话框中修改项目的开始时间，如图 21.14 所示。

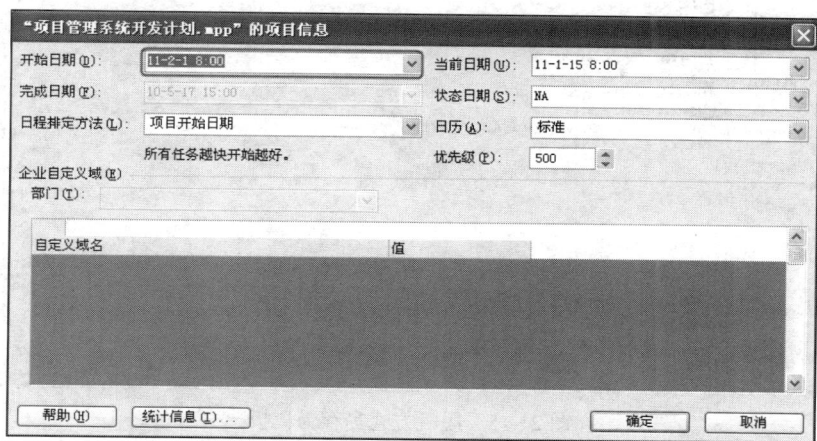

图 21.14　修改项目开始时间

> **注意**　在修改项目开始日期前，务必确认项目的进度为 0%，因为如果项目进度不为 0%，则修改项目开始日期，整个项目计划的任务时间排定不会根据开始日期重新计算排定，因此就失去了模板的意义了。

21.2.4　其他步骤

上面 3 个步骤完成以后，用户可以按照正常的计划编制的顺序继续后面的工作（任务分解、关联性设定、资源分配……），这里不再赘述，相关内容可以参考本书第 4 章的内容。

21.3　如何制作模板

用户可以将自己编制的项目计划保存为模板文件，如果是"脱机方式"，用户编制好模板文件后将该文件"另存为"项目文件时选择文件格式为".mpt"，如图 21.15 所示。

该模板存储在本地的 Project 2010 环境中，下次打开 Project 2010，选择菜单【文件】/【新建】，单击【我的模板】就可以看到已经保存后的项目计划模板。

> **注意**　在保存项目计划模板时，为了便于区分项目计划和项目模板，因此在保存模板时将另存为模板的计划名称加上"模板"。

如果是"联机方式"（打开 Project Professional，采用登录 Project Server 的方式），用户编制好模板文件后，同样是选择【文件】/【另存为】，在出现的对话框中选中"模板"类型，Project 将该模板存储在 Project Server 端，如图 21.16 所示。

该模板存储在 Project Server 环境中，下次利用 Project Professional 登录 Project Server 时，选择菜单【文件】/【新建】，在单击【我的模板】，选择"Project Server 模板"选项卡，就可以看到项目计划模板，如图 21.17 所示。

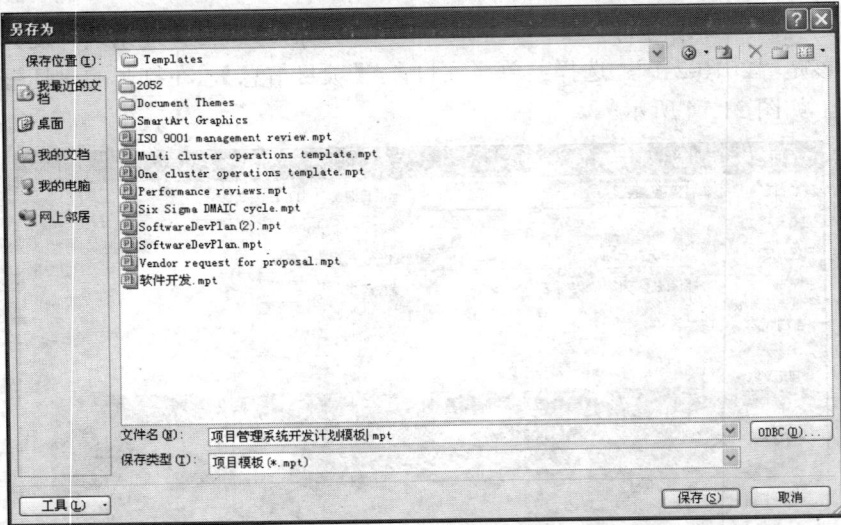

图 21.15　脱机方式另存为模板

图 21.16　联机方式另存为模板

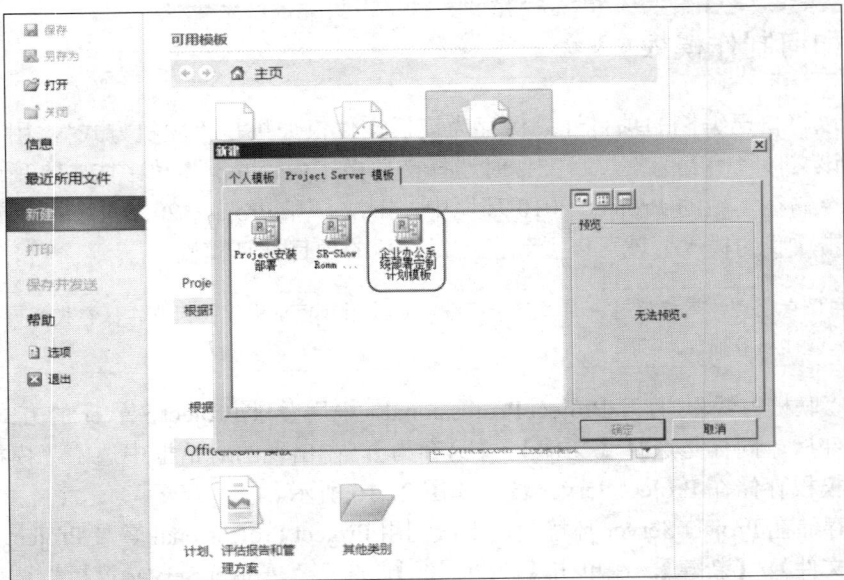

图 21.17　联机方式保存的模板可以在"Project Server 模板"中看到

综合篇

22

微软公司在 Microsoft Project 2010 中加入 Microsoft VBA（Visual Basic for Applications），使用人员可以迅速创建宏和功能强大的应用程序，在本章中将会介绍：

- 宏；
- VB 编辑器；
- 录制宏；
- 运行宏；
- 编辑和负责宏；
- 宏安全级别。

在本章中，我们将以"固定资产信息系统项目"作为案例进行介绍。

22.1 宏简介

在实际使用 Project 的过程中，会使用很多重复性的操作，如果需要重复的工作量不是很大，还是可以接受的。但是如果工作量非常庞大时，将会成为单调乏味的工作。例如：我们在编制项目计划时，需要将里程碑任务用特殊的字体和颜色来进行标注。每次设置一个里程碑任务就需要操作多个步骤，效率很低，其实在 Microsoft Project 中，我们可以通过宏的功能来实现这样的操作。

在 Project 中，"宏"是用于自动执行任务的一项或一组操作。"宏"是存储在 Visual Basic for Applications 模块中的一系列命令，无论何时需要执行都可运行。我们只需要提前根据需要录制宏即可。录制宏就像使用磁带录音机录制音乐。录制完成之后，可以运行宏来重复这些命令。在本章中，我们将重点介绍如何录制宏、运行宏等一系列操作。

虽然宏功能可以提供我们很多便捷的操作，但是宏可能包含病毒，在录制及运行宏时要格外小心。我们可以采取一些预防措施：在计算机上运行最新的防病毒软件；将宏安全级别设置为"高"；清除"信任所有安装的加载项和模板"复选框；使用数字签名；维护可靠发行商的列表。

我们在实际项目中使用宏时，要提前根据项目的需求合理规划好宏的操作，然后进行相应的录制。同时，录制的宏不仅可以在该项目中使用，还可以借鉴给其他项目。

22.2 Visual Basic 编辑器简介

在利用录制及运行宏功能之前，应首先熟悉 Visual Basic 编辑器。在对宏功能进行操作时，除了可以直接利用提供的菜单功能之外，我们还可以在 Visual Basic 编辑器中直接创建及修改宏，对宏进行相应的操作，下面我们就先熟悉 Visual Basic 编辑器的操作环境。

Project Professional 2010 默认未显示"开发工具"选项卡，需要手工添加。

选择【文件】/【Project 选项】，在"Project 选项"对话框中选择"自定义功能区"，在"自定义功能区"右侧"主选项卡"列表中勾选"开发工具"，如图 22.1 所示。

图 22.1　自定义功能区

打开 Project Professional，选择【开发工具】/【Visual Basic】，如图 22.2 所示，进入如图 22.3 所示的 Visual Basic 编辑器操作环境。

如果 Project 安装时，采取的是典型方式安装，则没有安装相关的操作帮助，可以采取补充安装，具体操作如下。

（1）在操作系统的"控制面板"中，双击"添加/删除程序"。

（2）在"安装/卸载"选项卡上，单击"Microsoft Project Standard 2010"或"Microsoft Project Professional 2010"，再单击"添加/删除"按钮。

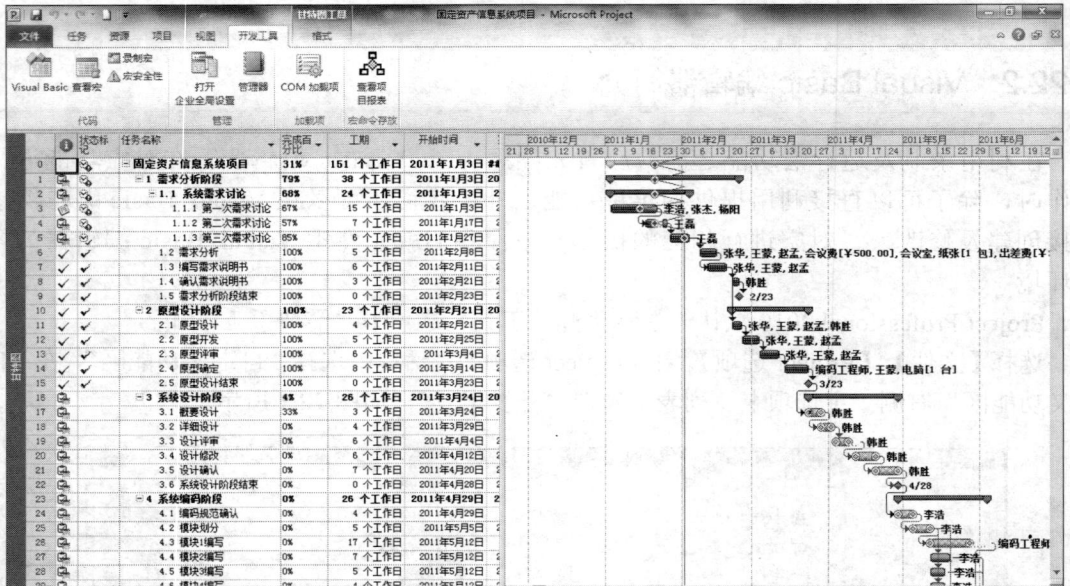

图 22.2　"开发工具"功能区

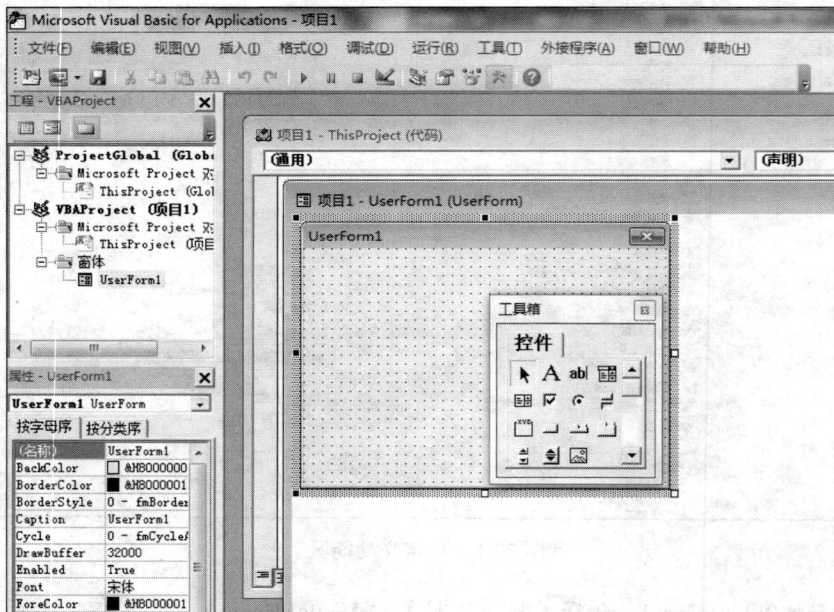

图 22.3　打开 Visual Basic 编辑器

（3）在 Windows XP/Windows 7 中，从当前安装的程序列表中选择"Microsoft Project Standard 2010"或"Microsoft Project Professional 2010"，再单击"更改"按钮。

（4）单击"添加或删除功能"，单击"下一步"按钮，然后在功能列表中展开"Office 共享功能"。

展开"Visual Basic for Applications"，再单击"Visual Basic 帮助"旁的图标以查看安装

选项。单击"从本机运行"，再单击"继续"按钮，如图 22.4 所示。

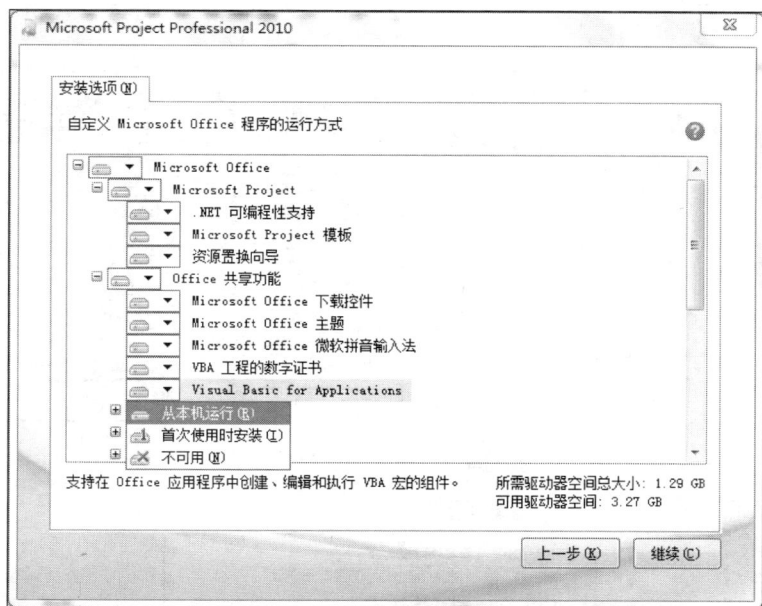

图 22.4　再次安装相关操作帮助

22.3　录制宏

录制宏之前，应明确规划需要宏执行的步骤和命令。如果录制宏时出现错误，那么所出现的错误也会录制到宏中。每次录制宏时，默认情况下宏都会保存到全局文件中，这样该宏就可以用于将来所有项目。也可以选择将宏与项目文件保存在一个文件中。

在录制宏之前，先了解如下几个概念。

● 绝对参照（绝对引用）：对独立于活动单元格的列或行的参照。不论活动单元格的位置如何，绝对参照的结果都相同。

● 相对参照（相对引用）：基于活动单元格的列或行的参照。每当活动单元格的位置发生更改时，相对参照的结果也将随之更改。例如，以某个单元格为起点。

● 列参照选项：希望在运行宏时，无论活动单元格的位置如何，宏都选定列。

● 行参照选项：希望在运行宏时，无论先选定哪个单元格，宏始终选定同一行。

与微软 Office 的其他产品一样，录制宏的方式相同，并且录制过程非常简单。在"固定资产信息系统项目"这个案例中，我们想要录制一个宏。该宏能够自动查看一张报表，该报表能够显示项目任务的相关信息，如图 22.5 所示。

录制宏的具体步骤如下。

（1）启动 Project，打开"固定资产信息系统项目"文件。

（2）选择【开发工具】/【录制宏】，出现如图 22.6 所示的"录制宏"对话框。

● 宏名称：键入宏的名称。宏名称中不能有空格，下划线相当于分隔符。

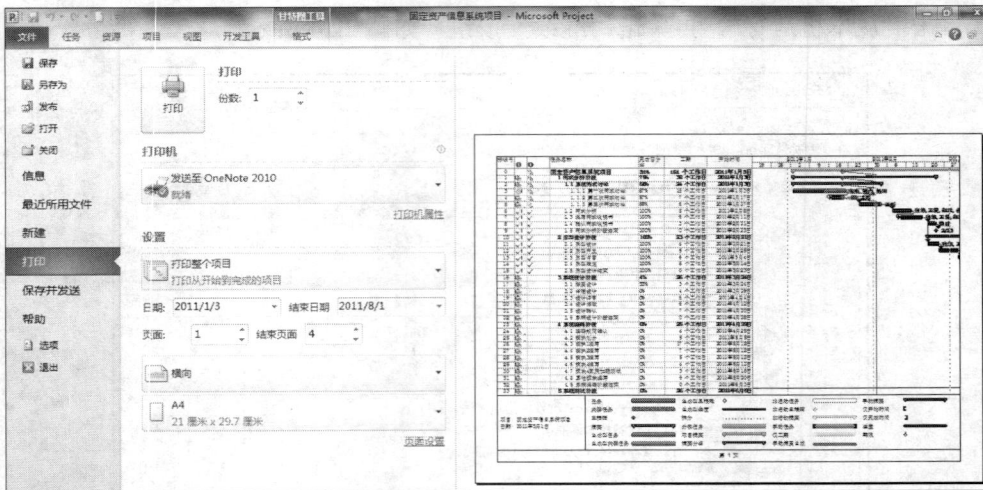

图 22.5　利用宏功能打印报表

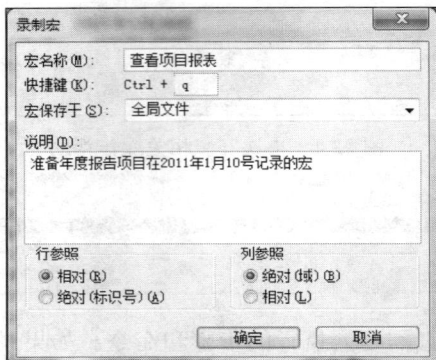

图 22.6　录制宏对话框

● 　快捷键：输入快捷键来运行宏，请在"快捷键"框中输入一个字母。例如 Ctrl+q，通过快捷键可以方便使用宏。快捷键使用 Ctrl+字母（小写字母）或 Ctrl+Shift+字母（大写字母），其中字母可以是键盘上的任何字母键，但不能是数字或特殊字符。注意：不能使用已由 Microsoft Project 2010 使用的组合键。

● 　宏保存于：该宏的保存位置。如果希望在使用 Project 时可以随时使用宏，请选择"全局文件"。

● 　说明：对宏进行说明或简单介绍。

● 　行参数和列参数的选择。

如上内容选择完毕后，单击"确定"按钮，开始执行要录制的操作。

（3）开始宏的录制后，依次完成该宏所需要完成的操作。例如，在本例中，选择【项目】/【报表】/【总揽】/【最高级任务】。

（4）操作完成后，选择【开发工具】/【停止录制】，即完成宏的录制过程。

（5）选择【开发工具】/【查看宏】命令，打开如图 22.7 所示的"宏"对话框，可以看到该项目中存在的所有宏以及我们录制的新宏"查看项目报表"。

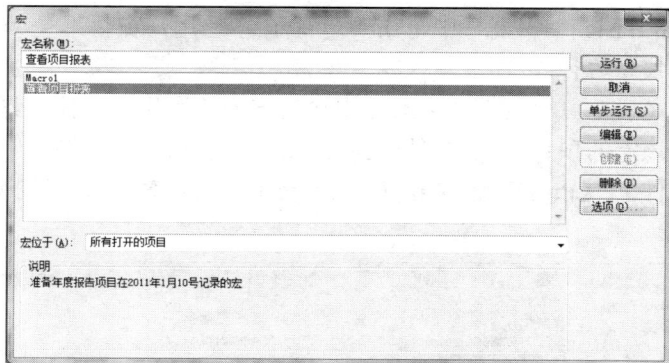

图 22.7　宏名称列表

22.4　运行宏

在录制完毕宏之后，就可以在项目文件中运行该宏。在 Project 中提供四种运行宏的方式，使用人员可以根据需要选择，从菜单运行、快捷键运行、从 Visual Basic 编辑器运行、从工具栏按钮运行。下面我们将介绍这 4 种方式。

● 从菜单直接运行宏，具体步骤如下。

（1）选择【开发工具】/【查看宏】，该命令快捷键为 Alt+F8，如图 22.7 所示。

（2）在宏的对话框中，选择要执行的宏名称，如"查看项目报表"。

（3）单击"运行"按钮，Project 会自动执行该宏。

● 使用快捷键运行，具体步骤如下。

（1）打开包含该宏的项目，例如"固定资产信息系统项目"案例。

（2）直接输入快捷键就可以了，例如输入"Ctrl+q"，Project 就会自动执行相应的宏操作。

● 从 Visual Basic 编辑器运行，具体步骤如下。

（1）打开包含该宏的项目，例如"固定资产信息系统项目"案例。

（2）选择 Ribbon 中【开发工具】/【查看宏】，如图 22.7 所示。

（3）从"宏名称"列表中选择要运行的宏。单击"编辑"，出现如图 22.8 所示的界面。

图 22.8　从编辑器中运行宏

（4）在"Visual Basic 编辑器"中单击"运行子过程/用户窗体"。

● 从工具栏按钮运行。

在我们录制宏之后，可以直接在工具栏中设定该宏的操作。具体步骤如下：

（1）打开包含该宏的项目，例如"固定资产信息系统项目"案例。

（2）选择【文件】/【Project 选项】，在"Project 选项"对话框中选择"自定义功能区"，如图 22.9 所示。

图 22.9　自定义功能区

（3）在"宏"列表中，选中新录制的宏"查看项目报表"，并于需存放宏命令的选项卡中新建一个组，如图 22.10 所示。

图 22.10　将宏命令加入功能区

（4）直接在所存放选项卡中单击"查看项目报表"，就可以启动该宏了。

22.5　编辑和复制宏

在项目执行过程中，如果需要对宏及项目中附带的宏进行编辑，可以采用"Visual Basic 编辑器"，具体操作步骤如下。

（1）选择【开发工具】/【查看宏】命令，如图 22.7 所示。

（2）从"宏名称"列表中选择要编辑的宏，单击"编辑"按钮，进入"Visual Basic 编辑器"，可以进行必要的更改，再单击"文件"菜单上的"关闭并返回到 Microsoft Project"。

可以将某个现有宏中的命令应用于另一个宏，可以将此宏的全部或部分复制到另一个模块。也可以创建一个模块副本来复制保存在其中的所有宏。在复制宏的时候，Project 提供两种复制宏的方法：通过复制宏的一部分来创建另一个宏和将模块复制到另一项目中。

◐　复制宏的一部分来创建另一个宏。

（1）选择【开发工具】/【查看宏】命令，如图 22.7 所示。

（2）从"宏名称"列表中选择要复制的宏，再单击"编辑"按钮。

（3）选择要复制的宏中的程序行。若要复制整个宏，请确保所选内容中包含"Sub"和"End Sub"行。

（4）单击"复制"按钮，切换到要放置代码的模块，单击"粘贴"按钮。

◐　将模块复制到另一项目中。

（1）选择【开发工具】/【查看宏】命令，如图 22.7 所示。

（2）"宏名称"输入框中输入新宏名称，单击"创建"按钮，将要复制的模块拖动到要复制模块的项目，如图 22.11 所示。

图 22.11　复制宏

宏只能用于被复制到的项目。若要使宏在使用 Project 2010 时始终可用，需要录制宏，并将它存储在全局文件。

22.6　宏的安全级别

虽然在 Project 中包含 VBA 编写的辅助功能，但是微软并无法保证这些辅助功能的安全及可用性，以及可能会对数据及系统造成的影响。因此对于宏来说，可能包含病毒，在运行宏时要格外小心。所以下面简单介绍宏病毒的安全性设定。

与其他 Office 系列产品一样，Project 同样包含一个工具，即在开始使用一个项目时自动监测是否存在宏病毒。一旦发现宏病毒，就是显示对话框，询问使用人员是否启用这些宏。

选择【开发工具】/【宏安全性】，如图 22.12 所示，选择所要使用的安全项即可。

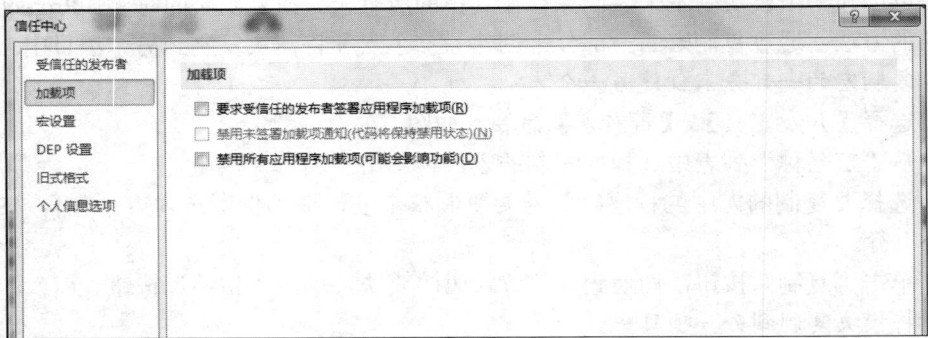

图 22.12　宏的安全性

23

■■■■■ ■■
第 23 章
Project Server 的安装部署

Project 产品在全球的项目管理软件市场中占有很大的份额，尤其是其产品版本发展到 2010 版本以后，在面向企业级的项目管理解决方案方面有了巨大的改进。在使用方式上也由以前的项目经理在本地机器单机使用为主，扩展成为使用 Project Professional 与 Project Server 的协作使用为主的方式。

直到 20 世纪 90 年代，项目管理更多的是项目经理个人关心的事情，全社会项目经理的从业人员规模相对较小，使用 Project 产品的人凤毛麟角。但是在近几年里，随着国内各行各业的迅速复发展，项目经理的从业人员数量大幅度扩大，在项目管理中遇到的问题和困难也凸现出来，有很多项目管理界的有识之士开始意识到项目管理已经不再只是项目经理的事情，而是已经上升到团队、组织的层面。所以，在项目管理工具的使用方面也由之前的项目经理个人使用转化为团队级、企业级、组织级的使用。

前面的章节已经清晰地介绍了 Project 2010 产品的主要功能和案例分析，其中也穿插了一些 Project Server 与 Project Professional 的协同工作。本章讲从技术角度系统地介绍 Project Server 的安装部署以及如何与 Project Professional 进行联机。本章从以下几个方面进行介绍：

- ◯ Project Server 的安装；
- ◯ Project Server 的相关配置；
- ◯ Project Server 与 Professional 协作的验证；
- ◯ Project Server 使用前的准备工作。

23.1 Project Server 的安装

23.1.1 Project Server 概述

Project Server 2010 用于支持使用 Microsoft Office Project Professional 2010 的项目经理和使用 Microsoft Office Project Web Access 2010 的工作组成员之间的协作。

Project Server 2010 提供需求管理、组合分析、时间表、状态报告、商业智能、企业资源和企业模板。

用户通过 Project Web Access 2010（一个基于浏览器的客户端程序，允许工作组成员、资源经理和主管人员输入和查看时间表信息，以及查看项目组合报告）访问 Project Server 2010。

Project Professional 2010 是一个桌面客户端程序，允许项目经理创建和编辑项目计划以及企业资源库的成员。可以将项目计划和资源保存到 Project Server 2010 数据库中。

Project Server 2010 只可以和 Microsoft Windows SharePoint Server 2010 集成在一起，以提供诸如问题、风险跟踪、商业智能及文档管理等协作功能。

Project Server 2010 非常灵活，它允许客户、合作伙伴和解决方案供应商扩展其企业项目管理解决方案。客户一开始可能只能使用有限数量的企业功能，然后可根据需要扩展功能。

应用到企业项目管理时将要求进行组织结构的某些更改。其中某些更改会产生显著影响，因此在部署 Project Server 2010 之前制订更改计划十分重要。在计划阶段中，应从战略上考虑业务流程、文化问题，以及在升级项目管理功能时可能会成为影响因素的技术。

23.1.2 Project Server 部署选项

从 Microsoft Office Project Server 2010 起，SharePoint 产品引用了"服务器场"的概念。从技术架构上 SharePoint 2010 产品分为 Web 前端、应用程序层、数据库层。如果这 3 层全部安装在同一服务器上，就叫"单服务器场"安装。如果把 Web 前端、应用程序层、数据库层中的任意两层分开安装就叫"多服务器场"安装。SharePoint 2010 产品还有一种安装模式叫独立安装，独立安装会自动安装 SQL Server 2008 Express，用于评估的目的。可以用多台服务器做 Web 前端服务器，多台服务器可以做负载均衡。可以安装多台应用程序服务器，不同的应用程序服务器上运行不同的应用，由 SharePoint 管理中心统一配置应用。数据库层可以采用多台数据库服务器做数据库群集。不同的部署方式是由以下方式决定的：

- 系统的目的（用于生产还是用于功能评估）；
- 并发使用系统的用户总数；
- 发布到 Project Server 的项目总数量；
- 分配到项目中的资源数量；
- 项目文档、问题、风险等功能的使用频度与使用压力；
- 对于数据的安全性的要求级别。

部署方式有以下几种。

1．单服务器模式

在单台服务器上安装 Web 组件、应用程序组件以及其 SQL Server 2008 企业版或者标准版。这种安装方式适合于小公司的项目管理需求。或者在大公司正式全面使用 EPM 之前，为更大规模的部署之前测试 Project Server 2010 功能提供了一个低成本环境。

2．小型服务器群模式

小型服务器群模式是指把 Web 组件、应用程序组件安装在一台服务器上，在另外一台服务器上安装数据库，也就是利用 2 台服务器进行压力均衡，这种配置结果可以在一定程度上提高性能。

3．中型服务器群模式

中型服务器群模式中将各种组件分别安装在不同的独立服务器上。适合于较大型的用户选择。Web 前端用一台服务器安装，处理用户的访问，应用程序用一台服务器安装，处理来自 WEB 端的逻辑，数据库用一台服务器安装，用于处理数据库层的数据请求。主要用于项目及用户数量很大的客户。

4．大型服务器群模式

大型服务器模式适应于大型集团的项目管理信息化使用，在此模式中，不仅各个组件分开安装。而且各层由不等数量的服务器负载均衡。在 Web 前端建多台 Web 服务器来负载均衡，在应用程序层，建多台应用程序服务器，每台服务器负责不同的应用。在数据库群做数据库群集，保证数据的安全。

23.1.3　Project Server 2010 软件需求

Project Server 2010 的软件需求如下。

（1）操作系统。64 位版本的 Windows Server 2008 Service Pack 2 或 Windows Server 2008 R2 企业版、标准版、数据中心版、Web 版，要启用 Web 服务器（IIS）角色、应用程序服务器角色。

（2）数据库。必须是 64 位版本的 Microsoft SQL Server 2008 Service Pack 或 Microsoft SQL Server 2008 R2 或 Microsoft SQL Server 2005 Service Pack 3 (SP3)。

（3）Microsoft SharePoint Server 2010 企业版。

（4）浏览器。用于 Microsoft Project Web App 用户访问的 Microsoft Internet Explorer 7 或 Microsoft Internet Explorer 8。

（5）其他组件。在安装过程中无法访问网络下载的话，需要手动下载以下组件进行安装：

- Microsoft .NET Framework 3.5 版 SP1；
- SQL Server 2008 Express SP1；
- Microsoft Sync Framework Runtime 1.0 版（x64）；
- Microsoft Filter Pack 2.0；
- Microsoft .NET Framework 3.5 的 Microsoft 图表控件；
- Windows PowerShell 2.0；
- SQL Server 2008 Native Client；
- Microsoft SQL Server 2008 Analysis Services ADOMD.NET；
- 针对.NET Framework 3.5 SP1 的 ADO.NET Data Services 更新；
- NET Framework 3.5 SP1；
- Windows Identity Foundation（WIF）。

注意　安装 Project Server 2007 时，可以与 Windows SharePoint Services 3.0 集成安装。但是 Project Server 2010 只能与 Microsoft SharePoint Server 2010 企业版集成安装。并且 SharePoint Server 2010 安装时必须具有"企业版客户端访问许可证功能的序列号"。

23.1.4　Project Server 2010 硬件要求

硬件根据服务器的角色、部署模式与并线用户的使用有所不同。

数据库服务器要求如下：

处理器	小型部署：64 位，4 内核；中型部署：64 位，8 内核
内存	小型部署：8 GB；中型部署：16 GB
硬盘	80GB（用于系统盘）

应用程序服务器要求如下：

处理器	64 位，4 内核
内存	4 GB（评估用途）；8 GB（用于生产）
硬盘	80GB（用于系统盘）

处理器、RAM 和硬盘要求在很大程度上取决于计算机上安装的服务的数量和服务器的负载。最低要求假定在一台服务器上安装了所有 Project Server 2010 组件和支持技术（Microsoft SQL Server 2010 和 Windows SharePoint Server 2010）。有关 Project Server 2010 系统要求的详细信息，请参阅 Microsoft 网站。

23.1.5 Project Server 的账户要求

Project Server 的账户要求如下：
- 数据库服务器上的本地管理员（用于在数据库服务器上安装介质）；
- 数据库的管理员（用于在数据库中新建数据库）；
- 应用程序服务器的本地管理员（用于在应用程序服务器上安装介质）；
- 服务器场管理员（用于在管理中心配置应用程序与网站等）；
- Exchange 管理员（用于配置 Project Server 2010 与 Exchange Server 集成）；
- 活动目录管理员（用于配置 Project Server 的商业智能功能）。

23.1.6 安装前配置

1. 配置 SQL Server 网络设置

如果是多服务器安装，这项配置主要是开启 SQL Server 的协议，用于应用程序远程访问到数据库，具体步骤如下。

（1）依次单击【开始】/【所有程序】/【Microsoft SQL Server 2008】/【配置工具】/【SQL Server 配置管理器】。

（2）在左侧窗格中，展开"SQL Server 网络配置"，然后选择要安装 Project Server 2010 数据库的 SQL Server 实例。

（3）在右侧窗格中，确保启用了"TCP/IP 的状态"。

2. 为服务器场管理员账户添加登录名

在配置的过程中，会在数据库服务器上添加数据库，所以必须给安装账户添加数据库权限。

（1）打开 SQL Server Management Studio。

（2）连接到要用于 Project Server 2010 的 SQL Server 实例的数据库引擎。

（3）展开"安全"节点，右键单击"登录名"，然后单击"新建登录名"命令。

（4）在"新建"对话框中的"登录名"文本框中，输入为服务器场管理员创建的域账户。

（5）在"选择页"列表中，单击"服务器角色"。

（6）在"服务器角色"列表中，选中"dbcreator"、"public"、"securityadmin"和"sysadmin"复选框。最后单击"确定"按钮。

3. 启用公共语言运行库

公共语言运行库可提高 Project Server 2010 部署的性能。启用公共语言运行库可以显著提高自定义字段操作的执行效果。若要启用公共语言运行库，请执行下面的查询：

打开 SQL Server Management Studio，单击左上方的"新建查询"，然后在查询框中输入以下 SQL 语句：

```
sp_configure 'clr enabled',1go
reconfigurego
```

最后按 F5 键执行语句。

4. 配置 Analysis Services

配置 Analysis Services 主要是在 Project Server 中生成多维数据集中要求具有 Analysis Services 服务的管理权限。

（1）登录到运行 Analysis Services 的计算机。

（2）单击【开始】/【所有程序】/【管理工具】/【计算机管理】。

（3）在"计算机管理"页的左侧窗格中，展开"系统工具"下的"本地用户和组"，单击"组"文件夹。

（4）在右侧窗格中的"名称"列表下，双击"SQLServer2005MSOLAPUser$<服务器名称>$MSSQLSERVER（SQL Server 2005）"或"SQLServerMSASUser$<服务器名称>$MSSQLSERVER（SQL Server 2008）"。

（5）在属性对话框中单击"添加"按钮。

（6）在"选择用户、计算机或组"对话框中，键入服务器场管理员账户的名称。

（7）单击"确定"按钮，服务器场管理员账户会出现在成员列表中。最后单击"确定"按钮。

23.1.7 Project Server 单服务器安装

本书描述单服务器的安装过程，其他安装方式请参考相关帮助文件或微软网站。

安装 Microsoft Office Project Server 2010 或许是一个复杂的过程，在安装前、安装过程中或安装后包括了许多需要完成的任务。本章的描述尽管不能涵盖所有可能的升级和安装路径，但提供了在单台服务器上安装 Project Server 2010 所需步骤的概况。这些步骤包括必要的手动步骤和必须安装的支持程序，以及服务器和数据库配置的详细信息。

本安装指南假定现在具有一台已经运行 Microsoft Windows Server 2008 R2、Microsoft SQL Server 2008 SP2 的服务器。

1. 安装必备软件

用户单击 Microsoft SharePoint Server 2010 安装介质中的 Setup.exe 安装文件后，系统会

解压安装介质包并弹出安装起始界面，单击"安装"下"安装必备软件"链接，将启动必备软件的安装向导，如图 23.1 所示。

图 23.1　安装起始界面

必备软件的安装向导的欢迎界面里将列出将来安装的必备软件的清单，单击"下一步"按钮，如图 23.2 所示。

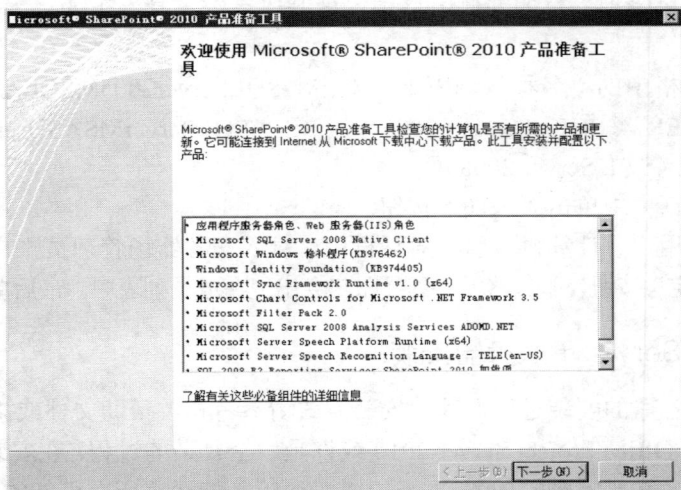

图 23.2　必备软件的安装欢迎界面

系统会按照清单从网上下载必备软件，并开始安装，如图 23.3 所示。

必备软件安装完成后，单击图 23.3 中的"下一步"按钮，将看到安装完成界面，在该界面中提示要重新启动服务器，如图 23.4 所示。单击"完成"按钮，重新启动计算机。

注意　在安装必备软件中，必须设置服务器能访问因特网，不然无法下载必备软件来安装。

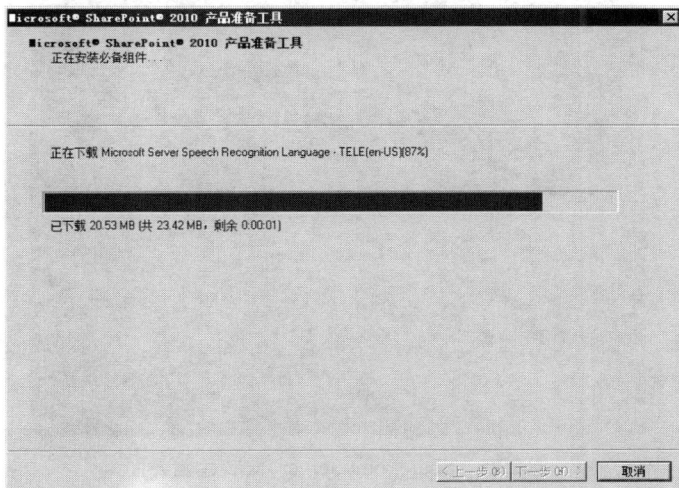

图 23.3　安装必备软件

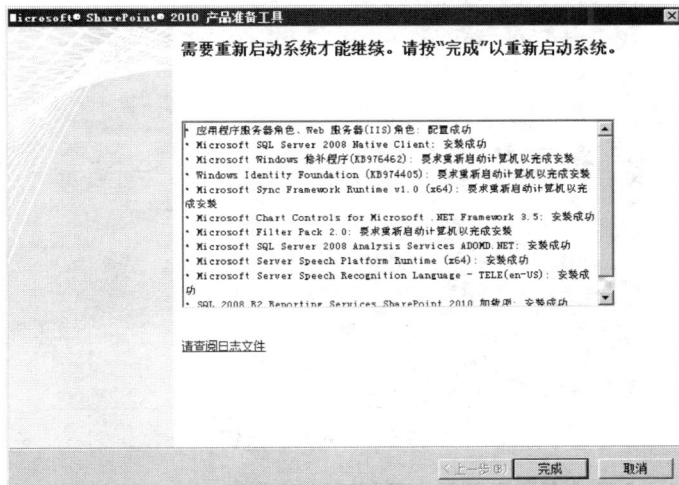

图 23.4　SharePoint 必备软件安装完成界面

2. 安装 Microsoft SharePoint Server 2010

在 Microsoft SharePoint Server 2010 起始界面里，单击"安装"下的"安装 SharePoint Server"链接，将启动 Microsoft SharePoint Server 2010 安装，如图 23.5 所示。

输入产品密钥，验证成功后，单击"继续"按钮，开始下一步的安装，如图 23.6 所示。

> **注意**　SharePoint Server 2010 产品序列号必须是企业版客户端访问许可证功能版本。不然无法安装 Project Server 2010。

选中"我接受此协议的条款"复选框，然后单击"继续"按钮，开始下一步的安装，如图 23.7 所示。

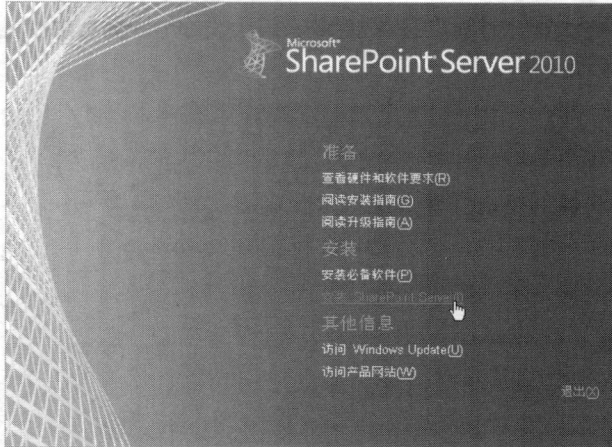

图 23.5　SharePoint Server 安装起始界面

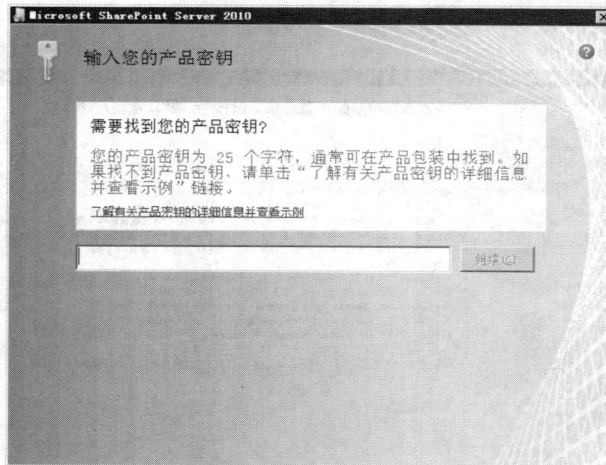

图 23.6　输入产品密钥

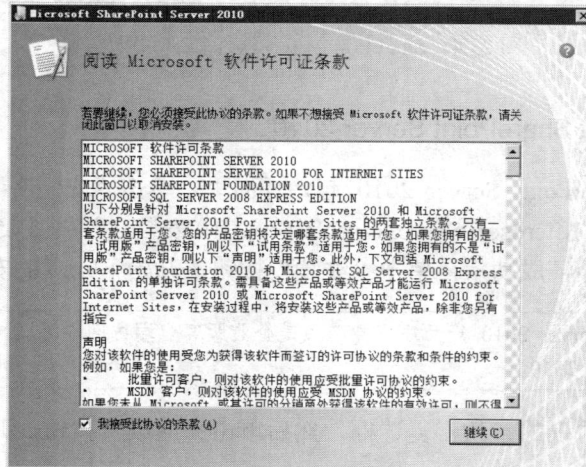

图 23.7　接收许可条款

在 SharePoint Server 部署模式界面，选择"服务器场"按钮。"独立"安装用于评估目的，会安装自带的数据库 SQL Server 2008 Express，如图 23.8 所示。

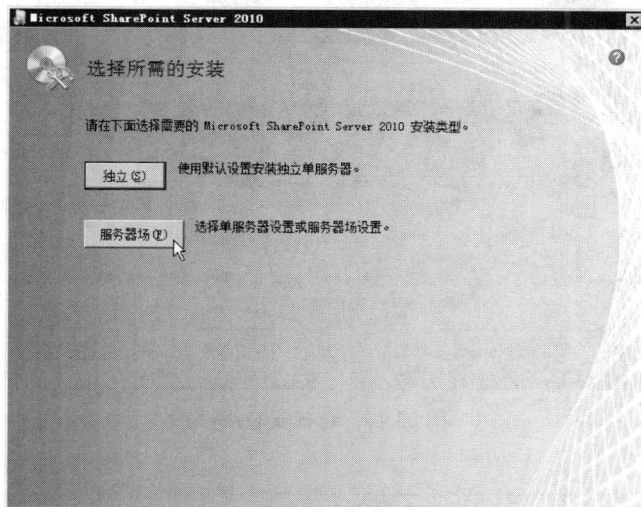

图 23.8　选择安装模式

在选择安装组件界面，选择"完整"单选按钮，完整组件包含 Web 组件与应用程序组件，使服务器成为 Web 前端服务器与应用程序服务器。"独立"方式会安装所有的组件与 SQL Server Express，这种方式与安装模式中"独立"选项一致，只是这里可以选择安装文件夹，如图 23.9 所示。

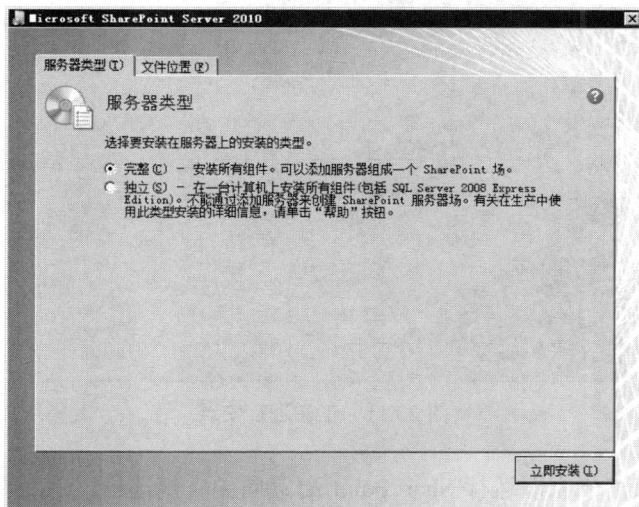

图 23.9　选择安装组件

单击图 23.9 中的"文件夹"选项卡，可以更改安装文件的本地磁盘位置，然后单击"立即安装"按钮，如图 23.10 所示。

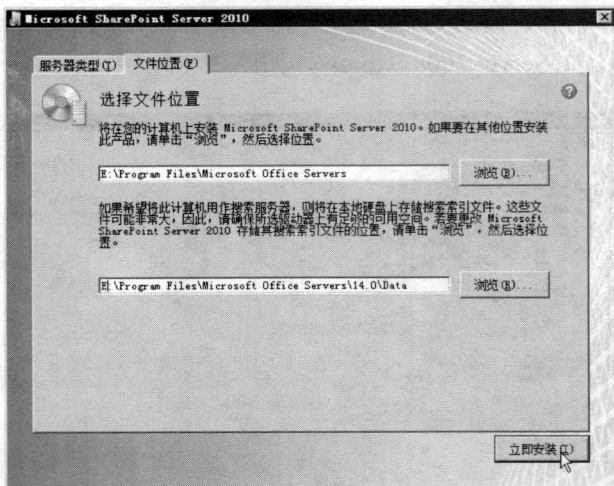

图 23.10　选择安装路径

注意　为了提高 Project Server 2010 的运行性能。微软官方建议系统盘应有 80GB 的可用空间。建议更改文件的安装路径。

正在进行安装，如图 23.11 所示。

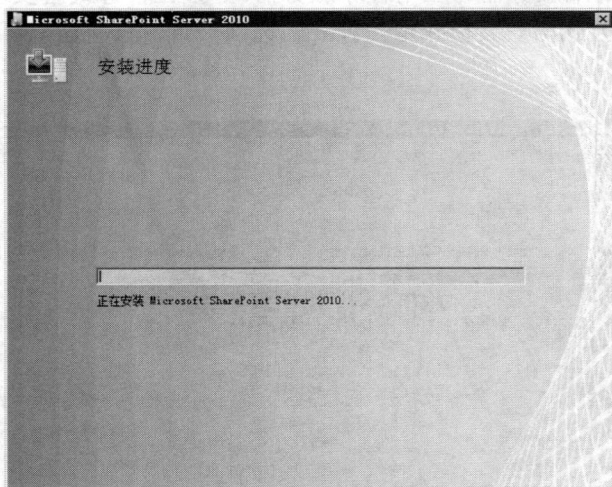

图 23.11　正在进行安装

安装完成后，取消"立即运行 SharePoint 配置向导"复选框，然后单击"关闭"按钮，如图 23.12 所示。

注意　可以先进行产品配置，生成管理中心。也可以安装 Project Server 2010 后一起配置。后面这种方法较简单。

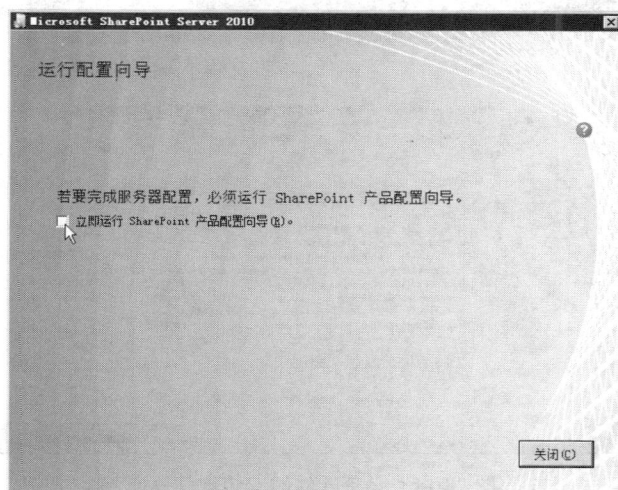

图 23.12　SharePoint Server 2010 安装完成

3. 安装 Project Server 2010 和配置生成管理中心网站

用户单击 Microsoft Project Server 2010 安装介质中的 Setup.exe 安装文件后，系统会解压安装介质包并弹出安装起始界面，单击"安装"下的"安装必备软件"链接，如图 23.13 所示，将启动必备软件的安装向导。

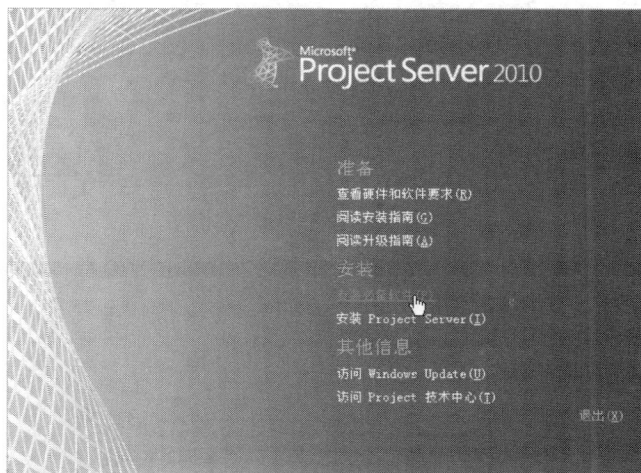

图 23.13　安装起始界面

必备软件的安装向导欢迎界面中列出了将要安装的必备软件清单，单击"下一步"按钮，如图 23.14 所示。

系统会按照清单从网上下载必备软件，并开始安装，如图 23.15 所示。

必备软件安装完成了，单击图 23.15 中的"下一步"按钮，将看到安装完成界面，如图 23.16 所示，单击"完成"按钮。

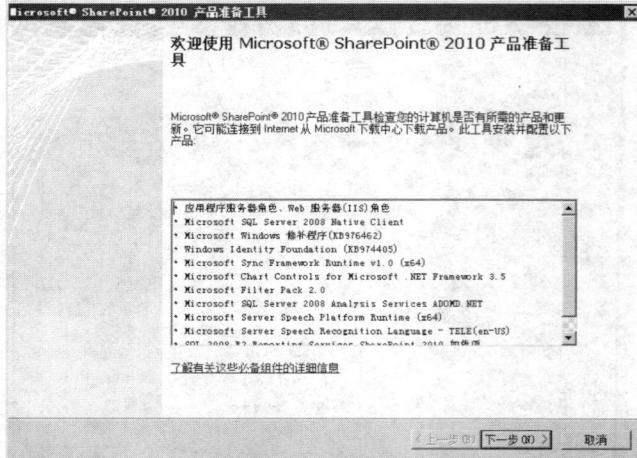

图 23.14　必备软件的安装欢迎界面

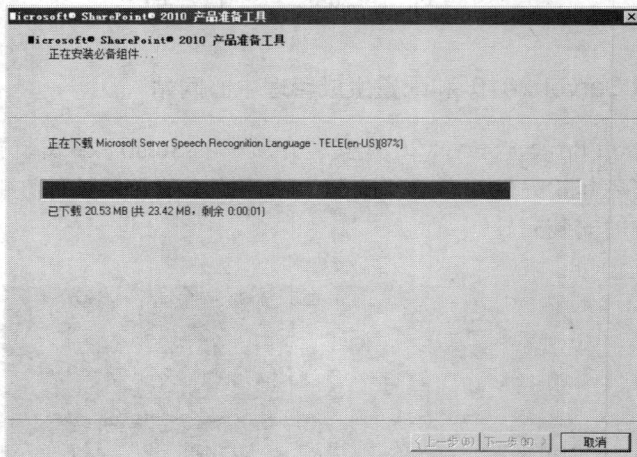

图 23.15　安装必备软件

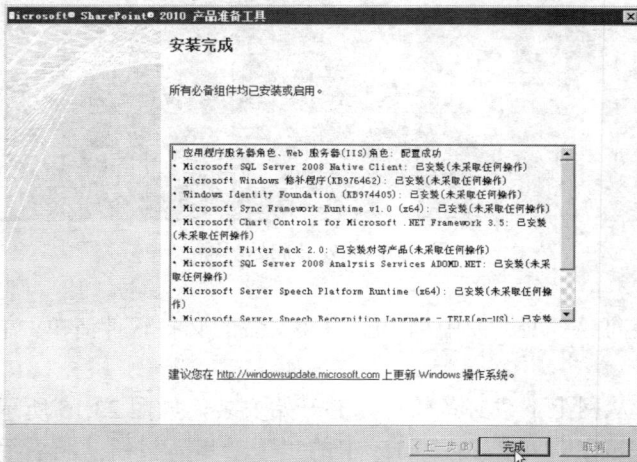

图 23.16　SharePoint 必备软件安装完成界面

在 Microsoft Project Server 2010 起始界面里，单击"安装"下的"安装 Project Server"
链接，如图 23.17 所示，将启动 Microsoft Project Server 2010 安装。

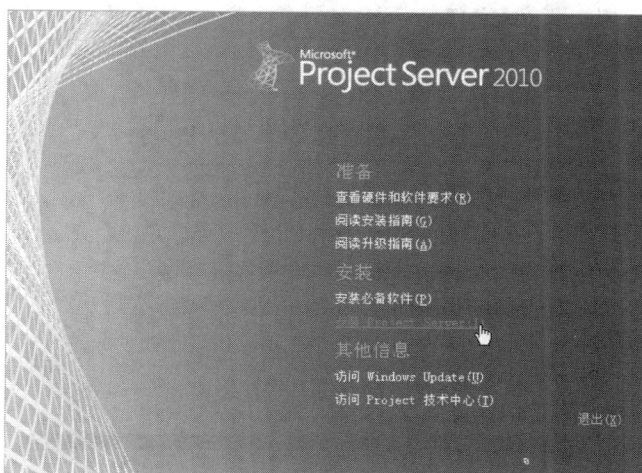

图 23.17　Project Server 的安装起始界面

输入产品密钥，验证成功后，单击"继续"按钮，如图 23.18 所示，开始下一步的
安装。

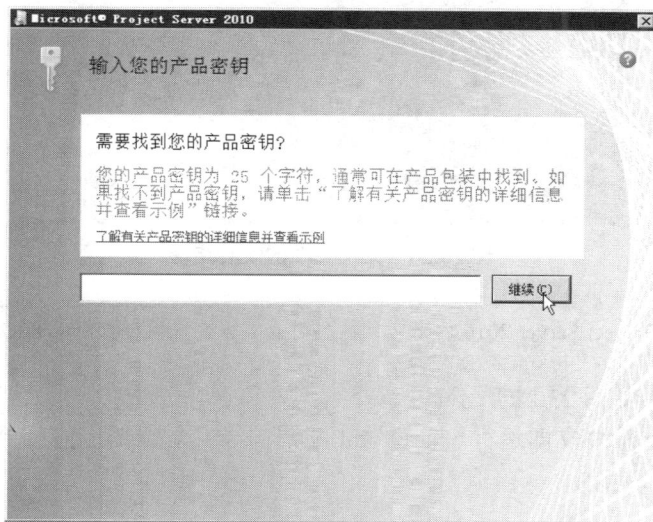

图 23.18　输入产品密钥

选中"我接受此协议的条款"复选框，然后单击"继续"按钮，如图 23.19 所示，开始
下一步的安装。

Project Server 2010 文件的安装位置默认为 SharePoint Server 2010 的安装位置，无法更改。
单击"立即安装"按钮，如图 23.20 所示。

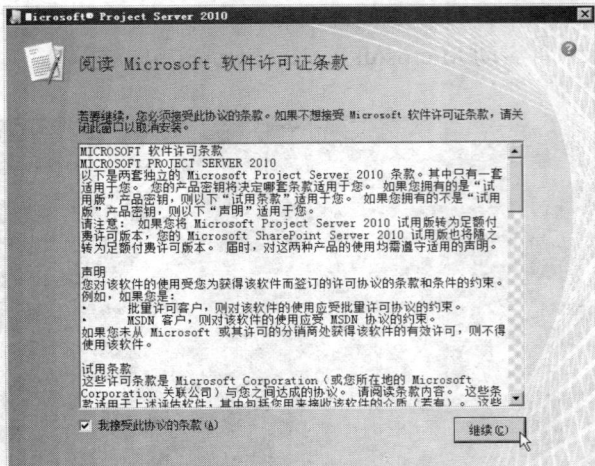

图 23.19　接收许可条款

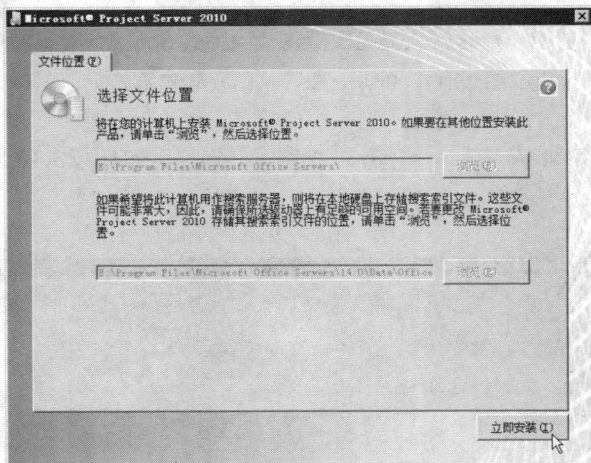

图 23.20　无法更改的安装路径

◎注意　为了提高 Project Server 2010 的运行性能。微软官方建议系统盘应有 80GB 的可用空间。

正在进行安装，如图 23.21 所示。

安装完成后，选中"立即运行 SharePoint 配置向导"复选框，然后单击"关闭"按钮，如图 23.22 所示。

4．配置 SharePoint 生成管理中心网站

安装过程中会在生成 SharePoint 管理中心网站，一个服务器场中只有一个管理中心网站。管理中心网站负责所有的配置活动，管理服务器与服务、管理服务应用程序与 Web 应用程序以及网站等。

Project Server 2010 安装完成后，选中"立即运行 SharePoint 配置向导"复选框，单击"关闭"按钮后将启用 SharePoint 配置向导的欢迎界面，如图 23.23 所示。

图 23.21　正在进行安装

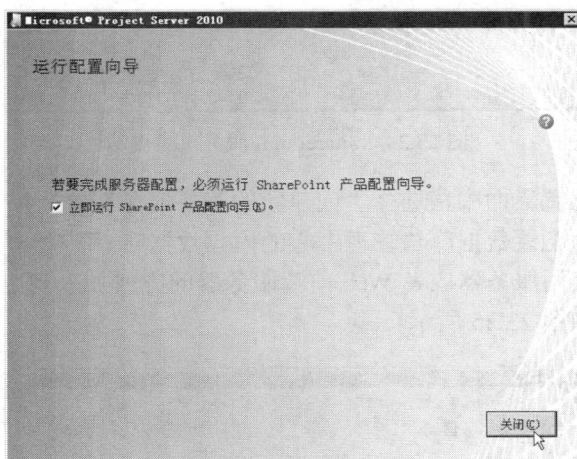

图 23.22　Project Server 2010 安装完成

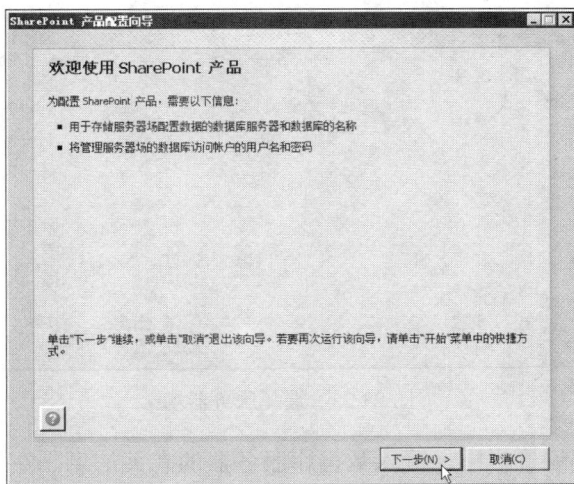

图 23.23　SharePoint 欢迎界面

在 SharePoint 配置向导的欢迎界面中单击"下一步"按钮，将提示要求重启 SharePoint 2010 的相关服务，选择"是"按钮，如图 23.24 所示，然后单击"下一步"按钮。

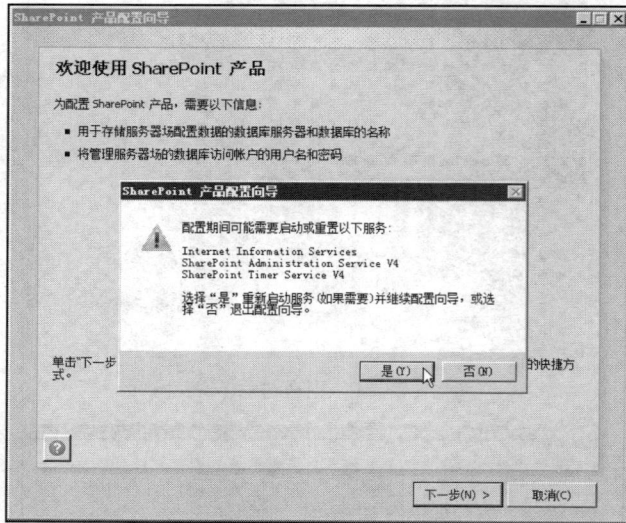

图 23.24　SharePoint 服务重启提示

在连接服务器场配置界面中，选择"创建新的服务器场"单选按钮，将会生成管理中心网站并在数据库中产生配置数据库与管理中心的内容数据库。"连接现在的服务器场"单选按钮表示把服务器作为应用服务器或者 Web 前端服务器的方式加入到已存在的服务器场中。单击"下一步"按钮，如图 23.25 所示。

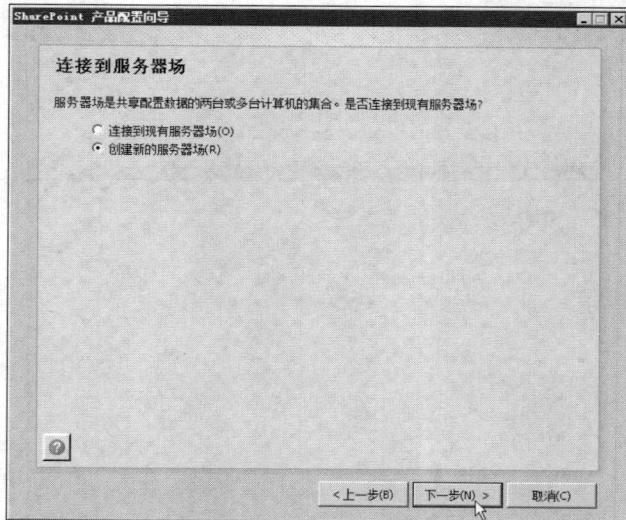

图 23.25　选择服务器场

在指定配置数据库设置栏中，输入数据库服务器的有关信息。在"数据库服务器"文本框中输入数据库服务器的名称；在"数据库名称"文本框中输入数据库的名称（建议默认）；

在"用户名"文本框中输入服务器场管理账户，如果数据库的宿主在另一台服务器上，必须用域账户，格式为"域名\账户名"；在"密码"文本框中输入账户的密码。

　　然后单击"下一步"按钮，如图 23.26 所示。

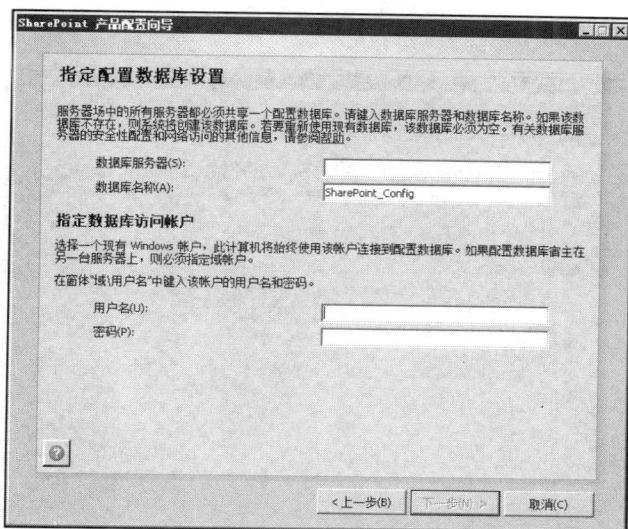

图 23.26　数据库的配置信息

注意　　要保证应用程序服务器可以访问到数据库服务器，并且安装账户具有数据库的管理员的权限。指定的服务器场管理员也要具有创建数据库的权限。如果将服务器场管理员账户作为服务账户，则建议密码设置为永不过期，SharePoint 2010 提供了服务密码的自动更改功能。

　　在指定服务器安全设置界面，输入安全密码。此密码用于扩展服务器场，应用程序服务器加入服务器场时，需要用到此密码。确认密码后，单击"下一步"按钮，如图 23.27 所示。

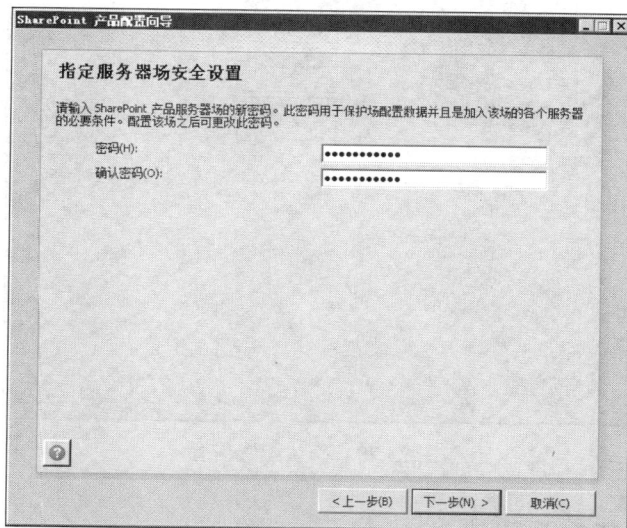

图 23.27　设定场安全密码

在配置 SharePoint 管理中心 Web 应用程序界面，指定管理中心应用程序的端口号（不指定的话会随机分配）；在配置安全设置选择 Web 应用程序的验证程序，Kerbers 验证程序要求 IIS 服务器与域账户进行特定配置，这里选择"NTLM"单选按钮，然后单击"下一步"按钮，如图 23.28 所示。

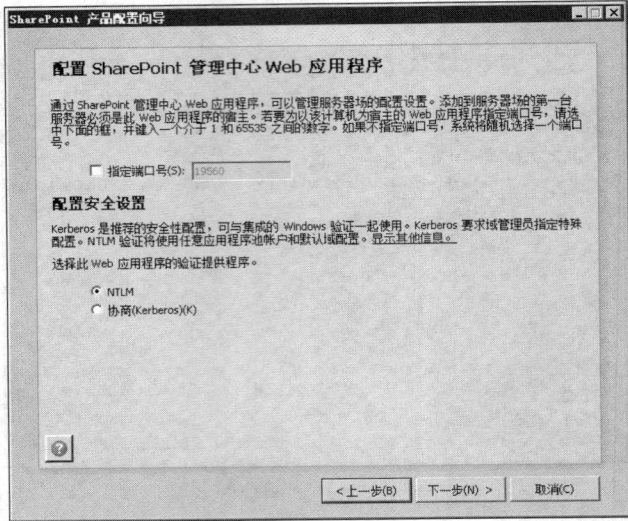

图 23.28　设置管理中心的参数

查看并确认配置信息后，单击"下一步"按钮，如图 23.29 所示，开始进行配置。

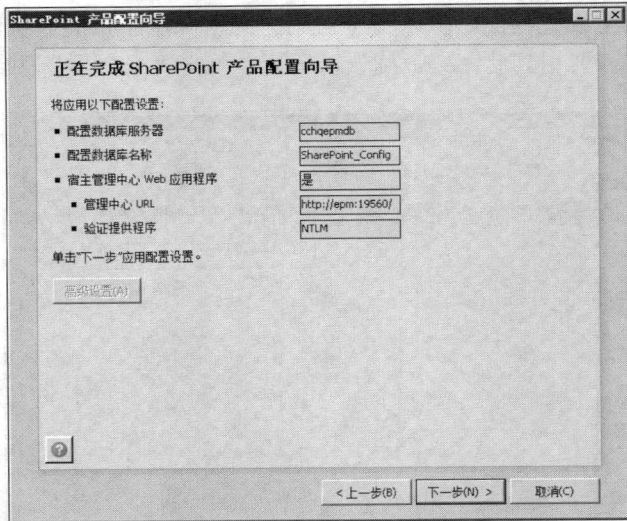

图 23.29　确认配置信息

正在进行配置，如图 23.30 所示。

配置成功后，将看到如图 23.31 所示的界面。

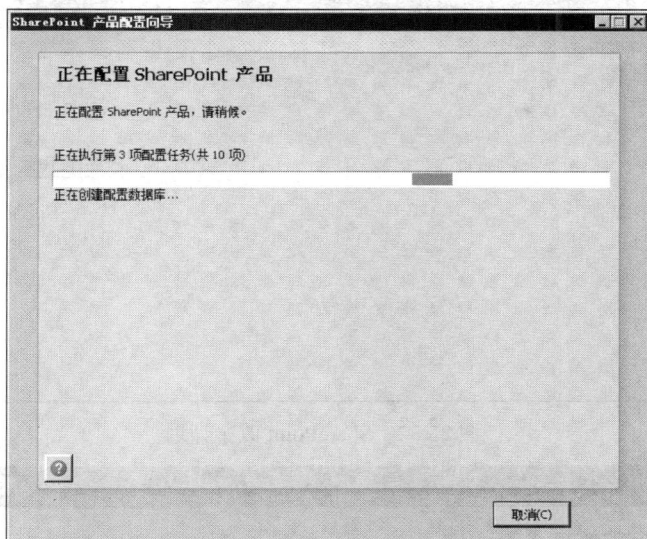

图 23.30　配置进行中

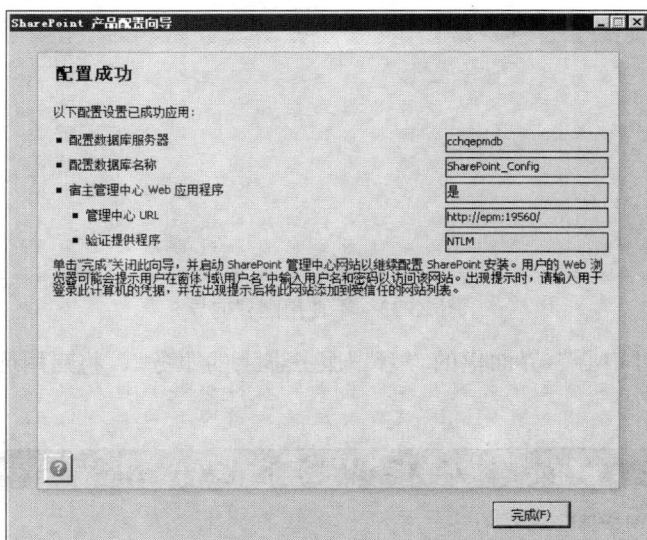

图 23.31　SharePoint 管理中心配置生成

单击"完成"按钮，将打开管理中心网站。下一小节的内容将在管理中心中操作。

5．启动服务

初次打开的管理中心网站如图 23.32 所示，选择"否，我不愿意参加"单选按钮，然后单击"确定"按钮。

为了了解 SharePoint 的配置过程，在配置过程中，不使用"启动向导"，这里选择"取消"，如图 23.33 所示。

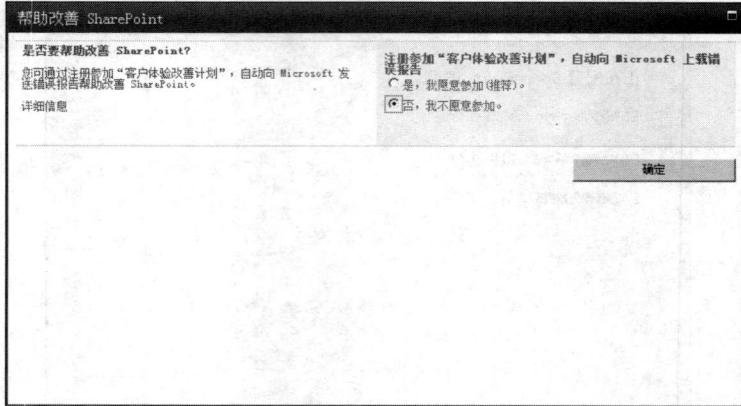

图 23.32　SharePoint 改善计划

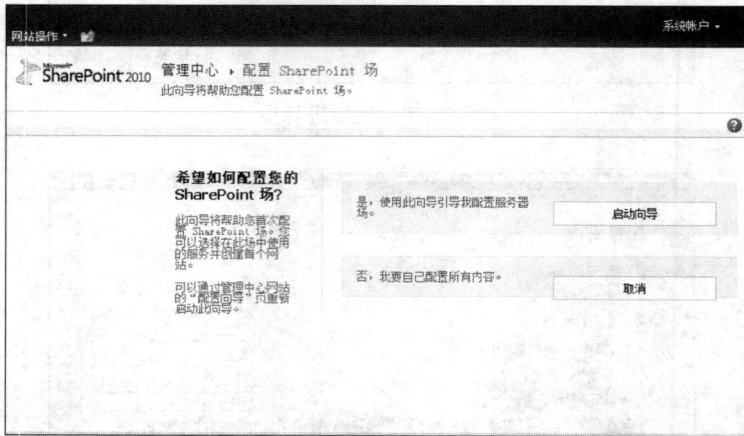

图 23.33　不使用配置向导

单击左侧"管理中心"界面里的"管理服务器上的服务",将启用应用程序的服务,如图 23.34 所示。

图 23.34　进入服务管理界面

在服务管理界面，单击"Project Application Services"后的"启动"链接，如图 23.35 所示，然后启动 Excel Calculation Services 与 Performance Point Service（这两个服务于 Project Server 的商业智能）和 SharePoint Foundation 搜索。

图 23.35　启动相关服务

6．新建服务应用程序

服务启动完成后，回到"管理中心"界面，单击"管理服务应用程序"链接，如图 23.36 所示，可以新建服务应用程序。

图 23.36　进入服务应用程序管理界面

在服务应用程序管理界面中，单击"新建"下的"Performance Point Service Application"，如图 23.37 所示。

在"名称"栏中输入 Performance Point Service Application 应用程序的名称，如图 23.38 所示。

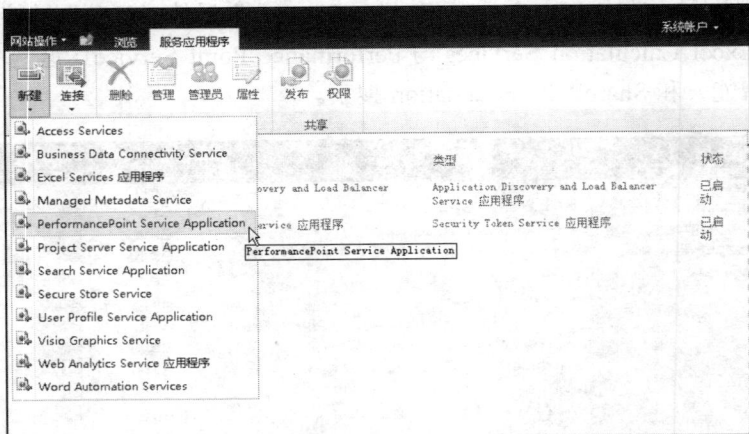

图 23.37　新建 Performance Point Service Application 应用程序

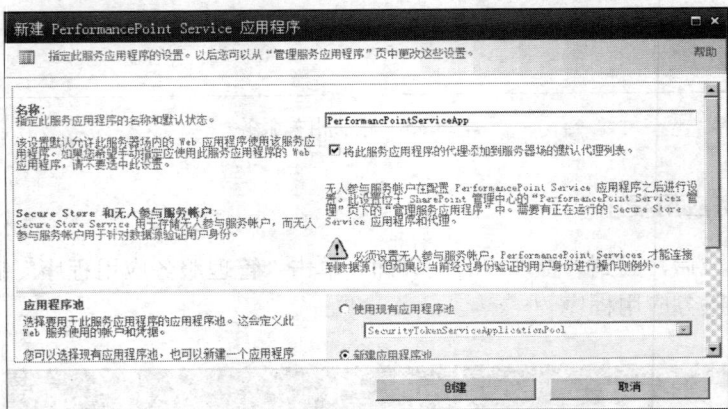

图 23.38　新建 Performance Point Service Application 应用程序

在"应用程序池"栏中，选中"新建应用程序池"单选按钮，在"应用程序池名称"下的文本框中输入应用程序的名称，并且可以配置应用程序池的标识账户，然后单击"创建"按钮，如图 23.39 所示。

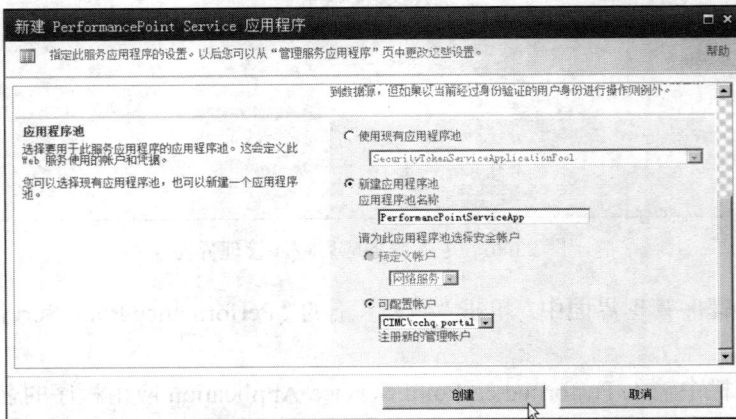

图 23.39　新建 Performance Point Service Application 应用程序

Performance Point Service Application 服务应用程序创建成功后，将看到如图 23.40 所示的界面。

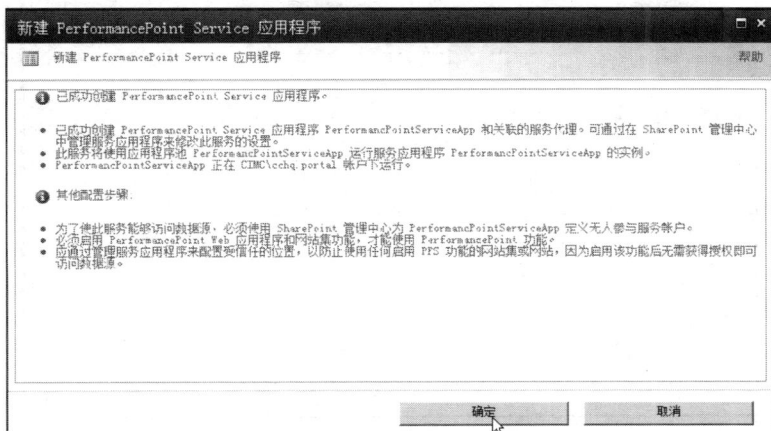

图 23.40　Performance Point Service Application 应用程序新建成功

回到服务应用程序管理界面，单击"新建"下的"Project Server Service Application"，如图 23.41 所示。

图 23.41　新建 Project Server Service Application 服务应用程序界面

如图 23.42 所示的 Project Service Application 应用程序新建界面中，在"Project Web App 服务应用程序名称"栏中输入 Project Server Service Application 应用程序的名称；在"应用程序池"栏中，选中"新建应用程序池"单选按钮，在"应用程序池名称"下的文本框中输入应用程序的名称，并且可以配置应用程序池的标识账户，然后单击"确定"按钮。

7. 新建 Web 应用程序

Project Server Service Application 应用程序新建成功后，单击左侧快速启动栏上的"应用程序管理"。在应用程序管理界面中，单击"管理 Web 应用程序"连接，如图 23.43 所示。

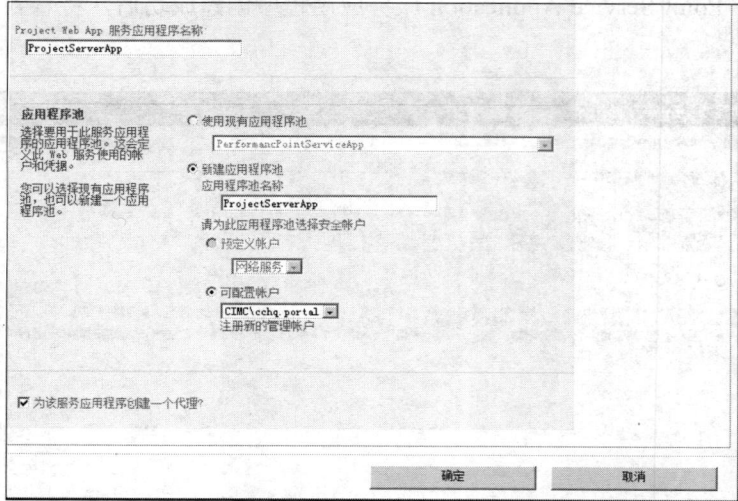

图 23.42　新建 Project Service Application 应用程序界面

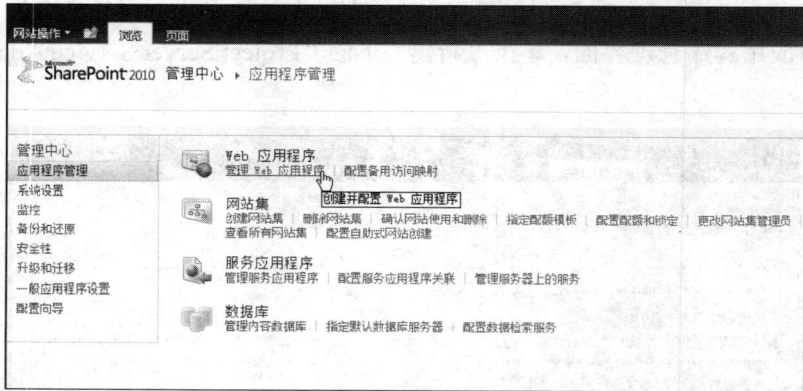

图 23.43　进入管理 Web 应用程序界面

在管理 Web 应用程序界面中，单击上方的"新建"按钮，开始新建 Web 应用程序，如图 23.44 所示。

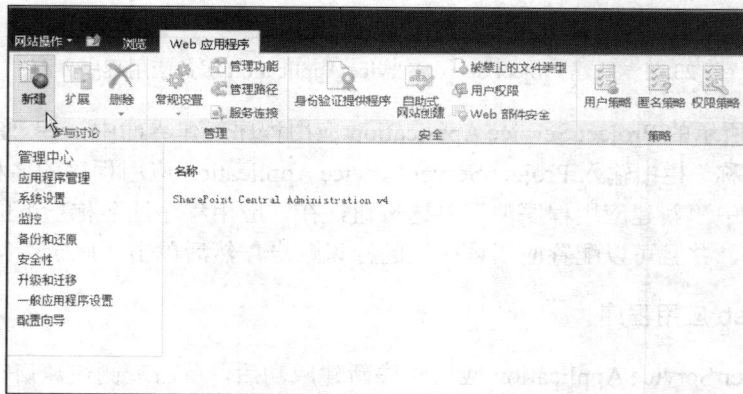

图 23.44　新建 Web 应用程序界面

在新建 Web 应用程序界面的"验证"栏中，选择"经典模式身份验证"单选按钮。在"IIS 网站"栏的"端口"文本框中，指定 Web 应用程序所使用的端口，如图 23.45 所示。

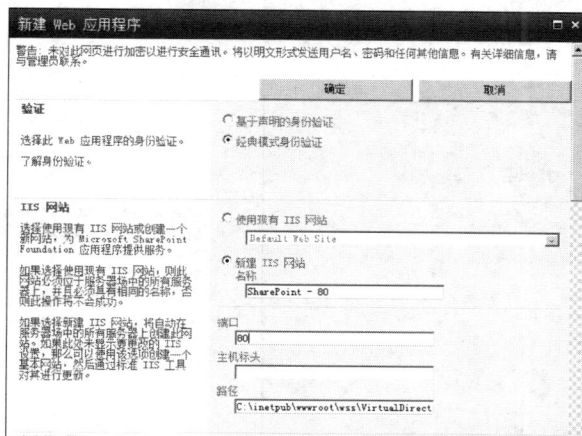

图 23.45　新建 Web 应用程序界面

在图 23.45 中，拖曳右边的滚动条，继续填写信息。在"安全性配置"栏中，选择应用程序的验证程序是否允许匿名、是否允许使用证书，这里使用默认选项；在"公用 URL"栏中，编辑应用程序默认的访问地址；在"应用程序池"栏中，指定应用程序池的名称与标识账户，如图 23.46 所示。

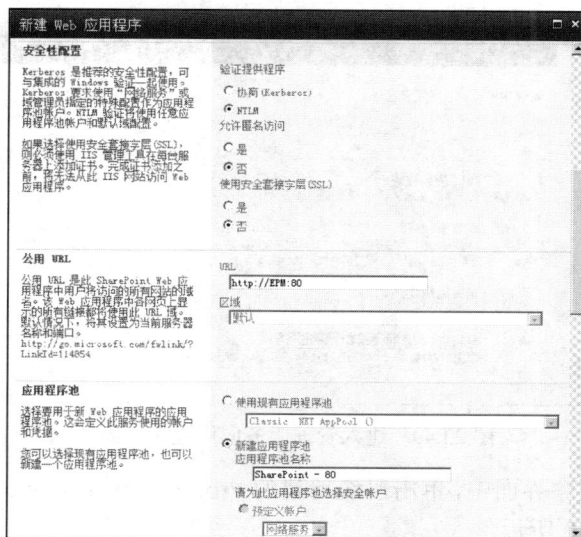

图 23.46　新建 Web 应用程序界面

在图 23.46 中，拖动右边的滚动条，继续填写信息。在"故障转移服务器"栏中，可以指定 Web 应用程序的内容数据库的群集服务器；在"服务应用程序连接"栏中，可以指定 Web 应用程序的服务，这里使用默认选项，如图 23.47 所示。选择"确定"按钮，开始创建 Web 应用程序。

Web 应用程序新建成功界面，如图 23.48 所示。

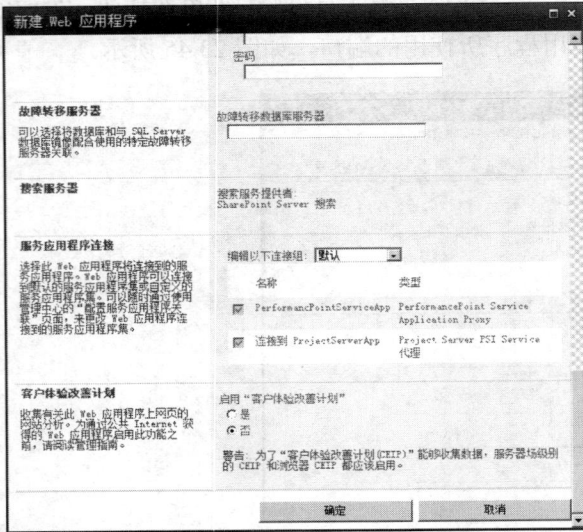

图 23.47　新建 Web 应用程序界面　　　　　　　图 23.48　Web 应用程序新建成功界面

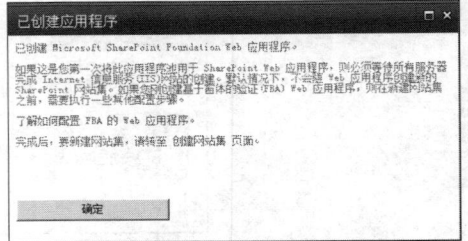

8．生成项目管理网站

Web 应用程序创建成功后，单击左侧快速启动栏上"应用程序管理"，显示应用程序管理界面，单击"管理服务应用程序"连接，如图 23.49 所示。

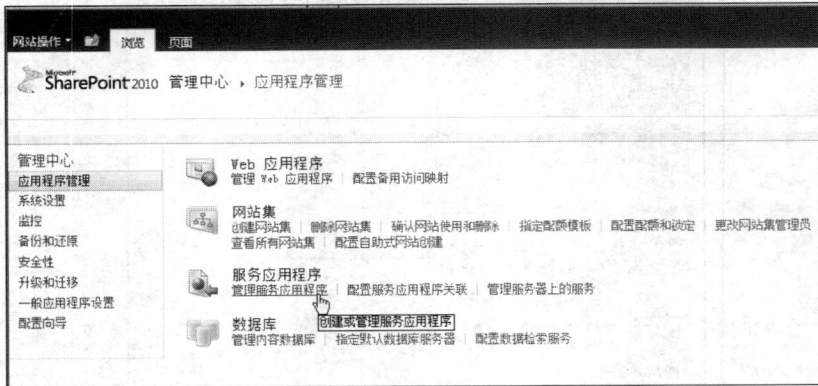

图 23.49　进入管理服务应用程序界面

在管理服务应用程序界面中，单击已经新建的 Project Server Service Application 服务应用程序的名称，如图 23.50 所示。

在 Project Server Service Application 服务应用程序界面中，单击"创建 Project Web App 网站"链接，如图 23.51 所示。

在创建项目管理网站界面的"Project Web App 网站位置"栏中，选择项目管理网站所基于的 Web 应用程序，输入网站的名称；在"管理员账户"栏中，输入项目管理网站的管理员；在"主数据库"栏中，输入项目网站特定 4 个数据库的服务器以及名称，这里建议使用默认选项，如图 23.52 所示。

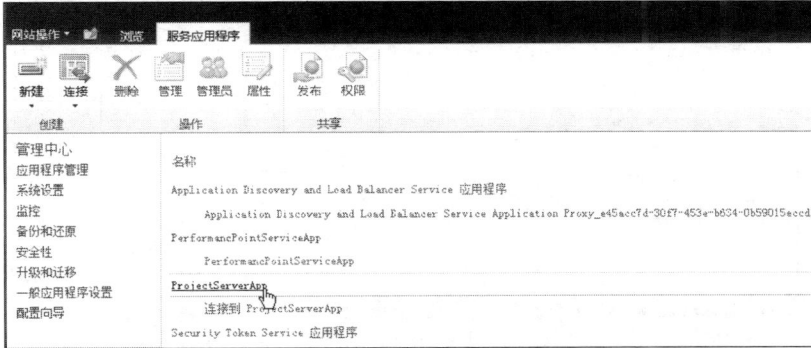

图 23.50　单击 Project Server Service Application 服务应用程序

图 23.51　创建项目管理网站

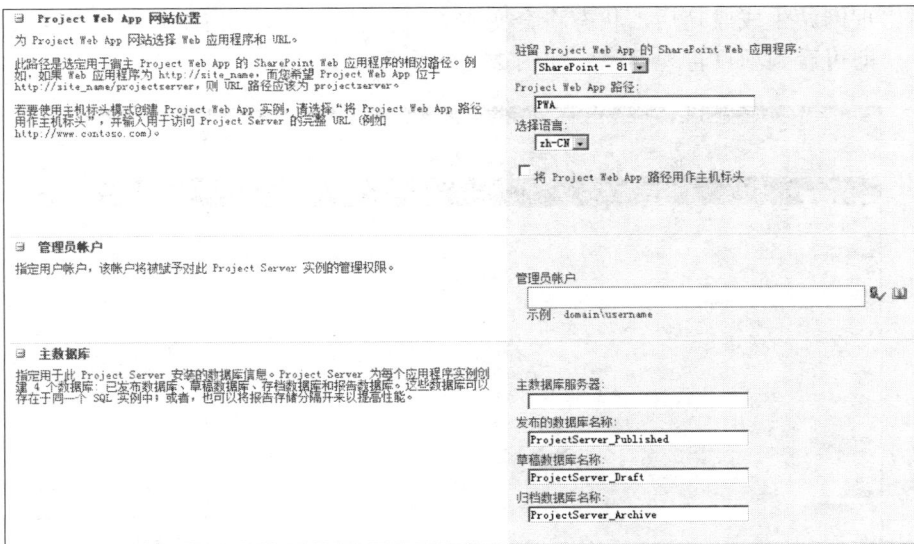

图 23.52　创建项目管理网站

在图 23.52 中，拖曳右边的滚动条，继续填写信息。在"网站配额"栏中，输入网站容量的最大值以及警告值，如图 23.53 所示，然后单击"确定"按钮，开始配置。

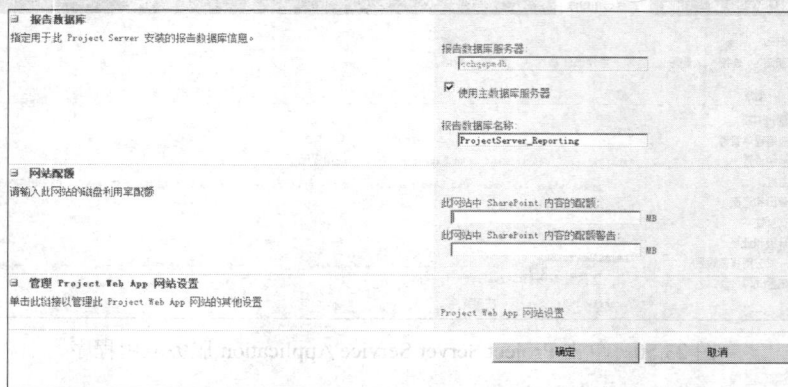

图 23.53 创建项目管理网站

系统会把生成项目管理网站放到系统作业中，将会在指定的数据库中新建数据库，在应用程序服务器上新建网站。在生成过程中，单击"刷新状态"，来查看当前状态，如图 23.54 所示。

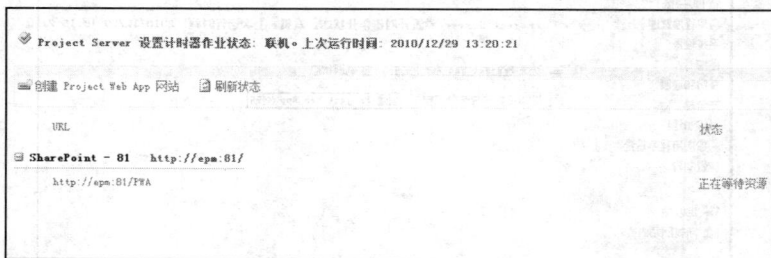

图 23.54 创建项目管理网站

项目管理网站生成成功后，状态将会变成"已提供"。然后在 IE 浏览器中输入项目管理网站地址，即可看到项目管理网站，如图 23.55 所示。

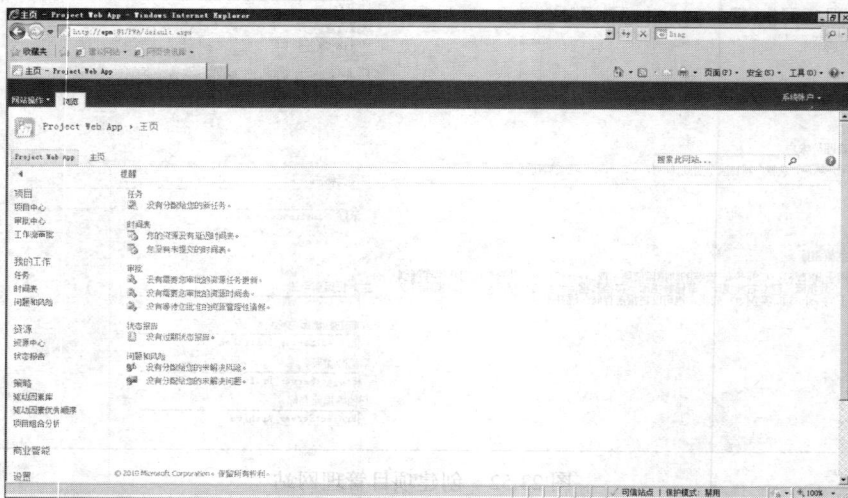

图 23.55 项目管理网站 PWA

23.2 Project Server 使用前的准备工作

Project Server 安装完成以后，需要做一系列的准备工作才可以正常使用。

23.2.1 建立基本账户

安装结束后，Project Server2010 只具有一个用户：administrator。在正式使用 Project Server 2010 之前需要使用该用户登录 Project Server，建立项目经理、资源经理、高级管理者等用户。

23.2.2 在 Project Professional 端测试连接

系统管理员已经在 Project Server 端建立了用户名为"Highfarinfo"，角色为"项目经理"的账户。为了测试 Project Server 2010 与 Project Professional 2010 是否正确连接，使用"Highfarinfo"账户进行连测试。打开 Project Professional，选择菜单【文件】/【信息】/【管理账户】，在出现的"Project Server 账户"对话框中，建立访问 Project Server 的用户。建立用户名为"项目管理平台"的信息，如图 23.56 所示。

如图 23.56 所示，账户信息设置完毕后，重新启动 Project Professional，将出现如图 23.57 所示的"登录"对话框。

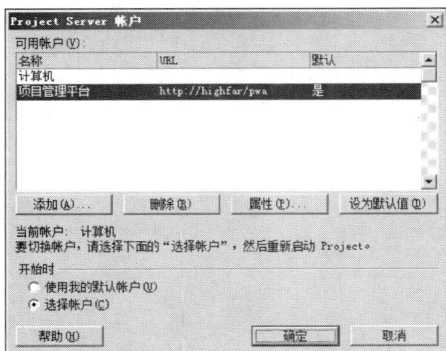

图 23.56 在 Project Professional 中创建账户信息　　图 23.57 "登录"对话框

在图 23.57 中，输入在 Project Server 端建立"Highfarinfo"账户时的密码，检查是否可以成功登录 Project Server。如果登录成功，说明 Project Server 安装成功，而且证明 Project Professional 能够与 Project Server 顺利协作。

23.2.3 建立资源库

Project Server 与 Project Professional 的协作验证成功后，应该使用"资源经理"的账户通过浏览器登录 Project Server 建立资源库。资源库的建立过程详见第 15 章的介绍，建立后的资源库如图 23.58 所示。

以上三步操作完成后，就可以全面开始使用 Project Server 与 Project Professional 的协作方式来管理企业项目了，具体的使用方式可以参考前面的相关章节。

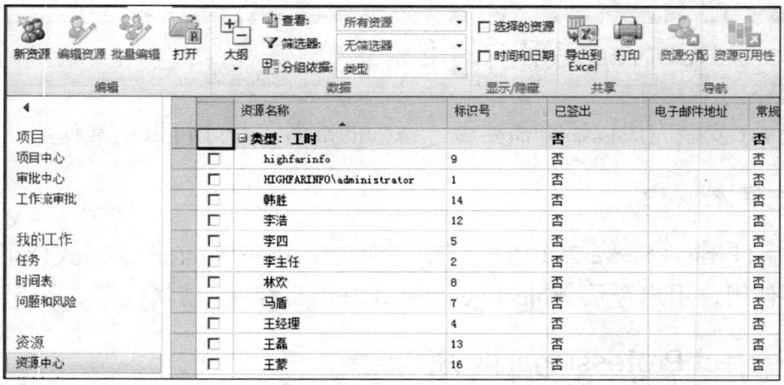

图 23.58　建立好的资源库

24
■ ■ ■ ■ ■ ■ ■ **第 24 章**
常见问题解答

Project 2010 产品毕竟不是普通的 Office 办公软件，在 Project 软件的设计思想中包含了很多的项目管理理论知识，在使用上不仅需要熟练的计算机操作经验，而且需要具备一定的项目管理经验，所以很多用户使用时难免会遇到各种各样的问题。笔者根据多年的 Project 咨询、授课、部署、开发、测试和使用经验，总结了一些发生频率较多的问题在本章中进行描述和解答，问题不可能非常全面，但希望能够解决一部分用户的实际问题，如有更多的问题，还希望有机会能够与更多的读者交流。

本章中的问题分为 3 类：

- 安装、部署中的问题；
- Project Server 使用中的问题；
- Project Professional 使用中的问题。

24.1 安装部署中的问题

Project Professional 2010 安装过程简便，不会出现太大问题，但是 Project Server 的安装过程相对比较复杂，很多用户安装过程都不顺利，尤其是大型用户实现企业级系统部署时遇到的问题更多。下面列举了在安装部署 Project Server 过程中最常见的几种问题。

1. 安装 Project Server 2010 前必须安装 SharePoint Server 2010 企业版吗？

Project Server 2010 是建立在 SharePoint Server 2010 体系结构之上，对 SharePoint Server 2010 企业版的功能和服务具有很大的依赖性，SharePoint Server 2010 标准版无法提供安装 Project Server 2010 所需的功能与服务支持，因此必须安装 SharePoint Server 2010 企业版。

2. 安装 Project Server 2010 的操作系统必须是 Windows Server 2008 SP2（64 位）吗？

Project Server 2010 是完全构建于 SharePoint Server 2010 上，由于该产品是建立在 Windows Server 2008 SP2（64 位）基础上的。因此必须安装 Windows Server 2008 SP2（64 位）或者更高版本的操作系统中。

3. 安装 Project Server 2010 的硬件最低要求？

处理器：支持 64 位的双核 2.5 或四核 2.0。内存：测试环境 4GB、生产环境 8GB。硬盘：80GB。

4．Project Server 2010 对客户端 PC 环境的最低要求

Project Professional 2010 用户需要 Microsoft Windows XP Service Pack 2（SP2）或 Windows Server 2003 SP1 或更高版本，创建可视报表需要 Office 2007 或更高版本。PWA 用户需要 Microsoft Internet Explorer 7 或更高版本浏览器。

5．安装 Project Server 2010 后，Project Professional 2007 还可以继续联机使用吗？

Project Server 2010 提供了向下兼用模式，仅当通过升级安装 Project Server 2010 后可开启，支持 Project Professional 2007 连接 Project Server 2010。

注意 全新安装 Project Server 2010 不支持 Project Professional 2007 联机协同。

6．Project Server 相关产品都必须安装在一台服务器上吗？

不是。如果在单台服务器上安装 Project Server 2010 及其关联的组件，也可以使用。这为更大规模的部署之前测试 Project Server 2010 功能提供了一个低成本环境。另外，执行单服务器安装时，可以选择安装示例数据库。此数据库包含测试和评估 Project Server 2010 时可以使用的示例数据。

实际上，微软更推荐在 3 台单独的服务器上安装 Project Server 2010、SharePoint 2010 和 SQL Server 及 SQL Server Analysis Services，提供了一个与单服务器安装相比规模更大的部署示例。可以使用此选项为 Project Server 2010 创建更加灵活多样的评估环境。

7．SQL Server Analysis Services 必须安装吗？

SQL Server Analysis Services 是用来实现 Project Server 2010 中的项目组合分析和商业智能所使用的多维数据分析服务，如果希望使用项目组合分析或商务智能功能则必须安装，如果只是实现 Project Server 的基本功能则可以不安装。

8．补丁必须安装吗？

是的，必须安装最新的补丁集。

9．先安装 Project Server 2010 还是先配置 SharePoint Server 2010？

应该先安装 Project Server 2010。

10．Project Server 2010 的部署必须使用域方式吗？

微软建议使用域方式安装，但这不是必须的。可以使用 Windows 用户验证方式，也可以使用域用户验证，当然也可以采用 Form 验证，但是 Form 验证需要做一定配置工作才能实现。

11．Project Server 2010 的安装可以不基于 SQL Server 2005 或者 SQL Server 2008/R2 吗？

可以。在安装时，可以选择"基本"方式，这样可以安装数据库的 Express 版，但是却

实现不了企业级的应用，一般用于评估、测试环境。

12．Project Server 2010 支持在 Hyper-V 上安装吗？

支持，部署测试环境时，如果服务器资源较紧张，可通过 Hyper-V 创建一个虚拟环境安装 Project Server 2010。

24.2　Project Server 使用中的问题

1. Project Server 2010 未提供 Outlook 加载插件，怎样配置才能够让 Outlook 与 Project Server 协同？

Project Server 2010 未提供 Outlook 加载插件，取而代之提供了 Project Server 与 Exchange Server 协同解决方案，以降低 IT 维护成本，提高协同效率。

2．怎么在 Project Server 2010 中代理他人工作？

（1）管理委派。

通过 PWA 上【服务器设置】/【管理委派】，单击工具栏中的【新建】按钮，根据委托情况设置委托时间段，【设置代理人】/【浏览】选择需要代理人（如出现权限不足，请联系 EPM 管理员确认"全局权限"是否允许"可委派"），保存后设置委派完毕，如图 24.1 所示。

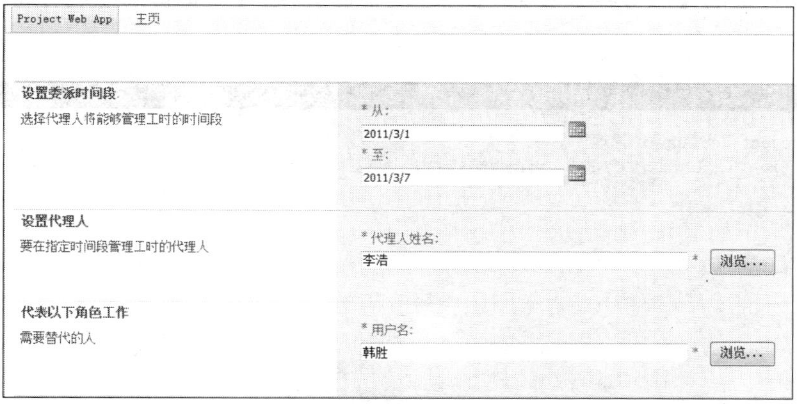

图 24.1　管理委派

（2）成为代理人。

代理人用自己账户登录 PWA 后，通过 PWA 中的【服务器设置】/【成为代理人】，在工具栏上单击【启动委派会话】后，可代理委托人一的切工作，如图 24.2 所示。

3．Project server 2010 项目数据应该怎么备份？

（1）直接备份 Project server 2010 数据库。

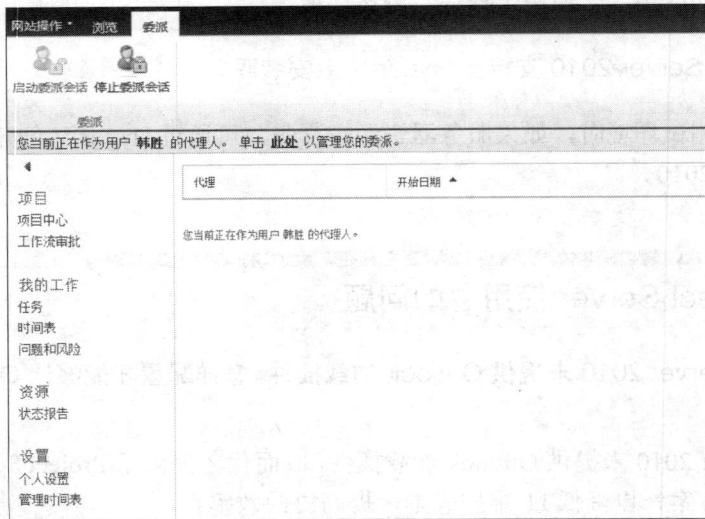

图 24.2　成为代理人

在缺省安装下，Project Server 2010 数据库有 4 个，用于存储项目数据库，名字分别为 ProjectServer_Draft、ProjectServer_Published、ProjectServer_Reporting、ProjectServe_Archive。

在缺省安装下，项目网站和 PWA 页面信息存放在 WSS_Content 中。限于篇幅，备份数据库操作步骤略。

（2）通过 PWA 备份。

通过 PWA 上的【服务器设置】/【管理性备份】，选择要备份的项进行备份，如图 24.3 所示。

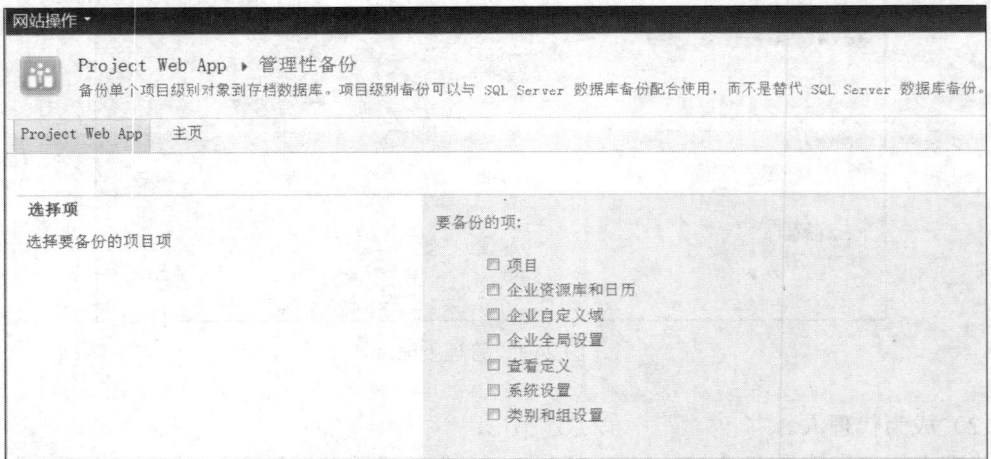

图 24.3　备份项目

（3）通过 SharePoint 管理中心备份。

单击 SharePoint 管理中心左侧导航栏上的【备份和还原】/【执行备份】，如图 24.4 所示。

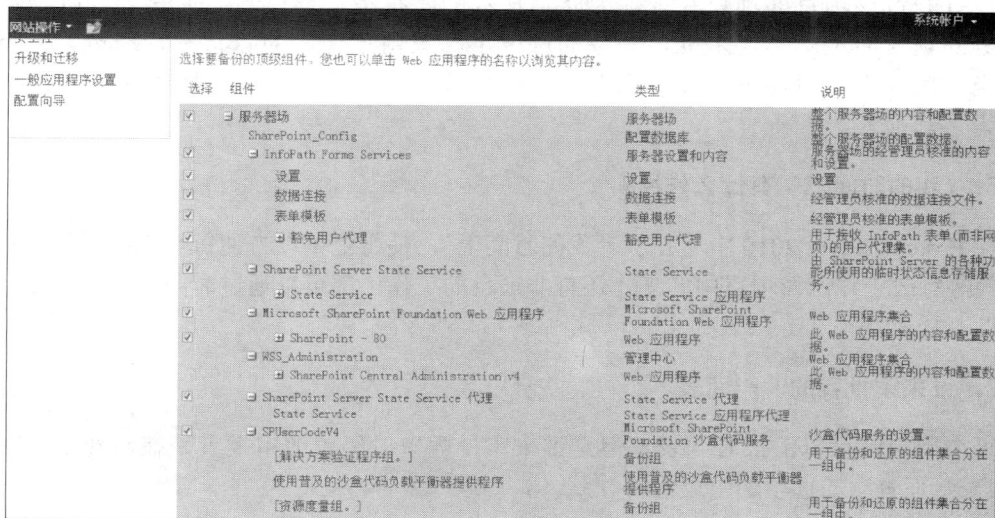

图 24.4　备份服务器场所有数据

（4）通过专业的功能模块备份工具备份。

微软提供了专门的功能模块备份工具，可工具功能模块备份，如工作流、账户策略等，限于篇幅，备份操作具体方法不做介绍。

4．Project Professional 2010 可以直接与 SharePoint Server 2010 协作吗？

可以，单击工具栏中的【文件】/【保存并发送】，单击【保存到 SharePoint】，如图 24.5所示。

图 24.5　保存到 SharePoint

5．"我的任务"的审批者是谁？

在 Project Professional 中，每个任务增加了一个"状态管理员"的属性，默认情况下，这个状态管理员是项目的发布者，但是经过设置之后，可以将"状态管理员"设置为其他打开过该项目的项目经理，因此当任务的"状态管理员"发生变化之后，原来发布任务的项目经理就不再审批该任务的进度了，改由该任务的"状态管理员"来审批。因此当大家发现项目经理接收不到资源的任务提交时，请检查是不是该任务的状态管理员成为了其他人。

6．"我的时间表"有什么作用？

在 Project Server 2010 中增强了"我的时间表"，使得更可以方便每个人的时间汇报，例如请假等行政工作以及项目中的工作还有非项目的工作，都可以通过时间表得到统计、汇报和审批。

7．谁来审批我的"时间表"？

每个用户都可以汇报时间表，但是谁来审批呢？时间表的审批者是在新建用户时通过"时间表管理者"的选项选中设定的。

8．为什么我希望的时间表审批者无法选择？

如果一个用户希望成为时间表审批者，则该用户必须具备"接受时间表"的权限。

9．资源库的新建可以在 PWA 上进行吗？

是的。为了减轻资源经理对 Project Professional 的学习成本，在 Project Server 2010 中可以直接建立资源。当然也可以在 PWA 上选择资源库中的资源后，在 Project Professional 端打开编辑。

10．如何删除垃圾数据？

在 Project Server 2010 中，通过 PWA 上的【服务器设置】/【删除企业对象】中可以删除"项目"、"资源"、"状态报告"、"任务"、"时间表"、"用户委派"等企业对象，如图 24.6 所示。

图 24.6　删除数据

11．如何能将任务分配等信息通过邮件通知？

（1）选择菜单【服务器设置】/【操作策略】/【通知和提醒】，在出现的页面中设置邮件服务器的地址和端口号，如图 24.7 所示。

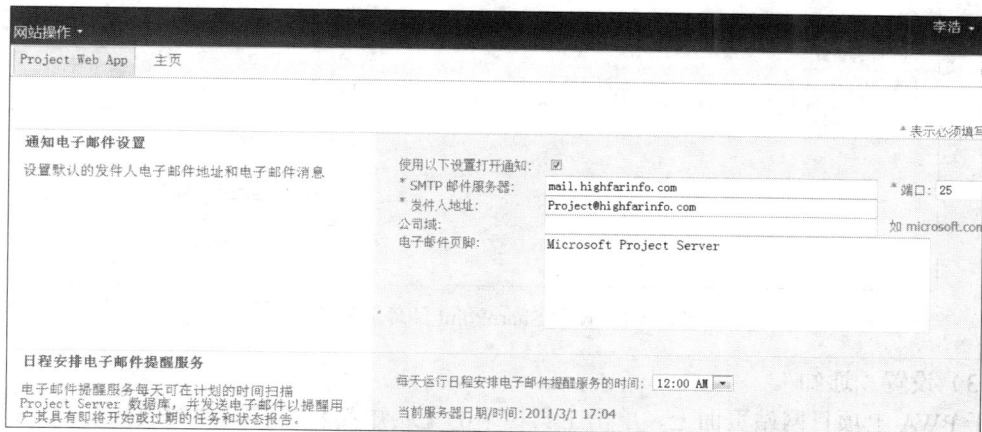

图 24.7　设置邮件服务器

（2）选择菜单【个人设置】/【管理我的通知和提醒】，在出现的页面左侧可以选择需要设置邮件通知的选项，如图 24.8 所示。

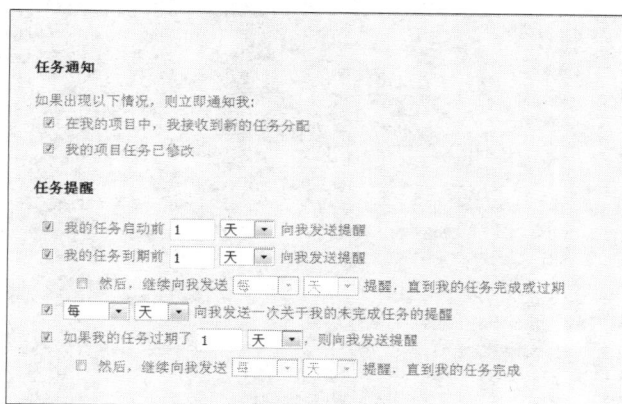

图 24.8　设置 PWA 邮件通知选项

以上设置完毕后，用户可以收到定制的通知内容。

12．如何能将问题、风险等信息通过邮件通知？

（1）打开 SharePoint Server 2010 管理中心。

单击【开始】/【所有程序】/【Microsoft SharePoint 2010 Products】/【SharePoint 2010 管理中心】。

（2）设置电子邮件设置。

在 SharePoint 管理中心，单击右侧导航上的【系统设置】/【电子邮件和短信（SMS）】/

【配置传出电子邮件设置】，如图 24.9 所示。

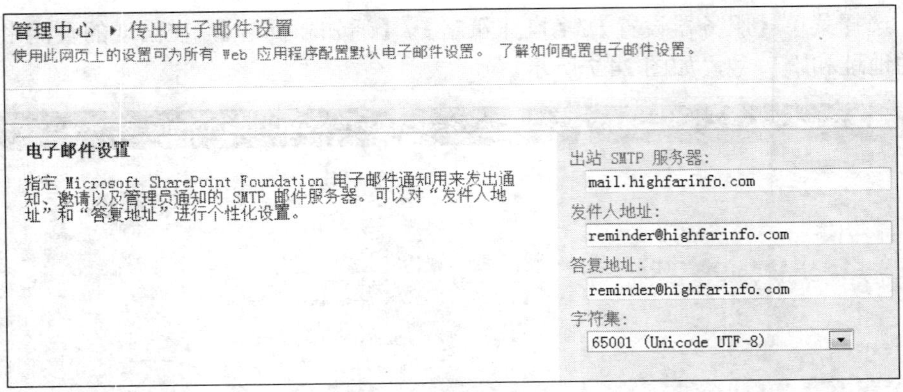

图 24.9　设置 SharePoint 邮件通知选项

（3）设置"通知"。

于 PWA 上项目网站页面上，单击工具栏中的【通知我】/【管理我的通知】，单击"添加通知"，打开如图 24.10 所示的界面。

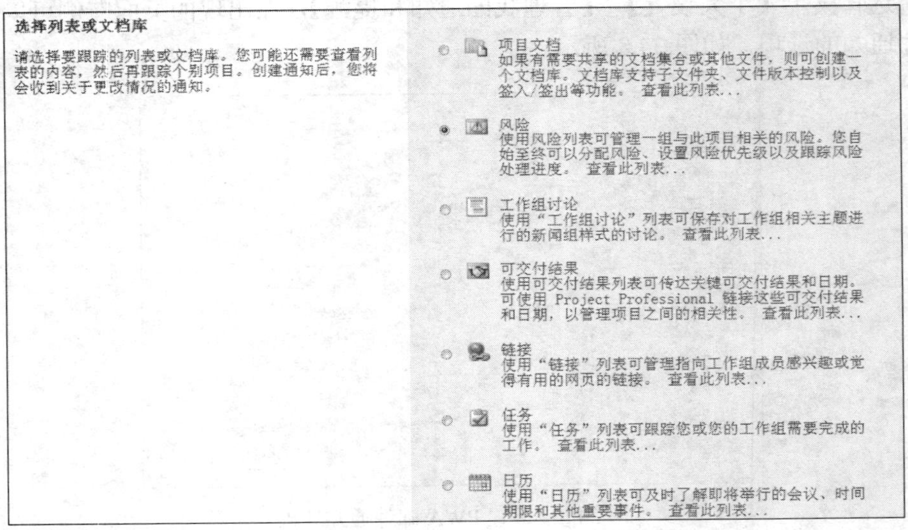

图 24.10　设置通知类型

重复步骤（3），设置"问题"邮件通知，以上设置完毕后，用户便可以收到定制的通知内容。

13．"队列管理"起到什么作用？

为了提高系统处理数据及能够让用户清楚地了解 Project Server 正在处理的进程，Project Server 中设置"管理队列"的功能，用户不仅可以看到正在运行的队列，还能够对这些队列做出诸如"取消"、"重试"的操作，从而更好地维护 Project Server。

14．什么是"企业全局设置"？

企业全局设置是一组默认设置（如视图、表和域）的集合，这些设置可供组织中的所有项目使用。这些设置存在于 Project Server 2010 上的特殊项目中，并可在单位的所有项目中使用。企业全局模板可以确保组织中的所有项目均符合标准，如视图、表和域的常规用法。

标准化是在企业级上处理项目的一个必要条件，可为所有项目经理提供通用语言。在企业全局模板内视图、日历、项目、资源和任务域的使用方式均符合此标准化。

与全局文件（即 Global.mpt）不同，企业全局模板是从 Project Server 上打开的特殊项目。只有具有服务器管理权限的人员，才可以打开企业全局模板并更改其中的项目。

24.3 Project Professional 使用中的问题

1．Project Professional 2010 有哪些新功能？

Project Professional 2010 相对与 2007 版本有了不小的改进，具体如下。

（1）改进的界面。

- 引入功能区。
- 外部功能。
- 快速地找到命令。

（2）全新的视图选项。

- 工作组规划器。
- 时间表。

（3）更容易地自定义视图。

- 快速添加列。
- 视图滑块。

（4）用户控制的进度安排。

- 手动/自动计划模式。
- 停用/激活任务。
- 自上而下的摘要任务。
- Project 的版本对比。

（5）更容易地协作。

- 通过 SharePoint 的列表同步改进协作。
- 增强的复制和粘贴功能。

（6）与先前版本完全兼容。

2．32 位和 64 位的 Project Professional 2010 有什么区别？

Project Professional 2010 分为 32 位和 64 位版本，功能一致，都可用连接至 Project Server 2010，其中 64 位版本 Project Professional 2010 只可以安装在 64 位版本操作系统之上，但安

装后，Office 套装只允许安装 64 位版本。32 位版本 Project Professional 2010 可以安装在 64 位版本操作系统之上，但安装后，Office 套装只允许安装 32 位版本。

3．当您在 Project 2010 中打开先前版本的项目文件时会发生什么？

当利用 Project 2010 打开一个先前版本的.MPP 文件时，Project 的功能会有所减少，并在窗口顶部的标题栏显示兼容模式。在兼容模式下，您可以打开、编辑和保存 Project 98 文件、Project 2000-2003 文件和 Project 2007 文件为原始格式，但是您不能使用 Project 2010 的新增功能。在您将项目转换为 Project 2010 格式之前，Project 会一直保持在兼容模式下。

当 Project 2010 处于兼容模式，某些新增功能会缩减，详细如表 24.1 所示。

表 24.1 Project 2010 兼容模式功能对比

Project 2010 功能	兼容模式下的情形
未激活任务	任务不能够设置为未激活
手动安排任务	任务无法被手动安排，只能自动安排
空白日期	无日期任务是手动安排任务中的一项功能，因此必须对所有任务应用开始日期和完成日期

4．当您在 Project 2010 中打开 Project 2007 文件并且保存成为 Project 2010 文件时会发生什么？

当您将一个 Project 2007 文件转换为 Project 2010 文件时，Project 将启用所有功能，并取消兼容模式。然而，Project 对这些现有任务和新任务的默认行为将会不同于在 Project 2010 中创建的新文件，详细如表 24.2 所示。

表 24.2 保存至 Project 2010 格式对比

Project 2007 功能	保存至 Project 2010 时情形
自动安排	现有任务被设置为自动安排
新建任务	新任务将会被默认设置为自动安排。在创建新任务之后，可以将其设置为手动安排
任务模式列	任务模式列（指明一个任务是自动安排还是手动安排）将不会显示出来，但是可以添加列
主控项目	在主项目文件中可以应用所有功能。但是，主项目中未转换为 Project 2010 的子项目是不能够使用这些功能的。只有被转换为 Project 2010 的子项目可以使用
跨任务链接	在未转换为 Project 2010 项目文件以及包含在转换为 Project 2010 的文件中，跨项目链接是不能够进行扩展的。只有已转换为 Project 2010 的跨项目链接可以进行扩展

5．Project Standard 能否与 Project Server 协作？

不能，在 Project Standard 2010 不具有 Project Server 的协作功能，因此在 2010 版本中如果需要与 Project Server 协作，必须使用 Project Professional 2010。

6. 怎样修改货币现实格式？

单击工具栏中的【文件】/【选项】，选择【显示】，在货币下拉菜单中选择货币。

7. "自定义企业域"与普通"自定义域"有什么不同？

企业域是针对 Microsoft Project Server 2010 特殊设置的自定义域，并且只在企业项目中可用。与非企业项目中的自定义域非常相似，它们可以包括自定义公式和大纲代码，并且允许使用值列表和图形标记，以满足单位的需要。

企业域不同于自定义域，它具有以下几个特点。

◉　允许单位根据其自身结构和过程对项目管理进行自定义。单位中的所有用户都可以访问标准企业域集，并可以在整个项目集上进行操作。

◉　存储在企业全局模板中，包括其定义和查阅表，但不包括在企业域中为任务、资源或项目分配的值。为了维护安全性并保持一致，只有具有签出企业全局模板权限的用户可对企业域进行更改。

◉　可以针对项目进行设置。

◉　具有特定的属性。例如，它们可以是必须填写的域，用户将收到在该域中输入信息的提示。

◉　不允许用户添加新值。

"企业工作分配"自定义域在"任务分配状况"和"资源使用状况"视图中是可用的。由于它们是基于"企业资源"自定义域属性建立的，因此，与"企业资源"自定义域一起列出。这些域不可能是必须填写的域，为任务设置的值并不适用于它们。"企业工作分配"域和"企业资源"域对资源置换很有用。

8. 一个任务可以对应多个条形图吗？

如果希望以图形格式查看单项任务的多种信息，可以使每项任务最多显示 4 行甘特条形图。例如，可以显示每项任务的比较基准开始日期和完成日期，以及实际的开始日期和完成日期。具体操作方法是：在【视图】菜单上，单击【甘特图】。在【格式】菜单上，单击【条形图样式】。

如果希望条形图类型显示在每项任务的第 1 行，请在其"行"列中键入或选择 1。如果希望条形图类型显示在每项任务的第 2 行，请在其"行"列中键入或选择 2。如果希望显示第 3 行或第 4 行的任务信息，请在希望显示的信息的"行"列中，键入或选择 3 或 4。第 1 行显示在每项任务的最顶端，第 4 行显示在最底端。

通过降低甘特条形图的高度，可避免增加"甘特图"的垂直高度。操作方法是：在【格式】菜单上，单击【条形图样式】，选择希望降低的条形图，再单击【条形图】选项卡。在"头部"、"中部"和"尾部"下的"形状"框中，单击中等或较低的条形图形状。

9. PERT 分析原理是什么？

可以执行"计划评价和审查技术"（PERT）分析来评估任务工期。在为日程中的任务指定了乐观工期、悲观工期和预期工期之后，Project Professional 计算这 3 个工期的加权平均值。

也可以分别使用乐观工期、悲观工期和预期工期来确定最短、最长和最可能的项目结束日期。

可以用两种方式执行 PERT 分析：

● 如果认为预期工期估计值比乐观估计值或悲观估计值更可能出现，并且认为后两种估计值出现的可能性是一样的，可以选择使用默认权重对工期估计值执行 PERT 分析；

● 如果认为乐观工期、预期工期或悲观工期的出现概率不同于默认概率（它们的默认概率分别为 1/6、4/6 和 1/6），可以更改 Project 加权工期估计值的方式。

10. 3 种任务类型是什么关系？

Project Professional 使用 3 种任务类型中的一种来计算任务工期，从而计算完成日期（如果从项目完成日期而不是项目开始日期排定项目日程，将计算任务的开始日期）。

对于所有任务，在分配了资源后，将按照公式："工期 = 工时 / 单位"来排定任务的日程。对于任何任务，可以通过设置任务类型来选择 Project 用于计算的公式。

3 种任务类型分别为固定单位、固定工时和固定工期。Project 默认情况下使用固定单位任务类型。

如果按如下方式编辑了上述三个元素之一，每种任务类型都会影响日程排定，如表 24.3 所示。

表 24.3　　　　　　　　　　　　　三种任务类型

固 定 类 型	修 改 单 位	修 改 工 期	修 改 工 时
任务单位	重新计算工期	重新计算工时	重新计算工期
任务工时	重新计算工期	重新计算单位	重新计算工期
任务工期	重新计算工时	重新计算工时	重新计算单位

11. "投入比导向"如何使用？

将人员分配给任务或从任务中删除人员时，Project Professional 将根据为任务分配的资源数量延长或缩短任务工期，但不会更改任务的总工时。这种日程排定方式称为投入比导向日程控制方法，也是在为任务分配资源时，Project Professional 所使用的默认日程排定方式。

当为任务添加资源时，任务的总工时保持不变。但为分配给任务的资源分配的工时量将有所更改。

投入比导向日程控制方法只在为任务添加资源或从任务中删除资源时才有效。在更改工时、工期和已分配给任务的资源单位值时，该计算规则并不适用。

使用投入比导向日程控制方法时，请记住下列内容。

● 只有在最初为任务分配了第一个资源后，才能应用投入比导向日程计算方式。在分配了第一个资源后，为同一任务添加新资源或从中删除资源时，任务的工时值将不会更改。

● 如果所分配的任务类型为"固定单位"，则分配额外的资源会缩短任务工期。

● 如果所分配的任务类型是"固定工期"，则分配额外的资源会减少资源的各单位值。

● 如果所分配的任务类型为"固定工时"，则分配额外的资源会缩短任务工期。

● 摘要任务和插入项目不能设置为投入比导向。

12．资源被替换以后，已经完成的工作会被记录下来吗？

是的。如果资源已在该工作分配中完成了一定数量的实际工时，Project Professional 不会删除该资源，会将原来工作分配的剩余工时分配给替换资源。如有必要，可以调整这些工时值。

13．"状态日期"如何使用？

Project Professional 使用状态日期（状态日期：用来报告项目的时间、成本或业绩条件的设定日期（不是当前日期））来通过进度线显示进度或计算盈余分析总和。除非指定了不同的状态日期，否则，状态日期与当前日期相同。还可以使用状态日期在输入进度信息时，确定实际工时和剩余工时在日程中的位置。

默认情况下，状态日期为当前日期。如果通过使用进度线查看项目的状态，会看到自当前日期起的项目状态。同样，如果输入进度信息，实际值和剩余工时就会排定在当前日期前后。盈余分析信息也是针对当前日期进行计算的。

可更改状态日期，以输入或查看自当前日期之外的某个日期起的进度信息。例如，可能需要更改状态日期，以查看自上周以来的项目状态信息。或者，如果进度报告的截止日期是星期五，但是发送时间推迟了，就可能需要在输入进度信息之前将状态日期设置为星期五。若要更改状态日期，在【项目】菜单上，单击【项目信息】。在"状态日期"框中，输入要使用的状态日期。

如果使用进度线显示进度信息，可显示状态日期、当前日期或定期间隔的进度线。若要确保进度线显示正确，请在【工具】菜单上，单击【选项】。单击【计算方式】选项卡，再选中"将新输入的总任务完成百分比一直分布到状态日期"复选框。该设置可确保 Project 将完成百分比中报告的工时一直平均分布到状态日期。然后，当显示进度线时，进度线将反映在任何给定日期内工时的可能进度。

某些盈余分析成本是自状态日期起进行计算的。例如，计划工作量的预算成本（BCWS）是计划在任务的开始日期和状态日期之间花费在任务中的成本部分。例如，为期 4 个工作日的任务的总计划预算为￥100，该任务从周一开始。如果状态日期设置为本周的周三，那么 BCWS 将为￥75。在更改状态日期后，盈余分析计算将反映到状态日期（包含状态日期）为止的成本。

14．"进度线"的原理是什么？

若要生动地表示项目进度，可在"甘特图"上显示进度线。对于项目的给定进度日期（或状态日期），Project 2010 将绘制一条进度线来连接进行中的任务和本应开始的任务，并在"甘特图"中创建一个图表，其中对于落后于日程的工时，顶点指向左侧；对于提前于日程的工时，顶点指向右侧。顶点与垂直线的距离表示任务在进度或状态日期上超前或落后于日程的程度。

可以为项目中不同的日期显示多条进度线，并改变线的外观。还可以相对于实际计划或者保存的比较基准计划显示进度线。

● 可以设置默认值，指定 Project 如何根据项目的状态日期自动调整实际工时和剩余工时的位置。

● 如果正在显示大量的进度线，Project 可能要用很长时间来进行计算和绘制。选择更长的周期性时间间隔，可以加快长时间段的进度线的显示。

15．Project Professional 中的"可宽延时间"代表什么？

"可宽延时间"量表示在不影响其他任务或项目完成日期的前提下，任务可以延迟的时间。如果知道时差的位置，就可以在某些阶段无时差，而其他阶段有过多时差时移动任务。

"可用可宽延时间"是指任务在不延迟其后续任务的情况下，可以延迟的时间量。使用"可用时差"域可以确定任务是否具有可延迟的时间。如果要完成一项任务，资源需要更多时间，或者要将资源分配给其他任务，该域将很有用。还可以使用"可用时差"域来确定如何弥补进度落后的日程。

"可宽延的总时间"是指在不延迟项目完成日期的情况下，任务可延迟的时间量。"总时差"可以是正数，也可以是负数。如果总时差为正数，表示在不延迟项目完成日期的情况下，任务可延迟的时间量。如果总时差为负数，表示为了不延迟项目完成日期，所必须节省的时间量。负时差表示没有为任务排定足够时间，这通常是由限制日期造成的。

默认情况下，按照定义，具有 0 时差的任务被认为是关键任务。如果关键任务发生延迟，项目完成日期也会延迟。

16．如何应用"盈余分析"？

盈余分析是一种衡量项目业绩的方法。它表明根据当前已完成的工时量和任务、工作分配或资源的比较基准成本所应花费的预算。

盈余分析的基础是 3 个关键值：项目计划中规划的各个任务的预算成本（基于分配给任务的资源成本以及与任务相关的固定成本），即计划工作量的预算成本（BCWS）。BCWS 是到选定状态日期为止的比较基准成本。预算成本值存储在比较基准域中，或者如果保存了多个比较基准，应分别保存在"比较基准 1"到"比较基准 10"域中。

到状态日期为止，完成所有任务或部分任务所需的实际成本，即已完成工作量的实际成本（ACWP）。通常，Project Professional 使实际工时与实际成本相互关联。

在状态日期前完成的工时值（以货币进行度量），实际上就是已完成工时的盈余值，称作已完成工作量的预算成本（BCWP）。该值按单个任务进行计算，但在总体水平上（通常在项目级上）进行分析。盈余分析始终与所选择的状态日期相对应，可以是当前日期或当前日期前的任何日期。

17．打印报表时，选择报表后，按"打印"按钮，为何没有反应？

一般是因为该客户端没有安装打印机所造成的，为了预览打印效果，可以在计算机上安装一台"假"打印机。

18．"关键路径"定义中的"时差为 0"的值可以浮动吗？

可以的，默认情况下，"时差为 0"的任务为关键任务，通过选择工具栏中的【文件】/【选项】，打开"Project 选项"对话框，选择左侧列表框里的"高级"，在右侧的界面中可以设置时差的值的大小，如图 24.11 所示。

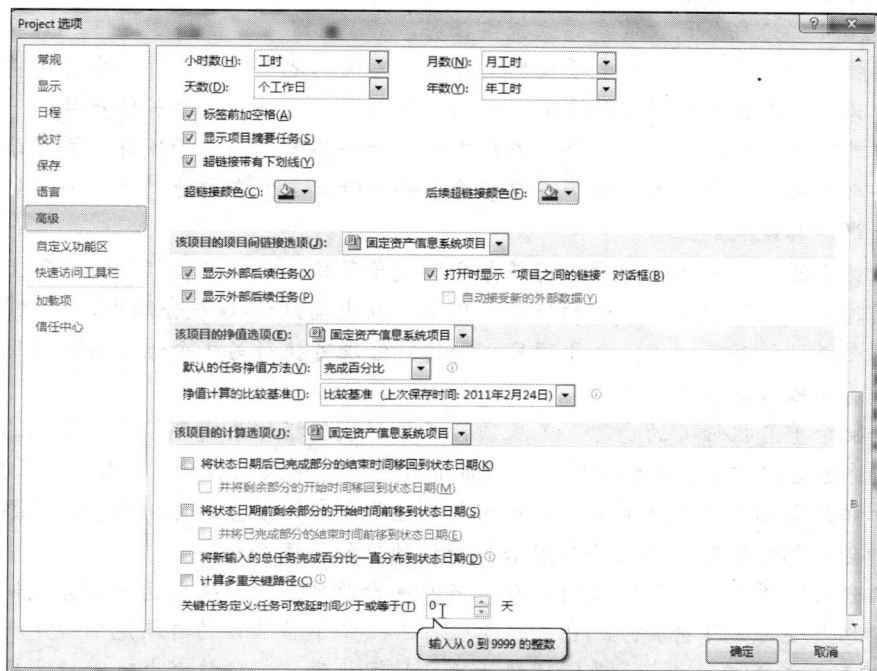

图 24.11　关键路径任务定义

在图 24.11 中修改关键任务定义的值，便可以修改关键任务的定义条件。

19.　"主项目"和"子项目"如何应用？

通过将相关项目合并到主项目中，可更加有效地组织、管理复杂项目或多个相关项目。将现有项目分解成主项目和子项目时，应考虑通过创建以下逻辑分组进行重新组织。

● 　独立项目阶段中的任务。对于很大或很复杂的项目，为每个阶段使用单独的子项目更易于查看项目的细节。由于是在单独的项目中，所以可查看每个阶段的关键路径，而在主项目中，可查看多重关键路径，其中每个阶段各有一条关键路径。仍然可以像在单个项目中一样，在不同子项目之间链接任务，但是将与其他阶段任务的相关性最小的阶段分成子项目可能更加方便。

● 　时间周期类似的任务。在正在进行的项目中，如果大块工时之间在时间上有显著间隔，将任务组织成子项目很有帮助。利用子项目，可关闭工作周期已经完成的项目文件。

● 　不同项目经理的职责。如果同时管理一个大型项目中分管不同部分的多个项目经理，或在一个同时运行多个项目的计划中管理多个项目经理，那么可为每个项目经理建立一个单独的子项目。这样，在保证项目经理可自由处理各自子项目的同时，可查看计划的总体进度，并查看项目经理的项目或任务是否与总体进度相匹配。

● 　相关的系列任务。将相关任务从无关任务中分离出来，并将每个集合组成各自的子项目。将密切相关的阶段保留在同一个子项目中。

    ● 里程碑的日程排定。若要通过输入重要里程碑来管理项目，可以为与每个里程碑相关的任务创建子项目。对于子项目，可以方便地进行高级别的汇总，而不必像在单个项目中通常要做的那样，为每个里程碑都建立摘要任务。

    ● 按照工作地点划分。如果项目的工作要在不同的地点进行，可能会发现将每个地点的任务排定为一个单独的子项目是非常方便的。例如，如果正在制造一件产品，一些部件的工作需要在其他工厂进行，可为在每个工厂中完成的任务建立一个子项目，并把该产品作为整体建立一个主项目。这种方法便于正确查看在任意时间工作在何处进行，并且使每个经理能够更好地跟踪其地点的工作。

    ● 相关资源。按照相关资源组将任务分解成子项目，以便可以在项目级别上掌握资源的状态，同时资源也可以管理各自的任务。例如，在大型设计/建筑合同中，工程师和 CAD 操作员绘制图纸的任务可作为一个子项目，而建筑经理可执行另一个子项目。项目经理可在主项目中查看子项目的所有任务。

    ● 分配给重复性任务的资源。如果项目任务列表包括作为内部过程一部分的周期性任务，应该允许这些组排定各自的时间，并只负责可交付结果或里程碑。例如，如果在项目中，会计部负责作为周期性任务在项目中输入的定期记账和审计任务，可将这些任务添加到某个子项目中，会计部的经理可将任务分配给执行该项目的不同会计。

    ● 只分配给项目的一个阶段的资源。当少量资源只分配给项目的一部分或他们只对项目的一部分感兴趣时，可将其分配在一个子项目中。由于子项目的时间范围就是与其相关的时期，因此可更准确地反映出资源所理解的项目时间长度。这项技术也可以使主项目的资源列表只包含整个项目所涉及的资源，在报告资源信息时此方法最实用。

    ● 不同预算。如果有不同于账面预算的内部预算时，如果每项预算的任务都位于单独的子项目中，那么查看预算总数会容易一些。仍然可以查看主项目的项目成本总数，但在查看和报告子项目预算总数时将有更大的灵活性。

20．将子项目插入主项目后，无法查看项目或资源来自于哪个项目怎么办？

    如果已经合并项目到主项目中，又对一项任务或资源来源于哪个源文件感到迷惑，那么可以插入一个识别它属于哪个子项目的域，具体操作方法如下。

    （1）单击工具栏中的【任务】/【甘特图】。

    （2）选择要插入识别任务或资源源文件的新域的位置右侧的域。例如，单击"任务名称"域可以立刻将"子项目文件"域插入到任务名称的左侧。

    （3）单击工具栏中的【甘特图工具】/【格式】，单击"插入列"。

    （4）在"键入列名"框中，单击"子项目文件"。

    （5）对添加的大纲代码域的格式进行调整。

21．任务的"开始时间"和"完成时间"可以精确到分钟吗？

    可以。默认的"开始时间"和"完成时间"都是到具体某一天，实际上也可以到分钟。例如，某些体育比赛项目中，很多比赛是按照分钟来计算开始时间和完成时间的。选择工具栏中的【菜单】/【选项】，在出现的对话框中选择"日程"，在"工期显示单位"、"工时显示单位"中选择"分钟数"，如图 24.12 所示。

图 24.12 带分钟的日期格式

在图 24.12 中设置日期格式后，在"甘特图"中就可以采取相应的安排了。

22. "常规资源"如何使用？

常规资源是用于指定特定任务所需的技能的占位资源。

在制订项目计划时，可以将常规资源作为占位符使用，例如"程序员 3"或者"临时木匠"。如果现在希望在项目中使用实际资源，可以使用 Project 查找与技能、可用性以及其他所需属性相匹配的企业资源。

（1）单击工具栏中【资源】/【添加资源】/【自企业建立工作组】。如果企业资源的数目超过 1000，将显示一个对话框，可以对企业资源列表进行预筛选。在"企业大纲代码"列中，选择技能、区域或其他代码，选择一个值，再单击"应用"按钮。

（2）在"建立工作组"对话框中，单击"现有筛选器"框中要应用于企业资源的筛选器。筛选出来的企业资源列表将显示在"筛选的企业资源"下，而当前项目工作组中的资源显示在"项目工作组资源"下。

（3）如果仅希望查看在某个具体日期范围内可工作特定工时数的资源，可选中"可用工时"复选框，键入工时数，然后在"从"和"到"框中选择日期范围。

（4）在"项目工作组资源"列中，单击要替换的常规资源。

（5）在"企业资源"列中单击所需的替换企业资源，再单击"替换"按钮，如图 24.13 所示。

23. Project 是如何自动调配"过度分配的资源"的？

最快速的调配资源的方法是使用 Project 资源调配功能。调配资源时，为了解决资源过度分配，Project 会仔细检查日程中的每项任务，以确定是"延迟"还是"拆分"任务。下列因素可用于判断应延迟或拆分哪些任务：

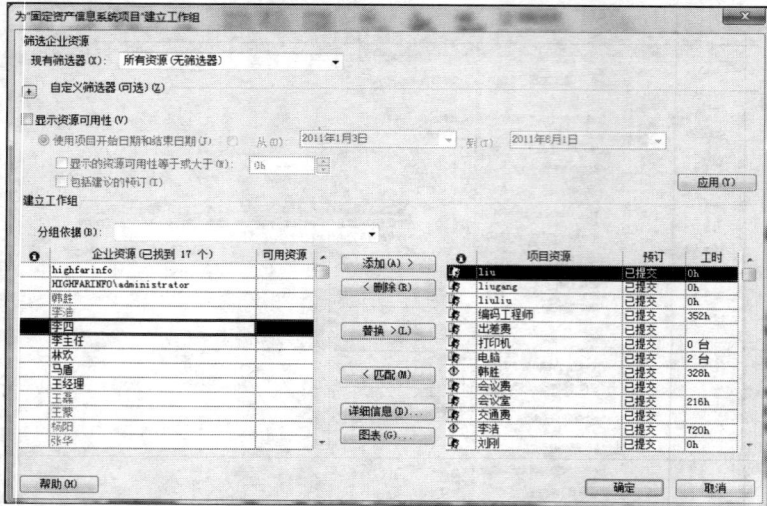

图 24.13　常规资源被企业资源替换

- 可用的时差;
- 任务工期;
- 任务的限制;
- 任务标识号;
- 任务优先级;
- 任务相关性;
- 日程安排。

调配过程中也会检查以下资源信息:

- 显示在工作时间日历中的资源可用性;
- 以最大单位显示的资源可用性;
- 任务中的资源工作分配单位。

Project 调配资源时,只延迟或拆分任务,不进行以下操作。

- 重新分配任务。例如,晓红不能代替晓军。
- 优化资源分配。因为调配不会将任务安排到更早的时间,也不会重新分配单位,所以标记为过度分配的资源可能由于调配而变得分配不足。例如,假设晓军已设为最大单位 100%,将其工作时间的 60% 分配给一项任务,在同一期间又将其工作时间的 50% 分配给另一任务。调配至少会转移这些工作分配中的一项,以使这些工作分配不在同一时间进行,因此晓军可能变得分配不足。
- 重新分配单位。例如,如果为丽丽分配了两项任务,这两项任务排定在相同的时间进行,调配不会更改丽丽的单位,因此她可以同时执行两项任务,每项任务各占其工作时间的 50%。
- 调配材料资源。
- 调配常规资源。

可以让 Project 只调配所选资源,也可以让 Project 调配在多个项目之间共享的资源。

如果希望通过 Project 自动调配资源,可以在【工具】菜单上,单击【调配资源】。若要接受所有默认值,请单击"开始调配"按钮。

24．如何手工实现过度资源的调配？

实际上，无论是 Project 还是笔者都推荐用户自己手工实现资源的调配，因为 Project 自动调配可能将整个计划调整为我们不希望看到的局面。

用户自己解决资源过度分配可能会比 Project 调配需要更多的时间。但是，如果 Project 自动的调配没有产生所需的日程或工作分配调整，或希望更精确地控制资源过度分配的解决过程时，这样做尤其有用。

虽然以下方法可能会延长完成日期，但可以解决资源过度分配问题：

- 减少任务工期；
- 延迟任务；
- 拆分任务。

以下 4 种方法可以调整资源，解决资源过度分配问题：

- 调整分配给任务的资源；
- 将更多资源分配给任务；
- 用分配不足或已删除的资源替代过度分配的资源；
- 调整或分布分配给资源的工时量。

25．Project 如何与 Visio 进行交互？

如果计算机上已经安装了 Visio 2007 或更高版本，就可以使用"Visio WBS 图表向导"在 Visio 工作分解结构（WBS）图表中显示项目信息。

（1）在工具栏中选择【项目】/【可视报表】。

（2）在出现的界面中选择"Microsoft Visio"复选框，如图 24.14 所示。

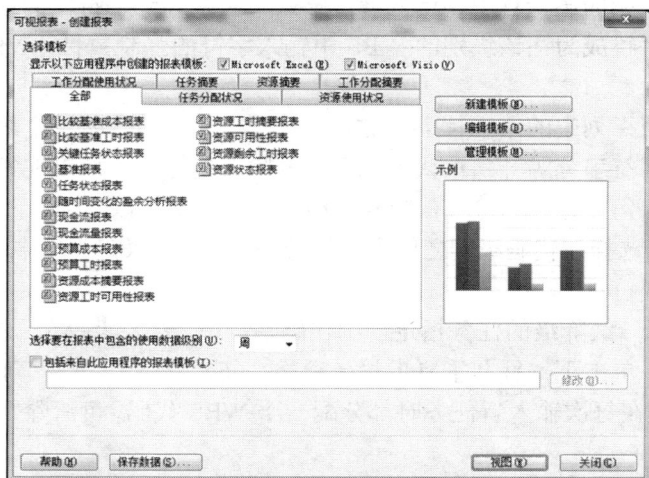

图 24.14　与 Visio 进行数据展现

26．如何创建 WBS 代码？

工作分解结构（WBS）代码是字母数字代码，可标识每项任务在项目大纲结构中的唯一位置。工作分解结构代码可用于报告日程和跟踪成本。

如果读者的单位要求特定的工作分解结构（WBS）代码格式，可以根据任务在项目大纲中的层次将相应的 WBS 代码分配给任务，具体的操作方法如下。

（1）在工具栏中单击【任务】，单击工作表视图（默认为"甘特图"），如"任务工作表"。若要使用【视图】菜单上没有的视图，请单击【其他视图】，在"视图"列表中单击要使用的视图，再单击"应用"按钮。

（2）单击工具栏中【项目】/【WBS】/【定义代码】，指向"WBS"，然后单击"定义代码"。

（3）若要将此项目中的任务与其他项目中的任务区分开，请在"项目代码前缀"框中，键入项目特定代码的前缀。如果使用合并到主项目中的多个项目或链接到外部任务的项目，项目代码前缀有助于区分不同的项目任务。

（4）若要指定第一级任务的代码字符串，请在"序列"列的第一行中，单击要用于该级的字符类型。

● 单击"数字（有序）"可为该级别显示数字形式的 WBS 代码。

● 单击"大写字母（有序）"可显示大写字母的 WBS 代码（例如 A、B 和 C 表示该项目中的前 3 个摘要任务）。

● 单击"小写字母（有序）"可显示小写字母的 WBS 代码（例如 a、b 和 c 表示该项目中的前 3 个摘要任务）。

● 单击"字符（无序）"可显示数字和大小写字母的任意组合（例如，Arch1、Const1 和 Insp1 表示该项目中的前 3 个摘要任务）。

● 选择该选项为输入自定义 WBS 代码提供了极大的灵活性。Project 2010 在 WBS 域中显示星号（*），直到键入或输入该级别 WBS 代码的字符串。

（5）在"长度"列的第一行中，键入或选择第一级别代码字符串的最大字符数。例如，键入 3 可以使 3 个字符成为在该级别的 WBS 中输入字符的强制数目。WBS 的总长度最多可以是 245 个字符。

（6）在"分隔符"列中的第一行中，键入或选择一个字符，将一个级别的代码字符串与下一个级别的代码字符串分隔开。默认情况下，分隔符是句点。可以在每个代码级别间使用不同的分隔符。键入句点之外的符号，减号、加号或斜线都可以。例如，可以键入符号（&）或符号（#），也可以选择在代码级别之间不使用分隔符。在"长度"域中，单击数字。在"分隔符"域中删除分隔符。

（7）为大纲中每一级降级的任务指定一个代码字符串。若要为每个级别指定代码字符串，请在"序列"列中，单击下一行并重复步骤（3）～（6）。

（8）如果不希望在每次输入新任务时都分配一个 WBS 代码，可清除"为新任务生成 WBS 代码"复选框。

（9）若要为不同的任务使用相同的 WBS 代码，请清除"检查新 WBS 代码的唯一性"复选框。

可以为每个项目定义一组 WBS 代码。如果需要显示任务的其他组织性结构，可以通过使用大纲代码创建或应用除 WBS 代码之外的一组不同的代码。若要显示 WBS 代码，需要将 WBS 域添加到视图中。